KB160781

기업공익재단법제연구

공익법총서 ⑦

BKL 공익활동위원회
설립 20주년 기념

기업공익재단법제연구

법무법인(유한) 태평양
재단법인 동천   공동편집

景仁文化社

| 발간사 |

　　우리나라 여러 대기업들이 공익재단법인을 설립하여 문화, 복지, 장학, 학술, 교육 등 다양한 분야에서 공익사업을 활발히 하고 있어 한편으로는 긍정적 평가도 받고 있지만, 다른 한편으로는 기업공익재단이 공익사업의 영위보다 증여세 면제 등 세제 혜택의 수혜 또는 편법적 기업승계에 이용되고 있다는 비판도 받고 있습니다. 이렇듯 우리 사회에는 기업공익재단에 대한 상충되는 사회적 평가가 존재합니다.

　　하지만 우리 법제는 기업공익재단의 부정적 측면에 대한 우려에 치중한 나머지 세제를 중심으로 지나치게 경직된 규제를 가하여, 기업공익재단에 대한 기부가 활성화 되지 못하고 기업공익재단의 활동도 과도하게 제한되는 것 아닌가 하는 우려가 제기되기도 합니다. 또한 기업공익재단의 운영과 직간접으로 관계되는 우리 법제는 다양한 여러 법률에 걸쳐 산발적으로 흩어져 있으나 이를 종합적으로 파악하고 그 효과를 제대로 진단할 수 있는 연구는 아직 성숙되지 아니한 상태에 있다고 할 수 있습니다. 이에 우리나라 기업공익재단의 현황과 문제점, 그리고 기업공익재단의 운영과 관련된 우리 법제의 현황과 문제점을 살펴보고, 여러 선진국의 법제에 관한 비교법적 연구를 통하여 우리 법제가 나아가야 할 방향을 모색하고 제도개선방안을 제시할 필요가 있다는 문제의식을 갖게 되었습니다.

　　법무법인(유한) 태평양과 재단법인 동천은 2014년에 다양한 분야의 공익활동과 그에 관련된 법 제도를 심도 있게 조명, 검토함으로써 공익활동을 제도적으로 뒷받침하고 다양한 공익활동 주체들에게 실질적 도움을 드릴 수 있도록 공익법총서를 시리즈로 발간하기로 기획하여 2015

년에 제1권 '공익법인연구'를 발간한 이래 매년 1권 씩 발간하여 2020년에는 제6권 '아동·청소년의 권리에 관한 연구'를 발간하였습니다. 태평양과 동천은 금년에 발간하는 공익법총서 제7권을 위에서 제기한 문제의식을 가지고 「기업공익재단법제연구」로 하기로 결정하였습니다.

편집위원회는 태평양의 유욱, 유철형 변호사님과 이 분야에서 많은 선행연구를 하신 한국외국어대학교 김진우 교수님, 성균관대학교 이선희 교수님으로 구성하였습니다. 논제와 집필진 선정에 특히 두 분 교수님께서 큰 역할을 하여 주서서 한국민사법학회의 여러 교수님들과 저명한 학자들께서 집필진으로 참여하시게 되었습니다. 그리고 이 과정에서 한국민사법학회와 동천 사이에 이 논제의 중요성에 관하여 공감대가 형성되어 2021. 4. 10. "기업공익재단과 민간공익활동의 활성화를 위한 사법적 과제"를 주제로 화상회의 형식으로 개최된 한국민사법학회 춘계학술대회에 동천이 성균관대학교 동아시아법·정치연구소와 함께 공동주최자로 참여하는 기회를 가졌습니다. 이 학술대회에서 발표된 4편의 논문이 이 책에 수록되었습니다. 또한 동천의 주관으로 2021. 3. 10. 편집위원과 집필진이 참여하는 화상회의 형식의 중간발표회가 개최되었는데, 여기서 발표된 8편의 논문이 이 책에 수록되었습니다. 위 학술대회와 중간발표회에서는 각 주제발표에 이어 발표자와 참여자들 간에 깊이 있고 진지한 토론이 이어져 그 결과가 최종 원고에 반영됨으로써 이 책이 한층 더 의미 있는 자료가 되었습니다. 위 12편의 논문 외에 경희대 박수곤 교수님의 논문 1편과 편집위원장인 유욱 변호사님이 이 책에 수록된 논문들에서 논의된 여러 쟁점들을 종합하고 앞으로 이어서 더 깊이 연구하여야 할 과제와 연구 방향에 관하여 제안하는 "편집자의 글"이 수록되었습니다.

태평양이 공익활동을 더 활발히 수행하기 위하여 2001년에 설립한 태평양 공익활동위원회가 금년에 설립 20주년을 맞게 되었습니다. 태평양과 동천은 이번에 발간하는 공익법총서 제7권 「기업공익재단법제연구」를 태평양 공익활동위원회 설립 20주년을 기념하는 뜻을 담아 발간함으로써 이를 공익활동을 한 단계 더 발전시키는 계기로 삼고자 합니다.

태평양과 동천은 이 책자의 발간을 계기로 하여 우리나라 기업공익재단법제에 대하여 보다 폭넓고 심층적인 논의가 이루어지고, 이를 바탕으로 하여 우리 현실에 가장 적합하고 기업공익재단 공익활동의 활성화에 기여할 수 있는 진취적 법제에 관한 의견이 수렴되어 향후 관련 법령의 개정에 있어서 중요한 기초자료로 활용되기를 기대합니다. 나아가 이러한 제도 개선을 통하여 기업공익재단의 공익활동이 더욱 활성화됨으로써 우리 사회가 여러 사회적 갈등을 극복하고 더불어 함께 사는 따뜻한 공동체로 성장하는 데 기여할 수 있게 되기를 기대합니다.

끝으로 소중한 논문을 집필해 주신 필자들과 편집에 애써 주신 편집위원들께 깊은 감사의 인사를 드립니다. 또한 저희의 이 책의 주제에 관한 문제의식에 공감하시고 역사와 전통을 자랑하는 한국민사법학회의 학술대회에 동천이 공동주최자로 참여하는 기회를 주심으로써 수록된 논문들의 깊이가 더하여지도록 성원하여 주신 한국민사법학회 김천수 회장님께도 존경과 감사의 인사를 드립니다.

2021. 6.
재단법인 동천 이사장 강용현

| 차 례 |

유류분제도의 개선과 유산기부 활성화 | 최준규

대기업집단 소속 공익법인 소유 주식의 의결권 제한 | 천경훈

편집자의 글 | 유욱

∵ **로펌의 공익활동 활성화를 위한 BKL 공익활동위원회의 20년 걸음(2001-2021)**

국내 기업이 설립한 공익재단과 사회공헌활동 현황

손원익*

Ⅰ. 서론

　최근 경제 규모가 확대되고, 사회가 다변화되면서 정부에 요구하는 국민의 복지 수요도 매우 다양해져 왔고 그 규모도 빠르게 확대되고 있다. 그러나 우리나라를 포함한 작은 정부의 형태를 갖고 있는 국가의 경우 정부의 사회서비스로 국민의 수요를 충족하는 데 한계가 있는 것이 사실이다. 큰 정부의 형태를 갖고 있는 북유럽국가들은 높은 세율로 정부의 재원을 마련하고, 이를 토대로 연금, 교육, 의료 등의 서비스를 국가가 대부분 책임지고 있다. 이와 상반되는 개념의 작은 정부 형태의 국가에서는 상대적으로 낮은 세율로 개인의 자유로운 경제활동을 보장하는 반면, 정부가 제공하는 서비스의 규모는 제한적인 특징이 있다. 이와 같은 한계를 극복하기 위하여 정부의 역할을 일정 부분 대행할 수 있는 비영리 섹터의 중요성이 커지고 있으며, 비영리단체의 활동을 지원하기 위하여 각국은 다양한 형태의 세제상 혜택을 제공하고 있다.

　우리나라의 경우 비영리단체의 공익활동이 활성화된 역사는 길지 않다. 그 이유는 비영리단체의 주요재원에 해당하는 민간기부가 활성화된 역사가 짧기 때문인 것으로 판단된다. 과거 우리나라의 민간기부는 대

---

* 연세대학교 사회복지대학원 객원교수

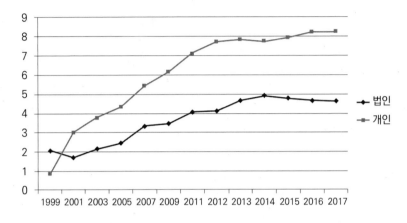

〈그림 1〉 법인과 개인의 연도별 소득공제대상 기부금

부분 기업에 의해서 이루어졌다고 해도 과언이 아니다.

위 그림에서 보는 바와 같이 외환위기의 어려움을 겪었던 90년대 말까지만 해도 우리나라의 민간기부는 기업과 개인이 약 7:3의 비중을 유지하고 있었다. 외환위기 이후 개인 기부의 비중이 확대되어왔고, 현재는 개인:기업이 약 6.5:3.5로 개인 기부의 비중이 크게 확대된 모습으로 정착되고 있다. 이와 같은 현상은 우리나라 민간기부의 모습이 최소한 양적으로는 바람직하게 정착되고 있는 것으로 평가되고 있다.

위 그림에서 확인한 바와 같이 90년대 이전까지만 해도 대부분 기업의 기부에 의존하여 공익활동이 수행되었으며, 이는 우리나라 비영리섹터의 특성이라 할 수 있다. 우리나라에서는 과거 급속한 경제성장의 과정에서 대기업의 역할이 상당히 중요했었으며, 이와 같은 경제발전 과정의 역사 때문에 현재 우리나라의 경제구조 역시 대기업집단 중심으로 정착된 모습을 보이고 있는 것으로 이해할 수 있다. 이러한 우리나라 경제발전 과정의 역사로 인하여 비영리 활동의 영역에서도 대기업집단 중심의 공익활동이 중요한 비중을 차지하고 있다. 이러한 역사적 배경 때문에 다른 국가들과는 달리 우리나라에서는 공정거래위원회가 대기업집단 소속 공익법인에 대하여 관련 정책을 수행하고 있으며, 이 또한 우리나라만의 역사적 배경에서 비롯된 결과라 이해할 수 있다.

우리나라에서 대기업 중심의 공익활동은 사회적으로 어려운 상황이 발생했을 때, 이를 해결하기 위한 민간 차원 공익활동의 재원조달을 위한 수단으로 유용하게 활용되어 왔던 긍정적인 측면이 있다. 반면, 대기업이 설립한 공익재단이 공익활동을 장려하기 위해 정부가 제공하는 상속·증여세 면제 등의 세제상 혜택을 받았음에도 불구하고, 사적인 이익을 추구하거나 기업 지배구조의 특정 목적을 위해 남용되는 바람직하지 못한 사례가 발생했던 부정적인 측면도 있었던 것이 사실이다. 이와 같은 부정적인 측면 때문에 우리나라 비영리 섹터에 대한 여러 제도가 규제 위주로 정비되어 왔으며, 최근 투명성이 크게 제고되었음에도 규제 위주의 제도에는 큰 변화가 없어 공익활동을 활성화하는 데 한계로 작용하고 있다.

이상에서 논의한 문제의식을 토대로 관련 공익법인의 기초적인 현황 및 실태를 제공하는데 본 연구의 목적이 있다. 본 연구에서는 국내 기업이 설립한 공익재단의 현황과 사회공헌활동을 위해 지출한 공익 목적의 지출실태에 대하여 논의한다. 제2절에서는 국세청 홈페이지에 의무적으로 공시해야 하는 모든 의무공시대상 공익법인의 현황을 살펴본다. 제3절에서는 그 범위를 기업재단법인으로 축소하여 관련 일반현황 및 재무현황을 논의한다. 제4절에서는 기업재단법인 중 공정거래위원회가 공시대상으로 지정하는 대기업집단 소속 공익법인에 대하여 구체적인 현황을 소개하고, 관련된 주요 이슈에 대하여도 논의를 진행한다. 제5절에서는 대기업 소속 공익법인을 포함한 대기업의 사회공헌활동 실태를 소개하고 관련 특징에 대해서 논의한다. 제6절에서는 본 연구에서 확인된 특징을 요약한다.

II. 의무공시 대상 공익법인의 현황[2])

1. 일반 현황

국세청 홈페이지에 공시해야 하는 의무공시 공익법인은 2018년 공시 기준으로 9,663개에 해당하며, 이는 공익법인 등록법인 전체 34,426개에서 결산자료 공시의무가 없는 종교법인 17,845개를 제외한 16,581개의 55.6%에 이른다. 2020년 1월 1일 이후 개시하는 사업연도분부터는 의무공시 대상이 종교법인을 제외한 모든 공익법인으로 확대된다. 따라서 의무공시 공익법인과 관련된 통계는 2021년을 기준으로 변화가 예상된다. 다만, 자산 5억 원 미만이고 수입금액 등이 3억 원 미만인 소규모 공익법인 등은 간편 서식으로 공시할 수 있고, 2022년 12월 31일 이전에 개시하는 사업연도분의 공시에 대해서는 가산세가 부과되지 않는 등의 유예기간 관련 제도를 고려하더라도 2021년 이전과는 관련 통계의 내용이 달라질 것으로 보인다. 그러나 기업공익재단 또는 대기업 소속 공익법인 등으로 분석의 범위를 축소할 경우 관련 통계에 큰 변화는 발생하지 않을 것으로 예상된다.

종교법인을 제외한 공익법인 16,581개의 분야별 분포 및 과거 3개년 간의 변화추이는 <표 1>에서 보는 바와 같다.

---

2) 본 장의 1절~3절에 소개되는 자료는 국세청 홈페이지 의무공시 대상 공익법인의 신고자료를 국세기본법 제85조의6에 의하여 국세청으로부터 제공받은 한국가이드스타의 분석자료 및 내부자료를 활용하였다. 본 연구를 위해 자료제공에 협조해 준 한국가이드스타에 감사한다.

〈표 1〉 사업분야별 공익법인 수 추이

분야	2015년	2016년	2017년
사회복지	3,537	3,461	3,497 (21.1%)
교육	1,770	1,736	1,764 (10.6%)
학술·장학	4,455	4,369	4,488 (27.1%)
예술문화	1,367	1,331	1,412 (8.5%)
의료	1,001	953	951 (5.7%)
기타	4,253	4,060	4,469 (27.0%)
계	16,383	15,910	16,581

2018년 공시자료에 의하면 종교법인을 제외한 전체 공익법인 중 학술·장학, 기타3), 사회복지, 교육, 예술문화, 의료분야의 순서로 비중이 나타나고 있다. 공익법인의 수는 2016년 다소 감소하였다가 2017년 다시 증가하는 모습을 보이고 있다. 이 중에서 의무공시 대상 공익법인의 수 및 사업분야별 분포는 〈표 2〉와 같다. 의무공시 대상 공익법인의 수는 2016년 8,943개에서 2017년 9,216개로 약 3.1% 증가하였으며, 각 사업분야별 공익법인의 비중에는 큰 변화가 없음을 알 수 있다. 〈표 1〉과 〈표 2〉를 비교하면, 의무공시 대상 공익법인의 경우 기타분야의 비중이 대폭 축소되었으며, 사업분야별 비중의 순위에서는 의무공시 대상 공익법인의 경우 의료분야의 비중이 예술문화분야의 비중보다 크게 나타나고 있는 것을 알 수 있다.

〈표 2〉 사업분야별 의무공시 공익법인 수 추이

분야	2016	2017
사회복지	2,160 (24.2%)	2,232 (24.2%)
교육	1,639 (18.3%)	1,649 (17.9%)
학술·장학	2,318 (25.9%)	2,368 (25.7%)
예술문화	577 (6.5%)	594 (6.5%)
의료	982 (11.0%)	997 (10.8%)

3) 한국가이드스타의 분석에 의하면, 기타 분야의 경우, 사업유형이 중복되어 실무자가 기타로 선택하였거나 해당 법인이 다른 6개의 사업분야 중 어디에도 포함되지 않는다고 판단하여 선택한 경우 등에 해당하는데 공익법인의 사업분야와 관련하여 보다 정확한 정보를 위해서는 개선이 필요하다.

기타	1,317 (14.7%)	1,367 (14.8%)
계	8,943	9,216

　　<표 3>은 설립근거법의 유형별 의무공시 공익법인 수를 나타내고 있다. 설립근거법에 의한 공익법인의 유형은 사회복지사업법에 의해 설립된 법인은 '사회복지법인', 사립학교법, 유아교육법, 초중등교육법, 고등교육법, 기능대학법 등 학교 및 교육 관련 법에 의해 설립된 법인은 '학교법인', 문화예술진흥법에 의해 설립된 법인은 '문화예술법인', 의료법에 의해 설립된 법인은 '의료법인'으로 구분된다. 기타 법에 포함되는 경우는 학술·장학 또는 기타 사업을 운영하는 법인으로써 '공익법인의 설립 및 운영에 관한 법률', '민법', '기타특별법'에 의해 설립된 법인 등이 해당한다.4) 이와 같이 기타 법의 포괄범위가 넓기 때문에 <표 3>에서 기타 법의 비중이 상당히 크게 나타나고 있으며, <표 2>에서 학술장학으로 분류된 공익법인이 <표 3>에서는 기타 법의 범주에 포함되어 사업분야별 분류와 설립근거별 분류에 차이가 있음을 알 수 있다.

〈표 3〉 설립근거법의 유형별 의무공시 공익법인 수

구분	2016	2017
사회복지사업법	1,944 (21.7%)	1,979 (21.5%)
평생교육법	239 (2.7%)	241 (2.6%)
학교 및 교육관련법	1,336 (14.9%)	1,336 (14.5%)
문화예술진흥법	343 (3.8%)	347 (3.8%)
의료법	920 (10.3%)	935 (10.2%)
기타법	4,211 (47.1%)	4,378 (47.5%)
계	8,943	9,216

---

4) 재단법인 한국가이드스타, "2019 공익법인 현황 소개_일반 현황(1)", 한국가이드스타 NPO 연구분석, http://www.guidestar.or.kr/academy/trend_view.asp?bid=TREND&buid=10438&action=&search_type=title%7Ccontent&search_text=2019+%EA%B3%B5%EC%9D%B5%EB%B2%95%EC%9D%B8+%ED%98%84%ED%99%A9+%EC%86%8C%EA%B0%9C&search_category=all&search_add=&cur_page=1&page_size=10 (2019. 1. 17.).

  의무공시 대상 공익법인을 설립주체에 따라 분류하면 <표 4>에서 보는 바와 같다. 설립주체의 유형 중 기타의 비중이 45.7%로 가장 크고, 개인+가족, 국가·지방자치단체, 기업, 기업+개인, 종교단체, 지역사회의 순서로 비중을 차지하고 있다. 의무공시 대상 공익법인이 공시 서식 작성 시 참고하는 내용을 보면, '개인+가족'은 개인 또는 가족이 설립한 단체, '기업'은 기업이 설립한 단체, '기업+개인'은 기업과 개인이 함께 설립한 단체, '종교단체'는 종교인 또는 종교단체가 설립한 단체, '지역사회'는 특정 행정구역에 속한 주민이 설립한 단체, '국가·지방자치단체'는 국가, 지방자치단체 및 공공기관이 설립한 단체, '기타'는 그 밖의 주체가 설립한 단체라고 제시되어 있다. 설립주체별 유형을 구분하는 범주가 다양한 설립의 형태를 포괄하고 있지 못하여 많은 공익법인이 '기타'의 유형을 선택하여 그 비중이 상당히 크게 나타나고 있는 것으로 보인다.5) 한국가이드스타 (2019)의 제안에 의하면, 현재 '개인+가족', '기업', '기업+개인'으로 분류되고 있는 3가지 유형을 '개인' 또는 '기업'의 2가지 유형으로 분류하고, 설립자 기준이 아닌 출연금을 기준으로 개인출연금이 기업출연금 이상인 경우 '개인', 미만인 경우 '기업'으로 선택하도록 하는 것이 설립주체 분류의 명확성을 제고하는 방안으로 판단된다.

〈표 4〉 설립주체별 의무공시 공익법인 수 및 비중 (2017*)

구분	법인 수	비중
개인+가족	2,052	22.3%
기업	610	6.6%
기업+개인	500	5.4%
종교단체	473	5.1%
지역사회	335	3.6%
국가·지방자치단체	1,034	11.2%
기타	4,212	45.7%
계	9,216	

* 2018년 12월까지의 공시자료

---

5) 재단법인 한국가이드스타, 앞의 글.

2. 재무 현황

<표 5>는 2018년 의무공시 대상 9,216개 공익법인의 총자산 규모와 사업유형별 규모 및 비중을 나타내고 있다. 총자산 규모는 245조 8,739억 원에 이르며, 이 중 공익사업 총자산은 162조 5,026억 원으로 전체의 66.1%를 차지하고 있다. 전년도 의무공시 대상 공익법인의 총자산 규모보다 다소 증가하였으나, 사업유형별 비중의 경우 유사한 모습을 보이고 있다.

〈표 5〉 의무공시 공익법인 총자산

(단위: 억 원)

구분	2016	2017
공익사업	1,602,234 (67.2%)	1,625,026 (66.1%)
수익사업	782,486 (32.8%)	833,713 (33.9%)
계	2,384,720	2,458,739

사업분야별 총자산의 비중은 교육분야가 전체의 41.9%를 차지하고 있고, 기타분야가 18.6%, 학술·장학분야가 17.1%, 의료분야가 11.1%, 사회복지분야가 7.6%, 예술문화분야가 3.7%의 순서로 자산을 보유하고 있다.

<표 6>에서 보는 바와 같이 사업분야별 총자산의 세부 구성 현황은 교육분야와 의료분야를 제외한 다른 분야는 금융자산이 가장 큰 비중을 차지하고 있다. 교육분야의 경우 학교법인이 주로 포함되어 있고, 의료분야의 경우 의료법인의 특성상 건물자산의 비중이 가장 크게 나타나고 있다. 학술·장학분야와 기타분야의 경우 금융자산의 비중이 다른 자산에 비하여 월등히 큰 비중을 보이고 있고, 의료분야의 경우 주식자산을 보유하고 있지 않은 것을 알 수 있다.

<표 6> 사업분야별 총자산 구성 비중

(단위: %)

구분	토지	건물	주식	금융	기타
사회복지	17.6	24.7	13.5	28.8	15.4
교육	24.3	32.2	2.7	20.2	20.6
학술·장학	6.3	9.5	12.5	60.8	11.1
예술문화	14.5	8.5	27.5	29.6	19.8
의료	23.5	33.8	0	10.7	31.8
기타	6.4	11.2	5.2	52.3	24.9

<표 7>은 의무공시 대상 공익법인의 총수입과 총수입 중 공익사업 수입과 수익사업 수입의 규모 및 비중을 나타내고 있다. 2018년 의무공시 대상 9,216개 공익법인의 총수입은 156조 3,468억 원이며, 이 중에서 공익사업으로부터의 수입은 99조 2,455억 원으로 전체의 63.5%에 이르고 있다. 전년 대비 총수입 규모는 다소 증가하였으나, 공익사업 수입과 수익사업 수입이 차지하는 비중은 동일한 수준을 유지하고 있다. 공익사업 수입은 기부금, 보조금, 기타수입(회비수입 등)으로 구성되어 있으며, 기부금의 경우 사회복지법인이 전체 기부금의 약 37%를 차지하고 있으며, 보조금의 경우는 사회복지법인이 전체 보조금의 약 51%를 차지하고 있다.

<표 7> 의무공시 공익법인 총수입

(단위: 억 원)

구분	2016	2017
공익사업	934,752 (63.5%)	992,455 (63.5%)
수익사업	537,358 (36.5%)	571,030 (36.5%)
계	1,472,110	1,563,468

Ⅲ. 기업공익법인의 현황

설립주체별 의무공시 공익법인의 현황을 나타낸 <표 4>에서 보는 바와 같이, 기업과 관련된 공익법인의 경우 현행 국세청 공시시스템에서는 '기업' 또는 '기업+개인'으로 표시된다. 설립주체를 '기업'으로 표시한 경우는 기업이 출연하여 설립한 공익법인 등이 해당하며, '기업+개인'으로 표시한 경우는 기업과 기업의 총수가 같이 출연하여 설립한 공익법인 등이 해당한다. 따라서 본 연구에서 논의하는 기업공익법인은 '기업'과 '기업+개인'을 모두 포함한다. 여기서 논의할 기업공익법인 자료는 2019년 사업연도에 대한 것으로 2020년 국세청 홈페이지 공시자료이다.

1. 일반 현황

<표 8>은 기업공익법인의 사업유형별 수 및 비중을 보여주고 있다. 전체 1,261개 기업공익법인 중 36.8%에 해당하는 464개의 공익법인이 학술·장학분야에 포함되어 있다. 학술·장학분야 다음으로 사회복지분야, 기타분야, 의료분야, 교육분야, 예술문화분야의 순서로 기업공익법인이 분포되어 있다.

<표 8> 사업분야별 기업공익법인 수 및 비중

사업유형	법인 수	비중
교육	121	9.6%
기타	171	13.6%
예술문화	114	9.1%
사회복지	225	17.8%
의료	166	13.2%
학술·장학	464	36.8%
소계	1,261	

<표 9>는 설립근거법의 유형에 따라 기업공익법인을 분류한 통계를 나타내고 있다. 전체 1,261개 기업공익법인 중에서 기타법률의 비중이 27.9%로 가장 크고, 제시된 설립근거법에 해당하지 않는 기업공익법인의 비중도 20.8%에 이르러 제시된 설립근거법의 내용에 변화가 필요해 보인다. 그다음으로는 민법, 사회복지사업법, 의료법, 사립학교법, 협동조합기본법의 순서로 비중을 차지하고 있다. <표 3>에서 확인한 바와 같이 기타 법에는 학술·장학 또는 기타 사업을 운영하는 법인으로써 '공익법인의 설립 및 운영에 관한 법률' 및 '기타특별법'에 의해 설립된 법인 등이 포함되어 그 비중이 크게 나타나고 있다.

〈표 9〉 설립근거법의 유형별 기업공익법인 수 및 비중

설립근거법	법인 수	비중
기타법률	352	27.9%
민법	212	16.8%
사립학교법	67	5.3%
사회복지사업법	180	14.3%
의료법	159	12.6%
해당없음	262	20.8%
협동조합기본법	29	2.3%
소계	1,261	

<표 10>은 단체유형별 기업공익법인의 분포를 보여주고 있다. 재단법인이 전체 1,261개 중 857개로 68.0%의 비중을 보이고 있고, 그다음으로 사단법인, 기타단체, 법인으로보는단체, 공공기관의 순서로 비중을 차지하고 있다.

<표 10> 단체유형별 기업공익법인 수 및 비중

단체유형	법인 수	비중
공공기관	13	1.0%
기타단체	140	11.1%
법인으로보는단체	48	3.8%
사단법인	203	16.1%
재단법인	857	68.0%
소계	1,261	

2. 재무 현황

<표 11>에는 기업공익법인의 자산규모에 따른 분포가 표시되어 있다. 전체 1,261개 중 34.2%에 해당하는 431개의 공익법인이 자산규모 10억 원 이상 ~ 50억 원 미만의 구간에 있으며 가장 큰 비중을 차지하고 있다. 100억 원 이상의 구간에도 27.8%에 해당하는 350개의 공익법인이 있으며, 50억 원 이상 ~ 100억 원 미만의 구간과 3억 원 이상 ~ 10억 원 미만의 구간에는 유사한 비중의 기업공익법인이 있음을 알 수 있다. 그다음으로 약 10%에 해당하는 자산규모 3억 원 미만의 소규모 법인이 분포되어 있다.

<표 11> 자산규모별 기업공익법인 수 및 비중

자산규모(단위 : 원)	법인 수	비중
100억 이상	350	27.8%
50억 이상 ~ 100억 미만	165	13.1%
10억 이상 ~ 50억 미만	431	34.2%
3억 이상 ~ 10억 미만	179	14.2%
3억 미만	134	10.6%
0원(빈 값 포함)	2	0.2%
소계	1,261	

기업공익법인의 수입규모에 따른 공익법인 개수와 그 비중이 <표

12>에 나타나 있다. 자산규모별 기업공익법인의 분포와 동일한 구간으로 수입규모를 분류하였으며, 그 결과 가장 낮은 구간에 해당하는 3억 원 미만에 전체의 32.2%에 이르는 406개의 기업공익법인이 포함된 것을 알 수 있다. 그다음으로 10억 원 이상 ~ 50억 원 미만, 3억 원 이상 ~ 10억 원 미만, 100억 원 이상, 50억 원 이상 ~ 100억 원 미만의 순서로 비중을 차지하고 있다. 실질적으로 매년 수행하는 공익사업의 재원에 해당하는 수입의 경우, 자산의 경우와는 다르게 10억 원 미만의 소규모 수입을 갖는 법인의 비중이 54.7%에 이르러 소규모 재원을 가지고 운영하는 기업공익법인의 비중이 큰 것을 알 수 있다.

〈표 12〉 수입규모별 기업공익법인 수 및 비중

수입규모(단위 : 원)	법인 수	비중
100억 이상	149	11.8%
50억 이상 ~ 100억 미만	119	9.4%
10억 이상 ~ 50억 미만	291	23.1%
3억 이상 ~ 10억 미만	284	22.5%
3억 미만	406	32.2%
0원(빈 값 포함)	12	1.0%
소계	1,261	

　수입의 대부분을 공익사업에 지출하는 공익법인의 특성상 지출규모 구간별 기업공익법인의 개수 및 비중은 〈표 12〉의 수입규모 구간별 기업공익법인의 개수 및 비중과 거의 유사하여 별도의 설명이 필요하지는 않다. 따라서 〈표 13〉을 통하여 지출규모 구간과 사업분야별 기업공익법인의 개수 및 비중에 대하여 논의한다.

〈표 13〉 지출규모와 사업분야별 기업공익법인 수 및 비중

(단위: 개, %)

지출규모 (단위: 원)	학술·장학	예술문화	교육	사회복지	의료	기타	소계
100억 이상	10 (2.2)	8 (7.0)	28 (23.1)	19 (8.4)	60 (36.1)	23 (13.5)	148
50억 이상 ~ 100억 미만	14 (3.0)	9 (7.9)	14 (11.6)	17 (7.6)	57 (34.3)	10 (5.9)	121
10억 이상 ~ 50억 미만	58 (12.5)	31 (27.2)	29 (24.0)	68 (30.2)	45 (27.1)	51 (29.8)	282
3억 이상 ~ 10억 미만	101 (21.8)	36 (31.6)	28 (23.1)	60 (26.7)	3 (1.8)	56 (32.7)	284
3억 미만	278 (59.9)	27 (23.7)	21 (17.4)	56 (24.9)	-	31 (18.1)	413
0원 (빈 값 포함)	3 (0.6)	3 (2.6)	1 (0.8)	5 (2.2)	1 (0.6)	-	13
소계	464	114	121	225	166	171	1,261

앞서 언급한 바와 같이 지출규모 구간별 소계를 보면 <표 12>와 매우 유사한 것을 확인할 수 있다. 기업공익법인의 수가 가장 많은 학술·장학분야의 지출규모별 분포를 보면, 3억 원 미만에 해당하는 법인이 거의 60% 수준으로 대부분의 법인이 소규모의 공익사업을 수행하고 있는 것을 알 수 있다. 학술·장학분야 다음으로 기업공익법인 수가 많은 사회복지분야의 경우 30.2%가 10억 원 이상 ~ 50억 원 미만의 구간에 속하고 있고, 50억 원 이상을 지출하는 법인도 16%를 차지하여 5.2%의 학술·장학분야보다 상대적으로 큰 규모의 공익사업을 수행하고 있다. 교육분야의 경우 각 지출규모 구간별 비중이 다른 분야에 비하여 상대적으로 균등하게 분포되어 있으며, 50억 원 이상을 지출하는 법인이 34.7%에 이르러 공익사업의 지출규모가 다른 분야에 비하여 큰 것을 알 수 있다. 50억 원 이상을 지출하는 법인의 비중이 가장 큰 분야는 의료분야로 70.4%의 법인이 이 구간에 포함되어 있다. 예술문화분야의 경우는 3억 원 이상 ~ 10억 원 미만의 구간에 가장 많은 법인이 포함되어

있고 50억 원 이상을 지출하는 법인도 14.9%에 이르고 있다.

IV. 대기업집단 소속 공익법인의 현황

본 절에서 대기업집단 소속 공익법인은 공정거래위원회에서 공시대상으로 지정하는 공시대상기업집단 소속 공익법인을 의미하며, 2020년 공시기준 164개 공익법인이 해당한다.

1. 일반 현황

<표 14>는 각 사업분야별 대기업집단 소속 공익법인의 개수 및 그 비중을 나타내고 있다. 전체 164개 법인 중 30.5%에 해당하는 50개 법인이 학술·장학분야에 속하며, 사업분야 중 가장 큰 비중을 차지하고 있다. 그다음으로 기타분야, 예술문화, 교육, 사회복지의 순서로 비중을 차지하고 있다. <표 8>의 기업공익법인의 현황과 비교하면, 학술·장학분야의 비중이 가장 큰 것은 동일하지만 두 번째로 비중이 컸던 사회복지분야의 비중이 대기업집단 소속 공익법인의 경우에는 가장 낮은 비중을 보이고 있다. 또한, 가장 비중이 낮았던 예술문화분야가 세 번째로 큰 비중을 보이고 있어서 대기업집단 소속 공익법인의 경우 사회복지분야의 비중이 상대적으로 작고, 예술문화분야의 비중이 큰 것을 알 수 있다. 의료분야 역시 13.2%의 비중을 보이고 있었으나, 대기업집단 소속 공익법인의 경우 1.2%로 크게 낮아진 것을 알 수 있다.

〈표 14〉 사업분야별 대기업집단 소속 공익법인 수 및 비중

사업유형	법인 수	비중
교육	27	16.5%
기타	36	22.0%
예술문화	28	17.1%
사회복지	21	12.8%
의료	2	1.2%
학술·장학	50	30.5%
소계	164	

<표 15>는 대기업집단 소속 공익법인의 설립근거법에 따른 분포를 나타내고 있다. 기타법률에 설립근거를 둔 공익법인이 전체 164개 중 50개로 30.5%의 비중을 보이고 있다. 민법에 의한 공익법인의 비중이 24.4%로 그다음을 차지하고 있으며, 해당없음으로 공시한 공익법인의 비중도 무려 20.1%로 나타나고 있다. 그다음은 사립학교법, 사회복지사업법, 의료법의 순서로 비중을 차지하고 있다. 앞서 <표 3>과 <표 9>에서 설명한 바와 같이 기타법에는 학술·장학 또는 기타 사업을 운영하는 법인으로써 '공익법인의 설립 및 운영에 관한 법률' 및 '기타특별법'에 의해 설립된 법인 등이 포함되어 그 비중이 가장 크게 나타나고 있었으며, 대기업집단 소속 공익법인의 범주에서도 유사한 결과가 나타나고 있다. 국세청 공시시스템에서 제시하는 설립근거법의 유형이 현실을 반영할 수 있도록 개편이 필요한 것으로 보인다.

〈표 15〉 설립근거별 대기업집단 소속 공익법인 수 및 비중

설립근거	법인 수	비중
기타법률	50	30.5%
민법	40	24.4%
사립학교법	20	12.2%
사회복지사업법	14	8.5%
의료법	2	1.2%
해당없음	38	20.1%
협동조합기본법	-	0%
소계	164	

<표 16>은 대기업집단 소속 공익법인의 단체유형별 분포를 나타내고 있다. 전체 164개 공익법인 중 75%에 해당하는 128개 공익법인이 재단법인이고, 그다음으로 기타단체, 사단법인, 공공기관, 법인으로보는 단체의 순서로 비중을 차지하고 있다. <표 10>의 기업공익법인 중에서 대규모에 속하는 대기업집단 소속 공익법인의 단체유형 중 재단법인의 비중이 커진 것을 알 수 있다.

〈표 16〉 단체유형별 대기업집단 소속 공익법인 수 및 비중

단체유형	법인 수	비중
공공기관	3	1.8%
기타단체	21	12.8%
법인으로보는단체	1	0.6%
사단법인	11	6.7%
재단법인	128	75.0%
소계	164	

2. 재무 현황

대기업집단 소속 공익법인의 재무 관련 현황은 자산규모, 수입규모, 지출규모 및 사업분야별 분포 등에 대하여 소개한다. <표 17>에서는 자산규모 구간별 대기업집단 소속 공익법인의 개수 및 비중을 나타내고 있다. 자산규모 100억 원 이상에 속하는 대규모의 공익법인이 전체 164개 중에서 65.2%에 해당하는 107개이며, 10억 원 이상 ~ 50억 원 미만, 50억 원 이상 ~ 100억 원 미만, 3억 원 이상 ~ 10억 원 미만, 3억 원 미만의 순서로 비중을 보이고 있다. <표 11>에서 논의했던 기업공익법인의 경우 10억 원 이상 ~ 50억 원 미만의 구간에 34.2%의 가장 많은 공익법인이 포함되었고, 그다음으로 100억 원 이상의 구간에 27.8%의 공익법인이 포함되었으나, 대기업집단 소속 공익법인의 경우 공익법인의 규모가 커지면서 100억 원 이상의 구간에 65.2%의 법인이 포함된 것

을 알 수 있다. 대기업집단 소속 공익법인으로 분류는 되지만 3억 원 이상 ~ 10억 원 미만의 구간에 10개의 공익법인이 있으며, 3억 원 미만의 구간에 포함되는 공익법인도 1개 있어 대기업 소속이지만 소규모의 공익법인도 있음을 알 수 있다.

<표 17> 자산규모별 대기업집단 소속 공익법인 수 및 비중

자산규모(단위 : 원)	법인 수	비중
100억 이상	107	65.2%
50억 이상 ~ 100억 미만	16	9.8%
10억 이상 ~ 50억 미만	30	18.3%
3억 이상 ~ 10억 미만	10	6.1%
3억 미만	1	0.6%
0원(빈 값 포함)	-	0%
소계	164	

수입규모 구간별 대기업집단 소속 공익법인의 분포를 <표 18>에서 보여주고 있다. 수입규모 구간별 분포를 보면 31.7%에 해당하는 52개의 공익법인이 가장 큰 구간인 100억 원 이상의 구간에 포함되어 있다. 그 다음으로 10억 원 이상 ~ 50억 원 미만의 구간에 45개(27.4%)의 공익법인이 속해 있으며, 50억 원 이상 ~ 100억 원 미만, 3억 원 이상 ~ 10억 원 미만, 3억 원 미만의 순서로 비중을 차지하고 있다. 기업공익법인의 수입규모 구간별 분포를 논의했던 <표 12>와 비교하면, 가장 큰 구간인 100억 원 이상에 11.8%의 공익법인만 속해 있었으나, 대기업집단 소속 공익법인의 경우 가장 큰 비중을 보이고 있어 자산규모뿐만 아니라 수입규모에서도 대기업 소속 공익법인이 월등히 큰 것을 확인할 수 있다. 자산규모 구간별 분포에서도 확인한 바와 같이 대기업 소속 공익법인이지만 수입규모가 3억 원 이상 ~ 10억 원 미만의 구간에 15.9%, 3억 원 미만에 9.2%가 분포되어 상대적으로 영세한 공익법인의 비중이 25.1%나 되는 것을 알 수 있다. 앞서 언급한 바와 같이 공익법인의 수입은 대부분 공익사업의 지출로 연결되므로 낮은 수준의 수입은 낮은 수준의

공익사업을 의미하는 것으로 해석할 수 있다.

<표 18> 수입규모별 대기업집단 소속 공익법인 수 및 비중

수입규모(단위 : 원)	법인 수	비중
100억 이상	52	31.7%
50억 이상 ~ 100억 미만	26	15.9%
10억 이상 ~ 50억 미만	45	27.4%
3억 이상 ~ 10억 미만	26	15.9%
3억 미만	15	9.2%
0원(빈 값 포함)	-	0%
소계	164	

<표 19>는 지출규모 구간과 사업분야별 대기업집단 소속 공익법인의 개수 및 비중을 나타내고 있다. 대기업집단 소속 공익법인 164개 중 30.5%에 해당하는 50개의 공익법인이 소속된 분야는 학술·장학분야이다. 10억 원 이상 ~ 50억 원 미만의 구간에 가장 많은 16개(32.0%)의 공익법인이 속해 있으며, 3억 원 이상 ~ 10억 원 미만, 100억 원 이상, 50억 원 이상 ~ 100억 원 미만, 3억 원 미만의 순서로 비중을 차지하고 있다. <표 13>에서 논의했던 기업공익법인의 경우 약 60%의 법인이 3억 원 미만의 구간에 포함되어 학술장학분야는 소규모 공익사업을 수행하는 법인의 수가 많은 것을 확인할 수 있었다. 그러나 대기업집단 소속 공익법인의 경우 3억 원 미만의 구간에 속하는 법인의 수는 7개(14%)로 기업공익법인의 경우와는 차별화된 모습을 보이고 있다. 교육분야의 경우 약 60%의 공익법인이 100억 원 이상의 구간에 포함되어 상대적으로 큰 규모의 공익사업을 수행하는 공익법인의 비중이 큰 것을 알 수 있다. 사회복지분야의 경우 42.9%의 공익법인이 10억 원 이상 ~ 50억 원 미만의 구간에 포함되어 있으며, 의료분야의 경우는 2개 공익법인 모두 100억 원 이상의 지출규모 구간에 포함되어 있다. 예술문화분야의 경우 각 지출구간별 비중이 다른 분야에 비하여 상대적으로 고르게 분포되어 있는 것을 알 수 있다.

<표 19> 지출규모 및 사업분야별 대기업집단 소속 공익법인 수 및 비중

(단위: 개, %)

지출규모 (단위 : 원)	학술 장학	예술 문화	교육	사회 복지	의료	기타	소계
100억 이상	10(20.0)	6(21.4)	16(59.3)	5(23.8)	2(100)	13(36.1)	52
50억 이상 ~ 100억 미만	5(10.0)	7(25.0)	3(11.1)	4(19.1)	-	5(13.9)	24
10억 이상 ~ 50억 미만	16(32.0)	6(21.4)	5(18.5)	9(42.9)	-	11(30.6)	47
3억 이상 ~ 10억 미만	12(24.0)	7(25.0)	1(3.7)	2(9.5)	-	6(16.7)	28
3억 미만	7(14.0)	2(7.1)	2(7.4)	1(4.8)	-	1(2.8)	13
0원 (빈 값 포함)	-	-	-	-	-	-	-
소계	50	28	27	21	2	36	164

3. 주요 이슈 관련 현황[6)

본 절에서는 대기업집단 소속 공익법인과 관련하여 사회적 관심을 받고 있는 주요 이슈와 관련된 현황을 논의한다. 본 절에서 소개하는 통계는 공정거래위원회, 감사원 등에서 작성하여 공개한 자료를 근거로 하고 있다. 따라서 앞에서 논의한 통계와 대상연도가 다른 경우에는 공익법인의 개수 및 비중 등이 다르게 나타나고 있다.

가. 일반 현황

<표 20>은 공정거래위원회가 공시대상으로 지정한 공시대상기업집단이 보유하고 있는 공익법인의 현황을 보여준다. 상호출자제한기업집

---

6) 본 절에서 소개하는 내용은 공정거래위원회 보도자료 "대기업집단 소속 공익법인 운영실태 분석 결과" (2018. 7. 2.)의 내용과 감사원 감사보고서 "-공익법인 관리 및 과세실태-" (2020. 5.)의 내용을 요약 및 발췌한 것이다.

단(이하 상출집단) 소속 공익법인에 대한 내용을 추가한 것이 앞 절에서
의 분석과 차별화 된다고 할 수 있다. 제시된 통계는 2017년 9월 1일
지정된 공시대상기업집단에 대한 것으로 2016년 말 기준 상증세법에 따
른 결산서류 의무공시대상 공익법인에 대한 것이다.

<표 20> 대기업집단 소속 공익법인 일반현황

(단위: 개, 억 원)

구분	공익법인 수	자산총액	평균 자산총액	자산 1천억 이상 공익법인 수
공시집단 전체	165	202,804	1,229	36
상출집단	115	189,639	1,649	34
기타공시집단	50	13,165	263	2
공익법인 전체	9,082	2,368,690	261	364

대기업집단 57개 중 51개가 165개의 공익법인을 보유하고 있으며 6
개는 공익법인을 보유하고 있지 않다. 대기업집단 중 상호출자제한기업
집단 소속 공익법인이 115개로 69.7%에 이르고 있다. 공시집단 전체의
평균 자산규모는 1,229억 원이며, 상출집단 소속 공익법인의 평균 자산
규모는 1,649억 원으로 그 규모가 더 큰 것을 알 수 있다. 또한, 자산규
모 1천억 이상 공익법인의 수를 보면 공시집단 165개 중 21.8%에 해당
하는 36개 공익법인이 포함되었으나, 상출집단의 경우 115개 중 29.6%
에 해당하는 34개 공익법인이 포함되어 있는 것을 알 수 있다. 참고로
상위 10대 집단 소속 75개 공익법인의 평균 자산규모는 2,021억 원에
이르는 것으로 보고되고 있다.

나. 설립 현황

<표 21>은 대기업집단 소속 공익법인의 설립 당시 출연자 현황을 나
타내고 있다. 공익법인 설립 당시 출연자의 유형은 공시집단 전체의 경

우 계열회사, 동일인, 친족, 비영리법인·임원의 순서로 비중을 차지하고 있으나 상출집단의 경우 동일인, 계열회사, 친족, 비영리법인·임원의 순서로 나타나고 있다. 여러 유형의 출연자가 함께 출연한 경우도 있어 출연자 유형별 공익법인 수의 합이 전체 공익법인 수보다 크게 나타나고 있는 것으로 설명되고 있다.

〈표 21〉 대기업집단 소속 공익법인 출연자 현황

(단위: 개)

구분	공익법인 수	출연자 유형별 공익법인 수				
		동일인	친족	계열회사	비영리법인 임원	기타(동일인 관련자 외)
공시집단 전체	165	49	37	68	19	30
상출집단	115	33	25	27	19	21
기타공시 집단	50	16	12	41	0	9

<표 22>는 대기업집단 소속 공익법인 출연재산의 유형별 현황을 보여주고 있다. 출연재산 유형 중에는 설립 당시 현금만 출연한 공익법인이 전체의 63.6%에 해당하는 105개로 가장 큰 비중을 차지하고 있고, 주식을 출연한 공익법인은 38개로 22.8%에 해당하여 상대적으로 작은 비중을 차지하고 있다. 여기서 기타재산은 토지, 건물, 집기비품, 미술품, 의료기기 등을 말하며, 여러 유형의 재산을 함께 출연한 경우도 있어 출연재산 유형별 공익법인 수의 합이 전체 공익법인 수보다 크게 나타나고 있음을 보고하고 있다. 또한, 설립 당시 주식이 출연된 경우 출연자는 대부분(78.9%) 총수일가이며, 계열회사가 주식을 출연한 공익법인은 10.5%로 상대적으로 낮은 비중을 보이고 있는 것으로 설명되고 있다.

〈표 22〉 대기업집단 소속 공익법인 출연재산 현황

(단위: 개)

구분	공익법인 수	출연재산 유형별 공익법인 수		
		주식(주식만)	현금(현금만)	기타재산(기타재산만)
공시집단 전체	165	38(10)	140(105)	26(5)
상출집단	115	24(5)	96(71)	22(4)
기타공시집단	50	14(5)	44(34)	4(1)

다. 지배구조 현황

<표 23>은 대기업집단 소속 공익법인 중 특수관계인이 대표자인 경우 특수관계인의 유형별 분포를 나타내고 있다. 공시집단 전체로 보면 165개 공익법인 중 59.4%에 해당하는 98개 공익법인이 특수관계자를 대표자로 하고 있다. 상출집단에 속하는 공익법인의 경우 115개 공익법인 중 53.9% 해당하는 62개 공익법인이 특수관계자를 대표자로 하고 있다. 특수관계인 중 총수일가로 분류되는 동일인·총수2세·기타친족의 비중이 공시집단 전체의 경우 69.4%, 상출집단의 경우 66.1%에 이르고 있다.

이사회의 지배구조를 보면, 대기업집단 소속 공익법인 중 특수관계인이 이사로 참여하는 비중이 165개 중 138개로 83.6%를 차지하고 있다. 또한, 특수관계인이 전체 공익법인 이사회 구성원 수에서 차지하는 비중은 평균 19.2%에 해당한다고 보고되고 있다. 참고로 상·증세법에서는 특수관계인의 이사 취임을 20%로 제한하고 있다.

〈표 23〉 대기업집단 소속 공익법인 대표자 현황

(단위: 개)

구분	공익법인 수	특수관계인					기타
		동일인	총수2세	기타친족	계열사임원	소계	
공시집단 전체	165	32	8	28	30	98	67
상출집단	115	18	7	16	21	62	53
기타공시집단	50	14	1	12	9	36	14

라. 보유주식 현황

<표 24>는 대기업집단 소속 공익법인의 자산구성 현황과 계열사 주식 보유 현황을 나타내고 있다. 자산에서 주식이 차지하는 비중은 전체 공익법인의 경우 5.5%에 불과하나, 대기업집단 소속 공익법인의 경우 21.8%를 차지하고 있어 상대적으로 주식자산의 비중이 큰 것을 알 수 있다. 보유한 주식 중에서도 대기업집단 소속 공익법인의 경우 계열사 주식의 비중이 74.1%에 이르러 상당 부분이 계열사 주식인 것을 보고하고 있다.

〈표 24〉 대기업집단 소속 공익법인의 자산구성 현황

(단위: %)

구분	토지	건물	금융	기타	주식	주식 중 계열사주식 비중
공시집단 전체	7.1	20.8	31.6	18.7	21.8	74.1
상출집단	6.8	21.5	30.7	19.5	21.5	73.6
기타공시집단	12.5	9.8	44.5	7.0	26.2	80.7
공익법인 전체	17.3	23.7	33.7	19.8	5.5	-

마. 상속·증여세법상 혜택 현황

<표 25>는 최근 5년간 공익법인 출연재산에 대한 상속·증여세 면제 현황을 나타내고 있다. 상속·증여세법 제16조 제1항 및 제48조 제1항 등에 의하면 공익사업을 활성화하기 위하여 종교, 자선, 학술 등 공익을 목적으로 하는 사업을 영위하는 법인에 출연한 재산가액에 대해서는 상속세 및 증여세를 과세하지 않도록 규정되어 있다. <표 25>는 언급한 상속·증여세법 조항을 토대로 면제된 상속세 및 증여세 금액과 추이를 나타내고 있다. 최근 5개년 간 면제된 상속세 및 증여세 금액은 약 1조 2,420억 원에 이르고 있다. 상속세 및 증여세 면제규정은 공익사업의 활성화를 위

한 인센티브로 제공되는 세제상의 혜택이다. 이와 같은 세제상의 혜택을 부여하는 이유는 공익법인이 일정 부분 정부의 역할을 대행하기 때문인 것으로 학계에서는 이해하고 있다. 그러나 아직도 공익법인에 대한 부정적인 시각이 존재한다. 즉, 출연재산에 대한 상속세 및 증여세를 면제받은 공익법인이 본연의 공익사업은 수행하지 않은 채 편법으로 상속 및 증여, 특수관계 회사에 대한 부당지배 등 사익 추구 수단으로 악용될 소지가 있으며, 이를 방지하기 위한 제도적 장치가 미흡하고 사후관리도 미흡하다는 우려가 있는 것이 사실이다. 이와 같은 우려 때문에 공익법인과 관련된 많은 제도가 규제의 성격을 갖고 있는 것으로 이해된다. 그러나 <표 26>에 설명된 바와 같이 공익법인의 의무 위반에 대한 제재방법은 이미 충분히 도입되어 있다. 따라서 일부 공익법인에서 발생하는 문제는 사후관리를 철저히 함으로써 해결할 수 있을 것으로 판단된다.

〈표 25〉 공익법인 출연재산에 대한 상속·증여세 면제 현황

(단위: 개, 억 원)

구분	상속세		증여세		계	
	공익법인 수	과세가액 불산입	공익법인 수	과세가액 불산입	공익법인 수	과세가액 불산입
2014	86	1,143.7	274	341.5	360	1,485.2
2015	82	1,019.4	246	756.0	328	1,775.4
2016	97	51.6	338	579.0	435	1,094.9
2017	64	84.8	418	2,789.3	482	3,636.7
2018	87	60.3	317	3,823.4	404	4,426.6
계	416	4,129.9	1,593	8,289.1	2,009	1,2418.9

〈표 26〉 공익법인의 상증법상 의무 및 의무 위반 시 제재

의무사항	관련법령	의무위반시
출연재산을 직접 공익목적사업에 사용 재산을 출연받은 때에는 출연받은 날부터 3년 이내에 직접 공익목적사업 등에 전부 사용하여야 함	상증법§ 48②1호 상증령§ 38	• 증여세 부과 공익목적사업 외 사용, 3년내 미사용금액에 부과

출연재산 매각대금을 직접 공익목적사업에 사용 매각한 날이 속하는 사업연도에 종료일부터 1년 이내 30%, 2년 이내 60%, 3년 이내 90%에 상당하는 금액 이상을 직접 공익목적사업에 사용하여야 함	상증법§ 48②(4·5호) 상증령§ 38④⑦ 상증법§ 78⑨	• 공익목적사업 외 사용, 90%에 미달 사용한 금액에 증여세 부과 • 1년 이내 30%, 2년 이내 60%, 미달 사용 가산세 부과 ☞ 미달 사용한 금액의 10%
출연재산 운용소득을 직접 공익목적사업에 사용 출연재산을 수익사업용 또는 수익용으로 운용하는 경우 그 운용소득의 70%(성실공익법인 80%)에 상당하는 금액 이상을 소득이 발생한 사업연도 종료일부터 1년 이내에 직접 공익목적사업에 사용하여야 함	상증법§ 48②③·5호 상증령§ 38⑤⑥ 상증법§ 78⑨	• 증여세 부과 출연재산평가액 × $\frac{\text{목적외사용금액}}{\text{운용소득금액}}$ • 가산세 부과 운용소득금액의 70%에 미달 사용한 금액의 10%
주식취득 및 보유시의 지켜야 할 일		
가. 내국법인의 의결권 있는 주식 등을 출연받은 경우 동일한 내국법인의 의결권 있는 발행주식총수 등의 5%(10%[1)], 20%[2)]) 초과 금지	상증법§ 48① 상증령§ 37	• 증여세 부과 초과하는 가액에 부과
나. 출연받은 재산으로 내국법인의 의결권 있는 주식 등을 취득하는 데 사용하는 경우 동일한 내국법인의 의결권 있는 발행주식 총수 등의 5%(10%[1)], 20%[2)]) 초과 금지	상증법§ 16② 상증법§ 48②2호 상증령§ 37	• 증여세 부과 초과부분을 취득하는데 사용한 재산의 가액
다. 5% 초과 보유주식에 대한 매각의무 '96. 12. 31. 현재 동일한 내국법인에 대한 발행주식총수 등의 100분의 5를 초과하여 주식 등을 보유하고 있는 경우 일정기한까지 매각하여야 함 • 5%~20% 이하 : 3년 이내('99. 12. 31.) 처분 • 20% 초과 : 5년 이내('01. 12. 31.) 처분	상증법§ 49 상증법§ 78④	• 가산세 부과 5% 초과 보유주식의 매 사업연도말 현재의 시가 × 5% (부과기간 : 10년) • 성실공익법인 등은 제외
라. 계열기업의 주식보유 한도 총재산가액 중 특수관계에 있는 내국법인의 주식 등의 가액이 30%(50%*) 초과 금지 * 외부감사, 전용계좌 개설 사용, 결산서류 공시 이행하는 경우	상증법§ 48⑨ 상증법§ 78⑦	• 가산세 부과 30%(50%) 초과 보유 주식의 매사업연도말 현재의 시가 × 5% • 성실공익법인 제외

마. 성실공익법인 등의 출연재산 의무 사용 내국법인의 의결권 있는 발행주식 총 수 등의 5%를 초과하여 주식을 보유 하고 있는 성실공익법인 등은 출연재 산가액의 일정비율 직접 공익목적사 업에 사용하여야 함 ・ 5% 초과 : 출연재산가액 1% 이상 ・ 10% 초과 : 출연재산가액 3% 이상	상증법§ 48②⑦호 상증법§ 78⑨	・ 가산세 부과 (사용기준금액 - 직접 공익목적 사용금액) × 10%
출연자 등의 이사 취임시 지켜야 할 일 출연자 또는 그의 특수관계인이 공익법인 등(의료법인 제외)의 현재 이사 수의 1/5을 초과하여 이사가 되거나, 그 공익법인 등의 임직원으로 취임 금지	상증법§ 48⑧ 상증법§ 78⑥	・ 가산세 부과 기준 초과한 이상 등과 관련하여 지출된 직・간 접경비 상당액 전액
특정기업의 광고 등 행위 금지 특수관계에 있는 내국법인의 이익을 증가시 키기 위하여 정당한 대가를 받지 아니하고 광고・홍보 금지	상증법§ 48⑩ 상증법§ 78⑧	・ 가산세 부과 ㄱ. 신문, 잡지 등 ☞ 광고, 홍보매체비용 ㄴ. 팜플렛・입장권 등 ☞ 행사비용 전액
자기내부거래시 지켜야 할 일 ☞ p.164 출연받은 재산을 출연자 및 그의 특수관계 자가 정당한 대가를 지급하지 않고 사용・수 익 금지	상증법§ 48③ 상증령§ 39	・ 증여세 부과 ㄱ. 무상사용 ☞ 출연재산가액에 부과 ㄴ. 낮은 가액으로 사용 ☞ 차액이 증여가액
특정계층에만 공익사업의 혜택 제공 금지 출생지・직업・학연 등 특정계층에만 혜택이 제공되는 경우 출연받은 재산을 공익목적에 사용하지 않은 것으로 봄	상증법§ 48②8호 상증령§ 38①2호	・ 증여세 부과 특정계층에 제공된 재산 가액・이익이 증여가액
공익법인 해산 시 지켜야 할 일 공익사업을 종료하고 해산 시 그 잔여재산 을 국가・지방자치단체 또는 유사한 공익사 업을 영위하는 공익법인에 귀속시켜야 함	상증법§ 48②8호 상증령§ 38①1호	・ 증여세(법인세) 부과 국 가 등에 귀속하지 않은 재산가액

1) '08. 1. 1. 이후 출연・취득하는 성실공익법인 등에 적용('17. 7. 1. 이후부터는 상호출
자제한기업집단과 특수관계에 있지 아니한 성실공익법인 등에 적용)
2) '18. 1. 1. 이후 출연받은 주식 등의 의결권을 행사하지 않는 조건으로 주식 등을 출
연받은 상호출자제한기업집단과 특수관계가 없는 자선・장학・사회복지 목적의 성실
공익법인에 적용
자료: 김지연 외 공저, "공익법인 세무안내", 국세청 (2020. 2.)

V. 기업(공익법인) 사회공헌활동 현황[7]

이상에서는 공익법인의 사회공헌활동과 관련된 내용을 공익법인의 지출분야 및 규모를 토대로 논의하였다. 전체 의무공시 대상 공익법인의 범주, 기업공익법인의 범주, 대기업집단 소속 공익법인의 범주별로 국세청 의무공시자료가 제공하는 범위 내에서 공익법인의 사회공헌활동 현황을 분석하였다. 이상의 내용에 추가하여 본 절에서는 전국경제인연합회가 실시한 '2019년 기업 사회공헌활동에 대한 조사' 결과를 토대로 논의한다. 지금까지의 논의는 국세청 공시자료를 토대로 분석하여 의무공시 대상 공익법인만의 사회공헌활동에 대한 통계를 활용하였으나, 본 절에서 소개하는 자료는 각 기업 자체의 사회공헌활동과 각 기업이 보유한 공익법인의 사회공헌활동이 함께 포함된 자료이다. 따라서 공시자료로 분석한 내용과 본 절의 내용을 직접 비교하는 것은 큰 의미가 없는 것으로 생각되며, 본 절에서는 기업 사회공헌활동의 추이를 분석하는 것이 더 의미가 있을 것으로 사료된다.

전경련에서 수행한 조사는 매출액 상위 500대 상장 및 외감기업을 대상으로 실시하였으며, 응답한 245개 사 중 비공개를 희망한 25개 사를 제외한 220개 사를 대상으로 분석한 자료이다. <표 27>은 분석기업의 업종별 분포를, <표 28>은 분석기업의 매출액 순위 분포를 나타내고 있다.

---

7) 본 절에서 소개되는 내용은 박예지, "2020 주요 기업의 사회적 가치 보고서", 전국경제인연합회(2020. 12. 1.)의 내용을 토대로 하고 있다.

〈표 27〉 분석기업의 업종별 분포

(단위: 개, %)

업종	제조업	금융보험업	유통업	전기, 가스, 수도업	건설업	방송통신정보	운수업	기술서비스	문화예술	기타서비스	기타
기업 수 (비율)	97 (39.6)	68 (27.8)	23 (9.4)	17 (6.9)	16 (6.5)	13 (5.3)	5 (2.1)	2 (0.8)	2 (0.8)	1 (0.4)	1 (0.4)

제조업이 39.6%로 가장 많고 금융보험업, 유통업, 전기·가스·수도업, 건설업 등의 순서로 분포를 보이고 있다. 분석대상 기업은 매출액 순위 기준 1~100위의 구간에 속하는 기업이 32.7%로 가장 많고, 그다음이 101~200위의 구간으로 27.3%의 비중을 차지하고 있으며 201~300위 구간, 301~400위 구간, 401~500위 구간의 순서로 비중을 차지하고 있다.

〈표 28〉 분석기업의 매출액 순위 분포

(단위: 개, %)

매출액 순위	1-100위	101-200위	201-300위	301-400위	401-500위	계
기업 수 (비율)	80 (32.7)	67 (27.3)	38 (15.5)	31 (12.7)	29 (11.8)	245 (100.0)

<표 29>는 분석기업의 사회공헌 지출 규모를 나타내고 있다. 분석대상 기업의 총 사회공헌 지출액은 약 2.99조 원에 이르며, 1개 기업당 평균 지출액은 약 136억 원, 1개 기업당 지출액의 중간값은 약 21억 원 수준이다. 1개 기업당 지출액의 평균값과 중간값의 차이가 크게 나는 것은 경영성과에 기반한 사회공헌의 특성상 상위그룹과 하위그룹 간 사회공헌 지출 규모의 차이가 크기 때문인 것으로 보고되고 있다.

〈표 29〉 분석기업의 사회공헌 지출 규모

구분	규모
총 사회공헌 지출 규모(220개사)	2조 9,927억 7,110만 원
1개사 지출 규모 평균값	136억 351만 원
1개사 지출 규모 중간값	21억 2,100만 원

<표 30>은 최근 5년간의 사회공헌 지출 규모 및 증가율 추이를 나타내고 있다. 사회공헌 총 지출액 규모는 2016년 큰 폭으로 감소하였다가 다시 증가하는 추이를 보이고 있고, 평균 지출액 규모 역시 유사한 모습을 보이고 있다. 2019년에는 2018년 대비 총 지출액 규모의 경우 14.8%, 평균 지출액 규모의 경우 7.5% 증가한 것을 알 수 있다.

〈표 30〉 최근 5년 사회공헌 지출 규모 및 증가율

(단위: 억 원, %)

구분	2015년 (255개사)	2016년 (196개사)	2017년 (198개사)	2018년 (206개사)	2019년 (220개사)
총 지출액 규모	2,9021	20,948	27,244	26,061	29,928
(전년대비 증가율)	(8.7)	(-27.8)	(30.1)	(-4.3)	(14.8)
평균 지출액 규모	113.8	106.9	137.6	126.5	136.0
(전년대비 증가율)	(-1.6)	(-6.1)	(28.7)	(-8.1)	(7.5)

<표 31>은 기업의 매출액 대비 사회공헌지출의 비율 분포를 나타내고 있다. 본 비율은 기업의 경영성과 대비 사회공헌지출 비율을 나타내는 것으로 0.02% 미만을 지출한 기업이 220개 기업 중 54개(24.5%)로 가장 많다. 그다음으로 0.1%~0.5%, 0.05%~0.1%, 0.02%~0.05%, 0.5%~1%, 1% 이상 구간의 순서로 비중을 차지하고 있다.

아래의 그림은 매출액 대비 사회공헌지출 비율의 추이를 나타내고 있다. 2019년 비율은 0.2%로 전년보다 증가하였고, 최근 15년의 자료를 볼 때 2006년에 0.28%로 가장 높은 비율을 보였으며, 그 이후 2011년에 0.26%에 다시 한번 높은 비율을 보인 이후 2019년에 다시 증가하는 모

습을 보이고 있다.

〈표 31〉 매출액 대비 사회공헌지출 비율(2019)

(단위: 개, %)

구분	1%이상	0.5%~1%	0.1%~0.5%	0.05%~0.1%	0.02%~0.05%	0.02%미만
기업 수	10	13	53	48	42	54
비율	(4.6)	(5.9)	(24.1)	(21.8)	(19.1)	(24.5)

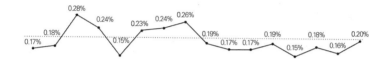

2004 2005 2006 2007 2008 2009 2010 2011 2012 2013 2014 2015 2016 2017 2018 2019

* 주 : 해당항목 분석기업 기준 : ('04) 201개사, ('05) 197개사, ('06) 194개사, ('07) 205개사, ('08) 208개사, ('09) 219개사, ('10) 218개사, ('11) 222개사, ('12) 234개사, ('13) 234개사, ('14) 231개사, ('15) 255개사, ('16) 193개사, ('17) 198개사, ('18) 206개사, ('19) 220개사

〈그림 2〉 연도별 매출액 대비 사회공헌 지출비율

〈표 32〉 세전이익 대비 사회공헌지출 비율(2019)

(단위: 개, %)

구분	10% 이상	5%~10%	1%~5%	1% 미만	적자기업
기업 수	10	29	71	76	34
비율	(4.5)	(13.2)	(32.3)	(34.5)	(15.5)

<표 32>도 역시 기업의 경영성과 대비 사회공헌지출 비율을 나타내는 것으로 세전이익 대비 사회공헌지출 비율을 보이고 있다. 1% 미만으로 지출한 기업이 전체 220개 중 76개(34.5%)로 가장 큰 비중을 차지하고 있고, 그다음이 1%~5%, 5%~10%, 10% 이상 구간의 순서로 큰 비중을 차지하고 있다. 세전이익 대비 1% 이상을 지출한 기업이 110개로 전체의 50%에 이르고 있으며, 적자기업도 사회공헌활동을 수행한 것을

알 수 있다.

아래의 그림은 세전이익 대비 사회공헌지출 비율의 추이를 나타내고 있다. 최근 15년의 자료를 보면, 2009년 가장 높은 4.8%를 보인 이후 4% 미만에서 유지되어 왔다. 최근 4년 동안에는 하향 추세를 보였으며, 2018년에는 1.9%로 2004년 이후 가장 낮은 수준이었고 2019년 4.0%로 가파르게 증가한 것을 알 수 있다. 보고서에 의하면 2019년 분석기업 220개사의 1개 사당 평균 세전이익은 3,424억 5,790만 원으로, 2018년 분석기업 206개 사의 1개 사당 평균 세전이익 6,595억 5,845만 원보다 48.1% 낮은 수준이었으나, 1개 사당 평균 사회공헌지출액은 2018년보다 오히려 7.5% 증가한 것으로 보고되고 있다.

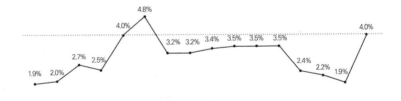

2004 2005 2006 2007 2008 2009 2010 2011 2012 2013 2014 2015 2016 2017 2018 2019

* 주 : 해당항목 분석기업 기준 : ('04) 201개사, ('05) 197개사, ('06) 194개사, ('07) 205개사, ('08) 208개사, ('09) 219개사, ('10) 218개사, ('11) 222개사, ('12) 234개사, ('13) 234개사, ('14) 231개사, ('15) 255개사, ('16) 193개사, ('17) 198개사, ('18) 206개사, ('19) 220개사

〈그림 3〉 연도별 세전이익 대비 사회공헌 지출비율

<표 33>은 분야별 사회공헌지출 비율의 추이를 나타내고 있다. 2019년의 경우 취약계층지원에 대한 지출의 비중이 33.5%로 가장 크고, 교육·학교·학술, 문화예술 및 체육, 지역경제 활성화의 순서로 비중을 차지하고 있다. 최근 5년 간의 분야별 지출비율 역시 유사한 모습을 보이고 있으며, 기타 분야의 비중이 큰 이유는 이 분야에 상생활동(동반성장, 협력사 소통 및 지원), 호국보훈 및 나라사랑 분야(군인·소방관 및

군부대 지원), 대국민 인식개선 캠페인(출산장려, 동물등록, 우울증 인식개선, 성평등, 준법정신 제고), 기타 사회단체지원(종교, 시민단체 등) 등 다양한 부문이 포함되기 때문인 것으로 보고하고 있다.

<표 33> 분야별 사회공헌지출 비율 추이

(단위: %)

구분	2015년	2016년	2017년	2018년	2019년
취약계층지원	33.5	41.2	31.3	37.6	33.5
교육·학교·학술	17.5	21.9	13.1	14.7	10.6
문화예술 및 체육	16.4	20.5	21.6	11.0	9.2
환경 보전	3.7	1.2	1.3	0.9	1.2
해외 지원	1.3	3.0	1.9	1.5	1.2
의료 보건	1.6	0.4	9.4	0.4	0.3
기타	26.0	11.8	21.4	23.0	36.7
창업지원(2018 신규)	-	-	-	10.9	1.6
지역경제 활성화(신규)					5.7

VI. 결어

본 연구에서는 기업공익재단법인의 현황 및 사회공헌활동의 실태를 소개하고 관련 내용을 분석하였다. 우리나라는 과거 급속한 경제성장의 과정에서 대기업의 역할이 상당히 중요했으며, 이와 같은 경제발전 과정의 역사 때문에 현재 우리나라의 경제구조 역시 대기업집단 중심으로 정착된 모습을 보이고 있다. 이러한 경제발전 과정의 역사로 인하여 비영리 활동의 영역에서도 대기업집단 중심의 공익활동이 중요한 비중을 차지하고 있는 것으로 이해할 수 있다.

전국경제인연합회가 실시한 '2019년 기업 사회공헌활동에 대한 조사'에 의하면 매출액 상위 500대 기업 중 220개 기업의 사회공헌활동 규모가 2.99조 원으로 대기업이 상당한 역할을 수행하고 있음을 확인할 수 있다. 정부의 사회서비스에 대한 국민의 수요가 매우 다양해지고 있고, 그 규모도 빠르게 확대되고 있는 상황에서 기업공익재단법인의 역할이 더욱 확대될 필요가 있다는 방향에는 대부분의 전문가가 공감하고 있다. 그러나, 앞에서 언급한 바와 같이 기업공익재단법인에 대한 부정적인 시각도 존재하고 있는 것 또한 사실이다. 하지만 <표 26>에 설명된 바와 같이 공익법인의 의무 위반에 대한 제재방법은 이미 충분히 도입되어 있으며, 일부 공익법인에서 발생하는 문제는 사후관리를 철저히 함으로써 해결할 수 있을 것으로 판단된다.

본 논문은 기업공익재단법인과 사회공헌활동의 현황을 소개하는 데 목적이 있었으므로 관련 이슈에 대한 평가 및 판단은 후속 연구로 남겨두고자 한다. 후속 연구가 수행되기 위해서는 기업공익재단법인에 대한 보다 더 풍부한 자료가 필요할 것으로 사료된다.

참고문헌

공정거래위원회 보도자료, "대기업집단 소속 공익법인 운영실태 분석 결과" (2018. 7. 2.)

김지연 외 공저, "공익법인 세무안내", 국세청 (2020. 2.)

박예지, "2020 주요 기업의 사회적 가치 보고서", 전국경제인연합회, (2020. 12. 1.)

재단법인 한국가이드스타, "[공시연도 2018년 공시자료]대기업 소속 공익법인 투명성 확보_법인 유형 및 재무 현황", 한국가이드스타 NPO 연구분석, http://www.guidestar.or.kr/academy/trend_view.asp?bid=TREND&buid=128 45&action=&search_type=title%7Ccontent&search_text=%EB%8C%80%E A%B8%B0%EC%97%85+%EC%86%8C%EC%86%8D+%EA%B3%B5%E C%9D%B5%EB%B2%95%EC%9D%B8+%ED%88%AC%EB%AA%85%E C%84%B1+%ED%99%95%EB%B3%B4&search_category=all&search_add =&cur_page=1&page_size=10 (2019. 10. 8. 확인)

재단법인 한국가이드스타, "2019 공익법인 현황 소개_일반 현황(1)", 한국가이드 스타 NPO 연구분석, http://www.guidestar.or.kr/academy/trend_view.asp?bid= TREND&buid=10438&action=&search_type=title%7Ccontent&search_text= 2019+%EA%B3%B5%EC%9D%B5%EB%B2%95%EC%9D%B8+%ED%9 8%84%ED%99%A9+%EC%86%8C%EA%B0%9C&search_category=all&s earch_add=&cur_page=1&page_size=10 (2019. 1. 17. 확인)

재단법인 한국가이드스타, "2019 공익법인 현황 소개_재무 현황(2)" 한국가이드 스타 NPO 연구분석, http://www.guidestar.or.kr/academy/trend_view.asp?bid= TREND&buid=10439&action=&search_type=title%7Ccontent&search_text= 2019+%EA%B3%B5%EC%9D%B5%EB%B2%95%EC%9D%B8+%ED%9 8%84%ED%99%A9+%EC%86%8C%EA%B0%9C&search_category=all&s earch_add=&cur_page=1&page_size=10 (2019. 1. 17. 확인)

재정경제3과, "감사보고서 -공익법인 관리 및 과세실태-", 감사원 (2020. 5.)

스웨덴 발렌베리 그룹 등
스웨덴 기업재단법제의 고찰

서종희*

I. 들어가는 말

최근 국내에서는 한국의 재벌기업(예: 삼성)들의 경영권 승계문제와 관련하여 스웨덴의 발렌베리(Wallenberg)가문[1]이 어떻게 5대에 걸쳐 스웨덴의 주요 산업들을 지배해 올 수 있었는지에 대한 관심이 고조되었다.[2] 이에 삼성과 발렌베리 가문을 비교분석하고 스웨덴의 경험적 참고사례로서 발렌베리 가문의 경영철학 및 기업재단을 통해 지배구조에 대해 분석한 선행연구들이 많지는 않지만 어느 정도 집적되었다.[3] 그러나 아쉽게도 스웨덴의 기업재단을 통한 지배구조가 어떠한 유인에 의해 이루어졌는지 그리고 그러한 것을 가능하게 한 법제도 등에 대한 분석은 연구가 전무(全無)한 실정이다. 이에 본고에서는 이러한 문제의식을 가

---

* 연세대학교 법학전문대학원 교수

1) 발렌베리 가문에 대한 상세한 설명은 장승규, "스웨덴의 발렌베리, 한국 삼성에 주는 충고", 시민과 세계 제9호 (2006), 363 이하; 신정완, "스웨덴 발렌베리 기업들의 소유지배구조와 한국에서 발렌베리 사례의 수용방식", 스칸디나비아연구 제16호 (2015), 199 이하 참조.
2) 이지환, "적극적 주인의식과 장기 소유경영: 스웨덴 발렌베리 가문의 사례", 경영교육연구 제9권 제2호 (2006), 87 이하; 신정완, 앞의 논문, 198.
3) 신정완, 앞의 논문, 195 이하; 이지환, 앞의 논문, 87 이하; 장승규, 앞의 논문, 366 이하;

지고 스웨덴의 대규모 기업재단인 Knut and Alice Wallenberg 재단
(Wallenberg 그룹의 재단 중 최대규모)을 중심으로 기업재단의 특징을 분
석해 보고 기업재단관련 법제를 자세히 검토해 보고자 한다. 먼저 스웨덴
기업재단이 가지는 특징을 검토하고 어떠한 방식으로 스웨덴 기업재단이
상장기업을 실질적으로 지배하면서 이윤을 창출할 수 있었는지를 간단히
살펴보고자 한다(II). 다음으로 스웨덴의 기업재단을 규율하는 관련 법률
에 대해 살펴본 후 기업재단에게 인정되는 세제혜택에 대해 검토해 보고
자 한다(III). 마지막으로 맺음말에 갈음하여 스웨덴의 기업재단관련 법제
가 우리에게 주는 시사점을 언급하면서 글을 마치고자 한다(IV).

II. 스웨덴 기업재단의 특징

1. 기업재단과 기업

공익(자선)재단은 개인들이 상당한 재산을 쌓을 수 있었던 경제체계
에서 점점 더 중요해지고 있다. 미국에서 카네기 재단, 포드 재단, 록펠
러 재단, 그리고 빌과 멜린다 게이츠 재단이 대표적인 예라고 할 수 있
으며[4], 유럽의 예로는 British Wellcome Trust와 독일 폭스바겐 재단이
대표적이다. 특히 북유럽국가에서 이른바 기업재단은 몇몇 국가의 최대
기업의 지배주주로서 중요한 역할을 한다. 이는 특히 재단이 지배하는
기업이 주식시장 자본금의 약70%를 차지하고 있는 덴마크와 몇 명의
영향력 있는 가문 그룹인 Wallenberg 그룹이 스웨덴 산업을 장악하기
위해 기반을 사용했다는 점에서 주목할 만하다.[5] 요컨대 기업재단은 현

---

4) Krige J and Rausch H (eds), American Foundations and the Coproduction of
   World Order in the 20th Century, Göttingen: Vandenhoeck & Ruprecht (2012).
5) Nicolaysen R, Der lange Weg zur VolkswagenStiftung. Göttingen: Vandenhoeck

대 사회에서 갈수록 중요성이 커지고 있다. 특히 기업재단에 의한 상장 법인의 지배구조와 관련해서, 기업재단은 몇 가지 특징이 존재한다. 먼 저 기업은 소유자(Owners)를 가지며, 그들은 회사의 수입으로부터 이익을 얻을 수 있고 기업에 문제가 있을 때 발언권을 갖는다(the principal-agency model). 한편 기업은 소유자 이외에도 기업과의 이해관계자(the relations between corporations and their various stakeholders)6), 대표적으로 고객 (Customers)에도 초점을 맞춘다. 또한 기업과의 이해관계자로는 규제기 관을 포함시킬 수 있을 것이다. 규제기관은 기업의 게임의 룰을 정하는 중요한 역할을 하며, 그 룰에 따르지 않으면 규제기관으로부터의 강한 제재를 받을 수 있기 때문이다. 따라서 기업과 기업의 이해관계자는 다 음과 같은 그림으로 도식화할 수 있다(그림 1).

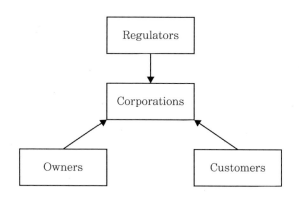

〈그림 1〉 기업, 규제기관, 소유자 및 고객

& Ruprecht (2002).

6) 조직의 이해관계자란 조직의 목적 달성에 영향을 줄 수 있거나 영향을 받을 수 있는 어떠한 단체나 개인을 의미한다. Freeman RE, Strategic Management: A Stakeholder Approach. Boston: Pitman (1984), 46. 다만 실질적으로 이러한 정의 는 그 개념이 매우 포괄적이라는 점에서 문제가 있다. Freeman RE, Harrison JS, Wicks AC, Parmar BL and De Colle S, Stakeholder Theory: The State of the Art. Cambridge: Cambridge University Press (2010), 208.

반면에 기업재단은 기업과 같이 규제의 대상이긴 하지만, 진정한 의미의 소유자나 고객이 없다는 점에서 기업과 큰 차이점을 가진다. 요컨대 규제기관은 재단에도 중요한 이해관계를 가지나, 소유자가 없고 고객이 없다. 재단은 소유자 대신에 그들의 자산 포트폴리오에 들어있는 기업과의 관계를 가지는데 초점을 맞추며, 재단은 관계를 가지는 기업들에 대한 소유권을 통해 기업을 지배한다. 이런 의미에서 기업재단의 지배 그 자체가 연구과제로서 중요한 쟁점이 된다. 즉 기업재단에 "의한" 기업지배는 중요한 연구쟁점이다. 한편 재단에는 상품과 서비스를 구매하는 고객은 없지만, 대신에 모토로부터 보조금을 받는 고객(수익자)가 존재한다(그림 2). 즉 기업재단의 역할은 자산의 출자 및 배당에 따른 재화의 분배와 기업의 지배권 행사에 있다. 그러나 기업재단의 자산 포트폴리오의 회사들과 수익자들은 재단에 의해 지배되는 대상이 될 뿐이므로, 재단의 지배구조에 적극적인 역할을 담당하는 기관은 규제기관뿐이다.[7]

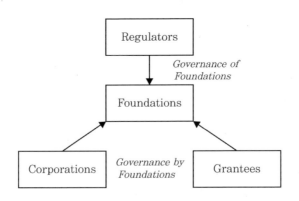

〈그림 2〉 재단, 규제기관, 법인, 그리고 수익자들

---

7) Lars Engwall, Governance of and by Philanthropic Foundations, European Review (2020), 2 ff.

재단에는 소유자가 없다는 사실은 기부자들이 Albert Hirschman의 '출구옵션' - 즉, 그들의 지분을 인출할 가능성 - 을 사용할 수 없다는 것을 의미한다. 즉 기부자들은 재단에 기부한 것을 다시 돌려받을 수 없다.[8] 더 나아가 기부자들은 Hirschman의 '발언권 옵션' - 즉, 운영에 대한 견해를 표시할 권한 - 이 제한된다. 물론 기부자들은 재단 이사회의 대표가 될 수 있지만[9], 그들은 규제당국의 허가 없이 정관목적을 변경하는데 어려움을 겪을 것이고, 변경하는 것은 일반적으로 쉽지 않을 것이다. 그러나 법령에 규정된 재단의 목적 범위 내에서 기부자들은 자신의 목소리를 낼 수 있을 것이다. 따라서 재단의 정관은 지배구조의 근본이 된다고 할 수 있으며, 특히 다음의 두 정관조항은 특히 중요한 의미를 가지게 된다.[10] 첫째, 재단의 목적이다. 이는 재단이 면세의 혜택과 관련하여 중요하다. 둘째, 이사회의 구성에 관한 조항이다. 재단에 소유자가 없다는 것은 일반적으로 기존 이사들이 새로운 이사회 구성원을 선출한다는 것을 의미한다[11]는 점에서 재단 이사회의 구성은 중요한 의미를 가진다. 특히 재단에는 소유자도 없고 그들이 종종 비과세되는 상황이 있다는 점에서 규제당국은 그들의 조사를 위한 특별한 규칙을 입법화할 유인(incentive)을 가지게 되며, 다음의 두 가지 이슈는 이러한 맥락에서 중요하다. 먼저 보조금의 지급이 정관에 규정된 목적에 부합한지, 다음으로 재단이 세금 관련 법령을 준수하고 있는지 여부이다. 이

---

8) Magnus Henrekson/Dan Johansson/Mikael Stenkula, The rise and decline of industrial foundations as controlling owners of Swedish listed firms: the role of tax incentives, 68(2) Scandinavian Economic History Review (2020).

9) 재단 정관에 명시된 목표를 이행할 의무가 있는 이사회가 재단을 지배한다고 할 수 있다. Henrekson et al, 앞의 연구, 1. 다만 재단은 이사회의 '재단 설립에 대한 선량한 관리자의 의무와 정관에 명시된 목표'에 의해 지배받는다. Børsting, C., & Thomsen, S., Foundation ownership, reputation, and labour, 33(2) Oxford Review of Economic Policy (2017), 317, 318.

10) Engwall, 앞의 연구, 4.

11) 물론 법령에서 특정 외부 기관이 새로운 이사회 위원을 지명할 수 있는 권리를 가지고 있다고 미리 규정한 경우에는 예외이다. Engwall, 앞의 연구, 4.

러한 규칙을 위반하게 되면 재단은 과세 또는 법적제재의 불이익한 처분을 받게 될 것이다.

2. 스웨덴 기업재단에 의한 지배구조

기업재단은 지주회사인 Investor를 통해 자회사를 지배하는 구조를 취한다. 즉 기업재단은 지주회사인 Investor를 지배하고, Investor는 지주회사로서 자회사인 기업들을 소유하고 지배하는 피라미드형 소유지배구조를 취한다.12) 특히 기업재단의 지주회사인 Investor의 주식 보유비중은 자본 비중으로 평가할 경우와 의결권 기준으로 평가할 경우에 서로 상당한 차이를 보인다. 즉 기업재단은 차등의결권 주식제도(dual class shares)를 통해 의결권을 강화하고 있다.13) 스웨덴의 주식회사들이 발행하는 주식들 간에는 1주당 의결권 비중에서 차이가 나는데, A주(class-A share)는 B주(class-B share)에 비해 보통 10배의 의결권을 갖는다.14) 즉 스웨덴의 기업재단들은 차등의결권 주식제도를 적극 활용하여 자본 투자액에 비해 훨씬 큰 의결권을 행사하여 지주회사를 지배한 것이다. 요컨대 스웨덴의 기업재단은 피라미드형 소유지배구조와 차등의결권 주식제도를 적극 활용하여 지주회사를 통해 수많은 자회사를 지배하였다고 평가할 수 있다.15) 물론 Wallenberg 재단 등은 사회에 대한 봉

---

12) 신정완, 앞의 논문, 201.

13) Kim, Hwa-Jin, "Concentrated Ownership and Corporate Control:Wallenberg Sphere and Samsung Group", 14 Journal of Korean Law (2014), 39, 41 ff.

14) 2004년 의결권 차등을 1 : 10으로 축소한 내용에 대해서는 Peter Högfeldt, "The History and Politics of Corporate Ownership in Sweden". In Randall K. Mork ed., A History of Corporate Governance around the World: Family Business Groups to Professional Managers, Univ. of Chicago Press (2005), 253; 이지환, 앞의 논문, 92 이하.

15) 이에 대해서 Peter Högfeldt, 앞의 책, 554에서는 자국의 기업재단에 대한 강한 의결권 보장이 국내 자본의 해외유출을 막고 적대적 기업인수합병을 저지하여 종국적으로 자국의 경제성장에 일조할 수 있다고 평가한 것에 기인한다고 본다.

사 및 인도주의에 입각한 헌신 등을 통해 형성된 긍정적인 기업 이미지를 통해 현재까지 기업을 유지한 면을 간과할 수 없다.[16]

3. Knut&Alice Wallenberg 재단의 태동과 발전

지배주주들이 스웨덴 산업을 지배하기 위한 장치로서 재단은 매우 중요했다. 특히, 재단들은 소수의 성공적인 사업가들과 그들의 상속자들에 의해 스웨덴 산업에 강한 영향력을 쌓고 유지하는데 사용되어 왔다.[17] 특히 재단은 차등의결권 주식제도, 피라미드형 소유지배구조, 상호주식보유 등을 통해 상대적으로 적은 자본으로 여러 회사를 지배할 수 있었다.

스웨덴의 기업재단으로는 Knut och Alice Wallenbergs 재단(1917), Stiftelsen J.C. Kempes Minne (1936) 등이 대표적이다. 그 이후 Stiftelsen Seth M. Kempes Minne는 각각 1936년과 1941년에 설립되어 주요 목재 및 제지 회사 Mo & Domsjö의 지배주주가 됐다. 전후에 설립된 기업재단으로는 두 개의 Johnson 재단(1947년), 두 개의 Dunker 재단(1953년, 1962년), Ollie and Elof Ericsson 의 두 개의 재단(1958년, 1961년), 추가된 두 개의 Wallenberg 재단(1960년, 1963년), 두 개의 Söderberg 재단(1960년), Carl Tryggers 재단 (1961년), 그리고 Kjell och Märta Beijers 재단(1974년) 등이 있다.[18]

그런데 스웨덴의 가장 대표적인 기업재단은 2017년에 100주년 기념을 맞이했던 1917년에 창설된 Knut와 Alice Wallenberg 재단(Knut and Alice Wallenberg Foundation, 이하 "KAW 재단")이다.[19] 스웨덴 은행가

신정완, 앞의 논문, 207.에서도 이 점을 강조한다.

16) 이러한 분석은 신정완, 앞의 논문, 208 이하 참조

17) Henrekson et al, 앞의 연구, 1, 5.

18) Henrekson et al, 앞의 연구, 1, 5-6.

19) KAW 재단은 1878년에 결혼하였으나 후사가 없던 Knut와 Alice가 기증한 재산

Knut Agathon Wallenberg가 1937년 6월 9일 KAW 재단에서 로마에 소재한 Swedish Institute에 기증 후 스웨덴 왕자 구스타프 아돌프에게 보낸 서한에는 "살아있는 동안 주는 것은 이기적일수도 있지만, 오, 얼마나 재미있는지(Maybe it is egoistical to give while one is still alive but oh, what fun it is)" 적혀 있다.[20] 기본적으로 KAW 재단은 - 그 통치조건의 변화에 기초하여 - 3개의 시기로 나누어질 수 있다. 첫 번째 시기는 창립부터 1971년까지 이어지며, 이는 SEB가 Skandinaviska Banken과 합병하기 전이다(이하 '제1기'). 두 번째 기간은 SEB가 Skandinaviska Banken과 합병한 이후인 1972년부터 1996년에 새로운 재단에 대한 규제 도입 전인 1995년까지(이하 '제2기'), 그리고 세 번째 기간은 그 이후(1996년 이후)로 구성된다(이하 '제3기').

특히 KAW 재단은 제3기 후반부에 스웨덴 최대 민간 연구 자금 지원 재단으로 발돋움했는데, 그 이유는 제3기 초창기 무렵부터 거의 200억 SEK의 시장가치로 크게 성장했고, 제3기의 말미에는 1천억 SEK 수준까지 성장했기 때문이다(그림 3). 즉 자산 가치의 증가에 힘입어, KAW 재단은 특히 1990년대 이후로, 보조금의 지급액을 증가시켰다. 예컨대 제1기 동안 연간 평균금액이 300만 SEK인 반면, 두 번째 기간에는 1억 3300만 SEK, 3기에는 10억 3300만으로, 2017년엔 역대 최고인 17억 8400만에 이르렀다(그림 4).

으로 설립된 것이다. 최초 출자금액은 스톡홀름 스엔스킬다 은행(이하 SEB)에게 토지 4000필지와 KAW 재단 설립 직전해인 1916년에 설립된 산업지주회사 투자지분 1만주에 저당권이 설정된 금 2000만 SEK의 약속어음이었다. 재산에 대한 구체적인 설명은 Dahlberg C, Hedenqvist P and Sundström I (eds), Knut and Alice Wallenberg Foundation: 100 Years of Support of Excellent Swedish Research and Education. Stockholm: Max Ström (2017), 82. 참조. 참고로 Knut는 1856년 SEB를 설립한 Andre Oscar Wallenberg(1816-1886)가 첫 결혼에서 얻은 둘째 아들이다. Wallenberg 가문의 자녀들 간의 관계는 Wetterberg G, Wallenberg: The Family that Shaped Sweden's Economy. Möklinta: Gidlunds (2014), 175.

20) Dahlberg et al, 앞의 글, 64.

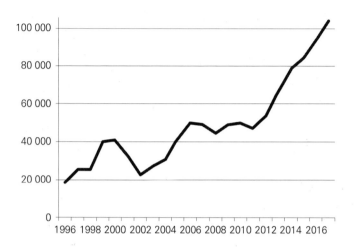

〈그림 3〉 KAW 재단의 시장가치 1996-2017
출처: KAW 재단의 2003-2017년 연차보고서 및 KAW 사무소의 1996-1998년 정보

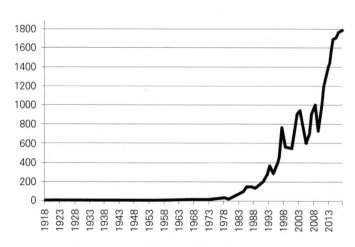

〈그림 4〉 1918-2017까지 KAW 재단의 연간 보조금 (MSEK)
출처: Knut & Alice Wallenberg 재단의 연차보고서21)

---

21) Hoppe G, Stiftelsens anslagsgivande verksamhet. In Hoppe G, Nylander G and
    Olsson U (eds), Till landets gagn. Stockholm: Knut och Alice Wallenbergs
    Stiftelse (1993), 134, 221.

위에서 언급한 것과 같이 KAW 재단을 제1기부터 제3기로 나누는 기준으로서 제1996년의 규제법안의 변화와 SEB와 Skandinaviska Banken 과의 합병은 KAW 재단뿐만 아니라 스웨덴의 모든 기업재단에 매우 중요한 사건이었다는 점에서 이하에서는 스웨덴의 기업재단의 규제와 관련된 법제를 살펴보기로 한다.

III. 기업재단에 대한 규제

기업재단에 대한 각종 규제는 KAW 재단 같은 기업재단에 큰 영향을 끼친다. 즉 규제를 위한 외부 규칙은 기업재단의 이사회의 구성과 정관의 내용변경에 영향을 준다. 특히 영향을 받는 이 두 가지는 KAW 재단의 지배구조 분석의 핵심 요소라는 점에서 기업재단에 대한 규제로서 가지는 의미가 크다.

1. 재단감독법 및 재단법

스웨덴 재단의 지배구조에 대해서는 1850년대 이후 규제 관련 논의가 진행됐지만 특별한 법률이 없었다. 그 이후 여러 제안들이 있었지만 입법은 실패하였다. 이것은 재단들을 위한 적절한 규제를 찾는 것이 매우 어려운 작업이라는 것을 방증한다.[22] 1917년 KAW 재단 설립 당시에도 규제를 위한 특별한 법률은 존재하지 않았으며, KAW 재단 설립 후 12년이 지난 1929년이 되어서야 규제 법령인 재단 감독에 관한 법률(Lag (1929:116) om tillsyn över stiftelser, 이하 '재단감독법(Tillsynslagen)')이

---

22) Hessler H, Om stiftelser: studier över stiftelseinstitutet i svensk rätt. Stockholm: Stockholms högskola (diss.) (1952), 7 ff.

통과되었다.[23]

먼저 재단은 재단이 소재하고 있는 지방자치의 장에게 재단을 등록해야 한다고 명시했다(재단감독법 §1). 그러한 등록은 재단의 명칭, 목적, 경영, 감사 절차, 이사회 구성(재단감독법 §4 내지 5)을 명시해야 하였다. 한편 재단은 그 자산, 부채, 수입 및 비용에 대한 회계처리를 감사받도록 요구받았다(재단감독법 §14). 기초재단 등록 이후, 지방자치단체의 단체장이 그 재단의 감독기관으로 역할을 하였다(재단감독법 §8,§9 and§15).

한편 스웨덴 의회는 1972년 30개 투자회사와 재단에서 이사회 1명과 부이사직을 임명할 수 있는 권한을 정부에 주는 법을 시행했다.[24] 이 법률에 근거하여 정부는 1973년 4월 1일 22개의 투자회사와 8개의 기업재단을 대표할 대표자를 선임했다.[25]

재단감독법은 1929년부터 스웨덴 의회가 1996년 1월 1일부터 발효된 새로운 법안(Stiftelselag (1994:1220), 이하 '재단법')[26]을 통과시키기 전까지 스웨덴 재단들을 규율했다. 재단 통치에 관한 논의는 적어도 1970년대 초 Wenner-Gren 재단의 기업지배구조와 무관하지 않다.[27] 즉 이러한 입법과정은 재단의 지배구조와 밀접한 관련성을 가진다. 특히 1975년에 새로운 법안을 제안하기 위해 정부 위원회가 설치되었으나, 위원회의 합의에 따라 1983년에 법무부가 새로운 법률 준비를 인수했

23) Isoz H, Stiftelse Lagen: en kommentar. Stockholm: Norstedts (1997), 12-13. 법률 조문은 https://www.riksdagen.se/sv/dokument-lagar/dokument/svensk-forfattningssa mling/lag-1929116-om-tillsyn-over-stiftelser_sfs-1929-116 참조 (2021. 4. 4. 확인).

24) Ds I 1980:1; Lag 1982:315.

25) 그렇게 선임된 대표자들은 1996년 새로운 재단법이 발효될 때까지 그 직을 유지하였다. Engwall, 앞의 연구, 9.

26) 법률조문은 http://www.riksdagen.se/sv/dokument-lagar/dokument/svensk-forfattning ssamling/stiftelselag-19941220_sfs-1994-1220 참조 (2021. 4. 4. 확인).

27) Wallander J, The Wenner-Gren Foundations 1955-2000: How Vanity, Visions and Over-ambitious Plans to Improve the World Led to the Creation of Great Foundations. Stockholm: Atlantis (2002).

다. 그 이후 새로운 법안을 만드는 데 10년 이상 걸렸다.[28] 1996년 발효
된 새로운 법안인 재단법은 11개의 장으로 구성되어 구 법령보다 훨씬
더 광범위했다. 재단은 재단의 설립 시 그 명칭에 스웨덴어로 재단을 의
미하는 단어(stiftelse)를 포함할 의무를 규정하였고 다른 조직들은 이 용
어를 사용할 수 없다고 명시했다 (재단법 §6). 재단법은 자산 관리, 이사
회 구성, 회계 및 감독 등 재단의 지배구조에 특히 중요한 규칙에 대한
다소 상세한 내용을 규정했다. 재단감독법과 마찬가지로 재단법 또한
자치단체장이 계속해서 재단의 감독기관이 되도록 하였다. 특히 제6장
에서 정관의 개정에 대해 다소 엄격한 제한을 두었다.[29]

재단법(1994:1220)

제1장 서문조항

(...)

제2조 한명 또는 수인의 설립자가 특정 목적을 추구하기 위하여 자산을 분리하여
독립자본으로 영구적으로 출자할 때 재단이 설립된다.
재단의 재산은 재단의 정관에 따라 제3자가 관리할 때 분리된 것으로 본다.

(...)

제4조 재단은 권리의 취득, 의무의 부담, 법원 기타 정부기관에 출석하는 것이 가
능하다.
재단의 자산은 재단의 채무에 대한 책임재산이다.

(...)

제6조 재단은 명칭이 있어야 한다. 재단의 명칭에는 재단이라는 어휘가 포함되어
야 한다.

---

28) Isoz, 앞의 글, 13-17.
29) Sinkey JF, Commercial Bank Financial Management in the Financial Service
Industry, 6th Edn. Upper Saddle River, NJ: Prentice Hall (2002), 16-17.

재단이라는 어휘 및 그 약어는 재단의 명칭에만 사용이 가능하다.

(…)

제2장 지배구조

지배구조에 관한 일반규정

제1조 재단은 이 법률에 저촉되는 경우를 제외하고는 정관에서 정한 내용에 따라야 한다.

제2조 재단을 한명 또는 수인의 자연인이 정관의 규정에 따라 관리하기로 약정한 경우에는 "자체적 관리"로 본다. 법인이 이러한 약정을 할 경우 재단은 "소속 관리"로 본다.
재단의 정관에 따라 재단의 재산을 관리하기로 약정한 한명 또는 수인의 자연인이 재단의 이사진을 구성한다. 제1장 제2조 제2항에 따라 재단의 재산을 분리한 때에는 이사가 재단을 대표할 수 있다.
재단의 관리자는 정관에 따라 재단의 자산을 관리하기로 약정한 법인이다. 국가가 이러한 약정을 한 경우, 국가를 대리하여 약정한 대리인이 관리자 역할을 해야 한다.

제3조 이사 또는 관리자는 재단의 정관이 준수되도록 할 책임이 있다.
본 조항의 제1문단에도 불구하고 이사회나 관리자는 이사나 이사장의 임명 또는 해임이 정관에 따른 이사회의 행위가 아닌 경우 책임을 지지 않으며, 또한 감사의 임명 또는 해임 및 이사 관리자 감사의 보수에 관한 결정이 이사회 또는 관리자의 행위가 아닌 경우에도 책임을 지지 않는다.
또한 본 조항의 제1문단에도 불구하고 이사회나 관리자는 재단의 정관에 의한 감사의 행위에 대해서도 책임을 지지 않는다.

제4조 재단의 정관에 달리 명시되지 않는 한, 이사회나 관리자는 재단의 자산을 적절하게 투자할 책임을 진다.

제5조 재단의 정관에 특별한 규정이 없는 한, 재단은 그 자산을 다른 재단과 공동으로 투자할 수 있다.

제6조 재단은 이하 각 항에 대하여 대출 또는 보증을 할 수 없다
 1. 설립자 또는 관리자;

2. 제16조 또는 제23조에 따라 재단을 대표하거나, 재단을 무역회사에서 관리하는 경우 관리자 또는 파트너를 대표하는 사람;
3. 재단의 자회사가 무역회사일 때 그 자회사를 대표할 권한이 있는 1인 또는 다수의 사람;
4. 본조 제1항 내지 제3항에서 언급한 사람과 혼인하거나 형제자매, 후손, 또는 선조인 사람;
5. 본조 제1항 내지 제3항에 해당하는 자의 후손이나 선조의 혼인을 통한 친족관계가 있는 사람 또는 본조 제1항 내지 3항에 해당하는 자의 형제자매와의 혼인을 통한 친족관계가 있었거나 있는 사람;
6. 본조 제1항 내지 제5항에 해당되는 사람이 관리하는 법인.

본조의 제4항 및 제5항은 제1항 내지 제3항에 해당하는 자와 사실혼 관계로서 동거하는 자에게도 적용되어야 한다.

(...)

제3장 장부관리 및 연차보고서 등

장부관리

제1조 장부관리법(1999:1078)은 재단이 연말에 장부, 연차부기보고서 제공, 장부폐쇄 등의 의무를 부담하는지 여부를 규정한다.
재단이 장부를 더 이상 보관할 필요가 없을 때에는 이를 감독기관에 보고하여야 한다. 동법 (1999:1106)

회계

제2조 장부관리법(1999:1078)에 따른 장부비치의무가 없는 재단은 재단에서 수령하고 납부한 금액에 대하여 계속적인 회계기록을 유지하여야 한다. 지급금액은 검증되어야 한다. 자산을 다른 재단의 자산과 공동으로 투자한 재단은 다른 재단과 함께 이러한 자산에 대한 공동 계정을 유지할 수 있다.

(...)

제4장 감사

제1조 재단은 최소 1인의 감사가 있어야 한다.
감사는 재단의 정관에 특별한 규정이 없는 한 "자체 관리"로 운영되는 재단의 감사는 이사회가 임명·해촉한다.

재단의 정관에 특별한 규정이 없는 한 "소속 관리"로 운영되는 재단의 감사는 다음 각 항에 의하여 임명·해촉한다:

1. 관리자의 최상위 통치 기구;
2. 관리자가 국가 정부인 경우 국가 정부가 지정한 국가 및 정부기관;
3. 관리자가 무역회사인 경우 모든 파트너가 공동으로;

(...)

제8조 감독기관은 다음 각 항의 경우 재단에 감사를 임명할 수 있다.

1. 감사가 임명되지 아니한 경우;
2. 제4조 내지 제5조에 따른 인가 및 승인을 받은 감사가 임명되지 않은 경우;
3. 임명된 감사가 제3조 제1문단 또는 제6조에 따른 자격을 갖추지 못한 경우;
4. 감사의 수 또는 감사의 권한을 규정하는 정관의 규정이 위반된 경우.

감사를 임명할 책임이 있는 1인 또는 수인이 제1항 내지 제4항의 문제점을 즉시 시정하지 아니하면, 이사회 또는 관리자는 감독기관에 신고할 의무가 있다. 본조의 제1문단에 따라 재단과 협의 후 감사의 위촉을 공고하여야 하며, 이는 새로운 감사가 임명될 때까지 계속되어야 한다. 제1문단에 따라 감사가 선임되면, 감독기관은 본조 제2항 내지 제4항에 따라 기존의 감사를 해촉하여야 한다.

(...)

6장 재단 정관 조항의 변경 등

(...)

특정 상황에 따른 재단의 해산

제5조 이사회 또는 관리자는 다음을 모두 충족하는 경우 재단의 목적 또는 유사한 목적에 따라 재단의 자산을 모두 소비하기로 결정할 수 있다:

1. 재단이 설립된 기간이 50년을 초과하고;
2. 재단은 최근 5년간 그 목적을 추구할 수 없었고;
3. 제3장 제3조에 따라 산정된 재단의 자산이 최근 회계연도 3년의 마지막까지 공동보험법에 따른 "기본금액"보다 적고;
4. 재단이 채무가 없는 경우.

(...)

제7장 청산 및 해산

청산 등의 전제조건

제1조 경제활동을 하는 재단의 이사회 또는 관리자는 재단의 자산이 부채보다 적
거나 집행법 제4장에 따른 책임재산이 부족하다고 판단되는 사유가 있는 때에는
즉시 특별손익계정을 준비하여야 한다. 손익계정에서 부채보다 자산이 적다고 판
단되면 이사회 또는 관리자는 관할 지방법원에 청산을 신청하여야 한다. 이사 또
는 감사도 청산을 신청할 수 있다.

(...)

제4조 관할 지방법원은 소송 중에 재단이 감사가 심사하고 감독기관의 승인을 받
은 손익계정으로 그 자산이 부채를 초과하였음을 입증할 수 없을 때에는 재단을
청산하여야 한다.

(...)

제9장 감독 등

서문조항

제1조 재단이 주소를 두고 있는 행정구역 또는 주소가 없는 경우 재단의 주된 집
행기관이 본부를 두고 있는 행정구역의 지방자치단체가 "자체 관리"재단의 감독
기관이 되어야 한다. "소속 관리"재단은 관리자가 주소를 두고 있는 행정구역 또
는 주소가 없는 경우 관리자가 본부를 두고 있거나 무역회사가 관리인인 경우 무
역회사의 본부를 두고 있는 행정구역의 지방자치단체가 감독기관이 되어야 한다.
국가 정부 또는 국가 정부에 의해 임명된 기관은 본 조 제1문단에서 언급한 재단
과 다른 재단의 감독기관으로 임명될 수 있다.
이 법 제10조 및 제10조(a)에서 지정한 재단에는 감독에 관한 특별규칙이 적용된다.

제2조 이 법에 따라 국가정부 또는 국가정부가 지정한 기관은 재단에 대한 감독
비용을 부과하는 규칙을 제정할 수 있다.

감독 등의 의미
제3조 재단의 관리자나 감사가 재단의 정관이나 이 법률의 규정을 위반하거나 이
사 또는 관리자가 업무를 소홀히 하고 있다고 판단될 사유가 있는 때에는 감독기

관이 개입하여야 한다.

감독기관은 재단에게 자문 및 정보를 제공하여야 한다.

제4조 감독당국은 다음 각 항과 같은 권한을 가진다.
1. 재단에 문서 또는 정보를 요구할 권한;
2. 재단 이사회 또는 관리자 회의를 소집하고 참여할 권한;
3. 특별한 사유가 있는 경우 재단의 점검을 실시하고 그 시간과 방식을 결정할 권한.

본 조의 제1문단 제3항의 경우, 재단의 이사회나 관리자는 재단의 자금, 중요 문서 및 기타 자산뿐만 아니라 회계 자료와 의전을 점검을 수행하는 자에게 제공할 의무가 있다.

제5조 감독당국은 다음 각 항과 같은 권한을 행사할 수 있다:
1. 이사회의 임원이 제2장 제10조 또는 무역금지법(2014:836)에 따라 필요한 요건을 갖추지 못한 경우 임원을 해임하고, 제2장 제19조에 따라 필요한 요건을 갖추지 못한 경우 임원을 해촉할 수 있다.
2. 1인 또는 수인의 이사 또는 관리자에게 그 직무를 수행하도록 명령할 수 있다.
3. 1인 또는 수인의 이사 또는 관리자가 결정을 실행하는 것을 금지하거나, 이미 결정을 실행한 경우, 1인 또는 수인의 이사 또는 관리자에게 가능한 범위 내에서 시정하도록 지시할 수 있다.

감독기관은 또한 제4장 제5조 및 제8조, 그리고 제5장 제4조에 따라 추가적인 권한을 가진다.

본조 제1문단 제2항과 제3항에 따른 가처분 또는 금지는 과태료가 병과될 수 있다. 감독기관에 1개 또는 다수의 서류가 제출되지 아니한 때에는 제1문단 제2항에서 정한 경우에 따라 과태료를 부과하여야 한다. 그 외에는 과태료법(1985:206)에 따라 지방법원이 부과한다.

제6조 법원은 이사 또는 관리자가 직무를 소홀히 하였을 때에 해촉할 수 있다. 해촉은 그 기간을 정하여 할 수 있다.

제5장 제4조 제1항 및 제4항에 해촉 사건에서의 법적 방어권이 규정되어 있다.

감독기관이 이사 또는 관리자에 대해 해임처분 소송을 제기한 경우, 감독기관은 법원이 최종 결정을 내리거나 다른 결정을 내릴 때까지의 기간 동안 해촉할 수 있다.

(…)

10장 등록

등록에 대한 일반 규칙

제1조 재단은 등록되어야 한다.
재단의 등록기관은 지방자치단체이며, 해당 지방자치단체가 제9장 제1조 제1문단
에 따른 재단의 감독기관이어야 한다.
등록기관은 이 법률에 따라 재단등록기록을 유지하여야 한다. (…)
국가정부 또는 국가정부가 지정한 기관은 재단 등록 시 수수료를 부과하는 규칙
을 제정할 수 있다.
(…)

이처럼 스웨덴 입법자들은 사법영역을 통해 기업재단을 통치할 수
있는 수단을 찾는 데 상당한 관심을 가졌고, 스웨덴에서 기업재단의 큰
영향력에도 재단에는 소유자가 없다는 점에서 규제의 정당성이 인정되
었다.

가. 기업재단에 대한 규제의 변화와 KAW 재단 정관의 변화

KAW 재단의 원래 정관에는 9개의 조항이 있었다.[30] 그 정관은 SEB
와 KAW 재단이 꽤 가까운 관계라는 강력한 증거를 제공한다. 정관에는
SEB는 이사회를 선임하고 재단의 재산을 보관하기로 되어 있다. 게다가,
SEB의 감사는 재단의 감사가 되었다. 더욱이 정관을 바꾸는 경우, SEB
가 이미 사망한 기부자들을 대표할 수 있다는 규정을 두었다. 더 나아가
당초 증여는 밀접한 관련이 있는 투자회사인 Investor의 주식들로 구성
되었으며 약속어음이 SEB에서 저당권이 설정된 것도 주목할 필요가 있
다. 요컨대 처음부터 KAW 재단과 SEB는 상당한 공생관계가 있었다.
시간이 흐르면서, KAW 재단은 정부 법규의 변화에 따라 세 가지 중

---

30) Hoppe G, Nylander G and Olsson U, Stiftelsens grundande, In Hoppe G, Nylander
G and Olsson U (eds), Till landets gagn. Stockholm: Knut och Alice Wallenbergs
Stiftelse (1993), 12-13.

요한 변화를 주었다.

첫 번째는 1928년 재단의 과세에 관한 정치 논의에 대한 응답으로 일어났다. 즉 당초 종교, 자선, 사회, 과학, 예술 또는 그 밖의 문화적 종식과 그 나라의 무역, 산업 및 그 밖의 사업 분야의 진흥을 등을 만족시켰던 재단의 목적에 관한 제2조의 부분은 국익에 관한 과학 연구, 훈련, 그 밖의 교육 업무로 바뀌었다.

두 번째의 중요한 변화는 1947년에 일어났는데, 설립정관에 의하면 KAW 이사회는 SEB의 회장, 부회장, CEO로 구성되며, SEB의 이사들이 두 명을 선임하도록 규정되어 있었다. 그러나 스웨덴 은행의 국유화에 대한 두려움과 그에 대한 대비를 위해 "이사회는 4~7명의 스웨덴 남성으로 구성되어야 한다"는 것으로 정관을 변경하였다.

세 번째 중요한 변화는 1971년에 일어났는데, 그 당시 스웨덴 주요 재단의 이사회의 구성원 중 일부를 정부가 정할 수 있다는 법률(주 24)이 제정되었으며, SEB와 Skandinaviska Banken 간의 합병이 이루어지는 분위기를 반영한 것이다.[31] 결국 SEB와 Skandinaviska Banken의 합병으로 스웨덴 대학 및 아카데미 회의의 대표로 구성된 교장협의회가 1년에 한 번 설립과 관련하여 SEB의 역할을 맡게 되었다.[32]

나. KAW 재단 이사회의 구성

KAW 재단의 이사회에 관한 정관은 제1기(1917-1971)에는 가족 대표에 치중했다. 즉 KAW 재단의 첫 55년 동안, 이사회는 총 15명이 등

31) Olsson U. Att förvalta sitt pund: Marcus Wallenberg 1899-1982. Stockholm: Ekerlid (2000). 374 ff.; Lindgren H, Jacob Wallenberg 1892-1980. Stockholm: Atlantis (2007), 399 ff.

32) Hoppe G, Stiftelsens administration, In Hoppe G, Nylander G and Olsson, U (eds), Till landets gagn. Stockholm: Knut och Alice Wallenbergs Stiftelse (1993), 117.

기되었는데, 대다수가(8명) 가족(Knut, Marcus Sr., Socar, Jacob, Marcus, Axel, Marc)이었고, 두 사람(Joseph Nachmanson, Robert Ljunglof)은 Wallenberg 내부 경영자였고, 세 사람(Otto Pritzkold, Johannes HEllner, Nils Vult von Steyern)은 저명한 관료들이었으며 두 사람(Arne Tiselius, Ulf von Euler-Chelpin)은 저명한 학자였다(표 1 참조). 이사회 구성의 특히 흥미로운 특징은 가족 이외에 공무원, 그리고 학계의 외부구성원들이 추가되었다는 것인데, 이것은 사회에서 정통성을 얻고자 하는 소망의 명백한 반영이라 할 수 있다. 공직자에서 학계로 옮긴 것은 연구보조금의 방향에 따른 결과라 할 수 있다.

1971년 교장협의회 설립 이후 학계와의 연결은 제2기(1972-1995)에 더욱 강화되었다. 1976년 이후, 교장협의회가 KAW 재단 이사회의 위원을 지명할 수 있는 권한을 갖게 되었다. 그렇게 선출된 의원들은 모두 전 부총장들이었다 (Lennart Stockman, Gunnar Brodin, Hakan Westling, Marten Carlsson). 하지만 과학계와 또 다른 연결고리는 1981과 1992에 2명의 다른 전 부총장들이 이사회의 집행위원으로 임용된 것이었다. 1983년에는 1982년도 노벨의학상 수상자인 Sune Bergstrom을, 1992년에는 Jan Holmgren을 임용하며 학계와의 관계는 더욱 깊어졌다(표 2 참조). 또 다른 중요한 변화는 1973년과 1995년 사이에 주요 재단의 이사회에 정부관료 등이 추가되었다는 것이다. 예컨대 KAW 재단 이사회의 첫 번째 위원은, 스웨덴 보건복지위원회 회장 Bror Rexed이었고, 그 다음으로 중앙당의 의원들(Christina Rogatam, Anders Dahlgren, Torbeurn Flldin)이 위원이 되었다. Wallenberg의 대표성은 Curt Nicolin과 Jacob, Marcus의 선임으로 강해졌다.

이른바 제3기(1996-2017)에, 가족 대표성은 새롭게 증가했다. Jcaob의 형제 Peter Jr.와 Marcus의 남매인 Axel과 Caroline은 각각 1999년과 2000년, 2012년 이사회에 선출됐다. 1996년 이후 선출된 이사회원으로는 Wallenberg 경영진 3명(Bjorn Svedberg 1999-2004, Bjorn Hagglund 2006-2016, Michael Treschow 2007-)과 6명의 학자(Janne Carlsson

2001-2007, Erna Moller, 집행위원 2002-2009, Bo Sundqvist 2007-2013, Goran Sandberg, 집행위원 2010-, Kare Bremer 2014-, Pam Fredman 2017-2017)가 선출됐다. 후자의 Carlsson, Sundqvist, Sandberg, Bremer, Fredman은 모두 전직 부총장이었다.

〈표 1〉 제1기 동안의 KAW 이사들

No.	Type	Name	Start	End	Background
1	F	Knut Wallenberg	1918	1938	Founder and Chairman, among others Chairman of SEB (1917-1938)
2	O	Otto Printzsköld	1918	1930	Marshal of the Realm (1916-1930)
3	W	Joseph Nachmanson	1918	1927	Deputy CEO of SEB 1910-20 and CEO of SEB (1920-1927)
4	F	Marcus Wallenberg Sr.	1918	1943	Half-brother of the Founder. CEO of SEB (1911-1920)
5	F	Oscar Wallenberg	1918	1939	Half-brother of ther Founder. Vice Chairman of SEB (1902-1939)
6	F	Jacob Wallenberg	1927	1980	Son of a half-brother of the Founder, CEO of SEB (1927-1946)
7	O	Johannes Hellner	1930	1946	Former Foreign Secretary (1917-1920), Legal Advisor to Marcus Wallenberg Sr.
8	F	Marcus Wallenberg	1938	1982	Son of a half-brother of the Founder, CEO of SEB (1946-1958)
9	F	Axel Wallenberg	1939	1961	Half-brother of the Founder, Diplomat and Industrialist
10	W	Robert Ljunglöf	1946	1950	Executive in the Wallenberg sphere
11	O	Nils Vult von Steyern	1946	1966	Former Cabinet Member (1928-1930), Marshall of the Realm (1959-1966)
12	F	Marc Wallenberg Jr	1958	1971	Grandson of a half-brother of the founder, CEO of SEB (1958-1971)
13	A	Arne Tiselius	1966	1971	Professor of Chemistry, Nobel Laureate 1948
14	A	Ulf von Euler-Chelpin	1971	1983	Professor of Medicine, Nobel Laureate 1970
15	F	Peter Wallenberg	1971	2015	Grandson of a half-brother of the founder, Chairman of Investor (1982-1997)

Source: Dahlberg et al. (2017, 75).
Key: A = Academic, F = Family, O = Official and W = Executive within the Wallenberg sphere.

〈표 2〉 제2기 동안의 KAW 이사들(1972-1995)

No.	Type	Name	Start	End	Background
6	F	Jacob Wallenberg	1927	1980	Son of a half-brother of the Founder, CEO of SEB (1927-1946)
8	F	Marcus Wallenberg	1938	1982	Son of a half-brother of the Founder, CEO of SEB (1946-1958)
14	A	Ulf von Euler-Chelpin	1971	1983	Professor of Medicine, Nobel Laureate 1970
15	F	Peter Wallenberg	1971	2015	Grandson of a half-brother of the founder, Chairman of Investor (1982-1997)
16	O	Bror Rexed	1973	1978	State representative, Professor, DG of the National Board of Health and Welfare
17	A	Lennart Stockman	1976	1986	Trustee Representative, Former VC of the Royal Institute of Technology (1964-1968)
18	O	Christina Rogestam	1978	1983	State representative, MP Centre Party
19	A	Gunnar Hoppe	1981	1991	VC of Stockholm University (1974-1978), Geography, Executive Board Member
20	A	Sune Bergström	1983	1994	VC of Karolinska Institute (1969-1977), Biochemistry, Nobel Laureate 1982
21	W	Curt Nicolin	1983	1999	Executive in the Wallenberg sphere
22	O	Anders Dahlgren	1983	1986	State representative, MP
23	A	Gunnar Brodin	1986	1992	VC of the Royal Institute of Technology (1981-1987), later inter alia Chancellor of the Universities, Trustee Representative
24	O	Thorbjön Fälldin	1986	1995	State representative, MP Centre Party, Party leader (1971-1985), Prime Minister (1976-1978 and 1979-1982)
25	F	Jacob Wallenberg	1989		Great grandson of a half-brother of the founder. Positions in the sphere
26	F	Marcus Wallenberg	1989		Great grandson of a half-brother of the founder. Positions in the sphere
27	A	Jan S. Nilsson	1992	2001	VC of Gotherburg University (1986-1992), Physics, Executive Board Member
28	A	Håkan Westling	1992	2000	VC of Lund University (1983-1992), Medicine, Trustee representative (1992-1995)
29	A	Jan Holmgren	1995	2016	Professor of Medical Microbiology, Gothenburg University
30	A	Mårten Carlsson	1995	2001	VC of the Swedish University of Agricultural Sciences (1982-1994), Trustee Representative

Source: Dahlberg et al. (2017, 75).

Key: A = Academic, F = Family, O = Official and W = Executive within the Wallenberg sphere.

〈표 3〉 제3기 동안의 KAW 이사들(1995-2017)

No.	Type	Name	Start	End	Background
15	F	Peter Wallenberg	1971	2015	Grandson of a half-brother of the founder, Chairman of Investor (1982-1997)
21	W	Curt Nicolin	1983	1999	Executive in the Wallenberg sphere
24	O	Thorbjörn Fälldin	1986	1995	State representative, MP Centre Party, Party leader (1971-1985), Prime Minister (1976-1978 and 1979-1982)
27	A	Jan S. Nilsson	1992	2001	VC of Gothenburg University (1986-1992), Physics, Executive Board Member
28	A	Håkan Westling	1992	2000	VC of Lund University (1983-1992), Medicine, Trustee representative (1992-1995)
30	A	Mårten Carlsson	1995	2001	VC of the Swedish University of Agricultural Sciences (1982-1994), Trustee Representative
31	W	Björn Svedberg	1999	2004	Executive in the Wallenberg sphere
32	F	Peter Wallenberg Jr	1999		Fourth generation from the donor. Chairman of the KAW Board from 2015
33	F	Axel Wallenberg	2000	2011	Fourth generation from the donor. Executive
34	A	Janne Carlsson	2001	2007	VC of the Royal Institute of Technology (1988-1998), Engineering, Trustee Representative
35	A	Erna Möller	2002	2009	Professor of Medicine at the Karolinska Institute, Executive Board Member
36	W	Björn Hägglund	2006	2016	Executive in the Wallenberg sphere
37	W	Michael Treschow	2007		Executive in the Wallenberg sphere
38	A	Bo Sundqvist	2007	2013	VC of Uppsala University (1997-2006), Physics, Trustee Representative
39	A	Göran Sandberg	2010		VC Umeå University (2005-2010), Genetics, Executive Board Member
40	F	Caroline Ankarcrona	2012		Fourth generation from the donor
41	A	Kåre Bremer	2013		VC of Stockholm University (2004-2013), Botany, Trustee Representative

Source: Dahlberg et al. (2017, 75).

Key: A = Academic, F = Family, O = Official and W = Executive within the Wallenberg sphere.

2. 세제상의 혜택

스웨덴의 조세제도는 크게 (1)근로소득세, (2)자본소득세, (3)소비세, (4)상속 및 증여세, (5)재산세, (6)부동산세로 나누어진다. 이러한 조세분야의 비중은 시대의 흐름에 따라 변화해 왔으며, 스웨덴은 전반적으로 광범위한 세제(소득세 및 일반소비세)와 국민에게 상대적으로 가시적이지 아니한 조세제도(사회보장적립금 등)에 큰 비중을 의존해왔다.[33]

스웨덴의 기업재단은 기업 및 개인에 비하여 큰 세제상의 혜택을 받았다.[34] 요컨대 자선목적을 가진 스웨덴 재단은 자본소득, 재산, 상속, 증여 등에 대한 세금이 면제된다. 한편 재단에 의한 기업의 지배는 세제혜택이외에 상속분리를 피할 수 있다는 장점이 있다. 즉 소유권을 재단에 이전함으로써 설립자는 여러 상속인들에게 기업 자산을 분할하는 것을 피하여 하나의 의결권 구조 내에서 기업자본을 유지할 수 있다. 더 나아가 그것은 상속자들이 직접 회사재산을 낭비하는 것을 불가능하게 하고, 공익사업과 연결되어 그 가족에 긍정적인 사회적 지위를 얻을 수 있게 한다.[35]

---

33) Magnus Henrekson/Mikael Stenkula, Swedish Taxation since 1862: An Overview, Research Institute of Industrial Economics (IFN) (2015), 13 ff.

34) 물론 재단은 모든 수익에 대해 세금을 내야 한다. SOU 2009:65. Moderniserade skatteregler för ideell sektor [Modernized tax rules for the non-profit sector]. Stockholm: Fritzes. 다만 재단이 공익을 증진할 목적으로 수익을 사용하는 것을 전제로 면세의 혜택이 주어진다.

35) 이 점을 기업 재단 설립의 중요한 동기로 보는 견해로는 Schumpeter, J. A., The theory of economic development: An inquiry into profits, capital, credit, interest, and the business cycle, Cambridge, MA: Harvard University Press(1934 [1911]), 39.

가. 세제혜택의 변화

19세기 초반에 공공 단체들에 대한 세금 면제가 인정되었는데, 여기에는 소위 경건한(pious) 재단도 포함되었다.[36] 1928년에, 이 규칙은 더 많은 재단의 종류로 확대되었다.[37] 제1차 세계대전 이전까지의 세제 혜택은 기업재단을 통한 지배력 향상의 유인으로는 미미했다.[38]

반면에 제2차 세계대전 이후에 늘어난 세금(특히 상속세)은 규모가 큰 가족 회사의 소유권을 다음 세대로 승계하는 것을 매우 어렵게 만들었다. 예컨대 스웨덴의 상속세는 1900년대 초 세율은 1.5%에 불과했지만 1934년 20%로, 1948년 60%로, 1970년대 초에는 65%로 최고치를 기록했다.[39] 특히 기업의 소유권을 기업재단으로 이전시킨 유인은 1948년 세제개편에서 상속세 최고 한계세율이 60%로 대폭 인상된 것에 있다. 특히 1947년 Axel och Margaret Ax:son Johnsons Stiftelse för allmännyttiga ändamål 및 Axel och Margaret Ax:son Johnsons Stiftelse의 설립은 증가한 상속세가 큰 유인이 되었다.[40] 요컨대 스웨덴의 이러한 세제혜택은 스

---

36) Hagstedt JA, Om beskattning av stiftelser. Uppsala: Uppsala University (diss.) (1972), 136 ff.

37) Proposition 1928:214, Available at https://www.riksdagen.se/sv/dokument-lagar/dokument/proposition/kungl-majts-proposition-nr-214_DP30214 (2021. 4. 4. 확인); SOU 1939:47. 1936 års skattekommitté. Betänkande med förslag rörande beskattning av stiftelser och ideella föreningar m. fl. juridiska personer m. m. Available at http:// libris.kb.se/bib/13537651 (2021. 4. 4. 확인).

38) Magnus Henrekson/Mikael Stenkula, 앞의 연구, 5 ff.

39) Du Rietz, G., & Henrekson, M., Swedish wealth taxation (1911–2007), In M. Henrekson & M. Stenkula (Eds.), Swedish taxation: Developments since 1862, NY: Palgrave Macmillan (2015), 267 ff.; Henrekson et al, 앞의 연구, 1, 13. 몰수에 가까운 극단적인 과세는 기업을 주인 없는 사회적 기업으로 전환시키기 위한 신중한 경제 정책의 일환이었다. 즉 그것은 '자본가 없는 자본주의' 시스템을 만들려는 입법정책이었다. Johansson, A. L., & Magnusson, L., LO andra halvseklet: Fackföreningsrörelsen och samhället [LO entering its second century: The trade union movement in society], Stockholm: Atlas (1998), 115-116.

웨덴에서 가장 경제적인 영향력이 큰 기업재단들이 1차 세계대전과 1970년대 이전에 설립된 이유를 설명하는 단초를 제공한다.[41] 그런데 세제혜택에 기하여 개인 소유권에 비해 기업재단에 의한 소유 유인이 가장 강했던 1960년대 중반부터 1970년대까지 주요 기업재단이 설립되지 않았다는 것은 모순적으로 보인다. 그러나 제2차 세계대전 전에 발생한 부는 이미 기업재단으로 이전되었고, 새로운 영향력 있는 재단의 출자를 위한 기반을 제공할 수 있는 재산이 그 시점에 부족했다는 점을 고려하면 1960년대 이후에 기업재단이 등장하지 않은 것도 충분히 설명이 가능할 것이다.

나. 면세의 요건

1942년에 조세면세 기준을 규정한 것도 재단에게 조세혜택을 제공하기 위한 추가 변화라고 할 수 있다. 그 규정에서는 (1) 국가의 방위를 강화하고, (2) 아이들의 보살핌과 양육을 촉진하고, (3) 교육을 지원하고, (4) 가난한 사람들 사이의 자선 사업을 하며, (5) 연구를 촉진함에 목표를 두고 있는 재단에 대해 세제혜택을 줄 수 있다고 덧붙였다.[42] 특히 면세 추가 조건은 재단이 특정 가정 또는 사람을 지원하도록 맞춰서는 안 되며 수익자에게 상당한 수익금을 배분해야 한다는 것이었다.[43] 또한 2014년 1월 1일 개정 규정에서는 세 가지 면세 조건을 명시

---

40) De Geer, H., Firman: Familj och företagande under 125 år: Från A. Johnson & Co till Axel Johnsongruppen (1998), 209 ff.; Henrekson et al, 앞의 연구, 1, 3.

41) 스웨덴의 세제혜택이 스웨덴을 지배하는 기업재단의 태동을 가져왔다는 분석은 Dan Johansson/ Mikael Stenkula/Niklas Wykman, 앞의 연구, 2 ff.

42) 세법관련 규정은 Dan Johansson/ Mikael Stenkula/Niklas Wykman, The Rise of Private Foundations as Owners of Swedish Industry: The Role of Tax Incentives 1862-2018 Örebro University School of Business (2018), 1 ff., https://www.oru.se/institutioner/handelshogskolan/forskning/working-papers/ (2021. 4. 4. 확인).

43) SOU 1995:63. Stiftelse- och föreningsskattekommittén. Översyn av skattereglerna

하였다.[44] 아래의 요건을 모두 갖추면 재단은 자본소득, 자산, 상속 및 증여에서 면세되었고 하나라도 요건을 못 갖추면 과세의무를 진다.

(1) 공익을 행하는 임무, (2) 재단의 목적에 부합하는 활동이 90-95%일 것, (3) 순수입의 80%를 차지하는 보조금을 지급할 것.

첫번째 조건 측면에서, 새로운 규칙은 이전에 명시한 목적 외에, 스포츠, 문화, 환경 보전, 정치 활동, 종교 활동, 그리고 건강관리를 포함하는 공공사업의 정의를 확장했다.[45] 한편 면세를 위해서는 순이익의 80% 이상을 특정 목적에 사용해야 하는데, 순이익은 이자와 배당금 등 모든 수입에서 관리비용을 뺀 형태로 수익을 의미하나, 양도소득은 제외된다.[46]

다. 세제의 개편이 기업재단에 끼친 영향

재단의 세금 면제는 자선목적에 순수익의 대부분(최소 80%)을 기부하는 것에 대한 조건이기 때문에, 이러한 혜택에만 초점을 맞추면 상장법인의 지배 수단으로서 기업재단의 역할에 대한 분석에 있어 오류를

---

för stiftelser och ideella föreningar: Slutbetänkande. Available at http://libris.kb.se/bib/17492023 (2021. 4. 4. 확인).

44) Skatteregler för stiftelser 2016, 2-3: Available at http://www.skatteverket.se/foretagochorganisationer/sjalvservice/blanketterbroschyrer/broschyrer/info/329.4.71004e4c133e23bf6db800057565.html (2021. 4. 4. 확인). 이 규정에 대해서는 Gunne C and Löfgren J, Beskattning av stiftelser och ideella föreningar, 3rd Edn. Stockholm: Norstedts juridik (2014). 참조.

45) 재단이 사업 자산 수익으로 이행하는 비영리 공익적 목표는 보통 세제혜택을 받기 위해 필요조건이다. Kronke, H.. Stiftungstypus und Unternehmensträgerstiftung. Tübingen: J.C.B. Mohr, S (1988). 7; Henrekson et al, 앞의 연구, 1.

46) Henrekson et al, 앞의 연구, 1, 4.

범할 가능성이 있다. 예컨대 기업재단에서 지배하고 있는 성공적이고 수익성 있는 회사들에게 있어, 기업재단의 기부의무는 고액의 세금과 같은 방식으로 재단의 자원을 고갈시킨다는 점에서 기업에 부담으로 작용한다. 분명히, 이 기부(보조금지급)비용은 재단이 장기적으로 소유권 지위를 유지하는 것을 더 어렵게 만드는 제약이다. 특히 재단을 지배하고 있는 기업이 위기에 처했거나 사업기회를 활용하기 위해 자본을 조달할 필요가 있는 경우에 더욱 그러하다.[47]

특히 스웨덴은 1980년대부터 세제 개혁을 통해 조세제도를 보다 중립적으로 만들었으며 1990년부터 1991년 세금 개혁 이후 개인의 직접적인 소유권은 '현금 흐름 선호'가 되었다. 즉 1990년부터 1991년 세금 개혁은 개인의 직접소유를 위한 The marginal effective tax rate on capital income(유효한계세율, 이하 'METR')을 상당히 줄였다. 또한 1997년 재산세의 사실상 폐지는 개인 직접소유를 위한 METR을 더욱 감소시켰으며, 이에 개인 주식을 보유한 소유자는 기업재단과 비교하여 이제 기업에서 발생한 현금 흐름을 더 많이 보유할 수 있게 되었다. 반면에 최근에는 기업재단의 기부의무가 세금과 같은 효과를 발생시켜 METR을 높인다는 분석이 있었고 이를 근거로 기업재단을 통한 회사의 지배구조가 종전과 같이 매력적이지 않다는 분석이 있다.[48] 즉 기업재단은 최소한 자본소득의 80%(양도소득은 제외한다)를 자선 목적에 배분해야하기 때문에, 현금 흐름의 측면에서 보면 이는 사실상 유효한계세율을 높인다.[49] 이미 기울어진 운동장은 2003년 후속 개혁으로 기업재단으로부터 더 멀리 기울어지게 만들었다. 즉 2003년 7월 1일 법률은 상장투자회사(Investor, Latour, Industrivärden etc.)가 의결권 또는 지분의 10% 이상을

---

47) Henrekson et al, 앞의 연구, 1, 2.
48) 특정목적으로의 기부가 강제되는 것을 세금으로 취급하여 유효한계세율을 계산하고 있는 문헌으로는 Dan Johansson/ Mikael Stenkula/Niklas Wykman, The Taxation of Industrial Foundations in Sweden(1862-2018), Nordic Tax Journal (2020), 1, 9 ff.
49) Dan Johanssonet al, 앞의 연구, 1, 10.

가진 회사로부터 받는 배당 및 양도소득에 대해서도 전액 면세를 부여했다.[50]

　요컨대 1997년 지배주주에 대한 재산세의 사실상 폐지, 2004년 12월 17일 상속세 폐지[51], 2003년 추가 개편은 지배주주가 과세를 전면 기피(또는 무기한 연기)할 수 있게 만들었고 이는 결과적으로 기업재단을 통해 기업의 지배의 유인을 감소시켰다.[52]

IV. 맺음말

1. 스웨덴 기업재단이 가지는 의미

　1848년 스웨덴에서 회사법이 통과되고 1850년대 이후 여러 차례 재단 규제 노력이 있었지만, 1929년이 되어서야 비로소 재단법을 제정할 수 있었다. 게다가, 수정의 여지가 많다고 여겨졌기 때문에, 의회를 통과할 수 있는 개정안을 만드는 데 다시 상당한 시간이 걸렸다. 동시에, KAW 재단의 경우는 또한 스웨덴 정치인들이 재단의 지배구조에 얼마나 큰 관심을 가지고 있었는지를 분명히 보여준다. 1973년부터 1995년 사이에 법률로 주요 재단에서 지방자치단체 기관장들을 이사로 영입하

---

50) 한편 2003년 이전에 한 투자회사는 시가총액에 대해 연 1.5퍼센트의 세금을 부과받았다. 이러한 세법의 사소한 변화를 가져온 개정안은 기업의 소유권에 대한 실질과세에 큰 영향을 미쳤다고 할 수 있다. 1970년대부터 2010년대까지의 조세법의 큰 변화에 대해서는 Magnus Henrekson, Taxation of Swedish Firm Owners: The Great Reversal from the 1970s to the 2010s (2017), 26, 27 ff.

51) 재산세의 폐지일은 당초 2005년 1월 1일로 정해졌다. 그런데 이 날짜는 2004년 12월 26일 인도양 쓰나미로 인해 2004년 12월 17일로 바뀌었다. 이날 변동은 재난으로 사망한 543명의 스웨덴 상속인들이 6일 뒤 폐지될 세금에 타격을 받아서는 안 된다는 의견에 따른 변화였다. Henrekson et al, 앞의 연구, 1, 13.

52) Henrekson et al, 앞의 연구, 1, 3.

게 한 것이 가장 명백한 증거이다. 그러나, 대부분의 시간 동안 모니터링은 세무당국에 위임되었고, 그들은 법과 법령이 준수되고 있는지에 주목하였다. 특히 규제당국의 중요한 역할은 재단이 재단의 특정 목적을 위해 순이익의 80% 이상을 지출하였는지를 확인하는 것이었다. 이런 의미에서 규제당국은 기부자의 대표자로서 행동한 것으로 볼 수 있다.

규제기관 외에도 재단 이사회는 기부자의 의사를 따르는 데 중요한 역할을 한다. KAW 재단의 경우는 재단 이사들의 선발을 통해 재단이 어떻게 하여 마치 주주와 같은 소유권을 행사할 수 있는지 보여준다. 가족 중심의 이사회와 계열사 간부들의 이사 선임을 통해, 매우 긴 임기를 가진 자들이 KAW 재단에 대해 주주와 유사한 소유권을 행사해 왔다. 동시에, 이러한 내용이 회사의 지배구조에 대한 법률에 명시되기 전부터 우수하고 독립적인 이사들(관료 및 학자들)을 같이 선임하였다. 이는 규제 당국에 대한 합법성과 더불어 장래 수익자들에게 합법적이고 투명하다는 이미지를 창출하려는 바람의 반영으로 보인다. KAW 재단의 사례는 성공적인 재단의 지배구조는 (1) 규칙의 준수, (2) 기부자에 대한 충성, 그리고 (3) 수익자 선정의 투명성에 의해 형성되었음을 보여준다.

2. 세법의 개편과 기업재단의 몰락

기업재단은 자본 소득, 재산 또는 상속과 증여에 대한 세금을 낼 필요가 없다. 반면, 이 세금 면제는 재단이 순이익의 80%(결과적인 양도소득의 감소)를 자선목적에 기부하도록 하고 있는데, 이는 기업에 대한 지배력을 유지할 수 있는 부정적인 현금 흐름을 야기한다. 물론 배당금을 받는 대신 주식을 매도함으로써 요건이 완화될 수는 있다. 그러나, 이러한 접근은 지배력을 잃는 것을 의미하기 때문에 일반적으로 회피되었다.

특히 1997년 지배주주에 대한 재산세의 사실상 폐지, 2004년 12월

17일 상속세 폐지, 2003년 추가 개편은 지배주주가 과세를 전면 기피 (또는 무기한 연기)할 수 있게 만들었고 이는 결과적으로 기업재단을 통한 기업지배의 유인을 감소시켰다. 이는 결국 기업재단의 몰락을 가져왔고 종래 기업재단을 통한 기업의 지배구조는 지주회사를 통해 기업지배구조로의 전환을 가져왔다. 예컨대 Wallenberg 재단이나 Söderberg 재단을 제외한 나머지 기업재단들은 SSE의 지배주주의 명단에서 완전히 소외되거나 사라졌다. 1990년대 초 모든 영향력을 잃은 Kempe 재단, 1990년대 말 한 상장법인만 지배했던 Johnson 재단(건설회사 NCC)이 대표적이다.[53] 반면에 최근에는 기업재단이 아닌 지주회사를 통해 직접 기업을 지배하는 것이 선호되고 있다.[54]

3. 차등의결권 주식 활용의 감소

1990년대 들어 다시 자극받은 외환시장은 스웨덴 기업과 부동산의 외국인 소유 규제를 모두 없애 SSE의 외국인 소유 지분이 10년 만에 7%~40%로 늘어나는 결과를 초래했다. 1980년 1월부터 2000년 1월까지 SSE의 주가지수는 56배 증가했다. 규제 완화가 기존 지배주주에게 위협이 되면서 방어하기 위해 차등의결권 주식과 자금 확장의 활용이 가속

53) Sundin, A., & Sundqvist, S.-I., Ägarna och makten i Sveriges börsföretag [Owners and power in Sweden's listed companies 1999], Stockholm: SIS Ägarservice (1999).

54) 예컨대 Fredrik Lundberg (Holmen, Lundbergs, Hufvudsta- den, Cardo), Dan Sten Olsson 가문 (Concordia, Beijer Electronics, Midfart Sonesson, Gun- nebo), Antonia Ax:son Johnson (Mekonomen, Axfood), Erik 및 Mats Paulsson (Peab, Skistar, Brinova), Jörn, Finn 및 Kirsten Rausing (Alfa Laval), Stefan Persson 가문(H&M), 그리고 Jenny Lindén Urnes (Beckers, Höganäs) 등은 지주회사를 통해 기업을 지배하고 있다. 2018년 4월 SSE의 85대 기업 중 34개 기업(이들 85개 기업이 시가총액의 90% 이상을 차지하고 있다)은 자연인 또는 가문이 최대주주였으며, 압도적으로 다수의 경우에 지주회사를 통해 지배권을 행사하고 있었다. Henrekson et al, 앞의 연구 1, 16.

화됐다. 1950년 상장사의 18%만이 차등의결권주식을 갖고 있었으나 1990년대 초에 거의 90%까지 증가했다.

그러나 기업재단이 아닌 지주회사로서 기업의 지배주주가 되려는 경향이 강해지면서 2006년 차등의결권주식을 보유한 기업들의 지분율은 절반으로 떨어져 2019년에도 여전히 그 수준을 유지하고 있다.[55] 지배권의 레버리지 감소는 또한 자본시장의 국제화에 힘입었고, 이로 인해 회사의 주식 가치 평가는 국제 기관투자자의 선호도에 더욱 의존하게 되었다. 그런데 이러한 투자자들은 지배권과 현금흐름권 간의 큰 괴리를 가진 대주주들이 있는 회사들에 대해 평가를 절하하는 경향이 있다. 그 결과, 회사들은 차등의결권주식의 활용을 줄임으로써 국제 기관투자자의 선호도에 적응하였다.[56]

---

55) 2019년 4월 300여 개 기업이 상장한 나스닥 First North 시장에서는 차등의결권 주식의 감소 폭이 더욱 두드러진다. 이들 기업 100개의 견본을 보면 20%에 불과한 기업이 차등의결권 주식을 사용했다. Henrekson et al, 앞의 연구, 1, 16-17.
56) Henrekson et al, 앞의 연구, 1, 17 f.

참고문헌

스웨덴의회, https://www.riksdagen.se/sv/dokument-lagar/dokument/svensk-forfattnin gssamling/lag-1929116-om-tillsyn-over-stiftelser_sfs-1929-116 (2021. 4. 4. 확인)

스웨덴의회, https://www.riksdagen.se/sv/dokument-lagar/dokument/svensk-forfattnin gssamling/lag-1929116-om-tillsyn-over-stiftelser_sfs-1929-116 (2021. 4. 4. 확인)

스웨덴의회, https://www.riksdagen.se/sv/dokument-lagar/dokument/proposition/kung l-majts-proposition-nr-214_DP30214 (2021. 4. 4. 확인)

신정완, "스웨덴 발렌베리 기업들의 소유지배구조와 한국에서 발렌베리 사례의 수용방식", 스칸디나비아연구 제16호 (2015)

이지환, "적극적 주인의식과 장기 소유경영: 스웨덴 발렌베리 가문의 사례", 경영교육연구 제9권 제2호 (2006)

장승규, "스웨덴의 발렌베리, 한국 삼성에 주는 충고", 시민과 세계 제9호 (2006)

Børsting, C., & Thomsen, S., "Foundation ownership, reputation, and labour", 33(2) Oxford Review of Economic Policy (2017)

Dahlberg C, Hedenqvist P and Sundström I (eds), "Knut and Alice Wallenberg Foundation: 100 Years of Support of Excellent Swedish Research and Education. Stockholm": Max Ström (2017)

Dan Johansson/ Mikael Stenkula/Niklas Wykman, "The Rise of Private Foundations as Owners of Swedish Industry: The Role of Tax Incentives 1862–2018", Örebro University School of Business(2018)

Dan Johansson/ Mikael Stenkula/Niklas Wykman, "The Taxation of Industrial Foundations in Sweden(1862–2018)", Nordic Tax Journal (2020)

De Geer, H., Firman: Familj och företagande under 125 år: Från A. Johnson & Co till Axel Johnsongruppen(1998)

Freeman RE, Harrison JS, Wicks AC, Parmar BL and De Colle S, Stakeholder Theory: The State of the Art. Cambridge: Cambridge University Press

(2010)

Freeman RE, Strategic Management: A Stakeholder Approach. Boston: Pitman (1984)

Gunne C and Löfgren J, Beskattning av stiftelser och ideella föreningar, 3rd Edn. Stockholm: Norstedts juridik (2014)

Hagstedt JA, Om beskattning av stiftelser. Uppsala: Uppsala University (diss.) (1972)

Hessler H, Om stiftelser: studier över stiftelseinstitutet i svensk rätt. Stockholm: Stockholms högskola (diss.) (1952)

Hoppe G, Stiftelsens administration, In Hoppe G, Nylander G and Olsson, U (eds), Till landets gagn. Stockholm: Knut och Alice Wallenbergs Stiftelse (1993) https://www.oru.se/institutioner/handelshogskolan/forskning/working-papers/ (2021. 4. 4. 확인)

http://www.skatteverket.se/foretagochorganisationer/sjalvservice/blanketterbroschyrer/bros chyrer/info/329.4. 71004e4c133e23bf6db800057565.html (2021. 4. 4. 확인)

Isoz H, Stiftelse Lagen: en kommentar. Stockholm: Norstedts (1997)

Johansson, A. L., & Magnusson, L., LO andra halvseklet: Fackföreningsrörelsen och samhället [LO entering its second century: The trade union movement in society], Stockholm: Atlas (1998)

Kim, Hwa-Jin, "Concentrated Ownership and Corporate Control:Wallenberg Sphere and Samsung Group", 14 Journal of Korean Law (2014)

Krige J and Rausch H (eds), "American Foundations and the Coproduction of World Order in the 20th Century". Göttingen: Vandenhoeck & Ruprecht (2012)

Kronke, H.. Stiftungstypus und Unternehmensträgerstiftung. Tübingen: J.C.B. Mohr, S (1988)

Lars Engwall, Governance of and by Philanthropic Foundations, European Review (2020)

LIBRIS, http://libris.kb.se/bib/13537651 (2021. 4. 4. 확인)

LIBRIS, http://libris.kb.se/ bib/17492023 (2021. 4. 4. 확인)

Lindgren H, Jacob Wallenberg 1892-1980. Stockholm: Atlantis (2007)

Magnus Henrekson/Mikael Stenkula, Swedish Taxation since 1862: An Overview, Research Institute of Industrial Economics (IFN) (2015)

Magnus Henrekson, "Taxation of Swedish Firm Owners: The Great Reversal from the 1970s to the 2010s", Nordic Tax Journal (2017)

Magnus Henrekson/Dan Johansson/Mikael Stenkula, "The rise and decline of industrial foundations as controlling owners of Swedish listed firms: the role of tax incentives", 68(2) Scandinavian Economic History Review (2020)

Nicolaysen R, "Der lange Weg zur VolkswagenStiftung. Göttingen", Vandenhoeck & Ruprecht (2002)

Olsson U. Att förvalta sitt pund: Marcus Wallenberg 1899-1982. Stockholm:Ekerlid (2000)

Peter Högfeldt, "The History and Politics of Corporate Ownership in Sweden". In Randall K. Mork ed., A History of Corporate Governance around the World: Family Business Groups to Professional Managers, Univ. of Chicago Press (2005)

Schumpeter, J. A., The theory of economic development: An inquiry into profits, capital, credit, interest, and the business cycle, Cambridge, MA: Harvard University Press(1934 [1911])

Sinkey JF, Commercial Bank Financial Management in the Financial Service Industry, 6th Edn. Upper Saddle River, NJ: Prentice Hall (2002)

SOU, Moderniserade skatteregler för ideell sektor [Modernized tax rules for the non-profit sector]. Stockholm: Fritzes (2009)

Sundin, A., & Sundqvist, S.-I., Ägarna och makten i Sveriges börsföretag [Owners and power in Sweden's listed companies 1999], Stockholm: SIS Ägarservice (1999)

Wallander J, "The Wenner-Gren Foundations 1955-2000: How Vanity, Visions and Over-ambitious Plans to Improve the World Led to the Creation of Great Foundations". Stockholm: Atlantis (2002)

Wetterberg G, "Wallenberg: The Family that Shaped Sweden's Economy. Möklinta: Gidlunds" (2014)

독일의 기업재단에 관한 고찰[*]

김진우[**]

I. 들어가며

독일에서 재단 설립자로서 오랫동안 재단 제도에 이바지해 왔으며 오늘날에도 마찬가지인 것은 기업인이다. 그들은 독일에서 최대 설립자 그룹을 이룬다.[1] 그러나 기업인의 특별한 의의는 재단 설립 전체에서 차지하는 비중뿐만 아니라 그들이 제공하는 재단 자본에서도 찾을 수 있다. 지난 수십 년 동안 대부분의 독일 재단은 자본이 비교적 작은 상태(70% 이상이 1백만 유로 이하)로 설립되었지만,[2] 설립자가 기업 지분의 형태로 출연한 재단들의 규모는 중형이거나 대형인 것으로 나타났

* 이 글의 일부는 외법논집 제45권 제2호(2021. 5.)에 수록되었다. 우리 사회가 필요로 하는 현안에 관하여 연구할 수 있는 소중한 기회를 제공하고 아울러 학술지에 게재할 수 있도록 허락해주신 법무법인(유한) 태평양·재단법인 동천 측에 감사드린다.

** 한국외국어대학교 법학전문대학원 교수

1) Bundesverband Deutscher Stiftungen, StiftungsStudie: Stifterinnen und Stifter in Deutschland, 2015, S. 25, https://shop.stiftungen.org/media/mconnect_uploadfiles/s/t/stifterstudie_rgb_final.pdf. (이하 이 글에서는 같은 문헌이 반복 인용되는 경우 "앞의 책"과 같은 인용방법을 사용하는 대신 문헌명 전체를 기재하여 가독성과 참조의 편의성을 높였다).

2) Bundesverband Deutscher Stiftungen, Zahlen, Daten, Fakten zum deutschen Stiftungswesen, 2014, S. 64, https://shop.stiftungen.org/media/mconnect_uploadfiles/z/d/zdf_ebook_final_webgr_e.pdf.

다.3) 최대 규모 독일 재단의 자산은 대체로 기업인에게서 나왔으며4) 그
것의 대부분은 기업 지분이다. 기업인이 설립한 최대 규모의 기업재단
18개의 재단 자산을 합치면 약 360억 유로이다. 그리고 이러한 재단의
대부분은 장부상의 가치가 그러하고, 실제의 시장가치는 이것의 몇 배
일 가능성이 높다. 요컨대 기업인이 설립한 18개의 최대 규모 재단의 재
산은 시장가치의 측면에서 360억 유로가 훨씬 넘고 이러한 시장가치는
500억 유로 이상으로 추정하여도 틀리지 않을 것이라고 한다.5)

재단이라고 하는 법형식(Rechtsform)은 기업 부문에서 기업의 정책
적 관심사를 추구하는 데 사용될 수 있다. 예컨대 기업을 분열 및 적대
적 인수(M&A)로부터 보호하여 기업의 연속성을 보장할 수 있다. 또한
재단은 기업 시민의식(Corporate Citizenship) 발로로 활용되기도 한다.6)

한편 기업은 기업인에게 대개 그의 생애의 작품이라고 할 수 있다.
기업인은 기업을 구축하고, 큰 위기를 돌파하면서 큰 성공에 환호한다.
또한 기업인의 성공은 일반적으로 개인적인 명성을 높이고 경제적 생계
를 보장한다. 그러나 어느 시점엔가 기업인은 자신이 기업을 떠난 뒤에
그의 기업이 어떻게 운영될 것인지를 곰곰이 생각하게 된다. 이때 기업
인은 일반적으로 다음과 같은 질문을 하게 될 것이다.

- 장래 누가 기업을 가장 잘 운영할 수 있는가?
- 나와 내 가족을 위한 (재정적) 부양을 어떻게 확보할 수 있는가?
- 기업의 일자리를 어떻게 보존할 수 있는가?
- 기업이 쪼개지고 매각되는 것을 어떻게 방지할 수 있는가?

---

3) Fleisch/Eulerich/Krimmer/Schlüter/Stolte, Modell unternehmensverbundene Stiftung,
2018, S. 18.
4) 공익목적을 수행하는 초대형 재단의 목록은 <www.stiftungen.org/stiftungen/zah
len-und-daten/liste-der-groessten-stiftungen.html>에서 검색할 수 있다.
5) Fleisch/Eulerich/Krimmer/Schlüter/Stolte, Modell unternehmensverbundene Stiftung,
2018, S. 19.
6) Schlüter/Stolte, in, Schlüter/Stolte, Stiftungsrecht, 3. Aufl. 2016, Kap. 1 Rn. 75.

- 나의 사망 후 상속 분쟁을 어떻게 피할 수 있는가?

이러한 질문에 대한 답으로 독일에서는 재단에 의한 승계가 권장되고 있다.[7] 그에 따라 재단은 기업승계를 위해 점점 더 중요해지고 있으며,[8] 실무상 다양한 가능성이 존재한다.

본 연구는 기업재단에 대한 규제가 강화되고 있는 우리의 현실을 바탕으로 공익실현과 기업승계의 맥락에서 독일의 가족재단을 비롯한 기업재단의 유형을 고찰함으로써 독일의 기업재단 사례가 우리 법에 주는 시사점을 구하려고 한다. 이를 위해 아래에서는 우선 재단의 목적의 윤곽과 한계를 비교법적으로 살펴보고(Ⅱ), 설립자의 전형적인 재단 설립 동기를 살펴보며(Ⅲ), 이어서 재단의 법적 기초를 파악하고(Ⅳ), 기업재단의 형태와 모델을 검토한다(Ⅴ). 마지막으로 우리 법에의 시사점을 정리한다(Ⅵ).

이 글에서 독일법상의 재단이란 바쳐진 재산으로 설립자가 정한 목적을 지속적으로 달성해가는 조직을 가리키지만(법인 아닌 재단을 포함하는 넓은 의미의 재단), 주로 독일 민법상의 재단법인을 중심으로 한다.

---

7) 프랑스에서 상속법의 규정을 우회할 수 없도록 가족재단을 비롯한 사익 목적을 추구하는 재단은 설립될 수 없도록 하고 있는 점(Capitant, Stiftungen im frananzösichen Recht, in: Hopt/Reuter, Stiftungen in Europa, 2001, 343 [347])과 대비된다.

8) Rawert, in: Hopt/Reuter, Stiftungsrecht in Europa, 2001, S. 109 (124); Scherer, in: Scherer, Münchener Anwaltshandbuch Erbrecht(5. Aufl.) 2018, § 3 Rn. 58; Werner, Die Doppelstiftung, ZEV 2012, 244; von Löwe, Familienstiftung und Nachfolgegestaltung. Deutschland, Österreich, Schweiz, Liechtenstein, (2. Aufl.) 2016.

II. 재단의 목적
   : 비교법적 관점에서 바라본 윤곽과 한계

독일의 입법자는 재단 개념과 관련하여 공공복리를 저해하지 않는 한 여하한 목적도 추구할 수 있다는 설립자 자유(Stifterfreiheit)의 원칙에 입각하였다(독일 민법 제80조 제2항. 공공복리를 저해하지 않는 범용재단의 원칙[Prinzip der gemeinwohlkonformen Allzweck -stiftung]).9) 그래서 재단의 목적은 반드시 공익적일 필요가 없다.10) 가족재단은 사익 목적을 추구하는 재단의 대표적인 예이다. 스위스, 오스트리아, 리히텐슈타인도 본질적으로 독일법과 같은 태도라고 할 수 있다.11) 물론 독일법계에서도 사익 목적을 추구하는 재단의 민법적 허용성(zivilrechtliche Zulässigkeit)과 세제적 장려(steuerliche Förderung)를 구별한다. 벨기에, 덴마크, 그리스, 네덜란드 및 스웨덴도 사익 목적을 추구하는 재단을 허용한다.12) 반면 영미법, 프랑스법 및 대부분의 동유럽 법질서에서는 재단의 법형식과 관련하여 목적 선택의 자유가 제한을 받는다. 이들 국가에서는 공익성이 재단 개념에 녹아들어 있어 사익 목적의 재단이 허용되지 않는다.13) 물론 독일법계에서도 사익 목적을 추구하는 재단의 민법적 허용성(zivilrechtliche Zulässigkeit)과 세제적 장려(steuerliche Förderung)를 구별한다. 벨기에, 덴마크, 그리스, 네덜란드 및 스웨덴도 사익 목적을 추구하는 재단을 허용한다.14)

---

9) Dutta, in: Richter, Stiftungsrecht, 2019, § 5 Rn. 5; Weitemeyer, in: MüKoBGB, (8. Aufl.) 2018, BGB § 80 Rn. 3; Muscheler, Stiftung und Gemeinwohlgefährdung, NJW 2003, 3161.
10) BT-Drs. 14/8765, 9.
11) Jakob, in: Richter, Stiftungsrecht, 2019, § 30 Rn. 72.
12) Jakob, in: Richter, Stiftungsrecht, 2019, § 30 Rn. 73.
13) Rawert, in: Hopt/Reuter, Stiftungsrecht in Europa, 2001, S. 109 (120); van Veen, Stiftungsaufsicht in Europa, in: Richter/Wachter, Handbuch des internationalen Stiftungsrechts, 2007, Allgemeiner Teil: § 13 Rn. 134.

1. 기업재단

영미법계에서는 '기업의 유지' 및 '기업의 계속적 발전'은 공익목적으로 인정되지 않기 때문에 허용되는 재단[15] 목적이 될 수 없다.[16] 그래서 특히 미국에서는 독일과 마찬가지로 은폐된 기업자기목적재단 (verdeckte Unternehmensselbstzweckstiftung)이 논의의 초점을 이룬다.[17] 즉 외관은 공익목적을 추구하는 것으로 보이지만, 실제는 기업의 유지·발전에 초점을 맞춘 재단이 문제되고, 이에 대해서는 세법적 제재가 가해진다. 재단 부문의 발전을 세계적으로 선도하는 미국 재단은 역사적으로 대기업의 성공사례와 밀접한 관련이 있다.[18] 미국 기업재단 (corporate foundation)은 흔히 기업인(가족)이 기업의 지분을 재단에 출연함으로써 만들어졌다. 그리하여 사재단(Private foundation)[19]은 대규

---

14) Jakob, in: Richter, Stiftungsrecht, 2019, § 30 Rn. 73.

15) 연방 차원의 재단민법(Stiftungszivilrecht, law of corporations, charity law)이 없는 미국법에서 재단은 민법상의 독자적인 법형식으로 존재하지 않으며 세법적인 개념이다. 그래서 통상적인 법인(corporation)도 일정 공익목적 및 세금 혜택을 받는 목적을 추구하는 경우 재단이 된다. 영국법에서 "charity"는 공익조직을 가리키며, 이 가운데 "charitable company"는 독일의 재단법인에 해당하는 것으로 이해된다. 그밖에 독일의 비법인재단에 비견되는 "trust"가 재단법적 과제를 수행한다. Jakob, in: Richter, Stiftungsrecht, 2019, § 30 Rn. 71과 이곳에 소개된 자료 참조.

16) Weitemeyer, in: MüKoBGB, 8. Aufl. 2018, BGB § 80 Rn. 212.

17) Weitemeyer, in: MüKoBGB, 8. Aufl. 2018, BGB § 80 Rn. 212.

18) 특히 Rockefeller, Mellon, Guggenheim, Kellogg, Morgan과 Ford 재단이 그 뚜렷한 예라고 할 수 있다.

19) 사재단은 미국 세법에 적극적으로 정의되어 있지는 않지만, 일반적으로 개인, 가족 또는 기업에 의해 지원되는 재단을 말하며, 연방세법(IRC) 제501조 (c) (3)의 요구사항을 충족하고 공공민간공익조직(public charity)에 해당하지 않는 모든 공익조직에 대한 총칭 개념이다. 공공민간공익조직의 범주에는 적어도 수입의 1/3을 일반 대중에 의한 출연에 의해 확보하는 종교단체, 학교, 대학, 병원 및 자선단체가 포함된다(IRC 제509조 (a) (2)). 공공민간공익조직과 달리, 사재단은 대개 일정 진흥프로그램을 추구하지 않고 개인이나 공공민간공익조직에

모 기업재산의 보유자가 되었다. 1960년대 초, 미국 의회는 재단과 대기업의 연계에서 문제가 있는 몇 가지 사례를 발견한 후 집중적으로 연구하기 시작하였다.[20] 1960년대에 촉발된 기업재단의 악용 내지 은폐된 자기목적재단에 관한 논의는[21] 재단의 법적 틀에 근본적인 변화를 가져왔고, 광범위한 규제를 통해 재단의 관리 및 활동은 물론 신규 재단의 수에도 지속적으로 영향을 미쳤다. 새롭게 마련된 법률에는 특히 기업과의 밀접한 경제적·개인적 착종을 통한 재단 제도의 악용 가능성을 다루는 규정이 있다.[22] 기업에 대한 재단의 지분참여율은 20%로 제한되었다.[23] 2006년의 연금보호법(Pension Protection Act 2006)은 이러한 규정을 대륙법계의 비법인재단과 유사한 Donor Advised Fonds[24]에 대하여도 적용되도록 하여 보호목적을 우회할 수 없도록 하였다.[25] 20% 한도의 계산을 위해 소위 부적격자(disqualified persons)의 모든 지분이 합산된다. 그러한 자는 설립자 외에도 그의 가족구성원 또는 해당 기업의 지분을 보유한 재단의 경영진일 수도 있다. 20% 한도를 초과하는 것은 몇 가지 예외적인 경우에만 허용된다. 재단과 밀접한 관계가 없는 제3자가 더 많은 지분을 보유함으로써 기업에 대한 효과적인 통제가 가능하다는 점을 재단이 증명할 수 있다면, 기업 지분의 최대 35%를 보유할 수 있다. 허용되는 최대한도를 초과하면 무거운 가산세가 부과되며, 그것은 극단적인 경우 지분가치의 최대 200%에 달할 수 있다. 나아가 재

대한 지원서비스에 중점을 둔다. 필요한 자금은 주로 기부가 아닌 자신의 (자본) 수입에 의존한다.

20) Dale, U.S.-Gesetzgebung zu Stiftungen und Unternehmensbeteiligungen, in: Bertelsmann Stiftung, Operative Stiftungsarbeit, 1997, S. 57 ff.

21) Troyer, The 1969 Private Foundation Law: Historical Perspective on its Origins and Underpinnings, 2000, 9 et seqq.

22) Hopkins/Blazek, Private Foundations, 2003, 230 et seqq.

23) Section 4943 Internal Revenue Code.

24) Weitemeyer, in: MüKoBGB, 8. Aufl. 2018, BGB § 80 Rn. 299; Barrelet, Moderne Stiftungsformen, 2008, S. 42 ff., 119 ff.

25) Brakman Reiser/Miller, in: Jung, Stärkung des Stiftungswesens, 2017, S. 28.

단 및 그와 밀접한 관련이 있는 특수관계자(설립자, 관리인 등) 사이의
법적 거래도 제약을 받게 되었다.[26) 모든 제약에 관한 입법자의 목표
는[27) 재단의 사회적 권력을 제한하는 것이었다. 법정책적 관점에서 사
회 일반의 이익을 위한 임무 수행에 기업의 수입을 적극 사용하도록 요
구되었으며 동시에 입법자는 기업재단의 자산 축적과 관련된 권력 집중
효과를 제한하는 것을 자신의 본연의 임무로 여겼다.[28) 미국의 재단세
법은 재단의 이익을 기업의 이익에 종속시키는 것에 개입하여 독일의
자본재단(Kapitalstiftung)[29)에 해당하는 사재단(private foundation)에서
기업에 대한 다수결지분의 취득을 금지하고 공익목적(charitable purpose)
을 위해 현재 자산가치의 5%에 해당하는 금액을 매년 사용할 것을 요
구한다(이른바 pay out rule).[30) 재단 목적으로 기업의 유지 및 계속적

---

26) Beckwith/Marschall/Rodrigues, Company Foundations and the Self-Dealing Rules,
9 et seqq.

27) Joint Committee on Internal Revenue Taxation, General Explanation of the Tax
Reform Act of 1969, 91st Cong. ed Sess. (1979), 41.

28) 기업지분참여에 관한 규칙의 법정책적 정당화에 관하여는 Dale, U.S.-Gesetzgebung
zu Stiftungen und Unternehmensbeteiligungen, in: Bertelsmann Stiftung, Operative
Stiftungsarbeit, 1997, S. 57, 62 ff.; Fleishman, Stiftungsführung und Unterneh-
menskontrolle in Deutschland und den Vereinigten Staaten, in: Bertelsmann Stiftung,
Handbuch Stiftungen, 2000, S, 359 (362).

29) 독일의 재단은 재산적 기반(Vermögensausstattung)의 종류에 따라 시설재단
(Anstaltsstiftung)과 자본재단(Kapitalstiftung)으로 대별된다. 시설재단은 기본재
산(예컨대 병원, 양로원, 박물관)을 직접 활용하여 재단의 목적을 달성한다. 그
에 반하여 자본재단은 재단의 목적을 달성하기 위해 기본재산에서 생기는 수익
을 사용한다. Rawert, in: Hopt/Reuter, Stiftungsrecht in Europa, 2001, S. 109
(111); Schauhoff, in: Schauhoff, Handbuch der Gemeinnützigkeit, 3. Aufl. 2010,
§ 3 Rn. 25; Hüttemann/Rawert, in: Staudinger, BGB, 2017, BGB § 80 Rn. 208;
Feick, in: Scherer, Münchener Anwaltshandbuch Erbrecht, 5. Aufl. 2018, § 38 Rn.
15.

30) Brakman, Reiser/Miller, in: Jung, Stärkung des Stiftungswesens, 2017, 40; Siegel
Haum, Länderberichte: USA, in: Richter/Wachter, Handbuch des Internationalen
Stiftungsrechts, 2007, S. 1500; Kronke, Stiftungstypus und Unternehmensträger-
stiftung, 1988, S. 95.

발전이 허용되는지 여부에 관한 문제와 재단이 공익목적을 구현하기 위한 수단으로, 가령 기업이 재정의 원천(재원조달사업)이 되거나 공익목적을 직접 달성하는(목적구현사업) 형태로 적어도 간접적으로 기업을 운영할 수 있는지의 문제는 구분되어야 한다. 후자는 일반적으로 긍정되지만, 직접적인 기업운영 및 인적 책임을 지는 사원으로서의 참여에는 제한이 따른다. 재원조달사업은 자회사에 아웃소싱(외주)하여야 한다(위험한 투자의 금지).[31]

1993년부터 시행되고 있는 오스트리아 사재단법(Privatstiftungsgesetz)은 부수적 활동을 넘어서는 영업적 활동을 하거나, 상법에 따른 회사의 경영을 맡거나 인적 회사에 개인적 책임을 지는 사원이 되는 경우가 아닌 한 모든 허용된 목적을 위한 재단을 허용한다.[32] 그러나 사재단법은 부양재단의 존속 가능성을 100년으로 제한하고 추가적으로 100년의 연장 가능성을 허용한다.[33] 사재단도 공익활동을 할 수 있음에도[34] 행정당국의 영향력 행사는 없다. 사재단은 법원이 관할하는 회사등록부(Firmenbuchregister)에 등록함으로써 성립된다.[35] 감독에 관한 한 사재단법은 1차적으로 내부 통제에 의존한다. 좁은 범위 내에서 유지되는 외부 통제는 법원의 관할사항이며, 관계자(재단기관의 구성원, 수익자)가 개입을 요청할 수 있다.[36] 사재단은 일정 범위에서 세금 혜택을 받는다. 이는 공익활동을 하는 사재단과 관련하여 특히 그러하다. 사익(가

---

31) Fries, in: Hopt/Reuter, Stiftungsrecht in Europa, 2001, 371 (377); Kronke Stiftungstypus und Unternehmensträgerstiftung, 1988, S. 191; Weitemeyer, in: MüKoBGB, 8. Aufl. 2018, BGB § 80 Rn. 212.
32) Doralt/Kalss, Stiftungen im österreichschen Recht, in: Hopt/Reuter, Stiftungsrecht in Europa, 2001, S. 419 (426 f.).
33) Zollner, Die eigennützige Privatstiftung aus dem Blickwinkel der Stiftungsbeteiligten, 2011; Doralt/Kalss, in: Hopt/Reuter, Stiftungsrecht in Europa, 2001, S. 419 (438).
34) Doralt/Kalss, in: Hopt/Reuter, Stiftungsrecht in Europa, 2001, S. 419 (427).
35) Doralt/Kalss, in: Hopt/Reuter, Stiftungsrecht in Europa, 2001, S. 419 (427 f.).
36) Doralt/Kalss, in: Hopt/Reuter, Stiftungsrecht in Europa, 2001, S. 419 (436 f.).

족)재단은 상속에 대한 선택지로서 널리 활용되고 있다.[37] 그동안 세금 혜택은 일부 폐지되었지만, 여전히 재단을 통한 기업승계가 널리 활용되고 있다.[38]

네덜란드와 스웨덴에는 기업재단에 관한 특별규정이 있다.[39] 덴마크는 기업재단이 회사법 및 세법의 준칙을 우회하거나 악용하는 것을 방지한다는 명시적인 목표 아래 특별법을 제정하였다.[40] 스페인법은 재단의 재산상실에 대응하기 위해 기업에 대한 재단의 지분참여를 유보하고 있지만, 역설적으로 재단의 상업적 활동을 직접 행하기 위한 요건을 정하지는 않았다. 스페인법은 상업의 직접 경영을 위한 재단의 부기(簿記)가 상법의 조항에 따라 이루어질 것을 규정하고 있을 뿐이다. 그리고 재단의 영리사업 운영이 재단의 목적과 연결되어야 함을 명시적으로 요구하지도 않는다. 영리사업에 대해 재단감독청의 허가는 필요하지 않다.[41] 영리사업을 통해 얻은 수익이 공익목적을 달성하는 데 사용된다면 재단은 영리사업을 할 수 있다. 재단은 영리사업을 통해 얻게 된 수익을 이사, 설립자 또는 정관에서 지정한 수익자 외의 자에게 분배할 수 없다.[42] 그 밖의 재단법들은 기업재단에 관한 특칙의 마련을 포기하였다. 이는 부분적으로 합목적성 감독과 함께 실체적 허가주의가 지배하는 것과 관련이 있다(프랑스, 포르투갈). 프랑스에서는 2005. 8. 2.의 법률(Loi Dutreil)이 적용되기 전까지는 재단은 기업에 참여할 수 없었다. 이 법률은 기업에서의 의결권 행사 허가는 다른 국가와 마찬가지로 프랑스 기

---

37) Althuber/Kirchmayer/Taifl, Länderberichte: Österreich, in: Richter/Wachter, Handbuch des Internationalen Stiftungsrechts, 2007, S. 1236 (1266).
38) Zollner, Die eigennützige Privatstiftung aus dem Blickwinkel der Stiftungsbeteiligten, 2011, 1 ff.; Weitemeyer, in: MüKoBGB, 8. Aufl. 2018, BGB § 80 Rn. 213.
39) 네덜란드에 관하여 van der Ploeg, in: Hopt/Reuter, Stiftungsrecht in Europa, 2001, 405 (413). 스웨덴에 관하여 Hemström, in: Hopt/Reuter, Stiftungsrecht in Europa, 2001, 455 (467 f., 471).
40) Hansen, in: Hopt/Reuter, Stiftungsrecht in Europa, 2001, S. 287 (288).
41) Linares Andrés, in: Hopt/Reuter, Stiftungsrecht in Europa, 2001, S. 475 (497).
42) Linares Andrés, in: Hopt/Reuter, Stiftungsrecht in Europa, 2001, S. 475 (497 f.).

업이 적대적 인수로부터 보호되어야 한다는 점에 의해 뒷받침되었다.[43] 재단법이 재단의 성립을 준칙주의에 따라 규율하고 감독은 적법성 통제에 그치는 한(스위스, 근래의 이탈리아) 기업재단은 독일에서처럼 견해의 대립이 있으며[44] 그 사이에 허용론자가 다수를 점하게 되었다.[45]

미국 재단 제도를 관찰해 온 독일의 논자 중에는 독일에서도 재단을 통해 (지분참여의 형식으로) 기업을 사실상 통제하는 것에 관하여 대비책을 취해야 할 이유가 있다고 지적하는 경우가 있다.[46] 특히 재단에 의해 통제되는 기업은 그의 수익을 적절한 범위에서 공익목적을 달성하는 데 사용해야 한다고 한다. 이러한 주장은 재단의 전형적인 위험상황에 대한 언급으로 뒷받침하고자 한다: 재단의 존속은 시간적으로 제한을 받지 않는다. 그리고 재단은 책임을 추궁할 수 있는 권한을 가진 이해관계자의 동의에 의존하지 않는다. 주식회사의 이사회와는 달리 재단 대표자는 표결에 의한 해임 또는 감사(회)에 의해 해임할 수 없다. 독일에서 기업이 재단의 이익을 통제할 수 있도록 허용될 경우, 일반적으로 인정되는 재단은 사적 또는 개인적 이익을 위한 도구로 사용되어서는 안 된다는 기본규칙이 위반될 것이라고 한다. 재단 제도의 기반이 되는 사회적 효용성의 원칙은 기업관리자가 기업의 이익을 위해 재단에 영향을 미칠 수 있는 한 무시된다.[47] 그러나 지금까지 독일에서는 재단 제

---

43) Combes, in: Prele, Developments in Foundation Law in Europe, 2014, 71 (83). Weitemeyer, Reformbedarf im Stiftungsrecht aus rechtsvergleichender Perspektive, AcP 217 (2017), 431 (447 f.).

44) 스위스에 관하여 Riemer, in: Hopt/Reuter, Stiftungsrecht in Europa, 2001, S. 511 (517). 이탈리아에 관하여 de Georgi, in: Hopt/Reuter, Stiftungsrecht in Europa, 2001, S. 381 (396 f.)

45) 스위스에 관하여 Jakob, in: Richter, Stiftungsrecht, § 30 Rn. 80. 특히 스위스 연방대법원의 2001. 5. 18. 판결에서 경제적 목적을 가진 재단법인을 명시적으로 허용하였다(BGE 127 III 337 E. 2c). 이탈리아에 관하여 Dolce/Molinari, Länerberichte: Italien, in: Richter/Wachter, Handbuch des Internationalen Stiftungsrechts, 2007, S. 978 ff.

46) Fleishman, in: Bertelsmann Stiftung, Handbuch Stiftungen, 2000, S. 359 (362).

47) Fleishman, in: Bertelsmann Stiftung, Handbuch Stiftungen, 2000, S. 359 (391).

도의 발전과정에서 미국에서와 같은 경향이 증명되지 않았다고 한다.[48]

2. 가족재단

재단은 세대를 초월하는 그룹, 특히 가문(Familiendynastie)을 위한 지속적인 재산적 구속을 위한 법적 플랫폼이 될 수 있다. 그러나 독일 및 리히텐슈타인을 제외하고, 다른 서유럽 국가 또는 미국의 법질서가 무조건적인, 즉 시간적인 제한 없이 부가적인 징표에 의존하지 않는 가족재단을 허용하는 경우는 없다.[49] 중국도 공익목적의 재단만 허용된다.[50] 프랑스법계 및 대부분의 동유럽 법질서도 마찬가지이다.[51] 특히 프랑스법계에서는 공익목적의 선택도 자유롭지 않다. 공익목적은 일부 법제에서는 법률상 목록화 되어 있고 그 중에서만 선택할 수 있거나 행정정책적인 평가통제를 받는 것이다.[52] 영미법계도 결과적으로 공익목적으로 제한한다.[53] 스위스에는 약 1,000개의 가족재단이 존재하지만,[54] 무조건적 혜택을 주는 가족재단(이른바 부양재단)은 민법 제335조 제2항에 따른 세습가산제 금지(Fideikommissverbots)의 우회로 인해 허용되지 않는다.[55]

---

48) Weitemeyer, Gemeinnützigkeits- und stiftungsrechtliche Aspekte an der Schnittstelle zwischen Stiftungen und Unternehmen, in: Achleitner/Block/Strachwitz, Stiftungsunternehmen: Theorie und Praxis, 2018, S. 57.

49) Kronke, in: Hopt/Reuter, Stiftungen in Europa, 2001, S. 159 (161); European Foundation Centre, Comparative Highlights of Foundation Laws, 2015, 16 et seq.; Weitemeyer, in: MüKoBGB, 8. Aufl. 2018, BGB § 80 Rn. 186.

50) Bu, in: Jung, Stärkung des Stiftungswesens, 2017, S. 9.

51) Hopt/Reuter, in: Hopt/Reuter, Stiftungen in Europa, 2001, S. 3 Fn. 9; Jakob, in: Richter, Stiftungsrecht, 2019, § 30 Rn. 70; European Foundation Centre, Comparative Highlights of Foundation Laws, 2015, p. 16 et seq.와 이들 문헌에 소개된 자료 참조.

52) Hopt/Reuter, in: Hopt/Reuter, Stiftungen in Europa, 2001, S. 3.

53) Hopt/Reuter, in: Hopt/Reuter, Stiftungen in Europa, 2001, S. 3 Fn. 11과 12.

54) von Schnurbein, in: Jakob, Stiftung und Familie, 2015, S. 13 (19).

Ⅲ. 재단 설립 동기

일반적으로 재단 설립에는 상이한 동기가 복합적으로 수반된다. 관념적이고 경제적인 동기가 반드시 상호 배타적인 것은 아니다. 가령 기업재단의 설립에서는 자익적 동기(가령 절세상의 이유, 책임제한 등)만에 기한 것이 아니라 타익적 동기(예컨대 일자리 보존 기타 공익활동)도 작용한다. 그러나 설립자가 재단을 설립하는 동기는 크게 네 가지로 대별된다.

1. 공익활동에 대한 관심

많은 재단 설립자는 사회에 그의 성공의 일부를 환원하고, 자아를 실현하며, 사망 이후에도 그것이 지속적으로 유지될 수 있는 길을 모색한다.[56] 전통적으로 다수의 재단은 상속인이 없는 경우 유언으로 설립되었다. 이러한 상황에서 설립자의 목표는 먼 친족은 물론 국가가 상속을 받는 것을 배제하는 것이다.[57]

2. 기업의 유지

기업승계 내지 경영권승계를 위한 방안으로 재단이 고려된다. 실무상 기업재단이 설립되는 주된 동기는 설립자가 그의 생애를 초월하여

---

55) Jakob, in: Jakob, Stiftung und Familie, 2015, S. 61 (71 ff.); Jakob, in: Richter, Stiftungsrecht, 2019, § 30 Rn. 77; Riemer, in: von Campenhausen/Kronke/Werner, Stiftungen in Deutschland und Europa, 1998, S. 349 (352).

56) Bundesverband Deutscher Stiftungen, Stifterstudie 2015, S. 44; Weitemeyer, in: MüKoBGB, 8. Aufl. 2018, BGB § 80 Rn. 56.

57) Bundesverband Deutscher Stiftungen, Stifterstudie 2015, S. 43.

기업을 존속시키려는데 있다. 이 경우 재단 설립 동기는 기업의 연속성을 보장(Sicherung der Unternehmenskontinuität)하는 것이다.[58] 재단 설립 동기는 항상 재단의 목적과 구분되어야 하므로[59] 단순히 재산의 영속화를 동기로 하는 것에 대해 이의를 제기할 수는 없다. 재단의 특징은 회사와 비교하여 재산이 거의 완전히 독립적이고 자율적 의사결정을 내리는 인적 결합체가 없이 설립자의 미리 정해진 의사를 실현하는 재단기관이 존재한다는 점에 있다.[60] 이를 통해 설립자는 그의 상속인이 기업에 영향을 미칠 수 없도록 통제하고 기업 경영 방침을 직접 수립하여 그의 관념에 따라 기업이 유지될 수 있게 만들 수 있다.[61]

재단설립자는 그의 생존 중 기업을 재단의 자산으로 함으로써 기업을 자신의 사망이나 이혼과 같은 개인적인 불행으로 인한 경제적 결과로부터 보호할 수 있다. 나아가 기업의 독립성 보장을 위해 재단이 설립되기도 한다.

가. 상속 리스크

재단은 상속 리스크(Risiken der Erbfolge), 특히 부적절한 상속인으로부터 기업을 보호하고 상속인 사이의 분쟁을 방지함으로써 기업의 존속을 위한 유용한 법적 도구가 될 수 있다.[62] 생전에 재단의 자산인 기

---

58) Schwake, in: MHdb GesR V, 5. Aufl. 2021, § 79 Rn. 134와 이곳에 소개된 다른 자료 참조.
59) 김진우, "재단법인의 목적변경: 대륙유럽법(특히 독일법)과 우리 법의 비교를 통한 고찰", 비교사법 제51호 (2010), 80~81에 소개된 독일 문헌 외에도 Schwake, in: MHdb GesR V, 5. Aufl. 2021, § 79 Rn. 134.
60) Backert, in: BeckOK BGB, 57. Ed. 1.2.2021, BGB § 80 Rn. 3.
61) Feick, in: Scherer, Münchener Anwaltshandbuch Erbrecht, 5. Aufl. 2018, § 38 Rn. 22; Werkmüller, Übertragung von Unternehmensanteilen auf eine Familienstiftung, ZEV 2018, 446; Zensus/Schmitz, Die Familienstiftung als Gestaltungsinstrument zur Vermögensübertragung und -sicherung, NJW 2012, 1323.
62) Schwake, in: MHdb GesR V, 5. Aufl. 2021, § 79 Rn. 133.

업은 설립자의 재산에 속하지 않기 때문에 그의 사망 후 상속 분쟁의 맥락에서 기업이 매각되거나 해체될 위험이 없다. 다른 공동상속인에 대한 보상금지급(Abfindungszahlungen an weichende Miterben), 이에 의한 청산의 애로 및 상속을 통한 기업 지분의 분열은 발생하지 않는다.[63] 원칙적으로 상속인의 채권자도 재단의 자산에 대한 접근이 부정된다.

법정상속인의 유류분보충청구권(Pflichtteilsergänzungsansprüche)은 재단이 설립된 후 처음 10년 동안만 존재하며 매년 1/10씩 감소한다(독일민법 제2325조 제1항, 제3항). 설립자 자신이 재단의 수익자(Desinatäre)이거나 재단에서 일정 지위를 보유하고 있다는 사실은 원칙적으로 유류분권리자의 청구권 감소를 막지 못한다.[64] 이는 독일 민법 제2325조 제3항 제3문과 관련하여 설립자의 배우자에게도 적용된다.[65] 피상속인은 그의 최근 친족 및 배우자와 유류분포기계약을 체결함으로써 유류분에 대한 청구권의 주장을 완전하고 법적으로 확실하게 배제할 수 있다. 유류분권리자가 재단의 수익자가 된다면 이에 협력할 가능성이 크다.

유류분권리자가 미성년자여서 유류분포기계약의 체결을 고려할 수 없는 경우, 재단정관에 유류분권리자 및 경우에 따라서는 그의 비속이 재단에 대한 출연을 이유로 유류분보충청구권을 주장하는 경우 수익자 지위를 폐기하는 제재조항을 두는 것이 고려된다.[66]

---

63) von Oertzen/Reich, Die unternehmensverbundene Familienstiftung als Trägerin von Sondervermögen verschiedener Stifter — Anwendung der Steuerklasse I, DStR 2019, 317; Pauli, Stiftung und Testamentsvollstreckung als Gestaltungsmittel zur Sicherung des Erblasserwillens, ZEV 2012, 461.

64) Werner, Die Familienheimstiftung als Instrument der Asset Protection, ZEV 2014, 66 (70).

65) Ihle, Stiftungen als Instrument der Unternehmens- und Vermögensnachfolge — Teil 1, RNotZ 2009, 557 (570 f.).

66) von Oertzen/Reich, Family Business Governance — Sicherstellung der DNA als Familienunternehmen bei von Familienstiftungen gehaltenen Unternehmen, DStR 2017, 1118 (1120); Sabel/Schauer, Strukturierung einer Familienholding — Gesellschaftsrecht vs. Stiftungsrecht, ZStV 2018, 81 (86).

나. 이혼 리스크

혼인계약 없는 부가이익공동제(Güterstand der Zugewinngemein-schaft ohne Ehevertrag)를 기반으로 한 혼인이 나중에 이혼에 이르게 되면 대개 이와 결부된 큰 경제적 가치로 인해 기업에 중대한 영향을 미친다. 그러나 재단 설립을 통해 혼인재산공동제에 기한 청구권으로부터 보호받을 수 있다.[67] 재단으로 편입된 자산은 더 이상 설립자의 재산에 속하지 않는다. 의제적인 귀속은 매년 녹아 들어가 재산양도 후 10년 후에는 완전히 사라진다(독일 민법 제1375조 제3항). 유류분포기계약과 병행하여 배우자의 혼인재산법적 청구권은 재산양도에 동의함으로써 배제될 수 있다.

다. 기업의 독립성 보장

경쟁자와 국가의 영향으로부터 기업과 그의 임직원의 독립성을 보장할 목적으로 재단이 설립될 수 있다(가령 신문사의 경우). 따라서 적대적 인수에 대한 보호를 제공할 목적으로 재단이 설립될 수도 있다. 가령 "Siegfried und Ulla Unseld 가족재단"은 Siegfried Unseld의 사망 후 원치 않는 외부 인수로부터 Suhrkamp 출판사를 보호하기 위해 2002년 설립되었다.[68]

3. 가족의 부양 및 보호

2002. 9. 1. 시행된 재단법 근대화법[69]을 통해 독일 연방 입법자는

---

67) von Oertzen/Hannes/Onderka, ZEV-Report Gesellschaftsrecht/Unternehmensnachfolge, ZEV 2005, 132 (135).
68) Schwake, in: MHdb GesR V, 5. Aufl. 2021, § 79 Rn. 131.

공공복리를 저해하지 않는 범용재단을 도입하여 기업 관련 가족재단의 허용 가능성을 법률로 정함으로써 가족의 부양은 독일 민법 제80조 제2 항에 따른 합법적인 재단 목적에 해당한다.[70] 설립자 자신의 부양은 그의 가족구성원의 부양과 함께 재단을 통해 확보될 수 있다.[71] 가족재단의 범위 내에서 가족은 사업의 리스크를 감수하거나 중요한 의사결정을 내리지 않고도 기업의 수익 및 설립자의 기타 자산으로부터 계속 수익을 누릴 수 있다.[72] 다만, 재단은 설립자의 관점에서 이타성(Fremdnützigkeit)[73]을 가져야 한다는 것이 통설이므로 오로지 설립자 자신의 복지만을 위한 재단은 허용되지 않는다.[74]

가족재단은 설립자의 재산의 일부를 그의 채권자가 접근하지 못하도록 보호하여 가족을 위한 안전을 구축하는 데 적합하다.[75] 설립자의 채권자는 원칙적으로 재산출연에 대해 취소법(Anfechtungsgesetz, AnfG) 및 파산법(Insolvenzordnung, InsO)에 따른 기간 내에서만 취소할 수 있기 때문이다. 독일 민법 제528조에 따른 설립자의 재산관계 악화로 인한 반환청구권의 압류도 배제된다. 이 청구권을 주장할 것인지 여부는 오로지 설립자에게 달려 있기 때문이다.[76]

자본회사 또는 인적 회사에 대한 지분권자로서의 재단은 재단 설립

---

69) BGBl. 2002 I, 2634.
70) Schwake, in: MHdb GesR V, 5. Aufl. 2021, § 79 Rn. 130과 이곳에 소개된 다른 문헌 참조.
71) von Oertzen/Hosser, Asset Protection mit inländischen Familienstiftungen, ZEV 2010, 168 (170).
72) 이중재단에 관하여 Werner, ZEV 2012, 244. 가족소비재단(Familienverbrauchs-stiftung)에 관하여 Tielmann, Die Familienverbrauchsstiftung, NJW 2013, 2934.
73) 그러나 공익적이어야(gemeinnützig) 할 필요는 없다. BT-Drs. 14/8765, 9; Weitemeyer, in: MüKoBGB, 8. Aufl. 2018, BGB § 80 Rn. 178.
74) 학설의 소개에 관하여는 Weitemeyer, in: MüKoBGB, 8. Aufl. 2018, BGB § 80 Rn. 117.
75) von Oertzen/Hosser, ZEV 2010, 168 (174); Bisle, Asset Protection durch den Einsatz inländischer Familienstiftungen, DStR 2012, 525 (527).
76) von Oertzen/Hosser, ZEV 2010, 168 (171).

자의 가족을 위한 수탁자 기능(Treuhandfunktion zugunsten der Stifter-familie)을 위임받을 수 있다. 이 경우 재단은 가족의 기업 지분이 유지되고 사원권이 재단 설립자의 이익을 위해 행사되는지를 확인한다. 기업의 연속성은 설립자 가족을 위한 기업의 유지를 의미한다. 설립자 가족의 구성원은 재단의 수익자(Desinatäre)로서 기업의 이익을 누릴 수 있다. 가족은 기업을 처분 가능한 자산으로서가 아니라 지속적인 수입원으로 유지한다. 이를 통해 개별적인 가족 구성원이 그의 기업 지분을 매각하여 '현금화'하는 것을 방지할 수 있다.[77]

4. 절세

일정 상황에서는 과도하다고 인식되는 상속세 등이 재단 설립을 촉발할 수 있다.[78] 절세 차원에서 재단 제도를 이용하는 것은 적법하다.[79] 세법상의 공익재단(gemeinnützige Stiftungen)에 대한 출연에 대하여는 이를테면 상속 및 증여세법(Erbschaftsteuer- und Schenkung steuergesetz, ErbStG) 제13조 제1항 제16호에 따라 원칙적으로 상속세가 면제된다. 또한 공익재단은 법인세(Körperschaftsteuer)와 영업세(Gewerbesteuer)를 면제의 특전을 누린다.[80] 기업승계와 관련하여 중점은 상속세 및 증여세에 놓인다.

---

77) Schwake, in: MHdb GesR V, 5. Aufl. 2021, § 79 Rn. 135와 이곳에 소개된 다른 문헌 참조.
78) Dahlmanns, Errichtung einer rechtsfähigen Stiftung — zugleich Modell der Unternehmensnachfolge, RNotZ 2020, 417 (419).
79) Schwake, in: MHdb GesR V, 5. Aufl. 2021, § 79 Rn. 129; Gummert, in: MHdb GesR V, 5. Aufl. 2021, § 80 Rn. 8.
80) chwake, in: MHdb GesR V, 5. Aufl. 2021, § 83 Rn. 26

IV. 재단의 법적 기초

1. 개념

독일 민법이나 주재단법(Stiftungsgesetze der Länder)에는 재단(Stiftung)이라는 개념이 정의되어 있지 않다. 그러나 통설에 따르면 재단법인 및 비법인재단은 독립적인 재산의 집합체(verselbstständigte Vermögensmasse)라는 특징을 가지며, 그 수익을 설립자의 의사에 따라 그가 정한 목적 달성을 위해 지속적으로 사용한다.

재단의 특징 중 하나는 소유자, 주주 또는 사원이 없다는 것이며, 이는 재단을 독일법에 따라 유효한 다른 모든 법형식과 구별한다. 재단의 또 다른 특징은 인적 단체와 달리 설립자의 의사가 원칙적으로 변경 가능성이 없이 확정된다는 것이다.[81] 인적 단체가 구성원의 변동 가능한 의사에 따라 운영되는 것과 대조적이다. 재단의 재산으로 발생한 수익은 수익자에게 돌아간다.[82]

가. 재단법인

재단법인은 독일 민법 제80조 이하, 주재단법 및 각각의 정관에 의해 규율된다. 민법에 따른 재단은 (세법상의 공익재단[gemeinnützige Stiftung]으로서) 공공복리는 물론 (사익재단[privatnützige Stiftung]으로서) 사적 이익에도 이바지할 수 있다. 공익재단과 사익재단은 수익자 집단의 범위에 따른 구분이다. 사익재단은 전적으로 또는 주로 하나 이상의 특정 집단(특정 가족, 특정 기업) 구성원에게 이익을 제공하는 재단이다. 가

---

81) Rawert, in: Hopt/Reuter, Stiftungsrecht in Europa, 2001, S. 109 (110).
82) Otto, Handbuch der Stiftungspraxis, 2007, S. 3.

족재단이 대표적인 예이다. 그러나 이에 관한 일반적인 정의는 존재하지 않는다.

주재단법들은 사재단과 공공재단을 명시적으로 또는 묵시적으로 구별하는 경우가 많다.[83] 사재단(private Stiftungen)은 정관에 명시된 목적을 통해 정확하게 확정된 인적 범위 또는 사업체를 지원하며 사익재단과 동의어로 사용되는 경우가 많다.[84] 그에 반하여 공공재단(öffentliche Stiftungen)은 학술, 연구, 교육, 예술, 스포츠 등의 공공복리적 목적의 추구를 통해 일반 대중에게 봉사한다.

나. 법인 아닌 재단

독일 민법 제80조 이하에 규율된 재단법인은 비법인재단 내지 신탁적 재단(nicht rechtsfähige, unselbständige, fiduziarische oder treuhänderische Stiftung)과 구별되어야 한다. 비법인재단은 재단법인과 달리 자체적인 법인격을 갖지 않는다.[85] 비법인재단의 재산은 출연된 재산으로 설립자가 정한 목적을 지속적으로 추구할 것을 위임받은 법인 또는 자연인의 소유권으로 이전된다.[86] 이를 위해 수령자는 출연재산을 자신의 재산과는 별도로 보관 및 관리하여야 한다.[87]

비법인재단은 설립자에게 소규모 재산으로도 일정 목적을 지속적으로 촉진할 수 있는 기회를 제공하기 때문에 실무상 흔한 형태의 재단이다.[88] 나아가 비법인재단에 대하여는 독일 민법의 재단법적 조항이나

---

83) Rawert, in: Hopt/Reuter, Stiftungsrecht in Europa, 2001, S. 109 (110 f.).

84) Rawert, in: Hopt/Reuter, Stiftungsrecht in Europa, 2001, S. 109 (111).

85) Hof, in: Seifart/von Campenhausen, Stiftungsrecht-Handbuch, 3. Aufl. 2009, § 36 Rn. 1.

86) Götz, in: Götz/Pach-Hanssenheimb, Handbuch der Stiftung, 3. Aufl. 2018, Rn. 335.

87) von Campenhausen, in: Seifart/von Campenhausen, Stiftungsrecht-Handbuch, 3. Aufl. 2009, § 2 Rn. 4.

88) Götz, in: Götz/Pach-Hanssenheimb, Handbuch der Stiftung, 3. Aufl. 2018, Rn. 340.

주재단법적 조항이 적용되지 않는[89] 대신 독일 민법에 따른 상속법, 채권법 및 물권법이 적용된다.[90]

그러나 비법인재단은 재단의 모든 특성, 재단의 목적, 재산, 최소한의 조직 및 지속성을 갖기 때문에 재단이라고 할 수 있다.[91] 또한 (경우에 따라서는 일시적인) 비법인재단의 설립을 통해 재단설립행위와 재단의 관청에 의한 승인(Anerkennung) 사이의 단계를 연결할 수 있다.[92]

또한 비법인재단은 관청에 의한 승인 절차를 거칠 필요가 없으므로 재단감독관청의 지속적인 통제를 받지 않는다.[93]

비법인재단은 기업재단(unternehmensverbundene Stiftung) 또는 가족재단(Familienstiftung)의 형태를 취할 수 있지만, 실무상 이러한 경우는 거의 찾아볼 수 없다. 대부분의 비법인재단은 세제 혜택을 받는 공익재단(gemeinnützige Stiftungen)이다.[94]

비법인재단의 관리자는 자연인 또는 법인이 될 수 있다. 그러나 비법인재단도 지속적으로 존속해야 하기 때문에 이론상 '불멸의(unsterblich)' 법인이 자연인보다 더 적합한 것으로 이해되고 있다.[95]

그러나 설립자는 자기와의 계약을 체결할 수 없기 때문에 설립자 자신이 비법인재단의 관리인이 될 수는 없다.[96]

---

89) Hof, in: Seifart/von Campenhausen, Stiftungsrecht-Handbuch, 3. Aufl. 2009, § 36 Rn. 9.

90) Wigand/Haase-Theobald/Heuel/Stolte, Stiftungen in der Praxis, 2007, S. 39.

91) Götz, in: Götz/Pach-Hanssenheimb, Handbuch der Stiftung, 3. Aufl. 2018, Rn. 336.

92) Götz, in: Götz/Pach-Hanssenheimb, Handbuch der Stiftung, 3. Aufl. 2018, Rn. 336, 337.

93) Otto, Handbuch der Stiftungspraxis, 2007, S. 6; Hof, in: Seifart/von Campenhausen, Stiftungsrecht-Handbuch, 3. Aufl. 2009, § 36 Rn. 9.

94) Götz, in: Götz/Pach-Hanssenheimb, Handbuch der Stiftung, 3. Aufl. 2018, Rn. 228.

95) Hof, in: Seifart/von Campenhausen, Stiftungsrecht-Handbuch, 3. Aufl. 2009, § 36 Rn. 73.

96) Schlüter/Stolte, Stiftungsrecht, 3. Aufl. 2016, Kap. 4 Rn. 6.

다. 추가출연

추가출연(Zustiftung)은 재단의 본래의 기본재산을 증가시키는 것을 말한다. 이러한 추가출연은 설립자 본인이나 제3자가 할 수 있다. 추가출연의 경우, 재단정관에 원치 않는 추가출연이 거절될 수 있도록 재단이사회에서 명시적으로 수락되어야 한다는 조항이 포함되는 것이 바람직하다. 거절사유는 추가출연자 본인, 추가출연의 재산적 구조(예컨대 많은 부담이 따르는 재산) 또는 바람직하지 않은 부담(예컨대 재단의 목적을 벗어난 추가출연의 사용)일 수 있다.[97]

출연이 실제로 재단의 재산으로 귀속될 수 있도록 (그리고 지속적으로 보존될 수 있도록) 추가출연이라는 점을 명시적으로 밝혀야 한다.[98] 추가출연을 통해 수령한 재산은 기본재산으로 편입되므로 재단이 즉시 사용할 수 없다.[99]

그러나 원칙적으로 추가출연이 소비를 부담부로 하는 소비추가출연(Verbrauchszustiftung)도 상정할 수 있다.[100] 소비추가출연은 기부(Spende)와 추가출연(Zustiftung)의 조합이며, 이에 의해 수혜 재단은 출연된 재원의 사용에 있어 훨씬 더 큰 행위의 여지를 갖게 된다.[101]

2. 민사법적 기초

재단설립행위의 법적 기초는 독일 민법 제80조 이하와 조세기본법(AO) 제14조, 제51조 이하 및 각 주재단법에서 찾을 수 있다. 독일 민법 제80조부터 제88조까지에는 재단법의 모델 역할을 하는 사법상의 재단

---

97) Fischer, in: Feick, Stiftung als Nachfolgeinstrument, 2015, S. 7 (31), Rn. 12.
98) Fischer, in: Feick, Stiftung als Nachfolgeinstrument, 2015, S. 7 (31, 32), Rn. 13.
99) Fischer, in: Feick, Stiftung als Nachfolgeinstrument, 2015, S. 7 (31, 32), Rn. 13.
100) Fischer, in: Feick, Stiftung als Nachfolgeinstrument, 2015, S. 7 (32), Rn. 14.
101) Fischer, in: Feick, Stiftung als Nachfolgeinstrument, 2015, S. 7 (32), Rn. 16.

법인이 규율되어 있다. 그러나 공법상의 재단과 관련된 문제는 각 주재 단법에 규율되어 있으며, 이들 주재단법은 경우에 따라 상당한 차이가 있다.

가. 재단법인의 설립과 승인

사법상의 재단법인을 설립하려면 독일 민법 제80조 제1항에 따라 두 가지 요소가 필요하다. 하나는 재단설립행위(Stiftungsgeschäft), 즉 설립자의 의사표시이며, 둘은 관할관청에 의한 재단의 승인(Anerkennung der Stiftung)이다.[102] 재단설립행위로 설립자의 의사가 분명해진다.[103] 재단설립행위의 본질적인 부분은 재단의 정관이다. 재단의 승인을 위한 관청이자 나중에 재단을 감독하는 관청은 일반적으로 주 당국이다.[104]

나. 재단의 정관

재단정관의 최소한의 구성요소는 독일 민법 제81조 제1항 제3문에 규율되어 있다. 그에 따라 재단정관은 명칭, 주소, 목적, 재산 및 이사회의 구성에 관한 조항이 포함되어야 한다. 정관의 해석은 의사표시 및 계약의 해석에 관한 독일 민법 제133조 및 제157조에 따라 이루어지며, 이때 재단설립행위에 표현된 설립자의 의사가 가장 큰 역할을 한다.

재단정관의 가장 중요한 구성요소를 아래에서 간략히 소개한다.

---

102) Fischer, in: Feick, Stiftung als Nachfolgeinstrument, 2015, S. 7 (7), Rn. 1.

103) Hof, in: von Campenhausen/Richter, Stiftungsrecht-Handbuch, 4. Aufl. 2014, § 6 Rn. 2.

104) Fischer, in: Feick, Stiftung als Nachfolgeinstrument, 2015, S. 7 (7), Rn. 1.

(1) 재단의 목적

재단의 목적은 설립자의 의사를 구체화하고 각 재단의 기초를 이룬다. 재단의 목적은 관청의 승인 후에는 예외적인 경우에만 변경될 수 있다.[105) 재단의 목적은 재단의 활동 및 재단기관의 행위에 대한 지침으로도 사용되기 때문에 정관을 작성할 때 재단의 목적이 지속적으로 추구될 수 있는 것인지를 고려해야 한다.[106) 재단의 목적은 너무 좁게 표현하여 재단기관의 활동범위가 지나치게 제한되지 않도록 하여야 한다.

그러나 재단은 수 개의 목적을 추구할 수 있으며,[107) 이 경우 주된 목적과 부수적 목적으로 구분된다.[108) 상술한 바와 같이 독일의 입법자는 재단에 관하여 공공복리를 위태롭게 하지 않는 한 여하한 목적도 추구할 수 있다는 사고에 입각하였다(공공복리를 저해하지 않는 범용재단의 원칙). 물론 공공복리에의 부합(Gemeinwohlkonfor mität)은 공익성(Gemeinnützigkeit) 또는 공공복리의 촉진(Gemeinwohl förderung)과 혼동되어서는 안 된다.[109) 그러나 재단은 적어도 이타성을 가져야 한다. 따라서 이타적인 측면이 없이 설립자 자신만을 위한 재단(Stiftung für den Stifter)과 유일한 목적이 자신의 재산을 관리하는 것인 이른바 자기목적재단(Selbstzweckstiftung)은 허용되지 않는다.[110) 여기의 재단 목적은 재단정관에 명시적으로 규정된 것뿐만 아니라 숨겨진 자기목적재단을 포착하기 위해 실질적으로 추구하는 목적을 포함한다. 재단의 재산

---

105) Fischer, in: Feick, Stiftung als Nachfolgeinstrument, 2015, S. 7 (21), Rn. 9.
106) Fischer, in: Feick, Stiftung als Nachfolgeinstrument, 2015, S. 7 (21, 22), Rn. 12.
107) Nissel, in: Werner/Saenger, Die Stiftung, 2008, Rn. 221.
108) Saenger, in: Werner/Saenger, Die Stiftung, 2008, Rn. 174.
109) Schiffer, in: Schiffer, Die Stiftung in der Beraterpraxis, 4. Aufl. 2016, § 2 Rn. 32.
110) Hüttemann/Rawert, in: Staudinger, BGB, 2017, Vor BGB §§ 80 ff. Rn. 8; Weitemeyer, in: MüKoBGB, 8. Aufl. 2018, BGB § 80 Rn. 3; Biermann/Koslowski, in: Scherer, Unternehmensnachfolge, 6. Aufl. 2020, § 9 Rn. 11. 공익목적을 위한 재단만을 허용하는 법질서에서는 이미 개념상 설립자만을 위한 재단이나 자기목적재단의 설립은 배제된다. Jakob, in: Richter, Stiftungsrecht, 2019, § 30 Rn. 76.

에 대해서는 출연자의 채권자가 간섭할 수 없는데, 이는 현행 책임체계
와 모순적인 부분이 있다. 민법상 채무자는 원칙적으로 자신의 재산 전
체로 채무에 대한 책임을 지게 되는데, 이는 면책 기능을 가진 재단에
의해 공동(空洞)화될 수 있다. 따라서 설립자에게 이익을 주는 것을 유
일한 목적으로 하는 재단은 승인될 수 없다.[111]

(2) 재단의 재산

재단의 재산은 재단의 목적과 마찬가지로 재단설립행위의 본질적인
구성요소이다.[112] 이른바 실체보존의 원칙(Substanzerhaltungs gebot)에
따라 기본재산은 소비되어서는 안 되며, 그 실체가 보존되어야 한다. 결
과적으로 재단기관은 가치감소에 대응하고 필요한 경우 유지관리 조치
를 취해야 한다.[113] 독일에서는 비록 법률상 명문의 규정은 없으나 재
단설립을 위해 최소한 50,000 유로의 수익 창출 재산이 출연되어야 하
며, 대부분의 재단감독관청은 이 금액부터는 재단을 승인한다.[114]

재단의 목적을 달성하는 데 사용할 수 있는 유일한 수단은 기본재산에서
발생하는 수익이며, 재단의 실체를 이루는 기본재산은 소비할 수 없다.[115]

실체보존의 원칙은 재단기관이 비용을 고려하고 경제적으로 운영되
어야 한다는 절약적 경제 관리 원칙에 반영된다.[116] 실체보존의 원칙의
또 다른 예는 재산보존이 항상 수익 최적화보다 우선하므로,[117] 위험한
투자는 실체보존의 원칙과 모순된다고 말한다.[118] 그러나 재산의 재편

---

111) Weitemeyer, in: MüKoBGB, 8. Aufl. 2018, BGB § 80 Rn. 179.
112) Götz, in: Götz/Pach-Hanssenheimb, Handbuch der Stiftung, 3. Aufl. 2018, Rn. 264.
113) Ivens, Hamburger Handbuch zur Vermögensnachfolge, 2012, S. 686.
114) Schlüter/Stolte, Stiftungsrecht, 3. Aufl. 2016, Kap. 2, Rn. 96.
115) Götz, in: Götz/Pach-Hanssenheimb, Handbuch der Stiftung, 2014, 3. Aufl. 2018, Rn. 265.
116) Ivens, Hamburger Handbuch zur Vermögensnachfolge, 2012, S. 686.
117) Ivens, Hamburger Handbuch zur Vermögensnachfolge, 2012, S. 687.
118) Richter, in: Hüttemann/Richter/Weitemeyer, Landesstiftungsrecht, 2011, Rn. 15.119.

(Vermögensumschichtungen)은 원칙적으로 허용된다.[119)

상술한 추가출연(Zustiftung)에 의해 재단의 기본재산을 증가시킬 수 있다.

(3) 재단의 조직

재단의 조직은 내부적 구조인 재정적 기반과 재단이 법인으로서 기능을 할 수 있는 외부적 구조로 구성된다. 재단의 규모와 목적 및 설립자의 의사에 따라 다수의 재단기관이 있을 수 있으며, 이사회(Vorstand)는 법률상의 필수기관이다.

재단의 정관은 독일 민법 제26조 제1항과 연계된 제86조 제2문에 따라 이사회 구성에 관한 조항을 두어야 한다. 이러한 규율에는 이사의 수, 선임 및 해임 절차가 포함된다.[120) 설립자는 자신을 종신직 이사로 선임할 수 있지만, 재단의 목적을 변경하는 것은 허용되지 않는다. 그는 단지 재단목적의 객관적 집행자일 뿐이다. 이사회는 재단의 법정대리인이며, 대표권의 범위는 제한될 수 있다(독일 민법 제26조와 연계된 제86조). 그 밖의 재단기관은 법률에 규정되지 않았다.[121)

다. 재단의 책임과 기관

재단은 그의 전 재산으로 채권자에 대해 책임을 진다.[122) 재단이 그의 기관을 통해 제3자에게 유책하게 손해를 입힌 경우, 재단은 독일 민법 제31조와 연계된 제86조 및 제89조에 따라 이에 대한 책임이 있

---

119) Götz, in: Götz/Pach-Hanssenheimb, Handbuch der Stiftung, 3. Aufl. 2018, Rn. 268.
120) Hof, in: von Campenhausen/Richter, Stiftungsrecht-Handbuch, 4. Aufl. 2014, § 6 Rn. 193.
121) Werner, in: Werner/Saenger, Die Stitung, 2008, Rn. 408.
122) Götz, in: Götz/Pach-Hanssenheimb, Handbuch der Stiftung, 3. Aufl. 2018, Rn. 65.

다.[123] 재단기관의 구성원이 일반적인 법적 의무를 위반한 경우, 독일 민법 제421조, 제840조에 따른 연대채무의 범위 내에서 의무를 위반한 기관구성원은 개인적으로는 물론 재단과 공동으로 책임을 진다.

3. 재단의 설립

가. 생전처분에 의한 재단

실무상 재단설립행위는 생전처분에 의하는 것이 일반적이다. 재단설립에서는 독일 민법 제81조 제1항 제1문의 방식규정이 준수되어야 하며, 재단설립행위는 서면에 의해야 한다(독일 민법 제126조와 연계된 제81조 제1항 제1문).[124] 따라서 재단설립행위는 설립자 자신의 서명이 필요하다. 대리도 가능하지만 실무상으로는 거의 찾아볼 수 없다.[125]

설립자가 정한 목적을 달성하는데 필요한 재산이 이전되려면 설립자는 재단설립행위로 구속력 있는 표시를 하여야 한다(독일 민법 제81조 제1항 제2문). 그러나 설립자는 이러한 출연과 관련하여 재단에 대한 지분, 사원권 또는 반대급부를 취득하지 않는다.[126] 제3자도 재단의 기본재산에 접근할 수 없으므로 이로부터 재단재산의 '불가침성'이 도출된다.[127]

재단설립행위는 수령을 요하지 않는 일방적 의사표시이다. 재단설립행위는 재단이 승인될 때까지만 자유롭게 철회될 수 있다(독일 민법 제81조 제2항).[128] 설립자의 사망 후 철회권은 그의 상속인에게 이전되지 않는다(독일 민법 제81조 제2항 제3문).[129]

---

123) Kilian, in: Werner/Saenger, Die Stiftung, 2008, Rn. 530 ff.
124) Werner, in: Werner/Saenger, Die Stiftung, 2008, Rn. 309 ff.
125) Werner, in: Werner/Saenger, Die Stiftung, 2008, Rn. 326.
126) Werner, in: Werner/Saenger, Die Stiftung, 2008, Rn. 282.
127) Götz, in: Götz/Pach-Hanssenheimb, Handbuch der Stiftung, 3. Aufl. 2018, Rn. 113.
128) Werner, in: Werner/Saenger, Die Stiftung, 2008, Rn. 312.

설립자가 재단설립행위를 한 후 사망했는데 재단이 관청에 의해 아직 승인되지 않은 경우, 관청의 후발적인 승인은 소급효를 가진다. 그래서 재단은 설립자의 생전 중에 설립된 것이 된다(독일 민법 제84조).

나. 유언에 의한 재단

독일 민법 제83조에 규정된 사인처분에 의한 재단설립은 유언이나 상속계약의 형태를 취할 수 있다.[130] 그래서 사인처분에 의한 재단설립 행위를 위해서는 상속계약(독일 민법 제2276조 제1항) 및 유언(독일 민법 제2231조)에 관한 엄격한 방식규정을 준수해야 한다. 공증인이 작성하지 않은 유언장의 경우 독일 민법 제2247조의 규정을 충족해야 하며, 유언은 피상속인이 자필로 작성하여 서명해야 하고 장소 및 날짜가 기재되어야 한다.[131]

상속법의 방식규정 외에 재단 정관에 관한 방식요구(독일 민법 제81조 제1항)도 적용된다. 재단 정관이 불완전한 경우 독일 민법 제83조 제2문부터 제4문까지가 적용되며, 이에 따라 관할관청은 재단의 승인 전에 불완전한 정관을 보완할 수 있다. 그러나 이 규율은 재단 목적을 확정할 권한을 포함하지 않으며, 이는 설립자가 개인적으로 정해야 한다. 유언 및 상속계약에 해당 재단 목적이 기재되지 아니한 재단 정관이 수반되는 경우 재단은 사인처분으로 유효하게 설립될 수 없다.[132]

이러한 방식규정의 준수 외에도 피상속인은 재단에 대해 주장될 수 있는 배우자, 자녀 및 경우에 따라서는 부모의 유류분권을 유의해야 한다.[133]

재단은 상속인 또는 공동상속인으로의 지정을 통해 또는 부담부로

---

129) Reuter, in: MüKoBGB, 6. Aufl. 2013, BGB §§ 80, 81, Rn. 49.
130) Reuter, in: MüKoBGB, 6. Aufl. 2013, BGB § 83 Rn. 1.
131) Fischer, in: Feick, Stiftung als Nachfolgeinstrument, 2015, S. 7 (12), Rn. 28.
132) Fischer, in: Feick, Stiftung als Nachfolgeinstrument, 2015, S. 7 (12), Rn. 29.
133) Werner, in: Werner/Saenger, Die Stiftung, 2008, Rn. 333.

또는 유증에 의해 설립될 수 있다.[134] 독일 민법 제84조의 의제를 통해 새롭게 설립될 재단이 상속인으로 지정될 수 있다. 이 조항은 재단이 설립자의 사망 후에 비로소 권리능력이 있는 것으로 승인된 때에는 재단은 설립자의 출연에 관하여는 그 사망 전에 이미 성립한 것으로 본다고 규정하고 있다. 상속인으로 지정된 재단은 설립자의 재산을 포괄승계를 통해 취득한다(독일 민법 제1922조, 제84조).

V. 기업재단의 형태와 모델

독일에서 재단은 거의 예외 없이 독일 민법 제80조 이하를 기반으로 설립된다. 그럼에도 각 재단은 그 기능과 구조면에서 상당한 차이를 보이기도 한다. 재단이 이 기업을 운영한다면, 가장 먼저 제기되는 의문은 재단이 기업과 어떻게 연결되어 있는지이다. 이른바 기업지분참여재단을 선택한 경우, 설립자가 추구하고자 하는 목적과 기업의 존속 및 개인적인 목적 추구가 가능한 최선의 모델이 무엇인지가 문제된다.

1. 좁은 의미의 기업재단

공공복리를 저해하지 않는 범용재단의 원칙을 채택한 독일에서 재단이 상법상의 회사를 직접 운영하거나 회사에 지분을 가질 수 있음은 당연하다. 우리나라에서는 기업재단이 일반적으로 기업 또는 기업인이 설립한 재단으로 이해되고 있지만,[135] 독일에서는 재단 자산이 기업 또는

---

134) Götz, in: Götz/Pach-Hanssenheimb, Handbuch der Stiftung, 3. Aufl. 2018, Rn. 120.
135) 가령 고상현, "기업재단에 관한 법적 연구: 독일에서의 논의를 중심으로", (전남대) 법학논총 제39권 제1호 (2016), 916. 다만, 이 문헌은 "기업이나 기업인이 설립하였다고 하여" 다른 재단과 달리 취급할 "법적 실익이 있는 것은 아

기업 지분으로 구성된 재단을 기업재단이라고 한다. 기업재단은 "Unternehmensstiftung", "Unternehmensträgerstiftung", "gewerbliche, unternehmensbezogene oder unternehmensverbundene Stiftung", "Stiftungsunternehmen" 등 다양하게 불리고 있지만, 오늘날에는 "Unternehmensstiftung"과 "unternehmensverbundene Stiftung"이라는 용어가 널리 사용되고 있다.[136) 기업재단은 쉽게 말하자면 영리활동을 하는 재단이다. 그러나 기업재단이라는 개념은 독자적인 법적 의의 내지 규범력을 갖지 않으며, 고유한 법적 특성도 없고,[137) 일정한 사실관계를 포섭하기 위한 용어례에 지나지 않는다.[138) 그래서 기업재단과 관련하여 법률상 특칙이 존재하지 않으며, 재단에 관한 일반규정이 적용된다.

기업재단에는 다시 재단의 법형식으로 직접 기업(자본회사, 인적 회사)을 운영하는 재단(Unternehmensträgerstiftung, 기업운영재단)과 출자자로서 기업(자본회사, 인적 회사)의 지분을 보유하는 ㅡ지분의 구체적인 종류(다수지분인지 소수지분인지)는 묻지 않는다ㅡ 재단(Unternehmensbeteiligungstiftung, Beteiligungstiftung, 기업지분참여재단 또는 간접적 기업운영재단)이 있다.[139) 기업운영재단은 기업의 법형식

니"라고 한다. 그리고 고상현, "기업재단에 관한 법정책적 고찰", (숭실대) 법학논총 제47집 (2020), 415은 설립자가 누구인지에 따라 재단을 분류하는 것은 적절치 않으므로 기업재단은 "기업과 관련된 재단"으로 재정의되어야 한다는 입장이다.

136) Backert, BeckOK BGB, 57. Ed. 1.2.2021, BGB § 80 Rn. 17; Gummert, in: MHdb GesR V, 5. Aufl. 2021, § 81 Rn. 5와 이곳에 소개된 문헌 참조.

137) Gummert, in: MHdb GesR V, 5. Aufl. 2021, § 80 Rn. 6; Schlüter, in: Henssler/Strohn, Gesellschaftsrecht, 5. Aufl. 2021, Vorbemerkung: Das Verhältnis von Stiftung und Unternehmen, Rn. 1.

138) Rawert, in: Hopt/Reuter, Stiftungsrecht in Europa, 2001, S. 109 (112).

139) Rawert, in: Hopt/Reuter, Stiftungsrecht in Europa, 2001, S. 109 (112); Hütte-mann/Rawert, in: Staudinger, BGB, 2017, Vor BGB § 80 Rn. 193; Richter, in: Richter Stiftungsrecht, 2019, § 10 Rn. 1. 그 밖에 하나의 기업집단(Konzern) 내에서 최고의 기관으로 역할하는 지주재단(Holdingsstiftung)을 기업재단의 일유형으로 분류하는 경우도 있으나(가령 Richter, in: Richter, Stiftungsrecht, 2019,

이 재단인 경우, 즉 재단의 법형식으로 기업을 운영하는 것(재단 = 기업)[140]을 말한다. 여기서 재단은 단독상인(Einzelkaufmann)으로서 기업을 운영한다.[141] 기업운영재단에 대해서는 상법 규정이 적용된다. 사법상의 법인으로서 독일 상법 제1조, 제33조에 따라 사업 운영의 대상이나 유형 및 범위와 관련하여 상업등기부에 등기해야 한다.[142] 반면 지분참여재단은 기업을 자체적으로 운영하지 않고 사원 내지 출자자(Gesellschafterin)로서 기업(인적 회사 또는 물적 회사)의 지분을 보유한다.[143] 지분참여는 순수한 재산투자일 수도 있고 직접적으로 목적추구에 이바지하기 위한 것일 수도 있다.[144] 목적실현을 위한 기업에의 지분참여는 재단의 목적을 간접적으로 실현하기 위한 기능을 가진다.

　기업재단은 그 목적에 따라 동시에 가족재단이거나 공익재단(gemeinnützige Stiftung)일 수 있다.[145] 그러나 기업재단은 사익재단(privatnützige Stiftung)이자 동시에 가족재단인 경우가 흔하다.[146] 여기서 사익재단으로서의 기업재단은 대체로 또는 전적으로 재단 수익자인 설립자의 가족 구성원의 이익에 봉사한다. 그러나 기업재단은 공익재단일 수 있고, 이 경우 기업재단은 기업의 수익으로 공익목적을 달성한다. 물론 기업을 공익재단으로 출연한 경우에는 많은 세제적 측면이 고려되어야 한다. 재단의 공익성은 영리사업의 수행에 의해 위태로워질 수 있다.[147]

---

§ 10 Rn. 1과 이곳에 소개된 문헌 참조), 일반화된 개념은 아닌 것으로 보인다.

140) Feick, in: Scherer, Münchener Anwaltshandbuch Erbrecht, 5. Aufl. 2018, § 38 Rn. 14.

141) Weitemeyer, in: MüKoBGB, 8. Aufl. 2018, BGB § 80 Rn. 198.

142) Backert, in: BeckOK BGB, 57. Ed. 1.2.2021, BGB § 80 Rn. 21.

143) Backert, in: BeckOK BGB, 57. Ed. 1.2.2021, BGB § 80 Rn. 17; Hüttemann/Rawert, in: Staudinger, BGB, 2017, Vor BGB §§ 80 ff. Rn. 193; Hushahn, in: BeckNotarHB, 7. Aufl. 2019, § 19 Rn. 134.

144) Schlüter, Die Stiftung als Unternehmenseigentümerin, in: Strawitz/Mercker, Stiftungen in Theorie, Recht und Praxis, 2005, S. 316.

145) Richter, in: Richter Stiftungsrecht, 2019, § 10 Rn. 1.

146) Gummert, in: MHdb GesR V, 5. Aufl. 2021, § 81 Rn. 7.

147) Gummert, in: MHdb GesR V, 5. Aufl. 2021, § 81 Rn. 8.

300만 개 이상의 일자리를 가진 독일의 최대 30개 고용주 중 절반 이상
이 재단과 결부된 기업이다. 따라서 재단과 결부된 기업의 노동시장에서 매
우 중요한 의의를 가지며, 독일의 전체 건설산업보다 훨씬 비중이 크다.[148)
기업운영재단은 독일 민법이 재단에 관한 공공복리를 저해하지 않는
범용재단의 원칙을 채택한 까닭에 허용된다.[149) 그러나 기업운영재단은
현재 실무상 그다지 눈에 띄지 않으며[150) 일반적으로 지분참여재단이
사용된다.[151) 실제로 칼 짜이스 재단(Carl-Zeiss- Stiftung)이 2003년 자
본회사로 법형식을 변경한 이후로 재단에 의해 직접 운영되는 대기업은
찾아볼 수 없다.[152) 기업운영재단은 재단의 기본재산의 보존을 어렵게
만들 리스크가 커서 관할관청의 설립승인을 받기 어려울 뿐만 아니
라[153) 유연성이 부족하여 제한적으로만 사용할 수 있기 때문이다.[154)
그래서 기존의 기업운영재단의 대부분이 지분참여재단으로 구조를 전
환하였다. 지분참여재단에서는 기업의 지분으로부터 발생하는 수익이
재단으로 유입되는 구조를 가진다. 지분참여재단에서 재단과 기업은 독
립적인 권리주체이므로 재단은 재단법의 적용을 받고 기업은 회사법의

---

148) Fleisch/Eulerich/Krimmer/Schlüter/Stolte, Modell unternehmensverbundene Stiftung,
   2018, S. 25.
149) Backert, in: BeckOK BGB, 57. Ed. 1.2.2021, BGB § 80 Rn. 20; Schiffer/Pruns,
   in: Schiffer, Die Stiftung in der Beraterpraxis, 4. Aufl. 2016, § 11 Rn. 27;
   Hüttemann/Rawert, in: Staudinger, BGB, 2017, Vor BGB § 80 Rn. 222.
150) 그 예로는 Schiffer/Pruns, in: Schiffer, Die Stiftung in der Beraterpraxis, 4. Aufl.
   2016, § 11 Rn. 27.
151) Biermann/Koslowski, in: Scherer, Unternehmensnachfolge, 6. Aufl. 2020, § 9 Rn.
   25; Naumann zu Grünberg, Die Stiftung in der Unternehmensnachfolge mit
   Auslandsbezug: Einsatzmöglichkeiten und Stiftungsstatut, ZEV 2012, 569 (570).
152) Schwake, in: MHdB GesR V, 5. Aufl. 2021, § 79 Rn. 121; Weitemeyer, Gem-
   einnützigkeits- und stiftungsrechtlcie Aspekte an der Schnittstelle zwischen
   Stiftungen und Unternehmen, in: Achleitner/Block/Strachwitz, Stiftungsunter-
   nehmen: Theorie und Praxis, 2018, S. 51.
153) Godron, in: Feick, Stiftung als Nachfolgeinstrument, 2015, S. 291 (295) Rn. 24.
154) Schiffer/Pruns, in: Schiffer, Die Stiftung in der Beraterpraxis, 4. Aufl. 2016, §
   11 Rn. 27.

적용을 받는다. 여기의 기업은 모든 종류의 회사를 의미하며, 심지어 민법상의 조합도 포함한다.155)

재단이 어느 정도의 지분을 확보할 때 지분참여재단이 되는지에 관한 일반적으로 인정되는 기준이 없다.156) 재단이 자산의 일부를 예컨대 주식회사의 주식으로 투자한 경우 자동으로 기업재단이 되는 것은 아니다. 기업에 대한 일정 수준의 참여가 유일하거나 항상 결정적인 기준이 되어서는 안 된다고 한다.157) Fleschutz는 기업재단에 대한 조사에서 기업 지분이 4% 이상인 재단도 포함하였다.158) Eulerich는 기준으로 최소한 명목 자본의 20% 또는 의결권의 20% 참여로 (또는 기타 법적 규율로 인해) 영향 (지시, 참여 또는 통제권)의 간접적 가능성을 언급한다.159) Berndt/Götz는 재단이 주식회사 지분의 20% 이상을 보유하고 있거나 다른 이유로 참여하는 것이 사원총회에서의 단순한 주주를 넘어 최소한 간접적인 법적 지위로 이어질 경우 기업재단으로 분류한다.160) 또 다른 기준은 지분이 재단 수입의 결정적 의미를 가지는지 여부이다.161) 따라서 재단이 ① 기업운영자이거나, ② 기업에 지분이 있고 또 이와 연계하여 최소한 간접적으로, 즉 기업에 대해 '통상의 출자자'를 넘어서는 권리 내지 영향력을 가지거나 ③ 일정 기업에 대한 지분에 기한 수입이 재단의 총수입에 중요한 의미를 가진다면 기업재단이라고 할 수 있다고 한다.162) 여하튼 재단의 지분이 기업 자본의 최소 20%를 차

---

155) Schiffer/Pruns, in: Schiffer, Die Stiftung in der Beraterpraxis, 4. Aufl. 2016, § 11 Rn. 28은 실제적인 예도 소개하고 있다.

156) Fleisch/Eulerich/Krimmer/Schlüter/Stolte, Modell unternehmensverbundene Stiftung, 2018, S. 33.

157) Bernt/Götz, Stiftung und Unternehmen, 2009, S. 52.

158) Fleschutz, Die Stiftung als Nachfolgeinstrument für Familienunternehmen, 2008, S. 403 ff.

159) Eulerich, Stiftungsverbundene Unternehmen in Deutschland, 2016, S. 62.

160) Bernt/Götz, Stiftung und Unternehmen, 2009, S. 53.

161) Fleisch/Eulerich/Krimmer/Schlüter/Stolte, Modell unternehmensverbundene Stiftung, 2018, S. 33.

지하거나 재단의 지분이 이익권 또는 의결권의 최소 20%를 차지하는 경우에 이에 해당할 것이라고 한다. 이러한 기준에 따르더라도 개별 사안에서 구분이 어려울 수 있다. 그래서 기업재단의 수에 관한 수치는 논자에 따라 크게 다르다.[163)

재단의 기업운영 또는 지분참여에 의한 기업 참여는 민법상 아무런 제약이 따르지 않는다. 그러나 재단법의 내재적 원리, 주재단법 또는 공익재단(Gemeinmützige Stiftung)의 경우에는 조세기본법(Abgaben ordnung, AO)에 따른 제한이 따를 수 있다.[164)

기업운영재단의 범위 내에서 내부적인 자금조달 가능성은 특히 공익재단의 경우 제한적이다. 조세기본법(AO) 제55조 제1항 제5호에 따른 신속한 재원 사용의 원칙(Gebot der zeitnahen Mittelverwen dung)이 적용되기 때문이다. 적립금의 형성은 세금 혜택을 받는 재단에서는 제한된 범위 내에서만 허용된다. 수리 및 대체를 위한 준비금 외에 조세기본법 제62조 제1항 제3호에 따라 자산관리 잉여금의 최대 1/3과 추가적으로 (영리사업이나 목적사업으로 발생한) 기타 수익 10%를 자유로운 적립금으로 배정할 수 있다. 지분참여재단의 경우 모든 기업수익을 적립하는 것이 문제되지 않는다.

병원, 양로원, 도서관, 교육기관 또는 박물관의 운영처럼 재단의 목적이 기업의 대상과 일치하면 기업운영재단이 고려될 수 있다.[165)

기업은 그 자체로 점점 더 재단설립자 역할을 하고 사회적·생태적 책임의 맥락에서 기업의 사회적 책임(Corporate Social Responsibility)의 도구로 활용되고 있다. 이러한 발전은 유럽회계지침에 의해 지속적으로 추진되고 있다.[166)

---

162) Ibid., S. 33 f.
163) Ibid., S. 34와 그곳에 소개된 자료 참조.
164) Schlüter, in: Strawitz/Mercker, Stiftungen in Theorie, Recht und Praxis, 2005, S. 314.
165) Schwake, in: MHdB GesR V, 4. Aufl. 2016, § 79 Rn. 121.
166) Grünbuch der EU-Kommission, Europäische Rahmenbedingungen für die soziale

2. 가족재단

가족재단(Familienstiftung)은 법률상의 개념 정의가 있거나 독립적인 법형식으로 존재하는 것이 아니다.[167] 가족재단은 특별한 유형의 재단이 아니라 단지 특정 (가족 관련) 목적을 추구하는 것으로 이해된다. 즉 가족재단은 그 목적이 주로 하나 이상의 특정 가족의 이익을 위해 봉사하는 재단으로 이해되고 있다.[168] 일반적으로 설립자와 그의 가족을 부양하거나 (정신적·물질적으로) 장려하는 것을 목적으로 한다. 가족의 부양 범위는 해당 가족구성원에 대한 정기급여로부터 교육 및 응급상황에서만 지원하는 것까지 다양할 수 있다. 그 점에서 가족재단은 사익 목적을 추구하는 재단(privatnützige Stiftung)의 가장 흔한 형태이자 원형(Prototyp)이라고 할 수 있다.[169] 그러나 수익자가 설립자의 가족일 필요는 없다.[170] 가족재단은 설립자의 가족 부양 외에도 기업승계를 위한 수단으로도 사용된다.[171] 가족재단은 전형적으로 큰 재산을 유지하고

Verantwortung der Unternehmen vom 18.7.2001 KOM (200) 366 endg., Rn. 20 f.; Corporate Social Responsibility Richtlinie der EU – RL 2014/95/EU, ABl. EU 2014 L 330, 1.

167) Krumm, Die Stiftung bürgerlichen Rechts, JA 2010, 849 (854); Richter, in: Richter, Stiftungsrecht, 2019, § 11 Rn. 1.

168) Backert, in: BeckOK BGB, 57. Ed. 1.5.2021, BGB § 80 Rn. 15; Richter, in: Richter, Stiftungsrecht, 2019, § 11 Rn. 3; Hüttemann/Rawert, in: Staudinger, BGB, 2011, Vor BGB §§ 80 ff. Rn. 179; Schiffer, in: Schiffer, Die Stiftung in der Beraterpraxis, 4. Aufl. 2016, § 2 Rn. 21 ff.

169) Werner, ZEV 2012, 244; Hüttemann/Rawert, in: Staudinger, BGB, 2011, Vor BGB §§ 80 ff. Rn. 119, 178.

170) Richter, in: Richter, Stiftungsrecht, 2019, § 11 Rn. 3.

171) Gummert, in: MHdB GesR V, 4. Aufl. 2016, § 81 Rn. 9; von Löwe, Familienstiftung und Nachfolgegestaltung. Deutschland, Österreich, Schweiz, Liechtenstein, 2. Aufl. 2016; von Oertzen/Reich, DStR 2017, 1118 ff.; Hüttemann/Rawert, in: Staudinger, BGB, 2017, Vor BGB §§ 80 ff. Rn. 262; Weitemeyer, in: MüKoBGB, 8. Aufl. 2018, BGB § 80 Rn. 178.

가족을 부양하는 데 이바지하기 때문이다.[172] 실무에서는 기업과 연계
하여 흔히 혼합된 목적이 흔히 발견된다(지분참여재단으로서의 기업 관
련 가족재단).[173] 가족재단은 상속세를 납부해야 한다.[174] 독일의 경우
약 5%가 가족재단인데,[175] 그들 중 일부는 연혁적인 세습가산제
(Familienfideikommiss)를 법률의 명령에 따른 법형식 전환에 기한 것이다.[176]

가족재단은 상속법의 한계를 극복하는 데도 이용된다. 기업인 및 ―
잠재적인 설립자의― 관점에서 기업의 연속성을 보장하기 위한 상속법
적 가능성은 불충분한 것으로 인식되고 있다. 가족재단의 설립으로 재
산은 유언 및 기타 상속법적 조건(독일 민법 제2044조 제2항, 제2109조,
제2162조, 제2163조, 제2210조)의 시간적 제한을 둘 수 있으며 비록 일
차적 유류분권리자는 아니지만 차순위 유류분권리자의 유류분권을 박
탈할 수 있다.[177] 부담부 상속(독일 민법 제2291조 이하)의 범위 내에서
의 양도도 기업 경영의 장기적인 연속성을 보장하는 데 적합하지 않다.
그러나 재단에서는 상황이 다르다. 설립자가 기업 경영진의 구성에 관
한 규칙을 정하고 그 규칙은 영구적으로 유효하게 되는 기업운영자로서
의 재단과 함께 기업재산은 재단에 영구적으로 귀속된다. 기업의 경영
진 구성에 대한 가족구성원의 영향력은 영구적으로 배제된다. 이는 특
히 장기적으로 기업에 묶여 있는 자산을 가족에게 확보하는 동시에 가

---

172) Schiffer/Pruns, in: Schiffer, Die Stiftung in der Beraterpraxis, 4. Aufl. 2016, § 11 Rn. 31.
173) Schiffer/Pruns, in: Schiffer, Die Stiftung in der Beraterpraxis, 4. Aufl. 2016, § 11 Rn. 31.
174) Schiffer, in: Schiffer, Die Stiftung in der Beraterpraxis, 4. Aufl. 2016, § 8 Rn. 49 ff.
175) Bundesverband Deutscher Stiftungen, Statisiken, Stand 31.12.2016, <www.stiftungen.org>.
176) Dutta, Von der pia causa zur privatnützigen Vermögensbindung: Funktionen der Stiftung in den heutigen Privatrechtskodifikationen, RabelsZ 77 (2013), 828 ff.; Weitemeyer, AcP 217 (2017), 441 f.
177) Weitemeyer, in: MüKoBGB, 8. Aufl. 2018, BGB § 80 Rn. 185; Hüttemann/Rawert, in: Staudinger, BGB 2017, Vor BGB §§ 80 ff. Rn. 271.

족구성원을 기업 경영진의 구성에서 광범위하게 배제할 수 있는 가능성을 제공한다.[178]

가족재단의 특징은 다른 재단과 같은 정도로 국가 감독을 받지 않는다는 데 있다. 예컨대 노르트라인베스트팔렌(NRW)주의 재단법 제6조 제3항에 따르면 전적으로 또는 주로 사적인 목적을 추구하는 재단은 해당 활동이 법률상 보호되는 공익에 반하지 않도록 보장해야 하는 범위 내에서만 국가의 감독을 받는다.[179] 국가적 감독의 해제는 가족재단의 인적 단체 유사의 구조에 의해 정당화된다. 즉, 가족재단에서는 가족이 자신의 이익을 지키기 위해 설립자 의사의 보전을 감시하므로 굳이 국가가 감독할 필요가 없다는 것이다.[180]

가족재단으로 임직원의 이익이나 공익목적과 같은 다른 목적을 추구할 수도 있다. 그러나 가족재단은 사원이 없으며 규제가 그다지 행하여지지 않기 때문에 특히 재량권을 유지하면서 가족재산을 대대로 유지하고 설립자의 희망과 가치를 구현하는 것이 중요한 기업인 가족을 위한 지주회사(Holding)로 특히 적합하다.[181]

이른바 '적대적' 또는 '조율되지 않은' 인수의 위험, 즉 경영진의 의사에 반하는 기업 인수는 기업집단의 지주회사 역할을 하는 재단의 도움으로 예방할 수 있다.

3. 공익재단

기업과 관련하여 세법상의 공익재단(gemeinnützige Stiftung)도 기업에

---

178) 상세는 Schwarz, Die Stiftung als Instrument für die mittständische Unterneh-mensnachfolge, BB 2001, 2383 ff.
179) 독일 각 주에서의 가족재단에 대한 국가적 감독의 해제에 관하여는 Weitemeyer, in: MüKoBGB, 8. Aufl. 2018, BGB § 80 Rn. 194.
180) Backert, in: BeckOK BGB, 57. Ed. 1.2.2021, BGB § 80 Rn. 15; Weitemeyer, in: MüKoBGB, 8. Aufl. 2018, BGB § 80 Rn. 177.
181) Sabel/Schauer, ZStV 2018, 81 (93).

유의미한 역할을 수행하는 동시에 일반 대중에게 봉사할 수 있다. 예컨대 기업의 수익 전부 또는 일부를 공익목적으로 사용할 수 있으며, 이는 기업에 긍정적인 마케팅 효과를 가져올 수 있다.[182] 공익재단은 세금 혜택을 받는 재단의 이종이다. 세금 특전을 누리기 위해서는 공익목적을 추구하거나 자선목적 및 종교목적을 촉진해야 한다(조세기본법 제52조~제54조).

세금 특전 목적은 원칙적으로 이타적이고(selbstlos, 조세기본법 제55조), 배타적이며(ausschließlich, 조세기본법 제56조) 그리고 직접(unmittelbar, 조세기본법 제57조) 추구되어야 한다. 세금 특전 목적의 증진은 주로 자신의 경제적인 목적이 아니고 자산사용에 관한 법률적 준칙이 준수되는 경우 이타성이 인정된다(조세기본법 제55조 제1항).[183] 재단의 활동이 1차적으로 자신의 경제적 목적을 추구하지 않고, 재단의 자산을 정관상의 목적을 위해 사용하며, 특히 재단의 자산으로부터 재단 관계자가 혜택을 받지 않는다면 그 장려 또는 지원은 이타적이다. 배타성은 재단이 세금 특전 목적 외에 다른 목적을 추구해서는 안 된다는 것을 의미한다.[184] 따라서 재단의 활동은 오로지 세제 특전 목적의 실현을 위한 것이어야 한다. 재단의 전체 활동을 경제활동과 공익활동의 두 가지로 이분하는 것은 허용되지 않는다. 그럼에도 재단재산의 관리를 통해 일상 거래에 참여하는 것은 허용된다. 재단이 공익성을 인정받기 위해서는 재단 자체가 세제 특전 목적을 실현해야 한다.[185] 물론 재단은 그의 활동이 재단의 자체 활동으로 볼 수 있고 재단의 모니터링이 이루어질 수 있다면 재단의 기관이 아닌 보조자를 사용할 수도 있다.[186] 보조자가

---

182) Schiffer/Pruns, in: Schiffer, Die Stiftung in der Beraterpraxis, 4. Aufl. 2016, § 11 Rn. 32.
183) Hüttemann, Gemeinnützigkeits- und Spendenrecht, 4. Aufl. 2018, Rn. 4.67.
184) AEAO zu § 56 Nr. 1 S. 1 AO.
185) EAO zu § 57 Nr. 1 AO; Weitemeyer, in: MüKoBGB, 8. Aufl. 2018, BGB § 80 Rn. 328.
186) Hüttemann/Schauhoff/Kirchhain, Fördertätigkeiten gemeinnütziger Körperschaften und Konzerne, DStR 2016, 633 ff.

자연인인지 아니면 법인인지는 중요치 않다. 공익활동을 위탁받은 법인 그 자체는 공익재단일 필요가 없다. 직접성의 원칙은 재단이 다른 단체에 참여하는 것을 배제하지 않는다.

기업승계의 맥락에서 공익재단이 영리사업을 하는 경우 세금 혜택이 주어지지 않는다.[187] 영리사업의 운영은 재단이 스스로 영리활동을 하는 경우, 즉 시장에서 급부를 유상으로 제공하는 경우는 물론 기업에의 지분참여를 통해서도 가능하다: 본래 영업적으로 활동하는 인적 회사에 대한 지분참여는 재단의 영리사업 운영으로 이어진다.[188] 그에 반하여 자본회사에 대한 지분참여는 원칙적으로 세금 혜택이 주어지는 재단의 재산관리에 해당한다.[189] 영리사업의 운영은 재단이 실제로 자본회사의 일상적 경영에 영향을 미칠 수 있는 경우에만 인정된다.[190] 재단이 사원총회에 관하여 (예컨대 동의를 요하는 거래의 세부적 목록과 같은) 특별권한이 없다면 자본회사에 대해 다수지분으로 참여하는 것은 해롭지 않다. 다만, 재단기관과 회사 경영진 사이에 인적 결합이 있는 경우 기업의 경우에 실질적인 영향을 미치는 것으로 간주된다. 사업분할 (Betriebsaufspaltung)도 영리사업의 운영을 초래한다. 공익재단의 사용은 목적사업의 운영(예컨대 병원)의 유지를 위해 또는 기업참여가 자본회사를 통해 중개되는 경우에 지분참여재단의 범위 내에서만 합리적이다.

설립자는 공익재단을 통해 자신과 가족의 부양을 확보할 수 있는지 여부에 관심이 있을 것이다. 이를 위해 기본적으로 세 가지 방법이 있다. 먼저 ① 1/3 해결책이 있다. 조세기본법 제58조 제6호의 이타성 및 배타성의 원칙에 대한 예외로서 법률은 이른바 '1/3 해결책(Drittellösung)'을 제공한다. 이에 따르면, 세금 혜택을 받는 재단은 설립자와 그의 직

187) Schlüter/Stolte, Stiftungsrecht, 3. Aufl. 2016, Kap. 7 Rn. 131.
188) Koenig/Koenig, AO, 3. Aufl. 2014, AO § 14 Rn. 27.
189) AEAO Nr. 3 S. 4 zu § 64 Abs. 1 AO; Koenig/Koenig, AO, 3. Aufl. 2014, AO § 14 Rn. 26.
190) AEAO Nr. 3 S. 5 zu § 64 Abs. 1 AO.

계가족을 적절하게 지원하고 무덤을 돌보며 추억을 존중하기 위해 소득의 일부를 사용할 수 있지만 소득의 1/3을 넘지 않아야 한다. ② 다음으로 연금지급도 가능하다. 연금지급(Rentenzahlung)은 재단의 수입 상황과 관계없이 부양을 위해 정해진 재단 자산에서 가족을 부양할 수 있도록 한다. 재단으로의 재산 출연 전에 연금지급청구권이 유효하게 성립한 경우, 그것은 공익성을 해치는 사안이 아니다.[191] 기존 유동 자산이 기존 청구권을 충족하기에 충분하지 않은 경우, 인적 단체는 수익도 이를 위해 사용할 수 있지만 최대 1/3까지만 그러하다.[192] 연금지급은 설립자의 소득세 과세대상이다.[193] 또한 연금부담은 부동산취득세법(Grunderwerb steuergesetz)에 따른 반대급부에 해당하므로 부동산 또는 기업참여의 양도는 부동산취득세(Grunderwerbsteuer)를 유발할 수 있다.[194] 반면, 사망으로 인한 이전에 대해서는 재단이 유증(Vermächtnis)이나 부담(Auflage)을 지더라도 부동산취득세가 적용되지 않는다(부동산취득세법 제3조 제2호). 연금수령자 측은 그의 자본액과 출연용익권의 자본액도 증여세 및 상속세의 적용을 받는다(상속세법 제3조 제1항 제2호, 제3호, 제23조). 나중의 연금지급은 원칙적으로 그것의 수익지분과 함께 기타 급부로서 소득세가 부과된다.[195]

4. 이중재단

이중재단(Doppelstiftung)은 가족재단과 세법상의 공익재단(gemeinnützige Stiftung)의 조합모델이다.[196] 이 연계의 목표는 설립자 가족의 영향력을

191) BFH, BStBl. II 1998, 758.
192) AEAO Nr. 13, 14 zu § 55 Abs. 1 Nr. 1 AO.
193) Rentenerlass v. 11.3.2010, BMF BStBl. I 227.
194) Wachter, Stiftungsgründung und Grunderwerbsteuer, DStR 2012, 1900 (1901); Boruttau /Loose, GrEStG, 19. Aufl. 2018, GrEStG § 9 Rn. 205, 234.
195) BFHE 246, 442.
196) Schiffer/Pruns, in: Schiffer, Die Stiftung in der Beraterpraxis, 4. Aufl. 2016, §

확보하는 동시에 공익적 지분참여재단의 이점, 즉 기업 지분의 양도 시에 상속세 면제를 활용하는 데 있다.[197] 이 목표는 의결권(Stimmrechte)과 자본권(Kapitalrechten)을 분리함으로써 달성된다: 기업에 대한 지분은 —그것이 설립자 및 그의 가족을 부양할 필요가 없는 경우— 공익적 기업재단으로 이전된다. 따라서 이로부터 발생하는 소득은 면세되며 이 재단의 정관에 따른 공익목적을 위해 사용된다. 실무상 여기서 흔히 조세기본법 제58조 제6호에 따른 재단 수입의 최대 1/3을 설립자 및 그의 친족의 부양을 위해 사용할 수 있는 가능성이 활용된다. 재단에 과세가 되는 영리사업이 행하여지는 것을 방지하기 위해 기업 지분의 이전 시 지분과 연계된 의결권의 다수가 다른 지분권자에게 남아 있다는 점에 합의해야 한다. 이러한 나머지 지분은 큰 경제적 가치를 갖지는 않지만, 지분과 연계된 의결권을 통해 계속해서 기업인의 영향력을 행사할 수 있는 수단을 제공한다. 이러한 권한이 상속으로 인하여 손상되는 것을 방지하기 위해 이들 지분은 이제 비공익적인 가족재단으로 이전된다. 결과적으로 세금 혜택을 받는 재단에 면세된 수입이 분배되지만, 그것은 공익목적을 위해 사용되어야 한다. 동시에 기업인의 영향력은 기업인의 가족에 남게 된다. 요컨대 공익재단은 대개 가족기업보다 더 많은 자본을 갖지만, 그 지분은 의결권이 없거나(stimmrechtlos) 매우 작다.[198] 반면 가족재단은 대개 공익재단보다 훨씬 적게 가족기업에 대한 자본지분을 갖지만, 일반적으로 다수의결권을 보유한다.[199] 요컨대 이중재단 모델은 기업재단의 장점과 공익재단의 세금 혜택을 결합한 것이다. 가족재단은 가족기업에 대해 공익재단보다 지분은 적지만 다수의결권과 또는 단독의결권을 가지면서 가족기업에 대한 가족의 영향력을 보장한다.

---

11 Rn. 62; Reich, Die unternehmensverbundene Doppelstiftung auf dem Prüf-stand — Gemischte Stiftung als Rechtsformalternative, DStR 2020, 265.
197) Schlüter/Stolte, in: Schlüter/Stolte, Stiftungsrecht, 3. Aufl. 2016, Kap. 1 Rn. 78.
198) Gummert, in: MHdb GesR V, 5. Aufl. 2021, § 81 Rn. 50.
199) Reich, DStR 2020, 265.

5. 혼합재단

이른바 '혼합재단(gemischte Stiftung)'은 예컨대 설립자, 그의 아내 및 이들의 비속을 위한 재정적 부양 및 보장의 형태로 공익목적 및 사적 목적을 모두 촉진한다.[200] 이중재단(Doppelstiftung)과 달리 두 개가 아닌 하나의 재단만 설립된다. 이것은 배타적으로 세금 혜택을 받는 목적을 추구하지 않으며 1/3 해결책의 예외도 적용되지 않으므로 공익성을 갖지 않는다.[201]

이중재단에 대한 혼합재단의 장점은 설립비용 및 관리비용이 적게 든다는 것이다. 설립해야 할 재단은 하나뿐이며 그의 기관만 계속하여 채워야 한다. 재원을 배분할 때 세법적 공익성에 관한 요건을 준수할 필요가 없으며 상속세법(제13조의a, 제13조의b)이 요구하는 가족재단의 기준을 충족시키는 것도 불필요하다. 나아가 기업의 이익 축적 및 재단의 적립금 형성이 더 많이 허용된다.[202]

혼합재단의 경우 공익성이 인정되지 않아 세금 혜택을 받지 못한다. 그러나 이것은 재단이 전적으로 자본회사에 대한 지분을 보유하는 경우 커다란 단점이라고 할 수 없다. 법인세법(KStG) 제8조의b에 따라 이익 분배는 95%까지 면세되기 때문이다.

재단으로의 재산 출연에 대해서는 원칙적으로 상속세 및 증여세가 적용된다.[203]

---

200) Weitemeyer, in: MüKoBGB, 8. Aufl. 2018, BGB § 81 Rn. 36; Reich, DStR 2020, 265.
201) Dahlmanns, RNotZ 2020, 417 (427).
202) Dahlmanns, RNotZ 2020, 417 (427 f.).
203) Dahlmanns, RNotZ 2020, 417 (428).

6. 재단합자회사

재단합자회사(Stiftung & Co. KG)는 독일법에서 합자회사(Komman-
ditgesellschaft, KG)의 특수한 형태이자 재단이 출자자로서 참여하는 인
적 회사(Personengesellschaft)이다. 이것은 무엇보다도 기업승계를 위한
수단이다. 주주의 이익이 묶여서 기업과 그의 자본을 보존하고 연속성
을 보장한다. 유일하게 개인적으로 무한책임을 지는 사원(Komplemen-
tärin)은 자연인이 아니라 재단, 그것도 일반적으로 기업을 경영하는 재
단이다.204) 대개 설립자의 가족구성원인 재단의 수익자는 동시에 합자
회사의 유한책임사원(Kommanditisten)이 된다. 설립자의 관점에서 재단
의 참여는 특히 구조에 안정성을 주고 그 존속이 대개의 가족회사의 경
우와 달리 상속인 재량에 의존하지 않게 되는 효과를 가진다.205)

재단합자회사에서 재단은 무한책임사원이 된다. 책임의 인수는 재단
으로서의 승인을 방해하지 않는다. 재단이 기업운영재단처럼 정관에 개
인책임의 인수에 관한 명확한 수권을 받고 재단에 대해 일반적인 리스
크 프로필이 없기 때문이다.206)

VI. 우리 법에의 시사점

(1) 앞에서 독일의 경우 기업재단이 공익목적과 경영권의 승계 등 사
익목적을 동시에 추구할 수 있는 다양한 가능성을 가진다는 점을 알 수

---

204) Gummert, in: MHdb GesR V, 5. Aufl. 2021, § 82 Rn. 1; Schiffer/Pruns, in:
     Schiffer, Dies Stiftung in der Beraterpraxis, 4. Aufl. 2006, § 11 Rn. 54.
205) Werkmüller, Die "Familienstiftung & Co. KG" als Instrument der "kontrollierten"
     Vermögensnachfolge, ZEV 2015, 522.
206) von Campenhausen/Richter, Stifungsrecht-Handbuch, 4. Aufl. 2014, § 12 Rn. 85.

있었다. 거기서는 기업재단을 통한 기업의 부당한 지배력 확보나 사익 편취라는 시각은 그다지 뚜렷하지 않으며, 재단의 법형식을 활용하여 한편으로 공익사업의 시행에 대해 세금 혜택을 받으면서 다른 한편으로 기업 내지 경영권을 승계하는 것도 적법한 것으로 취급되고 있다. 그리고 기업재단의 설립을 위한 주식 기타 형태의 기업 지분(Unernehmensbeteiligung)의 출연 및 보유는 비교법적으로 독일의 특유한 현상이라고 할 수 없으며 오히려 보편적인 현상이라고 할 수 있다.[207] 우리의 경우에도 기업재단이 출자자인 기업 또는 다른 기업의 지분을 보유하고 있는 경우가 적지 않다.[208] 글로벌 차원의 비교 수치는 찾기 어렵지만, 기업에 상당한 지분을 가지고 있는 것으로 알려진 많은 재단은 유럽에 소재하고 있으며 그 대부분은 지난 50년 동안 설립되었다. 그러나 분포도는 유럽 내에서도 같지 않다. 이 모델은 북유럽에서 훨씬 더 일반적이다. 덴마크보다 이러한 현상이 뚜렷한 나라는 없다. 그곳에서는 재단이 보유한 상장기업만 해도 상장기업 시가 총액의 절반 이상을 차지한다.[209] 이 모델은 노르웨이에도 널리 퍼져 있다. 그리고 스웨덴에서는 발렌베리 재단이 스웨덴 전체 산업의 상당 부분을 통제하고 있다. 이것은 재단법적 및 세법적 틀과 밀접한 관련을 가지고 있다.[210] 북유럽 국가들은 이른바 큰 정부를 지향하면서 높은 세율로 정부의 재원을 마련하고, 이를 토대로 연금, 교육, 의료 등의 서비스를 국가가 대부분 책임지고 있음에도, 기업재단은 탄탄한 입지를 구축한 것으로 보인다.

　(2) 독일의 경우 재단은 일반적으로 민법, 세법, 주재단법의 규제를 받고, 공법상의 재단은 설립과 관련하여 근거가 되는 공법 또는 주재단법의 적용을 받는다.[211] 거기에는 우리의 「공익법인의 설립·운영에 관

---

207) Thomson, The danish industrial foundations, 2017, 9.
208) 손원익, "국내 기업이 설립한 공익재단과 사회공헌활동 현황", 법무법인 태평양/재단법인 동천 공동편집, 공익법총서 제7권 (2021), 24 참조.
209) Thomson, The danish industrial foundations, 2017, 9.
210) Thomson, The danish industrial foundations, 2017, 76.
211) 공법상의 재단이 사법적 거래를 하는 경우에는 민법의 적용을 받는다.

한 법률」에 상당하는 법률은 존재하지 않는다. 또한 우리처럼 공정거래법을 통해 기업집단 소속 공익법인 소유 주식의 의결권을 특별히 제한[212]하지도 않는다. 기업재단 소유 주식의 의결권 제한은 다른 나라의 입법례에서는 유례를 찾을 수 없는 것으로 재단의 사적 자치에 대한 중대한 간섭에 해당하며 헌법상의 문제를 야기할 수 있다. 이는 기업재단을 마치 대기업집단 소속 계열금융회사처럼 취급하는 것이지만,[213] 사익을 추구하는 것을 본질적 목표로 하는 금융회사와 비영리(공익)활동을 하는 것을 목적으로 하는 재단을 동일시하거나 유사하게 취급하는 것은 적절하지 않다. 기업재단의 공익활동이 사회의 기대치를 충족시키지 못하고 있다면 그것을 진작할 수 있는 다른 방법을 모색해야 하는 것이지 섣불리 재단의 사적 자치에 간섭할 것이 아니다. 대법원 2007. 5. 17. 선고 2006다19054 전원합의체 판결은 "재단법인의 일종인 학교법인 등에게는 헌법이 그 기본권을 보장하고 있으므로 학교법인에 대한 국가의 감독권도 학교법인 설립자가 작성한 정관 기타 설립 당시의 설립자의 의사에 부합하게 운영될 수 있도록 이를 보장하기 위한 범위 내에서 행사되어야 한다."라고 판시하였다. 이러한 대법원 전원합의체 판결의 취지는 재단의 유형을 묻지 않고 입법에서도 수렴되어야 한다. 나아가 독일에서는 미국이나 우리나라에서 볼 수 있는 세법을 통한 주식이나 출자지분의 한도를 정하지도 않는다. 그 점에서 우리 법은 독일법과 비교할 때 기업재단에 대해 과도한 규제를 하고 있다고 평가할 수 있다.

(3) 기업재단에 관하여 강력한 규제가 필요한지에 관한 문제를 판단함에는 법정책적 요소가 충분히 고려되어야 한다. 한편으로 재단의 설립을 촉진하는 것은 사회적·정치적으로 유의미하다. 우리 국민의 복지에 대한 수요가 다양해지고 눈높이도 점점 높아지고 있지만, 우리 국가

Schlüter/Stolte, in: Schlüter/Stolte, Stiftungsrecht, 3. Aufl. 2016, Kap. 1 Rn. 89.

212) 2020. 12. 29. 법률 제17799호로 전면 개정되어 2022. 12. 30. 시행되는 독점규제 및 공정거래에 관한 법률 제25조, 제29조.

213) 권오승·서정, 독점규제법(제3판), 법문사 (2018), 512.

재정은 —이른바 작은 정부를 지향하고 있음에도— 만성적자에 시달리고 있다. 이 문제를 해결하기 위한 증세 및 공과금 부담의 가중은 현세대의 저항을 불러올 뿐만 아니라 장래 세대의 큰 짐이 될 수 있다. 이러한 상황에서 '증세 없는 복지'를 실현하기 위한 수단으로서의 기업재단의 설립 및 활동을 장려하는 제도적 지원책이 요청된다. 기업재단은 공공재와 공공서비스 생산에 이바지하고,214) 사회 혁신을 촉진하며 또 다원주의적 사회질서의 일부를 형성하는 등으로 사회에 공헌한다. 다른 한편으로 기업재단이 변칙적인 재산출연행위를 통해 탈세나 부의 증식 수단으로 악용되는 것 또는 공익재단을 이용한 부당한 지배력 확보를 방지해야 한다는 목소리도 드높다. 이 두 가지 시각은 상호 의존적이며 서로 연결되어 있지만, 제한적으로만 조화를 기할 수 있다. 미국과 우리나라의 입법자는 기업재단에 대한 악용 방지에 더 관심을 두고 있는 것으로 보인다. 그러나 한편으로 재단 설립자의 광범위한 자유는 재단 제도의 확장을 위한 기반이 된다. 다른 한편으로 설립자의 자유에 대한 제약은 신규 재단 설립을 눈에 띄게 감소시킨다.215) 이것은 제2차 세계대전 이후 미국과 독일에서의 신규 재단 설립의 비교가 여실히 보여준다. 많은 재단이 부유한 기업인에 의해 새롭게 설립되었다. 이들은 현대 사회의 재단 제도의 원동력(Motor) 역할을 하였다. 이러한 재단의 설립은 일반적으로 기업인 자신의 자유로운 자본이 아니라 기업 지분의 제공으로 이루어졌다.216) 그런데 1969년 미국 재단이 20% 이상의 기업 지분

---

214) 우리나라에서 기업재단이 민간공익활동에서 차지하는 비중은 실로 막대하다고 할 수 있다. 이에 관하여는 손원익, 앞의 글, 2 참조.

215) 국제적 비교에서 프랑스 재단의 수가 절대적으로 적다는 사실은 재단 설립과 국가 통제 사이의 연관성을 증명한다. 이는 본질적으로 프랑스에서의 광범위한 정부 통제 조치에 기인한다. Anheier, Foundations in Europe; a comparative Perspective, in: Schlüter/Then/Walkenhorst, Foundations in Europe, 2001, 35, 66과 Archambault, Schlüter/Then/Walkenhorst, Foundations in Europe, 2001, 127.

216) 우리의 경우 대기업집단 소속 공익법인은 설립 당시 현금만 출연된 공익법인이 전체의 63.6%에 해당하는 105개로 가장 큰 비중을 차지하고 있고, 주식이 출연된 공익법인은 38개로 22.8%에 해당하여 상대적으로 작은 비중을 차지하였다. 그런

보유가 금지됨에 따라 새로운 대형 재단의 수는 법률개정의 즉각적인
연속선상에서 눈에 띄게 감소하였다. 이것은 통계상 분명하다. 1993년
미국에는 35,000개의 재단이 있었고, 독일에는 6,500개의 재단이 있었
다. 미국의 이러한 재단 중에는 자산이 100만 달러 이상인 9,424개의 재
단이 있었다. 독일에서는 478개 재단의 자본금이 100만 마르크를 넘었
다.217) 후자의 비교그룹에서 1950년부터 1959년까지 미국의 총 성장률
은 140%였다. 독일에서는 비교 수치가 20%만 증가하였다. 1960년부터
1969년까지 10년 동안 양국의 성장률은 50%였다. 그 이후 기간의 발전
은 완전히 달라졌다. 1970년대 미국의 성장률은 20%로 떨어졌고, 독일
은 60%로 증가하였다. 1980년대의 발전도 비슷하였다(독일 60%, 미국
50%).218) 기업참여에 대한 입법의 부정적인 영향은 1980년대 중반의
설문조사에 다시 확인되었다. 재단 설립에서의 장벽의 가장 흔한 원인
은 주법(州法)의 형태로 존재하는 기업 지분의 보유에 대한 상한선이었
다.219) 독일의 미국 재단 전문가는 1969년 법의 초과 지분(excess business
holdings)에 대한 과세조항이 없었다면 20세기의 후반기 30년 동안 미국에
서 더 많은 대형 재단이 설립되었을 것이라고 진단한 바 있다.220) 다른 한
편 기업재단의 의의는 재단 부문 그 자체를 훨씬 뛰어넘는다. 그것은 기업
의 연속성을 확보하고 기업이 쪼개지는 것을 방지하며 또 이른바 (외국 기

데 대기업집단 소속 공익법인의 경우 자산에서 주식이 차지하는 비중이 21.8%를
차지하며, 보유 주식 중에서도 계열사 주식의 비중이 74.1%를 차지한다(손원익,
앞의 글, 24 참조).

217) Toepler, Distant Relatives, A Comparative Analysis of the German and U.S. Foundation
Sector, in: 1995 ARNOVA, Conference Proceedings, 111; Anheier/Romo, Foundations
in Germany and the United States, in: Anheier/Toepler, Private Funds, Public Purpose,
1999, 79, 106 et seq.

218) Toepler, Distant Relatives, A Comparative Analysis of the German and U.S. Foundation
Sector, in: 1995 ARNOVA, Conference Proceedings, 114.

219) Odendahl, Wealthy Donors and Their Charitable Attitudes, in: Odendahl, America's
Wealthy and the Future of Foundations, 1987, 226, 237.

220) Fleishman, in: Bertelsmann Stiftung, Handbuch Stiftungen, 2000, S, 359, 383.

업의) 적대적 인수로부터 (국내)기업을 보호한다.[221]

(4) 기업재단은 정관상으로는 공익목적의 추구를 표방하지만 실제로는 주로 기업의 경제적 이익(즉 경제적 지속 가능성)에 이바지한다는 시각이 없지 않은 것 같다. 그러나 공익 내지 공공복리는 법률적 의미에서의 공익목적(예컨대 공익법인법 제2조에 따른 학자금·장학금 또는 연구비의 보조나 지급, 학술, 자선에 관한 사업)에 의해서만 실현되는 것이 아니다. 오늘날 사회적 문제와 자유민주주의 보호를 위해 지속 가능한 일자리를 만들고 보존하는 것은 자선사업의 촉진만큼 중요하다. 기업의 지속 가능성과 이에 기한 일자리 보존은 기업은 물론 사회의 공공복리에도 이롭다. 다만, 기업재단이 특별한 사정(금융시장에서의 저금리 상황의 지속 등)이 없이 장기간 공익활동에 재원을 너무 적게 사용하는 것은 자기목적재단이라는 오해를 유발할 수 있다.

(5) 독일 민법은 공공복리를 위태롭게 하지 않는 한 여하한 목적도 추구할 수 있다는 공공복리를 저해하지 않는 범용재단의 원칙을 천명한 까닭에(제80조 제2항) 기업재단이나 가족재단을 설립 및 운영하는 데 문제가 없는 것으로 보인다. 그런데 우리 민법상 재단은 "학술, 종교, 자선, 기예, 사교 기타 영리 아닌 사업"을 목적으로 해야 한다(제32조). 그러나 우리 민법이 재단 설립을 공익목적으로 제한하지는 않기 때문에 부양이 필요한 가족구성원의 지원을 목적으로 하는 가족재단은 현행법상 설립이 가능하다고 할 것이다. '사교'가 비영리 목적에 해당한다면, 부양이 필요한 가족구성원의 지원은 당연히 비영리 목적이라고 할 것이다.[222] 다만, 세제 혜택 여부는 별개의 문제이다. 그러면 기업재단은 어

---

221) 같은 취지로 김진수, "공익법인의 투명성 제고 및 활성화를 위한 정책과제", 한국조세연구원 (2007), 53 이하; 이상신, "공익법인에 대한 주식 출연의 제한 및 그 개선방안에 관한 연구", 조세법연구 제21권 제2호 (2015), 217.

222) 같은 취지로 고상현, (숭실대) 법학논총 제47집 (2020), 420. 영리와 비영리를 단체의 사원에 대한 이익분배에 의해 구분하는 통설에 의할 경우, 사원이 없는 재단은 그 성질상 당연히 비영리일 수밖에 없어 '부양이 필요한 가족의 지원'은 비영리 목적에 속한다.

떠한가? 독일의 통설은 ─부수적 활동의 특전만 허용되는 비영리사단과 달리─ 재단의 수익사업은 무제한으로 가능하다고 한다.223) 독일 민법 제21조, 제22조는 비영리사단의 경우 경제활동은 주된 목적이어서는 안 되고 부수적 목적에 불과해야 하다고 규정하고 있지만, 재단에 관하여 는 이들 규정을 준용한다는 규정이 없고, 재단에는 사원이 존재하지 않 아 이익분배가 있을 수 없기 때문이라는 것이다. 재단이 순수한 비영리 목적의 달성을 위한 재원조달의 차원에서 자회사로서의 기업을 운영하 거나 기업의 지분을 보유한다면 문제되지 않는다고 할 것이다.224) 그러 나 비영리(공익)목적의 달성과 무관하게 재단의 형식으로 기본재산의 증식 내지 재산의 영속화를 도모하는 재단(자기목적재단)은 허용되지 않는다고 할 것이지만,225) 주무관청이 감독을 하고 있는 상황에서 실제 로 이러한 자기목적재단이 설립되거나 설립된 이후에 존속하기는 어려 울 것이다. 기업재단이 특별한 사정(금융시장에서의 저금리 상황의 지 속 등)이 없이 장기간 공익활동에 재원을 너무 적게 사용하는 것은 자 기목적재단이라는 오해를 유발할 수 있다. 따라서 법질서는 이에 대한 합리적인 기준을 정립하여 제시해야 할 과제를 안고 있다.

---

223) 김진우, "영리법인과 비영리법인의 구별: 사회적 기업에 대하여 특수한 법인격 을 부여할 것인지를 포함하여", 재산법연구 제36권 제3호 (2019), 4(주 9), 19.
224) 김진우, 재산법연구 제36권 제3호 (2019), 24.
225) 김진우, "재단법인의 목적변경: 대륙유럽법(특히 독일법)과 우리 법의 비교를 통한 고찰", 비교사법 제51호 (2010), 82; 고상현, (전남대) 법학논총 제39권 제 1호 (2016), 918.

참고문헌

권오승·서정, 독점규제법(제3판), 법문사 (2018)

고상현, "기업재단에 관한 법적 연구: 독일에서의 논의를 중심으로", (전남대) 법학논총 제39권 제1호 (2016)

고상현, "기업재단에 관한 법정책적 고찰", (숭실대) 법학논총 제47집 (2020)

김진수, "공익법인의 투명성 제고 및 활성화를 위한 정책과제", 한국조세연구원 (2007)

김진우, "독일의 기업재단에 관한 고찰: 우리법에의 시사점을 덧붙여", 외법논집 제45권 제2호 (2021)

김진우, "영리법인과 비영리법인의 구별: 사회적 기업에 대하여 특수한 법인격을 부여할 것인지를 포함하여", 재산법연구 제36권 제3호 (2019)

김진우, "재단법인의 목적변경: 대륙유럽법(특히 독일법)과 우리 법의 비교를 통한 고찰", 비교사법 제51호 (2010)

이상신, "공익법인에 대한 주식 출연의 제한 및 그 개선방안에 관한 연구", 조세법연구 제21권 제2호 (2015)

Anheier/Toepler, Private Funds, Public Purpose (1999)

Achleitner/Block/Strachwitz, Stiftungsunternehmen: Theorie und Praxis (2018)

Backert, in: BeckOK BGB, 57. Ed. 1.2.2021, BGB § 80.

Barrelet, Moderne Stiftungsformen (2008)

Bernt/Götz, Stiftung und Unternehmen (2009)

Bertelsmann Stiftung, Operative Stiftungsarbeit (1997)

Bertelsmann Stiftung, Handbuch Stiftungen (2000)

Beckwith/Marschall/Rodrigues, Company Foundations and the Self-Dealing Rules (1993)

Bisle, Asset Protection durch den Einsatz inländischer Familienstiftungen, DStR 2012, 525.

Bundesverband Deutscher Stiftungen, Statisiken, Stand 31.12.2016, www.stiftungen.org.

Bundesverband Deutscher Stiftungen, Stifterstudie (2015)

Bundesverband Deutscher Stiftungen, StiftungsStudie: Stifterinnen und Stifter in Deutschland, 2015, S. 25, https://shop.stiftungen.org/media/mconnect_up loadfiles/s/t/stifterstudie_rgb_final.pdf.

Bundesverband Deutscher Stiftungen, Zahlen, Daten, Fakten zum deutschen Stiftungswesen, 2014, S. 64, https://shop.stiftungen.org/media/mconnect_ uploadfiles/z/d/zdf_ebook_final_webgr_e.pdf.

Corporate Social Responsibility Richtlinie der EU – RL 2014/95/EU, ABl. EU 2014 L 330.

Dahlmanns, Errichtung einer rechtsfähigen Stiftung — zugleich Modell der Unternehmensnachfolge, RNotZ 2020, 417.

Dutta, Von der pia causa zur privatnützigen Vermögensbindung: Funktionen der Stiftung in den heutigen Privatrechtskodifikationen, RabelsZ 77 (2013), 828.

Emmerich/Habersack, Aktien- und GmbH- Konzernrecht, 9. Aufl (2019)

Eulerich, Stiftungsverbundene Unternehmen in Deutschland (2016)

European Foundation Centre, Comparative Highlights of Foundation Laws (2015)

Feick, Stiftung als Nachfolgeinstrument (2015)

Fleisch/Eulerich/Krimmer/Schlüter/Stolte, Modell unternehmensverbundene Stiftung (2018)

Fleschutz, Die Stiftung als Nachfolgeinstrument für Familienunternehmen (2008)

Götz/Pach-Hanssenheimb, Handbuch der Stiftung, 3. Aufl (2018)

Grünbuch der EU-Kommission, Europäische Rahmenbedingungen für die soziale Verantwortung der Unternehmen vom 18.7.2001 KOM (200) 366 endg.

Gummert, in: MHdb GesR V, 5. Aufl. 2021, § 80.

Gummert, in: MHdb GesR V, 5. Aufl. 2021, § 81.

Henssler/Strohn, Gesellschaftsrecht, 5. Aufl (2021)

Hopkins/Blazek, Private Foundations (2003)

Hopt/Reuter, Stiftungen in Europa (2001)

Hushahn, in: BeckNotarHB, 7. Aufl. 2019, § 19.

Hüttemann, Gemeinnützigkeits- und Spendenrecht, 4. Aufl (2018)

Hüttemann/Rawert, in: Staudinger, BGB, 2017, BGB § 80.

Hüttemann/Richter/Weitemeyer, Landesstiftungsrecht (2011)

Hüttemann/Schauhoff/Kirchhain, Fördertätigkeiten gemeinnütziger Körperschaften und Konzerne, DStR 2016, 633.

Ihle, Stiftungen als Instrument der Unternehmens- und Vermögensnachfolge — Teil 1, RNotZ 2009, 557.

Ivens, Hamburger Handbuch zur Vermögensnachfolge (2012)

Jakob, Stiftung und Familie (2015)

Joint Committee on Internal Revenue Taxation, General Explanation of the Tax Reform Act of 1969, 91st Cong. ed Sess (1979).

Jung, Stärkung des Stiftungswesens, 2017.

Koenig/Koenig, AO, 3. Aufl (2014)

Kronke, Stiftungstypus und Unternehmensträgerstiftung (1988)

Krumm, Die Stiftung bürgerlichen Rechts, JA 2010, 849.

Muscheler, Stiftung und Gemeinwohlgefährdung, NJW 2003, 3161.

Naumann zu Grünberg, Die Stiftung in der Unternehmensnachfolge mit Auslandsbezug: Einsatzmöglichkeiten und Stiftungsstatut, ZEV 2012, 569.

Odendahl, America's Wealthy and the Future of Foundations (1987)

Otto, Handbuch der Stiftungspraxis (2007)

Pauli, Stiftung und Testamentsvollstreckung als Gestaltungsmittel zur Sicherung des Erblasserwillens, ZEV 2012, 461.

Reich, Die unternehmensverbundene Doppelstiftung auf dem Prüfstand — Gemischte Stiftung als Rechtsformalternative, DStR 2020, 265.

Prele, Developments in Foundation Law in Europe (2014)

Reuter, in: MüKoBGB, 6. Aufl. 2013, BGB §§ 80, 81.

Reuter, in: MüKoBGB, 6. Aufl. 2013, BGB § 83.

Richter, Stiftungsrecht (2019)

Richter/Wachter, Handbuch des internationalen Stiftungsrechts (2007)

Sabel/Schauer, Strukturierung einer Familienholding — Gesellschaftsrecht vs. Stiftungsrecht, ZStV 2018, 81.

Schauhoff, Handbuch der Gemeinnützigkeit, 3. Aufl (2010)

Scherer, Münchener Anwaltshandbuch Erbrecht, 5. Aufl (2018)

Scherer, Unternehmensnachfolge, 6. Aufl (2020)

Schiffer, Die Stiftung in der Beraterpraxis, 4. Aufl (2016)

Schiffer, Unternehmensnachfolge mit Stiftungen, ZErb 2014, 337.

Schlüter/Stolte, Stiftungsrecht, 3. Aufl (2016)

Schlüter/Then/Walkenhorst, Foundations in Europe (2001)

Schwake, in: MHdb GesR V, 5. Aufl. 2021, § 79.

Schwarz, Die Stiftung als Instrument für die mittständische Unternehmensnachfolge, BB 2001, 2383.

Seifart/von Campenhausen, Stiftungsrecht-Handbuch, 3. Aufl (2009)

Strawitz/Mercker, Stiftungen in Theorie, Recht und Praxis (2005)

Thomson, The danish industrial foundations (2017)

Tielmann, Die Familienverbrauchsstiftung, NJW 2013, 2934.

Troyer, The 1969 Private Foundation Law: Historical Perspective on its Origins and Underpinnings (2000)

UnternehmerKompositionen, Repertoire, Stiftung und Unternehmen, Die Familienstiftung als Holding, https://www.unternehmerkompositionen.com/.

von Campenhausen/Kronke/Werner, Stiftungen in Deutschland und Europa (1998)

von Campenhausen/Richter, Stiftungsrecht-Handbuch, 4. Aufl (2014)

von Löwe, Familienstiftung und Nachfolgegestaltung. Deutschland, Österreich, Schweiz, Liechtenstein, 2. Aufl (2016)

von Oertzen/Hannes/Onderka, ZEV-Report Gesellschaftsrecht/Unternehmensnachfolge, ZEV 2005, 132.

von Oertzen/Hosser, Asset Protection mit inländischen Familienstiftungen, ZEV 2010, 168.

von Oertzen/Reich, Die unternehmensverbundene Familienstiftung als Trägerin von Sondervermögen verschiedener Stifter — Anwendung der Steuerklasse I, DStR 2019, 317.

von Oertzen/Reich, Family Business Governance — Sicherstellung der DNA als Familienunternehmen bei von Familienstiftungen gehaltenen Unternehmen, DStR 2017, 1118.

Wachter, Stiftungsgründung und Grunderwerbsteuer, DStR 2012, 1900.

Weitemeyer, in: MüKoBGB, 8. Aufl. 2018, BGB § 80.

Weitemeyer, Professorenentwurf zur Stiftungsrechtsreform 2020, NZG 2020, 569.

Weitemeyer, Reformbedarf im Stiftungsrecht aus rechtsvergleichender Perspektive, AcP 217 (2017), 431.

Werkmüller, Übertragung von Unternehmensanteilen auf eine Familienstiftung, ZEV 2018, 446.

Werkmüller, Die "Familienstiftung & Co. KG" als Instrument der "kontrollierten" Vermögensnachfolge, ZEV 2015, 522.

Werner, Die Doppelstiftung, ZEV 2012, 244.

Werner, Die Familienheimstiftung als Instrument der Asset Protection, ZEV 2014, 66.

Werner/Saenger, Die Stiftung (2008)

Werner/Saenger, Die Stiftung, 2. Aufl (2019)

Wigand/Haase-Theobald/Heuel/Stolte, Stiftungen in der Praxis (2007)

www.stiftungen.org/stiftungen/zahlen-und-daten/liste-der-groessten-stiftungen.html.

Zensus/Schmitz, Die Familienstiftung als Gestaltungsinstrument zur Vermögensübertragung und -sicherung, NJW 2012, 1323.

Zollner, Die eigennützige Privatstiftung aus dem Blickwinkel der Stiftungs-beteiligten (2011)

미국법상 기업공익재단 관련 법제와 쟁점[*]

장보은[**]

I. 기업공익재단의 특수성

기업의 사회적 책임이 강조되면서 더 많은 회사들이 자선활동에 관심을 기울이고 있는바 별도의 법인을 만들어 계속적인 자선활동을 하는 경우도 늘어나고 있다. 이른바 '기업공익재단(corporate foundation)'은 일반적으로 영리 목적의 기업이 자선 목적으로 출자하기 위하여 설립한 독립적인 단체를 말하는데,[1) 기업의 이미지를 제고하고 사회적인 공공선을 실현하는 긍정적인 효과가 있다.

이러한 기업공익재단은 회사법과 공익활동법 측면에서 모두 의미가 있으나, 관점에 따라서는 다소 상충하는 가치를 추구하는 것처럼 보이기도 한다. 우선 회사법적인 측면에서는 기업의 기본적인 목적이 이윤 추구라는 점에서 기업공익재단을 설립하는 것 자체가 주주의 이익에 반하는 것이 아닌가 하는 의문이 들 수 있다. 이러한 비판을 피하기 위하여 기업공익재단은 어떻게든 기업 자체나 기업의 주주의 이익에 긍정적

---

* 이 글은 2021. 4. 10. 한국민사법학회 춘계학회에서 발표한 내용을 수정·보완한 것으로, "기업공익재단에 관한 소고 – 미국법의 시사점을 중심으로 -"라는 제목으로 외법논집 제45권 제2호(2021. 5.)에 게재하였습니다.

** 한국외국어대학교 법학전문대학원 교수

1) 기업공익재단에 대한 법적인 정의가 명확한 것은 아니다. 기업공익재단에 관한 여러 관점과 정의에 대하여는 Lonneke Roza et al(eds.), Handbook on Corporate Foundations: Corporate and Civil Society Perspectives, Springer (2020), 6-7. 참조.

인 영향을 미치는 방향으로 운영되어야 한다는 주장이 제기된다. 그런데 기업공익재단이 기업의 이익을 위해 설립 및 운영된다면 과연 이를 기업의 자선활동으로 볼 수 있는지가 문제될 것이다. 국가는 자선 목적의 공익활동에 대하여 세제 혜택 등을 통한 정책적인 지원을 하고 있으므로, 기업공익재단의 활동은 기업의 영리 행위와는 구별되어야 하고, 가급적 해당 기업과는 독립적으로 운영되어야 그 정당성이 인정될 수 있다는 견해도 설득력이 있다. 나아가 현실 사회에서는 기업공익재단의 설립과 그 활동이 사회의 공익도, 후원 기업도, 그 주주도 아닌 기업의 경영진이나 특정 개인의 이익을 도모하는 것이 문제되기도 한다.

이처럼 기업공익재단은 태생적으로 복합적인 성격을 가진다.[2] 기업공익재단을 포함한 기업의 자선행위를 어떻게 장려하고 규제할 것인지에 대한 검토는 이러한 다각적인 측면을 모두 고려하여야만 한다. 그럼에도 불구하고 기업공익재단에 관한 연구는 우리법에서는 물론이고 비교법적으로 보더라도 아직까지 충분하지 못한 것이 사실이다.[3] 기업의 자선활동의 역사가 상대적으로 오래된 미국의 사정도 크게 다르지 않은데, 일반적인 공익재단과는 다른 기업공익재단의 특수한 성질이나 관련 쟁점에 대하여는 비교적 최근에서야 논의가 진행되고 있는 실정이다.[4] 다만, 미국법에서는 기업공익재단을 독립적인 규정을 두고 규율하는 것이 아니라 민간 공익재단(private foundation)의 일종으로 취급하는바, 일반적인 비영리단체(non-profit enterprise)나 공익재단에 대한 연구는 오랜 기간 축적되어 왔으므로, 미국법에서의 관련 논의를 살펴보는 것은 의미가 있다.

이하에서는 미국법상 기업공익재단에 관한 법적 규제와 문제의식을

---

2) Steven R. Smith, "Hybridity and philanthropy" Tobias Jung et al(eds.), The Routledge Companion to Philanthropy, Routledge (2016), 328.

3) Lonneke Roza et al(eds.), supra note 1, 2-3.

4) Tremblay-Boire, "Corporate foundations in the United States" Lonneke Roza et al(eds.), Handbook on Corporate Foundations: Corporate and Civil Society Perspective, Springer (2020), 107-108.

살펴봄으로써 우리 법제 하에서 기업공익재단의 기능과 법적인 성격을
규명하고, 관련 문제를 해결하는 데에 시사점을 얻고자 한다.

Ⅱ. 미국법상 비영리단체와 기업공익재단

1. 비영리단체의 종류와 기업공익재단

기업의 생태나 자선활동의 양상은 각 사회마다 매우 다르게 전개되
었으므로, 이러한 사회적 맥락을 떠나 기업공익재단을 이해하기는 어렵
다.5) 따라서 구체적인 논의에 앞서 미국법상 기업공익재단이 어떠한 역
사적 배경에서 등장하여 어떻게 발전하였는지, 다른 비영리단체와의 관
계에서 어떤 위치를 점하고 있는지를 간단히 살펴보기로 한다.

미국에서 기업공익재단(corporate foundation)은 공익재단(foundation)6)
의 하나이고, 보다 일반적으로는 비영리부문(nonprofit sector)에 속한다.
미국법상 비영리단체는 법인(corporation), 신탁(trust), 조합(association) 등
형태를 불문하고 그 수익이 구성원이나 임원에게 돌아가지 않는 조직을
말하는데,7) 자선단체들은 물론 병원, 데이케어 센터, 요양시설 등도 비
영리단체에 해당한다.8) 비영리단체는 다시 기부를 받아서 운영하는 경
우와 대부분의 재원을 물품의 판매나 서비스 제공으로부터 마련하는 경

---

5) Lonneke Roza et al(eds.), supra note 1, 7.
6) 미국법상 foundation은 공익 목적으로 자금을 모집하고 이를 지출하기 위하여
설립된 단체를 의미하는 것으로, 법인 이외에도 신탁이나 조합 등의 형태를 포
괄하는 의미이다. 또한 공익법인의 설립·운영에 관한 법률에서는 설립허가 등
일정한 요건 하에 공익법인을 설립할 수 있도록 하므로, 미국법상 foundation이
우리법상 공익법인과 일치하는 개념은 아니다.
7) Model Nonprofit Corp. Act 2. 참조.
8) Marilyn E Phelan, Representing Nonprofit Organizations, Callaghan (2020), § 1:1.

우로 나눌 수 있는데, 자선단체(charitable organization) 등 공익단체(public benefit organization)는 전자, 상호이익단체(mutual benefit organization)는 후자라고 할 수 있다.[9]

이러한 비영리단체는 세법(Internal Revenue Code, 이하 'IRC'라고 함)[10]상 비과세단체(tax-exempt organization)가 된다. 비과세단체는 IRC 제501조에서 규정하는데, 특히 자선단체는 제501(c)(3)조의 적용 대상으로, 이는 다시 민간 공익재단(private foundation)과 공공 자선단체(public charity)로 구분된다. 공공 자선단체가 되기 위해서는 수입의 상당 부분이 일반 대중들에 의하여야 한다는 공공 지원 요건을 충족하고 신청을 통하여 세무 당국(Internal Revenue Service, 이하 '국세청' 또는 'IRS'라고 함)으로부터 공공 자선단체로 판단받아야 하는바, 그렇지 않은 경우 자선단체는 민간 공익재단으로 추정된다.[11] 공공 자선단체는 일반 대중이나 정부기관으로부터 많은 지원을 받는 반면, 민간 공익재단은 가족이나 개인 등 소수의 후원자들의 통제를 받으므로 공적인 검토를 덜 받는 대신에 운영 면에서 법상 더 많은 제약이 있고 이를 위반하면 세금이 부과된다.[12]

민간 공익재단은 다시 그 단체가 주로 스스로 자선활동을 하는 운영공익재단(operating foundation)과 자금을 다른 비영리단체에 지급하는 비운영공익재단(non-operating foundation)[13]으로 나뉜다. 미국의 기업공익재단은 일반적으로 직접 자선활동을 하기보다는 자선기금을 조성하

---

9) California Nonprofit Corp. Act에서 처음 이렇게 구분하였고, Model Nonprofit Corp. Act도 이 두 가지 유형을 인정하고 있다. Model Nonprofit Corp. Act 6.22. 등 참조. 그 외에 제3의 유형으로 종교단체가 있다. Marylin E Phelan, supra note 8, § 1:2.

10) 26 U.S. Code.

11) Tremblay-Boire, supra note 4, 111.

12) https://www.irs.gov/charities-non-profits/eo-operational-requirements-private-foundations-and-public-charities.

13) 비운영공익재단은 모금을 주요 활동으로 한다는 측면에서 기부금조성재단(grant-making foundation)이라 하기도 한다. Tremblay-Boire, supra note 4, 111.

고 이를 자선단체에 기부하는 비운영공익재단의 성격을 가지나, 예외적
으로 운영공익재단의 형태도 있다. 대표적으로 제약회사가 약품을 필요
로 하는 사람들에게 공급할 것을 목적으로 기업공익재단을 설립하는 경
우 이는 운영공익재단이다.14) IRC에서는 운영공익재단을 비운영공익재
단과 달리 공공 자선단체와 유사하게 취급하므로, 양자를 구별하는 실
익이 있다.15)

2. 기업의 자선활동과 기업공익재단의 역사

미국법상 자선활동의 역사는 상당히 길다. 특히 공익재단을 신탁이
나 회사에 의하여 설립된 기금으로 그 원금과 수익이 지속적으로 자선
목적으로 사용되는 것이라고 하면, 이미 18세기부터 유사한 형태의 단
체들이 존재하였다고 한다.16) 보다 현대적인 의미의 유명한 공익재단들이
출현한 것은 20세기 초로, Russell Sage Foundation, Carnegie Corporation
of New York, Rockefeller Foundation 등은 우리에게도 잘 알려져 있
다.17) 이러한 공익재단은 종교적인 목적을 달성하기 위한 기존의 자선
활동과는 달리 보다 일반적인 목적을 추구하며, 효율적이고 혁신적인
자선활동을 하는 대규모의 단체라는 특징이 있다.18) 당시의 공익재단들
은 엄밀한 의미에서 기업이 자선활동을 위하여 설립한 기업공익재단이

---

14) Tremblay-Boire, supra note 4, 112-113. 그 외에 J. Paul Getty Trust도 운영 공익
재단에 해당한다. 이는 석유 재벌인 Jean Paul Getty에 의하여 설립되었는데, 시
각예술의 이해와 보전을 위한 여러 프로그램을 직접 운영하고 있다.
15) 관련 내용은 이하 III. 관련 부분 참조.
16) David C. Hammack and Helmut K. Anheier, A versatile American institution: The
changing ideals of realities of philanthropic foundations, Brookings Institution
Press (2013), 20.
17) Russell Sage Foundation, Carnegie Corporation of New York, Rockefeller Foundation
의 설립연도는 각각 1907년, 1911년, 1913년이다.
18) Tremblay-Boire, supra note 4, 108-109.

라기보다는 자본주의의 발달로 거대한 부를 축적한 성공한 사업자들의 개인적인 자선행위였다.

초기 판례들은 기업공익재단은 물론 기업이 자선활동을 하는 것 자체에 대해 부정적이었다. 기업의 행위는 계약에 의한 것으로 제한적이고 특정적이므로 인가된 권한 밖의 행위는 금지된다는 전제에서,[19] 기업의 자선활동은 "능력 밖의 행위(ultra vires)"라고 판단한 것이 시초가 되었다.[20] 이러한 판례와 자유방임주의 경제 사조의 영향으로 19세기 후반까지도 기업이 자선행위에 참여하는 것은 제한적이었다.[21] 그러나 이후 대규모 이민, 도시화, 산업화가 가속화되면서 사회 문제들이 발생하자 이에 대한 기업의 사회적인 책임이 거론되기 시작하였다. 이러한 경향을 반영하여 1896년 판결에서는 기업이 "영업과 관련된(business related)" 행위를 하여야 한다는 기존의 입장을 유지하면서도, 회사의 자금으로 직원의 사회적 혜택을 제공하는 행위는 회사에 직접적인 이익이 되므로 기업의 능력 범위 내라고 판단하였다.[22] 이후 판례들은 영업 관련성에 대한 개념을 확장해나가는 경향을 보였다.[23]

1, 2차 세계대전과 대공황을 겪으면서 기업의 책임을 강조하는 사회적 분위기는 더욱 고조되었다. 1차 대전 이후 몇몇 주에서 영업 관련성

---

19) Proprietors of Charles River Bridge v. Proprietors of Warren Bridge, 36 U.S. 420 (1837), 11 Pet. 420, 1837 WL 3561, 9 L.Ed. 773 참조.

20) Davis v. Old Colony Railroad, 131 Mass. 258 (1881), 1881 WL 11286, 41 Am.Rep. 221. 이 사안에서는 철도 회사가 세계평화기념제와 국제음악페스티벌을 재정적으로 지원하였는데, 주주들이 이것은 회사의 권한 밖의 행위라고 하여 소를 제기하였다. 회사는 이 행사가 영업을 증가시켰으므로 적법한 지출이었다고 주장하였으나, 법원은 이를 배척하고 주주의 손을 들어주었다.

21) Mark Sharfman, "Changing institutional rules: the evolution of corporate philanthropy, 1883-1953", 33(3) Business and Society, 236 (1994) ff. Gale Academic OneFile, link.gale.com.sproxy.hufs.ac.kr/apps/doc/A16528732/AONE?u=keris165&sid=AONE&xid=e43729ab. (2021. 2. 8. 확인).

22) Steinway v. Steinway & Sons (1896), 17 Misc. 43, 40 N.Y.S. 718 (N.Y. Sup. Ct.1896) 등 참조.

23) Mark Sharfman, supra note 21.

이 없더라도 기업이 자선적 기부행위를 할 수 있다는 점을 명시하는 법률을 통과시킨 이래,[24] 1920년 이후 법원이 기업의 자선행위를 능력 범위 밖이라고 판단한 사례는 확인할 수 없다.[25] 이후 IRS는 기부금에 상응하는 경제적인 보상에 대한 합리적인 예상이 있었으면 비용 공제가 가능하다고 가이드라인을 완화하였고, 1935년 연방의회에서는 기업의 기부금 공제에 관하여 세전 수익의 5%까지 공제할 수 있다는 법률안이 통과되면서 세제 혜택을 고려하기 시작하였다. 보다 실질적으로 기업의 자선활동을 촉진한 데에는 1950년을 전후하여 여러 주에서 국세청의 규정 한도까지 기업의 기부를 인정하는 입법이 이루어진 것과 기업의 역할이 주주의 이익을 극대화하는 것에 그치는 것이 아니라 사회에 의무를 부담하는 것이라고 천명한 1953년 A. P. Smith Mfg. Co. v. Barlow 판결[26]의 역할이 크다.[27]

사업가 개인이 아닌 기업이 설립한 기업공익재단으로서는 1913년 설립된 Altman Foundation이 시초라고 할 수 있는데, 당시는 기업공익재단에 대한 세제 혜택이 미미하여 주주들에게 기업공익재단의 설립이 정당화되기가 어려웠다.[28] 1920년대, 1930년대에도 일부 기업공익재단이 존재하였으나, 기업공익재단이 본격적으로 활성화된 것은 세제 혜택이 주어진 1950년대, 특히 2차 세계대전 이후였다. 기업공익재단은 초기에

---

24) 1917년 텍사스주를 필두로, 1918년 뉴욕주, 1919년 일리노이주, 1920년 오하이오주에서 기업은 영업 관련성이 없더라도 자선적인 기부행위를 할 수 있다고 명시하였다. 그 외에 1918년 연방의회는 전국적으로 인가된 은행이 적십자에 일정한 기부금을 지급할 수 있다고 허가하였는데, 이는 기업의 자선행위를 인정하는 것을 전제로 한다. Sharfman, supra note 21.
25) 다만, 법원은 기부금 공제와 관련하여서는 기업에게 직접적인 이익이 없는 한 소득세 산정시 공제 대상이 아니라고 하여 보수적인 입장을 고수하였다. Mark Sharfman, supra note 21.
26) 13 N.J. 145, 98 A.2d 581 (1953).
27) Mark Sharfman, supra note 21.
28) Natalie J. Webb, "Tax and government policy implications for corporate foundation giving", 23(1) Nonprofit and Voluntary Sector Quarterly. 41-67 (1994).

는 기업의 영업과 관련이 된 활동이나 산업 관련 연구 등의 소극적인
역할을 하였으나, 전후에는 사회적인 요구와 사회에서 기업의 역할 변
화에 부응하여 기업의 직접적인 경제적 이해관계와 무관한 교육, 건강,
복지, 지역사회의 발전 등 자선적인 목적을 추구하게 되었다.[29]

3. 기업공익재단의 현황

미국법에서 기업공익재단이란 민간 공익재단 가운데 기금이 주로 영
리 기업으로부터 출연되는 경우를 말하는데, 민간 공익재단은 기업의 출
연으로 설립된 것 외에도 개인이나 가족이 출자한 경우 등이 있다.[30] 기
업공익재단은 민간 공익재단에서 주된 비중을 차지한다고 보기는 어렵
다. 2014년 기준으로 미국의 공익재단 중 3%가 기업공익재단이고 이들
기업공익재단이 공익재단의 전체 자산의 3%를 보유하는 수준이다.[31]

한편, 기업공익재단은 2000년대 이후 대규모 기업들의 특징처럼 이
해될 정도로 유행처럼 많이 설립되었다. 1990년대 초반 대규모 1,000개
의 기업 중 30%만이 기업공익재단이 있었던 것과 비교하여,[32] 2012년
에는 500대 기업 중 약 70%가 기업공익재단을 설립한 것으로 집계되었
다.[33] 기업공익재단은 기업의 자선활동에서 보다 중요하고 직접적인 역

---

29) Ishva Minefee et al, "Corporate foundations and their governance: Unexplored
   territory in the corporate social responsibility agenda", 1(1) Annals in Social
   Responsibility. 59 (2015).
30) Stefan Toepler, "On the problem of defining foundations in a comparative per-
   spective", 10(2) Nonprofit Management & Leadership, 215-225 (1999).
31) Foundation Center 2017 데이터(http://data.foundationcenter.org) 참조.
32) Natalie J. Webb, supra note 28 참조.
33) Christopher Marquis and Matthew Lee, "Who is governing whom? Executives,
   governance, and the structure of generosity in large US firms", 34(4) Strategic
   Management Journal, 166 (2012); 통계적으로 기업공익재단을 설립하는 회사는
   그렇지 않은 경우에 비하여 더 오래되고 직원이 많았으며, 이사회가 크고 부채
   비율이 낮은 경향이 있다는 연구결과도 있다. William O. Brown et al, "Corporate

할을 담당하고 있는 것으로 볼 수 있다.

미국에서 기업공익재단은 대부분 비운영공익재단의 형태이나, 예외적으로 직접 자선사업을 운영하는 운영공익재단이 되기도 한다.[34] 이처럼 일반적으로 기업공익재단이 비운영공익재단으로 운영되는 것은 미국법의 특징적인 모습이라고 할 수 있다.[35]

III. 미국법상 기업공익재단에 관한 세법상 규제

1. 규제 배경 및 개관

미국법상 공익재단에 대한 규제는 주로 세법에 의한다. IRS가 주된 규제 기관이 된 것은 주정부가 공익재단을 적절히 규제하지 못한 것도 일부 원인이 되었지만, 보다 직접적으로는 자선행위를 장려하기 위한 실질적인 방안이 세제 혜택과 긴밀하게 연관되기 때문이다.[36] 실제로 기업공익재단은 관련 세제의 변화에 따라 민감하게 변동하는 양상을 보인다. 2차 대전 이후 1960년대까지 증가 추세였던 기업공익재단의 수는 1969년 세법 개정 직후 약 10%가 곧바로 감소하였으나,[37] 이후 여러 세제 개편이 있었고 이에 따라 많은 수의 기업이 기업공익재단을 설립

---

philanthropic practices", 12(5) Journal of Corporate Finance, 865 (2006).

34) Sanofi-Aventis Patient Assistance Foundation 등 제약회사가 설립한 기업공익재단은 운영공익재단인 경우가 많다. Tremblay-Boire, supra note 4, 113 참조.

35) 남미에서는 기업공익재단이 직접 자선사업을 운영하는 것이 일반적이고, 유럽에서는 기업공익재단이 사회적 영향력을 극대화할 수 있도록 하는 venture philanthropy의 개념이 강조되기도 한다. Lonneke Roza et al(eds.), supra note 1, 7.

36) Marion R. Fremont-Smith, Governing nonprofit organizations: Federal and State Law and Regulation, Belknap Press (2008), 114, 299-300.

37) Ishva Minefee et al, supra note 29, 60.

하고 있다.[38]

회사는 기업공익재단을 통하여 자선목적의 기부금을 관리하고, 재단의 이사회를 통해 재단의 운영과 경영을 관장할 수 있다. 또한 기업공익재단은 회사가 재단에 출자한 자산을 회사 채권자가 추심하지 못하게 할 수 있는 영속적인 장치가 될 수도 있다. 따라서 IRS는 기업공익재단의 비과세 상태나 기부자의 세제 혜택이 남용되지 않도록 기업공익재단의 운영을 긴밀하게 감독한다.[39]

미국법상 기업공익재단만을 특별히 규율하는 법규가 있는 것은 아니고, 민간 공익재단에 관한 일반적인 규정이 기업공익재단에도 적용된다.[40] 민간 공익재단은 공익신탁(trust)의 형태로 설립될 수도 있으나, 대부분은 비영리법인(corporation)으로 설립된다. 이는 신탁에 비하여 비영리법인이 지배구조나 단체의 목적을 변경하는 것에 유연하고, 수탁자에 비하여 비영리법인의 이사에게 요구되는 주의의무 수준이나 책임 정도가 낮기 때문으로 이해된다.[41]

우선 기업공익재단을 만들기 위해서는 먼저 주정부(또는 지방정부)에 관련 서류를 제출하여야 하는데, 특히 기재된 설립 목적이 자선단체의 목적으로서 적합하여야 하고,[42] 재단을 해산할 때의 자산 처분 방법

---

38) 공익재단에 대한 세제상 가장 큰 변화는 1969년 세법 개정(Tax Reform Act of 1969)에 의한 것이었는데, 2차 세계대전 이후 공익재단이 증가하면서 공익재단이 세금회피나 정치적 영향력 행사를 위한 것이라는 비판이 가해진 것이 법 개정의 배경이었다. Tremblay-Boire, supra note 4, 109 참고.

39) Marilyn E Phelan, supra note 8, §4.1.

40) 따라서 기업이 공익재단을 설립한 경우 외에 개인이나 가족이 공익재단을 설립한 경우에도 동일한 규정이 적용된다. 예컨대 빌게이츠가 설립한 Bill & Melinda Gates Foundation를 비롯하여 Rockfeller Foundation, Carnegie Corporation of New York 등은 엄밀히 기업공익재단이라기보다는 개인공익재단 또는 가족공익재단에 해당한다.

41) Tremblay-Boire, supra note 4, 112. 그 외에도 공익신탁에 대한 기부금 공제의 범위가 미국 국내로 한정된다는 것도 이러한 제한이 없는 비영리법인에 비해 불리한 점이다.

42) IRS 규정상 자선목적에 대한 정의는 Treas. Reg. §1.501(c)(3)-l(d)(2)(T.D. 6391)

이 명시되어야 한다.[43] 그러고 나서 기업공익재단의 설립 후 27개월 내에 IRS에 비과세단체 신청을 하면, 설립일에 소급하여 세제 혜택이 인정된다.[44] 기업공익재단은 법인세를 면제받고, 기업공익재단에 출자한 회사는 기부금에 대한 공제를 받는다.[45]

기업공익재단이 매년 세금 환급시 IRS에 제출하는 서류[46]에는 모든 임원, 이사, 수탁자의 이름과 급여, 수혜를 받은 자와 그 금액, 연간 기부액 등을 모두 밝혀야 하고, 이러한 정보는 공개된다.[47] 이러한 보고의무 외에도 투자순이익에 대해 세금을 부과하고,[48] 특정 행위들을 금지하고 이를 위반하는 경우 세제 혜택을 인정하지 않거나 가산세를 물리는 식의 규제를 규정한다. 대표적으로 공익재단은 자기거래가 금지되고,[49] 매년 최소한의 자선활동을 위한 지출이 강제되며,[50] 특정 주식을 과도하게 보유하지 못하고,[51] 위험한 투자가 금지된다.[52] 또한 자선행위와 무관한 지출에 대하여는 세금을 부과한다는 점을 분명히 하였다.[53] 기업공익재단이 운영공익재단인지 여부에 따라 세제 혜택이 달라지는데,[54] 대부분의 기업공익재단이 비운영재단법인이므로 이하에서는

참조
43) 공익재단의 해산시에는 IRC §507에 따라 자산을 다른 공적 자선단체에 분배하여 자선 목적으로 사용하도록 하여야 한다.
44) Marilyn E Phelan, supra note 8, §2.71.
45) 비운영 민간 공익재단에 대한 기부금은 연간 조정후 총수입(Adjusted Gross Income)의 30%까지 공제받을 수 있다. IRC § 170(b)(1)(B). 다만, 2020년에는 Coronavirus Aid, Relief, and Economic Security Act of 2020에 따라 기부금의 총수입의 100%까지도 공제되도록 하였다. Marilyn E Phelan, supra note 8, §4.5 참조.
46) Form 990-F-Return of Private Foundation.
47) Marilyn E Phelan, supra note 8, §2.79.
48) 2020년부터 1.39%의 excise tax가 부과된다. IRC §4940.
49) IRC §4941.
50) IRC §4942.
51) IRC §4943.
52) IRC §4944.
53) IRC §4945. 자선활동과 무관한 행위에는 입법이나 선거에 영향을 미치는 행위, 개인의 여행, 학업 등에 대한 지원 등이 포함된다.

이를 기본으로 몇몇 주요 규제 내용을 살펴보기로 한다.

2. 세법상 주요 규제 내용

가. 자기거래 제한

민간 공익재단과 이해관계인(disqualified person) 간의 거래는 IRC 제4941조에 따라 금지된다. 자기거래에는 매매, 교환, 임대, 금전 소비 대차 등 신용제공, 재화, 용역, 설비의 제공, 손해배상금 지급, 공익재단 의 수입 또는 자산의 이전, 이용 또는 수익 등이 모두 포함된다.[55] 공익 재단에 자산을 무상으로 임대하여 주거나 금전을 무이자로 대여하는 것, 재화, 용역, 설비를 무상으로 제공하는 것은 예외적으로 가능하다.[56] 이해관계인은 공익재단의 경영인, 공익재단의 주요 기부자, 법인과의 거래에서 20% 이상의 의결권을 가진 자, 파트너십의 수익자, 이러한 개 인의 특정 가족, 이해관계인이 35% 이상의 의결권을 가진 법인 등이 포 함되고, 자기거래 제한과 관련하여서는 특정 공무원도 자기거래가 금지 되는 이해관계인이 된다.[57] 세법상 자기거래를 규제하는 방식은 이해관계인과 공익재단간의 거 래에 세금을 부과하는 것인데, 공익재단이 아니라 그 행위를 한 자, 즉 이해관계인이 대상이 된다. 즉, 민간 공익재단과 부적법한 자기거래를 한 자에게는 그것이 세법이 금지하는 자기거래인지 여부를 알았는지를 불문하고 관련 금액의 10%에 해당하는 세금이 부과되고, 이후 기간 내

---

54) 예를 들어 운영공익재단에 대한 기부금 공제한도는 연간 조정후 총수입(Adjusted Gross Income)의 60%까지이고(IRC § 170(b)(1)(B)), 그 외에도 비운영공익재단에 비하여 세율 등 세제상 혜택이 크다.
55) IRC §4941(d)(1).
56) IRC §4941(d)(2).
57) IRC §4946(c).

에 시정하지 않으면 관련 금액의 200%에 해당하는 세금이 추징된다.[58]

원칙적으로 이해관계인이 자기거래인지 모르고 거래하였더라도 세금이 부과되고, 이를 감경하지 않는다. 또한 고의로 반복적인 자기거래를 하게 되면, 해당 민간 공익재단은 비과세단체로서의 지위를 상실할 수 있다는 점에서[59] 이는 엄격한 규제이다.[60] 기업공익재단의 경우, 후원 기업과 기업공익재단 간의 거래는 공익재단이 무상으로 이익을 얻는 경우가 아니라면 자기거래에 해당할 것이다. 또한 기업공익재단의 임원과 공익재단 간의 거래나 후원 기업의 20% 이상 주주와 공익재단 간의 거래는 자기거래에 해당할 수 있다. 따라서 기업공익재단과의 거래를 통하여 후원 기업이나 그 관계자가 이익을 얻는 것은 원칙적으로 금지된다.

나. 의무지출

1950년부터 1960년대까지 의회의 조사에서 많은 공익재단이 자선 목적으로 지출을 하고 있지 않다는 점이 확인되었고, 이에 따라 1969년 세제 개혁을 통해 민간 공익재단에게 매년 최소한의 자선 목적의 지출을 하도록 하는 규제가 신설되었다.[61] 세법상 최소 지출 비율은 1969년 당시 공익재단의 자산의 6%에서 시작하여 여러 변화가 있었는데, 현재 비운영재단의 경우 공익재단의 총 자산(보다 정확하게는 공익재단의 총 비자선적 자산[62])의 적정 시장가격에서 이 자산에 관한 부채와 일정한

---

58) IRC §4941(a), (c)(2).다만, 공익재단의 경영인은 책임이 감경되는데, 고의로 자기거래를 하였고 합리적인 이유가 없는 경우에 한하여 관련 금액의 5%에 해당하는 금액이 $20,000을 한도로 부과되고, 시정을 거부하는 경우 관련 금액의 50%에 해당하는 금액이 $20,000을 한도로 추가로 추징된다. IRC §4941(b).

59) IRC §507(a)(2)(A) 참조.

60) Marion R. Fremont-Smith, supra note 36, 271.

61) Marion R. Fremont-Smith, supra note 36, 272.

62) 공익재단의 비자선적 자산은 공익재단이 실제로 자선목적을 수행하기 위하여

세금을 뺀 금액)의 5%를 의무적으로 지출하도록 규정하고 있다.[63)

해당 과세연도 동안 의무지출을 하지 못하면, 의무지출액과 실제 자선목적으로 지출한 것으로 인정되는 금액과의 차액(지출되지 않은 수입)에 대하여는 30%의 부가세가 부과되고,[64) 과세기간 말까지 지출되지 않고 남은 금액에 대하여는 100%의 세금이 추징된다.[65) 이 세금은 의무지출을 대신하는 것이 아니고, 의무지출에 추가로 지급되는 것이다. 의무지출이 계속하여 이루어지지 않는다면, 비과세단체로서의 지위를 상실할 수 있다.[66)

장기간 프로젝트를 위하여 자금이 축적되어 지출되어야 하는 경우, IRS의 승인을 받고 지출 시점을 조정할 수 있는 예외가 있다(이른바 'set-aside'). 최대 5년까지 지출 시점의 조정이 가능하나, 자금이 해당 기간 동안 축적되어 행사되어 더 좋은 프로젝트에 사용될 것임을 증명하거나, 공익재단이 전해에 일정한 최소한의 지출을 하였고 그 프로젝트가 해당 기간 동안 완료되지 않을 것임을 증명하여야 승인을 받을 수 있는데, 실제로는 관련 규정이 까다로워 승인을 받기가 쉽지 않다.[67)

직접 공익적인 목적의 사업을 수행하지 않는 통상의 기업공익재단의 경우, 매년 자산의 5%를 다른 공공 자선단체나 운영공익재단에 기부하여야 한다. 다만, 어떤 해에 의무지출을 넘어서 기부하였다면, 향후 5년간 의무지출에 대하여 부족액이 있으면 그 초과 기부액이 고려될 수 있다.[68) 이에 따라 기업공익재단은 자선활동을 위하여 계속적으로 자금을

직접 사용되는 자산과 IRS가 비과세 목적으로 바로 이용하는 것이 현실적이지 않고 합리적인 기간 내에 사용할 분명한 계획이 있다고 인정한 자산을 제외한다. 의무지출의 대상이 되는 자산은 수입을 창출하거나 투자를 위한 주식, 채권, 어음, 기부기금, 임대 부동산 등이 포함된다. Marilyn E Phelan, supra note 8, §4.19.

63) IRC §4942(e), (d).
64) IRC §4942(a).
65) IRC §4942(b).
66) IRC §507(a)(2)(A) 참조.
67) Marilyn E Phelan, supra note 8, §4.20.

지원하여야 하는 의무를 부담한다.

다. 주식보유 제한 및 위험한 투자 금지

1969년 세제 개혁 당시 공익법인의 경영진이 공익법인의 자산을 기부자와 개인적인 이해관계가 있는 회사에 투자하거나 공익보다는 기부자의 이익을 위해 운영하는 행위가 문제가 되었다. 이를 방지하기 위하여 IRC에는 공익재단이 그 기부자가 지배하는 회사의 주식을 일정 비율 이상 소유하는 것을 금지하는 조항과 공익재단의 위험한 투자 방식을 제한[69]하는 조항이 신설되었다.[70]

이 가운데 주식보유 제한은 공익재단은 원칙적으로 이해관계인이 보유한 주식과 합산하여 어떠한 회사[71]의 주식도 20%을 초과하여 보유할 수 없다는 것을 의미한다. 다만, 그 회사의 경영권이 이해관계인이 아닌 다른 자에게 있다면, 35%까지 보유할 수 있다.[72] 여기에는 예외 조항이 있는데, 공익재단이 2%의 의결권 주식을 가지고 이것이 회사의 모든 종류의 발행 주식 가치의 2%를 넘지 않는다면, 다른 이의 보유 주식을 고려할 것 없이 적법하다고 한다.[73]

---

68) IRC §4942(g)(2)(D). Marion R. Fremont-Smith, supra note 36, 273.
69) 공익재단이 그 목적을 실행하는 것을 위험하게 할 수 있는 투자를 하면 공익재단과 경영인 개인에게 가산세가 부과된다. IRC § 4944. 위험한 투자란 공익재단의 경영진이 투자 당시의 상황에서 자선활동을 수행하기 위한 장기 및 단기 재정적인 필요에 대응하는 데에 통상적인 주의의무를 다하지 못한 경우를 말하는데, 개별 사안별로 또한 투자 포트폴리오를 전체적으로 고려하여 위험성 여부를 판단한다. Treas. Reg. 53.4944-1(a)(2) 참조.
70) Marion R. Fremont-Smith, supra note 36, 276.
71) 다만, 공익재단과 기능적으로 관련이 있는 회사 또는 회사의 총 수입의 95%가 배당금, 이익금, 지료 등 수동적인 형태인 회사의 주식은 보유 제한의 적용이 없다. IRC §4943(d)(3).
72) IRC §4943(c)(2)(A), (B).
73) IRC §4943(c)(2)(C).

공익재단이 주식을 기부받아서 주식보유 제한을 위반하게 되었다면 5년 내에 제한을 넘는 주식보유분을 처분하여야 한다. 공익재단이 성실하게 노력하였음에도 주식을 5년 내에 처분하지 못한 경우, IRS는 추가로 5년의 처분기간을 허여할 수 있다.[74] 주식보유 제한 조항을 위반한 경우 해당 공익재단에는 위반 주식의 가치의 10%에 해당하는 세금이 부과되고, 시정기간 동안 처분하지 못하면 추가로 처분하지 못한 주식 가치의 200%에 해당하는 세금이 부과된다.[75]

이처럼 기업공익재단은 이해관계인과 합하여 특정 회사의 주식을 20%보다 많이 보유할 수 없다. 후원 회사의 주식이 이에 포함됨은 물론이다. 미국법상으로는 우리법과는 달리 기업공익재단이 보유하는 주식의 의결권을 제한하는 조항은 따로 마련되어 있지 않으나,[76] 주식 보유 자체가 상당히 제한되므로,[77] 기업공익재단이 후원 회사의 경영에 관여하거나 그 이익을 위하여 운영되기는 사실상 매우 어렵다.[78]

---

74) IRC §4943(c)(6), (7).
75) IRC §4943(a), (b).
76) 2020. 12. 29. 개정되어 2022. 12. 30. 시행되는 독점규제 및 공정거래에 관한 법률 제25조 제2항 참조.
77) 참고로 2020. 12. 22. 개정되어 2021. 1. 1.부터 시행되는 상속세 및 증여세법에서는 제16조 제1항에서는 내국법인의 의결권 있는 주식 등을 발행주식 총수의 10%(출연받은 주식등의 의결권을 행사하지 아니하고 자선 장학 또는 사회복지를 목적으로 하는 공익법인등의 경우는 20%, 상호출자제한기업집단과 특수관계에 있는 공익법인등의 경우는 5%)를 초과하여 출연한 경우에 증여세를 과세한다.
78) 우리 상속세 및 증여세법에서 공익법인의 주식보유 한도를 제한함으로써 공익법인을 통한 경영권 행사를 방지하고자 하는 것은 미국법의 영향을 받은 것으로 소개된다. 윤지현, "공익법인제도 개선방향", 재정포럼 241호 (2016), 99 참조. 그런데 미국법 문헌들에 의하면 IRC상 주식보유 제한 규정은 공익재단이 자선사업이 아닌 다른 업무에 집중하는 것을 경계하기 위한 것이라고 한다. Marion R. Fremont-Smith, supra note 36, 276 참조.

3. 소결

미국법상 국세청은 단순히 세금을 징수하는 기구가 아니라 공익재단의 행위를 감독하는 보다 넓은 권한을 가지고 있다.[79] 세법은 기업공익재단을 포함한 공익재단 일반에 대하여 세무적인 내용뿐만 아니라 공익활동의 실질성 및 적정성을 담보하기 위한 여러 규정들을 포함하고 있다.

연방의회는 공익재단을 활성화하고 동시에 이를 규제하기 위하여 IRC를 규정하면서, 자선행위 목적으로 기부된 자산에 대한 충실의무를 분명히 하고 무모성을 방지하기 위하여 보통법상 발전해온 법리인 수임인(fiduciaries)의 행위 기준을 반영하였다.[80] 위에서 살펴본 자기거래 금지, 의무지출, 주식보유 제한, 위험한 투자 금지 등의 규정은 세무 정책을 반영하는 일반적인 세법 내용과는 달리 공익재단이 실질적으로 자선활동을 하도록 의무를 부여하고 이를 규제하기 위한 것이다.

IV. 미국법상 기업공익재단의 운영에 관한 논의

1. 기업의 사회적 책임과 기업공익재단

기업공익재단에 대한 세법상 논의와 규제가 기업공익재단에 세제 혜택을 주는 것에 대응하여 실질적인 자선활동을 할 수 있도록 하는 것이라면, 기업이 공익재단을 설립하여 자선활동을 하는 것이 어떻게 정당화될 수 있는지 혹은 어떤 식으로 이루어지는 것이 바람직한지에 대한

---

79) Marion R. Fremont-Smith, supra note 36, 114.
80) Marion R. Fremont-Smith, supra note 36, 97-98.

논의도 중요한 부분이다. 미국법에서는 그동안 이에 관한 공익활동법적
인 논의가 있었는데, 기업공익재단에 특화된 것은 아니고 기업의 자선
활동 일반에 관한 것이었다. 다만, 최근 들어 일부 학자들에 의해 설립
기업과 기업공익재단의 지배구조에 대한 연구가 시작되는 것으로 보
인다.[81]

전통적으로 기업의 자선활동에 대한 비판적인 시각은 이러한 자선활
동이 주주의 이익에 반한다는 것이다.[82] 나아가 경영진들이 기업의 자
선행위를 결정함에 있어 주주의 이익이나 공익보다는 자신의 명성을 중
요시한다는 점을 문제로 지적하기도 한다.[83] 이에 반하여 기업의 자선
활동을 지지하는 견해는 자선활동이 회사의 성과에 긍정적인 효과를 가
져온다고 한다.[84] 회사의 선의, 긍정적인 이미지, 평판 개선은 투자자,
직원, 거래처, 고객 등 여러 이해 집단들에 영향을 미치고, 결국 회사의
수익과도 연결된다는 것이다.[85]

앞서 살펴본 바와 같이 20세기 초까지만 하더라도 미국법상 공익재
단은 성공한 사업가가 타인에 대한 동정심과 관심의 표현으로 설립하는
것으로 인식되었고, 회사와는 직접 관련이 없는 개인 차원의 자선행위
였다. 회사의 기부행위는 능력 범위를 벗어나는 것으로 인식되었으나,

---

81) Renz David et al, "Challenges in Corporate Foundation Governance", Lonneke Roza
    et al(eds.), Handbook on Corporate Foundations: Corporate and Civil Society
    Perspectives, Springer (2020), 17. ; Ishva Minefee et al, supra note 29 등 참조.
82) Milton Friedman, "The social responsibility of business is to increase its profits",
    The New York Times Magazine (1970. 9. 13.).
83) James D. Werbel and Suzanne M. Carter, "The CEO's influence on corporate
    foundation giving", 40(1) Journal of Business Ethics, 47-60 (2002).
84) Kellie Liket and Ana Simaens, "Battling the devolution in the research on corporate
    philanthropy", 126(2) Journal of Business Ethics, 285-308 (2015); Jaepil Choi and
    Heli Wang, "The promise of a managerial values approach to corporate philanthropy",
    75(4) Journal of Business Ethics, 345-359 (2007).
85) Joshua Daniel Margolis et al, "Does it pay to be good? A meta-analysis and
    redirection of research on the relationship between corporate social and financial
    performance", Harvard University, 2007, Working Paper.

특히 세계 2차 대전 이후 기업의 사회적 책임(corporate social responsibility)
이 강조되면서 비로소 기업공익재단이 활성화되기 시작하였다. 과거에
는 기업의 사회적 책임이 기업의 경제적 행위, 법적 책임에 비하여 부차
적인 것으로서 바람직한 행위 정도로 인식되었을 뿐이다.[86] 그러나 점
차 기업이 자선활동에 참여하는 것은 고객이나 직원을 위하여 또는 회
사의 명성이나 이미지 제고를 위하여 사회적으로 당연히 기대되는 역할
이 되었다.[87]

기업공익재단은 기업의 사회적 책임 분야에서도 특수성이 있다. 회
사 내부의 사회적 책임에 관한 부서를 두는 경우와는 달리 기업공익재
단은 이를 설립한 회사와는 별도 법인으로, 자선행위에 대한 의사결정
을 하는 별도의 조직을 갖추고, 그 활동에 대한 보고의무를 부담한다.
또한 인력 면에서도 자선활동에 대하여 보다 전문성을 가지는 경우가
많다.[88] 따라서 기업공익재단의 바람직한 운영 방안을 모색함에 있어서
는 기업공익재단의 특수성과 복합성을 전제로 하여 이를 설립한 기업과
그 주주, 공공의 이익을 어떻게 이해하는지에 대한 검토가 필요하다.

2. 설립 기업과 기업공익재단의 관계

가. 독립성

기업의 입장에서 기업공익재단을 설립하는 것은 그 자체로 추가 비
용이 들 수 있고, 다른 방식으로 자선행위를 위하여 기부하는 경우에 비
하여 더 큰 세금 혜택이 있는 것은 아니다. 그럼에도 기업이 기업공익재

---

86) Archie B. Carroll, "A three-dimensional conceptual model of corporate performance",
    4(4) Academy of Management Review, 497-505 (1979).
87) Arthur Gautier and Anne-Claire Pache, "Research on corporate philanthropy: A review
    and assessment", 126(3) Journal of Business Ethics, 343-369 (2015).
88) Ishva Minefee et al, supra note 29, 58.

단을 설립하는 이유 중의 하나는 기업공익재단을 통하여 조세 부담을 최소화하는 방안을 마련할 수 있기 때문이다. 즉, 회사가 기부금이나 자산을 기업공익재단으로 이전하기만 하면 그것이 수혜자에게 지출되지 않았다고 하더라도 바로 공제가 된다. 수입이 많은 해에 더 많은 자금을 기업공익재단에 출연하고 그렇지 않은 해에는 이를 줄이는 식으로 장기적인 조세 전략을 구사할 수 있다.[89]

또한 법적으로 기업공익재단은 이를 설립한 회사와는 별도의 법인이고 해당 회사의 일부가 아니므로, 회사가 관련 책임에서 한 발 떨어져 있을 수 있다. 회사 내부에 기업의 사회적 책임과 관련된 부서를 두는 경우와는 달리, 자선행위의 목표를 설정하고 이를 위한 의사 결정 과정은 별도 주체의 몫이다. 기업공익재단이 설립되면, 그 의사 결정은 어디까지나 기업공익재단의 이사회가 하는 것이며,[90] 기업공익재단의 이사는 기업공익재단에 대하여 주의의무와 충실의무를 부담하고, 수혜자, 즉 공공의 이익을 위하여 신의성실에 따라 행동하여야 한다.[91]

나. 상호 관련성

그러나 회사는 기업공익재단의 설립부터 자산 관리, 기부, 의사결정 구조, 의사연락 등 실질적으로 모든 영역에서 지배적인 영향력을 행사할 수 있다.[92] 특히 설립 회사가 일회성으로 기업공익재단에 자금을 지

---

89) Linda Sugin, "Encouraging Corporate Charity", 26(1) Virginia Tax Review, 151 (2006).

90) Renz David et al, supra note 81, 21.

91) 일반적으로 이러한 이사의 책임은 신탁에서의 수탁자와 유사하나, 그 주의의무 수준은 수탁자에 비하여 다소 낮은 것으로 이해된다. 수탁자는 수탁자산을 관리하는 것만을 전담하므로 보다 많은 시간을 투자하고 전문적이기 때문이라고 한다. Marilyn E Phelan, supra note 8, §1.28.

92) Lonneke Roza et al(eds.), supra note 1, 7. 기업공익재단이 속한 산업 분야나 설립 목적, 연혁, 크기 등에 따라 단순히 법적인 요건을 준수하는 것에서부터 회

원하기보다는 매년 기부금을 지급하는 식이어서, 기업공익재단은 회사와 계속적인 관계를 가지는 것이 일반적이다.[93]

설립 회사의 경영진은 기업공익재단의 목적을 결정함에 있어 자신들의 선호도를 반영하는데, 이를 위한 이사회의 결정 과정에 주요 주주나 최고 경영자를 참여시키기도 한다. 미국법상 기업공익재단의 이사회를 구성하는 데에는 특별한 제한이 없으므로, 기업공익재단에 기대하는 바를 반영하기 위하여 설립 회사의 임원이나 이사 또는 주요 주주를 기업공익재단의 이사로 포함시킬 수도 있다. 설립 회사로서는 기업공익재단이 회사의 명성에 해가 되지 않기를 원할 것이고, 자신들의 추구하는 가치를 실현할 수 있어야 하므로, 기업공익재단이 회사로부터 완전히 독립적인 형태로 운영되는 경우는 드물다.[94]

회사와 기업공익재단의 협업도 가능하다. 특히 이른바 '전략적 자선행위(strategic philanthropy)'라는 개념은 기업이 기부를 통하여 마케팅과 신용을 쌓는 것 이상의 전략적인 이익을 추구하여야 한다는 것이다. 이러한 '전략적 자선행위'의 시각에서는 자선행위를 회사 경영의 일부로 이해한다.[95] 기부행위가 회사의 다른 투자들과 다르지 않다고 않으나, 투자의 형태가 비영리단체를 통한 자선활동일 뿐이라고 한다.

특히 기업공익재단이 있는 경우 회사는 기업공익재단과 지속적인 관계를 유지하며 회사의 이익에 도움이 되도록 할 수 있다. 영업을 통하여 개발한 고유의 기술을 자선행위에 연결함으로써 사회적인 가치를 극대화할 수도 있을 것이다.[96] 다만, 기업공익재단과 협업을 하거나 전략적인 관계를 유지한다고 하더라도 기업공익재단의 활동이 직접적으로 회사에 경제적인 이익을 가져오는 것이어서는 안 될 것이다. 기업공익재

사의 전략적 자선행위를 달성하기 위한 것까지 영향력의 수준이 달라진다.

93) Lonneke Roza et al(eds.), supra note 1, 7.
94) Renz David et al, supra note 81, 20-21.
95) Michale E. Porter and Mark R. Kramer, "The Competitive Advantage of Corporate Philanthropy", Harvard Business Review, 57 (2002).
96) Michale E. Porter and Mark R. Kramer, ibid, 64-67.

단은 어디까지나 공익을 추구하여야 한다는 점에서 회사와 관련될 수 있는 다른 단체들, 즉 연금 펀드나 주주 재단, 사적 목적의 신탁 등과 구별된다.[97]

3. 기업공익재단의 운영 방식과 지배구조

기업공익재단은 영리를 추구하는 회사가 설립한 비영리단체라는 점에서 그 존재와 기능이 복합적이다. 이러한 특성 때문에 기업공익재단을 어떻게 운영하는 것이 바람직한지의 문제는 간단하지 않다. 미국법에서도 이에 관한 논의는 많지 않으나, 다음과 같이 조직과 지배구조에 관한 몇 가지 이론들을 기업공익재단에 적용하면서 그 단초를 찾고자 한다.

가. 조직제도이론

조직제도이론에 의하면 단체는 그 제도적인 환경에 의하여 형성된다. 단체는 그 성공과 존속을 위하여 외부에 대한 적법성을 추구하므로, 제도적으로 요구되는 가치, 규범, 신념, 관행, 기대를 도입하고 적용한다.[98] 기업공익재단은 회사나 재단의 지배구조 내부의 여러 주체들뿐만 아니라 그 밖에 위치한 주정부, 노동조합, 지역사회, 다른 비영리단체 등의 영향을 받고,[99] 이에 따라 복합적이고 다양한 지향을 반영한다. 기업공익재단에 제도이론을 적용하면, 특히 상업적인 가치와 공익이라는 가치 사이에서 어떻게 적법성을 유지할 것인지가 문제된다.

---

97) Lonneke Roza et al(eds.), supra note 1, 6-7.
98) Institutional Theory에 관하여는 Paul J. Dimaggio and Walter W. Powell(ed.), The New Institutionalism in Organizational Analysis, 1-38 (1991) 참조.
99) Renz David et al, supra note 81, 21.

상업적인 측면에서는 기업공익재단이 회사의 업무와 유사하게 효율적으로 운영되고, 회사의 존립과 적법성을 증진하는 방향으로 성과를 내는 것이 중시된다. 기업공익재단을 두는 것 자체가 설립 회사의 적법성을 보이기 위한 목적일 수 있다. 다른 한편으로 공익을 추구하는 측면에서 기업공익재단은 지역사회나 산업계에서 적법성을 유지할 필요가 있고, 동시에 다른 자선단체나 기업공익재단들 사이에서 적법성을 보여야 한다. 이는 상업적인 가치와는 전혀 다른 것으로, 어떠한 행위의 경제적인 이유를 대는 것이 아니라 자기의 이익이 아닌 공공의 이익을 추구한다는 점을 설명해야 하는 것이다. 때로는 이 가치들이 서로 무관하거나 모순되어 보이기도 하지만, 기업공익재단은 적어도 어느 정도는 이러한 적법성을 모두 보유하여야 한다. 이러한 두 가지 가치를 모두 반영하기 위하여 많은 기업공익재단에서는 전문성을 갖춘 사람을 이사나 경영진으로 영입하고 있다.[100]

나. 대리이론

지배구조와 관련하여 대표적인 설명인 대리이론은 본인과 대리인이 서로 다른 이해관계를 가지는 대리 비용 문제에 주목한다.[101] 그런데 기업공익재단에는 주주가 없으므로, 누구와 누구 사이에 대리이론이 적용되는지가 문제된다. 단순히 기업공익재단의 이사회가 본인이고 대표이사가 대리인이라고 할 수는 없고, 여러 이해관계자들이 문제될 수 있다.

대리이론에서는 적법한 대리관계가 다중적으로 성립할 수도 있다고 하는데,[102] 이는 복합적인 실체를 가진 기업공익재단에 적용될 수 있다.

---

100) Renz David et al, supra note 81, 22-24.
101) Agency Theory에 관하여는 Morten Huse, The Value Creating Board: Corporate Governance and Organizational Behavior (2009); Kathleen M. Eisenhardt, "Agency theory: An assessment and review", 14(1) The Academy of Management Review, 57-74 (1989). 참조.

예를 들어 기업공익재단의 목적이 어떤 지역사회의 공익을 추구하는 것
이라면 그 지역사회의 수혜자들을 위한 결정을 하여야 함은 분명하지
만, 회사의 자원으로 기업공익재단이 이러한 공익을 추구한다는 점에서
는 기업공익재단 또는 그 경영진은 일정 부분 회사의 대리인으로 볼 수
도 있다.[103]

즉, 기업공익재단의 지배구조에서는 이를 설립한 회사, 회사의 경영
진, 기업공익재단의 이사, 기업공익재단의 수혜자 등의 여러 이해관계자
들의 이해를 고려하여 구체적인 상황에 따라 누구를 우선시할 것인지,
또는 이들의 이해관계를 어떻게 조정할 것인지를 검토하여야 한다.

다. 자원의존이론

자원의존이론은 조직이 자신에게 필수적인 자원에 의존적이므로, 이
에 대한 불확실성을 줄이고 의존도를 조정할 수 있는 행동을 취하게 된
다는 것이다.[104] 기업공익재단에게 있어 필수적인 자원은 설립 기업으
로부터 나온다. 대부분의 자산을 회사로부터 기부받고, 많은 경우 회사
의 임직원이 기업공익재단의 임직원으로서 업무를 수행하기도 한다. 회
사의 경영진이 더 이상 기업공익재단이 필요하지 않다고 판단하면 더
이상 기부를 하지 않기로 결정할 수도 있다. 이처럼 기업공익재단의 활
동과 그 존재가 회사에 크게 의존하므로, 그 의사결정은 회사의 필요와
이해를 반영할 가능성이 높다고 할 것이다.

이는 기업공익재단이 공익적인 목적을 달성하기 어려울 수 있다는

---

102) Jone Child and Suzana B. Rodrigues, "Corporate governance and new organizational
forms: Issues of double and multiple agency", 7(4) Journal of Management and
Governance, 337-360 (2003).

103) Renz David et al, supra note 81, 24-26.

104) 자원의존이론에 대한 자세한 내용은 Jeffrey Pfeffer and Gerald Salancik, The
external control of organizations. A resource dependence perspective, Harper &
Row (1978) 참조.

점을 시사한다. 정관이나 내규 또는 법적으로는 공공의 이익을 추구하여야 한다는 점이 분명하지만, 기업공익재단이 회사의 주요 의사결정자들을 우선적으로 고려하면 본연의 목적을 수행하지 못하게 될 수 있다. 기업공익재단이 수혜자들에게 사회적인 가치를 전달하는 데에 실패하면, 이로써 기업공익재단은 법적 타당성을 상실하게 될 것이다.[105]

따라서 기업공익재단은 경제적인 자원뿐만 아니라 사회적, 정치적 외부 자원의 중요성을 인식하고 이를 운영에 적용시킬 필요가 있다. 이를 위하여 기업공익재단은 지역사회나 사회의 이해와 기대를 이해하고 이에 참여하는 인사를 채용하여 재단의 신뢰성, 적법성을 유지하여야 할 것이다.

4. 소결

위에서 살펴본 조직법상의 여러 이론들은 상호 배타적이라기보다는 보완적인 측면이 있고, 기업공익재단의 성질을 이해하는 데에 다각적인 시각을 제공한다. 기업공익재단은 비영리부문과 영리부문이 교차하는 지점에 위치하여, 여러 당사자들의 이해관계가 복잡하게 얽히고, 상호 모순되어 보이는 여러 가치들이 대두된다. 따라서 기업공익재단을 운영함에 있어서는 해당 기업과 기업공익재단이 속한 산업 분야와 공익활동에 대한 전문성을 가지고, 회사와 기업공익재단 및 공공의 이익이라는 가치들을 조율할 수 있어야 한다. 구체적인 사안별로 더욱 중요한 주체가 있겠지만, 어느 한 쪽으로만 치우치게 되면 기업공익재단이 제대로 운영되기 어렵다.

이러한 점은 기업공익재단을 운영하는 주체뿐만 아니라 이를 규제하는 규제 당국이나 관련 법제를 마련하는 입법자에게도 시사하는 바가 크다. 기업공익재단의 복합적인 성격을 잘 이해하고, 여러 가치들을 상

---

105) Renz David et al, supra note 81, 26-27.

호 충돌하지 않도록 조율하려는 노력이 요구되는 이유가 여기에 있다.

V. 우리 법에의 시사점

1. 기업공익재단 설립의 정당성

1990년 이후 꾸준히 기부문화가 확산되면서 우리나라에서도 공익재단의 설립이 증가하고 있다.106) 상법 제169조에서는 회사의 영리성을 요구하고 있으나, 기업의 사회적 책임을 회사법의 지도원리로 인정하여야 한다는 점이 일반적으로 인정되고 있는 만큼,107) 기업공익재단의 설립은 정당화될 수 있을 것이다.

미국법에서는 오랜 기간 축적된 판례를 통하여 기업공익재단을 설립하는 것이 주주의 이익에 반하지 않는다는 점을 확인하였다. 이에 따르면 기업공익재단이 추구하는 공익적인 목적이 회사의 이익과 합치될 수 있고, 나아가서는 전략적인 공익활동의 수단이 될 수 있다. 민법 제34조와 같이 회사의 권리능력이 정관으로 정한 목적으로 제한되는지 여부가 문제될 수 있으나, 미국 판례는 회사의 목적을 엄격하게 제한하는 소위 '능력외이론(ultra vires doctrine)'을 더 이상 지지하지 않고 있고, 정관상 목적에 의한 권리능력의 제한을 부정하는 것이 우리 상법상으로도 통설적인 입장이다.108)

기업공익재단에 따라서는 그 자체로 독자적인 설립 이유나 연혁을 가지는 경우도 있는데, 기업공익재단은 단순히 기업이 사회에 기부를 하는

---

106) 기업공익법인의 현황에 관하여는 미디어SR, 2021 대한민국 공익법인 백서 (2020), 14 이하 참조
107) 송옥렬, 상법강의(제10판), 홍문사 (2020), 707-708.
108) 송옥렬, 앞의 책, 731-732.

것에 그치는 것이 아니라, 기업이 추구하는 가치를 보여줄 수 있는 수단으로서 활용될 수 있다.[109] 특히 최근에는 기업의 사회적 책임에서 나아가 비경제적인 부문인 환경, 사회, 투명성(Environment, Society, Governance, 'ESG')을 기반으로 하는 경영을 강조하고 있으므로, 기업공익재단의 활용 가능성이 더욱 크다고 할 것이다.

2. 규제의 원칙

기업공익재단을 통한 기업의 자선활동을 장려하기 위해서는 기업공익재단이 편법적인 증여 수단이나 회사의 경영권을 방어하기 위한 방안이 아니라, 실질적으로 회사가 사회적 책임을 다하고, 회사의 전문성과 직원 등 여러 자원들을 활용하여 사회에 필요한 역할을 할 수 있도록, 이를 규제하고 장려하는 적절한 법적 장치가 필요하다.[110]

미국법에서 IRC가 기업공익재단에 대한 중심적인 규범이 되는 것처럼 우리법에서도 상속세 및 증여세법이 공익법인에 대한 세법상의 혜택과 그 제한을 규정함으로써 실질적인 영향력을 행사하고 있다. 세법상의 규제는 특히 세법상의 혜택이 정당화될 수 있는지에 초점을 두어 기업공익재단이 공익활동을 실질적으로 수행하는지를 살펴볼 수 있어야 한다. 기업공익재단이 여러 정보들을 투명하게 공개하도록 보고 의무를 확대하고, 이를 통한 감시를 실질화하는 것은 기본이 된다. 현행 상속세 및 증여세법은 공익법인의 투명성을 우선 외부 전문가 집단의 세무확인에 맡기고 그 결과를 공시하도록 하는데, 이를 보다 효과적으로 운영하여야 한다.[111]

---

109) Martina Westhues and Sabine Einwiller, "Corporate foundations: their role for corporate social responsibility", 9(2) Corporate Reputation Review, 144-153 (2006).
110) 이에 대한 문제 제기로는 공정거래위원회, 대기업집단 소속 공익법인 운영실태분석 결과, 2018. 7. 2. 보도자료; 고상현, "기업재단에 관한 법정책적 고찰", 숭실대학교 법학논총 제47집 (2020), 415 이하 등 참조.

나아가 개인적인 이익을 추구하지 못하도록 기업공익재단이 설립 회사 또는 그와 이해관계인의 주식을 일정 비율 이상 보유하지 못하도록 하는 것이나 위험한 투자 방식을 제한하는 것에 더하여, 기업공익재단이 자기거래를 엄격하게 금지하고, 일정한 비율을 공익활동에 반드시 지출하도록 의무를 지우는 것은 공익활동을 실질적으로 보장하는 방안으로서 참고할 만하다. 특히 공익활동을 제대로 하지 않는 공익법인에 대하여는 이를 시정할 수 있는 기회를 주고, 시정하지 않는 경우에는 보다 무거운 책임을 지우는 미국 세법의 규제 방식은 단순히 부여된 세제 혜택을 환수하는 정도에 그치는 것에 비하여 실효성이 있다.

3. 기업공익법인의 설립과 운영에 관한 규제 및 감독 방안

우리법상 공익법인 관련 대표적인 법률은 공익법인의 설립·운영에 관한 법률(이하 '공익법인법')이다.[112) 공익법인법에는 공익법인이 설립 목적에 맞는 활동을 할 수 있도록 여러 규정이 마련되어 있다. 즉, 정관에 기재될 사항을 명시하고, 이사, 이사회, 감사를 필요기관으로 하여 그 기능과 직무를 정하고 있으며, 의사 결정 방식과 예산 및 결산 등에 관한 규정도 두었다.[113) 또한 공익법인법에 따르면 공익법인은 설립부터 운영, 소멸 단계까지 여러 측면에서 주무관청의 허가, 승인 등 감독을 받는다.[114)

---

111) 그 외에 세제 개선방안에 대하여는 이상신, "공익법인 세제의 문제점과 개편방향", 조세법연구 제22권 제3호 (2016), 385 이하; 박훈, "공익활동 활성화를 위한 공익법인 과세제도의 개선방안", 조세연구 제19권 제1집 (2019), 55 이하 등 참조.
112) 그 외에도 사립학교법, 사회복지사업법, 의료법 등에 따라 공익 목적을 추구하는 법인을 설립할 수 있다. 민법에 따라 비영리법인을 설립할 수 있음은 물론이다. 김진우, "공익법인의 규제와 감독", 민사법학 제70호 (2015), 48 참조.
113) 공익법인법 제3조 및 제5조 내지 제12조 등.
114) 공익법인법 제14조, 제16조 내지 제17조 등.

또한 최근 개정된 독점규제 및 공정거래에 관한 법률(이하 '공정거래법')에는 기업집단 규제와 관련하여 계열공익법인의 의결권을 제한하는 조문이 신설되었다. 이는 공익재단을 이용한 지배력 행사를 규제하겠다는 취지이나, 기업공익재단의 활성화를 막는 결과가 될 것이라는 우려도 크다.

이처럼 기업공익법인에 대하여는 상속세 및 증여세법 외에도 공익법인법, 공정거래법 등의 여러 규제가 가해진다. 개별 법률은 각각의 목적에 따라 작동하므로, 기업공익재단은 세무 당국과 주무관청, 공정거래위원회에 의하여 별도의 감독을 받게 된다. 그런데 이들 법률이 기업공익재단의 복합적인 성격을 이해하고, 각각의 규제의 관련성과 그 규제가 미치는 영향에 대하여 충분히 숙고한 것인지에 대하여는 의문이 있다. 기업공익재단의 활성화와 바람직한 운영 방안에 대한 연구 결과와 사회적 합의를 토대로 합리적인 규제 방안을 고민할 필요가 있다. 이를 위해 미국법상 논의를 그대로 적용하는 것은 가능하지도 바람직하지도 않겠지만, 그 문제의식을 공유하고 우리 기업이 원하는 기업공익재단의 형태와 우려되는 문제점 등을 다각적으로 고려하여 우리법에 맞는 검토가 이루어져야 한다.

예를 들어 법인 제도에 대하여 보다 정치한 법률을 가지고 있는 우리 법제에서는 기업공익재단에 대해 세법 이외에도 공익법인법에서 기업공익재단 내부의 통제 및 외부 규제 방안을 규정하는 것은 자연스럽다.[115] 그러나 주무관청 제도에 대하여는 전문성이나 정치적인 중립성 면에서 꾸준히 문제가 지적되고 있는바,[116] 보다 전문적이고 복합적인 기업공익재단에 대하여도 주무관청의 감독을 받도록 하는 것이 현실적인지에 대하여는 재고가 필요하다.[117]

---

115) 김진우, 앞의 글, 87 참조.
116) 김진우, 앞의 글, 81-84 참조.
117) 주무관청제에 대한 대안으로서 공익위원회 설립에 관한 논의는 김진우·이지민, "민간공익단체에 대한 국가감독체계의 개선방향에 관한 연구 – 영국법으

또한 공정거래법상 의결권 제한 규정은 종래 계열금융회사의 의결권 제한 규정을 그대로 따르는 것으로 보인다. 앞서 살펴본 바와 같이 미국 법에는 기업공익재단의 의결권에 대한 제한은 없고, 주식 보유 자체를 제한할 뿐이다. 이에 따르면 기업공익재단이 보유하는 주식의 의결권은 그 기업공익재단의 목적에 부합하게 행사하여야 하며, 이러한 의무를 위반하는 기업공익재단의 이사는 그에 대한 책임을 부담한다. 이와는 달리 의결권 자체를 제한하는 것이 어떤 효과가 있는지에 대해서는 향후 보다 실증적인 분석이 이루어져야 할 것이다.

로부터의 시사점", 외법논집 제42권 제1호 (2018), 384 이하; 이중기, 공익신탁과 공익재단의 특징과 규제, 삼우사 (2014), 515; 장보은, "성인 발달장애인 지원을 위한 공익신탁 활용방안", 외법논집 제44권 제1호 (2020), 54-55 등 참조.

참고문헌

고상현, "기업재단에 관한 법정책적 고찰", 숭실대학교 법학논총 제47집 (2020)

공정거래위원회, 대기업집단 소속 공익법인 운영실태분석 결과, (2018. 7. 2.) 보도자료.

김진우, "공익법인의 규제와 감독", 민사법학 제70호 (2015)

김진우·이지민, "민간공익단체에 대한 국가감독체계의 개선방향에 관한 연구 - 영국법으로부터의 시사점", 외법논집 제42권 제1호 (2018)

미디어SR, 2021 대한민국 공익법인 백서 (2020)

박훈, "공익활동 활성화를 위한 공익법인 과세제도의 개선방안", 조세연구 제19권 제1집 (2019)

송옥렬, 상법강의 (제10판), 홍문사 (2020)

윤지현, "공익법인제도 개선방향", 재정포럼 241호 (2016)

이상신, "공익법인 세제의 문제점과 개편방향", 조세법연구 제22권 제3호 (2016)

이중기, 공익신탁과 공익재단의 특징과 규제, 삼우사 (2014)

장보은, "성인 발달장애인 지원을 위한 공익신탁 활용방안", 외법논집 제44권 제1호 (2020)

Archie B. Carroll, "A three-dimensional conceptual model of corporate performance", 4(4) Academy of Management Review (1979)

Arthur Gautier and Anne-Claire Pache, "Research on corporate philanthropy: A review and assessment", 126(3) Journal of Business Ethics, 343-369 (2015)

Christopher Marquis and Matthew Lee, "Who is governing whom? Executives, governance, and the structure of generosity in large US firms", 34(4) Strategic Management Journal, (2012)

David C. Hammack and Helmut K. Anheier, A versatile American institution: The changing ideals of realities of philanthropic foundations, Brookings Institution Press (2013)

Ishva Minefee et al, "Corporate foundations and their governance: Unexplored territory in the corporate social responsibility agenda", 1(1) Annals in Social Responsibility (2015)

Jaepil Choi and Heli Wang, "The promise of a managerial values approach to corporate philanthropy", 75(4) Journal of Business Ethics, 345-359 (2007)

James D. Werbel and Suzanne M. Carter, "The CEO's influence on corporate foundation giving", 40(1) Journal of Business Ethics (2002)

Jeffrey Pfeffer and Gerald Salancik, The external control of organizations. A resource dependence perspective, Harper & Row (1978)

Jone Child and Suzana B. Rodrigues, "Corporate governance and new organizational forms: Issues of double and multiple agency", 7(4) Journal of Management and Governance (2003)

Joshua Daniel Margolis et al, "Does it pay to be good? A meta-analysis and redirection of research on the relationship between corporate social and financial performance", Harvard University, (2007) Working Paper.

Kathleen M. Eisenhardt, "Agency theory: An assessment and review", 14(1) The Academy of Management Review, 57-74 (1989)

Kellie Liket and Ana Simaens, "Battling the devolution in the research on corporate philanthropy", 126(2) Journal of Business Ethics (2015)

Linda Sugin, "Encouraging Corporate Charity", 26(1) Virginia Tax Review (2006)

Lonneke Roza et al(eds.), Handbook on Corporate Foundations: Corporate and Civil Society Perspectives, Springer (2020)

Marilyn E Phelan, Representing Nonprofit Organizations, Callaghan (2020)

Marion R. Fremont-Smith, Governing nonprofit organizations: Federal and State Law and Regulation, Belknap Press (2008)

Mark Sharfman, "Changing institutional rules: the evolution of corporate philanthropy, 1883-1953", 33(3) Business and Society (1994)

Martina Westhues and Sabine Einwiller, "Corporate foundations: their role for corporate social responsibility", 9(2) Corporate Reputation Review (2006)

Michale E. Porter and Mark R. Kramer, "The Competitive Advantage of Corporate Philanthropy", Harvard Business Review, 57 (2002)

Milton Friedman, "The social responsibility of business is to increase its profits", The New York Times Magazine (1970. 9. 13.)

Morten Huse, The Value Creating Board: Corporate Governance and Organizational Behavior (2009)

Natalie J. Webb, "Tax and government policy implications for corporate foundation giving", 23(1) Nonprofit and Voluntary Sector Quarterly (1994)

Paul J. Dimaggio and Walter W. Powell (ed.), The New Institutionalism in Organizational Analysis (1991)

Renz David et al, "Challenges in Corporate Foundation Governance", Lonneke Roza et al(eds.), Handbook on Corporate Foundations: Corporate and Civil Society Perspectives, Springer (2020)

Stefan Toepler, "On the problem of defining foundations in a comparative perspective", 10(2) Nonprofit Management & Leadership, 215-225 (1999)

Steven R. Smith, "Hybridity and philanthropy" Tobias Jung et al(eds.), The Routledge Companion to Philanthropy, Routledge (2016)

Tremblay-Boire, "Corporate foundations in the United States" Lonneke Roza et al(eds.), Handbook on Corporate Foundations: Corporate and Civil Society Perspective, Springer (2020)

William O. Brown et al, "Corporate philanthropic practices", 12(5) Journal of Corporate Finance, 865 (2006)

영국 기업재단법
(UK Law of Corporate Foundations)

이중기*

I. 머리말 : 영국 자선단체법의 기능별 규제와 기업재단의 특수한 지위

1. 자선단체법의 대원칙 : "자선목적"의 추구

영국의 모든 "자선단체"(charities)는 "자선목적"(charitable purposes)만을 위해 설립되고 "자선목적"만을 위해 행위해야 한다.[1] 그리고, 그에 대한 정책적 지원으로서 부수적인 세제혜택이 부여된다. 기업이 설립하는 "기업재단"(corporate foundation)[2]도 마찬가지이다. 기업재단도 "자선목적"으로만 설립되어야 하고 자선목적을 위해 행위해야 하는데, 그에 대한 대가로 세제혜택이 부여된다. 따라서, 기업재단도 다른 자선단체와 마찬가지로 자선목적이 아닌 사업은 영위할 수 없다.

그리고, 이러한 자선단체법의 규제는 "자선단체"를 경영하는 수탁자(즉, "자선단체 수탁자" : charity trustees (이하 "자선수탁자"))[3]에 대해

---

* 홍익대학교 법과대학 교수
1) "자선단체"의 의미와 "자선목적"의 정의에 대해서는, II. 1. 및 2. 참조.
2) 여기서는 "기업이 설립하는 자선단체"를 의미한다. The Charity Commission, A Guide to Corporate Foundations (2009), 2에서도 동일한 의미로 사용한다.

서도 동일하게 적용된다. 따라서, 기업재단의 자선수탁자(trustees of corporate foundation)도 자신이 수탁자로 있는 기업재단의 자선목적을 위해서만 행위해야 하고 다른 목적을 위해 행위해서는 안된다. 특히 기업재단 자선수탁자는 기업재단의 "기업으로부터의 독립성"을 확보[4]해야 하고, 후원하는 기업이 아니라 자신을 선임한 "기업재단의 최선의 이익"을 위해 행위해야 한다.[5]

2. 기업재단의 독립성과 수탁자의 재량
  : "설립자 기업"과의 관계, "자회사"와의 관계

가. 상사단체와의 특수관계 허용 여부

영국 자선단체법은 "자선단체의 독립성"과 "자선단체의 최선의 이익"을 자선단체법의 최상위 원칙 중 하나로서 제시한 후, 이러한 법원칙이 준수되는 한 자선단체가 "자선단체를 설립한 모기업"(founder company) 뿐만 아니라 기타 기업 후원자(corporate sponsor)와 특수한 관계를 유지하는 것을 허용한다. 마찬가지로 자선단체법은 이러한 대원칙이 준수되는 한, 자선단체가 "영업 자회사"(trading subsidiary)[6]를 설립하여 영업 자회사를 통해 수익사업을 수행하고 이를 통해 수입을 창출하는 것을 허

---

3) "자선수탁자"의 정의에 대해서는, II. 4. 참조.
4) 자세히는 The Charity Commission, Guidance for charities with a connection to a non-charity : How to manage and review your charity's connection to a non-charity (2019), "3. Operate independently" 및 "5. Maintain your charity's separate identity" 참조.
5) 자세히는 The Charity Commission, Guidance for charities with a connection to a non-charity, "2. Do not further non-charitable purposes" 참조.
6) 자선단체의 "영업 자회사"에 관한 자세한 사항은 The Charity Commission, Trustees, trading and tax: how charities may lawfully trade (2017), "4. Charities with trading subsidiaries" 참조.

용한다. 자선단체가 자회사를 지배하는 Charity group의 경우 Parent charity는 이러한 Subsidiary undertakings를 포함한 자선단체 그룹 전체의 연결재무제표를 작성해야 한다.7)

결론적으로 기업재단이 기업과 독립된 존재로서 설립목적인 "자선목적"을 위해 행위하는 한, 기업재단 자선수탁자는 독립적인 어떤 행위를 할 것인가에 대해 재량을 갖는다. 즉 설립목적인 자선목적의 창달을 위해 필요하거나 도움이 되는 경우, 기업재단 수탁자는 (i) 기업의 후원을 받을 수 있고, 또한 (ii) 자선목적 창달에 도움이 된다면 기업에 대해 후원을 할 수도 있다. 나아가 (iii) 기업재단은 기업과 공동으로 자선목적의 창달에 필요하거나 도움이 되는 사업을 영위할 수 있다.

나. 기업과의 관계 설정시 규제원칙

다만 이 경우 자선단체 및 자선단체 수탁자에 대해서는 자선단체법의 대원칙들이 적용되므로, 첫째 "기업의 후원금 등을 수령"함8)에 있어 자금지원의 조건 등이 있는지 여부, 그 조건의 부과가 자선단체의 독립성 혹은 수탁자의 독립경영재량을 침해하는지 여부를 고려한 후 기업의 후원금 등을 수령할지 여부를 결정하여야 한다. 둘째, 자선단체 및 수탁자는 "기업에 대한 후원"9)이 자선단체의 자선목적 창달에 도움이 되는 방법인지 및 자선단체의 최선의 이익을 위한 행위인지 등을 검토한 후 기업에 대한 지원 제공여부를 결정하여야 한다. 마지막으로, 자선단체 및 수탁자는 "기업과의 공동 작업 혹은 사업을 영위"함에 있어 자선단체의 평판에 대한 위험이 초래될 가능성은 없는지 여부 등 자선단체에 최선의 이익이 되는지를 검토한 후 기업과의 협업을 결정해야 한다.

이와 같이 기업재단이 설립목적인 자선목적을 위해 행위하는 한 기

---

7) Charities Act 2011, pt8, chap.), Group accounts 참조.
8) 아래의 IV. 4. 참조.
9) 아래의 IV. 4. 라. 참조.

업으로부터의 자금수령, 기업에 대한 지원 혹은 기업과의 공동행위를 할 수 있는데, 이 때 앞서 언급한 자선단체법의 원칙적 규제가 문제되고 해당 규제를 준수해야 한다.

3. 자선단체, 자선수탁자의 "기능별 정의"와 이들에 대한 "기능별 규제"

여기서는 먼저 영국 자선단체법에서 "자선단체"를 어떻게 정의하고 있는지를 간단히 살펴보고 나서, 기능별로 정의된 자선단체에 대하여 그 경영진을 또 다시 기능별로 규제하기 위해 사용되고 있는 개념인 "자선수탁자" 개념에 대해 간단히 살펴본다.

가. "자선단체"의 기능별 정의

영국의 자선단체법은 "자선단체"(charities)를 형식적으로 정의하는 방법이 아니라 단체의 목적 혹은 기능을 보고 자선단체인지 여부를 판단한다. 아래에서 자세히 보는 것처럼, 어느 단체가 "자선목적"(charitable purposes)만을 위해 설립되고 영위되면 자선단체로 인정되고,10) 부수적으로 세제혜택을 받을 수 있다. 따라서 영국의 자선단체는 법적 형식으로 보면 여러 가지 형식을 취할 수 있는데, 크게 (i) 회사법(Companies Act)에 의해 설립된 회사 ("자선회사": Charitable company, 특히 Charitable company limited by guarantee),11) (ii) 신탁법에 의한 신탁 ("자선신탁": Charitable trust),12) (iii) 비법인 사단 ("자선사단": Charitable unincorporated associaion),13) 혹은 (iv) 자선단체법(Charities Act)에 의해 설립된 법인

---

10) 아래의 II. 2. 가. 참조.
11) 아래의 II. 3. 가. 참조.
12) 아래의 II. 3. 나. 참조.

("자선법인" CIO : Charitable incorporated organisation)[14] 중 한 가지 형식을 취한다.

그런데, 기업이 설립하는 기업재단은 대부분 회사법에 의해 설립된 회사인 "자선회사", 그 중에서도 특히 자선유한회사의 형식을 취하고 있다.

나. "자선수탁자"에 대한 기능별 정의

영국의 자선단체법은 "자선단체"의 정의에 대해서 기능별 접근방식[15]을 취하고 있기 때문에 자선단체를 경영하는 자선단체 "경영진"에 대해서도 기능별 접근을 할 수 밖에 없고, 자선단체법은 이러한 다종다양한 자선단체의 경영진을 모두 "자선수탁자"(charity trustees)로 표현한다.[16] 따라서, 신탁형식으로 설립되는 자선신탁의 수탁자 뿐만 아니라 "자선회사"인 기업재단의 "이사"도 자선단체법의 규제 목적상 "자선수탁자"로 취급되고, 신탁법상 수탁자에 준하는 충실의무, 투자의무 등이 부과된다. 따라서, 예를 들어, 영국 신탁법상 충실의무 원칙인 "이익충돌의 금지"원칙, 신탁투자법의 prudent investor 원칙[17] 등은 자선신탁의 수탁자 뿐만 아니라 기업재단의 이사에게도 그대로 적용된다. 따라서 "자선회사"의 이사인 자선수탁자는 영국 회사법상 이사에게 부과되는 의무와 별개로 자선단체법이 부과하는 자선수탁자로서의 이러한 의무를 모두 충족해야 한다.

---

13) 아래의 II. 3. 다. 참조.
14) 아래의 II. 3. 라. 참조.
15) 아래의 II. 1. 참조.
16) 아래의 II. 4. 참조.
17) 아래의 IV. 4. 다. 참조.

4. 이 글의 구성

이 글에서는 먼저 영국 자선단체법이 어떻게 "자선단체"를 규정하고 있는지, 또 자선단체를 정의하는 "자선목적"이 어떠한 목적인지를 간단히 살펴봄으로써, 영국에서 자선단체법의 기능별 규제가 기업재단에 어떻게 작동하고 있는지를 개관해 본다. 그 다음 영국의 자선단체가 취할 수 있는 다양한 법적 형식에 대해 간단히 살펴본다.

그 다음 본격적으로 (i) 기업이 기업재단을 설립할 때 고려해야 할 요소, 및 (ii) 설립된 기업재단이 운영되는 동안 실제 발생할 수 있는 문제들, 예를 들어 기업재단이 기업과의 공동작업 혹은 협업을 고려할 때 고려해야 할 요소 등에 대해서 좀 더 상세히 살펴본다.

II. 영국 자선단체법의 규제상 특징

1. 기능별 규제

영국 자선단체법은 자선단체를 단체의 "법적 형식"이 아니라 "목적 혹은 기능"으로서 정의하는 기능별 규제방식(functional approach)[18]을 채택하고 있다. 즉 Charities Act 2011는 먼저 자선단체(charity)는 (a) "자선목적"(charitable purposes)만을 위해서 설립되고, (b) 자선단체에 관할을 갖는 영국법원의 통제하에 있으면 자선단체가 된다고 규정한다. 따라서, 어떤 단체이든 간에 그 단체의 목적이 "자선목적"만을 위한 것

---

18) 이러한 기능별 규제 방식은 미국의 펀드법인 투자회사법(Investment Company Act of 1940)이 "투자회사"(investment company)를 정의할 때 취하고 있는 방식과 동일하다. 즉 투자기구가 "회사형"인 뮤추얼펀드 뿐만 아니라 "신탁형"인 사업신탁도 펀드규제 목적상 '펀드'를 의미하는 "investment company"에 포함된다.

이면 Charities Act 2011의 적용을 받게 되고, 원칙적으로 이 법에 의해 설립된 규제기관인 Charity Commission의 규제대상이 된다. 그리고 자선단체로 인정되면 부수적으로 자선단체에 부여되는 세제혜택을 향유할 수 있게 된다.

이와 같이 영국의 자선단체법에서는 단체가 "자선목적"만을 추구하면 자선단체로 인정될 수 있기 때문에, 해당 단체의 목적이 "자선목적"에 해당하는지 여부가 결정적으로 중요한 요소가 된다. 또한 "자선목적"을 위해 설립되면 법적 형식과는 상관없이 자선단체로 인정되어 세제혜택을 받을 수 있으므로 자선단체의 법적형식은 다양해 질 수 있다.

2. "자선목적"의 의미 : 자선단체의 목적

이처럼 어느 단체가 Charity Commission에 의해 자선단체로 인정되려면 "자선목적"만을 위해 설립되어야 하는데, "자선목적"은 Charites Act 2011, section 2에 규정되어 있다. 즉 어느 단체가 추구하는 목적이 (a) section 3(1)에 규정된 목적에 해당해야 하고, 또한 (b) section 4에 규정된 "공중의 이익"(public benefit)을 위한 것이어야 "자선목적"이 된다. 여기서 보는 것처럼, 영국에서 "공중의 이익" 요건은 열거된 모든 "목적"에 필수적인 요소가 된다.

가. 요건 I : "목적" 요건 - 자선목적

Section 3(목적의 설명/묘사)에 규정된 자선목적은 다음과 같다 :

(i) 기아의 예방 혹은 완화
(ii) 교육의 증진
(iii) 종교의 증진
(iv) 건강의 증진 혹은 생명의 구제

(ⅴ) 시민권 혹은 지역사회 발전의 증진
(ⅵ) 예술, 문화, 전통 혹은 과학의 증진
(ⅶ) 아마추어 스포츠의 증진
(ⅷ) 인권, 분쟁해결의 증진 혹은 종교적 혹은 인종적 조화 혹은 평등과 다양성의 창달
(ⅸ) 환경 보호 혹은 개선의 증진
(ⅹ) 청소년, 나이, 건강, 장애, 재정적 어려움 혹은 기타 다른 불리함으로 인해 도움이 필요한 사람들의 구제
(ⅺ) 동물 복지의 증진
(ⅻ) 군인, 혹은 경찰, 소방과 구조 서비스 혹은 앰뷸런스 서비스의 효율성의 증진
(ⅹⅲ) 기타 다음의 목적
　　ⅰ) 위의 11가지에 속하지 않았지만 s.5(레크리에이션 신탁 등) 혹은 판례에 의해 자선목적으로 인정되는 목적
　　ⅱ) 위의 11가지 혹은 앞의 ⅰ)에 해당하는 목적과 유사한 것으로 혹은 목적의 정신에 속하는 것으로 간주될 수 있는 목적, 혹은
　　ⅲ) 앞의 ⅱ) 혹은 이 ⅲ)에 속하는 것으로 간주되는 목적과 유사하거나 혹은 목적의 정신에 속하는 것으로 간주될 수 있는 목적

따라서, 기업재단도 다른 자선단체와 마찬가지로 그 설립목적이 위에서 살펴본 어느 목적 중의 하나 혹은 둘 이상의 목적을 추구해야 한다.

나. 요건 Ⅱ : "공중의 이익" 요건 – 공익요건, "공중"의 의미

(1) "공중의 일부"를 수익시킨 경우

기업재단이 추구하는 목적은 위에 설명된 자선목적의 어느 하나에 해당하여야 할 뿐만 아니라, 그 자선목적은 사적 이익이 아니라 "공중의 이익"을 위한 것이어야 한다.[19] 그런데, 기업재단이 "공중의 이익"을 위

---

19) Charity Act 2011, s4 (The public benefit requirement) (1) In this Act "the public benefit requirement" means the requirement in section 2(1)(b) that a purpose falling within section 3(1) must be for the public benefit if it is to be a charitable purpose.

한 것이기는 하지만, 일반적인 "공중" 전체가 아니라 "공중의 일부"를 수익시킨다면 어떻게 되는지가 문제된다.

영국 법원은 어느 단체의 활동이 공중 혹은 공중의 한 집단(class)이나 한 부분(section)에 대하여 갖는 가치나 효용을 판단하였다. 영국 법원은 공중 혹은 공중의 일부에 대한 가치나 효용을 정성적 기준 뿐만 아니라 정량적 기준을 통해 판단하였는데, 원칙적으로 "공중의 일부"를 수익시키는 경우에도 공중의 이익을 증진시킬 수 있다고 보았다.[20]

(2) "보호되는 특징"에 따른 "공중의 일부"

이와 같이 어느 단체가 공중의 일부를 수익시키는 경우에도 "공중의 이익" 요건을 충족시키므로, 공중의 일부를 수익시키는 어떠한 경우가 "공중의 이익" 요건을 충족시키는가에 대한 가이드라인이 필요하게 된다. 이와 관련하여 Charity Commission은 지침[21]을 발표하였는데, 이러한 지침은 우리나라의 공익법인법 혹은 공익신탁법이 규정한 "사회 일반의 이익" 혹은 "공익" 요건[22]의 해석에 대해서 참고가 될 수 있다.

---

20) Lord Ssmervell of Harrow는 종교의 자유를 창달하기 위해 소수파 종교를 위한 자선단체의 설립은 "공중의 이익" 요건을 충족시킨다고 보았다. 반면에, 이러한 단체 혹은 단체구성원의 사적인 이익을 위해 운동장 기타 시설을 출연하여 설립한 자선신탁은 "공중의 이익" 요건을 충족시키지 않는다고 보았다 (IRC v Baddeley [1995] AC 572, 615).

21) Charity Commission, Public Benefit: the public benefit requirement (2013).

22) 공익법인의 설립 운영에 관한 법률, 제2조(적용 범위) 이 법은 재단법인이나 사단법인으로서 사회 일반의 이익에 이바지하기 위하여 학자금·장학금 또는 연구비의 보조나 지급, 학술, 자선(慈善)에 관한 사업을 목적으로 하는 법인에 대하여 적용한다.

공익법인의 운영 및 활성화에 관한 법률, 제2조 (정의) 2. "공익목적 사업"이란 다음 각 목에 열거한 종류의 사업으로서, 사회 일반의 이익에 이바지하는 사업을 말한다.

공익신탁법, 제1조(목적) 이 법은 공익을 목적으로 하는 신탁의 설정·운영 및 감독 등에 관하여 「신탁법」에 대한 특례를 정함으로써 신탁을 이용한 공익사업을 쉽고 편리하게 할 수 있도록 하여 공익의 증진에 이바지하는 것을 목적으로

Charity Commission은 영국 평등법(Equality Act 2010)의 "보호되는 특징"(protected characteristics)에 따라 정의된 "공중의 일부"를 수익시키는 자선단체는 자선단체로 인정한다. 영국 평등법이 제4조 이하에서 정의하는 "보호되는 특징"은 다음과 같다.[23]

(ⅰ) 나이
(ⅱ) 장애
(ⅲ) 성의 전환
(ⅳ) 혼인 및 사적 배우자 관계
(ⅴ) 임신 및 모성
(ⅵ) 인종
(ⅶ) 종교 혹은 신념
(ⅷ) 성
(ⅸ) 성적 경향

따라서, 일정 연령 이상의 노인 혹은 일정 연령 이하의 소년을 수익시키는 단체, 일정한 인종을 지원하는 단체, 여성을 지원하는 단체 등은 "보호되는 특징"에 따라 정의된 "공중의 일부"를 수익시키는 단체이므로 "공중의 이익" 요건을 충족시킬 수 있다. 하지만, 지역(region)은 영국 평등법 제4조에 "보호되는 특징"으로 열거되어 있지 않으므로, 어느 지역 출신만을 수익시키는 단체는 "공중"의 이익 요건을 충족시킬 수 없게 된다.[24]

따라서 기업재단은 "공중의 일부"를 수익시키는 경우에도 공중의 이익 요건을 충족시킬 수 있지만, 이 경우 공중의 일부는 "보호되는 특징"에 따라 정의된 "공중의 일부"이어야 한다.

한다.
23) The Charity Commission, Public Benefit (2013) 10.
24) 이중기, 공익신탁과 공익재단의 특징과 규제, 삼우사 (2014), 53.

3. 자선단체, 기업재단의 법적 형식

자선단체는 통상 다음 네 가지 중 하나의 형식으로 설립된다. 따라서, 기업재단도 다음 네 가지 중 하나의 형식으로서 설립될 수 있다.

가. 자선회사

Charities Act 2011, s.193은 "자선회사"(charitable company)를 "회사인 자선단체"를 의미한다[25]고 정의한다. 이러한 회사형 자선단체 가운데 가장 일반적인 형태는 보증유한 자선회사(Charitable company limited by guarantee) 라고 한다.

가장 일반적인 형식인 보증유한 자선회사는 "회사"이기 때문에 회사법에 따라 회사등기소(Company House)에 등기함으로써 설립되고, 보증의 한도에서 유한책임을 지는 유한책임회사이다. 자선회사의 활동은 Companies House에 등기된 정관에 의해 그 범위가 설정되고 통제된다. 또 자선회사는 자신의 고유한 법인격을 보유하고 있으므로, 자신의 이름으로 다른 단체와 계약을 체결하고 또한 자신의 이름으로 회사재산을 보유할 수 있다.

자선회사의 법적 형식과 구조는 영국에서 잘 알려져 있으며, 본질적으로 사원은 유한책임을 부담하기 때문에 자선회사의 사원 및 경영자인 자선수탁자에 대해 일정 수준의 보호를 제공할 수 있다. 하지만 자선회사 구조의 단점도 존재하는데, 이 구조의 단점 중 하나는 유한회사에서 발생하는 형식과 비용을 들 수 있다. 자선회사는 Company House 뿐만 아니라 Charity Commission에 필요 서류를 중복해서 제출해야 한다. 또한 자선수탁자는 자선단체법이 부과한 수탁자의 의무를 준수해야 할 뿐

---

25) Section 193(Meaning of "charitable company") In this Act "charitable company" means a charity which is a company.

만 아니라 2006년 회사법 (Companies Act 2006)에 따른 회사 이사의 의무26)도 준수해야 하므로 중첩적으로 의무가 부여된다.

나. 자선신탁

자선신탁(charitable trusts)은 다른 유형의 자선단체에 비해 설정하기가 상대적으로 간단하고 저렴할 수 있다. 신탁에 대해서는 회사법과 같은 제정법상 규제프레임이 강하지 않기 때문에, 내용이 더 유연한 신탁증서에 의해 활동 범위가 설정되고 통제될 수 있다. 자선신탁은 그 자체로서 법인격을 갖지 않는다. 즉, 자선신탁은 자신의 이름으로 어떤 계약도 체결할 수 없으며, 수탁자가 수탁자 자격에서 그러한 계약을 체결해야 한다. 이로 인해 자선신탁 수탁자는 개별적으로 책임제한을 하지 않는 한 개인적으로 질 수 있는 책임의 폭이 넓어질 수 있다. 이러한 성격의 구조는 자선단체가 사람들을 고용하여 대규모 자선사업을 하려는 경우 이상적이지 않을 수 있다.

다. 자선사단

비법인사단(Charitable unincorporated association)도 자선단체가 채용할 수 있는 또 다른 법적 형식이고 상대적으로 그 구조가 간단하고 운영비용이 적게 든다. 자선사단은 자유롭게 기초할 수 있는 정관에 의해 그 활동범위가 설정되고 통제될 수 있는데, 사원에 대한 자금분배의 금지27)와 같은 자선단체에 필수적인 조항을 반드시 규정해야 한다. 신탁과 마찬가지로 자선사단의 구조에서는 원칙적으로 사원의 책임제한이

---

26) 특히 Companies Act 2006, pt 10, Chap. 2, s170 이하 참조.
27) 자금 혹은 이익의 분배 금지 원칙에 대해서는, 이중기, 공익신탁과 공익재단의 특징과 규제, 16, 301 이하 참조.

달성되지 않으며, 그 자체로서 법인이 아니므로 업무집행위원회의 구성
원이 자선사단을 대리하여 계약을 체결하고 또한 개인적으로도 담보책
임이 발생할 수 있다.

라. 자선법인

자선법인 (CIO : Charitable incorporated organisation)는 자선단체의
법적 형식 중 가장 최근에 고안되어 이용되고 있는 방식이다. CIO는 자
선단체를 위해 특별히 설계된 것으로서 Chrities Act 의해 도입되었다.
법인이지만 Company House에는 등기할 필요없이 Charity Commission
에 등기함으로써 설립되고 규제되므로, 앞서 살펴본 자선회사의 경우처
럼 서류를 중복으로 Company House에 제출할 부담을 회피할 수 있다.
CIO는 정관에 의해 활동범위가 결정되고 통제되는데, 정관의 형식은
Charity Commission이 정하기 때문에, 자선신탁 또는 비법인사단 처럼
유연하지는 않다.

CIO에서는 사원이 유한책임을 지고, 자선수탁자에게 일정 수준의 보
호를 제공하는데, 자신의 고유한 법인격을 갖고 자신의 이름으로 계약
체결능력이 있다는 점에서 상대적으로 이점이 있다. 반면에 이 구조의
단점은 그 형식이 새롭고 상대적으로 많이 시도되지 않은 구조이기 때
문에 자선법인이 금융기관으로부터 자금을 조달할 때 이 구조에 익숙하
지 않은 금융기관이 거래를 꺼려할 잠재적 가능성이 있다는 것이다.

4. 자선단체의 수탁자 : "자선 수탁자" 개념

가. "자선 수탁자"의 기능별 정의

"자선단체"의 운영은 "자선 수탁자"에 의해 행해지는데, Charities

Act 2011, s.177은 "자선 수탁자"(charity trustees)를 형식적으로 정의하는 것이 아니라 기능적으로 정의하고 있다. 즉 "자선 수탁자"는 "자선단체의 운영을 전반적으로 통제하고 관리하는 사람들"을 의미한다.[28] 여기서 "자선단체"는 앞서 본 것처럼, Charities Act 2011, s.2에 규정된 자선목적을 위해서 설립되면 어떤 단체도 그 법적 형식과 무관하게 "자선단체"가 될 수 있다. 이와 같이 "자선단체"의 경영자는 법적 형식과는 상관없이 자선단체의 경영을 담당하면 항상 "자선 수탁자"가 될 수 있으므로, 앞서 살펴본 (i) 자선신탁의 수탁자 뿐만 아니라, (ii) 자선회사의 이사, (iii) 자선사단의 업무집행사원, (iv) 자선법인의 자선 수탁자 등도 모두 s.177조의 "자선 수탁자"에 포함되게 되고, "자선수탁자"로서의 의무를 부담하게 된다.

나. "자선 수탁자"의 의무

Charity Commission이 발간한 "Guidance on Charity trustee: what's involved (CC3a)"[29]는 자선 수탁자의 6대 주요의무를 다음과 같이 규정한다:

1. 자선단체로 하여금 설립목적을 수행하도록 하여 공익을 창달하도록 할 것[30]
2. 자선단체의 정관과 법을 준수할 것[31]

---

28) s.177 (Meaning of "charity trustees") In this Act, except in so far as the context otherwise requires, "charity trustees" means the persons having the general control and management of the administration of a charity.

29) The Charity Commission, "Charity Trustee: what's involved(CC3a), (2013).

30) 자세한 내용은, The Charity Commission, "Guidance on The essential trustee: what you need to know, what you need to do" (May. 2018) (이하 "The essential trustee")의 "4. Ensure your charity is carrying out its purposes for the public benefit" 참조.

3. 자선단체의 최선의 이익을 위해 행위할 것[32]

4. 자선단체의 재원을 책임성 있게 관리할 것[33]

5. 상당한 주의와 기술로서 행위할 것[34]

이러한 자선수탁자의 의무는 기업재단의 자선수탁자에 대해서도 동일하게 적용된다. 따라서 기업재단의 자선수탁자가 기업재단을 위해 행위하는 경우에도 Charity Commission이 규정한 이러한 6대 의무는 항상 준수하여야 한다. 기업재단의 자선수탁자가 기업재단을 설립한 모기업에 의해 선임된 경우에도 마찬가지이다. 기업재단 자선수탁자는 "자선단체"의 최선의 이익을 위해 행위하여야 하고, 자신을 선임한 "기업"의 이익을 우선 고려해서는 안된다.

Ⅲ. 기업재단의 설립과 쟁점사항

1. 설립시 문제 I
  : 기업재단 설립시 고려 요소 - 자선단체법의 원칙

가. 자선단체법의 원칙 : "공중의 이익" 요건

어떤 기업이 기업의 사회적책임(CSR: Corporate Social Responsibility)

---

31) 자세한 내용은, The essential trustee, "5. Comply with your charity's governing document and the law" 참조.

32) 자세한 내용은, The essential trustee, "6. Act in your charity's best interests" 참조.

33) 자세한 내용은, The essential trustee, "7. Manage your charity's resources responsibly" 참조.

34) 자세히는, The essential trustee, "8. Act with reasonable care and skill" 참조.

프로그램의 일부로서 자선단체에 어떻게, 어느 정도로 기부할 것인가를 고민하는 경우, 당해 기업이 선택할 수 있는 한 가지 방법은 자신의 이름을 딴 기업재단을 설립하고 그 기업재단에 기부하는 것이다. 기업이 자신의 기업재단 설립을 결정함에 있어 반드시 고려해야 할 점은 기업이 설립한 기업재단은 (i) 일정한 "자선목적"의 창달을 달성하기 위해[35] (ii) "공중을 수익"[36]시키도록 설립되어야 하고, 회사의 수익을 위해서 설립되어서는 안된다는 점이다.

만약 회사가 부분적이라도 회사의 이익을 증진시키는 목적을 가진 기관을 설립하는 경우, 예를 들어, 회사의 홍보활동을 위해 어떤 기관을 설립하는 경우, 그러한 기관은 자선단체법의 목적상 "자선단체"가 될 수 없다. 자선단체는 앞서 본 것처럼, 오로지 "자선목적만"을 위해서 설립되어야 하기 때문이다. 회사의 CSR (기업의 사회적 책임) 정책이 자선단체의 목적과 일치할 수 있다는 점에 대해서는 반대할 이유는 없다. 하지만, 회사가 자선단체에 대해 지배적인 영향력을 가지고, 자선단체가 회사의 이익을 위해 활동하는 것은 자선단체법의 정신을 정면으로 위배한다.

이와 같이 회사가 기업재단을 설립하고 운영할 때 특히 관련이 되는 두 가지 주요 자선단체법 원칙은 분명히 확립되어 있다:

> 첫째, 자선단체는 오로지 "공중의 이익"을 위한 "자선목적"만을 보유해야 한다;[37] 또한
> 둘째, 자선수탁자는 설립모회사가 아니라 "자선단체의 최선의 이익"을 위해 행위해야 한다.[38]

---

35) 앞의 II. 2. 가. 참조.
36) 앞의 II. 2. 나. 참조.
37) 앞의 II. 2.의 가. 및 나. 참조.
38) 앞의 II. 4. 나.의 자선수탁자의 의무 "3. 자선단체의 최선의 이익을 위해 행위할 것" 참조.

전자는 "자선단체"에 대한 자선단체법의 대원칙이고, 후자는 "자선수탁자"에 대한 자선단체법의 대원칙이다.

나. "공중의 이익"을 위하여 설립되었는가 여부 : 판단요소

다음 리스트는 Charity Commission이 "기업재단이 오로지 공익목적을 위해서 설립되었는지 여부"를 결정할 때 고려하는 몇가지 요소들 중 일부이다.[39]

- 수탁자가 회사와 자금지원 조건을 협상하고 합의할 재량이 있는가? (이러한 재량은 자선단체로 하여금 자선단체의 공익목적 창달을 가능하게 한다); 자금지원 조건이 공익단체에 어떤 영향을 미치는가를 설명할 수 있는가?; 그리고 자선단체에 이익이 되지 않는 조건이 있는 경우, 수탁자는 자금지원을 거부할 수 있는가?
- 수탁자가 회사의 자금지원 범위 외의 사항에 대해 스스로 결정할 재량이 있는가?
- 수탁자가 스스로 법적 재무적 자문을 구할 재량이 있는가?
- 수탁자가 스스로 자신의 정책과 사업계획을 작성하는가?
- 수탁자가 이익충돌을 관리하는가 (예를 들어 이익충돌에 처한 수탁자가 토론에 불참하고 정족수 계산에서 배제되는가?)
- 수탁자가 수익자를 선정[40]하고 급부를 제공할 재량을 보유하고 행사할 수 있는가? (한편 수탁자가 자선단체의 이익이 되는 것으로 판단해 승낙한 경우, 수탁자는 회사의 자금지원의 조건을 준수하여야 한다)
- 수탁자가 단순히 회사의 정책과 희망 사항을 이행하는데 전력을 다하고 있는 것 아닌가?

---

39) The Charity Commission, A Guide to Corporate Foundations (2009), 4.
40) 수익자 선정과 관련한 아래의 IV. 4. 라. 사례 참조.

- 수탁자가 토론의 기밀성을 훼손하는 자금지원 조건에 동의하는 것
  아닌가? (예 : 회사의 옵저버가 수탁자 회의에 참석하는가?).[41]

(1) 회사에 "부수적 이익"이 생기는 경우

자선단체는 공중의 이익을 위해 설립되고 운영되어야 한다. 따라서,
예를 들어, 자선단체가 회사와 함께 광고에 참여함으로서 "회사에 이익
이 발생"하는 경우, 자선단체는 회사에 발생한 사적 이익이 원래 추구한
목적이 아니고 자선단체의 자선목적 수행에 필요한 결과 혹은 부수적
결과란 점을 증명할 수 있어야 한다.[42]

(2) "공중의 이익"의 증명 여부

"공중의 이익"을 판정하기 위해 Charity Commission이 열거한 위의
요소들은 완전한 증명목록(exhaustive list)은 아니고, 기업재단의 성질
및 기업재단과 모기업(a founding company)과의 관계 등에 따라 다른
고려 요소들이 있을 수 있다. 하지만, 어떤 기관이 위에 열거한 고려요
소의 성질을 전혀 갖지 않거나 혹은 거의 갖지 않는 경우, 오로지 "공중
의 이익"을 위해 설립되었다고 볼 가능성은 낮아진다.

(3) 사례연구 : "공중의 이익" v. 회사의 이익 - 기부금의 사용과
   조건[43]의 부과

다음의 사례를 가정해 보자.[44]

---

41) 아래의 IV. 6. 가. 참조.
42) 자세히는, The Charity Commission, Guidance for charities with a connection to
   a non-charity (2019), "**2. Do not further non-charitable purposes**" 참조.
43) 기부금의 사용과 관련한 조건 부과의 다른 예로는 아래의 IV. 4. 가. 참조.
44) The Charity Commission, A Guide to Corporate Foundations (2009), 5.

[사례 1]

어떤 회사가 연례적으로 기업재단에 자금지원을 한다고 가정하자. 회사는 기업재단에 대해 자선단체의 활동이 회사의 CSR 프로그램에서 선정한 우선순위와 보조를 맞추면 좋겠다고 통지할 수 있다. 회사는 연차 CSR 보고서에 기업재단의 공익활동을 포함시킬 것이다. 또 회사는 기업재단에 대한 다음 년도의 자금지원에 다른 조건을 부과할지 여부를 고려할 수 있다.

[검토]

자선단체에 대한 기부자로서 회사는 기부금이 어떻게 사용되어야 할지에 대해 조건을 부과할 수 있다. 이러한 조건에도 불구하고 기부금의 사용이 자선단체의 자선목적을 창달할 수 있는지, 부과된 조건을 수락하는 것이 자선단체의 최선의 이익을 위한 것인지 여부에 대한 결정은 궁극적으로 수탁자에게 달려있다. 자선수탁자로서는 이러한 조건이 자선단체의 최선의 이익을 위한 결정 재량을 방해하는지 여부를 고려할 필요가 있다.

기업재단은 법적으로 자신의 자선목적과 지배구조를 갖는 독립된 단체이다. 물론 이러한 법적 독립성 때문에 자선단체 수탁자가 회사의 특정 CSR 프로그램에 상응하는 작업을 수행하거나 협업하는 것이 금지되는 것은 아니다. 하지만, 그러한 사업의 수행 혹은 협업 수행은 자선단체의 자선목적을 창달하고 자선단체에 최선의 이익이 되어야 한다. 자선단체의 독립성에 대한 현실적 혹은 예상되는 위협은 자선단체 뿐만 아니라 자선단체에 기부하는 회사의 평판에도 부정적 영향을 끼칠 수 있다. 특히 전에 지원되던 프로젝트가 조건이 부과된 후 더 이상 지원되지 않게 된다면 이러한 상황은 지원받지 못하게 된 자선단체의 평판 뿐만 아니라 지원하는 회사의 평판에도 부정적 영향을 미칠 수 있다. 마찬가지로, 회사가 자선단체의 활동을 회사의 연차 CSR 보고서에 포함시키는 경우에도, 자선단체는 자신의 결정을 스스로 할 수 있는 법적으로 독립된 단체임을 분명히 밝혀야 한다.

결국 자선단체의 입장에서는 자금의 후원자를 다양화하는 방안이 자선
단체의 독립성과 수탁자의 독립성을 확보하고 회사의 이익이 아닌 공중의
이익을 추구할 수 있게 하고 회사의 영향력 행사 문제를 완화하는데 도움
을 줄 수 있다. 물론 궁극적으로 자금원의 다양성은 자선단체의 안정적인
재무건전성을 확보할 수 있게 한다.

2. 설립시 문제 Ⅱ : 기업재단의 등록과 공시

가. 기업재단의 등록과 공시

Charity Act는 일부 예외적인 등록면제 자선단체 혹은 자선단체의 총
수입이 £5,000 이하인 경우를 제외하고는, 모든 자선단체에 대하여
Charity Commission이 관할하는 "자선단체 등록부"(register of charities)
에 등록할 것을 강제하는데,45) 자선단체 등록부에는 자선단체의 명칭
및 Charity Commission이 필요하다고 규정한 등록 자선단체(registered
charity)의 세부 사항 및 필요한 정보 등이 등록 되어야 한다.46)47)

모든 시민들은 Charity Commission 홈페이지에 있는 자선단체 등록
부를 쉽게 열람48)할 수 있는데, 자선단체 등록부는 이와 같이 모든 시

---

45) CA 2011, s.30 (1) 및 (2) 참조.
46) CA 2011, s.29 (The register) (1) There continues to be a register of charities, to
be kept by the Commission in such manner as it thinks fit.
(2) The register must contain—
(a) the name of every charity registered in accordance with section 30, and
(b) such other particulars of, and such other information relating to, every such
charity as the Commission thinks fit.
47) 자선단체의 등록 및 공익단체에 대한 법적 규제 제도에 대한 상세는, The Charity
Commission, How to set up a charity (CC21) (2014) 및 How to register a charity
(CC21b) (2015) 참조.
48) 특히 등록부에서 advanced search를 클릭하면 상세한 항목이 나타나고, 그 항목

민들이 원하는 자선단체 정보를 공시함으로써 자선단체의 정보를 제공하는 역할을 하고, 시민들은 자신이 흥미를 갖는 자선단체의 정보에 쉽게 접근할 수 있게 된다. 따라서, 시민들은 등록된 해당 자선단체의 (i) 지배구조, (ii) 자선활동의 내역, (iii) 자선단체의 모금 현황과 내역 등을 검토함으로써 당해 자선단체에 대한 자신의 기부 여부, 기부할 경우 그 금액 등을 결정할 수 있게 된다.

기업재단에 대해서도 동일한 규제가 적용된다. 기업재단도 총수입이 £5,000 이하인 예외적인 경우를 제외하고는 자선단체 등록부에의 등록이 필요하고, 기업재단의 명칭 기타 Charity Commission이 요구하는 상세한 명세를 제출해야 한다. 시민들이 Charity Commission이 등록 공시한 기업재단에 흥미를 느끼는 경우, 예를 들어, Virgin Group의 창업자 Richard Branson과 그 직원들이 설립한 Virgin Foundation에 흥미를 느끼는 경우 자선단체 등록부에서 "virgin"을 입력하고 클릭하면 Virgin Foundation이 나타나고, Virgin Foundation을 클릭하면 이 기업재단에 대한 상세한 명세가 나타난다. 시민들은 당해 기업재단의 상세 정보를 바탕으로 기업재단에 대한 기부여부 등을 판단하게 되는데, 예를 들어, 기업재단의 명칭, 기업재단을 후원하는 기업과의 관계나 활동 등을 등록부를 통해 알 수 있게 되고, 해당 기업재단에 대한 자신의 의견을 형성해 기부 여부를 결정하게 된다.

나. 자선단체의 추가 공시의무

직전 회계연도의 총수입이 £10,000이 넘는 자선단체에 대해서는 추

에 필요한 정보를 입력하면 자선단체가 나타난다. advanced search 화면은 다음 사이트에 나타난다. https://register-of-charities.charitycommission.gov.uk/charity-search?p_p_id=uk_gov_ccew_portlet_CharitySearchPortlet&p_p_lifecycle=0&p_p_state=normal&p_p_mode=view&_uk_gov_ccew_portlet_CharitySearchPortlet_mvcRenderCommandName=%2Fadvanced-search (2021. 3. 5. 확인).

가적인 공시규제가 행해지는데, 모든 통지, 광고, 기타 서류에 본 자선
단체가 등록된 자선단체임을 분명히 공시해야 하고, 또한 모금 기타 자
선단체의 기부 권유를 위한 행위를 함에 있어서도 본 단체가 등록 자선
단체라는 설명이 공시되어야 한다. 한다(Charities Act 2011, s.39). 이러
한 공시규제는 대부분의 기업재단에 적용되고, 특히 기업재단이 재단을
설립한 기업과 별개의 단체란 점을 분명히 하는 데에 도움이 된다.

3. 설립시 문제 Ⅲ : 자선수탁자의 선임권, 자선수탁자의 의무

기업이 기업재단을 설립하기로 결정하는 경우 회사는 자신이 새로
설립할 기업재단의 정관 등을 통해 기업재단의 자선수탁자를 선임할 권
리를 보유하고자 하고 또한 기업재단의 존속기간 동안 이러한 선임권을
유지하고자 할 것이다. 원칙적으로 이러한 회사의 의사와 선임권 확보
행위는 허용된다. 왜냐하면 회사는 당해 기업재단의 성질 및 해당 기업
재단의 활동에 긍정적으로 기여할 수 있는 인물을 가장 잘 발견할 수
있는 위치에 있기 때문이다.[49]

그런데 회사는 수탁자의 임무를 수행하기에 가장 적절한 인물을 선
임함으로써 이러한 선임권을 행사하여야 한다. 또한 동시에, 앞서 본 것
처럼, 제3자에 의해 기업재단의 수탁자로 임명된 자는 다른 모든 자선
수탁자와 마찬가지로 "기업재단"의 최선의 이익을 위해서만 행위해야
하며 자신을 임명한 회사의 이익을 위해 행위해서는 안된다.

4. 설립시 문제 Ⅳ : 기업의 명칭, 로고의 사용

기업재단은 재단을 설립하는 회사의 상호 전부 혹은 일부를 자신의
명칭에 사용할 수 있다. 기업재단은 때로는 회사의 로고까지도 사용할

---

49) The Charity Commission, A Guide to Corporate Foundations (2009), 5.

수 있다. 예를 들어, 기업재단의 출판물에 기업재단을 설립한 회사의 로고를 사용할 수 있다.

가. 기업 명칭, 로고 사용시 대원칙

이 때 기업재단과 회사는 다음의 사항을 인식해야 한다 : 즉 유사한 상호와 로고를 공유하고 있더라도, 기업재단과 회사는 각각 다른 목적과 이익을 가진 별개의 단체이고, 각 단체는 그들 각각의 단체의 목적과 이익을 위해 행위해야 한다는 점이다.

앞서 본 것처럼, 직전 회계연도의 총수입이 £10,000이 넘는 자선단체에 대해서는 추가적인 공시규제[50]가 행해지는데, 모든 통지, 광고, 기타 서류에 있어서 뿐만 아니라 모금 기타 자선단체의 기부 권유를 위한 행위를 함에 있어서도 "등록 자선단체"라는 설명이 공시되어야 한다. 이러한 등록단체임의 공시는 기업재단이 자선목적을 위한 별개의 단체란 점을 분명히 하는데에 도움이 된다.

나. 기업의 명칭, 로고의 사용시 장점

기업재단의 명칭 (특히 회사 상호를 포함할 것인가 여부)을 결정함에 있어 수탁자는 "기업재단의 최선의 이익"을 위해 행위해야 하는데, 기업재단의 입장에서 보면 설립자 회사의 상호를 사용하는 것이 자선단체의 이익에 도움이 되는 측면이 분명히 존재한다. 왜냐하면 이미 유명한 기업 브랜드를 자선단체 명칭의 일부로 사용하고 또 회사의 로고를 사용하는 경우, 자선단체의 인지도가 높아지고 또한 자선단체의 자선활동에 대하여 대중의 관심을 끄는데 도움이 되기 때문이다.[51]

---

50) III. 2. 나. 참조.
51) The Charity Commission, A Guide to Corporate Foundations (2009), 6.

다. 기업 명칭, 로고 사용시 발생가능한 법적 쟁점

그러나 기업재단의 수탁자는 동시에 회사의 상호와 회사 로고를 사용함에 있어 발생가능한 법적 쟁점들, 예를 들어, 지적재산권 이슈와 같은 법적 이슈들을 고려해야 한다. 또한 상호를 공유함에 따라 더 넓게 발생할 수 있는 기업재단의 평판위험(reputational risk)도 고려해야 한다. 즉 기업재단을 후원하는 회사로서는 분명히 자선단체와의 관련성으로 인해 그 평판에 도움이 될 수 있다. 하지만 후원을 받는 자선단체는 후원하는 회사의 상품에 문제가 발생하는 경우 혹은 회사의 임직원이 위법행위를 저지르는 경우와 같이 자선단체 평판에 나쁜 영향을 끼칠 수 있는 사건이 발생할 수 있다는 사실도 인식해야 한다. 따라서, 자선단체의 수탁자는 항상 "자선단체의 최선의 이익"을 위해 행위해야 한다는 점을 분명히 인식해야 하고, 회사 상호와 로고의 사용이 당해 자선단체의 이익에 도움이 되는지 여부를 "계속적"으로 검토해야 한다.

Charity Commission은 기업재단과 회사 모두 법적, 재무적 전문가의 조언을 받을 것을 권고하는데, 자선단체가 법적 위험을 관리할 수 있는 한 가지 방법은 기업재단과 회사가 라이센스 계약을 체결하고 상호와 로고의 사용에 관한 조항을 포함시키는 것이다.[52)]

IV. 기업재단의 경영과 쟁점사항

이제 회사가 기업재단을 설립한 후에 기업재단 수탁자가 기업재단을 경영하는 과정에서 발생할 수 있는 법적 쟁점 사항들에 대해 살펴보자.

---

52) The Charity Commission, A Guide to Corporate Foundations (2009), 6.

1. 경영시 문제 Ⅰ : 기업재단 경영의 대원칙
－ 수탁자의 독립성

기업재단 설립시에 강조되었던 기업재단의 독립성 원칙 및 기업재단 수탁자의 독립적인 경영재량은 기업재단이 설립된 후에도 계속된다. 기업재단의 수탁자는 항상 독립된 판단을 행사해야 하고 모든 이익충돌, 의무충돌을 적절히 관리해야 한다. 이 원칙은 기업재단을 설립한 회사 혹은 기업재단을 후원하는 회사가 수탁자의 결정에 영향력을 행사하거나 지시하려 할 때에 특히 기업재단에게 중요해 진다.

만약 기업재단의 수탁자가 기업재단의 독립성을 위반해 후원기업의 영향력하에 놓이는 경우, 공중은 "기업재단은 공중의 이익이 아니라 회사의 이익을 위한 것"이라고 인식하게 되고, 이러한 인식이 확산되는 경우, 기업재단에게는 물론 영향력을 행사한 회사에게도 평판위험(reputational risk)이 발생하게 된다. 물론 이러한 영향력의 행사에 따라 재단재산이 회사의 이익을 위해 사용되거나 기타 기업재단이 회사의 이익을 위해 행위하는 경우 기업재단의 자선수탁자는 Charites Act 2011이 선언한 자선수탁자의 의무, 구체적으로 "자선단체의 최선의 이익을 위해 행위할 의무"[53]를 위반한 것이 되고, 수탁자의 법적 책임이 발생하게 된다.

2. 경영시 문제 Ⅱ : 수탁자의 역할

모든 다른 자선단체에서와 마찬가지로, 기업재단의 수탁자는 단체의 모든 사무를 지시하고, 자선단체의 재무상태가 건전하게 잘 경영되고 설립목적인 자선목적을 잘 실현할 수 있도록 할 궁극적 책임을 진다. 주의깊고, 적법하고 정관에 따라 행위하는 자선수탁자는 통상 이러한 자

---

53) 앞의 Ⅱ. 4. 나. 자선단체 수탁자의 6대 의무 중 "3. 자선단체의 최선의 이익을 위해 행위할 것" 참조.

선단체의 재원을 사용하여 모든 책임을 충족시킬 수 있다. 하지만, 수탁자가 부주의하게 행위하거나 혹은 다른 방법으로 자선단체법 혹은 기업재단의 정관을 위반한 경우, 수탁자는 자선단체가 야기한 배상책임에 대하여 개인적으로 책임지거나 혹은 자선단체가 부담한 손실을 보상할 책임을 질 수 있다.

앞서 본 것처럼, Charity Commission이 생각하는 자선수탁자의 의무와 책임에 대한 자세한 사항에 대해서는, The Essential Trustee: What you need to know (CC3) 에 규정되어 있는데, Charity Commission이 선정한 수탁자의 6대 의무는 앞서 살펴본 바와 같다.[54]

3. 경영시 문제 III : 수탁자의 이익충돌과 의무충돌

가. "이익충돌" 상황과 "의무충돌" 상황의 구별

여기서 수탁자의 "이익충돌"(conflicts of interest) 상황이란 수탁자의 개인적 이익(personal interests)이 자선단체 수탁자로서의 결정에 영향을 미칠 수 있는 모든 상황을 의미한다.[55] 이에 비해, 수탁자의 "의무충돌"(conflicts of loyalty) 상황이란 어떤 거래의 결과 수탁자가 개인적 이익을 얻을 수 있지는 않지만, 자신을 임명한 다른 단체 혹은 타인에 대한 의무(duty to other bodies or persons) 때문에 자신을 선임한 자선단체 수탁자로서의 결정에 영향을 미칠 수 있는 상황을 의미한다.[56]

---

54) 앞의 II. 4. 나. 참조.
55) 의무충돌에 대해서는, 이중기, 충실의무법, 삼우사 (2016), 504.
56) 이익충돌에 대해서는, 이중기, 충실의무법, 505.

나. "이익충돌 금지" 원칙, "이익향유 금지" 원칙

수탁자는 "자선단체의 최대의 이익"을 위해 행위하여야 하고 자선단체의 이익과 충돌하는 어떠한 이익도 추구해서는 안된다 ("이익충돌의 금지" 원칙 : no-conflict rule).[57] 또한 수탁자는 자신이 일하는 자선단체로부터 이익을 향유할 수 없다"(이익향유 금지" 원칙 : no-profit rule).[58] 따라서 수탁자가 자선단체로부터 이익을 수령하는 경우, 수탁자는 이익 수령에 대한 명시적 법적 승인을 받아야 한다. 여기서 '이익'이란 금전 뿐만 아니라 금전적 가치를 갖는 재산, 상품 혹은 서비스를 모두 포함한다.[59]

Charity Commission에 의하면, 자선단체 수탁자의 이익충돌을 관리하기 위해 자선단체 정관에 수탁자의 이익충돌 관련조항들을 사전에 규정하는 것은 매우 좋은 관행(good practice)이다. 이러한 이익충돌 관련 조항의 내용에는 어떤 의안과 관련하여 이익충돌에 빠진 수탁자가 있는 경우 (i) 수탁자의 회의 참가를 금지하거나 혹은 (ii) 회의에서 의결권을 배제하도록 하는 조치가 포함되어야 한다. 자선단체가 이익충돌조항을 정관에 포함시킬지 여부에 관한 "이익충돌 정책"을 보유하고 선언하는 것도 매우 좋은 관행(good practice)이 된다. 이익충돌의 선언 및 이익충돌을 공시하기 위한 이익충돌 등록부의 유지 등도 이러한 정책에 포함된다.

다. 수탁자의 "이익충돌, 의무충돌"의 관리

수탁자는 자선단체의 수탁자로서 업무를 수행하는 동안 자신의 이익

---

57) no-conflict rule에 대해서는, 이중기, 충실의무법, 274 및 338 이하.
58) no-profit rule에 대해서는, 이중기, 충실의무법, 273 및 279 이하.
59) 자세히는, The Charity Commission, Trustee Expenses and Payments (CC11) (2012) 참조.

때문에 "이익충돌"에 빠지기도 하지만, 의무충돌에 빠질 수도 있다. "의무충돌"은 수탁자가 어떤 거래의 결과 이익을 얻는 지위에 있는 것은 아니지만 자신을 선임한 다른 기관에 대한 의무 때문에 자선단체 수탁자로서의 의사결정이 영향을 받는 경우에 발생한다. 예를 들어, 많은 기업재단은 자선회사(charitable companies)[60]로서 설립되는데, 자선회사 이사들은 회사의 이익과 충돌하거나 충돌할 수 있는 직접 혹은 간접적 이익을 갖는 상황을 회피할 회사법상 이익충돌 회피의무(specific statutory duty)를 부담한다. 따라서, 이러한 회사법상 의무는 기업재단 이사들이 수탁자로서 부담하는 "자선단체의 최선을 위해 행위할 의무"와 충돌할 수 있다.

기업재단의 수탁자회(board of trustees)에는 때때로 재단을 설립한 회사의 임직원이 선임되기도 하고,[61] 또 어떤 경우 설립자 회사는 기업재단의 임직원에 대한 보수를 대신 지급하거나[62] 혹은 기업재단의 핵심 서비스에 대하여 자금을 대신 지원하기도 하는데,[63] 이러한 경우 기업재단 수탁자는 회사에 대한 의무 때문에 혹은 회사로부터 받는 보수나 지원 때문에 자선단체 수탁자로서의 결정을 함에 있어 영향을 받기도 한다.

그러나, 수탁자가 항상 명심하여야 할 점은 회사에 의해 선임된 수탁자도 자선단체의 다른 독립 수탁자와 마찬가지로 "기업재단의 최선의 이익"을 위해 행위할 동일한 의무와 책임을 부담한다는 사실이다. 따라서 기업재단 수탁자들은 자신을 선임한 기관으로부터 독립적으로 행위해야 하고, 기업재단의 최선의 이익을 위해서만 행위해야 한다.[64]

---

60) 앞의 II. 3. 가. 참조.
61) 이로 인해 수탁자의 "겸직금지의무" 문제가 야기될 수 있다.
62) 이로 인해 수탁자의 "이익향유의 금지" 문제가 야기될 수 있다.
63) 지원에 조건이 있는 경우 지원의 조건과 관련해 기업재단의 "독립성" 문제가 야기될 수 있다.
64) Department for Culture, Media and Sport & Charity Commission, Charitable Museums and Galleries: A guide to conflicts of interest policies, trustee benefits

라. 수탁자의 이익충돌, 의무충돌의 관리 : 사례연구

(1) 모기업과 관련된 공급자의 사용

이익충돌 문제는 기업재단이 필수적 서비스의 조달을 위해 외부 공급자등을 선정할 경우 발생할 수 있다. 다음의 사례를 살펴보자.

[사례 2][65]

기업재단 X는 수탁자회(the board of trustees)를 두고 있는데, 6명의 독립된 (다시 말해, 자선단체를 설립한 회사와 관련이 없는) 수탁자 및 설립한 회사가 임명한 2명의 수탁자로 구성되어 있다. 수탁자회에서 회사가 선임한 수탁자 중 일인 (이 수탁자는 자선단체의 수탁자임과 동시에 회사의 임원임)이 최근 회사 대표이사를 만났는데, 대표이사가 "회사와 거래하는 우선 공급자 중 하나를 기업재단이 이용하는 것이 어떠냐?"고 제안하였다고 말했다.

[검토]

모든 자선단체 수탁자는 "자선단체의 최선의 이익"을 위해 행위할 의무를 진다.[66] 수탁자들은 또한 주의의무를 지는데, "자선단체의 자금과 자산을 합리적으로 사용"하도록 주의해야 한다.[67] 따라서 자선단체가 회사의 우선 공급자 중 하나를 사용하는 것은 예를 들어, 공급자가 자선단

---

and transactions between trustees and charities (2008) 을 참조할 것. 이 guidance 는 주로 charitable 박물관, 갤러리 및 도서관을 위한 것이지만, 법적 요건과 good practice 권고는 다른 공익단체에 대해서도 적용될 수 있다.

65) The Charity Commission, A Guide to Corporate Foundations (2009), 6.
66) 앞의 II. 4. 나. 자선단체 수탁자의 6대 의무 중 "3. 자선단체의 최선의 이익을 위해 행위할 것" 참조.
67) 앞의 II. 4. 나. 자선단체 수탁자의 6대 의무 중 "4. 자선단체의 재원을 책임성 있게 관리할 것" 참조.

체에 대한 사용료를 시장가 보다 낮게 징수할 경우와 같이 자선단체에 이익이 되는 경우가 있고, 이러한 경우에는 이러한 제안에 따르는 것이 자선단체에 이익이 된다.

자선단체의 자금 사용과 관련된 모든 결정은 전적으로 수탁자의 몫이다. 이러한 결정과정에서 "의무충돌"[68] 혹은 "이익충돌"[69]이 있는 수탁자가 생길 수 있는데, 이러한 수탁자 개인은 이러한 의무충돌 혹은 이익충돌을 주의깊게 관리해야 한다. 즉, 기업재단과 같이 자선단체가 회사인 경우, 자선회사의 이사인 수탁자는 자선단체의 정관에 규정된 관련 조항 뿐만 아니라 Companies Act 2006가 부과한 회사법상 의무도 준수해야 하는데, 동시에 자선단체 수탁자로서의 의무도 부담하므로 의무간 충돌이 발생할 수 있다. 따라서 기업재단 수탁자는 이러한 의무충돌을 적절히 관리해야 한다.

또한 자선단체의 수탁자는 우선공급자의 선정과 관련한 자신의 결정으로 인해 회사와의 관계에서 회사에 사적이익이 생기는지 여부, 예를 들어, 수탁자가 회사가 제안한 공급자와 계약을 체결하였기 때문에 "공급자가 회사에 대한 사용료를 더 낮게 징수하는지" 여부를 확인할 필요가 있다. 만약 회사가 제안한 공급자가 회사에 대한 요금을 낮게 징수한다면, 수탁자는 회사에 발생한 사적이익이 자선단체의 목적 수행에 "필요한 결과"이거나 혹은 "부수적 결과"인지를 확인하고 증명할 수 있어야 한다.[70] 만약 회사에 생긴 이익이 자선단체의 목적수행에 필요한 결과이거나 목적수행에 부수적인 결과란 것을 증명할 수 있는 경우에는 자선단체 수탁자는 이익충돌의 금지 원칙을 위반한 것이 아니게 된다.

---

68) 앞의 IV. 3. 가. 참조.

69) 앞의 IV. 3. 나. 참조.

70) 자세히는, The Charity Commission, Guidance for charities with a connection to a non-charity (2019), "2. Do not further non-charitable purposes" 참조.

(2) 모기업의 자금지원의 중단

또 다음의 사례를 가정해 보자.[71)

[사례 3]

자선단체 X는 10명의 독립 수탁자와 4명의 회사 선임 수탁자로 구성된 수탁자회를 두고 있다. 1명의 회사 선임 수탁자 (동시에 회사의 고위 임원임) 는 회사 임원의 지위로부터 내년에 회사로부터의 자금지원이 중단될 것이란 사실을 알고 있었다. 하지만 자선단체의 수탁자회는 이러한 사실을 모르고 향후 3년 동안 회사와 어떤 계약을 체결할지를 결정하기 위해 회의를 개최할 예정이다.

[검토]

자선단체 수탁자는 오로지 "자선단체의 최선의 이익"을 위해 행위해야 한다. 수탁자가 자선단체에 영향을 끼칠 수 있는 정보에 대해 접근할 수 있거나 알 수 있는 경우, 수탁자는 이러한 의무를 이행할 수 있는지 여부를 세심하게 고려할 필요가 있다. 만약 회사에서 수령한 정보가 비밀유지 의무 대상인 정보라면, 회사 임원인 수탁자는 자신이 자선단체의 수탁자로서 계속 행위할 수 있는지 여부를 심각히 고려할 필요가 있다. 이처럼 수탁자가 이익충돌/의무충돌에 처한 경우 수탁자는 수탁자회의 결정에 불참하는 것이 아니라 수탁자 지위를 "사임"해야 하는 경우도 있다.

(3) 기업재단의 데이터베이스의 사용

[사례 4][72)

Y 기업재단은 기업 및 일반공중에게 상품을 판매하는 Y 회사에 의해

---

71) The Charity Commission, A Guide to Corporate Foundations (2009), 7.
72) The Charity Commission, A Guide to Corporate Foundations (2009), 8.

설립되고 자금을 지원받고 있다. Y 회사는 Y 기업재단의 수익자 연락처
에 관한 데이터베이스를 자신의 직접적인 마케팅 목적으로 사용하기를 원
한다. Y 회사의 의도는 회사가 Y 재단의 수익자 연락처에 직접 접근하여,
(실제로 수익자에 대한 기부는 기업재단에서 행했지만) Y 회사가 사실상
수익자에 대해 '기부'했음을 언급하고, 수익자가 Y 회사의 상품이나 서비
스 구매에 흥미가 있는지를 확인하고 판매를 권유하는 것이다.

[검토]

이러한 상황에 처한 기업재단 수탁자는 다음 사항을 고려하여 수익자
정보를 회사에 제공하는 것이 적법한지 여부 등을 고려하여 개인정보의
제공 여부를 결정해야 한다.

- Data Protection Act 1998 이슈 : 먼저 수탁자는 정보를 이와 같은 방
  식으로 처리하는 것이 법위반인지 여부에 대해 전문가로부터 법적
  조언을 구할 필요가 있다. 확실한 것은 수탁자는 위법인 행위를 하지
  않아야 한다는 것이다.
- 만약 해당 정보의 처리가 수익자의 동의 등의 조치를 통해 적법하게
  된다면, 다음 단계로 수탁자는 연락처 정보를 이렇게 처리하는 것이
  "자선단체의 최선의 이익"인지 여부를 판단해야 한다. (i) 자선단체와
  그 수익자 사이에 쌓여진 신뢰관계, (ii) 회사가 수익자에게 언급하려
  는 진술의 내용이 오해의 유발 소지가 있는지 여부, (iii) 회사에 생기
  는 사적 이익의 성질(자선목적 영위의 필요한 결과인지 혹은 부수적
  으로 발생하는 결과인지)를 증명할 수 있는지 등[73]을 고려하는 것도
  필요하다.

---

73) 자세히는, The Charity Commission, Guidance for charities with a connection to
a non-charity (2019), "**2. Do not further non-charitable purposes**" 참조.

위에서 언급한 상황에서는 Y 재단 수탁자들이 어떻게 수익자정보 제공이 "자선단체에 최선의 이익"이 된다고 결정할 수 있는지 의문의 여지가 있다.

4. 경영시 문제 Ⅳ : 기업재단의 자금조달과 재원의 사용

자선단체를 설립하는 회사는 종종 자신이 설립한 기업재단의 주된 자금제공원이 된다. 기업재단은 여러가지 형식으로 자금을 제공받는데, 후원 회사의 연례 기부 혹은 현물 기부 기타 다른 서비스의 제공, 회사 직원들의 계획기부 등의 형식으로 제공된다. 그런데, (i) 기업재단에 제공된 회사의 지원금을 수령할 것인가? (ii) 기부된 자금을 수령한 경우 자선단체의 목적 창달을 위해 어떻게 사용할 것인가 등을 결정하는 것은 결국 기업재단의 수탁자들이다.

가. 자금지원에 "조건"이 부과되어 있는 경우[74]
: "자선목적 범위"에 의한 제한

후원 기업이 기업재단에 자금을 지원하는 경우 혹은 설립자가 기업재단에 후속적 조치로서 추가 기부하는 경우 그 자금의 제공 혹은 사용에 대하여 조건을 부과하는 경우가 있다. 그런데, 후원기업의 입장에서는 자신이 기부하는 자금이 자선목적을 위해 잘 활용되도록 이러한 조건을 부과하고자 하고, 따라서 이러한 조건의 부과는 기부자의 입장에서는 정당한 것으로서 문제될 것은 없다. 반면에 자선단체의 입장에서는 그러한 자금의 수령 혹은 사용 조건이 과도한 경우, 자선단체의 독립성과 수탁자의 재량을 구속하므로 수탁자가 그러한 조건을 수락할 수 없는 경우가 있다. 즉 자금지원의 조건이 부가된 경우, 수탁자는 이러한

---

74) 기부금의 사용과 관련한 조건 부과의 다른 예로는 아래의 Ⅲ. 1. 다. 참조.

조건이 과도하여 기업재단이 기부금을 공익목적 창달을 위해 자율적으로 사용하는 것을 방해하는지 여부, 기부를 이러한 조건하에 수락하는 것이 자선재단의 이익을 위한 것이 되는지 여부를 결정해야 한다.

좀 더 구체적으로, 기부나 서비스에 명시적으로 혹은 묵시적으로 부과된 조건이 수탁자로 하여금 (i) 기업재단의 "목적 범위"를 벗어나 행위하도록 만들거나, (ii) 오로지 "기업재단의 이익을 위해서만" 행위할 능력을 제한하는 경우, 혹은 (iii) 정관 조항에 반하여 행위하도록 하는 경우, 특히 어려움이 발생할 수 있다. 이러한 조건의 예로는, 특정 고객 혹은 수익자에 대한 지명권을 부여하거나 혹은 수익자 선정방식의 지정권 등을 유보하는 경우를 들 수 있다. 따라서, 어떤 경우 자선단체가 그 자금을 수락하는 것이 적절하지 않는 경우가 있을 것이고, 이 경우 수탁자는 지원금을 거부해야 할 것이다.

나. 자금조달과 관련한 수탁자의 역할과 의무 : 재원의 다양화 의무

수탁자들은 기업재단의 "재원을 어떻게 확보하고 어떻게 사용할 것인지"를 결정할 최종적 책임[75]을 진다. 수탁자들은 기업재단이 설립목적인 자선목적을 벗어나 행위하도록 하거나 정관 조항에 반하여 행위하도록 하는 어떠한 조건도 수락해서는 안된다.

하지만, 동시에 기업재단 수탁자는 재단의 재정건전성과 수입원을 고려해야 하고 자금조달 전략을 설정해야 한다. 수탁자들은 기업재단의 수입원을 가능한 한 다양화하도록 해야 하고, 기부자의 풀을 다양화함으로써 회사기부자가 재단의 설립자 하나 밖에 없을 위험을 적극적으로 완화해야 한다.

특히 기업재단에 주된 자금제공자가 있는 경우, 기업재단과 자금제공 회사 간의 이익충돌을 조절하기 위해 참조할 적절한 양해각서를 체

---

75) 앞서 본 II. 4. 나. 자선수탁자의 6대 의무 중 4번째 의무 참조.

결해야 한다. 이런 합의는 예를 들어, 그 회사가 제공하는 자금지원이 대출의 방식인지 아니면 기부인지를 분명하게 해 줌으로써, 자선단체가 예기치 못하게 부담할 수 있는 법적 부담을 사전에 예방할 수 있게 해 준다. 이러한 문서들은 기업재단의 정관과는 별개의 문서로서 작성되어야 한다.[76] 이러한 양해각서 등은 또한 기업재단과 기부하는 회사 간 관계의 다른 측면 - 예를 들어 회사의 상호나 로고를 공유[77]하거나 사업을 공동으로 영위하는 경우, 웹사이트나 혹은 공동행사에서 서로를 언급하는 방법 등 - 을 설정하는데도 유용한 역할을 한다.

다. 자선단체가 설립자 회사의 주식을 출연받아 소유하는 경우

자선단체가 자선단체를 설립한 회사의 주식을 출연받아 설립자 회사 주식을 소유하는 경우, 수탁자는 이러한 주식과 관련하여 어떠한 의무를 지는가? 앞서 언급한 것처럼 수탁자는 Charities Act 2011 하에서 "자선단체의 최선의 이익"을 위하여 행위하여야 하고, 이러한 의무를 이행하기 위하여 "경영판단의 재량"을 보유한다. 수탁자는 이러한 자선단체법의 원칙적 역할과 의무를 부담하면서 동시에 다른 제정법이 부과한 의무를 이행하여야 한다. 대표적인 것이 Trustee Act 2000이 수탁자에게 부과한 투자의무와 책임이다. 수탁자는 앞서 언급한 것처럼 계속적으로 투자책임의 일환으로서 자선단체 자산의 적합성(suitability) 및 다각화(diversification)를 정기적으로 고려해야 한다. 수탁자가 Trustee Act 2000에 규정된 투자권한(investment powers)[78]을 행사하는 경우, prudent investor 로서 자선단체의 자산을 검토하고 다각화할 의무[79]는

---

76) 회사운영을 위해 정관의 작성 외에 주요주주 간에 "주주간계약"을 체결하는 것과 비슷한 작용을 한다.
77) 앞의 III. 4. 참조.
78) Trustee Act 2000, s.3 (General power of investment)
79) TA 2000, s.4(Standard investment criteria) 제2항 (계속적 검토의무), 제3항 (a)

법적인 의무가 되므로, 그 주식을 다른 적합한 자산으로 교체할 수 있고, 어떤 경우 교체하여야 한다.

라. 자금의 사용과 관련한 사례연구

다음의 사례를 가정해 보자.[80]

> **[사례 5]**
> Charity Commission은 다음과 같은 사례의 제보를 받았다. 여러 계열회사를 지배하는 개인이 Z 기업재단을 설립하였는데, Z 기업재단의 자금이 그 단체를 설립한 개인이 소유한 계열 회사를 지원하기 위해 사용된다는 것이었다. 또 그 기업재단은 계열사가 사업을 확장하려고 계획하고 있는 해외국가에 보조금을 지원하고 있다는 것이었다.

> **[검토]**
> 자선단체의 자금은 자선단체의 자선목적을 창달하기 위하여 공중의 이익을 위해 사용되어야 하고 다른 목적을 위해 사용되어서는 안된다. 설립자의 계열사를 지원하는 것이 어떻게 공익목적을 창달하는 것인지는 의문이 있다. 계열사 지원이 가능한 유일한 근거는 다음의 경우에만 확보된다. 즉 (i) 자선단체의 자선목적 및 투자관련 기준을 준수하고 있고, 나아가 (ii) 자선단체와 회사 사이의 이익충돌 및 자선단체 수탁자와 관련된 이익충돌이 적절히 관리될 수 있는 경우.

자선단체가 행하는 보조금 제공행위는 자선단체가 자선목적을 창달

---

suitability, (b) diversification 참조. Prudent investor rule에 대해서는 이중기, 충실의무법, 164 이하 참조.

80) The Charity Commission, A Guide to Corporate Foundations (2009), 9.

하기 위해 행하는 행위의 하나이다. 하지만, 이 사례의 경우와 같이 특정 국가에 마케팅 하기 위해 그 국가에 보조금을 지급하는 행위는 회사에 대하여 무형의 사적 이익(private benefit)을 제공하는 것이고, 이러한 회사의 이익은 단순히 자선행위의 수행 결과 부수적(incidental)으로 발생하는 것이라고 볼 수는 없다. Charity Commission은 자선단체, 자선단체의 자산 및 자선단체 수익자를 보호할 의무가 있고, 이를 위해 자선단체의 부당한 자금사용에 개입할 규제권한이 있으므로, 이러한 경우 규제권한을 사용할 것이다.

5. 경영시 문제 Ⅴ : 기업재단과 후원회사 간 관계와 합의

가. 후원계약의 내용

기업재단이 재단을 후원하는 회사와 합의를 체결한 경우 기업재단과 회사는 그들이 체결한 합의 조항에 대해 분명한 이해를 하는 것이 중요하다. 기업재단과 후원회사 간의 모든 합의는 문서화되어야 하고, 자선단체는 어떤 권리를 갖고 어떤 의무를 지는지를 알고 있어야 한다. 이러한 합의에는 다음 사항이 포함되어야 한다:

- 자금조달 관련 사항 : 수탁자는 자선단체가 받는 자금의 조달조건을 분명히 인식해야 한다. - 예) 자금이 기부금인지 혹은 대출인지, 자금 지원에 대하여 어떤 조건이 부가되어 있는지 여부 등.
- 파견직원 관련 사항 : 일부 회사는 사원을 자선단체에 파견함으로써 자선단체를 지원한다. 자선단체는 고용조건 및 누가 그 직원에 대한 계약책임을 지는지를 규정한 합의를 회사와 체결하여야 한다.
- 구역 및 장비의 사용 관련 사항 : 자선단체를 후원하는 당사자가 기업재단에 대하여 자신의 구역에 대한 접근 혹은 장비의 사용을 허용

하는 경우, 그 조건은 두 당사자 사이에 서류로 체결되어야 한다. -
예) 자선단체가 기업의 시설을 사용할 수 있는 경우 그 기간, 중간에
해지하는 경우 사전통지기간, 건물의 유지와 관리에 대한 법적책임
을 어느 당사자들이 지는지 여부 등.

나. 사례 : 기업의 후원에 대한 기업재단의 대응의 적절성

다음의 사례를 가정해 보자.[81]

[사례 6]

기업재단을 설립한 회사는 자신이 설립한 기업재단이 회사의 마케팅을
지원해 주길 바랄 수 있다. 예를 들어, 회사가 판매하는 신상품을 매수하
는 다른 공익단체 등에 대하여 기업재단이 그에 상응하는 기부를 해 주기
를 원할 수 있다.

[검토]

수탁자는 이러한 요청을 받은 경우 기업재단의 다른 공익단체에 대한
이러한 기부행위가 (i) 기업재단의 자선목적 범위 내에 있고 투자관련 기
준을 준수하고 있으며, 나아가 (ii) 기업재단과 회사 사이의 이익충돌 및
기업재단 수탁자와 관련된 이익충돌이 적절히 관리될 수 있는가를 고려해
야 한다. 이러한 요건의 충족 사실을 증명할 수 있는 경우에만 수탁자는
후원회사가 원하는 행위를 할 수 있다.

[사례 7]

특히 회사는 기업재단에 대하여 그 공익단체의 자금조달을 위해 회사

---

81) The Charity Commission, A Guide to Corporate Foundations (2009), 10.

와 함께 공동의 모금 프로모션을 협업하자고 요청할 수 있다.

[검토]

기업재단은 공동의 모금행위를 할 경우, 모금규제에 관한 Charities Act 1992, Part II. 및 그에 따라 설립된 모금 자율규제기관 Fundraising Regulator 의 Fundraising Code를 준수해야 하고,[82] 동시에 자선단체법의 대원칙을 준수해야 한다. 그런데, 이와 같이 회사가 이러한 공익단체를 위하여 같이 모금을 하고 기부를 하자는 요청이 있는 경우, 기업재단의 수탁자는 이러한 공동행위가 "기업재단의 최선의 이익"을 위한 것인가를 판단해야 한다. 이 경우 기업재단의 수탁자는 그 공익단체에 기부를 하는 주체는 회사가 아니라 기업재단이기 때문에, 기업재단은 회사에 대해 "이러한 활동은 회사제품의 판매를 위한 행위로서 회사를 수익시키는 마케팅"이고, 또한 "회사에 발생하는 사적이익은 자선활동의 결과 부수적으로 발생하는 것 이상"이라고 말해야 한다. 결론적으로 기업재단이 이러한 모금계획에 참여하는 것은 적절하지 않아 보인다.

6. 경영시 문제 Ⅵ : 기업재단의 비밀유지와 회사 임원의 참여

가. 제3자에 대한 비밀유지의무 : 제3자의 회의 참여권

수탁자들은 외부 영향으로부터 독립적으로 자선단체의 자선사업을

---

82) 영국의 현행 모금 규제는 기본적으로 제정법적 근거를 갖는 자율규제이다. 즉 모금규제에 관해서는 Charities Act 1992, Part II. 및 이 조항에 따라 설립된 모금 자율규제기관 Fundraising Regulator가 Fundraising Code를 제정하고 집행하는 방법으로 행해진다. 이러한 자율규제체제에 대한 자세한 내용은, Stuart Etherington, "Regulating Fundraising for the Future – Trust in charities, confidence in fundraising regulation" (2015) 참조.

논의할 수 있어야 한다. 따라서 자선단체의 정관에 수탁자의 비밀스러운 토론을 저해하는 정관조항 (예를 들어, 기업재단의 정관이 (수탁자로 선임된 자가 아닌) 설립자 회사의 다른 대표이사로 하여금 수탁자회의 참석권을 허용하는 경우 등)이 있다면, 이는 기업재단이 독립되어 있지 않다는 점을 시사할 수 있다. 후원기관과 체결한 자금조달 계약에 비슷한 내용의 조항들이 있는 경우 (예를 들어, 후원한 자금의 활용과 관련하여 공동결정할 것을 정한 경우 등)에도 동일한 문제가 발생한다. 이와 같이 기업재단의 수탁자는 제3자가 특정 상황에서 수탁자회에 참석할 수 있는지 여부, 있다면 제3자의 참석을 허용하는 관련규정을 작성하고, 참석할 수 있는 근거와 참여의 한계를 구체적으로 명시해야 할 필요가 있다.

나. 수탁자의 비밀유지의무

수탁자는 기업재단의 수탁자 지위에서 수령한 정보와 관련해 자신의 비밀유지의무를 인식해야 한다. 수탁자는 수탁자 지위에서 수령한 정보를 자신 혹은 다른 기관의 수익을 위해 사용할 수 있지만, 만약 그 정보가 (i) 비밀유지의무하에서 제공되거나, 혹은 (ii) 일반 공중이 이용할 수 없고 특별한 가치를 보유하는 경우에는 수탁자는 그 정보를 "기업재단의 이익을 위해서만" 사용해야 하고 자기 또는 제3자의 이익을 위해 사용하면 안된다.

V. 정리의 말

기업재단은 설립시부터 자신을 후원하는 기업과 밀접한 관련을 갖고 있으며, 계속적인 지원을 받고 있다. 그럼에도 불구하고 기업재단은 회사로부터 독립된 존재이고 자신의 특별한 존재이유를 갖는다. 바로 설립목적인 자선목적의 창달이다. 기업재단을 경영하는 자선수탁자에 대해서도 동일한 자선단체법의 원칙이 적용된다. 기업재단의 수탁자는 후원하는 회사가 선임한 경우에도 자신을 선임한 회사가 아니라 기업재단의 최선의 이익을 위해 행위해야 한다.

기업재단과 기업을 후원하는 회사와의 관계는 시간이 지나면서 변화할 수 있는데, 그럼에도 불구하고 기업재단은 설립목적인 자선목적을 위해 행위해야 한다. 기업재단 수탁자는 재단의 재정건전성과 수입원을 고려해야 하고 자금조달 전략을 설정해야 한다. 수탁자들은 기업재단의 수입원을 가능한 한 다양화하도록 해야 하고, 기부자의 풀을 다양화함으로써 회사기부자가 재단의 설립자 하나 밖에 없을 위험을 적극적으로 완화해야 한다. 수탁자는 기업재단의 구조와 정관이 재단의 자선목적 창달을 위해 적절하고 최신의 것이고 효과적인 수단이 되도록 정기적으로 검토하고 개선하여야 한다.

물론 이러한 자선단체법의 대원칙이 준수되는 한 기업재단은 후원하는 기업들과 공존하면서 동일한 지향점을 갖는 자선목적을 위해 공동작업을 수행할 수 있고 공동의 이념을 추구할 수 있다.

참고문헌

이중기, "공익신탁과 공익재단의 특징과 규제", 삼우사 (2014)
이중기, "충실의무법", 삼우사 (2016)

Charities Act (2011)
Companies Act (2006)
Department for Culture, Media and Sport & Charity Commission, Charitable Museums and Galleries: A guide to conflicts of interest policies, trustee benefits and transactions between trustees and charities (2008)
IRC v Baddeley [1995] AC 572
Stuart Etherington, "Regulating Fundraising for the Future – Trust in charities, confidence in fundraising regulation" (2015)
The Charity Commission, A Guide to Corporate Foundations (2009)
The Charity Commission, "Charity Trustee: what's involved(CC3a) (2013)
The Charity Commission, Guidance forcharities with a connection to a non-charity : How to manage and review yourcharity's connection to a non-charity (2019)
The Charity Commission, Guidance on The essential trustee: what you need to know, what you need to do (2018)
The Charity Commission, How to register a charity (CC21b) (2015)
The Charity Commission, How to set up a charity (CC21) (2014)
The Chartiy Commission, Public Benefit (2013)
The Charity Commission, Trustee Expenses and Payments (CC11) (2012)
The Charity Commission, Trustees, trading and tax: how charities may lawfully trade (2017)
Trustee Act (2000)

기업재단법인에 관한 일본의 동향
- 사업승계 방안으로서 재단법인을 활용할 수 있는가? -

신지혜*

I. 서론

일본에서는 재단법인 설립 시 또는 그 후 운영자금에 관하여 누가 그 재원을 출연하였는지에 주목하여, 통상 기업 또는 기업과 기업 오너(owner)가 공동으로 출연하여 설립한 재단법인을 기업 재단법인이라고 칭한다.[1] 한편, 기업 오너가 사재를 기부하는 경우에는 기업 재단법인에 포함되지 않는 것으로 본다.[2] 일본에서는 이미 1990년대 이전에도 기업이 출연한 기업 재단법인이 다수 존재해 왔고, 기업에게는 손금산입이 가능한 한도에서라면 세제상 기부행위에 대한 공제혜택이 있어, 개인에 비해 기업이 재단법인에 출연하는 경우가 많았다고 한다.[3] 이처

---

* 한국외국어대학교 법학전문대학원 조교수 / 법학박사 / 변호사

1) 雨宮孝子, "企業財団の最近の動きと企業財団による株式保有の問題点", 法學研究 : 法律·政治·社会 64券 12号, 慶應義塾大学法学研究会 (1991), 398.
2) 雨宮孝子, "公益法人の現状と課題", 法學研究 : 法律·政治·社会 60券 2号, 慶應義塾大学法学研究会(1987), 275. 다만, 오너 개인의 소유하던 자사주를 출연하는 경우가 많고, 또한 기업의 재산을 직접 출연하지는 않지만 인력을 파견하거나 임원을 겸임하게 하는 등의 방법으로 관여하는 경우가 많으므로, 오너 개인의 사재만을 출연하였고 기업의 재산을 출연한 바 없다는 사정만으로 곧바로 기업 재단법인 범주에서 제외하는 것은 바람직하지 않다고 지적하고 있다.
3) 雨宮孝子, "企業財団の最近の動きと企業財団による株式保有の問題点", 394, 395.

럼 수익사업을 목적으로 하는 기업이 비영리재단에 출연하거나 비영리
재단을 설립할 수 있는지, 만약 출연이나 설립이 허용된다면 그러한 비
영리재단을 해당 기업이나 기업의 소유자를 위해 사용할 수 있는지 여
부가 문제될 수 있다. 우리나라와 일본은 매우 유사한 재단법인 법제를
운영하고 있으므로, 이 글에서는 기업재단에 관한 일본에서의 논의를
살펴보고 우리 법체계에서의 시사점을 생각해 보고자 한다.

위에서 언급한 것과 같이 일본 학계에서 기업 재단법인 현황과 함께
기업 재단법인 전반에 관하여 소개된 바 있지만, 아직까지도 기업 재단
법인에 관한 활발한 논의는 이루어진 바 없다. 이 글에서는 일본의 비영
리법인 제도를 먼저 살펴본 뒤 특히 사업승계를 위한 기업 재단법인의
활용방안과 그 한계, 대안 등에 관하여 살펴보고자 한다.

일본에서 공익법인을 포함한 비영리법인은 종래 민법4) 기타 특별법
등에 근거해 설립·운영되어 왔다. 그러다 2008. 12. 1.부터 시행되고 있
는 "일반사단법인 및 일반재단법인에 관한 법률(一般社団法人及び一般
財団法人に関する法律)"(이하 '일반법인법'), "공익사단법인 및 공익재
단법인의 인정 등에 관한 법률(公益社団法人及び公益財団法人の認定等
に関する法律)"(이하 '공익인정법') 및 "일반사단법인 및 일반재단법인
에 관한 법률 및 공익사단법인 및 공익재단법인의 인정 등에 관한 법률
의 시행에 따르는 관계 법률의 정비 등에 관한 법률(一般社団法人及び
一般財団法人に関する法律及び公益社団法人及び公益財団法人の認定等
に関する法律の施行に伴う関係法律の整備等に関する法律)"(이하 '법인
정비법') 등 소위 "개혁3법"이 이에 관하여 規律한다.

종래 舊日民法에 대하여는 공익 외 목적을 추구하는 비영리법인의 설립
근거가 없고, 공익법인도 주무관청의 재량에 따른 허가로만 설립될 수 있
다는 비판이 존재하였다. 개혁3법 제정 전에는 특별법 제정 등을 통해 이러
한 문제를 해소하여 왔으나, 개혁3법의 제정을 통해 공익법인을 비롯한 비

---

4) 2008. 12. 1. 개혁3법 시행 이전 일본에서 시행되던 민법(明治二十九年法律第八
十九号)을 말하며, 이하에서는 '舊日民法'이라고 표시하였다.

영리법인 제도에 관해 전체적으로 재정립하는 방향으로 정리하였다.[5]

이하에서는 먼저 비영리법인 제도에 관한 舊日民法과 새로운 개혁3법의 내용을 간략히 소개하고, 일본법상 기업 재단법인이 허용되는지 여부 및 일본에서의 기업 재단법인 활용방안 등에 관하여 살펴보도록 하겠다.

II. 일본의 비영리법인제도 개관[6]

1. 일본의 종래의 비영리법인제도

종래 舊日民法 제33조 내지 제84조의 3은 비영리법인에 관하여 정하면서, 학술, 기예, 자선, 제사, 종교 기타 공익에 등 공익을 목적으로 하는 법인의 설립만을 인정하고 있었다. 그러나 이러한 공익 목적 비영리법인 외 일반적인 비영리법인의 설립근거는 두지 않았으므로, 공익을 목적으로 하지 않는 비영리단체를 법인으로 설립할 수 없다는 문제가 있었다. 그러나 현실적으로 공익을 목적으로 하지 않는 기타 비영리법인도 설립될 필요가 있었는바 그 대응책으로 일본에서는 특정비영리활

---

5) 일본의 새로운 비영리법인 제도에 관하여는 국내에서도 여러 문헌을 통해 소개된 바 있다. 權澈, "日本의 새로운 非營利法人제도에 관한 小考- 최근 10년간의 動向과 新法의 소개 -", 비교사법 제14권 4호 (2007); 최성경, "일본의 공익법인제도 개혁 - '공익사단법인 및 공익재단법인의 인정 등에 관한 법률'을 중심으로 -", 민사법학 제41호 (2008. 6.); 신지혜, "재단법인의 목적변경 한계에 관한 소고 - 일본 최고재판소 사례를 중심으로", 법학논총 제47집 (2020) 등 참조. 한편, 일본에서 실무 관점에서 종래 민법 등에 의하여 설립된 비영리법인이 개혁3법에 의한 비영리법인으로 전환하는 절차에 관하여 설명한 문헌으로는, 竹内朗, "新公益法人への移行認定申請 : 事業·財務·機関のポイント解説", 資料版商事法務 325号 (2011) 참조.

6) 본 장의 내용은 신지혜, 앞의 글, 4~8을 요약, 정리한 것이다.

동촉진법(特定非營利活動促進法), 중간법인법(中間法人法) 등 특별법의
제정을 통해 비공익 목적의 비영리법인 설립 근거를 마련해 왔다.

그러나 이러한 舊日民法 및 특별법 체제에 의해서는 자주적인 독립
적 조직의 활동이 위축된다는 비판이 이어져왔다. 예를 들어 기업에 의
한 사회공헌활동이나 자금조성활동 등 민간의 비영리 공익활동 등이 원
활하게 이루어지기 어렵다는 등이다.7)

그러자 일본에서 비영리법인 제도 전체에 대한 발본적(拔本的) 개혁
논의가 이루어져 개혁3법의 입법에 이르게 되었다.8) 그 후 일본 민법상
비영리법인에 관한 조항은 대폭 수정되어 제33조 내지 제37조의 내용이
바뀌어 존속하였을 뿐 나머지는 삭제되었다. 현재 일본 민법상 비영리
법인에 관한 조항으로는, 법인의 성립 등에 관한 제33조,9) 법인의 능력
에 관한 제34조,10) 법인 등기에 관한 제36조, 외국법인 및 그 등기에 관
한 제35조와 제37조만이 존재한다.

2. 개혁3법에 의한 일본의 이원적인 비영리법인 제도

이처럼 일본에서는 비영리법인 제도에 관한 큰 변혁이 있었고 현재
는 개혁 3법이 舊日民法의 자리를 대신하게 되었다. 일반법인법, 공익인
정법 및 법인정비법 등 개혁3법의 가장 큰 특징은 법인격의 취득과 공

---

7) 雨宮孝子, "国から自立した自由な活動をNPO", 法学セミナー No.529 (1999), 64.
8) 特定非營利活動促進法과 中間法人法 및 개혁3법에 이르기까지의 입법과정에 관
   하여는, 權澈, 앞의 글, 125~137. 참조.
9) (法人の成立等)
   第三十三条 法人は、この法律その他の法律の規定によらなければ、成立しない。
   2 学術、技芸、慈善、祭祀し、宗教その他の公益を目的とする法人、営利事業を営
   むことを目的とする法人その他の法人の設立、組織、運営及び管理については、
   この法律その他の法律の定めるところによる。
10) (法人の能力)
   第三十四条 法人は、法令の規定に従い、定款その他の基本約款で定められた目
   的の範囲内において、権利を有し、義務を負う。

익성의 판단을 분리하여 이원화하는 것이다. 잉여금의 분배를 목적으로 하지 않는 비영리법인[11]은 일반법인법에 따라 준칙주의 하에서 등기함으로써 간편하게 법인격을 취득할 수 있고(사단법인에 관하여는 동법 제22조, 재단법인에 관하여는 동법 제163조), 이러한 일반법인이 세제혜택 등이 주어지는 공익 목적 사업을 영위하고자 할 때는 내각총리대신 등의 인정을 받아 공익인정법에서 정하는 공익법인이 될 수 있다(동법 제4조 및 제5조). 그리고 일반법인 중 공익목적사업을 영위하고자 하는 자는 내각총리대신 등의 인정을 받아 공익인정법에서 정하는 공익법인이 될 수 있게 된다.

이하에서는 일본의 일반적인 비영리 재단법인을 규율하는 일반법인법, 공익 목적의 재단법인에 관한 공익인정법, 종래 舊日民法에서 설립되었던 재단법인에 대해 적용되는 법인정비법의 내용에 관하여 각각 살펴본다.

Ⅲ. 비영리 재단법인에 관한 일본법의 규정

1. 공익을 목적으로 하지 않는 일반 재단법인에 관한 일본법의 규정

위에서 본 바와 같이 일본에서 개혁3법의 입법 이후 공익을 목적으

---

11) 일본의 새로운 비영리법인 제도 하에서는 "일반사단법인"이나 "일반재단법인"이라는 용어가 사용되고 있으며, "비영리법인"이라는 용어는 법률 규정상으로는 더 이상 사용되지 않고 있다. 그러나 우리나라에서는 여전히 잉여금 분배를 목적으로 하지 않는 민법상의 법인에 대해 "비영리법인"이라는 용어를 사용하고 있으므로, 이하에서도 일본의 용어례를 구별하지 않고 그대로 "비영리법인"이라는 용어를 사용하였다.

로 하지 않는 일반재단법인과, 공익을 목적으로 하는 공익재단법인의 2
원적인 체계로 규율되고 있다. 다만, 공익재단법인 역시 공익성의 인정
외에는 모두 일반재단법인에 관한 규정의 적용을 받는다. 따라서 재단
법인 자체의 설립방법이나 기본재산 처분에 관한 규정은 일반재단법인
과 공익재단법인 모두에게 적용되는 것이다.

일반법인법은 「제1장 총칙」, 「제2장 일반사단법인」, 「제3장 일반재단
법인」, 「제4장 청산」, 「제5장 합병」, 「제6장 잡칙」, 「제7장 벌칙」의 일곱
개 장(章)으로 이루어져 있다. 그 중 재단법인과 관련되는 제3장의 규정
을 간략히 살펴보면 다음과 같다.

일반재단법인은 설립자가 정관12)을 작성하여(제152조 제1항), 공증인
의 정관인증을 받아(제155조), 재산(300만 엔 이상)을 출연(據出)하여(제
153조 제2항), 설립등기를 함으로써 설립된다(제163조).13) 즉 설립자가
300만 엔 이상의 재산을 출연하면 일반재단법인을 설립할 수 있으나, 일
반재단법인이 2사업연도 연속하여 대차대조표상 순자산액이 300만 엔
미만이 되는 경우에는 당해 사업연도에 관한 정기 평의원회 종결시에 해
산하는 것으로 되므로(제200조 제2항), 출연액이 최저한도인 300만 엔뿐
이라면 일반재단법인으로서 계속적으로 운영하기는 쉽지 않다.14)15)

---

12) 舊日民法에서는 사단법인의 경우는 정관, 재단법인의 경우는 "기부행위(寄附行
爲)"라는 용어를 사용하고 있었다. 즉 재단법인은 설립자의 기부를 받아 운영되
는 것이라는 생각이 근저에 깔려있던 것이 아닌가 한다. 그러나 일반법인법에서
는 사단법인과 재단법인을 구별하지 않고 모두 "정관"이라는 용어를 사용하고
있다.

13) 權澈, 앞의 글, 142.

14) 熊谷則一, "逐条解説 一般社団·財団法人法", 全国公益法人協会 (2017), 468.

15) 만약 회사의 주식을 출연한 경우, 최저한도 출연액 산정과 관련하여 문제될 수
있다. 주가가 계속 변동하므로 어떤 기준에 따라 출연액을 계산하는지에 따라
최저한도에 미달하는지 달라질 수 있기 때문이다. 종래는 원칙적으로는 기부 시
시가로 보는 취득원가주의를 취하고 있었다고 하며, 만약 주식 가격이 하락한
경우에는 현금으로 메꾸도록 행정관청이 지도해 왔다고 한다. 그러나 이러한 원
칙과는 달리 액면가를 기준으로 평가하는 법인도 있었다고 하며, 기본재산의 경
우는 액면가로, 운용재산의 경우는 시가로 평가하는 법인도 있었다고 한다. 雨

한편 정관의 기재사항은 목적, 명칭, 설립에 있어서 설립자가 출연한 재산 및 그 가액 등이다(제153조 제1항). 여기서 '목적'은 강행법규나 공서양속에 반하지 않는 적법한 사업이라면, 공익적(公益的) 사업, 공익적(共益的) 사업, 수익사업을 가리지 않고 가능하며, 목적 범위는 영리법인에 비하여 엄격하게 그 범위가 판단되어, 대외적인 관계에 있어 법인의 목적수행에서의 유용성을 고려하여, 목적 범위는 넓게 해석되고 있다고 한다.16) 설립자에게 잉여금 또는 잔여재산 분배를 받을 권리를 주는 뜻의 정관의 정함은 효력을 가지지 않는다(동조 제3항 2호). 이것은 비영리성에 반하는 것이기 때문이다. 재단법인에게는 구성원으로서 사원이 존재하지 않으나, 법인격을 가지는 재산을 출연한 설립자에게 수익분배를 하면 비영리성에 문제가 생기므로, 비영리성을 확보하기 위하여 설립자에게 잉여금이나 잔여재산 분배에 관한 권리를 주는 뜻의 정관의 정함은 무효로 한 것이다.17)

일반재단법인에서는 평의원, 평의원회, 이사, 이사회 및 감사를 필수적으로 설치해야 한다(제170조 제1항). 일반재단법인에는 사원이 없어 사원총회가 존재하지 않으므로, 업무집행기관을 감독·견제하기 위하여 평의원, 평의원회, 감사 등이 필수적 설치 기관으로 되어있다. 이 외에 정관의 정함에 따라 회계감사인을 둘 수 있다18)(제170조 제2항, 제171조, 제2조 3호). 평의원은 3인 이상 두고(제173조 제3항), 선임 및 해임 방법은 정관으로 정해지며(153조 1항 8호), 이사 또는 이사회가 평의원을 선임 또는 해임한다는 내용의 정관의 정함은 효력이 없다(동조 제3항 1호).

재단법인에서는 평의원에 대해서 자격제한이 있다(제173조). 구체적으로 살펴보면, 우선 평의원은 재단법인 또는 그 자법인(子法人)의 이사,

---

宮孝子, "企業財団の最近の動きと企業財団による株式保有の問題点", 418.

16) 熊谷則一, 앞의 글, 466, 467.

17) 熊谷則一, 앞의 글, 473.

18) 부채총액 200억 엔 이상의 일반재단법인의 경우는 반드시 설치해야 한다.

감사 또는 사용인과 겸임할 수 없다(제173조 제2항). 평의원은 이사, 감사에 대한 임면권(제177조, 제63조 제1항) 갖는 등 이사, 감사에 대해 감독권한을 가지므로, 평의원이 감독권한을 적절하게 행사하기 위해서는 피감독자와 분리할 필요가 있어 겸직을 금지한 것이다.[19] 또한 사단법인의 사원에 관한 규정 일부를 준용하므로(제173조 제1항), 법인(제65조 제1항 1호)[20]이나, 일반법인법이나 회사법 등을 위반하여 자격상실된 자 등(동항 2호 및 3호)도 평의원이 될 수 없다. 그리고 피성년후견인 등 제한능력자의 경우에는 후견인 등의 동의를 받아서 평의원이 될 수 있다(제65조의 2). 한편, 사원과는 달리 평의원에 의한 대표소송에 해당하는 제도는 없는데, 평의원은 평의원회를 통하여 이사·감사를 감독할 수 있고 그러한 의무(선관주의의무)를 지고 있으므로 이것으로 거버넌스의 적정성이 확보될 수 있기 때문이라고 한다.[21]

평의원회는 평의원 전원에 의하여 조직된다(제178조 제1항).[22] 사단법인에는 사원이 구성원이 되는 사원총회에서 사단법인에 관한 전반적인 의사결정이 가능한 것과는 달리(제35조 제3항) 평의원회는 일반법인법에 규정하는 사항 및 정관에 정해진 사항에 한하여 결의할 수 있다(제178조 제2항). 평의원회에서 결의할 수 있는 사항으로는 이사, 감사및 회계감사인의 선임(제177조, 제63조 제1항) 및 해임(제176조), 계산

---

19) 熊谷則一, 앞의 글, 509.
20) 다만 실무상으로는 법인의 대표자 등이 순서를 돌아가며 평의원으로 취임하는 경우는 있다고 한다. 熊谷則一, 앞의 글, 507.
21) 權澈, 앞의 글, 143.
22) 종래 舊日民法 하의 재단법인 실무에서도 "평의원"이라는 용어는 사용되기는 하였으나, 여기서의 "평의원"은 주무관청의 지도에 따라 각 법인이 이사 및 감사의 선임기관, 중요사항 자문기관으로 기부행위의 정함에 의하여 설치된 임의기관인 "평의원회" 구성원을 말하는 것으로 일반법인법의 평의원과는 실질적으로 전혀 다르다고 한다. 新公益法人制度研究会編著, "一問一答·公益法人関連三法", 商事法務 (2006), 125. 따라서 일반법인법에 의한 평의원회에 대하여는 종래 舊日民法 하 임의기관으로 설립되었던 평의원회에 비해 권한이 확대·강화되어 있다고 한다. 權澈, 앞의 글, 144.

서류의 승인(제199조, 제126조 제2항), 정관변경(제200조), 사업의 전부 양도(제201조), 합병의 승인(제247조 등) 등이 있다. 이러한 법정사항에 대하여 이사, 이사회 그 외 평의원회 이외의 기관이 결정할 수 있도록 하는 정관의 정함은 효력이 없다(제178조 제3항).

일반법인법은 재단법인에 관해 계산(제199조), 정관변경(제200조), 사업양도(제201조), 해산(제202조 이하) 등에 관하여도 정한다. 이 중 정관변경에 관하여 舊日民法에는 근거조항이 전혀 존재하지 않았으므로[23] 정관변경이 가능한지에 대하여 상당한 논란이 있었다. 일반법인법에서 정관변경에 관한 근거규정은 두었지만, 여전히 재단법인의 정관변경 가능 범위, 한계 등 그 해석에 있어 논란의 여지가 남아있었다.[24] 특히 위에서 본 바와 같이 舊日民法상 설립되었던 공익목적 재단법인이 법인정비법에 의하여 일반재단법인으로 전환하는 과정에서 정관변경이 과연 허용될 수 있을지 및 그 범위에 관하여는 개혁 3법의 입법 과정에서 본격적으로 논의된 바도 없었던 것으로 보인다.

이러한 상황에서 舊日民法 하에서 설립되었던 특례재단법인의 정관변경 가부 및 범위에 관하여 일본 최고재판소는 특례재단법인이 일반법인으로 전환함에 있어서 정관변경이 가능하며, 더 나아가 정관변경에 아무런 한계가 없으므로, 설령 그 동일성을 잃게 할 근본적인 사항의 변경에 해당한다고 하더라도 정관을 변경할 수 있다고 판단하였다.[25] 이

---

23) 사단법인의 정관변경에 관하여는 舊日民法 제38조 제1항 본문에서 "정관은 총 사원의 4분의 3 이상의 동의가 있는 때만 변경할 수 있다"고 정하고 있었다.
24) 일반법인법에 의하면, 일반재단법인은 그 성립 후 평의원회 결의에 의하여 정관을 변경할 수 있으나, 목적에 관하여는, 이를 평의원회 결의에 의하여 변경할 수 있다는 취지가 原始정관에서 정하여져 있었던 때에 한하여, 평의원회 결의로써 변경할 수 있다(제200조, 제200조의 2). 즉 목적 변경에 관하여는 원시정관을 정한 설립자의 의사에 맡긴 것이다. 다만 원시정관에 목적 변경에 관한 규정이 존재하는 경우, 재단법인의 동일성을 상실시킬 정도로 목적을 변경할 수 있는지 여부 등 그 변경 한계에 관하여는 여전히 논란의 여지가 있다.
25) 最高裁判所 平成27(2015)年12月8日 判決 最高裁判所 民事判例集69卷8号2211頁. 이 판결에 대한 상세한 소개로는, 신지혜, 앞의 글, 8~28 참조.

러한 최고재판소의 판단에 대하여는, 설립자의 의사에 어느 정도 반하더라도 정관을 변경하지 않으면 공익적 성격을 갖는 재산을 공익목적에 사용할 수 없게 되고, 그렇다고 하여 재단법인을 해산하여 변경 전 정관에 따라 잔여재산을 분배하는 것에도 문제가 있으므로, 법인정비법의 취지를 "설립자의 의사에 반하더라도" 일반재단법인에의 전환을 강제하는 것에 있다고 이해하는 것에는 합리성이 있다는 평가나[26] 공익법인제도 개혁의 전체상이나 이를 고려한 법인정비법 등의 취지, 문리에 충실한 해석이라고 평가하는 견해도 유력하나,[27] 위 판결은 종래의 舊日民法상 설립된 공익법인을 새로운 개혁 3법에 의한 특례재단법인에 대해서만 과도기적으로 적용되어야 하고[28] 舊日民法 하에서 재단법인 기부행위 변경의 한계나, 일반법인법에 근거한 정관변경의 한계 등에 관해서까지 위 법리가 그대로 적용될 수 있을지는 의문이며,[29] 애초에 공익 외 목적의 일반법인으로 설립된 재단법인의 경우에는 공익적 성격을 가진 재산의 귀추를 고려하지 않아도 되므로, 설정자의 의사를 보다 중시할 여지가 있다[30]는 등의 근거로 위 판결의 적용 범위를 축소해야 한다고 보는 견해 등도 있다.

---

26) 森田果, "特例財団法人の同一性を失わせるような寄附行為の変更", ジュリスト 1505号 (2015), 68.

27) 野村武範, "特例財団法人は, その同一性を失わせるような根本的事項の変更に当たるか否かにかかわらず, その定款の定めを変更することができるか", 最高裁判所判例解説民事篇 27号 (2018), 584~586.

28) 田中謙一, "特例財団法人の同一性を失わせるような根本的事項についての定款の変更の効力", 私法判例リマークス54号, 日本評論社 (2017), 9.

29) 加藤新太郎, "特例財団法人の同一性を失わせるような定款の定めの変更の可否", "商事法務" 1099号 (2017), 97.은, 대상판결이 법인정비법상 공익목적 지출계획 제도 등을 활용하는 점을 판단에 중요한 근거로 삼고 있다는 점에서 대상판결은 법인정비법상 특례재단법인에 한하여 적용될 가능성이 높다고 지적한다.

30) 森田果, 앞의 글, 68.

2. 공익 목적 재단법인에 관한 일본법의 규정

위에서 언급한 바와 같이, 일본의 새로운 비영리법인 제도의 특징은 일반법인법과 공익인정법에 의거한 일반법인과 공익법인의 이원적 구조, 舊日民法 하에 설립되었던 특례법인의 일반법인 내지 공익법인으로의 전환에 관한 법인정비법의 정함 등에 있다.

공익인정법은 일반법인법, 법인정비법에 비하여 그 조문 숫자가 많지 않고 구성이 간단하다.[31] 새롭게 설립되는 비영리법인에 관한 기본적인 사항은 일반법인법에서, 종래 舊日民法 하에서 설립된 비영리법인에 관한 기본적인 사항은 법인정비법에서 각각 규율하되, 공익인정법은 오로지 새롭게 설립되는 비영리법인 중 공익법인으로 전환하고자 하는 경우에 한하여 적용되는 것이기 때문에 이러한 공익인정에 한해 정하고 있는 것이다. 공익인정법은 총 5개의 장으로 구성되어 있으며, 그 중 공익법인의 인정기준 등에 관하여 정하는 제2장의 내용이 핵심이기에 아래에서는 제2장을 중심으로 소개한다.

우선 공익인정법은 舊日民法에서 공익법인 설립허가 및 이에 대한 감독을 주무관청에게 맡겼던 것을 바꾸어, 일단 준칙주의에 의하여 설립된 일반사단법인, 일반재단법인이 도도부현(都道府縣) 지사(知事)로부터 공익성 인정(認定)을 받도록 함으로써, 공익 목적 법인과 공익 외 목적 법인을 이원적으로 규율하기 위한 것이다. 공익인정법은 제1조에서 "내외의 사회경제정세 변화에 수반하여 민간단체가 자발적으로 행하는 공익을 목적으로 하는 사업의 실시가 공익 증진을 위해 중요한 점을 고려해, 당해 사업을 적정하게 실시할 수 있는 공익법인을 인정하는 제도를 마련함과 동시에, 공익법인에 의한 당해 사업의 적정한 실시를 확보하기 위한 조치 등을 정하여, 이로써 공익의 증진 및 활력 있는 사회의

---

31) 참고로 일반법인법은 340여 개, 법인정비법은 약 160여 개의 조문을 두고 있는 반면, 공익인정법은 60여 개의 조문을 두고 있다.

실현에 이바지할 것을 목적으로 한다"고 동법의 목적을 밝히고 있다.[32]

공익인정법은 모두 5장 66개조로 된 법률로, 동법 중 중심적인 부분은 「제2장 공익법인의 인정 등」과 「제3장 공익인정 등 위원회 및 도도부현에 설치된 합의제의 기관」이다.[33] 동법은 제5조에서 무려 제1호부터 제18호에 걸쳐 상세한 인정기준을 정하고 있으며, 제6조에서는 공익인정을 받을 수 없는 결격기준을 정한다.

그 중 기업 재단법인과 관련된 조항만 살펴보면 다음과 같은데, 우선 제5조 4호[34]는 사업을 행함에 있어서 주식회사 기타 영리사업을 하는 자 또는 특정 개인 내지 단체의 이익을 꾀하는 활동을 하는 것이라고 정령(政令)[35]으로 정한 자에 대하여 기부 기타 특별한 이익을 주는 행위를 하지 않을 것을 기준의 하나로 열거하고 있다. 구체적으로는 주식회사 기타 영리사업을 하는 자에 대하여 기부 기타 특별한 이익을 주는 활동을 하는 개인 또는 단체, 사원 기타 구성원 또는 회원 내지 이와 유사한 자 상호의 지원, 교류, 연락 기타 사원 등에게 공통하는 이익을 꾀하는 활동을 하는 것을 주된 목적으로 하는 단체를 말한다.[36]

---

32) (目的)
　　第一条 この法律は、内外の社会経済情勢の変化に伴い、民間の団体が自発的に行う公益を目的とする事業の実施が公益の増進のために重要となっていることにかんがみ、当該事業を適正に実施し得る公益法人を認定する制度を設けるとともに、公益法人による当該事業の適正な実施を確保するための措置等を定め、もって公益の増進及び活力ある社会の実現に資することを目的とする。

33) 權澈、앞의 글, 146.

34) 四 その事業を行うに当たり、株式会社その他の営利事業を営む者又は特定の個人若しくは団体の利益を図る活動を行うものとして政令で定める者に対し、寄附その他の特別の利益を与える行為を行わないものであること。ただし、公益法人に対し、当該公益法人が行う公益目的事業のために寄附その他の特別の利益を与える行為を行う場合は、この限りでない。

35) 公益社団法人及び公益財団法人の認定等に関する法律施行令を말한다.

36) (特定の個人又は団体の利益を図る活動を行う者)
　　第二条 法第五条第四号の政令で定める特定の個人又は団体の利益を図る活動を行う者は、次に掲げる者とする。
　　一 株式会社その他の営利事業を営む者に対して寄附その他の特別の利益を与え

또한, 제5조 15호[37]는 다른 단체의 의사결정에 관여하는 것이 가능한 주식 기타 내각부령(內閣府令)[38]으로 정하는 재산을 보유할 수 없고, 다만 당해 재산 보유에 의하여 다른 단체의 사업활동을 실질적으로 지배할 우려가 없다고 정령으로 정하는 경우에는 보유할 수 있다고 정한다. 구체적으로 내각부령에서는 주식, 특별법에 의해 설립되는 법인이 발행한 출자에 기초한 권리, 합명회사, 합자회사, 합동회사 기타 사단법인의 사원권, 민법상 조합계약 등에 기한 권리, 신탁계약에 기한 위탁자 또는 수익자로서의 권리 및 외국법령에 기한 재산으로 전 호에 열거한 재산과 유사한 것을 여기에 해당하는 것으로 정하며(제4조),[39] 정령에

る活動(公益法人に対して当該公益法人が行う公益目的事業のために寄附その他の特別の利益を与えるものを除く。)を行う個人又は団体

二 社員その他の構成員又は会員若しくはこれに類するものとして内閣府令で定める者(以下この号において"社員等"という。)の相互の支援、交流、連絡その他の社員等に共通する利益を図る活動を行うことを主たる目的とする団体

37) 十五 他の団体の意思決定に関与することができる株式その他の内閣府令で定める財産を保有していないものであること。ただし、当該財産の保有によって他の団体の事業活動を実質的に支配するおそれがない場合として政令で定める場合は、この限りでない。

38) 公益社団法人及び公益財団法人の認定等に関する法律施行規則을 말한다.

39) (他の団体の意思決定に関与することができる財産)
第四条 法第五条第十五号の内閣府令で定める財産は、次に掲げる財産とする。
一 株式
二 特別の法律により設立された法人の発行する出資に基づく権利
三 合名会社、合資会社、合同会社その他の社団法人の社員権(公益社団法人に係るものを除く。)
四 民法(明治二十九年法律第八十九号)第六百六十七条第一項に規定する組合契約、投資事業有限責任組合契約に関する法律(平成十年法律第九十号)第三条第一項に規定する投資事業有限責任組合契約又は有限責任事業組合契約に関する法律(平成十七年法律第四十号)第三条第一項に規定する有限責任事業組合契約に基づく権利(当該公益法人が単独で又はその持分以上の業務を執行する組合員であるものを除く。)
五 信託契約に基づく委託者又は受益者としての権利(当該公益法人が単独の又はその事務の相当の部分を処理する受託者であるものを除く。)

서는 주주총회 기타 단체의 재무나 영업 또는 사업의 방침을 정하는 기
관에 있어서 의결권의 과반수를 갖지 않는 경우를 의사결정에 관여할
수 없는 경우로 정하고 있다(제7조).[40] 다만, 그 중 신탁계약에 기한 위
탁자 또는 수탁자의 권리에 대하여는, 주식 등의 의결권을 위탁자 또는
수익자 외의 자에게 무조건으로 부여하는 경우에는 의사결정에 관여할
수 없는 것으로 보아 이 범위에서 제외된다고 해석하고 있다.[41][42]

또한 동법은 공익법인이 공익목적 사업을 함에 있어서, 당해 공익목
적 사업의 실시에 필요한 적정한 비용을 충당할 수 있는 금액 이상의
수입은 얻을 수 없다고 정한다(제14조).[43] 공익인정을 받기 위해서는 처
음부터 당해 법인이 행하고자 하는 공익목적 사업을 밝히고, 당해 법인
의 수입이 공익목적 사업에 필요한 적정한 비용을 충당할 수 있을 금액
을 초과하지 않을 것이 예상된다는 사실까지 밝혀야 한다(제5조 6호[44]).
공익목적 사업 실시 등에 소요되는 비용은 전체 경비 등의 50% 이상의

六 外国の法令に基づく財産であって、前各号に掲げる財産に類するもの

[40] (他の団体の意思決定に関与することができる株式その他の財産を保有することが
できる場合)
第七条 法第五条第十五号ただし書の政令で定める場合は、株主総会その他の団
体の財務及び営業又は事業の方針を決定する機関における議決権の過半数を有
していない場合とする。

[41] 일본 내각부(内閣府)가 공표하는 "公益法人制度等に関するよくある質問(FAQ)",
令和3年3月版, V-7-①(株式保有の制限) 참조 (https://www.koeki-info.go.jp/pdf_faq
/00_20210326.PDF).

[42] 참고로 内閣府公益認定等委員会가 정하는 "公益法人会計基準"의 運用指針에서
는, 공익법인이 영리기업의 의결권 과반수를 보유한 경우 당해 영리기업의 주식
을 자회사주식, 공익법인이 영리기업 의결권의 20% 이상 50% 이하를 보유하는
경우 당해 영리기업의 주식을 관련회사주식이라고 하면서, 이를 공익법인의 대
차대조표상에 고정자산 항목에 기재하도록 규정하고 있다.

[43] (公益目的事業の収入)
第十四条 公益法人は、その公益目的事業を行うに当たり、当該公益目的事業の実
施に要する適正な費用を償う額を超える収入を得てはならない。

[44] 六 その行う公益目的事業について、当該公益目的事業に係る収入がその実施に
要する適正な費用を償う額を超えないと見込まれるものであること。

비율을 유지해야 하며, 이러한 기준을 충족하지 못한 경우에는 공인인
정이 취소될 수 있다(제29조45) 제2항).46)

한편 공익법인에 의한 재산 사용 또는 관리 상황, 재산 성질 등에 비
추어 공익목적 사업이나 이를 행함에 있어 필요한 수익사업 등의 업무,
활동을 위해 현재 사용되고 있지 않고 앞으로도 사용될 것으로 예상되

---

45) (公益認定の取消し)

第二十九条 行政庁は、公益法人が次のいずれかに該当するときは、その公益認
定を取り消さなければならない。

一 第六条各号(第二号を除く。)のいずれかに該当するに至ったとき。

二 偽りその他不正の手段により公益認定、第十一条第一項の変更の認定又は第二
十五条第一項の認可を受けたとき。

三 正当な理由がなく、前条第三項の規定による命令に従わないとき。

四 公益法人から公益認定の取消しの申請があったとき。

2 行政庁は、公益法人が次のいずれかに該当するときは、その公益認定を取り消
すことができる。

一 第五条各号に掲げる基準のいずれかに適合しなくなったとき。

二 前節の規定を遵守していないとき。

三 前二号のほか、法令又は法令に基づく行政機関の処分に違反したとき。

3 前条第五項の規定は、前二項の規定による公益認定の取消しをしようとする場
合について準用する。

4 行政庁は、第一項又は第二項の規定により公益認定を取り消したときは、内閣
府令で定めるところにより、その旨を公示しなければならない。

5 第一項又は第二項の規定による公益認定の取消しの処分を受けた公益法人は、そ
の名称中の公益社団法人又は公益財団法人という文字をそれぞれ一般社団法人
又は一般財団法人と変更する定款の変更をしたものとみなす。

6 行政庁は、第一項又は第二項の規定による公益認定の取消しをしたときは、遅
滞なく、当該公益法人の主たる事務所及び従たる事務所の所在地を管轄する登
記所に当該公益法人の名称の変更の登記を嘱託しなければならない。

7 前項の規定による名称の変更の登記の嘱託書には、当該登記の原因となる事由
に係る処分を行ったことを証する書面を添付しなければならない。

46) 참고로 2016년도 기준으로 일본 내 공익법인의 자산규모는 약 28조 5천억 엔에
달하고, 공익목적 사업비용은 약 4조 4천억 엔 정도라고 한다. 雨宮孝子, "公益
活動の本質を考える : 信頼と実績, 公益法人協会トップマネジメント・セミナー
2017 公益活動の信頼と実績, 社会から信頼される公益法人とは", 公益法人 47
券 1号, 公益法人協会 (2018), 4.

지 않는 것을 유휴재산이라고 한다. 공익법인은 당해 연도의 공익목적
사업과 동일한 내용 및 규모의 공익목적 사업을 그다음 해에 계속하기
위해 필요한 금액을 기초로 하여 내각부령에서 정하는 바에 따라 산정
된 금액을 넘는 금액의 유휴재산을 보유할 수 없다(제16조47)).

공익인정을 받은 공익 목적 재단법인에 대해서는, 공익법인이 행하
는 공익 목적 사업에 관한 활동이 완수하는 중요성을 감안하여, 해당 활
동을 촉진하고 적정한 과세 확보를 꾀하기 위해, 공익법인 및 이에 대해
기부를 하는 개인 및 법인에 관한 소득과세에 관하여, 소득세, 법인세
및 상속세와 지방세 과세에 대해 필요한 세제상의 조치를 취하도록 정
한다(제58조48)). 즉 일반법인법 상 준칙주의에 따라 자유롭게 비영리법
인을 설립할 수 있도록 하되, 엄격하고 상세한 기준에 따라 공익인정을
받도록 하며, 그 경우에 비로소 세제상 혜택을 받을 수 있는 구조를 취
하고 있다.

따라서 공익인정이 취소되어 일반 비영리법인으로 전환된 경우에는

---

47) (遊休財産額の保有の制限)

第十六条 公益法人の毎事業年度の末日における遊休財産額は、公益法人が当該事
業年度に行った公益目的事業と同一の内容及び規模の公益目的事業を翌事業年度
においても引き続き行うために必要な額として、当該事業年度における公益目的
事業の実施に要した費用の額(その保有する資産の状況及び事業活動の態様に応
じ当該費用の額に準ずるものとして内閣府令で定めるものの額を含む。)を基礎
として内閣府令で定めるところにより算定した額を超えてはならない。

2 前項に規定する"遊休財産額"とは、公益法人による財産の使用若しくは管理の
状況又は当該財産の性質にかんがみ、公益目的事業又は公益目的事業を行うた
めに必要な収益事業等その他の業務若しくは活動のために現に使用されてお
らず、かつ、引き続きこれらのために使用されることが見込まれない財産とし
て内閣府令で定めるものの価額の合計額をいう。

48) (税制上の措置)

第五十八条 公益法人が行う公益目的事業に係る活動が果たす役割の重要性にか
んがみ、当該活動を促進しつつ適正な課税の確保を図るため、公益法人並びにこ
れに対する寄附を行う個人及び法人に関する所得課税に関し、所得税、法人税及
び相続税並びに地方税の課税についての必要な措置その他所要の税制上の措置
を講ずるものとする。

그러한 세제상 혜택도 더 이상 유지되지 않음은 물론이다. 더 나아가 종래 공익인정을 받은 비영리법인은 세제상 혜택을 근간으로 현재 보유하고 있는 재산을 형성한 것이므로, 공익인정이 취소된 경우에는 보유하고 있던 재산을 그대로 유지할 수는 없고, 공익인정이 취소된 날로부터 1개월 내에 이와 같이 세제혜택을 받아 형성한 재산에 상당하는 액의 재산을 유사한 사업을 목적으로 하는 다른 공익법인이나 학교법인, 사회복지법인 등 법률상 정하여진 법인 또는 국가나 지방자치단체에게 증여하도록 정하고 있다(제5조 17호, 제13조). 이를 통해 공익인정을 받아 세제 혜택을 통해 형성된 재산은 더 이상 보유하지 못하도록 함으로써 공익법인 제도를 남용할 수 없도록 하였다.[49]

3. 종래 舊日民法에서 설립되었던 공익법인에 대한 일본법의 규정

이처럼 일본에서는 기본적으로는 일반법인법과 공익인정법에 의하여 법인의 설립과 운영이 규율되나, 다만, 舊日民法에 근거하여 설립되었던 종래의 비영리법인을 어떻게 처리할 것인지에 관해서는 법인정비법에서 따로 정한다. 일본의 새로운 법제도 하에서 비영리법인은 법인격의 취득과 공익성의 인정이라는 이원적 규율을 받게 되며, 이는 舊日民法에서 오로지 공익 목적의 비영리법인만 설립이 허가되었던 것과 가장 큰 차이이다. 舊日民法 하에서 설립되었던 비영리법인의 경우는 공

---

49) 한편, 최근 일본에서는 공익법인을 중심으로 보다 자율적이고 건전한 운영과 이를 통한 공익증진을 위한 운영 규범(Governance code) 제정 움직임이 있다. 여기에서는 공익법인제도의 취지, 공익법인의 사회적 책임과 공익법인 운영에서의 적법성, 투명성 등을 강조하고 있다. 이에 관한 소개로는, 片山正夫·淸水肇子·谷井浩·渡辺勝也·濱口博史·雨宮孝子·鈴木勝治, "特集·新春座談会 公益法人のガバナンス·コードについて考える : 法人の自主的で自律的な健全運営と公益増進のために", 公益法人 49券 1号, 公益法人協会 (2020) 참조.

익만을 목적으로 하는 것이었지만, 법인정비법에 의하여 종래의 공익
목적 비영리법인은 일정한 경과기간 내에 공익 목적 비영리법인 또는
공익 외 목적 비영리법인 중 어느 쪽으로 전환50)할지를 정할 수 있으며,
결과적으로 舊日民法 하에서 설립되었던 비영리법인에 대해서도 이원
적 규율이 적용되도록 정한다.

법인정비법에서는 舊日民法에 의한 설립된 사단법인, 재단법인의 폐
지에 관한 사항 외에도 중간법인법에 의한 중간법인의 폐지에 관한 사
항에 대해서도 정하고 있다. 이하에서는 그 중 舊日民法에 의한 비영리
법인에 관해 정하는 제1장 제2절의 규정에 관해 살펴본다. 우선 일반법
인법 시행 당시 舊日民法에 의하여 설립된 비영리법인은 잠정적으로 일
반법인법 규정에 의한 일반재단법인 또는 일반사단법인으로서 존속하
며(법인정비법 제40조 51)) 이를 특례재단법인(特例財團法人) 또는 특례
사단법인(特例社團法人)52)이라고 한다. 이와 같이 존속하는 비영리법인
은 법인정비법 시행일로부터 5년(전환기간) 내에 일반재단법인이나 일
반사단법인으로 등기함으로써 계속 존속할지(법인정비법 제45조) 아니
면 공익성 인정을 받은 공익법인으로 전환할지(법인정비법 제44조53))

---

50) 일본 법인정비법 등에서는 일반법인으로의 "이행(移行)이라는 용어를 사용하고
   있으나, 이는 우리에게 익숙하지 않은 용어 사용례라고 생각되어 보다 쉬운 이
   해를 위해 '전환'으로 의역하였다.
51) (社團法人及び財團法人の存続)
   第四十条 第三十八条の規定による改正前の民法(以下"旧民法"という。)第三十四条
   の規定により設立された社團法人又は財團法人であってこの法律の施行の際現に存
   するものは、施行日以後は、この節の定めるところにより、それぞれ一般社團・財團
   法人法の規定による一般社團法人又は一般財團法人として存続するものとする。
   2 前項の場合においては、同項の社團法人の定款を同項の規定により存続する一
     般社團法人の定款と、同項の財團法人の寄附行為を同項の規定により存続する
     一般財團法人の定款とみなす。
52) (通常の一般社團法人又は一般財團法人への移行)
   第四十五条 特例社團法人又は特例財團法人は、移行期間内に、第五款の定める
   ところにより、行政庁の認可を受け、それぞれ通常の一般社團法人又は一般財團
   法人となることができる。

선택할 수 있으며, 만약 이러한 선택을 하지 않고 전환기간을 도과하면 전환기간 만료일에 해산한 것으로 간주된다(법인정비법 제46조).

그런데 위에서 살펴본 바와 같이 舊日民法상 비영리법인은 모두 공익을 목적으로 하는 것이었으므로, 舊日民法상 비영리법인이 공익인정을 받아 공익법인으로 존속할 경우 법인의 성격이 그대로 유지되며 별다른 문제가 발생하지 않는다. 그러나 종래 공익 목적 비영리법인을 일반법인법에 의한 공익 외 목적의 일반 비영리법인으로 곧바로 전환할 수 있게 허용한다면 문제가 생긴다. 舊日民法상 공익법인이 형성한 재산은 당해 공익 목적을 위한 기부, 증여 등에 의한 것이고, 또 세제상 혜택에 기반한 것인데, 만약 舊日民法상 공익법인이 곧바로 공익 외 목적 일반법인으로 전환할 수 있다면 공익목적을 위해 형성된 재산이 당초의 목적 범위를 벗어나 함부로 전용되는 부당한 결과가 되기 때문이다. 이에 법인정비법에서는 舊日民法상의 공익법인이 통상의 일반법인으로 전환하고자 할 때에는 당시의 순자산을 기준으로 하여 공익목적을 위해서 형성된 것으로 간주되는 재산액('공익목적 재산액'[54])을 모두 공익목적에 소진할 수 있도록 하는 '공익목적 지출계획'을 작성하여 이를 실행할 의무를 부담하도록 정한다(동법 제119조, 제123조 등). 즉, 세제 혜택 등을 받아 형성된 재산은 일반법인으로 전환한 후에도 오로지 당초의 공익목적을 위하여서만 지출할 수 있도록 함으로써 일반법인 제도

---

53) (公益社団法人又は公益財団法人への移行)

第四十四条　公益法人認定法第二条第四号に規定する公益目的事業(以下この節において単に"公益目的事業"という。)を行う特例社団法人又は特例財団法人は、施行日から起算して五年を経過する日までの期間(以下この節において「移行期間」という。)内に、第四款の定めるところにより、行政庁の認定を受け、それぞれ公益法人認定法の規定による公益社団法人又は公益財団法人となることができる。

54) 舊日民法 제72조는 비영리법인 해산시 잔여재산의 귀속에 관하여 당해 법인과 유사한 목적을 위하여 처분하거나 또는 국고에 귀속하도록 정하고 있었다. 법인 정비법 제119조는 이와 같이 민법 제72조에 의하였다면 처분하거나 국고에 귀속하게 되는 재산액에 상당하는 금액을 산정하도록 하면서 이를 '공익목적 재산액'이라고 정하고 있다.

를 남용해 부당한 이득을 얻을 수 없도록 하였다.

IV. 일본법상 기업재단법인과 사업승계 목적 활용가능성

1. 일본법상 기업재단법인의 허용 여부

기업재단법인은 아직까지 확립된 개념은 아니나, 일반적으로 영리활동을 추구하는 기업이 재산을 출연하여 설립한 비영리 재단법인을 의미하는 것으로 받아들여진다. 기업은 영리활동을 목적으로 운영되는 것이므로, 기업이 비영리 재단법인에 출연하는 행위가 허용될 수 있는지 논란의 여지가 있다. 우선 기업 입장에서 영리 목적으로 벌어들인 수입 중 일부를 비영리 재단법인에 출연할 수 있는지 할 수 있는지 문제 될 수 있다. 기업은 경제활동을 통한 이윤추구와 수익금 분배를 궁극적인 목적으로 하므로 나, 설령 비영리 재단법인에 출연하는 것이라고 하더라도 이를 통한 사회적 이미지 제고 등 기업 스스로의 가치가 높아지는 측면도 있을 수 있으므로, 출연 자체가 무조건 금지된다고 보기는 어렵다.[55]

다음으로 비영리 재단법인의 입장에서 기업으로부터 출연을 받는 것이 가능한지 살펴본다. 일본의 일반법인법에서는 재단법인을 설립함에 있어 그 출연되는 재산과 관련하여서는 설립 시 설립자가 출연하여야 하는 재산액이 300만 엔 이상이어야 한다고 정하고 있을 뿐, 설립자를

---

55) 이 글에서는 주로 피출연자인 재단법인 측면에서 살펴보고자 하므로, 이 점에 관한 상세한 논의는 하지 않는다. 기업 측면에서의 논의에 관하여는, 백숙종, "주식회사 이사들이 이사회에서 회사의 기부행위를 결의한 경우 선량한 관리자로서의 주의의무에 위배되는지 여부를 판단하는 기준", 대법원 판례해설 제119호, 법원도서관(2019) 등 참조.

제한하거나 출연되는 재산의 종류를 제한하고 있지 않다. 공익인정법 역시 공인인정을 받기 위한 요건으로 설립자나 출연자에게 일정한 제한을 가하고 있지는 않으며, 다만 출연되는 재산이 의결권 있는 주식 등 다른 단체의 의사결정에 관여할 수 있는 것인 경우에만 보유 가능 범위에 일정한 제한을 두고 있다. 종래 舊日民法 하에서 설립되었던 공익 목적의 재단법인의 경우에는 그러한 제한은 없었고, 실제 주식회사의 주식을 보유하고 있는 재단법인의 비율도 상당하다.[56] 법인정비법에서도 출연자의 성격에 관하여 제한하고 있지 않다. 따라서 일본의 비영리법인 제도 하에서 기업이 자신의 재산으로 재단법인을 설립하거나 재단법인에 출연하는 것은 원칙적으로 허용되고 다만 공익재단의 경우에만 일정한 제산이 있으며, 실제로도 여러 기업 재단법인이 설립되어 운영 중인 것으로 파악된다.

한편 종래 舊日民法 하에서도 비영리법인의 수익활동이 완전히 금지되는 것은 해석되지는 않았는데, 개혁 3법은 이 점에 관해 보다 분명히 하고 있다. 우선 일반법인법에 의할 때 공익 목적이 아닌 보통의 비영리법인은 수익활동이 금지되지 않는다. 일반법인법은 제9조에서 상법 규정 중 약 10여 개의 조항이 비영리법인에게 적용되지 않는다고 정하는데, 그 반대해석 상 적용제외에 해당하지 않는 상법 규정은 비영리법인에게도 적용되므로,[57] 상행위 등 수익활동을 전제로 한다고 볼 수 있다. 또한 공익인정법에서도 공익목적사업비율이 50%를 넘어야 한다고 정하고 있어서(제5조 8호), 50% 이하의 수익사업이 공익 목적 비영리법인에게도 허용되고 있다. 이에 따라 일본의 비영리법인은 한편으로는 (공익인정의 취득을 예정하고) 공익법인 설립을 위하여 이용될 것이지만, 다른 한편으로 비영리 수익사업을 위한 법인유형으로 활용될지도 모르고, 앞으로의 시대에는 사회적으로 유용한 재화나 서비스를 제공하는 활동

56) 内閣府編, "平成22年度特例民法人白書(旧公益法人白書)", 全国公益法人協会 (2010), 42.
57) 熊谷則一, 앞의 글, 19.

을, 영리는 추구하지 않지만, 그 자체로서 채산성이 맞는 형태로 전개하기 위한 준거틀이 필요하게 될 것이며, 일반법인법은 이러한 종류의 활동을 위하여 특수한 회사형태를 설치하는 입법(立法)에 해당하는 기능을 하게 될 수 있을 것이라는 전망도 제기되고 있다.[58] 더욱이 공익법인의 재산이 주주나 사원 등에게 분배되지 않고 공익 목적으로만 사용된다는 점에서 회사나 영리법인과 다르므로, 수익을 발생시키는지 여부가 공익법인을 영리법인과 구별할 기준이 되지 않고, 공익법인에게 수익활동을 제한한다면 공익법인이 자주적으로 재원을 확보할 수 있는 수단이 제약되어버리므로, 민간에 의한 공익활동을 촉진하기 위해서는 수익활동을 제한하지 않고 다양한 자금조달방법을 인정하는 것이 바람직하다고 하면서, 오히려 기업과 비영리법인의 경계를 좀 더 허물어 일정 한도에서 잉여금 분배를 가능하게 함으로써 공익실현을 목적으로 하는 기업이 출자에 의해 자금을 조달할 수 있도록 하는 방안도 고려해봄직하다는 견해도 있다.[59]

결론적으로 일본 법제도상 기업이 공익 목적 아닌 일반 비영리 재단법인에 출자하는 것 자체는 허용되므로 기업 재단법인의 설립이나 운용이 가능할 것으로 생각된다. 공익인정법상 공익인정을 받은 공익 목적 재단법인에 있어서는 어느 기업의 사업활동을 실질적으로 지배할 우려가 없을 것을 요건으로 하므로, 이를 통해 기업의 의결권 있는 주식 취득 범위가 제한되고 있을 뿐이며, 기업으로부터 재산 출연 자체가 금지되고 있지는 않다.

---

58) 權澈, 앞의 글, 157.
59) 松元暢子, "營利法人による公益活動と非營利法人による收益活動", 日本私法学会 シンポジウム資料 非營利法人に関する法の現状と課題, "商事法務"1104号 (2017), 18, 20.

2. 사업승계 목적의 기업 재단법인 활용 가능성

기업이 비영리법인에 출자하는 것은 허용되고, 이때 해당 비영리법인은 출자를 받은 재원을 이용하여 스스로 정관에서 정한 목적을 달성하기 위하여 이를 자주적으로 운용할 수 있게 된다. 그런데 어느 기업이 사업승계 목적으로 이러한 비영리 재단법인을 활용할 수 있을지 문제된다.

예를 들어 주식회사 형태의 기업에서, 그 기업의 실질적 운영자는 과반수 내지 상당한 비율의 주식 보유를 통해 강력한 주주권을 구축하고 이를 바탕으로 기업의 투자방향 설정, 관리, 처분 등 기업을 운영하는 것이 일반적일 것이다. 그런데 기업가 개인이 사망할 경우 공동상속 등에 의하여 주식이 여러 사람에게 귀속되는 경우에는 그와 같이 구축된 주주권에 균열이 생기면서 기업 운영 기조가 크게 바뀔 수 있는 것은 물론이고 극단적인 경우 주주권이 사실상 공중분해되어 기업의 정상적인 존속까지도 어려워질 우려가 있다. 이때 재단법인 제도가 사업승계의 목적으로 활용될 수 있는지 문제된다.

특히 일본은 가업승계를 통한 기업활동이 전세계에서 가장 활발하게 일어나고 있는 것으로 알려져 있다.[60] 일본에서는 오래전부터 도제식 장인(匠人) 문화가 널리 퍼져 있었고, 이를 토대로 세워진 기업이 친자(親子) 또는 양자(養子), 혼인 등을 통해 이어지는 경우가 많다. 이렇게 수 대에 걸쳐 이어진 기업을 노포(老鋪, 시니세)라고 하는데, 창립자 사망 후에도 기업의 동일성이 충실히 유지될 수 있도록 원활한 사업승계가 이루어질 필요성이 끊임없이 제기되었다.[61]

---

60) 階戸照雄, "世界に冠たる日本のファミリー企業". 公正取引723号 (2011), 107. "세계 최장수 10개 중 7개가 일본 기업", 주간조선, https://magazine.hank-yung.com/business/article/201601189905b (2016. 10. 17.); "'양자 승계'… 100년 노포 기업의 장수 비결", 매거진한경, https://magazine.han-yung.com/business/article/201601189905b (2016. 1. 18.) 등에서도 이러한 일본의 노포 기업에 대해 소개한다.
61) 예를 들어 원활한 사업승계가 이루어지도록 지원하는 공익재단법인이 존재하기

그 중 주로 상속세 등 과세에 대한 대책과 관련하여 기업 재단법인 또는 사단법인을 활용하는 방안이 종래 개혁 3법 도입 전부터 실무상으로는 어느 정도 이용되어 온 것으로 파악된다.[62] 일본의 법학계에서 이를 중심으로 활발한 논의가 전개되지는 않았으나, 세무실무상으로는 상속세 등의 절세 대책으로 기업 재단법인이 간단히 소개되고 있다.[63] 그러나 재단법인이 실질적으로 당해 기업의 안정적인 지배주주로 행동하여 최대주주의 주주권을 확보하는 목적으로 이용되면서 조세 상 혜택만 얻지는 못하도록 의결권 행사를 금지시키는 등 제한조치가 취해져 왔고,[64] 또한 변동성이 강한 기업의 주식을 재단법인에 기본재산으로 출연한 경우에는 기본재산액의 파악이나 유지가 어려워, 당초의 공익목적 달성에 어려움이 발생할 우려가 있다는 문제점도 지적되었다.[65]

일본에서 개혁 3법 도입을 통해 일반법인과 공익법인이 구분되어 설립가능하게 된 것은 2008년경부터이고, 이제 그로부터 10여 년이 지난 현재까지는 기업 재단법인에 관한 논의가 활발히 이루어지지 않는 것으로 보인다. 세제 혜택을 받는 공익법인은 설립절차와 감독이 비교적 까다로운 반면, 일반법인은 세제 혜택은 받을 수 없어 사업승계 등의 목적으로 사용할 실익이 상대적으로 크지 않기 때문으로 생각된다. 종래 공

도 한다. https://www.kagawa-isf.jp/jigyoushoukei/ 참조.

62) 여러 로펌이나 변호사, 세무사 등이 절세 대책으로의 재단법인 활용 방안에 관하여 홍보하고 있다. 예를 들어, https://www.yanagisawa-accounting.com/blog/公益財団法人等の節税スキーム/, http://www.tokyo-zeirishi-ito.com/news/2014/01/news_post-172.html, https://tomorrowstax.com/business/, https://finance-shikin.com/koeki.html 등 다수의 관련 사이트가 검색된다. 또한 손정의 등 유명인의 절세 대책으로 소개되고 있기도 하다. "孫正義と柳井正の "相続税対策"はいったいどうなっているのか!?~総資産は各1兆4000億円。税額はウン千億円", 現代ビジネス, https://gendai.ismedia.jp/articles/-/47103? page=3. (2016. 1. 5.).

63) 한편, 신탁을 이용한 사업승계 방식에 관하여 논한 것으로는, 米田保晴, "相続と中小企業の事業承継－自社株承継スキームの概要と今後の課題", ジュリスト 1491号 (2016), 51. 이하.

64) 雨宮孝子, "企業財団の最近の動きと企業財団による株式保有の問題点", 398, 409~416.

65) 雨宮孝子, "企業財団の最近の動きと企業財団による株式保有の問題点", 416~420.

익 목적 재단법인에 기부할 경우에는 기부자와 재단법인 모두에게 세제
상 혜택이 주어졌으므로, 이를 상속세 등의 절세에 활용할 수 있었다.
그러나 이러한 기부로 인하여 증여자나 유증자의 친족 등의 상속세 등
의 부담이 부당하게 감소하는 결과가 된다고 인정되는 때에는 당해 재
단을 개인으로 보고 상속세 등을 과세할 수 있으므로(일본 상속세법
제66조 제4항),[66] 오로지 절세 목적으로 기부하는 것은 분명히 한계가
있다.

　더욱이 일본의 개혁 3법의 내용을 보면, 재단법인과 재단법인 설립
자를 엄격히 구분하고, 재단법인이 그 나름대로의 목적을 가지고 독립
적으로 운용될 수 있도록 하는 장치가 마련되어 있으므로, 오로지 사업
승계를 목적으로 한 재단법인의 설립이나 운용은 법제도의 취지와도 맞
지 않다. 위에서 소개한 최고재판소 판결례는 재단법인 설립자의 의사
와 전혀 무관하게 법인의 동일성을 상실할 수 있는 정도인지 불문하고
목적변경이 가능하다고 판시함으로써, 재단을 그 설립자와 엄격히 분리
되는 독자적인 주체로 전제하는 입장에서 판단하기도 하였다. 이 최고
재판소 판결은 법인제도의 발본적인 개혁에 맞추어 법인정비법 해석과
관련하여 내려진 것으로, 법인정비법 외에 일반법인법이나 공익인정법
에 의해 설립된 재단법인에까지 곧바로 확대 적용될 수 있을지는 의문
의 여지가 있고, 그 자체로도 설립자의 의사를 떠나 자율적 의사결정이
쉽게 인정되기 어려운 재단법인의 본질에 반한다는 측면이 있다는 점에
서는 여전히 한계가 존재한다. 그렇지만 재단과 그 설립자를 엄격히 분
리시키고자 하는 것이 최고재판소의 판단 기조라고 본다면, 사업승계를
목적으로 한 재단법인의 설립과 운용에 관하여도 일본 재판소가 이를
인정하지 않으려는 소극적인 기준을 설정할 가능성이 보다 높다고 생각
된다.

---

66) 税務社法人プライスウォーターハウスクーパース, 「完全ガイド 事業承継·相続
　　対策の法律と税務」, 税務研究会出版局 (2007), 307, 308.(本田崇志 집필부분).

한편, 일본에서는 2018년 세제개편을 통하여 친족관계자가 이사의 과반수를 점하는 일반사단법인에 있어서는 그 친족이사 중 1명이 사망한 경우 당해 법인의 재산에 대하여 당해 법인에게 상속세를 과세하는 것으로 하는 등67) 이러한 일반법인 제도를 활용한 절세가 어려워지도록 세무당국의 관리가 시행되고 있기도 하다.

다만 위에서 언급한 바와 같이 일본에서는 사업승계를 통한 노포 문화가 오래전부터 널리 퍼져 있었고, 이것이 일본의 산업원동력 중 하나로 평가되고 있다. 이에 일본에서는 노포의 적절한 승계가 이루어질 수 있도록 최근 상속법제 등을 개선하였는바,68) 아래에서 간단히 소개한다.

3. 원활한 사업승계를 위한 방안

가. 중소기업경영승계원활화법

일본에서는 2008년 10월 1일부터 "중소기업에 있어서의 경영승계 원활화에 관한 법률(中小企業における経営の承継の円滑化に関する法律)"(이하 '경영승계원활화법')이 시행 중이다.69) 이 법은 자본금이나

---

67) 일본 재무성에서 발표한 "平成 30年度税制改正の大綱の概要", https://www.mof.go.jp/tax_policy/tax_reform/outline/fy2018/30taikou_gaiyou.pdf 참조.

68) 애초에 일본의 상속법제는 사업승계 자체를 염두에 둔 것이 아니라는 점이 실무상 지적되고 있었다. 相続·経営承継コンサルタント協同組合, "うちの会社 この先どうする!?−10人のプロが書いた経営承継·究極の助言−", 同友館 (2009), 167, 168(能瀬敏文 집필부분).

69) 동법에 관한 간략한 소개로는, 神崎忠彦·柏原智行·山口徹朗, "中小企業における経営の承継の円滑化に関する法律の概要" ジュリスト1377号 (2009); 浦東久男, "経営承継円滑化法−中小企業の経営承継を円滑にするための特例", 法学セミナー651号 (2009) 등 참조. 한편 동법은 2019년 일부 개정되었는데, 이에 관하여는 小川貴裕, "中小企業における経営の承継の円滑化に関する法律(遺留分に関する民法の特例を定める部分)の改正の概要", NBL No. 1153 (2019) 등 참조.

출자총액이 3억 엔 이하인 회사 및 상시 종업원 수가 300인 이하인 회
사 또는 개인으로서 제조업, 건설업, 운수업 등을 주된 사업으로 영위하
는 자 등, 자본금이나 출자총액이 1억 엔 이하인 회사 및 상시 종업원
수가 100인 이하인 회사 또는 개인으로서 도매업을 주된 사업으로 영위
하는 자 등, 자본금 또는 출자총액이 5천만 엔 이하의 회사 및 상시 종
업원 수가 100인 이하인 회사 또는 개인으로서 서비스업을 주된 사업으
로 영위하는 자 등, 자본금이나 출자총액이 5천만 엔 이하인 회사 및 상
시 종업원 수가 50인 이하인 회사 또는 개인으로서 소매업을 주된 사업
으로 영위하는 자 등과 기타 정령으로 정하는 중소기업(제2조70))에 대
해서만 적용되는 것이기는 하지만, 사업승계를 위한 특칙을 정하고 있
다는 점에서 의미가 있다.

　동법은 크게 유류분에 관한 민법의 특례, 금융상의 지원제도 및 상속

---

70) (定義)
第二条　この法律において「中小企業者」とは、次の各号のいずれかに該当する者
をいう。
一　資本金の額又は出資の総額が三億円以下の会社並びに常時使用する従業員の
数が三百人以下の会社及び個人であって、製造業、建設業、運輸業その他の業
種(次号から第四号までに掲げる業種及び第五号の政令で定める業種を除く。)
に属する事業を主たる事業として営むもの
二　資本金の額又は出資の総額が一億円以下の会社並びに常時使用する従業員の
数が百人以下の会社及び個人であって、卸売業(第五号の政令で定める業種を
除く。)に属する事業を主たる事業として営むもの
三　資本金の額又は出資の総額が五千万円以下の会社並びに常時使用する従業員
の数が百人以下の会社及び個人であって、サービス業(第五号の政令で定める
業種を除く。)に属する事業を主たる事業として営むもの
四　資本金の額又は出資の総額が五千万円以下の会社並びに常時使用する従業員
の数が五十人以下の会社及び個人であって、小売業(次号の政令で定める業種
を除く。)に属する事業を主たる事業として営むもの
五　資本金の額又は出資の総額がその業種ごとに政令で定める金額以下の会社並
びに常時使用する従業員の数がその業種ごとに政令で定める数以下の会社
及び個人であって、その政令で定める業種に属する事業を主たる事業として営
むもの

세 과세에 대한 조치를 담고 있다. 먼저 유류분에 관한 민법의 특례는
일정 기간 이상 계속하여 사업을 영위한 경우에 적용되는데, 선대 경영
자가 추정상속인인 후계자에게 그 주식 또는 사업용 자산을 생전증여
한 경우, 후계자를 포함한 추정상속인 전원의 합의로 그 가액의 전부 또
는 일부를 유류분 산정을 위한 상속재산 가액에서 제외하거나 상속재산
에 산입할 때 기준이 되는 금액을 그 합의 시의 가액으로 하도록 합의
할 수 있다(제4조 제1항71)). 후계자가 이 합의가 소정의 요건을 갖추고
있다는 점에 대하여 경제산업대신(經濟産業大臣)의 확인을 받아 가정재
판소의 허가를 받음으로써 효력이 발생한다(제7조, 제8조). 다음으로 회
사인 중소기업자에 관하여, 그 대표자의 사망 등으로 인한 경영승계에
수반하여, 사망한 그 대표자 또는 퇴임한 그 대표자의 자산 중 당해 중
소기업자의 사업 실시에 불가결한 것을 취득하기 위해 다액의 비용을
요하는 등 경제산업성령(經濟産業省令)에서 정하는 사유가 있어 당해
중소기업자의 사업활동 계속에 지장이 발생한다는 사실 등을 경제산업
대신으로부터 인정받은 경우에는 중소기업신용보험법에서 규정하는 신
용보험을 활용할 수 있도록 한다(제12조, 제13조). 마지막으로 중소기업

---

71) (会社事業後継者が取得した株式等又は個人事業後継者が取得した事業用資産に
関する遺留分の算定に係る合意等)
　第四条 旧代表者の推定相続人及び会社事業後継者は、その全員の合意をもって、
書面により、次に掲げる内容の定めをすることができる。ただし、当該会社事業
後継者が所有する当該特例中小会社の株式等のうち当該定めに係るものを除い
たものに係る議決権の数が総株主又は総社員の議決権の百分の五十を超える数
となる場合は、この限りでない。
　一 当該会社事業後継者が当該旧代表者からの贈与又は当該株式等受贈者からの
相続により取得した当該特例中小会社の株式等の全部又は一部について、その
価額を遺留分を算定するための財産の価額に算入しないこと。
　二 前号に規定する株式等の全部又は一部について、遺留分を算定するための財産
の価額に算入すべき価額を当該合意の時における価額(弁護士、弁護士法人、公
認会計士(公認会計士法(昭和二十三年法律第百三号)第十六条の二第五項に規定
する外国公認会計士を含む。)、監査法人、税理士又は税理士法人がその時にお
ける相当な価額として証明をしたものに限る。)とすること。

에서 대표자 사망 등으로 인한 경영승계에 수반하여, 그 사업활동 계속
에 지장이 생기는 것을 방지하기 위해 정부로 하여금 상속세 과세에 관
하여 필요한 조치를 강구하도록 정하고 있다(부칙 제2조72)). 이에 따라
일본 정부는 거래가격이 없는 주식 등에 관한 상속세 납부유예 제도 등
을 포함한 상속세제 개편안을 도입하기도 하였다.73)

나. 일본의 개정 상속법

2018년 개정된 일본 상속법은 여러 가지 내용을 담고 있는데 그 중
사업승계와 관련지을 수 있는 것은 유류분 제도이다. 일본 개정 상속법
은 종래 물권적 효과를 곧바로 발생한다고 해석되었던 유류분반환청구
권(遺留分減殺請求權)을 단지 금전적 지급청구권에 해당하는 유류분침
해액청구권(遺留分侵害額請求權)으로 개정하였다.74) 개정 전 일본 민법
상으로는 유류분반환청구권의 행사로써 당연히 공유관계가 발생하는데
이러한 법리 구성은 종래부터 피상속인 사망 시 사업승계에 지장을 초
래하고 지분권의 처분에도 문제가 된다는 지적이 있었다. 개정 일본 상
속법 제1046조75)는 그 용어를 유류분침해액청구권으로 변경하여 금전

---

72) (相続税の課税についての措置)
   第二条 政府は、平成二十年度中に、中小企業における代表者の死亡等に起因す
   る経営の承継に伴い、その事業活動の継続に支障が生じることを防止するため、相
   続税の課税について必要な措置を講ずるものとする。

73) 일본 국세청의 사업승계원활화법과 관련한 제도 소개에 관하여는 https://www.nta.
   go.jp/publication/pamph/jigyo-shokei/index.htm 참조.

74) 일본 개정 상속법에 관한 상세한 설명은, 곽민희, "2018년 일본 개정 상속법 개
   관", 안암법학 제57호 (2018) 참조.

75) (遺留分侵害額の請求)
   第千四十六条 遺留分権利者及びその承継人は、受遺者(特定財産承継遺言により
   財産を承継し又は相続分の指定を受けた相続人を含む。以下この章において同じ。)
   又は受贈者に対し、遺留分侵害額に相当する金銭の支払を請求することができる。
   2 遺留分侵害額は、第千四十二条の規定による遺留分から第一号及び第二号に掲

채권화 하였고 그에 따라 종래 민법상 유증 또는 증여 목적물 반환을
전제로 한 규정들은 대부분 삭제되거나 개정되었다.

개정 전 일본민법에 따르면, 상속인에 대한 유증 또는 증여에 관하여
유류분반환을 청구하면 특별한 한정이 없는 한 목적재산의 전부가 그 반환
대상이 될 수 있었다. 따라서 피상속인이 상속인 중 한 명을 후계자로
선택하여 사업용 재산을 증여 또는 유증하였다고 하더라도 유류분권자는
그 재산의 반환까지 청구할 수 있었던 것이다. 그러나 유류분반환청구권이
유류분침해액청구권으로 개정됨으로써 위와 같이 증여 내지 유증받은 재
산의 반환은 더 이상 구할 수 없게 된 것이다.

한편 일본의 개정 상속법은 또한, 피상속인이 상속개시 시에 가지고
있던 채무 중 법정상속분에 따라 유류분권리자에게 승계되는 채무를 수
증자나 수유자가 변제 기타 소멸시킨 때에는 유류분침해액을 산정할 때
그 소멸시킨 채무액은 유류분권리자가 청구할 수 있는 유류분침해액에
서 제외되도록 정한다(제1047조76) 제3항). 이 조항 역시 원활한 사업승

げる額を控除し、これに第三号に掲げる額を加算して算定する。
一 遺留分権利者が受けた遺贈又は第九百三条第一項に規定する贈与の価額
二 第九百条から第九百二条まで、第九百三条及び第九百四条の規定により算定
した相続分に応じて遺留分権利者が取得すべき遺産の価額
三 被相続人が相続開始の時において有した債務のうち、第八百九十九条の規定
により遺留分権利者が承継する債務(次条第三項において"遺留分権利者承継
債務"という。)の額
76) (受遺者又は受贈者の負担額)
第千四十七条 受遺者又は受贈者は、次の各号の定めるところに従い、遺贈(特定
財産承継遺言による財産の承継又は相続分の指定による遺産の取得を含む。以下
この章において同じ。)又は贈与(遺留分を算定するための財産の価額に算入される
ものに限る。以下この章において同じ。)の目的の価額(受遺者又は受贈者が相続人
である場合にあっては、当該価額から第千四十二条の規定による遺留分として当
該相続人が受けるべき額を控除した額を限度として、遺留分侵害額を負担する。
一 受遺者と受贈者とがあるときは、受遺者が先に負担する
二 受遺者が複数あるとき、又は受贈者が複数ある場合においてその贈与が同時
にされたものであるときは、受遺者又は受贈者がその目的の価額の割合に応
じて負担する。ただし、遺言者がその遺言に別段の意思を表示したときは、そ

계를 돕기 위한 조항으로 해석될 수 있는데, 예컨대, 피상속인이 사업을
운영하고 있었고 사업과 관련하여 채무를 부담하고 있었다면, 당해 사
업을 승계하게 된 수증자 또는 수유자는 그 사업과 관련한 채무를 직접
변제해야 하는 경우가 발생할 수 있으므로, 그 경우 수증자 또는 수유자
를 보호하고자 하는 것이다. 즉, 사업용 자산에 그 채무에 관한 담보가
설정되어 있는 경우 등에는 후계자로 지목된 수증자 또는 수유자가 어
쩔 수 없이 피담보채무를 변제해야 할 경우가 있을 수 있는 반면, 수증
자 또는 수유자가 이를 변제한 후 나중에 유류분권리자에게 구상하도록
하는 것은 번잡스럽기 때문이라고 한다.77)

4. 소결

우리나라와 마찬가지로 일본에서도 기업이 출연하여 설립된 재단법
인은 실제로도 다수 존재하며, 이러한 설립과 운용에 있어서 법적인 문
제는 없다. 다만 사업승계를 목적으로 기업 재단법인을 운용하는 것에

の意思に従う。

三　受贈者が複数あるとき(前号に規定する場合を除く。)は、後の贈与に係る受贈
　　者から順次前の贈与に係る受贈者が負担する。

2　第九百四条、第千四十三条第二項及び第千四十五条の規定は、前項に規定する
　　遺贈又は贈与の目的の価額について準用する。

3　前条第一項の請求を受けた受遺者又は受贈者は、遺留分権利者承継債務につい
　　て弁済その他の債務を消滅させる行為をしたときは、消滅した債務の額の限度
　　において、遺留分権利者に対する意思表示によって第一項の規定により負担す
　　る債務を消滅させることができる。この場合において、当該行為によって遺留
　　分権利者に対して取得した求償権は、消滅した当該債務の額の限度において消
　　滅する。

4　受遺者又は受贈者の無資力によって生じた損失は、遺留分権利者の負担に帰する。

5　裁判所は、受遺者又は受贈者の請求により、第一項の規定により負担する債務
　　の全部又は一部の支払につき相当の期限を許与することができる。

77) 松島隆弘, "法務と税務のプロのための改正相続法徹底ガイド", ぎょうせい (2018),
　　130.

는 비영리법인의 제도 취지 등에 반하는 것이라는 지적이 가능하다. 사업승계의 필요성은 분명히 존재하고, 특히 노포 기업이 산업의 중심이 되는 일본의 경우는 더욱 그러하다. 일본의 재단법인 실무상으로는 이미 사업승계를 위한 기업 재단법인도 상당수 운영되고 있는 것으로는 보이나, 이에 관한 법학계의 논의는 거의 찾아보기 어렵다.

다만 일본에서는 사업승계원활화법의 제정이나 민법 상속편의 개정 등을 통하여 원활한 사업승계를 지원하고자 하는 입장을 취한다. 양자 모두 사업승계의 현실적 필요성을 인정하면서, 다른 상속인들이나 기타 이해관계인의 권리를 부당하게 침해하지 않는 한도에서 원활한 사업승계가 가능하도록 제도를 신설·정비한 것이다. 물론 사업승계원활화법은 특정 업종의 중소기업에 한하여서만 적용되는 것이고, 민법 상속편의 규정 역시 법정상속분에 따른 상속분할이나 상속세 부과를 전적으로 배제하는 것은 아니어서 사업승계에 관하여는 양자 모두 한계가 없지 않다. 그러나 사업승계는 결국 해당 기업이나 사업자의 개별적인 사정에 따라 적정한 방식이 서로 다를 수 있으므로, 일본과 같이 다각도로 지원방안을 마련하는 것은 분명히 의미 있는 작업이라고 생각된다.

V. 결론

일본에서는 새로운 비영리법인 제도를 도입하여 준칙주의하에서 공익 외 목적으로 운용되는 일반법인과 공익인정을 받아 공익을 목적으로 하는 공익법인의 이원적 규율방식을 채택하였다. 종래 舊日民法 하에 설립되었던 공익 목적의 비영리법인도 일정 기간을 거쳐 일반법인 또는 공익법인으로 전환해야 한다. 다만 공익법인은 세제상 혜택 등을 받게 되므로, 일본의 개혁3법은 개정 전 또는 개정 후라도 공익법인으로서 받은 세제우대를 통해 형성된 재산을 공익 이외의 목적으로 전용하지

못하도록 장치를 마련하고 있다. 종래 舊日民法 하에서도 기업이 출연
한 기업 재단법인은 허용되어 왔고, 개혁3법 하에서도 이는 마찬가지이
다. 개인이 재단에 출연하는 것에는 한계가 있을 수밖에 없고, 재단이
수행하는 사회적 역할을 고려할 때 기업 재단법인의 설립과 운용을 허
용하는 것은 타당하며, 바람직하다고 할 것이다.

　다만 기업 재단법인의 활용 범위에 관하여는 주의가 필요하다. 재단
법인은 사원이 존재하지 않는다는 점에서 법인 자체의 자율성이 보다
쉽게 인정되는 사단법인과 근본적으로 다르고, 설립자의 설립 목적을
위해 운용되는 타율적 성격이 강한 것은 사실이다. 재단의 기본재산 운
용에 관한 재단법인 설립자 내지 최초 출연자의 의사가 가장 중요하게
받아들여지고 있기도 하다. 그럼에도 불구하고 재단법인과 재단의 설립
자 내지 출연자는 엄연한 별개의 법인격에 해당하여 결코 양자를 동일
시 할 수는 없다. 따라서 기업 재단법인의 설립과 운용을 허용하더라도,
그것은 재단법인의 본질적 존재의의와 특질을 훼손하지 않는 범위 내에
서만 인정되어야 할 것이다. 그런데 기업 재단법인을 원활한 사업승계
의 수단으로 활용할 경우, 기업 재단법인 설립이 활성화되고 그에 수반
하여 사회적 공익적 이익이 늘어날 여지도 분명히 있다. 그러나 이것은
어디까지나 부수적 효과에 지나지 않으므로, 사업승계를 위해 전적으로
재단법인 제도를 활용하는 것은 현실적으로도 효율적이지 않다.[78]

　일본의 법제 역시 명시적으로 사업승계를 위한 재단법인의 활용을
금지하고 있지는 않지만, 공익목적사업비율 등의 강제, 공익법인의 경우
의결권 있는 주식의 보유 한도 제한, 친족이사가 지배하는 일반재단에
대한 상속세 부과 등을 통해 재단법인이 오로지 상속세 절세나 사업승
계 목적으로 이용되는 것에는 한계를 긋고 있다. 재단법인 제도의 활용
이 사업승계를 위한 여러 가지 방편 중 하나가 될 여지가 없는 것은 아

---

[78] 일본의 사업승계 대책을 소개하고 있는 髭正博, "Q&A 事業承継·自社株対策の
　　実践と手法", 日本法令 (2003), 435.은, 사업승계 대책이 기업가의 사회적 책임
　　을 다하는 방향으로 이행되어야 한다고 강조하고 있기도 하다.

니나, 일본에서는 사업승계에 관한 다른 법제도를 정비하면서, 기업에게
다른 인센티브를 부여하여 공익재단 등의 설립을 장려하는 방향으로 정
책을 추진하고 있다.

우리나라는 일본과 유사한 비영리 재단제도를 보유하고 있다. 우리
나라의 경우에는 아직까지 원활한 사업승계를 위한 다른 법제도가 마련
되어 있지 않은 상황이므로, 재단법인을 활용하는 방안도 고려해 볼 여
지가 없지는 않다. 그러나 재단법인, 특히 그 중 공익 목적의 재단법인
을 사업승계 목적으로 활용하는 것은 바람직하지 않다. 재단법인이 상
속세 절세 목적으로 설립되는 것뿐이라고 자칫 잘못 인식될 경우, 공익
추구나 민간에 의한 상호 부조 등 재단법인의 본래 목적이 희석화 될
수 있고, 재단법인이 진정으로 필요한 영역에 있어서까지 그 활용이 축
소될 우려가 있다. 일본의 예에서 보듯이, 다른 법제도를 마련하여 원활
한 사업승계가 가능하도록 보완하되, 재단법인은 당초의 목적에 맞게
운용될 수 있도록 지원하는 것이 타당하다고 생각된다.

참고문헌

고상현, "공익법인의 설립", 민사법학 제70호, 한국민사법학회 (2015)

곽민희, "2018년 일본 개정 상속법 개관", 안암법학 57호, 안암법학회 (2018)

權澈, "日本의 새로운 非營利法人制度에 관한 小考- 최근 10년간의 動向과 新法의 소개 -", 비교사법 제14권 4호, 한국비교사법학회 (2007)

백숙종, "주식회사 이사들이 이사회에서 회사의 기부행위를 결의한 경우 선량한 관리자로서의 주의의무에 위배되는지 여부를 판단하는 기준", 대법원 판례해설 제119호, 법원도서관 (2019)

신지혜, "재단법인의 목적변경 한계에 관한 소고 - 일본 최고재판소 사례를 중심으로", 법학논총 제47집, 숭실대학교 법학연구소 (2020)

유민호, "세계 최장수 10개 중 7개가 일본 기업", 주간조선, http://weekly.chosun.com/client/news/viw.asp?ctcd=C02&nNewsNumb=002428100007 (2016. 10. 17.)

일본재무성, "平成 30年度税制改正の大綱の概要", https://www.mof.go.jp/tax_policy/tax_reform/outline/fy2018/30taikou_gaiyou.pdf (2017. 12. 22.)

전영수, '양자 승계'…100년 노포 기업의 장수 비결, 매거진한경, https://magazine.hankyung.com/business/article/201601189905b (2016. 1. 18.)

최성경, "일본의 공익법인제도 개혁 - '공익사단법인 및 공익재단법인의 인정 등에 관한 법률'을 중심으로 -", 민사법학 41호, 한국민사법학회 (2008)

https://finance-shikin.com/koeki.html

https://tomorrowstax.com/business/.

https://www.kagawa-isf.jp/jigyoushoukei/.

https://www.yanagisawa-accounting.com/blog/公益財団法人等の節税スキーム/ (2016. 1. 18.)

加藤新太郎, "特例財団法人の同一性を失わせるような定款の定めの変更の可否", 商事法務 1099号 (2017)

階戸照雄, "世界に冠たる日本のファミリー企業". 公正取引723号 (2011)

内閣府, "公益法人制度等に関するよくある質問(FAQ)", 令和3年3月版, V-7-①

(株式保有の制限), https://www.koeki-info.go.jp/pdf_faq/00_20210326.PDF (2019. 11. 8.)

內閣府編, "平成22年度特例民法法人白書(旧公益法人白書)", 全国公益法人協会 (2010)

米田保晴, "相続と中小企業の事業承継－自社株承継スキームの概要と今後の課題", ジュリスト1491号 (2016)

森田果, "特例財団法人の同一性を失わせるような寄附行為の変更", ジュリスト 1505号 (2015)

相続・経営承継コンサルタント協同組合, "うちの会社 この先どうする!?－10人のプロが書いた経営承継・究極の助言－", 同友館 (2009)

税務社法人プライスウォーターハウスクーパース, 「完全ガイド 事業承継・相続対策の法律と税務」, 税務研究会出版局 (2007)

小川貴裕, "中小企業における経営の承継の円滑化に関する法律(遺留分に関する民法の特例を定める部分)の改正の概要", NBL No. 1153 (2019)

"孫正義と柳井正の「相続税対策」はいったいどうなっているのか!?～総資産は各 1兆4000億円。税額はウン千億円", 現代ビジネス, https://gendai.ismedia.jp/articles/-/47103?page=3, (2016. 1. 5.)

松島隆弘. "法務と税務のプロのための改正相続法徹底ガイド", ぎょうせい (2018)

松元暢子, "営利法人による公益活動と非営利法人による収益活動", 日本私法学会シンポジウム資料 非営利法人に関する法の現状と課題, 『商事法務』 1104号 (2017)

神崎忠彦・柏原智行・山口徹朗, "中小企業における経営の承継の円滑化に関する法律の概要" ジュリスト1377号 (2009)

野村武範, "特例財団法人は, その同一性を失わせるような根本的事項の変更に当たるか否かにかかわらず, その定款の定めを変更することができるか", 最高裁判所判例解説民事篇 27号 (2018)

雨宮孝子, "公益法人の現状と課題", 法學研究：法律・政治・社会 60券 2号, 慶應義塾大学法学研究会 (1987)

雨宮孝子, "公益活動の本質を考える：信頼と実績, 公益法人協会トップマネジメント・セミナー2017 公益活動の信頼と実績, 社会から信頼される公益法人とは", 公益法人 47券 1号, 公益法人協会 (2018)

雨宮孝子, "企業財団の最近の動きと企業財団による株式保有の問題点", 法學研
　　究：法律·政治·社会 64券 12号, 慶應義塾大学法学研究会 (1991)

熊谷則一, "逐条解説 一般社団·財団法人法", 全国公益法人協会 (2017)

"一般財団法人も持株会からの買取受け皿として使う", http://www.tokyo-zeirishi-
　　ito.com/news/2014/01/news_post-172.html (2014. 1. 15.)

髭正博, "Q&A 事業承継·自社株対策の実践と手法", 日本法令 (2003)

田中謙一, "特例財団法人の同一性を失わせるような根本的事項についての定款
　　の変更の効力", 私法判例リマークス54号, 日本評論社 (2017)

竹内朗, "新公益法人への移行認定申請：事業·財務·機関のポイント解説", 資料
　　版商事法務 325号 (2011)

最高裁判所 平成27(2015)年12月8日 判決 最高裁判所 民事判例集69巻8号2211頁.

片山正夫·清水肇子·谷井浩·渡辺勝也·濱口博史·雨宮孝子·鈴木勝治, "特集·新春
　　座談会 公益法人のガバナンス·コードについて考える：法人の自主的
　　で自律的な健全運営と公益増進のために", 公益法人 49券 1号, 公益法
　　人協会 (2020)

浦東久男, "経営承継円滑化法ー中小企業の経営承継を円滑にするための特例", 法
　　学セミナー651号 (2009)

오스트리아, 스위스에 있어서 기업재단의 문제

김화*

I. 현대사회에 있어서 재단의 의미와 기업재단

현대에 있어서 재단(Stiftung)은 여러 가지 역할을 요구받고 있다. 출연자에 의해서 일정한 목적을 위하여서 바쳐진 재산의 집합체로서의 재단은, 현대에서는 재단을 위하여 재산을 출연한 재산출연자(Stifter) 또는 재단을 통해서 일정한 이익을 향유하는 이익수혜자(Destinatär)와 구별되는 독자적인 법인격을 인정받고 있기 때문이다. 즉, 재단설립의 출연자와 재단으로부터의 이익수혜자와의 관계에서 재단은 법적으로 구별되는 주체이고 이는 결국 다른 인적결합체와는 달리 당해 재산을 지배하는 소유자가 따로 존재하지 아니하고, 또한 이를 통해서 이익이 귀속되는 구성원(Mitglieder)도 존재하지 아니한다는 점을 특징으로 가지고 있다. 이는 결국 출연자, 이익수혜자, 나아가 재단의 관리자(Verwalter)와 구별되어 당해 출연된 재산이 독자적으로 존재하면서 또한 영구적으로 사회에 필요한 여러 가지 기능을 수행할 수 있게 된다는 것을 의미한다.
따라서 재단의 경우 재단의 존재이유를 결정하는 재단의 목적(Zweck)이라는 것이 핵심적인 의미를 가지게 되고, 또한 그 재단의 아이덴티티를 결정하게 된다.[1] 이러한 재단의 목적은 공익적 목적을 추구하는 경

---

* 이화여자대학교 법학전문대학원 교수

[1] Rawert, "Der Stiftungsbegriff und seine Merkmale", in: Hopt, Klaus J./Reuter, Dieter(Hrsg.), Stiftungsrecht in Europa, 2001, 115.

우가 많고, 이른바 공익적 목적추구라는 것은 일반적으로 국가의 기능
으로 이해되고 있으므로, 이러한 재단의 설립 및 재단의 활동과 관련하
여서는 출연자의 자유로운 의사에 기한 재단의 설립이라는 사법적인 측
면 외에도 재단의 공익적 목적 및 그 관리라는 공법적인 측면도 함께
존재한다.[2] 즉, 재단과 관련하여서는 다양한 법영역의 문제가 동시에
발생하는 것이다.

재단을 설립하는 출연자의 경우 일반적으로 자신이 이룩한 재산은
자신의 사망으로 인하여서 상속인에게 넘어가게 된다. 그러나 이러한
재산을 상속인들이 잘 관리해 나갈 수 있을지에 대해서 확신할 수 없고,
또한 상속인들을 통해서 본인이 이룩한 재산이 시간의 흐름에도 불구하
고 계속적으로 존재할 수 있다는 점을 담보할 수도 없다. 뿐만 아니라
출연자는 자신이 이룩한 재산이 세대간을 넘어서 자신의 후손을 위하
여, 또한 그들의 복리를 위하여 쓰여질 수 있기를 바랄 수도 있다. 이러
한 이유에서 이른바 가족재단(Familienstiftung)이라는 형태는 이를 위한
법적 도구로서 몇백년간 사용되어 왔다. 그러나 이러한 개인적인 목적
외에도 출연자로서는 자신이 이룩한 재산이 자신의 의사에 따라서, 자
신이 원하는 목적을 위해서, 유한한 개인의 시간의 한계를 넘어서 이루
어지기를 바랄 수도 있다. 즉, 재단이라는 법적형태를 통하여서 한 개인
은 시간의 한계를 넘어 영속하고자 하는 자신의 소망을 일정부분 실현
시킬 수 있게 되는 것이다.[3] 이러한 출연자의 소망과 관련해서 재단이
라는 법적 형태는 출연자를 통해서 형성된 특정 목적을 수행하며, 재단
출연자나 재단을 통한 이익수혜자(Destinatär)와는 법적으로 구별되면서
도 영속할 수 있는 독자적인 법적주체라는 점에서 매우 큰 의미를 갖게
된다.

---

2) Historisch-kritischer Kommentar zum BGB, Band I Allgemeiner Teil, §§ 1-240,
   2003(이하 HKK/집필자로 인용), 80-89 BGB, Rn. 5.
3) 이를 가장 중요한 재단설립의 목적으로 언급하는 것으로 HKK/Pennitz, 2003, 80-89
   BGB, Rn. 1.

앞서 언급한 것이 출연자가 재단을 통해 이루고자 하는 일종의 소망이며 재단이라는 제도의 사회적 기능에 대한 설명이라면, 재단출연자의 출연재산이라는 점에서는 현대사회에서 재단과 기업간의 일정한 연관성을 쉽게 상상할 수 있다. 즉, 출연자의 출연을 위해서는 일정한 재산이 필요하고, 이러한 재산의 형성이 일정한 기업 활동과 관련이 있는 경우를 쉽게 상정할 수 있으며, 이러한 기업을 통하여 출연된 재산으로 설립된 재단이 다시 기업 활동에 필요불가결하게 참여하게 되는 경우를 어렵지 않게 생각해 볼 수 있을 것이다.[4]

그러나 실제에서 이보다 더 중요한 의미를 갖는 것은 출연자가 기업을 운영하는 기업인으로서 자신이 이룩한 기업이 영속될 수 있기를 바라면서, 특히 본인이 이룩한 기업이 매각되지 않고, 고유의 기업문화, 기업의 정신을 유지하고 일정한 피용자들과 관계를 맺으며 나아가기를 소망하는 경우이다. 이러한 경우에 기업인은 기업과 일정한 관련을 맺는 재단을 설립하고, 이러한 재단이라는 법제도를 통해서 기업의 유지와 관련한 목적을, 재단이 갖는 시간적 무한성을 이용하여서 자신의 생애라는 시간적 한계를 넘어서 영구히 수행하는 것을 기대할 수 있을 것이다.[5] 이러한 후자의 목적을 위하여, 또는 이러한 일의 수행이 재단의 본래의 업무인 경우, 이러한 업무를 수행하는 재단을 본래적 의미의 기업재단(Unternehmenstiftung)이라고 할 수 있다.[6]

---

4) 예를 들어 출연자의 출연재산이 자신이 보유하는 기업에 대한 지분권인 경우가 있을 수 있고, 이를 통해서 재단이 다시 기업의 의사결정에 중요한 영향력을 행사하게 되는 경우를 쉽게 상정해 볼 수 있다.

5) 이러한 의미에서 기업이라는 것은 재단출연자인 기업주의 입장에서는 예술가의 예술작품과 같이 자신의 업적이자 시간적 한계를 넘어 존재하며 자신의 대체가 될 수 있는 대상이며, 이를 통해서 자신이 인간으로서의 유한한 삶을 넘어서 역사 속에서 영속적으로 존재할 수 있게 된다는 것을 의미한다고 할 수 있다. 이러한 역사적 영속성을 지적하는 견해로 Schulze, "Die Gegenwart des Vergangen", in: Hopt, Klaus J./Reuter, Dieter(Hrsg.), Stiftungsrecht in Europa, 2001, 55.

6) 이러한 의미에서 기업이 출연한 공익재단은 일반적인 의미의 기업재단(Unternehmensstiftung)과는 구별되어 사용되어야 할 것으로 보인다. 기업출연의 공익

문제는 이러한 의미의 기업재단을 법적으로 허용할 것인가이다. 이는 특히 재단은 본질적으로 어떠한 활동(Tätigkeit)을 하여야 하는가와 관련이 있으며, 이는 이러한 재단의 활동을 결정하는 재단의 목적은 어디까지 법적으로 허용될 수 있는가라는 질문으로 치환될 수 있다.[7] 결국 재단의 목적(Zweck)이라는 것은 당해 재단의 고유성을 정의하는 것이며, 이를 통해서 재단은 어떠한 일들을 감당할 것인가가 결정되기 때문이다.[8]

이러한 문제와 관련하여서 서로 대치되는 두 가지 법적가치의 긴장관계가 나타나게 된다. 즉, 재단이라는 특별한 법적형식을 이용하여서 자신의 목적을 달성하려는 개인에 있어서 이를 국가는 적절히 통제할 수 있어야 한다는 입장[9]과 헌법상 널리 인정되고 있는 법인설립의 자유가 최대한 보장될 수 있어야 한다는 입장[10]의 대립이 그것이다. 이와 관련하여서 재단설립, 특히 재단의 본질을 결정하는 재단목적(Zweck)의 형성을 어디까지 출연자의 의사에 맡겨둘 것인가의 문제에 관련하여서 각 나라들은 서로 다른 규정체계를 취하고 있다.

특히 고찰의 대상으로 삼은 오스트리아, 스위스의 경우가 우리나라에 있어서 중요한 의미를 갖는 것은 오스트리아의 경우 재단설립에 있어서 개인의 자유를 보장하고, 이를 통해서 국가경제에 이바지하기 위하여서 이른바 사재단법(Privatstiftungsgesetz: PSG)이라는 특별법을 제

재단의 경우 그 출연자가 기업이라는 점에 특징이 있을 뿐 그 활동목적 등에 있어서는 일반적인 공익재단과 차이가 없기 때문이다. 이른바 기업재단의 의미 등에 대한 상세한 설명으로는 Kronke, Stiftungstypus und Unternehemsträgerstiftung, 1988 참조.

7) 특히 기업재단의 경우 그 재단의 목적이 아닌 그 활동에 관한 문제(Tätigkeits-problem)라는 점을 지적하는 견해로 Rawert, 앞의 글, 122.
8) Rawert, 앞의 글, 115.
9) 이러한 입장에 선 경우 재단에 대한 국가의 적절한 통제와 특히 재단설립에 대한 허가주의와 쉽게 연결될 수 있을 것이다.
10) 이는 재단의 설립과 그 법인격의 부여와 관계되어서 자유설립주의와 쉽게 연결될 수 있을 것이다.

정하여 운용 중에 있고, 스위스의 경우 이러한 특별법을 제정하지는 않
고 스위스민법(Zivilgesetzbuch: ZGB)을 통해서 이를 규율하고 있으나,
이와 관련된 실무상의 요청에 따라서 계속적으로 재단과 관련된 개정의
논의가 진행되어 왔고, 이러한 사회적 요청들에 따라 재단과 관련된 규
정을 일부 개정한 바 있기 때문이다.[11] 또한 스위스의 경우 일정한 경
제적 목적을 추구하는 기업재단을 허용할 것인가와 관련하여서 개정과
정에서 심도깊은 논의가 이루어졌고, 이에 대해서는 중요한 연방대법원
(Schweizerisches Bundesgericht: BG)의 판결도 나오게 되었다. 특히 주
목해야 할 부분은 우리민법과 달리 재단(Stiftung)을 규정하고 있는 스위
스민법 제80조[12]는 재단이 추구해야 할 특정한 목적(besonderer Zweck)
의 존재를 요구하고 있지만, 그 특정한 목적이 어떠한 것이어야 하는가
에 대해서는 규정하고 있지 않으며, 또한 재단의 목적이 비영리적 성격
을 띄어야 한다는 것도 요구하고 있지 않다는 점이다.[13]

---

11) 스위스민법상 재단관련 규정의 개정에 대해서는 Handkommentar zum Schweizer
   Privatrecht, 3. Auflage, 2016(이하 CHK/집필자로 인용), Art. 80 ZGB, N. 1 이하
   참조. 스위스의 경우 이러한 실무상의 계속적인 재단관련 규정의 개정요구에 따
   라서 2006년 ZGB §§ 83a, 83b, 84a 등의 수 개의 조문을 신설하였다.
12) ZGB Art. 80
   Zur Errichtung einer Stiftung bedarf es der Widmung eines Vermögens für einen
   besondern Zweck.
13) 독일민법(BGB) 제80조 제2항도 이와 유사한 규정을 가지고 있다. 즉, 재단의
   목적과 관련하여서 재단의 목적은 계속적이고 항구적인 실현이 확보되었다고
   추단되며 그 목적이 공공복리를 위해롭게 하지 아니하는 경우에 이를 인정하고
   있다. 즉, 적극적인 재단의 목적설정이 아닌 공공복리에 반하지 아니한다는 매
   우 넓은 한계 내에서 자유롭게 재단의 목적을 설정할 수 있는 것으로 규정하고
   있다. 독일민법의 내용 및 번역에 대해서는 양창수 역, 독일민법전, 박영사
   (2021) 참조

II. 재단에 있어서 역사적 변천과 발전과정의 고찰

1. 재단법의 발전과정 고찰의 필요성

재단과 관련하여서 각 국가들은 다양한 규제 및 규율의 방식을 마련하고 있고 이를 특별법으로 처리하는 국가도 있으며,[14] 이와 달리 재단도 일종의 법인(juristische Person)의 하나로서 민법의 일반규정으로 규율하고 있는 국가들도 있다. 또한 재단과 관련하여서 국가의 통제와 그 목적의 한계를 분명히 하고 있는 국가들부터, 최대한 자유로운 재단의 설립과 활용, 이를 통한 국가경제의 발전을 도모하는 나라들도 있다.[15] 이러한 다양한 재단과 관련된 모습들을 비교법적으로 정확하게 고찰하기 위해서는 이러한 재단법들이 어떠한 역사적 발전과정을 거쳐 왔는지, 또한 어떠한 시점에서, 어떠한 이유로 이렇게 다양한 모습을 가지게 되었는지를 통시적으로 살펴볼 필요가 있다. 이러한 고찰을 통하여서 앞으로 재단법이 나아가야 할 방향과 세계적인 조류의 방향을 읽을 수 있을 것이다.

2. 재단법의 역사적 발전과정에 대한 개관

가. 재단의 역사적 발전 형태와 재단목적

재단이라는 법적형태는 그 구체적인 명칭에 있어서 차이가 있을 수는 있지만, 기본적으로 어떠한 법제도에서건 나타나는 현상으로서 그

---

14) 대표적인 예로서 오스트리아의 사재단법을 들 수 있다.
15) 대표적으로 자유로운 재단설립을 통하여서 유럽 각국의 중요한 기업들을 지배하는 이른바 지주재단들이 그 근거지를 두고 있는 리히텐슈타인을 들 수 있다.

기본적인 특징은 출연자의 사망에도 불구하고 재단은 영속하며, 출연자의 사망에도 불구하고 당해 출연자가 이러한 재단을 통해서 마치 그가 속했던 공동체에서 현존하는 것과 같은 기능을 수행할 수 있다는 것이다. 이러한 재단의 시간적 한계를 넘어서는 영구무한성이라는 것은 출연자가 자신의 죽음이라는 시간적 한계를 넘어서서 영속적으로 존재할 수 있게 해준다는 것에 다름아니다.

자신의 재산을 통한 이러한 역사적 영속을 가능하게 해주는 방법으로 다양한 법적기술이 생각될 수 있고, 이는 다음과 같은 점이 확보가 되어야 했다. 즉, 출연자가 출연한 재산은 소멸되지 않고 영속적으로 존재하여야 한다는 점과 출연자가 정한 목적에 따라서 이러한 재산이 사용될 수 있어야 하고, 이러한 출연자의 의사와 일치하는 재산의 사용이 담보될 수 있도록 이를 감독하는 기능이 필요하다는 것이다. 출연자는 자신이 이룩한 재산이 자신이 의도하는 목적을 위하여 계속적으로 활용될 수 있도록 하기 위하여 자신의 상속인을 신뢰하고, 그를 통해서 이러한 목적을 달성하도록 할 수도 있겠지만, 앞서 언급한 바와 같이 상속인이 계속적으로 자신이 의도한 목적을 충실하게 이루어주리라는 점을 확신할 수 없으며, 자신의 재산을 영속하는 국가기관에 증여하고 일정한 목적을 위해서 사용해 줄 것을 요청할 수도 있겠지만, 국가기관에 의한 관리의 경우 그 활용이 충분히 효율적으로 이루어지지 않을 수 있다는 위험이 존재한다.[16] 결국 재단이라는 독자적인 법적형태가 필요할 수밖에는 없다.

그러나 재단이라는 법적 형태가 한번에 형성된 것은 아니었으며, 이는 매우 오랜 시간 발전되어 온 것으로서 특히 서구에 있어서 재단의 발전에 가장 큰 역할을 한 것은 초기 기독교 전통이었다.[17] 기독교는 로마시대를 거쳐서 중세시대에 이르기까지 사회를 정신적으로 지배하였던 종교전통으로서 일정한 법제도의 형성, 발전도 이러한 정신적 배

---

16) 이를 지적하는 견해로 HKK/Pennitz, 2003, §§ 80-89 BGB, Rn. 2.
17) Schulze, 앞의 글, 57 이하.

경과 무관할 수 없었다.

기독교의 경우 자신의 재산이 단순히 자신의 상속인들에게만 남겨져
서는 않되며 오히려 신(神)을 위해서 쓰여져야 하고, 이를 통해서 자신
의 영혼이 구원받을 수 있다고 하는 기독교 전통을 형성하고 있었다.[18]
이러한 기독교 전통은 특히 교회를 통해서 이루어지게 되었는데, 기독
교 교리에 의해서 가난한 자들을 위해서 자신의 일정한 재산을 생애 마
지막으로 출연하고, 이러한 출연한 재산에 대한 관리를 해당 지역의 주
교가 관리하는 형태였다.[19]

이를 통해 종교적 내지 자선 목적을 위한(ad pias causas) 재산의 기
부가 이루어지게 되었다.[20] 이와 관련하여서 로마법상으로도 출연자의
출연재산이 종교적 내지 공익적 목적을 위하여 계속적으로 유지될 수
있도록 인정되고 있었고 이를 통해서 출연된 재산의 이용 및 수익이 출
연자가 결정한 일정한 목적을 위해서 계속적으로 쓰일 수 있다는 점에
서 출연자에게 매우 매력적인 제도가 될 수 있었다.

이러한 의미에서 piae causae 라는 것은 일정한 출연자의 목적을 지
칭하는 것으로도 볼 수 있지만, 법적 용어(terminus technicus)로서 초기
적 형태의 재단과 같은 제도를 말하는 것이라고도 할 수 있을 것이다.[21]

---

18) 특히 기독교의 교부들에 의해서 이러한 교리가 확립되게 되었다고 한다.: Schulze,
    앞의 글, 57.
19) HKK/Pennitz, 2003, §§ 80-89 BGB, Rn. 8; 이러한 로마법과 교회에 의한 공익적
    목적의 재산의 출연은 기존의 유럽에서 존재하던 전통과 결합되게 되었는데, 이
    는 출연자의 재산출연에 의하여서 출연자 자신은 실제적으로 존재하는 것은 아
    니지만 마치 해당 공동체에서는 출연자가 존재하는 것과 같이 보는 경우가 있
    었고, 이는 죽은 자에 의한 소제기(Klage der toten Hand)를 허용하는 것에서 분
    명하게 보여진다. 이러한 전통의 중요한 점은 출연자의 사망에도 불구하고 그의
    출연재산에 의해서 출연자, 관리자(Verwalter), 이익수혜자(Destinär)의 결합을
    일종의 인적결합체(Personenverband)로 상정하게 되었다는 것이다. 이에 대해서
    는 Schulze, 앞의 글, 59 참조.
20) Schulze, 앞의 글, 58.
21) HKK/Pennitz, 2003, §§ 80-89 BGB, Rn. 8.

또한 이러한 목적의 활동을 위해서 세금감면과 같은 다양한 혜택이 부여되었다.

이러한 기독교적 재단의 형태는 시대의 발전에 따라서 그 감독기능을 당해 시(市)가 맡게 되었으며, 더불어 이른바 현대적인 의미에서 말하는 가족재단, 즉 일정한 도움이 필요한 가족구성원을 위해서 일정한 재산을 출연하고 기능하는 재단의 원형도 만들어지게 되었다.[22]

이러한 모습은 현대적 개념의 재단의 원형으로 볼 수 있지만, 아직까지는 재단을 독자적인 법형식으로 파악하는 것이 아니라, 오히려 재단이 가지는 자선적 목적(piae causae)이 재단을 특별하게 취급하는 근거로 생각되었다.[23]

이러한 재단법의 형태는 16세기에 일어서 큰 변화를 맞게 되는데, 기존의 교회가 아닌 제후 또는 국가권력이 재단의 감독과 관련된 기능을 수행하게 되었으며, 각 국가들은 재단과 관련된 법률을 마련하면서 기존의 교회법의 적용이 배제되게 되었고, 재단은 종교적인 색체에서 이른바 재단의 목적으로서 공익적 목적이라는 점이 강조되게 되었다. 이를 통해서 기존의 종교적이며, 박애적인 성격의 자선목적(piae causae)이라는 재단의 목적이 일반적인 공익성(utilitas publica)으로 대체되어 흡수되게 된 것이다.

나. 근대적 재단형태로의 발전

19세기에 들어서면서 각 국가들은 다양한 시스템의 재단과 관련된 제도를 마련하게 되고, 이에 따라서 다양한 규정형태, 즉 재단설립의 자유를 인정할 것인가 또는 허가를 요구할 것인가 등에 대한 다양한 규정들이 만들어지게 되었다. 특히 이 시기 재단과 관련하여서는 기존에 재

---

22) Schulze, 앞의 글, 60; HKK/Pennitz, 2003, §§ 80-89 BGB, Rn. 10 이하.
23) Schulze, 앞의 글, 62.

단이 감당하던 자선적 목적의 사업은 국가가 감당해야 할 과제로 보게 되었고, 이를 통해서 발생할 수 있는 여러 가지 부작용들에 대한 고려로 재단에 대한 고권적 허가(hoheitliche Genehmigung)을 필요로 하는 것으로 변화되었다.24)

이를 기초로 하여서 재단은 프로이센일반란트법(ALR)에서는 국가의 감독(Oberaufsicht)을 받는 것으로 규정되었고, 1804년 프랑스민법(code civil)에서도 공익적 목적의 시설(Anstalt)에 대해서는 허가를 요하도록 규정되었다.25) 특히 19세기 독일에 있어서는 이른바 인적결합체(Personen-varband)와 구별되어서 일정한 목적에 바쳐진 재산을 재단으로 정의하였으며, 또한 출연자의 출연의사만에 의해서 재단이 인정되는 것이 아니라, 재단설립을 위해서는 국가의 허가(staatliche Genehmigung)가 필요하다고 보았고, 이는 재단의 실제가 이른바 법적인 의제(juristische Fiktion)의 산물이며, 따라서 이는 사적자치의 원칙과는 이격(離隔)되어 있는 것이라고 보았기 때문이다.26) 또한 재단을 일종의 법적 의제로 보았기 때문에 재단에 대해서 국가의 허가가 필요하다는 것은 재단의 목적에 대해서도 공익적 목적의 재단만을 허용할 수 있다는 태도와도 연결되게 되었다.27)

이러한 고전적인 재단에 대한 법적 태도는 현대에 와서는 재단의 목적과 관련하여 범용재단(Allzweckstiftung)을 인정하는 것으로 나아가고 있고, 이는 재단의 본질이 법적의제가 아닌 실제로 보는 것과 특히 헌법

---

24) HKK/Pennitz, 2003, §§ 80-89 BGB, Rn. 13.
25) HKK/Pennitz, 2003, §§ 80-89 BGB, Rn. 17.
26) 재단을 일종의 법인으로 보고 이러한 법인의 본질을 일종의 법적 의제로 보는 견해(Fiktionstheorie)는 사비니(Saviny)의 1840년 저작인 "현대 로마법의 체계(System des heutigen römischen Rechts)"에서 큰 영향을 받았다고 한다. Schulze, 앞의 글, 65.
27) 이러한 의미로 HKK/Pennitz, 2003, §§ 80-89 BGB, Rn. 20; 이에 대하여서 법인의 실제를 주장했던 것으로는 기르케(Otto von Gierke)를 들 수 있다(HKK/Pennitz, 2003, §§ 80-89 BGB, Rn. 21).

상 재단보호의 논의에 근거하고 있다.

이를 통해서 알 수 있는 것은 재단의 기원은 로마법상 인정되고 기독교 전통에 바탕을 둔 종교적, 자선목적의 재산출연(piae causae)에 관한 제도이며 재단의 목적은 최초에는 종교적 배경에 따른 자선적 목적과 함께 가족구성원에 대한 경제적 배려에 있었다는 것이다. 또한 재단의 본질에 대해서는 재단을 통해서 재단출연자가 물리적인 죽음에도 불구하고 계속적으로 존재한다는 일종의 비유적 가정에서 근거한 일종의 영속하는 인적결합체로 보고 있었으나, 시간의 흐름에 따라 재단을 기존의 인적결합체가 아닌 독자적인 법인으로 파악하면서 재단의 설립과 관련하여서 국가의 허가, 또는 등록을 요건으로 하며 또한 일정 정도 헌법상 보호의 대상으로 보게 되었다는 것이다.[28]

다. 현대적 재단의 다양한 형태 고찰

역사적 흐름에 따른 이러한 다양한 재단의 발전형태를 기초로 크게 3가지의 재단의 규정형식을 구별해 볼 수 있다.[29] 첫째는 특별하게 정해지 목적, 즉 자선목적(piae causae)의 재단만을 인정하는 경우이며 이러한 특별한 목적의 존재가 재단이라는 특별한 법형식의 존재를 정당화한다고 보는 것이다. 둘째로 재단의 목적을 이러한 종교적, 자선적 목적이 아닌 공익적 목적으로 제한하는 것이다.[30] 이러한 재단은 공동체 또는 국가가 하는 공익적 활동을 함께 수행하는 구조라고 볼 수 있다. 세

---

28) 재단의 토대를 일종의 은유로서의 출연자와 공동체 등의 인적결합이 아니라 공익적 목적에 바쳐지고, 특별한 관리 하에 있는 재산으로 파악한 것은 휴고 그로티우스(Hugo Grotius)라고 한다: HKK/Pennitz, 2003, §§ 80-89 BGB, Rn. 20.
29) 이러한 범주화에 대해서는 Schulze, 앞의 글, 70 이하 참조.
30) 이러한 경우 가족재단의 경우와 같이 가족구성원의 복리를 위한 경우가 문제가 될 수 있으나, 이러한 사적인 유용을 위한 가족재단의 경우라도 경제적으로 곤란한 상황에 놓인 가족구성권을 돕는 것을 내용으로 하고 있으므로 넓게는 공익성에 포함될 수 있을 것이다.

번째로 재단의 본질을 특별한 목적에 바쳐진 재산으로 봄으로써 재단의
목적은 다양한 사적목적을 충족시킬 수 있다고 보는 것이다. 이때 문제
가 되는 것은 재단설립에 대해서 국가는 어느 정도로 제한을 부가할 수
있는가라는 점이며 이는 앞서 언급한 바와 같은 이른바 공익성이라는
제한을 요구할 것인가 또는 강행법규 및 사회상규에 반해서는 않된다는
넓은 의미의 제한만을 가할 것인가의 문제가 대두될 수 있다.[31]

Ⅲ. 기업재단의 정의에 관한 고찰

오스트리아법, 그리고 스위스법의 경우에 이른바 기업재단이라는 재
단의 유형을 따로 규정해 두고 있지는 않다.[32] 따라서 이른바 기업재단
이라는 것이 어떠한 의미인가에 대해서는 학설상으로 논해지고 있으며,
이는 몇가지 형태로 분류해 볼 수 있다.

일반적으로 기업재단(Unternehmenstiftung)이라는 것은 재단과 기업
이 서로 일정하게 연관되어 있는 것을 의미하며, 크게 3가지로 분류해
볼 수 있다.[33]

첫째는 기업운영에 대한 책임주체로서의 기업재단(Stiftung als Unterneh
-mensträgerin)을 생각해 볼 수 있다. 이는 재단이 스스로 기업을 운영하
거나 스스로 기업에 대해서 책임을 지는 주체로 참여하는 것을 의미한

---

31) 앞서 언급한 바와 같이 19세기 독일에서는 재단이란 일종의 법적의제라고 보았
　　기에 국가의 허가를 재단설립의 조건과 어렵지 않게 연결시킬 수 있었다.
32) Riemer, "Stiftungen im schweizerischen Recht", in: Hopt, Klaus J./Reuter, Dieter(Hrsg.),
　　Stiftungsrecht in Europa, 2001, 518.
33) 이러한 기업재단의 분류에 대해서는 리히텐슈타인의 재단법에서의 논의를 차
　　용하였다. 리히텐슈타인의 재단법에 관해서는 Lampert/Taisch, "Stiftungen im
　　liechtensteinischen Recht", in: Hopt, Klaus J./Reuter, Dieter(Hrsg.), Stiftungsrecht
　　in Europa, 2001, 521 이하 참조.

다. 둘째로 기업의 지분보유자로서의 기업재단(Stiftung als Unternehme-nsbeteiligte)을 생각할 볼 수 있다. 이는 재단이 기업운영에 있어서 지분권을 가지고 참여하고 있는 것을 말한다. 셋째로 그 외 기업과 일정한 관련을 가지고 있는 재단(Stiftung mit sonstigem Unternehmesbezug)을 상정할 수 있다. 이는 재단이 기업운영자와 일정한 관련을 가지고 있거나 또는 이러한 자를 이익수혜자로 삼고 있는 경우를 의미한다. 그러나 이러한 형태상의 분류는 절대적인 것이 아니고, 이 외에도 다양한 기준을 통해서 기업재단의 유형을 나눌 수 있다. 왜냐하면 일정한 재단이 기업과 관계 맺는 방식과 유형은 다양할 수 있기 때문이다.

앞서 언급한 분류와 달리 기업재단을 다음의 2가지 형태로 나누어 고찰하는 고전적인 견해도 존재한다. 즉, 지분보유재단(Beteiligungsträgerstiftung)과 기업운영재단(Unternehmensträgerstiftung)으로 나누어 살펴보는 것이다.[34] 이는 각 유형의 기업재단을 허용할 것인가의 문제와 관련되어 있다.

지분보유재단(Beteiligungsträgerstiftung)이란 재단이 특정기업에 지분권 등으로 참여하고 있는 것을 의미하고, 이는 본질적으로 그 허용성 여부와 관련하여서 큰 문제가 없다. 그러나 기업운영재단(Unternehmen-strägerstiftung), 이른바 좁은 의미에 있어서 기업재단은 재단의 목적이 주로 기업의 경영에 있는 것을 말하며, 적어도 이러한 좁은 의미의 기업재단에 대해서는 이를 허용할 것인가와 관해서 치열한 다툼이 있다. 앞서 언급한 3개의 유형으로의 분류 방법 중에서 특히 중요한 것은 이른바 기업운영자로서의 재단의 경우이다. 이는 재단이 관련 기업에 대하여서 결정적인 영향력을 가지며 당해 기업에 대해서 지분권(Mitgliedschaftrecht)을 행사하는 것을 통해서 드러난다.

이러한 기업재단을 통해서 출연자(Stifter)가 달성하고자 하는 목적은 무엇인가에 대한 질문은 결국 기업재단이 사회 내에서 수행하는 역할과

---

34) 이러한 분류로 Hof, "Stiftungen in deutschen Recht", in: Hopt, Klaus J./Reuter, Dieter(Hrsg.), Stiftungsrecht in Europa, 2001, 334.

기업재단에 대한 사회적 수요라는 문제와 연결되어 있다. 앞서 언급한 바와 같이 출연자는 시간적으로 영속할 수 있는 법인격을 갖춘 재단을 설립함을 통하여서 기업의 운영, 기업의 정책(Geschäftspolitik), 기업의 발전에 대해서 일정한 예방책을 강구할 수 있고, 또는 출연자에게 가족 구성원이 있는 경우에 자신의 후손들에 대한 출연자의 소망을 자신의 기업과 연결시켜서 성취할 수도 있다.[35]

출연자의 입장에서는 자신의 기업을 자신의 생존 기간 내에 가능한 성장시키려 하고, 자신의 죽음 이후에도 이러한 자신의 재산이 유지되고 증가되기를 기대하게 된다. 기업의 측면에서도 기업의 고유한 문화가 변화되지 않고 계속되기를 추구하게 되므로, 이러한 재단출연자의 소망은 이를 위한 일정한 목적을 갖는 재단을 설립하는 것을 통하여 달성될 수 있다. 가족과 관련하여서도 출연자는 자신의 후손들(Nachkommen)이 자신의 기업과 계속적으로 결합되어 있기를 바랄 수 있다. 즉, 자신의 후손들이 자신의 기업의 경영자가 되거나 자신의 기업에서 발생하는 이윤에 대한 수혜자가 되기를 바라는 것이다. 이러한 출연자의 고려는 재단을 매개체로 하여서 자신의 후손들이 기업의 운영에 참여하거나 또는 적극적으로 기업을 경영할 수 있도록 하는 것을 통해 달성될 수 있다.

---

35) 이러한 의미에서 기업재단(Unternehmenstiftung)과 가족재단(Familienstiftung)이 서로 밀접한 관련을 맺거나 일정한 범위 내에서는 중첩되는 형태로 나타나는 경우도 흔히 볼 수 있다. 이러한 의미로 Kronke, "Familien- und Unternehmes-trägerstiftungen", in: Hopt, Klaus J./Reuter, Dieter(Hrsg.), Stiftungsrecht in Europa, 2001, 160.

IV. 오스트리아에 있어서 기업재단의 문제

1. 오스트리아법에 있어서 재단의 법적 근거

가. 재단설립의 법적근거에 대한 이원적 체계

오스트리아에 있어서 재단(Stiftung), 특히 재단의 설립근거가 되는 재단법은 크게 2 가지로 나누어져 있다. 첫째는 이른바 재단 및 기금에 관한 연방법(Bundesstiftungs- und Fondsgesetz: BStFG)이다.[36] 이는 이른바 전통적으로 인정되어 왔던 공익적(gemeinnützig) 재단 및 기금 (Fond)을 규율하기 위하여서 제정되었다. 그러나 이러한 재단 및 기금에 관한 연방법을 근거로 하여서 설립된 재단은 2000년을 기준으로 하여 214개에 불과하다고 한다. 오스트리아법에 있어서 재단설립의 또다른 법적 근거는 이른바 사재단법(Privatstiftungsgesetz: PSG)이다. 이는 재단 및 기금에 관한 연방법이 재단의 목적을 이른바 공익적 목적의 경우로 제한하고 있는데서 오는 여러 가지 불합리함을 해소하기 위하여서 1993년에 제정되었다.

이렇게 오스트리아에 있어서 재단에 대한 이원적 규정체계를 가지게 된 것은 독일민법(Bürgerliches Gesetzbuch: BGB)이나 스위스민법(Zivil= gesetzbuch: ZGB)과 달리 오스트리아민법(Allgemeines Bügerliches Gesetz- buch: ABGB)에서는 재단에 개념이나 본질에 대해서는 규정하지 않고 있기 때문이라고 한다.[37]

앞서 언급한 사재단법에 의한 재단의 설립은 재단 및 기금에 관한

---

36) 동법은 1975년에 발효되었다.

37) Doralt/Kalss, "Stiftungen im österreichischen Recht", in: Hopt, Klaus J./Reuter, Dieter(Hrsg.), Stiftungsrecht in Europa, 2001, 420.

연방법에 의한 설립보다 압도적으로 중요한 의미를 가지고 있다. 통계적으로도 2000년을 기준으로 해서 재단 및 기금에 관한 연방법을 기초로 하여 설립된 재단은 214개에 불과한데 비하여서, 사재단법에 의한 재단의 설립은 1388개에 달하며 이러한 사재단의 경우 주식회사(Aktiengesellschaft)와 비견될 정도로 오스트리아에서는 일반적으로 인정되고 있다.

사재단법에 의한 재단의 활성화의 근거로 보통 세제상의 이점, 재단의 설립과 그 내용에 대한 재단출연자의 넓은 형성의 자유(Gestaltungsfreiheit), 그리고 이러한 사재단의 활동에 대한 재단출연자(Stifter)의 넓은 개입가능성(Eingriffsmöglichkeit)을 들고 있다.[38]

나. 사재단법의 제정 및 발전

(1) 개설

사재단법은 1993년 1월에 오스트리아 법무부(Bundesministerium für Justiz)가 초안을 준비하여, 동년 7월에 이에 대한 정부안(Regierungsentwurf)이 마련되었고, 9월에 사재단법으로 제정되었다.

사재단법은 기존의 재단 및 기금에 관한 연방법이 가지고 있는 여러 가지 단점을 극복하기 위하여서 마련되었으며, 특히 기존의 재단 및 기금에 관한 연방법과의 차이는 재단설립의 목적에서 공익성을 더이상 요구하지 않고, 재단출연자가 자신의 목적과 필요에 따라 결정할 수 있도록 해두었다는 것이다. 따라서 앞서 언급한 기업재단의 허용성과 관련하여서 사재단법에서 정하고 있는 재단의 목적(Zweck) 제한과 관련된 논의는 매우 중요한 의미를 갖는다고 할 것이다.

---

38) Doralt/Kalss, 앞의 글, 420.

(2) 사재단법의 제정배경 및 목표

이러한 중요한 의미를 가지고 있는 사재단법의 제정배경은 다른 무엇보다도 오스트리아 자본시장(inländische Kapitalmarkt)의 강화에 있다고 할 수 있다. 즉, 지금까지는 재단 및 기금에 관한 연방법은 재단의 설립목적을 공익적(gemeinnützig) 또는 자선(mildtätig)만을 목적으로 제한하고 있었기 때문에, 그 외에 다른 개인적 목적을 가진 출연자로서는 오스트리아에서의 재단법을 이용해서는 자신들의 목적을 달성할 수가 없었다. 이에 따라 재단설립의 자유가 매우 넓게 보장되는 리히텐슈타인에 재단을 설립하고, 이러한 재단을 통해서 일정한 기업을 운용 또는 지배하려는 경우가 많이 발생하였다.

사재단법은 이러한 국부의 외국으로의 유출을 막고 국가경제를 보호하고자 하는 목적으로 제정되었다. 이 외에도 기존의 비영리 또는 자선 목적의 재단이 설립되는 경우가 많지 않았고, 따라서 재단의 목적을 재단설립을 하고자 하는 개인에게 맡기고, 재단이라는 법적인 도구를 쉽게 활용할 수 있도록 해 줌으로써, 개인에게 공공적 이익과 관련된 내용, 즉 경제, 문화 또는 지식의 발전을 위하여 조력할 수 있는 길을 열어두려는 것이었다.[39]

이러한 목적을 충분히 달성하였는가와 관련하여서는 매우 긍정적으로 평가된다. 실례로 2000년을 기준으로 사재단법에 의해 설립된 재단은 1388개였는데, 이는 2006년 12월을 기준으로 2875개로 폭발적으로 증가하였기 때문이다.[40] 그러나 기업재단과 관련하여서는 사재단법에서 재단 및 기금에 관한 연방법과 같이 재단의 목적을 제한하고 있지는 않지만, 허용될 수 없는 재단의 목적을 규정하는 방식, 즉 소극적인 방식으로 재단의 목적을 제한하고 있으므로,[41] 사재단법에 의해서도 기업재

---

39) 이러한 사재단법의 입법이유에 대해서는 정부안제출설명서(Erläuterung zur Regie-rungsvorlage(ErlRV), Allgemeiner Teil) 참조, Arnold, PSG-Kommentar, 2. Aufl. 2007, Einl., Rz. 4 에서 재인용.
40) Arnold, 앞의 책, Einl., Rz. 7.

단의 설립의 자유가 완전히 열렸다고 볼 수는 없다.

2. 오스트리아 사재단법에 있어서 재단목적과 그 제한

가. 사재단법에 있어서 재단의 의미

사재단법에 있어서 재단의 의미에 대해서 이를 제1조 제1항에 규정하고 있다. 즉, 사재단이라는 것은 법적주체(Rechtsträger)이며, 이는 재단출연자에 의하여서 출연된 재산으로서, 재단출연자에 의해서 결정되고, 허용되는(erlaubt) 목적(Zweck)의 이행을 위하여서 출연된 재산의 사용(Nutzung), 관리(Verwaltung), 환가(Verwertung)를 수행하는 주체라고 보고 있다. 이러한 재단의 법적성격에 대해서는 재단의 법인격(Recht-spersönlichkeit)을 인정하고 있으며, 다만 그 주소를 반드시 오스트리아 내에 가질 것을 요구하고 있다.[42]

이러한 사재단의 인정은 넓게 보면 재단의 본질 또는 재단이 왜 설립되는가와 관계가 있다. 재단은 일정한 재산이 재단출연자나 또는 재단출연자의 상속인들과 결합되는 것보다는 재단을 통하여서 지속적이고 목적지향적으로 운영되는 것이 일정 목적 실현에 있어서는 더 낫다는 생각을 기초로 하고 있다. 따라서 이러한 재단설립을 통하여서 출연된 재산의 독립성(Verselbständigkeit)이 유지되어야 하고, 출연된 재산의 사용과 관련하여서도 재단출연자의 의사에 구속되어야 한다고 보는 것이다.[43]

---

41) 사재단법(PSG) 제1조 제2항 참조.
42) 사재단법(PSG) 제1조 제1항 참조.
43) 사재단법에 대한 정부안제출설명서(Erläuterung zur Regierungsvorlage(ErlRV), Allgemeiner Teil) 참조, Arnold, 앞의 책, Einl., Rz. 4에서 재인용.

나. 사재단법에 있어서 재단의 목적

(1) 개인목적을 위한 사재단의 설립 – 가족재단과의 비교

사재단법에 있어서 기존의 재단 및 기금에 관한 연방법에 의한 목적 제한, 즉 원칙적으로 공익 또는 자선의 목적을 위한 재단설립만을 허용하고 있었던 것에 대한 반성으로 제정된 것이기 때문에, 공익 목적뿐만 아니라 사적목적(eigennützig)을 위한 재단설립도 허용된다. 공익목적 (gemeinnützige Zwecke)이라는 것이 재단의 활동을 통하여서 공공의 안녕(Gemeinwohl)을 증진시키기 위한 것을 말하므로, 재단을 통해서 수혜를 입는 대상이 특정집단에 한정된다고 하여도 여전히 공익목적이라고 볼 수 있을 것이다.44)

공익목적이라는 것이 일반 내지 공공(Allgemeinheit)의 혜택을 목적으로 하는 것임에 반하여서, 사적목적에는 그 주된 목적이 일정한 자의 부양을 목적으로, 또한 이러한 목적이 세대를 넘어서 계속적으로 이루어지도록 하는 것을 포함한다. 이러한 목적의 재단은 오스트리아 사재단법에서 명문으로 인정하고 있다. 즉, 사재단법 제35조 제2항에서는 재단의 목적이 주로 특정 자연인(natürliche Personen)의 부조(Versorgung)를 목적으로 하는 경우를 인정하며, 다만 이러한 목적의 재단은 재단이 설립 후 100년이 지나면 원칙적으로 재단해산을 결의하도록 규정하고 있다.45)

사적목적의 재단의 경우, 즉 출연자의 특정한 목적을 달성하기 위한 재단의 설립도 사재단법에서는 허용하고 있으며, 나아가 이러한 비공익적 목적을 달성하고자 하는 사회의 요구를 법적인 제도로서 수용하기 위한 것이 민간재단법의 제정 목적이라고 평가할 수 있다. 이러한 사적목적의 재단 중에서 일정한 가족구성원(Familiengehörige)을 부조하기

---

44) Arnold, 앞의 책, Einl., Rz. 10.
45) 사재단법(PSG) 제35조 제2항 참조.

위하여 설립된 재단을 이른바 가족재단(Familienstiftung)이라고 부를 수 있을 것이다.[46]

(2) 기업재단의 분류 및 사재단법에 따른 허용여부

문제가 되는 것은 이른바 기업재단으로서 오스트리아에서도 독일의 경우와 동일하게 2가지의 형태로 구분하여서 고찰하고 있다. 즉, 지분보유재단(Beteiligungsträgerstiftung)과 기업운영재단(Unternehmensträgerstiftung)으로 구별하여서 다루고 있다. 기업운영재단이란 앞서 살펴본 바와 같이 재단이 직접적으로 기업을 운영하는 형태이며, 지분보유재단이란 재단이 특정 기업에 참여 내지 지분을 가지고 있는 형태를 말한다. 이러한 지분보유재단은 오스트리아 사재단법상 원칙적으로 허용되지만, 기업운영재단의 경우 사재단의 목적을 제한하고 있는 사재단법 제1조 제2항에 의해서 허용되지 않는 것으로 보고 있다.[47]

3. 오스트리아 사재단법에 있어서 제한되는 재단의 목적과 기업재단과의 관계

가. 사재단법 제1조 제2항에 따른 재단목적의 제한

기본적으로 오스트리아 사재단법은 재단의 설립목적을 재산출연자(Stifter)의 자유로운 의사결정에 맡겨두고 있지만, 이는 무제한적이지 않고 일정한 법률상 제한을 인정한다. 그러나 그 제한 방식에 있어서 일정한 목적의 재단의 설립만을 허용하는 방식이 아닌, 자유롭게 재단의 목적을 결정하되 일정한 목적을 위한 재단은 그 설립을 인정되지 않는

---

46) Arnold, 앞의 책, Einl., Rz. 10. 그러나 이러한 가족재단에 대해서는 사재단법에서 명문의 정의규정을 마련하고 있지는 않다.
47) Arnold, 앞의 책, Einl., Rz. 10.

소극적인 방식을 취하고 있다.

사재단법에서 재단의 목적의 제한은 크게 2가지로 나누어 살펴 볼 수 있다. 첫째로 사재단법 제1조 제2항에서 사재단(Privatstiftung)을 정의하면서 간접적으로 재단의 목적은 허용되는 목적(erlaubter Zweck)이여야 함을 밝히고 있다. 둘째로, 좀더 구체적, 직접적으로 재단목적을 제한하고 있는 사재단법 제1조 제2항은 재단과 관련하여서 다음의 3가지 경우를 금지하고 있다.

사재단법 제1조 제2항 제1호는 단순한 부수적 활동(bloße Nebentätig -keit)을 넘어서서 영업적 활동(gewerbsmäßige Tätigkeit)을 영위하는 것을 금지하고 있다. 본조 제2항 제2호는 재단이 회사(Handelsgesellschaft)의 기업운영을 맡는 것을 금지하고 있으며, 마지막으로 제3호는 재단이 등록된 합명회사(eingetragene Personengesellschaft)의 무한책임사원(unbeschränker haftender Gesellschafter)이 되는 것을 금지하고 있다.

기업재단과 관련하여서 특히 문제가 되는 것은 제1호와 제2호의 경우이다. 즉, 제2호는 명시적으로 재단이 일정한 회사의 운영을 맡기 위해서 설립되는 것을 금지하고 있기 때문에 이른바 기업운영재단의 경우에는 오스트리아 사재단법에서도 허용되지 않는다고 할 것이다.

재단 자체가 영업적 활동을 주된 목적으로 하는 경우도 사재단법 제1조 제2항 제1호에 의해서 금지된다. 영업적 활동의 정의에 대해서 민간재단법에서는 따로 규정을 마련하고 있지는 않으나, 이는 오스트리아 상법상의 개념(handelsrechtliche Terminologie)에서 이해하고 있는 바와 동일한 것으로 보고 있다.[48]

이러한 영업적 활동의 금지 규정의 입법이유에 대해서는 만약 재단이 영업활동을 하는 경우 재단이 영업에 따른 위험에 직접적으로 노출될 수 있기 때문이라고 보았다. 이러한 영업적 활동의 금지와 관련하여서 오스트리아 대법원(Oberste Gerichtshof: OGH)은 의미 있는 판결을

---

48) Arnold, 앞의 책, § 1, Rz. 16.

내린 바 있다. 즉, 사재단이 일정한 기업집단(Konzern)을 주도하는 법인 (Konzernspitze)으로 활동하거나, 또는 일정한 범위 내에서 이러한 사재 단을 통해서 기업집단의 운영을 담당하는 것은 사재단법 제1조 제2항 상의 제한에 걸리지 않는다고 판단한 것이다.[49] 그러나 이러한 기업집 단의 운영(Konzernleitung)이 사재단법에서 금지하고 있는 영업적 활동 과 동일하게 볼 수 있거나, 또는 이러한 지주법인으로서의 사재단을 이 용한 기업집단의 운영이 일정한 회사의 기업운영의 맡는 것과 같이 볼 수 있는 경우라면 이러한 사재단의 설립 및 운영은 금지된다고 판단하 였다.

일정한 회사의 운영을 사재단이 책임지는 것을 금지하는 것도 이러 한 재단의 활동에 따른 위험을 최종적으로 책임질 수 있는 자가 재단에 는 존재하지 않기 때문이라고 보고 있다.[50]

나. 자기목적적 재단의 설립금지(Verbot der Selbstzweckstiftung)

기업재단과 관련하여서 중요한 쟁점 중의 하나는 이른바 자기목적적 재단, 즉 출연자가 출연한 재단을 보전하고 이를 관리하는 것만을 목적 으로 하는 재단의 설립이 가능한가의 문제이다.

이와 관련해서는 2가지 점이 문제가 되고 있다. 첫째는 재단의 본질 과 관련된 문제로서, 사재단법 제1조 제1항에서 규정하고 있는 바와 같 이 재단은 그 본질에 있어서 일정한 외부적 목적[51]을 가져야 하는 것인 데, 단순히 출연된 재산의 관리만을 (Verwaltung)하는 것을 재단의 목적 으로 볼 수는 없기 때문이다. 둘째로 자기목적적인 재단의 경우 이러한

---

49) OGH 1.12.2005, 6 Ob 217/05 p: Arnold, 앞의 책, § 1, Rz. 16a.
50) 사재단법에 대한 정부안제출설명서(ErlRV) 제1조 제2항, Arnold, 앞의 책, § 1, Rz. 18에서 재인용.
51) 재단의 목적은 직접적으로 외부를 지향해야 한다(Der Zweck muss unmittelbar nach Außen gerichtet sein)고 본다: Arnold, 앞의 책, § 1, Rz. 13a

재단을 통하여서 기업의 지배력을 영속적으로 가지게 되는 것이 가능해
진다는 점이다.

이러한 자기목적적인 재단이 사재단법에서 허용하는 재단의 목적이
될 수 있는가에 대해서는, 기본적으로 단순히 재산의 관리만을 목적으
로 하는 경우는 허용되는 재단의 목적이 될 수 없다고 보고 있다.[52] 사
재단의 경우 재단목적의 대상이 일반 공중이든 아니면 특정 개인이든
이를 구별하여 제한하고 있지는 않으나, 당해 사재단이 오로지 자신이
지분을 가지고 있는 기업에 대하여서 출연재산을 보존하고, 그 수익을
다시 재투자하는 것은 자기목적적 재단으로 보고 허용하지 않고 있다.

이러한 자기목적적 재단의 경우, 자기목적적인가 여부를 판단하는
것이 실무상 쉽지 않고, 또한 적어도 사재단법의 규정 자체가 재단의 목
적이 자기목적적이서는 안 된다는 것을 규정하고 있지는 않다는 점에서
논란이 될 수 있다.[53] 그러나 통설은 자기목적적 재단은 인정될 수 없
다고 보고 있으며, 그 근거로 재단은 일정한 목적을 수행하기 위해서 설
립되는 것이지, 자기 자신이 목적이 될 수는 없으며,[54] 또한 사재단법
제9조 제1항 제3호는 재단설립증서(Stiftungsurkunde)의 최소요건으로서
재단의 수혜자 또는 수혜자를 확정할 수 있는 사항을 기재하도록 하고
있고, 공익을 위한 재단의 경우 그 수혜자는 공중이 되어야 하는데,[55]
자기목적적 재단의 경우 이러한 수혜자를 상정하기 어렵기 때문임을 들
수 있다. 더불어 출연재산을 보전하는 것만이 재단의 목적이 되는 경우,
재단의 이익수혜자들의 정보공개청구권과 같은 재단 통제를 위한 법적
수단이 무력화된다는 점도 자기목적적 재단을 허용할 수 없는 근거로
보고 있다.[56]

---

52) Arnold, 앞의 책, § 1, Rz. 13.
53) 이러한 논의로 Arnold, 앞의 책, § 1, Rz. 13.
54) Arnold, 앞의 책, § 1, Rz. 13.
55) Arnold, 앞의 책, § 1, Rz. 13d.
56) Arnold, 앞의 책, § 1, Rz. 13a.

이와 함께 입법자의 의사를 살펴보아도 사재단법의 입법이유와 관련하여 재단의 목적은 직접적으로 외부를 향해야 하므로, 단순히 재단 자체의 재산을 관리하는 것은 사재단법에서 말하는 재단의 목적이 될 수 없다고 보고 있다.[57)]

V. 스위스에 있어서 기업재단의 문제

1. 스위스에 있어서 재단설립과 관련된 특징

스위스법에 있어서 재단은 스위스민법(ZGB) 제80조 이하에서 규정하고 있다. 따라서 특별법은 근거로 하여 설립되는 재단이 아닌 한, 기본적으로 스위스법상 재단의 설립은 스위스민법 제80조 이하의 규정을 근거로 하고 있다.

앞서 살펴본 오스트리아의 예와 달리 스위스에서는 독일민법(BGB)의 경우와 같이 민법에서 재단의 설립에 관한 근거를 마련하고 있다. 그러나 스위스민법에 따른 재단이라고 하더라도 이는 크게 2가지 카테고리로 구별할 수 있다.

첫번째는 일반적인 재단으로 그 설립을 위하여서 관계당국의 허가를 필요로 한다.[58)] 두번째는 이른바 가족재단 또는 교회재단(Familien- und kirchlicher Stiftung)으로서, 이러한 재단의 경우 재단설립의 자유가 최대한 보장되고 일반적인 재단과 달리 상업등기부(Handelsregister)의 등기의무도 면제된다.[59)] 즉, 가족재단 또는 교회재단에 대해서는 스위스

---

57) 사재단법에 대한 정부안제출설명서(ErlRV) 제1조 제1항 참조, Arnold, 앞의 책, § 1, Rz. 13a에서 재인용.
58) 이른바 규범주의 시스템(Normativsystem)을 취하고 있다.
59) Riemer, 앞의 글, 511.

법은 매우 넓은 설립의 자유를 부여하고 있다.[60]

또한 스위스 재단규정과 관련하여서 독특한 점은 직업적으로(beruflich) 노년연금(Altersvorsorge), 유족연금(Hinterlassenenvorsorge), 장애연금(Invalidenvorsorge)을 책임지는 재단이 존재한다는 것이다. 이러한 개인연금재단(Personalvorsorgestiftung)의 규모는 일반적 재단의 규모의 약 3배에 달한다고 한다.[61] 스위스의 경우 재단설립이 비교적 자유로우며 또한 전체 국가경제에서 차지하는 의미도 매우 크다. 이러한 이유로 스위스 경제의 중요한 부분을 해외자본을 통해 설립된 스위스 재단이 맡고 있다. 이와 함께 앞서 언급한 개인연금재단의 경우도 스위스 전체 경제에 있어서 그 의미가 커지고 있다.[62]

스위스민법의 재단관련 규정에 있어서는 실무에서의 논의를 바탕으로 재단관련 규정의 개정 및 신설이 이루어졌다는 점이 의미가 있다. 즉, 2000년도부터 시작된 재단관련 규정의 개정에 대한 논의의 결과로 2006년에 재단과 관련된 규정이 개정되었으며 특히 중요한 내용들은 재단출연자가 일정한 조건 하에서 재단의 목적을 변경할 수 있도록 하는 스위스민법 제86a조와 재단의 무자력이 된 경우에 있어서 일정한 조치의무를 규정하고 있는 제84a조 등을 들 수 있다.[63]

2. 스위스에 있어서 재단설립에 대한 통제

앞서 언급한 바와 같이 스위스에서는 재단의 설립과 관련하여서 자

---

60) 스위스민법 제87조에 따르면 원칙적으로 가족재단과 교회재단의 경우 관계당국의 통제 하에 있지 않는 것으로 규정하고 있다.

61) Riemer, 앞의 글, 511.

62) 스위스에서 재단과 관련된 역사는 매우 깊으며, 이미 1853년에 쮜리히 주(州)에서 재단법이 제정되기도 하였다. 이후 계속적으로 발전되어 왔지만, 특히 2차 세계대전 이후의 높은 경제발전과 함께 급속도로 발전되었다고 한다: Riemer, 앞의 글, 512.

63) CHK/M. Eisenring, 3. Aufl. 2016, Art. 80 ZGB, N. 1.

유설립주의가 아닌 허가주의를 채택하고 있다. 이는 재단이 상업등기부에 등기되어 법인으로 설립되기 전에 관계당국이 그 설립의 법적근거가 제대로 갖추어져 있는지 여부를 평가하게 된다는 것을 의미한다.

스위스법에 있어서 재단의 설립은 2가지 방식, 즉 공정증서(notarielle Urkunde)의 방식으로 하거나, 또는 유언(Testament)의 형식으로 가능하며, 실질적으로 재단이 설립하기 위해서는 출연재산과 재단의 목적이 결정되어야 한다.[64] 또한 관계당국은 이러한 출연재산이 정해진 목적을 위해서 쓰여지는지에 대해 감독권을 가지게 된다.[65]

쟁점이 되는 재단의 목적에 대해서 스위스민법 제80조는 특정목적(besonderer Zweck)이 재단의 목적으로서 존재해야 한다라고 규정하고 있을 뿐, 그러한 목적이 무엇이어야 하는가에 대해서는 직접적으로 규정하고 있지 않다.

3. 스위스법에 있어서 기업재단 및 가족재단의 문제

가. 스위스법에 따른 기업재단 및 가족재단의 의미

스위스법의 경우 가족재단을 명시적으로 인정하면서 교회재단의 경우와 같이 최대한 자유로운 설립과 운영을 보장하고 있다. 여기서 가족재단(Familienstiftung)이란 재단의 수혜자의 범위가 일정한 가족 구성원에 있는 경우를 말한다.

가족재단의 중요한 특징으로는 이익수혜자들인 가족구성권에 대한 지원이 일정한 필요가 있는 경우에만, 즉 교육, 결혼 또는 경제적 곤궁 등의 일정한 요건을 갖춘 경우에만 인정된다는 것이다.[66]

---

64) Riemer, 앞의 글, 513.
65) ZGB Art. 84 Abs. 2.
66) Riemer, 앞의 글, 514.

기업재단의 경우 실무상으로는 기업재단이라는 용어를 사용하고 있으나, 재단관련 규정들에서 기업재단이라는 용어를 명시적으로 언급하고 있지는 않다. 이는 강학상 크게 2가지 형태로 구별되는데, 이른바 재단 자체가 일정한 기업운영의 직접적인 책임자로서 기능하는 경우(Direktträgerstiftung)와 재단이 일정한 기업에 참여하여 중요한 지분을 가지고 있는 경우(Holdingsstiftung)로 나눌 수 있다. 후자의 경우가 스위스의 여러 중요 기업들의 기업형태이며, 일정한 경제적 목적을 재단의 목적으로 하는 재단의 존재를 인정할 수 있을 것인가에 대해서는 첨예하게 다투어지고 있다.[67]

나. 재단의 목적에 따른 세제혜택

어떠한 재단이 어떠한 목적을 추구하느냐의 구별과 관련해서 가장 중요한 의미를 갖는 것은 어떠한 재단이 세제혜택을 누릴 수 있는가에 있다. 공공의(öffentlich), 또는 공익적(gemeinnützig) 목적을 추구하는 재단의 경우 면세의 혜택이 부여된다.[68] 따라서 가족재단의 경우 원칙적으로 면세의 혜택을 받을 수 없다. 문제가 되는 것은 기업재단의 경우인데 영업적 목적의 경우 이는 공익목적이라고 볼 수 없고 따라서 면세의 이익도 받을 수 없으나, 예외적으로 기업유지에 따른 이익이 공익적 목적에 우선하지 않으며, 동시에 재단이 사업운영의 업무를 담당하지 않는 경우에는, 기업에 대한 지분을 취득하거나 관리하는 것도 공익적 목적으로 보고 있다.[69]

---

67) Riemer, 앞의 글, 515.
68) 연방직접세법(Bundesgesetz über die direkte Bundessteuer) 제56조 f목.
69) Riemer, 앞의 글, 516.

4. 경제적 목적을 추구하는 기업재단의 허용여부

가. 재단의 경제적 목적추구에 대한 학설대립

경제적 목적을 추구하는 기업재단을 허용할 것인가는 스위스의 재단 관련 규정과 관련하여서 계속적으로 논쟁의 대상이 되어왔다. 스위스의 경우 재단관련 규정들에 대한 개정논의가 있었고, 이는 특히 이러한 경제적 목적을 위한 재단을 허용할 것인가와 관련이 있었다.

스위스에서 재단의 목적과 관련하여서 경제적 목적을 추구하는 재단은 허용될 수 없으며 오로지 이상적인(ideal) 목적의 재단만이 허용되어야 한다는 견해가 있다.[70] 이에 따르면 이른바 기업의 유지만을 위하여 존재하는 재단(perpetuum mobile Stiftung)도 이른바 경제적 목적추구를 위한 재단으로서 허용될 수 없다고 보고 있다. 이러한 견해에 따르면 재단이 이상적 목적만을 추구해야 한다는 제한은 재단의 목적을 규정하고 있는 스위스민법 제80조에서 명시적으로 규정하고 있지는 않지만, 재단의 당연한 개념으로서 인정되어야 한다고 본다.

즉, 재단과 관련된 규정은 상법이 아닌 민법에 규정되어 있으며, 재단에 대한 국가의 감독을 규정하고 있는 스위스민법 제84조 제2항에 비추어보더라도 재단은 이른바 이상적 목적추구를 예상하고 있다고 보는 것이다. 만약 그렇게 보지 않는다면 이른바 기업운영에 부수되는 위험에 대해서 국가의 감독을 인정한다는 것이고, 이는 당해 감독기관의 업무범위에 포섭될 수 없다고 본다. 또한 재단과 관련한 채권자보호 (Gläubigerschutz)의 관점에서도 상업적인 기업을 대상으로 마련되어 있는 것이 아니기 때문에 이러한 점이 비추어 보아도 경제적 목적을 추구

---

70) Berner Kommentar/Riemer, Das Personenrecht, syst. Teil N 82, Basler Kommentar, Zivilgesetzbuch Ⅰ, Art. 1-456 ZGB, 3. Auflage, 2006(이하 BSK/집필자로 인용-), Art. 80, N. 17 이하에서 재인용.

하는 재단의 허용은 입법자의 의사가 아니라고 보고 있다.

이와 함께 공익적 목적을 위한 재단의 설립이 활발하지 않은 상태에서 경제적 목적을 추구하는 재단의 설립을 인정하는 경우 이는 기업들로 하여금 기업을 통제하는 여러 상법 및 회사법 상의 규정을 회피하는 통로로서 활용될 수 있는 위험이 존재한다는 이유도 추가적으로 들고 있다.71)

그러나 이에 대하여 반대하는 견해는 이른바 사적자치에 따른 재단설립의 자유와 재단의 자유를 그 주된 논거로 들고 있다. 즉, 재단설립의 목적은 어떠한 이상적인 목적으로 제한될 수 없으며, 경제적 목적의 추구라는 것은 이른바 특정한 구성원을 위하여 경제적 이익을 추구한다는 것을 의미하는 것인데 재단에는 기본적으로 이러한 경제적 이익수령자로서의 구성원이 존재하지 않으며, 단순히 이익수혜자(Destinatär)만이 존재하는 것이라는 점을 강조하고 있다.

국가의 감독권 여부와 관련하여서도 국가의 감독권 행사가 단순히 어떠한 국가적 조력(staatliche Förderung)이라고만 볼 수는 없으며 재단의 권한남용 등에 대해서 이를 제한하는 기능도 수행해야 한다고 본다.72)

나. 경제적 목적을 추구하는 재단의 허용여부에 대한 스위스연방 대법원의 판결

재단의 목적에서 경제적 목적의 추구가 가능한가에 대해서는 학설상 계속적으로 다투어져 왔고, 이에 대하여서 스위스연방대법원(BG)은 2001년에 재단의 경제적 목적추구를 인정하는 중요한 판결을 내렸다.73) 문제가 된 것은 일정한 기업집단(Konzern)에 대하여서 이를 일종의 가

---

71) 예를 들어 회사의 경우 적용되는 최소자본확충규정과 같은 통제규정을 재단설립을 통해서 우회할 수 있는 위험이 있을 수 있다. Riemer, 앞의 글, 517.

72) BSK/Grüniger, 3. Aufl. 2006, Art. 80 ZGB, N. 19 이하.

73) BGE 127 III, 337 이하.

족재단으로서 유지하고자 하는 목적의 재단설립이 허용되는가에 대한 것이었다.74) 이에 대하여서 스위스연방대법원은 이른바 지주재단(Holdign-sstiftung), 즉 기업에 대하여서 지분참여를 하고 있는 재단의 경우는 경제적 목적을 추구하는 재단으로서 그 허용성을 인정하였다. 그 논거로는 재단설립의 자유와 더불어 법률에 재단목적에 대한 특별한 제한규정이 없다는 점을 들고 있다. 스위스민법 제335조의 경우 가족재단의 경우 특별한 목적제한을 두고 있지만, 그 외에는 재단의 목적에 특별한 제한을 두고 있지 않다. 즉, 사적자치와 재단설립의 자유에 따라서 재단의 목적이 이상적인 목적을 가져야 한다는 제한은 법규정상 찾을 수 없다는 것이다. 문제는 이러한 재단에 대한 국가의 감독이 필요한 것인지, 또한 이러한 재단이 경제적으로 의미가 있는지에 대한 점이었다. 실제에 있어서는 영속적으로 일정한 경제적 목적을 위해서 바쳐진 재단의 필요성이 국가감독 증가에 따른 불이익보다 더 크다고 할 수 있고, 경제적 목적을 추구하는 재단을 제한하기 위한 개정의 시도가 계속적으로 있었으나 결국 이는 성공하지 못했으며 입법사적으로 재단의 경제적 목적추구를 인정하지 않으려 했다는 점에 근거한 이른바 역사적 해석(subjektiv- historische Auslegung)을 통해서는 법률이 규정하지 않은 재단의 목적제한을 정당화시킬 수 없다고 보았다. 또한 재단과 관련된 규정이 다른 회사관련 규정들과 달리 채권자보호와 관련이 없다는 점도 명시적인 법적 근거없이 재단설립의 자유를 제한할 수 있는 근거가 될 수는 없다고 판단하였다.

---

74) 물론 이것이 유일한 재단의 목적은 아니었고, 추가적으로 재능있는 청소년들의 교육을 위한 지원, 학문적 연구에 대한 지원 등도 재단의 추가적인 목적이었다.

VI. 우리 법에의 시사점

앞서 살펴본 바와 같이 재단과 관련된 유럽에서의 전통은 기본적으로 종교적, 자선적 목적을 기초로 하여서 성립되었으며, 이는 종교적 배경 외에도 자신이 이룩한 재산에 대해서는 이를 자신의 사후에서도 자신이 원하는 일정한 목적을 위해서 영속적으로 존재할 수 있게 함으로써 죽음을 넘어선 영속성에 도달하려는 소망에서 비롯되었다. 이러한 점은 재단의 본질에 대해서 이를 일종의 인적결합체로 보게 하였고, 이러한 고전적인 형태의 재단은 계속적으로 시대의 변화에 따라서 각 국가에서 다양한 방식으로 전개되게 되었다. 특히 각 국가에서 다양한 형태의 재단관련 규정의 핵심은 재단이라는 독특한 법적형태를 어떠한 근거에서 정당화할 것인가에 대한 것이었다. 즉, 이는 재단이 가지는 독특한 목적, 즉 자선적 목적이나 또는 이를 좀더 일반화한 이른바 공익적 목적이라는 것 때문인가, 아니면 재단, 즉 일정한 목적을 위해서 바쳐진 재산이라는 실체를 인정하고 이에 대해서는 기본적으로 재단설립의 자유와 사적자치의 원칙이 적용되어야 할 것인가에 대한 대립이라고 볼 수 있다.

이와 함께 오스트리아 사재단법의 제정에서 볼 수 있듯이 자유로운 목적의 재단설립을 제한하는 경우 국내의 자본이 자유로운 재단설립을 인정하는 타국으로 유출될 수 있고, 이는 결과적으로 국내자본시장에 악영향을 준다는 실제적인 필요성도 생각해 보아야 할 것이다. 이는 스위스, 특히 리히텐슈타인의 경우 비교적 자유로운 재단설립과 세제상의 혜택 등으로 인하여서 많은 기업들이 자신들의 기업을 최종적으로 지배하는 일종의 지주재단을 설립하여 국가경제에 이바지하고 있다는 경제적 고려도 함께 생각해 볼 필요가 있다. 전반적인 재단법의 발전 형태로 보았을 때 현대의 재단들은 단순히 출연된 재산을 관리하는 것에 그치는 것이 아니라 일종의 기업재단으로, 즉 적극적으로 경제적 활동을 하는 방향으로 진화해 나가고 있다.[75] 그러나 이러한 추세는 지금까지 법적으로 잘 정립되어 있던, 상업적 회사를 위하여 마련된 규정들이 이러한 재단에도 적용되어야 하는가의 문제와 재단의 설립을 통해서 이러한 규정들을 우회할 수 있고, 이는 결국 채권자보호에 흠결을 가져오는 것이 아닌가라는 우려가 제기될 수 있다. 또한 재단의 본질론에서 재단의 여러 특성들 중 재단 자체는 독립적인 법적주체로서 인적결합이 아니므로 그 구성원이라는 것이 있을 수 없고, 특히 출연자의 출연의사에 매우 강력하게 구속되어 있다는 점, 특히 재단은 그 자체로 일정한 목적을 위해서 공동체라는 외부를 향하여 활동하는 존재이지, 자기목적적, 즉 출연된 재산을 일정한 법형식을 이용하여 영속성만을 추구하기 위한 존재가 아니라는 점에서 많은 의문을 제기하게 된다.

그러나 시대의 변화에 따라서 사회에서의 실제적 필요성이 대두되게 되고 이에 대해서 법제도는 일정한 답을 주어야 한다는 점과 기업들의 경우 기업의 영속성과 일정한 기업가치가 계속적으로 보장되도록 하기 원한다는 점에서 출연자의 출연의사에 강하게 구속될 수밖에 없는 재단이라는 법형식에 눈을 돌릴 수밖에 없다는 점을 인정하지 않을 수 없을 것이다. 재단이라는 형식을 통해서 기업에 대한 지배력을 일정한 가족집단과 그 후손들이 영구적으로 보유할 수 있다는 점에 있어서 우려가 없는 것은 아니지만 이러한 점들에 대한 보완과 특히 재단을 관리, 감독하는 국가기관이 할 수 있는 일들에 대한 명확한 경계설정, 그리고 재단 자체에 있어서도 재단의 지나친 채무부담과 무자력 등의 경우에 이를 통제하거나 보고할 수 있는 새로운 시스템을 생각해 볼 수 있다면, 기존의 전통적인 이른바 비영리적 목적만을 유일하고 이상적인 재단목적이자 재단 인정의 근거로 생각하는 우리법상의 경직성에서 벗어날 수 있는 기회가 되리라 생각한다.

---

75) BSK/Grüniger, 3. Aufl. 2006, Vor Art. 80-89 ZGB, N. 16.

참고문헌

양창수 역, 독일민법전, 박영사 (2018)

Arnold, Nikolaus, Privatstiftungsgesetz Kommentar, 2. Auflage, 2007

Basler Kommentar, Zivilgesetzbuch Ⅰ, Art. 1-456 ZGB, 3. Auflage, 2006

Doralt, Peter/Kalss, Susanne, Stiftungen im österreichischen Recht, in: Hopt, Klaus J./Reuter, Dieter(Hrsg.), Stiftungsrecht in Europa, 2001

Handkommentar zum Schweizer Privatrecht, 3. Auflage, 2016

Historisch-kritischer Kommentar zum BGB, Band Ⅰ Allgemeiner Teil, §§ 1-240, 2003

Hof, Hagen, Stiftungen in deutschen Recht, in: Hopt, Klaus J./Reuter, Dieter(Hrsg.), Stiftungsrecht in Europa, 2001

Hopt, Klaus J./Reuter, Dieter(Hrsg.), Stiftungsrecht in Europa, 2001

Klaus J./Reuter, Dieter(Hrsg.), Stiftungsrecht in Europa, 2001

Kronke, Herbert, Stiftungstypus und Unternehemsträgerstiftung, 1988

Kronke, Herbert, Familien- und Unternehmesträgerstiftungen, in: Hopt, Klaus J./Reuter, Dieter(Hrsg.), Stiftungsrecht in Europa, 2001

Lampert, Siegbert/Taisch, Franco, Stiftungen im liechtensteinischen Recht, in: Hopt, Klaus J./Reuter, Dieter(Hrsg.), Stiftungsrecht in Europa, 2001

Rawert, Peter, Der Stiftungsbegriff und seine Merkmale, in: Hopt, Klaus J./Reuter, Dieter(Hrsg.), Stiftungsrecht in Europa, 2001

Riemer, Hans Michael, Stiftungen im schweizerischen Recht, in: Hopt, Klaus J./Reuter, Dieter(Hrsg.), Stiftungsrecht in Europa, 2001

Schulze, Reiner, Die Gegenwart des Vergangen, in: Hopt, Klaus J./Reuter, Dieter(Hrsg.), Stiftungsrecht in Europa, 2001

기업공익재단의 주식 보유 관련 세제 개선방안

유철형*

I. 서론

공익법인[1]은 국가나 지방자치단체가 재정 부족으로 미처 지원하지 못하는 우리 사회의 사각지대에서 다양한 기능과 역할을 수행하고 있고, 이에 국가와 지방자치단체에서는 공익법인의 활동을 활성화한다는 정책적인 이유로 공익법인에 여러 가지 조세특례를 주고 있다. 기업이나 개인이 공익법인에 부여한 조세특례 중 상속세 및 증여세법(이하 '상증세법'이라 한다) 제16조와 제48조에서는 공익법인에 출연하는 재산에 대해 상속세와 증여세를 과세하지 않도록 하고 있다. 이러한 조세특례와 관련하여 실무상 가장 논란이 많은 부분은 공익법인에 출연하거나 공익법인이 취득하는 주식이다. 상증세법은 공익법인에 대한 주식 출연 시 상속세나 증여세의 부담 없이 공익법인이 보유할 수 있는 주식이나 출자지분의 한도를 정하고 이를 초과하는 부분에 대해서는 상속세나 증여세 과세대상으로 규정하고 있다.

1990. 12. 31. 법률 제4283호로 개정된 구 상속세법 제8조의2에 신설된 공익법인의 주식 보유 한도가 1991. 1. 1.부터 시행된 이래 지금까지 30여 년이 지나도록 공익법인의 주식 보유 한도를 어느 정도로 할 것인

---

* 법무법인(유한) 태평양 변호사

1) '공익법인'의 의미와 범위에 대해서는 다양한 견해가 있으나, 여기에서는 상속세 및 증여세법 제16조에 규정된 공익법인을 의미하는 것으로 전제한다.

지에 대해 수많은 논란이 계속되어 왔다. 공익법인의 주식 보유 한도를 늘려야 한다는 입장과 이를 줄여야 한다는 입장이 팽팽하게 대립되어 왔는데, 전자는 공익법인의 활성화를 그 주요 근거로 들고 있고, 후자는 공익법인이 상속세나 증여세를 회피하면서 동시에 재벌기업의 내국법인에 대한 지배수단으로 편법적으로 이용되고 있다는 점을 주요 근거로 들고 있다. 공익법인의 주식 보유 한도 문제는 주로 대기업을 중심으로 논의되고 있으나, 공익법인을 통한 상속세나 증여세의 회피는 대기업뿐만 아니라 중소기업의 경우에도 동일하게 발생할 수 있다. 한편, 수원교차로 사건[2]에서 보듯이 편법 상속이나 증여, 기업지배와 무관하게 공익목적으로 출연하는 주식에 대해서는 공익법인의 주식 보유 한도를 대폭 완화해야 한다는 주장도 제기되고 있다.

이 논문에서는 주로 공익재단법인의 주식 보유 한도와 관련한 조세정책을 어떠한 방향으로 가져가는 것이 타당한지를 모색해 보고, 현행 상증세법상 공익법인의 주식 보유 관련 규정의 문제점을 검토하여 기업공익재단의 활성화를 위한 세제상 개선방안을 제시해 보고자 한다. 이하에서는 Ⅱ.에서 공익법인의 주식 보유 현황, Ⅲ.에서 공익법인의 주식 보유 세제의 연혁과 내용, Ⅳ.에서 공익법인의 주식 보유와 관련한 주요 국가의 입법례, Ⅴ.에서 공익법인의 주식 보유와 관련하여 제기된 문제점 및 개선방안, Ⅵ.에서 현행 상증세법상 주식 보유 한도 관련 규정의 해석상 문제점의 순서로 검토한 후 결론을 맺고자 한다.

---

2) 대법원 2017. 4. 20. 선고 2011두21447 전원합의체 판결.

II. 공익법인의 주식 보유 현황

1. 기업집단 소속 공익재단법인의 주식 보유 현황

국내 공익법인이 보유하고 있는 주식은 대기업 주식과 중소기업 주식, 상장 주식과 비상장 주식 등 다양하다. 이하에서는 주로 논란이 되고 있는 대기업 주식을 중심으로 공익법인의 주식 보유 현황을 살펴본다.

공정거래위원회가 2019. 9. 5. 자료로 발표한 2019. 5. 15. 기준 「독점규제 및 공정거래에 관한 법률」(이하 '공정거래법'이라 한다)에 따른 '공시대상 기업집단 소속 공익법인의 계열사 주식 보유 현황'은 아래 <표 1>과 같다.3)

위 자료에 의하면, 36개 공시대상 기업집단 소속 69개 공익법인이 124개 계열사에 대해 지분을 보유하고 있으며, 평균 지분율은 1.39%이다. 최근 5년(2015년~2019년)간 계열출자 비영리법인 수(65개→69개), 피출자 계열회사수(113개→124개), 평균 지분율(0.83%→1.39%)이 모두 증가했다. 69개 비영리법인 중 상증세법상 공익법인은 65개이며, 공익법인이 지분을 보유한 피출자 계열사수는 2018년 대비 2개 증가했다 (122개→124개). 공익법인이 지분을 보유한 피출자 계열사수는 롯데(11개), 삼성·포스코·금호아시아나(8개), 현대중공업(7개) 순으로 많다.4) 공익법인이 지분을 보유한 계열사(124개) 중 63.7%가 상장사이고, 공익법인이 기업집단의 대표회사 지분을 보유한 경우가 많은 것으로 나타났다

---

3) 공정거래위원회 기업집단정책과, "2019년 대기업집단 주식소유현황 발표", 공정거래위원회, http://www.ftc.go.kr/www/selectReportUserView.do?key=10&rpttype=1&report_data_no=8287. (2019. 9. 5.), 김무열, "공익법인의 설립·운영·해산 단계에 따른 과세제도 연구", 한국조세재정연구원, (2019. 12.), 22-27에서 재인용.
4) 금호아시아나 소속 6개 사 및 케이티 소속 1개 사는 공익법인 지분율이 100%이다.

(36개 집단 중 29개 집단, 80.6%). 공정거래위원회는 2018년에 비해 공익법인이 출자한 계열사가 증가하면서 우회출자를 활용한 총수일가의 지배력 확대 우려가 커지고 있다고 분석했다.

〈표 1〉 공시대상 기업집단 소속 공익법인의 계열사 주식 보유 현황

(2019. 5. 15. 기준, 단위: 주, %)

집단명	공익법인명	피출자회사명	발행주식 총수	소유 주식수	지분율	상장 여부
삼성	삼성문화재단	삼성물산(주)	191,317,483	1,144,086	0.60	상
	삼성문화재단	삼성생명보험(주)	200,000,000	9,360,000	4.68	상
	삼성문화재단	삼성에스디아이(주)	70,382,426	400,723	0.57	상
	삼성문화재단	삼성전자(주)	6,792,668,550	1,880,750	0.03	상
	삼성문화재단	삼성증권(주)	89,300,000	195,992	0.22	상
	삼성문화재단	삼성화재해상보험(주)	50,566,837	1,451,241	2.87	상
	삼성복지재단	삼성물산(주)	191,317,483	80,946	0.04	상
	삼성복지재단	삼성에스디아이(주)	70,382,426	170,100	0.24	상
	삼성복지재단	삼성전자(주)	6,792,668,550	4,484,150	0.07	상
	삼성복지재단	삼성화재해상보험(주)	50,566,837	170,517	0.34	상
	삼성생명공익재단	(주)미라콤아이앤씨	5,991,509	8,804	0.15	비
	삼성생명공익재단	삼성물산(주)	191,317,483	2,000,000	1.05	상
	삼성생명공익재단	삼성생명보험(주)	200,000,000	4,360,000	2.18	상
	삼성생명공익재단	에스코어(주)	26,107,907	36,939	0.14	비
현대 자동차	현대차 정몽구 재단	(주)이노션	20,000,000	1,800,000	9.00	상
	현대차 정몽구 재단	현대글로비스(주)	37,500,000	1,671,018	4.46	상
에스케이	재단법인 최종현학술원	에스케이(주)	70,926,432	185,000	0.26	상
	한국고등교육재단	에스케이네트웍스(주)	248,187,647	821,488	0.33	상
	한국고등교육재단	에스케이건설(주)	35,302,293	86,120	0.24	비
	한국고등교육재단	에스케이디스커버리(주)	20,396,310	115,982	0.57	상
	한국고등교육재단	에스케이씨(주)	37,534,555	72,436	0.19	상
	한국고등교육재단	에스케이케미칼(주)	13,038,522	124,539	0.96	상
엘지	엘지연암문화재단	(주)엘지	175,871,808	572,525	0.33	상
	엘지연암문화재단	(주)엘지화학	78,281,143	20,746	0.03	상
	엘지연암학원	(주)엘지	175,871,808	3,675,742	2.09	상
	엘지연암학원	(주)엘지상사	38,760,000	17,046	0.04	상
롯데	롯데문화재단	롯데상사(주)	206,542	790	0.38	비
	롯데문화재단	롯데쇼핑(주)	28,288,755	1,813	0.01	상
	롯데문화재단	롯데지주(주)	105,896,860	102,597	0.10	상
	롯데문화재단	롯데칠성음료(주)	8,768,770	9,200	0.10	상

집단명	공익법인명	피출자회사명	발행주식 총수	소유 주식수	지분율	상장 여부
	롯데문화재단	롯데케미칼(2주)	34,275,419	11,495	0.03	상
	롯데장학재단	(주)대홍기획	4,185	209	4.99	비
	롯데장학재단	롯데역사(주)	3,600,000	192,000	5.33	비
	롯데장학재단	롯데제과(주)	6,416,717	365,937	5.70	상
	롯데장학재단	롯데지주(주)	105,896,860	3,445,105	3.25	상
	롯데장학재단	롯데칠성음료(주)	8,768,770	541,330	6.17	상
	롯데장학재단	롯데캐피탈(주)	33,297,512	158,400	0.48	비
	롯데장학재단	롯데푸드(주)	1,131,870	46,417	4.10	상
	롯데문화재단	(주)코리아세븐	37,027,634	215,587	0.58	비
	롯데삼동복지재단	롯데쇼핑(주)	28,288,755	42,765	0.15	상
	롯데삼동복지재단	롯데지주(주)	105,896,860	54,807	0.05	상
	포스코청암재단	(주)포스코	87,186,835	30,000	0.03	상
	포스코청암재단	(주)포스코엠텍	41,642,703	750,880	1.80	상
	포항산업과학연구원	(주)엔투비	3,200,000	60,000	1.88	비
	(학)포스코교육재단	(주)포스코	87,186,835	403,000	0.46	상
포스코	(학)포항공과대학교	(주)포스코	87,186,835	1,981,047	2.27	상
	(학)포항공과대학교	(주)포스코건설	41,806,694	866,370	2.07	비
	(학)포항공과대학교	(주)포스코아이씨티	152,034,729	1,319,074	0.87	상
	(학)포항공과대학교	(주)포스코인터내셔널	123,375,149	370,757	0.30	상
	(학)포항공과대학교	(주)포스코케미칼	60,988,220	2,523,500	4.14	상
	(학)포항공과대학교	포스코기술투자(주)	20,736,842	1,036,842	5.00	비
한화	학교법인 북일학원	한화호텔앤드리조트(주)	11,585,137	48,184	0.42	비
	학교법인 북일학원	(주)한화	97,910,029	1,371,105	1.40	상
	학교법인 북일학원	한화케미칼(주)	162,603,027	250,521	0.15	상
지에스	(재)남촌재단	지에스건설(주)	79,889,681	878,160	1.10	상
	사회복지법인 동행복지재단	(주)지에스	94,700,204	1,505,000	1.59	상
현대 중공업	(재)아산나눔재단	현대중공업(주)	70,773,116	431,844	0.61	상
	(재)아산나눔재단	현대건설기계(주)	19,700,793	121,872	0.62	상
	(재)아산나눔재단	현대오일뱅크(주)	245,082,422	606,700	0.25	비
현대 중공업	(재)아산나눔재단	현대일렉트릭앤에너지시스템(주)	20,357,135	125,984	0.62	상
	(재)아산나눔재단	현대중공업지주(주)	16,286,617	77,983	0.48	상
	(재)아산사회복지재단	(주)아산카카오메디컬데이터	320,000	16,000	5.00	비
	(재)아산사회복지재단	(주)현대미포조선	39,942,149	172,000	0.43	상
	(재)아산사회복지재단	현대중공업(주)	70,773,116	1,684,436	2.38	상

집단명	공익법인명	피출자회사명	발행주식 총수	소유 주식수	지분율	상장 여부
	(재)아산사회복지재단	현대건설기계(주)	19,700,793	475,372	2.41	상
	(재)아산사회복지재단	현대일렉트릭앤 에너지시스템(주)	20,357,135	491,420	2.41	상
	(재)아산사회복지재단	현대중공업지주(주)	16,286,617	304,179	1.87	상
케이티	(재)케이티그룹 희망나눔재단	(주)케이에이치에스	20,000	20,000	100.00	비
	(재)케이티그룹 희망나눔재단	(주)케이티	261,111,808	16,668	0.01	상
한진	일우재단	(주)대한항공	95,955,428	191,325	0.20	상
	일우재단	(주)한진칼	59,707,224	92,453	0.15	상
	정석물류학술재단	(주)대한항공	95,955,428	400,150	0.42	상
	정석물류학술재단	(주)한진칼	59,707,224	637,118	1.07	상
	정석물류학술재단	정석기업(주)	1,231,158	123,115	10.00	비
	정석인하학원	(주)대한항공	95,955,428	2,600,866	2.71	상
	정석인하학원	(주)한진	11,974,656	475,124	3.97	상
	정석인하학원	(주)한진칼	59,707,224	1,271,403	2.13	상
	정석인하학원	한국공항(주)	3,166,355	254	0.01	상
씨제이	(사)씨제이나눔재단	씨제이(주)	35,663,733	188,604	0.53	상
	(사)씨제이나눔재단	씨제이제일제당(주)	16,381,619	30,351	0.19	상
	(재)씨제이문화재단	씨제이(주)	35,663,733	144,533	0.41	상
	(재)씨제이문화재단	씨제이제일제당(주)	16,381,619	7,844	0.05	상
두산	(재)두산연강재단	(주)두산	23,634,861	1,711,518	7.24	상
	(재)두산연강재단	(주)오리콤	11,498,750	67,000	0.58	상
	(재)두산연강재단	두산건설(주)	324,657,148	98,916	0.03	상
	(재)두산연강재단	두산중공업(주)	117,146,875	1,200	0.00	상
	동대문미래재단	(주)두산	23,634,861	94,000	0.40	상
부영	학교법인 우정학원	(주)부영	14,000,000	110,000	0.79	비
	학교법인 우정학원	대화도시가스(주)	180,000	9,000	5.00	비
부영	학교법인 우정학원	동광주택산업(주)	4,600,000	90,000	1.96	비
엘에스	재단법인 송강재단	(주)엘에스	32,200,000	95,530	0.30	상
	재단법인 송강재단	(주)이원	6,860,000	54,600	0.80	상
대림	대림문화재단	(주)대림코퍼레이션	10,527,893	652,789	6.20	비
	대림문화재단	대림씨엔에스(주)	12,731,947	179,640	1.41	상
	대림수암 장학문화재단	(주)대림코퍼레이션	10,527,893	61,000	0.58	비
	대림수암 장학문화재단	대림씨엔에스(주)	12,731,947	115,200	0.90	상

집단명	공익법인명	피출자회사명	발행주식 총수	소유 주식수	지분율	상장 여부
	학교법인 대림학원	(주)대림코퍼레이션	10,527,893	285,599	2.71	비
	학교법인 대림학원	(주)삼호	15,179,766	118,056	0.78	상
	학교법인 대림학원	고려개발(주)	35,994,439	54,680	0.15	상
	학교법인 대림학원	대림산업(주)	38,600,000	644,616	1.67	상
효성	동양학원	(주)효성	21,071,025	293,519	1.39	상
영풍	(재)경원문화재단	(주)영풍	1,842,040	13,965	0.76	상
	(재)경원문화재단	고려아연(주)	18,870,000	7,450	0.04	상
	(재)경원문화재단	유미개발(주)	44,300	11,400	25.73	비
	(재)영풍문화재단	(주)영풍문고	200,000	20,000	10.00	비
	(재)영풍문화재단	서린상사(주)	310,165	15,508	5.00	비
	(재)영풍문화재단	코리아니켈(주)	540,000	27,000	5.00	비
금호 아시 아나	금호아시아나 문화재단	금호고속(주)	2,191,500	200,000	9.13	비
	금호아시아나 문화재단	금호산업(주)	36,327,615	8,352	0.02	상
	금호아시아나 문화재단	케이알(주)	60,000	60,000	100.00	비
	금호아시아나 문화재단	케이에이(주)	60,000	60,000	100.00	비
	금호아시아나 문화재단	케이에프(주)	20,000	20,000	100.00	비
	금호아시아나 문화재단	케이오(주)	60,000	60,000	100.00	비
	죽호학원	금호고속(주)	2,191,500	150,000	6.84	비
	죽호학원	케이아이(주)	4,000	4,000	100.00	비
	죽호학원	케이지(주)	10,000	10,000	100.00	비
케이티 앤지	케이티앤지 복지재단	(주)케이티앤지	137,292,497	3,057,913	2.23	상
	케이티앤지 장학재단	(주)케이티앤지	137,292,497	871,407	0.63	상
코오롱	오운문화재단	코오롱글로벌(주)	25,536,565	130,205	0.51	상
	재단법인 꽃과어린왕자	스위트밀(주)	7,000,000	1,398,000	19.97	비
오씨 아이	재단법인 송암문화재단	오씨아이(주)	23,849,371	293,086	1.23	상
	학교법인 송도학원	오씨아이(주)	23,849,371	85,008	0.36	상
에이치 디씨	포니정장학재단	에이치디씨(주)	59,741,721	83,428	0.14	상
	포니정장학재단	에이치디씨	43,938,220	116,571	0.27	상

집단명	공익법인명	피출자회사명	발행주식 총수	소유 주식수	지분율	상장 여부
		현대산업개발(주)				
SM	(재)삼라희망재단	(주)삼라	485,000	81,075	16.72	비
	(재)삼라희망재단	동아건설산업(주)	4,395,000	382,950	8.71	비
세아	(재)세아이운형 문화재단	(주)세아제강	2,836,300	64,877	2.29	상
	(재)세아이운형 문화재단	(주)세아제강지주	4,141,657	72,365	1.75	상
	(재)세아이운형 문화재단	(주)세아홀딩스	4,000,000	125,556	3.14	상
	(재)세아해암 학술장학재단	(주)세아홀딩스	4,000,000	74,444	1.86	상
	(재)세아해암 학술장학재단	(주)세아제강	2,836,300	76,937	2.71	상
	(재)세아해암 학술장학재단	(주)세아제강지주	4,141,657	85,819	2.07	상
	(재)세아이운형 문화재단	(주)세아베스틸	35,862,119	225,000	0.63	상
태광	일주세화학원	(주)티시스	9,456,429	321,567	3.40	비
	일주세화학원	(주)티알엔	3,000,001	52,768	1.76	비
	일주세화학원	대한화섬(주)	1,328,000	66,399	5.00	상
	일주세화학원	태광산업(주)	1,113,400	55,669	5.00	상
	일주학술문화재단	(주)티브로드	74,085,915	109,510	0.15	비
	일주학술문화재단	(주)티알엔	3,000,001	1,944	0.06	비
	일주학술문화재단	흥국생명보험(주)	13,583,369	638,342	4.70	비
이랜드	이랜드복지재단	(주)이랜드리테일	38,440,708	135	0.00	비
	이랜드복지재단	(주)이랜드월드	4,718,933	269,134	5.70	비
	재단법인 이랜드재단	(주)이랜드리테일	38,440,708	14	0.00	비
	재단법인 이랜드재단	(주)이랜드월드	4,718,933	24,835	0.53	비
DB	DB김준기문화재단	(주)디비아이엔씨	201,173,933	8,644,280	4.30	상
	DB김준기문화재단	(주)디비저축은행	4,172,406	832,382	19.95	비
	DB김준기문화재단	(주)디비하이텍	44,511,167	70,624	0.16	상
	DB김준기문화재단	디비금융투자(주)	42,446,389	794,902	1.87	상
	DB김준기문화재단	디비손해보험(주)	70,800,000	3,539,070	5.00	상
호반건설	재단법인 태성문화재단	(주)광주방송	8,000,000	800,000	10.00	비

집단명	공익법인명	피출자회사명	발행주식 총수	소유 주식수	지분율	상장 여부
호반건설	재단법인 태성문화재단	(주)호반건설	2,765,696	32,060	1.16	비
	재단법인 호반장학회	(주)호반건설	2,765,696	51,560	1.86	비
태영	(재)서암윤세영재단	(주)태영건설	78,957,480	5,766,150	7.30	상
동원	(재)동원육영재단	(주)동원엔터프라이즈	11,691,490	583,183	4.99	비
한라	(학)배달학원	(주)한라	49,049,362	869,509	1.77	상
아모레 퍼시픽	(재)서경배과학재단	(주)아모레퍼시픽그룹	88,901,950	38,141	0.04	상
	(재)아모레퍼시픽 복지재단	(주)아모레퍼시픽그룹	88,901,950	1,436,000	1.62	상
	(재)아모레퍼시픽재단	(주)아모레퍼시픽	69,016,320	767,200	1.11	상
	(재)아모레퍼시픽재단	(주)아모레퍼시픽그룹	88,901,950	468,240	0.53	상
삼천리	송은문화재단	(주)삼탄	1,948,276	133,590	6.86	비
	천만장학회	(주)삼탄	1,948,276	61,034	3.13	비
동국제강	(재)송원문화재단	동국제강(주)	95,432,737	580,716	0.61	상
하이트 진로	(재)하이트문화재단	하이트진로(주)	71,268,446	24,106	0.03	상
	(재)하이트문화재단	하이트진로홀딩스(주)	23,677,575	1,170,380	4.94	상

자료: 공정거래위원회(2019.9.5.), 「2019년 공시 대상 기업집단 주식 소유 현황 발표」, http://www. ftc.go.kr/www/selectReportUserView.do?key=10&rpttype=1&report_data_no=8287(검색일자: 2019. 10. 20)

2020. 8. 31.[5] 및 2020. 9. 3.[6]자 공정거래위원회 보도자료에 의하면, 공시대상 기업집단의 공익법인 출자현황은 64개 공시대상 기업집단 중 41개 집단소속 75개 비영리법인이 138개 계열회사에 대해 지분을 보유하고 있으며 평균 지분율은 1.25%이다. 2015년 이후 계열출자 비영리법인 수는 2015년 65개, 2016년 68개, 2017년 71개, 2018년 71개, 2019년 69개, 2020년 75개로 증가추세를 보이고 있다. 75개 비영리법인 중 상

---

5) 공정거래위원회 기업집단정책과, "2020년 공시대상기업집단 주식소유현황 정보 공개", 공정거래위원회, http://www.ftc.go.kr/www/selectReportUserView.do?key=10 &rpttype=1&report_data_no=8705 (2020. 8. 31.).
6) 공정거래위원회, "2020 공시대상기업집단 주식소유현황 공개", 공정위뉴스 경쟁 정책, https://ftc.go.kr/www/FtcNewsView.do?key=5&news_lg_div_gb=1&newstype=1 &news_no=4383 (2020. 9. 3.).

증세법상 공익법인은 68개이며, 공익법인이 출자한 계열회사는 2019년 (124개) 대비 4개 늘어난 128개이다. 공익법인이 출자한 128개 국내계열 회사 중 공익법인 지분율이 5% 이상인 회사는 20개 집단의 32개(25.0%) 이다. 공익법인 지분율이 100%인 회사는 금호아시아나 소속 6개사 및 케이티 소속 1개사가 있다. 공정거래위원회는 기업집단이 공익법인을 통해 우회적으로 지배력을 확대할 가능성이 있는 사례도 늘어나고 있어 제도 개선이 시급한 것으로 판단하고 있다.

또한, 공정거래위원회의 2020. 12. 9.자 보도자료[7])에 의하면, 아래 <표 2>에서 보는 바와 같이 공익법인의 경우 총수일가는 계열사 주식을 보유하고 있는 공익법인(64개)에 집중적으로 이사로 등재(62.5%)되어 있고, 총수 본인이 이사로 등재되어 있는 공익법인도 32.8%에 달하며, 총수 2·3세가 이사로 등재되어 있는 공익법인은 6.3%인 것으로 나타났다.

〈표 2〉 공익법인 총수일가 이사등재 현황

(단위: 개, %)

구분	공익법인 수	총수일가 이사 등재(비중)	총수 본인 이사 등재(비중)	총수 2·3세 이사등재(비중)
계열사 주식 보유	64	40(62.5)	21(32.8)	4(6.3)
계열사 주식 미보유	117	37(31.6)	14(12.0)	6(5.1)
전체*	181	77(42.5)	35(19.3)	10(5.5)

* 48개 기업집단(총수 있는 기업집단 중 공익법인 소유 기업집단) 소속 상증세법상 공익법인

2. 평가

공시대상 기업집단 소속 공익법인의 계열사 주식 보유 현황, 보유 주

---

7) 공정거래위원회 기업집단정책과, "2020년 대기업집단 지배구조 현황 발표", 공정거래위원회, http://www.ftc.go.kr/www/selectReportUserView.do?key=10&rpttype=1&report_data_no=8862 (2020. 12. 9.).

식의 수익률과 공익법인의 총수일가 이사등재 현황 등 외형으로만 보면, 상속세나 증여세를 회피하면서 공익법인을 우회적인 기업지배 수단으로 활용한다는 비판이 가능하고, 이에 공익법인 주식 보유 한도를 현재보다 더 낮추어야 한다는 주장이 설득력을 얻을 수 있다. 그러나 겉으로 보이는 내용만을 가지고 공익법인의 주식 보유 한도를 현재보다 더 제한해야 한다는 주장은 성급한 주장이라고 할 수 있다. 공익법인의 주식 보유 한도를 어느 정도로 할 것인지는 겉으로 보이는 사항이 아니라, 공익법인의 실제 공익활동(공익성 평가) 및 기업지배 활용도(의결권 행사 내용)를 분석, 검토하여 판단하는 것이 합리적이고 타당하다.

Ⅲ. 공익법인 주식 보유 세제 연혁과 규제 내용

1. 개정 연혁

가. 공익법인의 주식 보유 한도 도입 배경

1990. 12. 31.까지는 상증세법에 공익법인의 주식 보유 한도에 관한 규제가 없었다. 그런데 대기업의 대주주가 공익법인이 출연받는 주식에 대해서는 상속세나 증여세의 부담이 없다는 점을 이용하여 공익법인을 편법 승계 수단으로 이용하고, 또한 내국법인에 대한 우회적인 지배수단으로 활용하는 사례가 증가하게 되었다. 이에 이러한 편법행위를 방지하기 위해서는 공익법인이 조세의 부담 없이 보유할 수 있는 주식이나 출자지분에 일정한 한도를 두어야 한다는 요구가 커졌고, 그 대응방안으로 상증세법에 공익법인의 주식 보유한도에 관한 규정을 신설하기에 이르렀다.[8]

나. 1990. 12. 31. 법률 제4283호로 개정된 구 상속세법

구 상속세법은 제8조의2 제1항 제1호, 제34조의7에서 공익법인이 출연받은 주식 중 내국법인 발행주식총액 또는 출자총액의 20%를 초과하는 부분(출연받은 재산으로 취득하는 주식과 출자지분을 포함)에 대해 상속세나 증여세를 과세하는 규정을 신설하였고, 이 규정은 개정법 시행 후 최초로 20%를 초과하는 부분에 대해서만 적용하도록 함으로써 1990. 12. 31.까지 취득한 분에 대해서는 20% 초과분에 대해서도 위 규정을 적용하지 아니하는 것으로 하였다(부칙 제3조).

다. 1993. 12. 31. 법률 제4662호로 개정된 구 상속세법

구 상속세법 제8조의2 제1항 제1호와 제34조의7은 공익법인의 내국법인 주식 보유 한도를 20%에서 5%로 축소하였다. 위 개정 규정은 위 개정법 시행(시행일: 1994. 1. 1.) 후 최초로 공익법인에 주식 또는 출자지분을 출연하거나 공익법인이 주식 또는 출자지분을 취득하는 것부터 적용하도록 하여 위 개정법 시행 전에 취득한 주식과 출자지분에 대해서는 여전히 20%를 적용하도록 하였다. 다만, 내국법인의 발행주식총액 또는 출자총액의 100분의 5를 초과하는지의 여부를 판정함에 있어서는 위 개정법 시행 전에 공익법인에 출연한 주식 또는 출자지분과 공익법인이 위 개정법 시행 전부터 소유하고 있는 주식 또는 출자지분을 포함한다(부칙 제3조).

---

8) 제13대 국회 제151회 제4차, "국회 재무위원회 회의록 제4호" (1990. 11. 21.), 79-80; 제14대 국회 제165회 제4차, "국회 재무위원회 회의록 제4호"(1993. 11. 11.), 4 ; 법제처, "상속세 및 증여세법에 대한 제·개정 이유", (2010. 12. 27.).

라. 1996. 12. 30. 법률 제5193호로 개정된 구 상증세법

구 상증세법 제49조 제1항은 공익법인등이 1996. 12. 31. 현재 발행주식총수등의 100분의 5를 초과하는 동일한 내국법인의 주식등을 보유하고 있는 경우에는 ① 당해 공익법인등이 보유하고 있는 주식등의 지분률이 발행주식총수등의 100분의 5를 초과하고 100분의 20 이하인 경우에는 위 개정법 시행일부터 3년 이내, ② 당해 공익법인등이 보유하고 있는 주식등의 지분률이 발행주식총수등의 100분의 20을 초과하는 경우에는 위 개정법 시행일부터 5년 이내에 당해 발행주식총수등의 100분의 5(이하 "주식등의 보유기준"이라 한다)를 초과하여 보유하지 아니하도록 하는 규정을 신설하였다. 즉, 1996. 12. 31.을 기준으로 초과분에 대한 처분의무를 부여한 것이다.

공익법인등이 위 기한 경과 후 주식등의 보유기준을 초과하여 보유하는 경우에는 위 기한의 종료일 현재 그 보유기준을 초과하는 주식등의 액면가액의 100분의 20에 상당하는 금액을 가산세로 부과하도록 하였다(같은 법 제78조 제4항). 다만, 당해 공익법인등의 운용소득 중 ① 같은 법 시행령 제38조 제4항 제1호의 규정에 의한 금액에서 동항 제2호의 규정에 의한 금액을 차감한 금액의 100분의 80에 상당하는 금액과 ② 총리령이 정하는 출연재산(직접 공익목적사업에 사용한 분을 제외한다)가액의 100분의 5에 상당하는 금액 중 큰 금액 이상을 직접 공익목적사업에 사용한 성실공익법인등과 국가·지방자치단체가 출연하여 설립한 공익법인등 및 이에 준하는 것으로서 대통령령이 정하는 공익법인등은 그 초과지분의 처분의무를 부담하지 아니한다(같은 법 제49조 제1항 단서).

마. 1999. 12. 28. 법률 제6048호로 개정된 구 상증세법

구 상증세법 제48조 제9항은 공익법인등(제49조 제1항 단서의 규정에 해당하는 공익법인등을 제외한다)이 ① 같은 법 시행령 제19조 제2항 제3호에 해당하는 자, ② 같은 항 제5호에 해당하는 자, ③ 위 ① 및 ②에 해당하는 자가 이사의 과반수이거나 재산을 출연하여 설립한 비영리법인에 해당하는 자가 위 ①에 해당하는 기업의 주식등을 출연한 경우의 당해 기업의 주식등을 보유하는 경우로서 당해 내국법인의 주식등의 가액이 총재산가액의 100분의 30을 초과하는 때에는 가산세를 부과하는 규정을 신설하였다.

바. 2000. 12. 29. 법률 제6301호로 개정된 구 상증세법

구 상증세법 제48조 제1항 본문은 그 괄호 부분에서 같은 법 제16조 제2항 각호외의 부분 단서의 규정에 해당하는 경우에는 공익법인의 주식 보유 한도 규정을 적용하지 아니한다는 규정을 신설하였고, 이 규정은 위 개정법 시행 후 최초로 상속세 또는 증여세를 결정하는 분부터 적용하도록 하였다(부칙 제4조 제1항). 같은 법 제16조 제2항 각호 외의 부분 단서에 해당하는 경우에는 공익법인의 주식 보유 한도의 제한을 받지 아니하므로 5%를 초과하여 해당 공익법인에 출연하거나 해당 공익법인이 취득한 주식에 대해서도 상속세나 증여세를 부담하지 아니한다.

같은 법 제16조 제2항 각호외의 부분 단서는 '① 제49조 제1항 각호외의 부분 단서에 해당하는 것으로서 ② 공정거래법에 의한 대규모기업집단과 특수관계에 있지 아니하는 공익법인등에 ③ 당해 공익법인등의 출연자와 특수관계에 있지 아니하는 내국법인의 주식등을 출연하는 경우로서 ④ 대통령령으로 정하는 경우에는 그러하지 아니하다'라고 규정하고 있다.

① "제49조 제1항 각호외의 부분 단서에 해당하는 것"은 "직접 공익목적사업에의 사용실적 기타 당해 공익법인등의 공익기여도등을 감안하여 대통령령이 정하는 기준에 해당하는 공익법인등과 국가·지방자치단체가 출연하여 설립한 공익법인등 및 이에 준하는 것으로서 대통령령이 정하는 공익법인등"을 말한다(구 상증세법 제49조 제1항 단서)

② '공정거래법에 의한 대규모기업집단과 특수관계에 있지 아니하는 공익법인등'이라 함은 공정거래법에 의한 대규모기업집단에 속하는 법인과 같은 법 시행령 제3조 제1호의 규정에 의한 동일인관련자의 관계에 있지 아니하는 공익법인등을 말하고(같은 법 시행령 제13조 제3항), ③ "당해 공익법인등의 출연자와 특수관계에 있지 아니하는 내국법인"이라 함은 다음 각호의 1에 해당하지 아니하는 내국법인을 말한다(같은 법 시행령 제13조 제4항).

1. 출연자 또는 그와 특수관계에 있는 자(출연자와 제6항 각호의 1의 관계에 있는 자를 말하되, 당해 공익법인등을 제외한다)가 주주등이거나 임원(법인세법 시행령 제43조 제6항의 규정에 의한 임원을 말한다. 이하 같다)의 현원(5인에 미달하는 경우에는 5인으로 본다. 이하 이 항에서 같다) 중 5분의 1을 초과하는 내국법인으로서 출연자 및 그와 특수관계에 있는 자(출연자와 제6항 각호의 1의 관계에 있는 자를 말한다. 이하 이 항에서 같다)가 보유하고 있는 주식등의 합계가 가장 많은 내국법인

2. 출연자 또는 그와 특수관계에 있는 자(당해 공익법인등을 제외한다)가 주주등이거나 임원의 현원 중 5분의 1을 초과하는 내국법인에 대하여 출연자, 그와 특수관계에 있는 자 및 공익법인등출자법인(당해 공익법인등이 발행주식총수등의 100분의 5를 초과하여 주식등을 보유하고 있는 내국법인을 말한다. 이하 이 호에서 같다)이 보유하고 있는 주식등의 합계가 가장 많은 경우에는 당해 공익법인등출자법인(출연자 및 그와 특수관계에 있는 자가 보유하고 있는 주식등의 합계가 가장 많은

경우에 한한다)

또한 ④ "대통령령으로 정하는 경우"라 함은 주무부장관이 공익법인 등의 목적사업을 효율적으로 수행하기 위하여 필요하다고 인정하는 경우를 말한다(같은 법 시행령 제13조 제5항).

사. 2007. 12. 31. 법률 제8828호로 개정된 구 상증세법

구 상증세법은 ① 해당 공익법인등의 운용소득(같은 법 시행령 제38조 제5항에 따른 운용소득을 말한다)의 100분의 90 이상을 직접 공익목적사업에 사용한 공익법인등, ② 출연자(재산출연일 현재 해당 공익법인등의 총출연재산가액의 100분의 1에 상당하는 금액과 2천만원 중 적은 금액을 출연한 자는 제외한다) 또는 그와 특수관계에 있는 자(같은 법 시행령 제19조 제2항 각 호의 어느 하나의 관계에 있는 자를 말한다. 이 경우 "주주등 1인"은 "출연자"로 본다)가 공익법인등의 이사 현원(이사 현원이 5명에 미달하는 경우에는 5명으로 본다)의 5분의 1을 초과하지 아니하는 공익법인등, ③ 같은 법 제50조 제3항에 따른 외부감사, ④ 같은 법 제50조의2에 따른 전용계좌의 개설 및 사용, ⑤ 같은 법 제50조의3에 따른 결산서류등의 공시를 이행하는 공익법인등의 요건을 모두 갖춘 공익법인등(이하 "성실공익법인등"이라 한다)의 주식 보유 한도를 10%로 확대했다(구 상증세법 제16조 제2항, 제48조 제1항, 같은 법 시행령 제13조 제3항). 위 개정 규정은 2008. 1. 1. 이후 최초로 공익법인등에 주식등을 출연하거나 공익법인등이 주식등을 취득하는 분부터 적용한다(부칙 제3조).

아. 2010. 12. 27. 법률 제10411호로 개정된 구 상증세법

구 상증세법은 상호출자제한기업집단과 특수관계에 있지 아니한 성실공익법인등(공익법인등이 설립된 날부터 3개월 이내에 주식등을 출연받고, 설립된 사업연도가 끝난 날부터 2년 이내에 성실공익법인등이 되는 경우를 포함한다)이 발행주식총수등의 100분의 10을 초과하여 출연받은 경우로서 초과보유일부터 3년 이내에 초과하여 출연받은 부분을 매각(주식등의 출연자 또는 그와 특수관계에 있는 자에게 매각하는 경우는 제외한다)하는 경우에는 상속세나 증여세를 과세하지 아니하는 규정을 신설하였다(구 상증세법 제16조 제2항 단서, 제48조 제1항 단서). 위 개정 규정은 2011. 1. 1. 이후 출연받은 분부터 적용한다(부칙 제3조). 즉, 성실공익법인은 주식 보유 한도를 초과하여 출연받은 경우에도 초과보유일부터 3년 이내에 초과분을 매각하면 상속세나 증여세를 부담하지 아니하게 되었다.

자. 2016. 12. 20. 법률 제14388호로 개정된 구 상증세법

구 상증세법은 공익법인의 주식 보유 한도 계산시 합산하는 주식에 '해당 내국법인과 특수관계에 있는 출연자로부터 재산을 출연받은 다른 공익법인등이 보유하고 있는 동일한 내국법인의 주식등'도 추가하도록 하였고(구 상증세법 제16조 제2항 제3호, 제48조 제1항 제3호), 보유한도 초과분을 상속세나 증여세 과세가액에서 제외하는 사유에 '① 상증세법 제49조 제1항 각 호 외의 부분 단서에 해당하는 공익법인등으로서 상호출자제한기업집단과 특수관계에 있지 아니한 공익법인등에 그 공익법인등의 출연자와 특수관계에 있지 아니한 내국법인의 주식등을 출연하는 경우로서 주무관청이 공익법인등의 목적사업을 효율적으로 수행하기 위하여 필요하다고 인정하는 경우, ② 「공익법인의 설립·운영에 관한 법률」 및 그 밖의 법령에 따라 내국법인의 주식등을 출연하는 경우'를 추가하였다(구 상증세법 제16조 제3항, 제48조 제1항 단서). 위 각 개정 규정은 2017. 1. 1. 이후 이후 출연받거나 취득하는 분부터 적용한다(부칙 제3조, 제9조 제1항).

차. 2017. 12. 19. 법률 제15224호로 개정된 구 상증세법

구 상증세법은 ① 출연받은 주식등의 의결권을 행사하지 아니할 것
과 ② 자선·장학 또는 사회복지를 목적으로 할 것이라는 요건을 모두
갖춘 성실공익법인등에 출연하는 경우에는 주식 보유 한도를 100분의
20으로 높였다(구 상증세법 제16조 제2항 제2호, 제48조 제1항 단서).
위 개정 규정은 2018. 1. 1. 이후 주식등의 의결권을 행사하는 경우부터
적용한다(부칙 제4조). 자선·장학 또는 사회복지를 고유목적사업으로 하
는 성실공익법인이 출연받은 주식등의 의결권을 행사하지 아니하는 경
우에는 주식 보유 한도를 20%로 확대하였다.

카. 위에서 본 공익법인의 주식 보유한도에 관한 상증세법의 개정 연
혁을 요약하면 아래 도표와 같다.

시 기	보유 한도
1990. 12. 31. 이전	공익법인에 대한 주식 보유 규제 없었음
1991.1.1.-1993.12.31.	내국법인 발행주식총액 또는 출자총액의 20% → 1990. 12. 31.까지 취득한 20% 초과분은 적용 제외
1994. 1. 1. 이후	내국법인 발행주식총액 또는 출자총액의 5%로 보유한도 축소 → 1993. 12. 31. 이전에 5%를 초과하여 출연받거나 취득한 분에 대해서는 적용 제외
2000. 1. 1. 이후	공익법인의 사후관리규정으로 내국법인의 주식등의 가액이 총재산가액의 30%를 초과하는 때에는 가산세를 부과하는 규정을 신설
2001. 1. 1. 이후	보유한도 예외 규정 신설: '상증세법 제49조 제1항 각호외의 부분 단서에 해당하는 것으로서 공정거래법에 의한 대규모기업집단과 특수관계에 있지 아니하는 공익법인등에 당해 공익법인등의 출연자와 특수관계에 있지 아니하는 내국법인의 주식등을 출연하는 경우로서 대통령령으로 정하는 경우'에는 보유한도 초과분 전체를 과세가액에서 제외(보유한도 제한 없음) → 2001. 1. 1. 이후 최초로 상속세 또는 증여세를 결정하는 분부터 적용
2008. 1. 1. 이후	성실공익법인은 10%로 보유 한도 상향(2008. 1. 1. 이후 주식 출연분부터 적용)
2011. 1. 1. 이후	성실공익법인 등이 10%를 초과하여 출연받더라도 3년 이내에 처분하면 그 초과분을 과세가액에서 제외

2017. 1. 1. 이후	보유한도 계산시 합산 주식 추가 : '해당 내국법인과 특수관계에 있는 출연자로부터 재산을 출연받은 다른 공익법인등이 보유하고 있는 동일한 내국법인의 주식등'도 보유한도 계산시 합산 보유한도 초과분 과세가액 제외사유 추가 '① 상증세법 제49조 제1항 각 호 외의 부분 단서에 해당하는 공익법인등으로서 상호출자제한기업집단과 특수관계에 있지 아니한 공익법인등에 그 공익법인등의 출연자와 특수관계에 있지 아니한 내국법인의 주식등을 출연하는 경우로서 주무관청이 공익법인등의 목적사업을 효율적으로 수행하기 위하여 필요하다고 인정하는 경우, ② 「공익법인의 설립·운영에 관한 법률」 및 그 밖의 법령에 따라 내국법인의 주식등을 출연하는 경우'를 5% 또는 10% 초과분 과세가액 제외사유로 추가 → 2017. 1. 1. 이후 이후 출연받거나 취득하는 분부터 적용
2018. 1. 1. 이후	아래 요건하에 성실공익법인의 주식보유한도 20%로 확대 : 상호출자제한기업집단과 특수관계에 있지 아니한 성실공익법인등 중 '① 출연받은 주식등의 의결권을 행사하지 아니하고, ② 자선·장학 또는 사회복지를 목적으로 할 것'의 요건을 모두 갖춘 성실공익법인등에 출연하는 경우: 100분의 20 → 2018. 1. 1. 이후 주식등의 의결권을 행사하는 경우부터 적용

2. 현행 상증세법상 주식 보유 규제 현황

가. 5% 한도 적용대상 공익법인

2020. 12. 22. 법률 제17654호로 개정되어 2021. 1. 1.부터 적용되는 현행 상증세법상 공익법인등의 주식 보유 한도는 아래와 같다.

공익법인등의 주식 보유 한도는 ① 공익법인등에 출연하는 내국법인의 의결권 있는 주식 또는 출자지분(이하 "주식등"이라 한다)과 ② 출연자가 출연할 당시 해당 공익법인등이 보유하고 있는 동일한 내국법인의 주식등, ③ 출연자 및 그의 특수관계인이 해당 공익법인등 외의 다른 공익법인등에 출연한 동일한 내국법인의 주식등, ④ 상속인(출연자) 및 그의 특수관계인이 재산을 출연한 다른 공익법인등이 보유하고 있는 동일

한 내국법인의 주식등을 합한 것이 그 내국법인의 의결권 있는 발행주
식총수 또는 출자총액(자기주식과 자기출자지분은 제외한다. 이하 "발
행주식총수등"이라 한다)에서 차지하는 비율로 판단한다.[9]

　5% 한도 적용대상인 공익법인등은 ① 공정거래법 제14조에 따른 상
호출자제한기업집단과 특수관계에 있는 공익법인등과 ② 상증세법 제48
조 제11항 각 호의 어느 하나의 요건을 충족하지 못하는 공익법인등이
다.[10] "공정거래법 제14조에 따른 상호출자제한기업집단과 특수관계에
있는 공익법인등"이란 같은 조 제1항에 따라 지정된 상호출자제한기업
집단에 속하는 법인과 같은 법 시행령 제3조 제1호 각 목 외의 부분에
따른 동일인관련자의 관계에 있는 공익법인등을 말한다.[11] 그리고 상증
세법 제48조 제11항 각 호는 ① 상증세법 제48조 제2항 제3호에 따른
운용소득에 100분의 80[12]을 곱하여 계산한 금액 이상을 직접 공익목적
사업에 사용할 것(제1호), ② 같은 항 제7호에 따른 출연재산가액에 100
분의 1[13]을 곱하여 계산한 금액 이상을 직접 공익목적사업에 사용할 것
(제2호), ③ 그 밖에 공익법인등의 이사의 구성 등 대통령령으로 정하는
요건[14]을 충족할 것(제3호)을 말한다.

---

9) 상증세법 제16조 제2항, 제48조 제1항.

10) 상증세법 제16조 제2항 제2호.

11) 상증세법 시행령 제13조 제5항.

12) 상증세법 시행령 제41조의2 제1항.

13) 상증세법 시행령 제41조의2 제2항.

14) 상증세법 시행령 제41조의2 제3항.
　③ 법 제48조 제11항 제3호에서 "공익법인등의 이사의 구성 등 대통령령으로
정하는 요건"이란 다음 각 호의 요건을 말한다.
　1. 출연자(재산출연일 현재 해당 공익법인등의 총 출연재산가액의 100분의 1에
상당하는 금액과 2천만원 중 적은 금액 이하를 출연한 자는 제외한다) 또는 그
의 특수관계인이 공익법인등의 이사 현원(이사 현원이 5명 미만인 경우에는 5
명으로 본다)의 5분의 1을 초과하지 않을 것. 다만, 제38조 제12항 각 호에 따른
사유로 출연자 또는 그의 특수관계인이 이사 현원의 5분의 1을 초과하여 이사
가 된 경우로서 해당 사유가 발생한 날부터 2개월 이내에 이사를 보충하거나

여기에서 "공익법인등"이란 ① 종교의 보급 기타 교화에 현저히 기여하는 사업, ② 초·중등교육법 및 고등교육법에 의한 학교, 유아교육법에 따른 유치원을 설립·경영하는 사업, ③ 사회복지사업법의 규정에 의한 사회복지법인이 운영하는 사업, ④ 의료법에 따른 의료법인이 운영하는 사업, ⑤ 법인세법 제24조 제2항 제1호에 해당하는 기부금을 받는 자가 해당 기부금으로 운영하는 사업, ⑥ 법인세법 시행령 제39조 제1항 제1호 각 목에 따른 공익법인등 및 소득세법 시행령 제80조 제1항 제5호에 따른 공익단체가 운영하는 고유목적사업(다만, 회원의 친목 또는 이익을 증진시키거나 영리를 목적으로 대가를 수수하는 등 공익성이 있다고 보기 어려운 고유목적사업은 제외한다), ⑦ 법인세법 시행령 제39조 제1항 제2호 다목에 해당하는 기부금을 받는 자가 해당 기부금으로 운영하는 사업(다만, 회원의 친목 또는 이익을 증진시키거나 영리를 목적으로 대가를 수수하는 등 공익성이 있다고 보기 어려운 고유목적사업은 제외한다)을 하는 자를 말한다.[15]

나. 10% 한도 적용대상 공익법인

5% 한도 적용 요건에 해당하지 아니하는 공익법인, 즉, 상증세법 시행령 제12조에 열거된 공익법인으로서 상호출자제한기업집단과 특수관계가 없고, 상증세법 제48조 제11항 각호의 요건을 모두 충족하는 공익법인이 그 대상이다.[16]

교체 임명하여 출연자 또는 그의 특수관계인인 이사가 이사 현원의 5분의 1을 초과하지 않게 된 경우에는 계속하여 본문의 요건을 충족한 것으로 본다.

2. 법 제48조 제3항에 해당하지 않을 것

3. 법 제48조 제10항 전단에 따른 광고·홍보를 하지 않을 것

15) 상증세법 시행령 제12조.

16) 상증세법 제16조 제2항 제2호 본문.

다. 20% 한도 적용대상 공익법인

10% 적용요건을 충족하는 공익법인으로서 ① 출연받은 주식등의 의결권을 행사하지 아니할 것과 ② 자선·장학 또는 사회복지를 목적으로 할 것의 요건을 모두 갖춘 공익법인등의 주식 보유 한도는 20%이다.[17] 출연받은 주식등의 의결권을 행사하지 아니하는지 여부는 공익법인등의 정관에 출연받은 주식의 의결권을 행사하지 아니할 것을 규정하였는지를 기준으로 판단하고,[18] 자선·장학 또는 사회복지를 목적으로 하는지 여부는 해당 공익법인등이 ① 사회복지사업법 제2조 제3호에 따른 사회복지법인이나 ② 직전 3개 소득세 과세기간 또는 법인세 사업연도에 직접 공익목적사업에 지출한 금액의 평균액의 100분의 80 이상을 자선·장학 또는 사회복지 활동에 지출한 공익법인등 중 어느 하나에 해당하는지를 기준으로 판단한다.[19]

라. 보유 한도의 제한이 없는 공익법인

(1) 출연에 의한 주식 취득시

아래 각 항의 어느 하나에 해당하는 경우에는 공익법인등이 5%, 10%, 20%를 초과하여 주식을 보유하는 경우에도 그 초과분에 대한 상속세나 증여세를 부담하지 아니한다.[20]

(가) 상증세법 제49조 제1항 각 호 외의 부분 단서에 해당하는 공익법인등으로서 상호출자제한기업집단과 특수관계에 있지 아니한 공익법인등에 그 공익법인

---

17) 상증세법 제16조 제2항 제2호 가목.
18) 상증세법 시행령 제13조 제3항.
19) 상증세법 시행령 제13조 제4항.
20) 상증세법 제16조 제3항, 제48조 제1항 단서 괄호.

등의 출연자와 특수관계에 있지 아니한 내국법인의 주식등을 출연하는 경우
로서 주무관청이 공익법인등의 목적사업을 효율적으로 수행하기 위하여 필요
하다고 인정하는 경우[21]

"상증세법 제49조 제1항 각 호 외의 부분 단서에 해당하는 공익법인
등"은 상증세법 제16조 제3항 각 호에 해당하는 경우를 말한다.[22] "상
호출자제한기업집단과 특수관계에 있지 아니한 공익법인등"이란 상호
출자제한기업집단에 속하는 법인과 공정거래법 시행령 제3조 제1호에
따른 동일인관련자의 관계에 있지 않은 공익법인등을 말한다.[23]

그리고 "그 공익법인등의 출연자와 특수관계에 있지 아니한 내국법
인"은 ① '출연자(출연자가 사망한 경우에는 그 상속인을 말한다. 이하
이 조, 제37조 제2항 및 제38조 제10항에서 같다) 또는 그의 특수관계인
(해당 공익법인등은 제외한다)이 주주등이거나 임원의 현원(5명에 미달
하는 경우에는 5명으로 본다) 중 5분의 1을 초과하는 내국법인으로서
출연자 및 그의 특수관계인이 보유하고 있는 주식등의 합계가 가장 많
은 내국법인(제1호)'이나 ② '출연자 또는 그의 특수관계인(해당 공익법
인등은 제외한다)이 주주등이거나 임원의 현원 중 5분의 1을 초과하는
내국법인에 대하여 출연자, 그의 특수관계인 및 공익법인등출자법인{해
당 공익법인등이 발행주식총수등의 100분의 5(법 제48조 제11항 각 호
의 요건을 모두 충족하는 공익법인등인 경우에는 100분의 10)를 초과하
여 주식등을 보유하고 있는 내국법인을 말한다}이 보유하고 있는 주식
등의 합계가 가장 많은 경우에는 해당 공익법인등출자법인(출연자 및 그
의 특수관계인이 보유하고 있는 주식등의 합계가 가장 많은 경우로 한정
한다)(제2호)'의 어느 하나에 해당하지 아니하는 내국법인을 말한다.[24]

---

21) 상증세법 제16조 제3항 제1호.
22) 상증세법 제48조 제1항 단서 괄호, 제16조 제3항.
23) 상증세법 시행령 제13조 제6항.

(나) 상호출자제한기업집단과 특수관계에 있지 아니한 공익법인등으로서 상증세법 제48조 제11항 각 호의 요건을 충족하는 공익법인등(공익법인등이 설립된 날부터 3개월 이내에 주식등을 출연받고, 설립된 사업연도가 끝난 날부터 2년 이내에 해당 요건을 충족하는 경우를 포함한다)에 발행주식총수등의 상증세법 제16조 제2항 제2호 각 목에 따른 비율을 초과하여 출연하는 경우로서 해당 공익법인등이 초과보유일부터 3년 이내에 초과하여 출연받은 부분을 매각(주식등의 출연자 또는 그의 특수관계인에게 매각하는 경우는 제외한다)하는 경우25)

"상호출자제한기업집단과 특수관계에 있지 아니한 공익법인등"이란 상호출자제한기업집단에 속하는 법인과 공정거래법 시행령 제3조 제1호에 따른 동일인관련자의 관계에 있지 않은 공익법인등을 말한다.26)

(다)「공익법인의 설립·운영에 관한 법률」 및 그 밖의 법령에 따라 내국법인의 주식등을 출연하는 경우27)

(2) 출연받은 재산으로 주식 취득시

위 (1)의 (가), (다)에 해당하는 경우(이 경우 "출연"은 "취득"으로 본다)와 「산업교육진흥 및 산학연협력촉진에 관한 법률」에 따른 산학협력단이 주식등을 취득하는 경우로서 대통령령으로 정하는 요건을 갖춘 경우에는 초과분에 대한 상속세나 증여세를 부담하지 아니한다.28)

여기에서 "대통령령으로 정하는 요건을 갖춘 경우"란 ①「산업교육

---

24) 상증세법 시행령 제13조 제7항.
25) 상증세법 제16조 제3항 제2호.
26) 상증세법 시행령 제13조 제6항.
27) 상증세법 제16조 제3항 제3호.
28) 상증세법 제48조 제2항 제2호 단서.

진흥 및 산학연협력촉진에 관한 법률」에 따른 산학협력단이 보유한 기술을 출자하여 같은 법에 따른 기술지주회사 또는 「벤처기업 육성에 관한 특별조치법」에 따른 신기술창업전문회사를 설립할 것, ② 산학협력단이 출자하여 취득한 주식등이 기술지주회사인 경우에는 발행주식총수의 100분의 50 이상(「산업교육진흥 및 산학연협력촉진에 관한 법률」제36조의2 제1항에 따라 각 산학협력단이 공동으로 기술지주회사를 설립하는 경우에는 각 산학협력단이 출자하여 취득한 주식등의 합계가 발행주식총수의 100분의 50 이상을 말한다), 신기술창업전문회사인 경우에는 발행주식총수의 100분의 30 이상일 것, ③ 기술지주회사 또는 신기술창업전문회사는 자회사 외의 주식등을 보유하지 아니할 것이라는 세 가지 요건을 모두 갖춘 경우를 말한다.[29]

마. 사후관리규정

(1) 직접 공익목적사업 미달 사용시 가산세 부과

공익법인등(자산 규모, 사업의 특성 등을 고려하여 대통령령으로 정하는 공익법인등은 제외한다)이 대통령령으로 정하는 출연재산가액에 100분의1(상증세법 제16조 제2항 제2호 가목에 해당하는 공익법인등이 발행주식총수등의 100분의 10을 초과하여 보유하고 있는 경우에는 100분의 3)을 곱하여 계산한 금액에 상당하는 금액(이하 상증세법 제78조 제9항 제3호에서 "기준금액"이라 한다)에 미달하여 직접 공익목적사업 (소득세법에 따라 소득세 과세대상이 되거나 법인세법에 따라 법인세 과세대상이 되는 사업은 제외한다)에 사용한 경우에는 가산세를 부과한다.[30] 이와 같이 공익법인의 주식 보유분이 10%를 초과하는 경우에는 기준금액이 더 높아진다.

---

29) 상증세법 시행령 제37조 제6항,
30) 상증세법 제48조 제2항 제7호, 제78조 제9항.

(2) 보유 주식이 총재산가액 대비 일정비율 초과시 가산세 과세

공익법인등(국가나 지방자치단체가 설립한 공익법인등 및 이에 준하는 것으로서 대통령령으로 정하는 공익법인등과 상증세법 제48조 제11항 각 호의 요건을 충족하는 공익법인등은 제외한다)이 대통령령으로 정하는 특수관계에 있는 내국법인31)의 주식등을 보유하는 경우로서 그 내국법인의 주식등의 가액이 해당 공익법인등의 총 재산가액의 100분의 30(상증세법 제50조 제3항에 따른 회계감사, 상증세법 제50조의2에 따른 전용계좌 개설·사용 및 상증세법 제50조의3에 따른 결산서류등의 공시를 이행하는 공익법인등에 해당하는 경우에는 100분의 50)을 초과하는 경우에는 상증세법 제78조 제7항에 따른 가산세를 부과한다.32) 이 규정은 공익법인의 주식 보유에 대해 지분율이 아닌 주식 가액을 기준으로 공익법인의 주식 보유를 제한하고 있다.

---

31) 상증세법 시행령 제38조 (공익법인등이 출연받은 재산의 사후관리) ⑬ 법 제48조 제9항 본문 및 제10항 본문에서 "특수관계에 있는 내국법인"이란 다음 각 호의 어느 하나에 해당하는 자가 제1호에 해당하는 기업의 주식등을 출연하거나 보유한 경우의 해당 기업(해당 기업과 함께 제1호에 해당하는 자에 속하는 다른 기업을 포함한다)을 말한다.
  1. 기획재정부령으로 정하는 기업집단의 소속 기업(해당 기업의 임원 및 퇴직임원을 포함한다)과 다음 각 목의 어느 하나에 해당하는 관계에 있는 자 또는 해당 기업의 임원에 대한 임면권의 행사 및 사업방침의 결정 등을 통하여 그 경영에 관하여 사실상의 영향력을 행사하고 있다고 인정되는 자
    가. 기업집단 소속의 다른 기업
    나. 기업집단을 사실상 지배하는 자
    다. 나목의 자와 제2조의2 제1항 제1호의 관계에 있는 자
  2. 제1호 각 목 외의 부분에 따른 소속 기업 또는 같은 호 가목에 따른 기업의 임원 또는 퇴직임원이 이사장인 비영리법인
  3. 제1호 및 제2호에 해당하는 자가 이사의 과반수이거나 재산을 출연하여 설립한 비영리법인
32) 상증세법 제48조 제9항.

(3) 5% 초과 출연 또는 취득 후 상속세나 증여세 과세

공익법인등이 내국법인의 발행주식총수등의 100분의 5를 초과하여 주식등을 출연(출연받은 재산 및 출연받은 재산의 매각대금으로 주식등을 취득하는 경우를 포함한다)받은 후 '① 상증세법 제48조 제2항 제3호에 따른 운용소득에 대통령령으로 정하는 비율을 곱하여 계산한 금액 이상을 직접 공익목적사업에 사용할 것, ② 상증세법 제48조 제2항 제7호에 따른 출연재산가액에 대통령령으로 정하는 비율을 곱하여 계산한 금액 이상을 직접 공익목적사업에 사용할 것, ③ 그 밖에 공익법인등의 이사의 구성 등 대통령령으로 정하는 요건을 충족할 것' 중 어느 하나에 해당하는 요건을 충족하지 아니하게 된 경우에는 상속세나 증여세를 부과한다.[33] 5%를 초과하여 주식을 보유한 공익법인에 대해서는 매 사업연도에 일정금액 이상을 직접 공익목적사업에 사용하도록 강제함으로써 출연재산을 목적사업에 사용하지 아니하는 공익법인을 규제하고 있다.

(4) 공익법인 요건을 상실한 경우의 추징

상증세법 제16조 제3항 각 호의 어느 하나 또는 같은 법 제48조 제2항 제2호 단서에 해당하는 공익법인등이 같은 법 제49조 제1항 각 호 외의 부분 단서에 따른 공익법인등에 해당하지 아니하게 되거나 해당 출연자와 특수관계에 있는 내국법인의 주식등을 해당 법인의 발행주식총수등의 100분의 5를 초과하여 보유하게 된 경우에는 같은 법 제16조 제2항 또는 제48조 제1항에 따라 상속세 과세가액 또는 증여세 과세가액에 산입하거나 같은 조 제2항에 따라 증여세를 부과한다.[34] 이 규정은 공익법인등에 해당되어 5% 이상 10% 또는 20%의 주식을 보유하고 있던 공익법인등이 사후적으로 공익법인등의 요건을 흠결한 경우 5%

---

33) 상증세법 제48조 제11항.
34) 상증세법 제48조 제12항.

초과분에 대해 상속세나 증여세를 과세하도록 하고 있다.

(5) 공익법인등의 신고의무

상증세법 제48조 제11항 각 호의 요건을 모두 충족하여 같은 법 제16조 제2항, 제48조 제1항, 같은 조 제2항 제2호, 같은 조 제9항 및 제49조 제1항에 따른 주식등의 출연·취득 및 보유에 대한 증여세 및 가산세 등의 부과대상에서 제외되는 공인법인등으로서 기획재정부령으로 정하는 공익법인등(내국법인의 발행주식총수등의 100분의 5를 초과하여 주식등을 출연받은 공익법인등)은 해당 과세기간 또는 사업연도 종료일부터 4개월 이내에 기획재정부령으로 정하는 신고서 및 관련 서류를 납세지 관할 지방국세청장에게 제출하여야 한다.[35]

바. 현행 상증세법상 공익법인의 주식 보유 한도를 요약하면 아래 표와 같다.

보유한도	요건
5%	① 공정거래법 제14조에 따른 상호출자제한기업집단과 특수관계에 있는 공익법인등과 ② 상증세법 제48조 제11항 각 호의 요건을 충족하지 못하는 공익법인등(상증세법 제16조 제2항 제2호 나목과 다목, 제48조 제1항 단서, 제2항 제2호 본문)
10%	상증세법 시행령 제12조에 열거된 공익법인등으로서 5%의 적용 요건에 해당되지 아니하는 공익법인등(상증세법 제16조 제2항 제2호 본문, 제48조 제1항 단서, 제2항 제2호 본문)
20%	10% 적용 요건을 충족한 공익법인등으로서 ① 출연받은 주식등의 의결권을 행사하지 아니하고, ② 자선·장학 또는 사회복지를 목적으로 할 것의 요건을 모두 갖춘 공익법인등(상증세법 제16조 제2항 제2호 가목, 제48조 제1항 단서, 제2항 제2호 본문)
한도 없음	주식 출연시 ① 상증세법 제49조 제1항 각 호 외의 부분 단서에 해당하는 공익법인등으로서 상호출자제한기업집단과 특수관계에 있지 아니한 공익법인등에 그

---

35) 상증세법 제48조 제13항, 같은 법 시행령 제41조의2 제6항.

공익법인등의 출연자와 특수관계에 있지 아니한 내국법인의 주식등을 출연하는 경우로서 주무관청이 공익법인등의 목적사업을 효율적으로 수행하기 위하여 필요하다고 인정하는 경우, ② 상호출자제한기업집단과 특수관계에 있지 아니한 공익법인등으로서 상증세법 제48조 제11항 각 호의 요건을 충족하는 공익법인등(공익법인등이 설립된 날부터 3개월 이내에 주식등을 출연받고, 설립된 사업연도가 끝난 날부터 2년 이내에 해당 요건을 충족하는 경우를 포함한다)에 발행주식총수등의 상증세법 제16조 제2항 제2호 각 목에 따른 비율을 초과하여 출연하는 경우로서 해당 공익법인등이 초과보유일부터 3년 이내에 초과하여 출연받은 부분을 매각(주식등의 출연자 또는 그의 특수관계인에게 매각하는 경우는 제외한다)하는 경우, ③ 「공익법인의 설립·운영에 관한 법률」 및 그 밖의 법령에 따라 내국법인의 주식등을 출연하는 경우(상증세법 제16조 제3항, 제48조 제1항 단서 괄호)
2. 출연받은 재산으로 주식 취득시
위 1.의 ①, ③에 해당하는 경우와 「산업교육진흥 및 산학연협력촉진에 관한 법률」에 따른 산학협력단이 주식등을 취득하는 경우로서 대통령령으로 정하는 요건을 갖춘 경우(상증세법 제48조 제2항 제2호 단서)

3. 공익법인 주식 보유 한도에 관한 연혁 평가

위에서 본 바와 같이 상증세법은 공익법인의 주식 보유 한도에 관하여 공익법인과 성실공익법인으로 구분하여 한도와 규제를 달리 규정해 오다가 2020. 12. 22. 법률 제17654호로 개정되어 2021. 1. 1.부터 적용되는 현행 상증세법에서는 이러한 구분을 폐지하고 '공익법인'으로 통일하여 규제하고 있다.

상증세법은 애초에는 공익법인의 주식 보유 한도에 대해 아무런 제한을 두지 않았으나, 공익법인을 통한 편법 상속이나 증여, 우회적인 내국법인 지배 등이 문제되자, 1991. 1. 1.부터 공익법인의 주식 보유를 내국법인 발행주식총액 또는 출자총액의 20%로 제한하였고, 그 이후 그 한도를 5%로 축소하였다가 다시 성실공익법인에 한하여 10%, 20%까지 확대하는 규정을 마련하였다. 또한 공정거래법상 기업집단과 특수관계가 없는 공익법인 등 공익법인을 편법 상속이나 증여의 수단으로 보기 어려운 경우에는 보유 한도를 제한하지 아니하였다.

1990년 이후 현재까지 공익법인의 주식 보유 한도와 관련한 상증세법의 개정 연혁을 보면, 기획재정부는 공익법인의 주식 보유 한도에 대해서는 보유 한도를 높여가는 입장이라고 볼 수 있다.

IV. 외국의 입법례와 시사점

1. 미국[36]

미국 국세청은 공익성 검증절차로서 비영리단체가 비영리 목적만을 위하여 조직되고 운영되고 있는지를 판단하기 위한 조직테스트와 운영테스트를 수행하고, 이를 통과한 단체를 면세단체로 보아 연방소득세를 면제하고 있는데, 민간재단(private foundation)은 면세단체에 해당한다. 미국 내국세입법은 민간재단이 의결권 있는 주식의 20% 이상을 보유하고 있는 경우 그 초과분에 대하여 연방세(federal excise tax)를 부과한다.[37] 민간재단의 보유 주식수는 재단과 특수관계인에 해당하는 부적격

---

36) 곽윤재, "대규모기업집단 소속 공익법인 주식 보유 실태와 주식 보유 제한 입법의 필요성", KHU 글로벌 기업법무 리뷰 제11권 제2호, (2018. 11.), 28-29 ; 권성준·송은주·김효림, "개인기부 관련 과세제도 연구", 한국조세재정연구원 세법연구센터 (2020. 10.), 112-113 ; 김무열, 앞의 논문, 54-59 ; 김종근·전병욱, "공익법인에 대한 주식 출연 관련 증여세 과세문제", 세무학연구 제29권 제3호 (2012), 115-116 ; 김진수, "공익법인의 주식 취득·보유 제한에 대한 타당성 검토", 재정포럼 제14권 제8호, 한국조세연구원 (2009), 53 ; 김학수·송은주·이형민·조승수, "주요국의 비영리법인 과세체계 비교연구", 한국조세재정연구원 세법연구센터 (2017. 12.), 59-74 ; 윤현경·박훈, "공익법인 주식출연시 증여세 과세가액 불산입 인정 요건에 대한 소고", 조세와 법 제10권 제2호 (2017. 12.), 61-62 ; 이상신, "공익법인에 대한 주식 출연의 제한 및 그 개선방안에 관한 연구", 조세법연구 제21-2집, 한국세법학회 (2015), 205-206.

자(재단 설립자, 실질적 기증자 및 그들의 가족, 재단 운영자 포함)가 보유하고 있는 주식을 합산한다. 부적격자 외의 제3자가 회사를 지배하고 있는 경우에는 민간재단의 주식 보유 한도가 35%이다.[38]

주식 보유 한도를 초과하는 경우에는 민간재단이 주식을 초과보유하는 사유가 발생한 과세연도에 20% 또는 35%를 초과하는 주식 가치의 10%를 과세하고,[39] 일정 기간 내에 처분되지 않으면 초과보유주식 가치의 200%를 추가 과세한다.[40] 생전 증여나 유증에 의해서 취득한 주식의 처분에 대하여는 5년의 유예기간[41]이 허용되고[42], 이 기간 동안에는 연방세가 과세되지 않는다.[43]

2. 독일[44]

독일은 공익법인의 주식취득 및 보유에 대한 제한을 별도로 하고 있지 않다.

3. 영국[45]

영국은 독일과 마찬가지로 공익단체의 주식 보유에 대한 제한이 없다.

---

37) 내국세입법 제4943(a)조 제1항(5% 과세), 제4943(c)조 제2항(20% 한도).
38) 내국세입법 제4943(c)조 제2항(B).
39) 내국세입법 제4943(a)조 제1항.
40) 내국세입법 제4943(b)조.
41) 일정한 경우에는 5년이 추가적으로 연장될 수 있다. 내국세입법 제4943(c)조 제7항.
42) 내국세입법 제4943(c)조 제6항.
43) 임동원, 「공익법인에 대한 주식기부 제한 완화해야」, 『KERI 칼럼』, (2019), 2.
44) 김무열, 앞의 논문, 59-64; 김학수·송은주·이형민·조승수, 앞의 논문, 118-131; 이상신, 앞의 논문, 215, 217.
45) 권성준·송은주·김효림, 앞의 논문, 113; 김무열, 앞의 논문, 64-68.

공익단체에 주식을 현물로 증여하는 경우에 자본이득세가 비과세된다.[46]

4. 캐나다[47]

민간재단의 주식보유에 대해 2% 초과보유시 국세청에 신고할 의무를 부여하고 20%(특수관계자의 지분 포함)를 초과하여 보유하는 경우 초과분을 일정한 기한 내에 처분할 의무를 규정하고 있다.[48] 민간재단이 2%를 초과하여 보유하는 경우에는 민간재단과 특수관계자의 보유주식 내역, 민간재단의 중요한 거래정보를 국세청에 신고할 의무가 있다. 20% 초과분을 기한 내에 처분하지 아니하는 경우 초과보유분 가액의 5%를 가산세로 부과하고, 5년 이내에 다시 20%를 초과보유하는 경우에는 가산세율이 2배로 된다.

5. 일본[49]

일본은 공익법인에 대한 일반법으로 「공익사단법인·공익재단법인의 인정 등에 관한 법률」(이하 "공익법인인정법"이라 함)이 있고, 이 법률에 따른 공익성 심사를 통과한 공익법인에 한하여 세제상 혜택을 부여한다. 이 법률에 따라 공익법인이 되려면, ① 학술, 기예, 자선, 종교 등 23종류의 공익목적사업을 수행하면서 불특정 다수의 이익 증진에 기여

---

46) 김학수·송은주·이형민·조승수, 앞의 논문, 115.
47) 김진수, 앞의 논문, 54.
48) Carters Professional Corporation, Charity law bulletin No. 113, (2007. 3. 29.).
49) 곽관훈, "대기업집단 소속 공익법인의 계열사 주식보유규제의 개선방안", 기업법연구 29(4) (2015. 12.), 128-130 ; 곽윤재, 앞의 논문, 29 ; 권성준·송은주·김효림, 앞의 논문, 112-113 ; 김무열, 앞의 논문, 41-54 ; 김종근·전병욱, 앞의 논문, 116-117 ; 김진수, 앞의 논문, 54 ; 김학수·송은주·이형민·조승수, 앞의 논문, 75-108 ; 윤현경·박훈, 앞의 논문, 62-63, 이상신, 앞의 논문, 206-208.

하여야 하고, ② 공익목적사업의 비율이 50% 이상이어야 하며, ③ 그 사업에 필요한 경리적, 기술적 기초를 갖추고 있어야 하고, ④ 이사, 사원, 피용자 등 모든 관계자들에게 특별한 이익을 주지 않을 것 등의 요건을 충족하여야 한다.[50]

공익법인인정법 제5조 제15호는 '다른 단체의 의사결정에 관여할 수 있는 주식 기타 내각부령으로 정하는 재산을 보유하고 있지 않을 것'이라고 하여 공익법인의 주식 보유를 제한하고 있다. 그러나 공익법인이 주식 보유에 의하여 다른 기업을 실질적으로 지배할 우려가 없는 경우로서 주식 취득이 ① 재산의 관리운용인 경우(공개시장을 통하는 등 포트폴리오 운용인 경우가 명확한 경우에 한한다)와 ② 재단법인의 기본재산으로서 기부된 경우에는 의결권 있는 주식의 50%까지 주식을 보유할 수 있다. 이 경우에는 매 사업연도의 사업보고서에 당해 영리기업의 개요를 기재하여야 한다.[51] 의결권이 없는 주식의 경우에는 보유한도에 제한이 없다.

6. 시사점

주요 외국의 입법례에서 보는 바와 같이 주요 국가는 공익법인의 주식 보유에 대해 아무런 제한을 두고 있지 아니하거나 보유 한도를 두고 있는 국가의 경우에도 대부분 공익법인의 주식 보유에 대해 우리나라보다는 더 높은 한도를 두고 있다. 이는 공익법인에 의한 기업지배를 인정한다는 것을 의미한다. 또한, 우리나라는 동일기업 주식취득과 계열기업 주식취득을 구분하여 보유를 제한하고 있는 데 반하여, 미국, 캐나다, 일본 등은 동일기업 주식보유 한도만 두고 있다.[52]

---

50) 일본 공익인정법 제5조.
51) 「공익법인의 설립허가 및 지도감독기준의 적용지침(公益法人の設立許可及び指導監督基準の運用指針)」 <기준 6>.
52) 김학수·송은주·이형민·조승수, 앞의 논문, 148.

주요 국가들이 공익법인의 주식 보유 한도에 대해 이와 같이 제한을 완화하고 있는 이유는 이들 국가에서는 우리나라에서 공익법인의 주식 보유 한도 제한의 가장 큰 이유로 들고 있는 편법 상속이나 증여, 우회 적인 기업 지배력 확보 등이 그렇게 문제 되지 않는 것으로 판단한 것으로 보인다. 그렇다면, 공익법인의 주식 보유 한도 제한의 주된 이유로 들고 있는 편법 상속이나 증여, 우회적인 기업 지배력 확보의 문제가 없거나 적은 경우라면 우리나라에서도 공익법인의 주식 보유 한도를 현재보다 대폭 높일 여지가 있다.

V. 주식 보유 한도의 개선방안

1. 관련 논의

가. 보유 한도를 늘리자는 견해

김을순·노직수(2002)는 배당소득을 통한 공익법인의 재원조달 측면에서 공익법인의 주식 보유 한도를 상향하되, 기업지배수단으로 활용되는 것을 방지하기 위해 보유 주식의 의결권 행사를 금지하거나 출연자의 특수관계인이 공익법인의 임원으로 선임되는 것을 제한하는 것이 바람직하다고 하였다.[53] 박정우·육윤복·윤주영(2004)은 공익법인이 보유한 주식의 1%만 의결권을 인정하자고 하였고,[54] 윤현석(2008)은 공익법인의 한도 초과보유 주식에 대해서는 일시적으로 의결권을 제한하고

---

53) 김을순·노직수, "비영리법인의 과세제도 개선방안에 관한 연구", 경영교육저널 제11권 (2002), 122.
54) 박정우·육윤복·윤주영, "비영리법인의 과세제도에 관한 연구", 세무학연구 제2 권 제1호 (2004), 63.

이후 처분할 경우 의결권을 회복시키는 방안을 제안하였으며,55) 김진수
(2009)는 공익법인의 투명성 제고와 사회적 감시로 인하여 공익법인이
지주회사로 활용되더라도 일반지주회사보다 더 투명하게 운영될 수 있
고, 공공성이 강한 공익법인 형태가 사회적으로 문제점이 더 적을 수 있
다는 점에서 공익법인의 공시와 외부감사 강화 등 공익법인에 대한 투
명성 제고 방안을 강화하되, 기부문화 활성화 측면에서 공익법인의 동
일기업 주식보유 한도를 확대할 필요가 있다고 하였다.56)

김종근·전병욱(2012)은 공익법인의 주식 보유 제한은 대기업집단의
악용 가능성을 방지하기 위한 취지에서 나온 것이므로 대기업 주식과
중소기업 주식을 구분하여 악용 가능성이 적은 중소기업 주식에 대해서
는 주식 보유 제한을 완화할 필요가 있다고 하였고,57) 신상철·이성봉
(2014)은 공익법인의 공익성과 투명성이 확보된 공익법인에 대하여는
주식 보유 제한을 완화해야 한다는 입장에서 공익법인이 보유한 출연자
또는 그의 특수관계자의 내국법인 주식에 대한 의결권을 제한하거나 의
결권 행사가 필요한 경우 국세청이나 주무관청의 허가를 얻어 의결권을
행사하는 방안, 「자본시장과 금융투자업에 관한 법률」 제150조58)를 개정
하여 공익법인의 보유주식 전체에 대해서도 의결권을 제한하는 방안,
출연자와 그의 특수관계자가 공익법인의 이사가 될 수 없도록 제한하여
공익법인의 출연과 경영을 분리하는 방안을 제안하였다.59)

---

55) 윤현석, "비영리법인과 상속세 및 증여세법", 조세법연구 제14-2집 (2008), 309.
56) 김진수, 앞의 논문, 57-63.
57) 김종근·전병욱, 앞의 논문, 131-135.
58) 「자본시장과 금융투자업에 관한 법률」 제147조는 주권상장법인의 주식을 대량
   보유한 경우(본인과 특수관계자의 보유주식 합계가 5% 이상인 경우) 금융위원
   회와 거래소에 보고하도록 하고 있고, 보고의무 위반시 같은 법 제150조 제1항
   에 따라 5% 초과분의 의결권 행사가 제한되며, 제444조 제18호와 제445조 제20
   호에 따라 형사처벌 대상이 된다.
59) 신상철·이성봉, "장수기업 육성을 위한 정책적 지원방안", 중소기업연구원 (2014),
   118-123.

곽관훈(2015)은 공익법인의 주식 보유 한도를 확대하되, 이에 대한 규제를 상증세법으로 하지 말고 공익법인법에 설립단계부터 구체적인 공익성 기준을 규정하고, 출연재산에 의한 주식취득을 제한하며, 의결권 행사 제한보다는 정보공시 등 공익법인의 투명성을 제고할 수 있는 방안을 마련하는 것이 바람직하다는 입장이고,[60] 이상신(2015)은 공익법인의 주식 보유 제한은 대기업의 편법 승계와 경제적 집중 방지 차원에서 마련된 것이므로 이와 관련이 적은 중소기업 주식에 대해서는 보유한도를 폐지하거나 완화하고 사후관리를 강화하는 것이 필요하고, 초과출연 주식에 대한 의결권을 제한하는 방식으로 규제하는 것도 고려해볼 수 있으며, 초과 출연된 주식에 대한 배당을 강제하고 정당한 이유없이 2회 이상 배당을 하지 않는 주식에 대해서는 상속세나 증여세를 추징하는 방안을 마련할 필요가 있다고 하였다.[61]

이동식(2016)은 공익법인을 통한 기업지배를 방지하기 위하여 공정거래법상 상호출자제한기업집단 소속 기업 외의 기업에 대한 주식 출연한도를 높여주고, 공익법인 보유 주식의 의결권 제한을 정관에 규정하도록 함으로써 정관 위반시 공익법인의 해산과 잔여재산의 국고귀속 등으로 공익법인을 규제할 수 있다고 하였고,[62] 강나라(2017)는 수원교차로 사건을 예를 들면서 공익법인의 주식보유 한도를 상향 조정하자는 입장에서 ① 대기업과 중소기업의 경영권, 공익목적사업 달성에 필요한 재원 확보, 조세회피 유인 등의 관점에서 대기업과 중소기업의 주식을 분리하여 비상장 중소기업 주식을 출연하는 경우 보유한도를 20% 내지 30%로 높이는 방안, ② 공익목적사업을 위한 충분한 재원 확보와 가업 상속시 총액기준을 적용하는 세제와의 형평을 기하기 위해 중소기업의

---

60) 곽관훈, 앞의 논문, 132-138.
61) 이상신, 앞의 논문, 216-221.
62) 이동식, "공익재단에 대한 주식 출연 한도 높여야", 한국경제, https://www.hankyung.com/news/article/2016050597931 (2016. 5. 6.).

경우 지분한도가 아니라 출연주식의 총액기준으로 한도를 설정하는 방안, ③ 공익법인이 정관으로 의결권을 자발적으로 제한하는 경우 보유한도를 높이는 방안을 제시하였다.[63]

윤현경·박훈(2017)은 주식 출연 이후 공익법인을 기업지배수단으로 악용하지 않는 범위 내에서는 공익법인의 주식 보유 한도를 완화할 필요가 있고, 동시에 의결권 행사를 제한하기보다는 공익법인에 대한 사후관리제도의 강화를 통해 사회적 감시체제 및 투명성을 제고하는 방안이 더 효과적이라는 입장이고,[64] 곽윤재(2018)는 공익법인 보유 주식의 의결권 제한으로는 대규모기업집단 동일인의 공익법인을 통한 지배력 강화를 효과적으로 방지할 수 없고, 공익법인이 영리법인을 지배할 목적으로 운영될 경우 지분을 매각하도록 하고 이를 위반하는 경우 공익법인 설립허가를 취소하도록 「공익법인의 설립·운영에 관한 법률」을 개정하는 방안, 공익법인의 기업집단 계열회사 주식 보유를 금지하는 방안, 공익법인이 직간접적으로 지분을 보유한 회사에 대해서는 해당 회사와 공익법인 간의 내부거래 현황, 공익법인의 주식 취득 및 처분 등 공시를 강화하는 방안을 제시하였다.[65]

김무열(2019)은 공익법인에 대해서는 공익활동 활성화 측면과 세제 혜택을 악용하여 기업승계 내지 지배력을 확보하는 편법을 규제한다는 측면이 함께 고려되어야 하므로, 공익법인의 설립과 운영 과정에서 지속적으로 공익성 심사를 하여 기준에 미치지 못하는 경우에는 공익법인의 지위와 조세혜택을 박탈하고, 대기업이 주식을 출연한 공익법인에 대한 규제를 상증세법이 아니라 공정거래법에서 과징금을 부과하는 형

---

63) 강나라, "중소기업주식의 공익법인 출연에 관한 연구", 기업경영리뷰 제8권 제1호 (2017. 2.), 350-356.
64) 윤현경·박훈, 앞의 논문, 64-65.
65) 곽윤재, 앞의 논문, 23-29.

태로 변경하는 방안, 공정거래법상 상호출자제한기업집단 소속에 대해서만 제한을 하고 그 외의 기업이 출연하는 것에 대해서는 주식출연한도를 높여주는 방안, 출연자의 기업지배 방지를 위해 공익법인의 정관에서 주식의 의결권을 제한하는 방안을 제시하였고,[66] 김일석(2019)은 수원교차로 사건과 같이 공익법인을 통한 기업지배 목적이 아닌 경우에는 외국 입법례와 같이 주식 보유 한도를 완화할 필요가 있고, 배당이익률이 정기예금이자율 이상이 되는 등 보유 주식이 경영권 방어 목적으로 보유하는 무수익자산이 아니라 실질적으로 수익을 창출하는 수단으로 운용되는 경우에는 보유 한도를 완화하자는 입장이다.[67]

나. 주식 보유 한도를 줄이자는 견해

이승희(2010)는 공익법인이 보유하고 있는 계열사 주식이 적정 수익을 창출하지 못하고 있고 공익사업 재원으로서의 가치가 떨어짐에도 불구하고 공익법인이 계열사 지분을 매각하지 않고 그대로 보유하고 있는 이유는 지배주주의 지배권 유지를 위한 것이므로 공익법인의 계열사 주식 보유 한도를 축소할 필요가 있고, 일정 지분 이상으로 보유한 주식에 대해서는 의결권을 제한할 필요가 있다고 하였다.[68] 이수정(2016)은 2015년 기준 대기업집단 소속 공익법인 63개는 계열사 주식을 주로 보유하고 있고, 보유 주식의 배당소득이 차지하는 비중이 고유목적사업 수익의 절반에도 미치지 않는 등 공익사업 재원으로서 적정한 수익을 창출하지 못하고 있음에도 이를 매각하여 재원으로 사용하지 않고 그대로 보유하고 있다는 점에서 계열사 주식을 공익사업 목적보다 그룹에

---

66) 김무열, 앞의 논문, 73-75, 77-79.

67) 김일석, "세법상 공익법인 규제제도의 쟁점과 현황", 월간 조세 통권 제372호 (2019. 5.), 78-91.

68) 이승희, "재벌 소속 공익법인의 계열사 주식 보유현황 및 지배구조(2010)", 경제개혁리포트 2010-8호, 경제개혁연구소 (2010), 6, 11-39.

대한 지배권 유지 목적으로 보유하고 있다는 의미가 강하다고 추정할
수 있으며, 이와 같이 공익법인이 대기업집단 지배주주의 경영권 승계
나 지배권 강화 수단으로 악용되지 않도록 공익법인의 계열사 주식 보
유 규제를 강화하고, 보유 중인 계열사 주식의 의결권을 제한할 필요가
있으며, 공익법인의 공시를 강화해야 한다고 주장하였다.[69] 이총희(2018)
는 대기업집단 소속 공익법인들이 수익률이 낮은 계열사 주식을 다수 보
유하고 있는 것은 공익법인을 공익목적보다는 지배주주의 기업 지배력
확대수단으로 악용하려는 의도로 보이므로 보유 주식의 수익률을 규제
하여 지배력 확대를 위한 낮은 수익률의 주식 보유를 억제하거나 의무
지출제도를 도입하여 해당 주식의 매각을 유도하는 방안, 공익법인의
계열사 주식 보유를 금지하는 방안을 고려해 볼 수 있다고 하였다.[70]

2. 개선방안

위 Ⅲ.항에서 보는 바와 같이 상증세법은 공익법인의 주식보유에 대
해 아무런 제한을 두고 있지 않다가 1991년부터 보유한도를 제한하기
시작하여 오늘에 이르고 있다.

상증세법에서 공익법인의 주식보유를 규제하는 취지는 공익법인에
출연한 재산에 대하여 상속세나 증여세를 부과하지 않는 점을 이용하여
공익법인에 대한 주식 출연의 방법으로 공익법인을 내국법인에 대한 지
배수단으로 이용하면서도 상속세 또는 증여세를 회피하는 것을 막기 위
한 것이다.[71] 이러한 입법취지를 고려하여 2017. 12. 19. 법률 제15224

---

69) 이수정, "대기업집단 소속 공익법인의 주식 보유현황 분석(2015년)", 경제개혁
    리포트 2016-11호, 경제개혁연구소 (2016. 10.), 10-36.
70) 이총희, "대기업집단 소속 공익법인의 현황과 개선과제", 경제개혁리포트 2018-09
    호, 경제개혁연구소 (2018. 8.), 6-34.
71) 대법원 2017. 4. 20. 선고 2011두21447 전원합의체 판결.

호로 개정된 구 상증세법 제16조 제2항은 출연받은 주식의 의결권을 행사하지 아니할 것 등을 조건으로 하여 일부 공익법인의 주식보유 한도를 20%로 확대하였다.

그동안 기부 활성화를 위하여 공익법인의 주식보유 한도를 높여야한다는 주장이 학계와 실무계에서 꾸준히 제기되어 왔고, 그와 같은 주장의 근거로 의결권의 제한, 공익법인의 공익성과 투명성 확보, 출연자및 그의 특수관계인의 공익법인 이사 취임 금지, 공익법인 보유 주식의배당률 제고 등을 들었다. 이러한 주장은 공익법인을 내국법인에 대한지배수단으로 이용하면서 상속세나 증여세를 회피하는 행위를 방지한다는 공익법인 주식 보유 한도 제한의 입법취지에 부합하는 주장이다.공익법인 주식 보유 한도 제한의 입법취지를 중시한다면 출연자로부터독립하여 운영되는 공익법인, 예를 들어 공익법인의 임원이 출연자와아무런 특수관계가 없고, 출연자가 공익법인의 운영에 관여하지 아니하는 경우에는 출연자가 공익법인을 내국법인에 대한 지배수단으로 이용할 가능성이 적으므로, 그러한 공익법인의 경우에는 외국의 입법례에서본 바와 같이 의결권의 제한 없이 주식 보유 한도를 폐지하거나 한도를대폭 확대하는 것이 바람직하다. 편법 승계나 우회적인 기업지배의 가능성은 대기업이나 중소기업 모두 동일하므로 보유한도에 있어서 대기업 주식과 중소기업 주식을 구분할 이유는 없다.

한편, 공익법인이 보유한 주식에 대해 일정 기간 동안 배당수익이 없거나 낮은 경우 그 주식은 공익법인의 재원조달 기능은 수행하지 못하면서 우회적인 기업지배수단으로 이용될 가능성이 높다. 따라서 일정기간 배당이 없는 주식이거나 공익법인 보유 주식 발행법인에 배당가능이익이 있음에도 불구하고 2-3개 사업연도의 주당 배당수익률이 일정비율 이하인 경우 그러한 주식은 공익법인의 재원조달기능이 미미한 주식이므로 이를 일정 기간 내에 처분하도록 하여 그 처분대금을 공익목

적사업에 사용하도록 유도할 필요가 있다. 이러한 사후관리를 통해 공
익법인 보유 주식이 공익법인의 재원으로 활용되도록 함과 동시에 공익
법인을 통한 우회적인 기업지배를 방지하는 효과도 얻을 수 있다. 이런
점에서 수익성이 낮은 공익법인 보유 주식에 대해서는 일정 기간 내 처
분의무를 지우는 방안도 고려할 수 있다.

상증세법은 공익법인의 주식 보유에 대해 지분율에 의한 제한 이외
에 공익법인의 총 재산가액 대비 계열기업의 주식가액이 30% 또는
50% 이내이어야 한다는 제한을 두고 있는데,[72] 이와 같은 공익법인의
계열기업 주식보유 제한 역시 출연자가 공익법인을 내국법인의 지배수
단으로 이용하는 것을 막고자 하는 취지로 보인다. 따라서 공익법인의
임원 구성이나 운영, 의결권 행사 내용에 비추어 악용 가능성이 적은 경
우에는 보유 한도와 마찬가지로 위와 같은 제한을 완화할 필요가 있다.

VI. 주식 보유 한도 관련 규정의 해석상 문제점

아래에서는 현행 상증세법상 공익법인의 주식 보유와 관련한 규정
중 실무상 논란이 있는 쟁점을 검토한다.

1. 공익법인의 보유 주식 한도 초과분에 대한 비과세 요건

위 III.2.의 라.항에서 본 바와 같이 일정한 요건을 갖춘 공익법인은
상증세법상 보유 한도 초과분에 대해 상속세나 증여세를 부담하지 아니
한다.[73] 이 요건과 관련하여 수원교차로 사건[74]에서 아래 두 가지 쟁점

---

72) 상증세법 제48조 제9항, 제78조 제7항.
73) 상증세법 제16조 제3항, 제48조 제1항 단서 괄호, 제2항 제2호 단서.

이 논란이 되었다.

가. 상증세법 시행령 제13조 제7항 제1호의 최대주주 요건 판단 기준 시점

상증세법 제16조 제3항 제1호는 '상증세법 제49조 제1항 각 호 외의 부분 단서에 해당하는 공익법인등으로서 상호출자제한기업집단과 특수관계에 있지 아니한 공익법인등에 그 공익법인등의 출연자와 특수관계에 있지 아니한 내국법인의 주식등을 출연하는 경우로서 주무관청이 공익법인등의 목적사업을 효율적으로 수행하기 위하여 필요하다고 인정하는 경우'에는 공익법인 주식 보유 한도를 초과하는 경우에도 상속세나 증여세를 과세하지 아니하는 것으로 규정하고 있다. 여기에서 "그 공익법인등의 출연자와 특수관계에 있지 아니한 내국법인"은 출연자 또는 그의 특수관계인(해당 공익법인등은 제외한다)이 주주등이거나 임원의 현원(5명에 미달하는 경우에는 5명으로 본다) 중 5분의 1을 초과하는 내국법인(주주 요건)으로서 출연자 및 그의 특수관계인이 보유하고 있는 주식등의 합계가 가장 많은 내국법인(최대주주 요건)에 해당하지 아니하여야 한다.[75]

수원교차로 사건에서 구 증여세법 시행령(2003. 12. 30. 대통령령 제18177호로 개정되기 전의 것, 이하 '구 상증세법 시행령'이라고 한다) 제13조 제4항 제1호[76] 소정의 최대주주 요건, 즉, '출연자 및 그의 특수관계인이 보유하고 있는 주식등의 합계가 가장 많은 내국법인'인지 여부를 주식 출연 전 시점에서 판단할 것인지, 아니면 출연된 후 시점에서 판단할 것인지가 첫째 쟁점이 되었다. 수원교차로 사건에서 출연자는

---

74) 대법원 2017. 4. 20. 선고 2011두21447 전원합의체 판결.
75) 상증세법 시행령 제13조 제7항 제1호.
76) 상증세법 시행령 제13조 제7항 제1호.

출연 전에는 내국법인의 최대주주였으나, 출연 이후에는 출연자가 최대
주주가 아니라 출연을 받은 공익법인이 최대주주가 되었다.

위 쟁점에 관하여 대법원은 주식이 출연되기 전에 최대주주였다고
하더라도 그 출연에 따라 최대주주로서의 지위를 상실하게 되었다면 출
연자는 더 이상 내국법인에 대한 지배력을 바탕으로 공익법인에 영향을
미칠 수 없고 공익법인을 내국법인에 대한 지배수단으로 이용할 수 없
으므로 최대주주 해당 여부는 주식이 출연된 후의 시점을 기준으로 판
단해야 한다고 판시하였다.[77] 상증세법 제16조 제3항 제1호는 "출연하
는"이라고 하여 현재형으로 규정되어 있어서 문언상 출연 이전 시점으
로 해석할 여지도 있으나, 공익법인을 통한 기업지배를 방지하고자 하
는 공익법인 주식 보유 제한의 입법취지에 비추어 보면, 출연 이후에 최
대주주로서 공익법인을 악용하는 것을 방지한다는 점에서 다수의견과
같이 해석할 수도 있다.

나. 상증세법 시행령 제2조의2 제1항 제4호 소정의 '재산을 출연하여 비영리법인을 설립한 자'의 의미

수원교차로 사건에서 최대주주 판단시 출연자와 그의 특수관계인의
하나로 구 상증세법 시행령 제13조 제6항 제3호에 따라 준용되는 같은
시행령 제19조 제2항 제4호 소정의 '주주등과 제1호 내지 제3호의 자가
이사의 과반수를 차지하거나 재산을 출연하여 설립한 비영리법인'이 문
제가 되었다. 즉, 출연자와 특수관계가 있는 자인 '재산을 출연하여 비
영리법인을 설립한 자'의 의미가 둘째 쟁점이 되었다.[78] 대법원은 위 조

---

77) 대법원 2017. 4. 20. 선고 2011두21447 전원합의체 판결.
78) 수원교차로 사건에 적용된 구 상증세법 시행령(2003. 12. 30. 대통령령 제18177
   호로 개정되기 전의 것) 제13조 제4항 제1호에서는 최대주주 해당 여부를 판단
   함에 있어서 주식을 출연받은 해당 공익법인이 출연자와 특수관계인에 해당되

항에서의 '재산을 출연하여 비영리법인을 설립한 자'란 '출연자가 재산을 출연함으로써 설립에 이른 비영리법인'이 아니라, '비영리법인의 설립을 위하여 재산을 출연하고 정관작성, 이사선임, 설립등기 등의 과정에서 그 비영리법인의 설립에 실질적으로 지배적인 영향력을 행사한 자'를 의미하는 것이라고 판시[79]하여 반대의견보다 특수관계인의 범위를 좁게 해석하였다.[80]

2020. 10. 8. 대통령령 제31101호로 개정된 현행 상증세법 시행령 제2조의2 제1항 제4호는 수원교차로 사건에서 문제되었던 구 상증세법 시행령 제19조 제2항 제4호와 동일하게 "본인, 제1호부터 제3호까지의 자 또는 본인과 제1호부터 제3호까지의 자가 공동으로 재산을 출연하여 설립하거나 이사의 과반수를 차지하는 비영리법인"을 특수관계인의 하나로 규정하고 있다. 그렇다면, 현행 상증세법 시행령 제2조의2 제1항 제4호를 해석함에 있어서 '재산을 출연하여 비영리법인을 설립한 자'의 의미는 수원교차로 사건에서와 동일하게 해석될 것이다.

2. 초과분에 대한 과세시 합산 여부

2인 이상의 주식 출연자가 있는 공익법인이 사후관리규정을 위반하여 공익법인의 지위를 상실하는 등으로 인하여 보유 한도를 초과하는

느지도 판단해 보아야 하므로 둘째 쟁점이 문제되었다. 그런데, 2018. 2. 13. 대통령령 제28638호로 개정된 구 상증세법 시행령 제13조 제10항 제1호에서는 주식을 출연받은 해당 공익법인을 특수관계인에서 제외하였다.

79) 대법원 2017. 4. 20. 선고 2011두21447 전원합의체 판결.

80) 출연자가 비영리법인의 설립과정에 구체적으로 관여하지 않았다고 하더라도 출연자는 지인들을 비영리법인의 이사로 선임되도록 함으로써 비영리법인을 지배할 수 있고, 실제로 다수의 비영리법인이 이렇게 운영되고 있다. 따라서 둘째 쟁점에 대해서는 다수의견보다는 출연자가 재산을 출연함으로써 설립에 이른 비영리법인이면 특수관계를 인정하는 반대의견이 현실에 부합한다.

주식에 대해 증여세를 부과할 경우[81] 초과분을 합산하여 증여세를 산정할 것인지, 아니면 초과분을 출연자별로 나누어 계산할 것인지가 문제된다.

상증세법상 수증자는 증여자별로 증여세 납세의무를 지는 것이 원칙이고,[82] 예외적으로 증여자별로 증여이익을 계산하는 것이 복잡하고 증여세 회피 수단으로 악용될 우려가 있는 경우 상증세법 제39조 제2항과 같이 명시적으로 합산하는 규정을 두고 있다.[83] 대법원도 공익법인이 2인으로부터 출연받은 주식을 공익목적사업 외에 사용하였다는 이유로 증여세를 부과하였는데, 이를 1인으로부터 증여받은 것으로 보아 증여세를 과세한 사안에서, 수인으로부터 재산을 증여받은 경우에는 증여자별로 과세단위가 성립하므로 각 증여자별로 세율을 적용하여 각각의 증여세액을 산출하여야 한다고 판시하였다.[84]

이와 같은 점을 종합하여 보면, 2인 이상의 주식 출연자가 있는 경우 공익법인의 보유 한도 초과분에 대해 증여세를 과세하는 경우에는 출연자별로 나누어 증여세를 산정하는 것이 타당하다.

3. 초과보유 사유와 계산시점 관련

가. 상증세법 제48조 제1항 각 호 외의 부분 단서 및 같은 조 제2항 제2호 본문은 공익법인의 주식 보유 초과분에 대해 증여세를 과세하도록 규정하고 있고, 같은 법 시행령 제37조 제1항은 초과보유 한도 계산시점을 규정하고 있다. 이와 관련하여 증여세 과세대상인 초과보유사유와 계산시점이 논란이 되고 있다.

---

81) 상증세법 제48조 제11항, 제12항.
82) 상증세법 제4조의2 제1항.
83) 대법원 2017. 5. 17. 선고 2014두14976 판결.
84) 대법원 2006. 4. 27. 선고 2005두17058 판결.

나. 상증세법 시행령 제37조 제1항은 증여세 과세대상이 되는 초과보유사유로 매매, 출연, 증자와 감자를 규정하고 이러한 초과보유사유가 발생한 경우 초과분에 대해 즉시 증여세를 과세하도록 하고 있다.[85] 그런데 위 사유 중 매매나 출연은 공익법인의 의사에 따라 초과분의 취득 여부가 결정되므로 공익법인에 바로 책임을 물을 수 있다고 할 수 있으나, 증자나 감자는 공익법인이 보유 주식 발행법인의 주주총회에서 의사결정을 좌우할 수 있는 지분을 갖고 있지 않은 한 다수 의사에 따라 결정될 수밖에 없다. 증자나 감자에 따라 주주의 지분율이 변동될 수 있고, 그러한 경우 공익법인의 보유주식에 초과분이 발생할 수도 있다.

그런데 공익법인의 의사로 결정할 수 없는 증자나 감자의 경우에도 매매나 출연과 마찬가지로 초과사유가 발생한 때에 즉시 증여세를 과세하도록 하는 것은 자기책임 원칙에 반한다. 따라서 증자나 감자의 경우 공익법인이 의사결정을 좌우할 수 없는 상태에서 보유한도초과분이 발생한 경우에는 그 사유 발생시 즉시 증여세를 과세할 것이 아니라, 공익법인에게 1년 정도의 유예기간을 주고, 그 이후에도 공익법인이 초과분을 계속 보유하고 있는 경우에 한하여 증여세를 과세하도록 하는 방안이 바람직하다.

다. 한편, 보유한도 초과사유와 관련하여, 상증세법 시행령 제37조 제1항 각호에 규정된 보유한도 초과사유, 즉, 매매 또는 출연(제1호), 유상증자(제2호), 감자(제3호) 외의 사유로 공익법인의 주식보유비율이 한도를 초과하는 경우에도 초과분에 대해 증여세를 과세할 수 있는지가 문제가 된다. 예를 들어 주식발행법인의 합병으로 인한 신주교부나 지주회사 설립으로 인한 지주회사 주식교부로 인하여 공익법인의 주식보유비율이 보유한도를 초과하는 경우 초과분에

---

85) 상증세법 제48조 제1항 각 호 외의 부분 단서 및 같은 조 제2항 제2호 본문.

대한 과세근거가 있는지 하는 것이다.

과세당국은 합병과 관련하여, 甲공익법인이 비상장법인 B와 C의 주식을 각각 5%씩 출연받아 보유하고 있다가 C법인 주식을 보유한 B법인이 C법인을 흡수합병(합병비율 1:1)하면서 B법인이 보유중인 C법인 주식에 대하여는 합병신주를 발행하지 않음에 따라 甲공익법인이 합병 후 존속하는 B법인 주식을 5% 초과하여 보유하게 된 사안에 대하여, '공익법인이 보유하고 있는 주식을 발행한 내국법인이 다른 법인을 흡수합병하여 그 합병존속법인의 의결권 있는 발행주식총수의 5%를 초과한 경우 5% 초과분에 대하여는 상증세법 제48조에 따라 증여세가 과세되는 것이고, 이 경우 5% 초과 여부는 합병등기일이 속하는 과세기간 또는 사업연도 중 상법 제354조의 주주명부의 폐쇄일 또는 권리행사기준일을 기준으로 판정하는 것'(재산-300, 2012.08.26.)이라고 해석하였으나, 상증세법에 아무런 근거 없이 유상증자에 관한 상증세법 시행령 제37조 제1항 제2호를 합병에 유추적용하는 위 유권해석은 조세법률주의에 반하는 위법한 해석이다.

현행 상증세법령의 해석상 합병이나 지주회사 설립에 따라 교부받은 주식으로 인하여 보유한도초과분이 발생하는 경우에는 과세근거가 없으므로 증여세를 과세할 수 없다고 봄이 타당하다.

라. 초과보유한도 계산시점과 관련하여, 상증세법 시행령 제37조 제1항 제2호와 제3호는 초과보유한도 계산시점을 각각 '주주명부 폐쇄일' 또는 '권리행사 기준일'로 규정하고 있다. 여기에서 '주주명부 폐쇄일'을 상법 제354조에 따른 증자나 감자절차에서 반드시 거쳐야 하는 주주명부 폐쇄일로 볼 것인지, 아니면 사업연도 결산을 위해 매년 12. 31. 하게 되는 주주명부 폐쇄일로 볼 것인지가 명확하지 아니하다. 이에 대해서도 관련규정을 개정하여 주주명부 폐쇄일이

어느 시점인지 명확하게 규정할 필요가 있다.

4. 보유한도 초과분에 대해 과세된 증여세의 납부재원 관련

가. 공익법인이 보유한도를 초과하는 주식을 보유한 경우 이는 증여세나 가산세 과세대상이 된다.[86] 공익법인이 이와 같이 부과된 증여세를 초과보유 주식을 매각한 대금이나 보유중인 현금으로 납부하는 경우 이를 직접 공익목적사업에 사용하지 아니한 것으로 보아 다시 증여세나 가산세를 과세할 수 있는지 여부가 문제된다.

나. 관련 유권해석

이와 관련하여 과세당국은 공익법인이 운용소득이나 출연받은 재산의 매각대금을 공익법인등에 부과된 증여세 등의 납부에 사용한 경우, 그 증여세로 납부한 금액을 직접 공익목적사업 외에 사용한 것으로 보아 증여세를 과세하지는 않는 것이나,[87] 상증세법 제48조 제2항 제5호 및 같은 법 시행령 제38조 제4항, 제5항, 제7항을 적용함에 있어서는 직접 공익목적사업에 사용한 금액에 포함하지 않는 것으로 해석하고 있다.[88]

즉, 과세당국은 공익법인이 사후관리규정 위반으로 과세된 증여세를 납부하기 위하여 출연받은 재산을 사용하는 경우 상증세법 제48조 제2항 제1호 본문의 해석에 있어서는 직접 공익목적사업에 사용한 것으로 보아 증여세를 과세하지 않지만, 같은 항 제5호[89]의 매각대금의 기준금

---

86) 상증세법 제48조 제1항, 제2항 제2호, 제78조 제9항.
87) 재삼46014-907, 1996.4.9. ; 서면인터넷방문상담4팀-408, (2005.03.22.).
88) 기획재정부 재산세제과-32, 2017.01.12. ; 서면-2018-상속증여-2430(2019.02.25.).
89) 5. 제3호에 따른 운용소득을 대통령령으로 정하는 기준금액에 미달하게 사용하

액 미달사용시 가산세 과세 여부의 판단에 있어서는 공익목적사업에 사용한 것으로 보지 않겠다는 것이다. 그 결과 초과보유 주식의 매각대금을 보유한도초과분에 대해 과세된 증여세 납부 재원으로 사용하는 경우 공익법인은 상증세법 제78조 제9항[90])에 따른 가산세를 부담하게 된다. 이러한 해석은 명백하게 모순된 해석으로 부당하다.

다. 공익법인이 목적사업을 수행하는 과정에서 발생하는 각종 조세나 공과금 등 경비에 사용하는 금원은 유지관리비로서 공익목적사업에 사용한 것으로 봄이 타당하다. 공익법인에 어떠한 사유로 과세가 되었든 과세된 조세는 공익법인의 재산으로 납부할 수밖에 없다. 예를 들면, 공익법인이 보유한 부동산을 유예기간 내에 공익목적사업에 사용하지 못한 경우 증여세 외에 비과세된 취득세 등이 과세되는데, 그렇게 과세된 증여세나 취득세 등을 납부할 재원은 공익법인이 보유하는 재산 밖에 없다.

만약 증여세 납부에 사용한 금원을 공익목적사업 외의 용도로 사용하였다고 하여 그에 대해 다시 증여세를 과세한다는 논리에 따르면, 끝없이 반복되는 증여세 과세라는 부당한 결과를 가져오고, 사안에 따라

거나 제4호에 따른 매각대금을 매각한 날부터 3년 동안 대통령령으로 정하는 기준금액에 미달하게 사용한 경우

90) ⑨ 세무서장등은 공익법인등이 다음 각 호의 어느 하나에 해당하는 경우에는 각 호의 구분에 따른 금액에 100분의 10에 상당하는 금액을 대통령령으로 정하는 바에 따라 그 공익법인등이 납부할 세액에 가산하여 부과한다. 이 경우 제1호와 제3호에 동시에 해당하는 경우에는 더 큰 금액으로 한다.

1. 제48조 제2항 제5호에 따라 운용소득을 대통령령으로 정하는 기준금액에 미달하여 사용한 경우: 운용소득 중 사용하지 아니한 금액

2. 제48조 제2항 제5호에 따라 매각대금을 대통령령으로 정하는 기준금액에 미달하여 사용한 경우: 매각대금 중 사용하지 아니한 금액

3. 제48조 제2항 제7호에 해당하는 경우: 기준금액에서 직접 공익목적사업에 사용한 금액을 차감한 금액

서는 공익법인의 재산을 과세관청이 강제로 모두 몰수하는 경우도 발생할 수 있다. 공익법인이 과세된 증여세를 스스로 납부하지 아니하는 경우 과세관청은 체납처분을 하여 공익법인의 재산으로 강제징수하게 되는데, 이런 경우 과세관청의 강제징수에 의하여 공익법인의 재산으로 증여세를 납부한 것을 공익목적사업 외의 용도에 사용한 것이라고 하여 그에 대해 다시 증여세를 과세한다는 것은 부당하다. 공익법인이 스스로 납부하든 과세관청이 강제징수를 하든 그에 사용된 금원은 직접 공익목적사업에 사용한 것으로 봄이 타당하다. 이러한 해석은 상증세법 제48조 제2항 제1호 본문과 같은 항 제5호의 해석에 있어서 동일하게 적용되어야 하므로, 전자에 의한 증여세나 후자에 의한 가산세를 과세할 수 없다고 해석함이 타당하다. 이에 반하는 위 나.항의 유권해석은 변경되어야 한다.

　　라. 보유한도 초과분에 대한 증여세 과세시 공익법인에 납부재원이 없어서 기본재산인 주식이나 부동산 등을 처분하여 그 대금으로 증여세를 납부해야 하는 경우가 발생한다. 공익법인의 기본재산 처분에 대해서는 주무관청의 허가를 받아야 하는데,91) 주무관청에서 허가를 해 주지 않거나 매우 까다로운 조건을 붙이는 경우가 많다. 이는 주무관청의 공익법인 관련 업무 담당자들이 자주 변경되고, 이로 인하여 업무의 전문성이 낮은 것도 하나의 원인이라고 볼 수 있다. 공익법인이 납부재원의 부족으로 부과된 증여세 등을 납부기한 내에 납부하지 못하는 경우 가산세가 추가되는 등 불필요한 조세 부담이 증가하게 된다는 점에서 이를 방지하기 위해 공익법인에 기본재산 외의 다른 납부재원이 없다는 점이 소명되면, 관련 법률에 납부재원 마련을 위한 기본재산의 처분에 대한 주무관청의 허가를 의제

---

91) 공익법인의 설립·운영에 관한 법률 제11조 제3항. 민법상 기본재산은 정관 기재 사항이고, 정관의 변경은 주무관청의 허가가 있어야 하므로(민법 제43조, 제40조, 제45조 제3항, 제42조 제2항), 기본재산으로 정관에 기재된 공익법인 보유 주식의 처분에 대해서는 주무관청의 허가를 받아야 한다.

하는 규정을 두는 방안도 고려할 필요가 있다.

VII. 결론

우리나라에서 설립되어 활동 중인 공익재단법인의 출연자로는 대기업과 중소기업, 개인 등이 있는데, 공정거래법상 공시대상 기업집단(대기업)이 출연한 공익재단은 대부분 계열사 지분을 보유하고 있고, 그 대부분의 공익재단에 총수일가가 이사장과 이사로 등재되어 있다. 이런 사실을 근거로 대기업이 공익법인을 상속세나 증여세를 회피하면서 동시에 우회적인 기업지배수단으로 악용하고 있으므로 공익법인에 대한 주식 출연을 더욱 제한해야 한다고 주장하는 견해가 있다.

상증세법은 1991. 1. 1. 이후 공익법인의 주식 보유 한도를 20% → 5% → 10% 또는 20%로 조금씩 확대해 왔다. 공익법인의 주식 보유 한도에 관한 외국의 입법례를 보면, 미국과 일본, 캐나다를 제외하고는 대부분의 국가에서 공익법인의 주식 보유에 대해 한도를 두지 않고 있고, 미국, 일본, 캐나다의 경우에도 공익법인의 주식 보유 한도가 우리나라보다 높은 편이다. 이런 점에서 우리나라의 경우에도 공익법인을 재산의 편법 승계나 우회적인 기업지배수단으로 악용하는 경우가 아니라면 공익법인의 주식 보유 한도를 폐지하거나 대폭 높일 필요가 있다.

공익법인의 주식 보유 한도에 대해 찬반 양론이 있는데, 보유 한도를 늘리자는 견해는 주로 공익법인의 의결권을 제한하거나, 공익법인의 공익성과 투명성을 높이고, 출연자나 그의 특수관계인이 공익법인의 설립과 운영에 일체 관여하지 않을 것을 전제로 하고 있다. 또한 대기업과 중소기업을 구분하여 중소기업 주식에 대해서는 보유 한도를 높여야 한다는 견해가 있다. 한편, 보유 한도를 축소해야 한다는 견해는 대기업이 출연하여 설립한 공익법인의 수년간의 배당수익률이나 계열사 지분 보유현황 등을 보면 공익법인이 주로 지배주주의 지배권 유지를 위한 수단으로 악용되고 있으므로 지금보다도 한도를 더 줄여야 한다는 것이다.

공익법인의 주식보유를 규제하는 취지는 공익법인을 내국법인에 대한 지배수단으로 이용하면서 상속세나 증여세를 회피하는 것을 막기 위한 것이라는 점에서, 공익성과 투명성을 확보할 수 있는 장치를 마련한다면 다수 입법례와 같이 의결권의 제한 없이 보유 한도를 확대하거나 폐지할 필요가 있다. 또한, 일정 기간의 배당수익률이 낮은 주식은 공익법인의 재원 조달기능을 수행하지 못하고 지배수단으로 이용될 가능성이 높으므로 처분하도록 하는 방안도 고려할 수 있다. 공익법인의 계열기업 주식 보유에 대해서도 출연자가 내국법인의 지배수단으로 이용하는 것으로 보기 어렵다면 보유 한도를 완화할 필요가 있다.

초과보유분에 대한 증여세 과세와 관련하여 공익법인이 의사결정을 좌우할 수 없는 상황에서 발생하는 증자, 감자 등의 경우에는 초과분에 대해 즉시 증여세를 과세할 것이 아니라, 일정 기간을 주어 초과분을 처분할 수 있도록 하고 이를 위반한 경우에 한하여 과세하도록 하는 것이 바람직하다.

한편, 공익법인이 부과된 증여세를 납부할 재원이 부족하여 납부기한을 넘기는 경우 가산세로 인하여 조세 부담이 증가한다는 점을 고려하여 기본재산 외에 다른 납부재원이 없다는 사실을 소명한 경우에는 기본재산의 처분에 대한 주무관청의 허가를 의제하는 규정을 관련 법률에 마련할 필요가 있다.

참고문헌

강나라, "중소기업주식의 공익법인 출연에 관한 연구", 기업경영리뷰 제8권 제1
    호 (2017. 2.)

공정거래위원회, "2020 공시대상기업집단 주식소유현황 공개", 공정위뉴스 경쟁
    정책, https://ftc.go.kr/www/FtcNewsView.do?key=5&news_lg_div_gb=1&news
    type=1&news_no=4383 (2020. 9. 3.)

공정거래위원회 기업집단정책과, "2019년 대기업집단 주식소유현황 발표", 공정
    거래위원회, http://www.ftc.go.kr/www/selectReportUserView.do?key=10&rpttype
    =1&report_data_no=8287 (2019. 9. 5.)

공정거래위원회 기업집단정책과, "2020년 공시대상기업집단 주식소유현황 정보공개",
    공정거래위원회, http://www.ftc.go.kr/www/selectReportUserView.do?key=10&
    rpttype=1&report_data_no=8705 (2020. 8. 31.)

공정거래위원회 기업집단정책과, "2020년 대기업집단 지배구조 현황 발표", 공
    정거래위원회, http://www.ftc.go.kr/www/selectReportUserView.do?key=10&
    rpttype=1&report_data_no=8862 (2020. 12. 9.)

곽관훈, "대기업집단 소속 공익법인의 계열사 주식보유규제의 개선방안", 기업
    법연구 제29권 제4호 (2015. 12.)

곽윤재, "대규모기업집단 소속 공익법인 주식 보유 실태와 주식 보유 제한 입법
    의 필요성", KHU 글로벌 기업법무 리뷰 제11권 제2호.

권성준·송은주·김효림, "개인기부 관련 과세제도 연구", 한국조세재정연구원 세
    법연구센터 (2020. 10.)

김무열, "공익법인의 설립·운영·해산 단계에 따른 과세제도 연구", 한국조세재정
    연구원 (2019. 12.)

김을순·노직수, "비영리법인의 과세제도 개선방안에 관한 연구", 경영교육저널
    제11권 (2002)

김일석, "세법상 공익법인 규제제도의 쟁점과 현황", 월간 조세 통권 제372호
    (2019. 5.)

김종근·전병욱, "공익법인에 대한 주식 출연 관련 증여세 과세문제", 세무학연구

제29권 제3호 (2012)

김진수, "공익법인의 주식 취득·보유 제한에 대한 타당성 검토", 재정포럼 제14
권 제8호, 한국조세연구원 (2009)

김학수·송은주·이형민·조승수, "주요국의 비영리법인 과세체계 비교연구", 한국
조세재정연구원 세법연구센터 (2017. 12.)

박정우·육윤복·윤주영, "비영리법인의 과세제도에 관한 연구", 세무학연구 제2
권 제1호 (2004)

법제처, "상속세 및 증여세법에 대한 제·개정 이유" (2010. 12. 27.)

신상철·이성봉, "장수기업 육성을 위한 정책적 지원방안", 중소기업연구원 (2014)

윤현경·박훈, "공익법인 주식출연시 증여세 과세가액 불산입 인정 요건에 대한
소고", 조세와 법 제10권 제2호 (2017. 12.)

윤현석, "비영리법인과 상속세 및 증여세법", 조세법연구 제14-2집 (2008)

이동식, "공익재단에 대한 주식 출연 한도 높여야", 한국경제, https://www.
hankyung.com/news/article/2016050597931 (2016. 5. 6.)

이상신, "공익법인에 대한 주식 출연의 제한 및 그 개선방안에 관한 연구", 조세
법연구 제21-2집, 한국세법학회 (2015)

이수정, "대기업집단 소속 공익법인의 주식 보유현황 분석(2015년)", 경제개혁리
포트 2016-11호, 경제개혁연구소 (2016. 10.)

이승희, "재벌 소속 공익법인의 계열사 주식 보유현황 및 지배구조(2010)", 경제
개혁리포트 2010-8호, 경제개혁연구소 (2010. 6.)

이총희, "대기업집단 소속 공익법인의 현황과 개선과제", 경제개혁리포트 2018-
09호, 경제개혁연구소 (2018. 8.)

임동원, 「공익법인에 대한 주식기부 제한 완화해야」, KERI 칼럼 (2019)

제13대 국회 제151회 제4호, "국회 재무위원회 회의록 제4호" (1990. 11. 21.)

제14대 국회 제165회 제4호, "국회 재무위원회 회의록 제4호" (1993. 11. 11.)

Carters Professional Corporation, Charity law bulletin No, 113 (2007. 3.
29.)

공익위원회 설치와 법제 개선 방향
- 정부 공익법인법 전부개정안과 해외 사례 비교를 중심으로 -*

이희숙**·정순문***

I. 들어가며

지난 해 코로나19로 경제·사회적으로 큰 어려움을 겪으면서도 사회복지공동모금회의 전국 모금액이 기존 역대 최고액이었던 2019년보다 2,000억 원 가량을 초과하는 등 나눔에 대한 관심과 참여는 계속되고 있다. 이와 같은 관심에도 불구하고 기부금 관련 비리 사건 등이 매년 이어지면서 공익단체에 대한 사회적 신뢰는 계속 낮아지고 있으며, 대형 단체 중심의 기부 쏠림 현상도 심화되고 있다.

공익단체에 대한 감독 강화 요구가 높아지자 세법상 공익법인 추천 및 관리가 국세청으로 일원화되었고,1) 기부자의 알권리 보장을 위해 기부자의 정보공개 요청에 대한 근거 규정도 마련되었다.2) 세법상 공익법인에 대하여는 국세청, 기부금품 모집에 대하여는 행정안전부의 감독

* 이 글은 2021. 4. 10. 한국민사법학회 춘계공동학술대회에서 발표한 내용을 수정·보완한 것으로, "공익위원회 설치와 법제 개선 방향-정부 공익법인법 전부개정안과 해외 사례 비교를 중심으로-" 라는 제목으로 민사법학 제95호에 투고하였습니다.
** 재단법인 동천 상임변호사.
*** 공익법률연구소 대표변호사.
1) 법인세법 시행령 제19조 제1항.
2) 기부금품의 모집 및 사용에 관한 법률 시행령 제19조 제4항.

이 강화됨과 동시에 비영리법인 주무관청의 감독 역시 강화되고 있다.[3]

관리·감독 강화에 따라 단체의 행정 부담과 비용은 증가했지만 효율적 행정처리를 위한 제도적 기반은 마련되어 있지 않고, 운영비 사용에 대한 규제는 계속됨에 따라 공익단체의 운영상 어려움은 가중되고 있다. 공익단체의 투명한 운영에 대한 요구와 동시에 효율적·통합적 관리·감독과 지원에 대한 요구가 높아지고 있는 가운데 법무부는 공익법인 총괄기구인 시민공익위원회를 설치하는 내용의 공익법인의 설립·운영에 관한 법률 전부개정안(이하 '정부 공익법인법 개정안' 또는 '정부안'이라 한다)을 마련하였고, 2021. 5. 21. 법제처 심사를 완료하였다.

공익위원회 설치에 관하여는 학계, 시민사회 등에서 장기간 논의가 이어져왔다. 우리나라는 각 주무관청이 비영리법인의 설립·운영을 감독해왔는데, 주무관청의 비영리·공익법인에 대한 이해 부족, 부처별 감독 편차에 따른 형평성 문제, 비영리법인이 여러 사업을 진행하는 경우 각 주무관청의 허가를 받아야 하는 중복 행정, 불분명한 감독 책임 소재 등 여러 문제가 제기되어 왔다.

시민단체들은 위와 같은 문제점의 개선책으로 영국, 호주 사례와 같은 독립된 통합 관리 기구 설치에 관한 연구, 컨퍼런스, 정책 제안을 진행해왔고,[4] 2017년 정부 100대 과제에 시민공익위원회 설립이 포함되었다. 정부는 2017년 시민공익위원회 설치 관련 연구용역, 공익법인 통계 등 현황파악, 주무관청의 관리·감독 실태 조사, 해외 입법례 분석을 진행하였고,[5] 2018년 3월 공익법인 총괄기구 설치를 위한 법률 개정 T/F를 구성하여 개정안을 마련하였다. 이후 2년 여 간의 각 부처 심의,

---

3) SBS 뉴스, "통일부, 탈북민·북한 인권 비영리법인 8월 중순 사무 검사", https://news.sbs.co.kr/news/endPage.do?news_id=N1005898868&plink=ORI&cooper=NAVER&plink=COPYPASTE&cooper=SBSNEWSEND (2021. 2. 8. 확인).

4) 시민사회 활성화를 위한 제3섹터 정책 네트워크, "시민사회 활성화 과제 대선 정책 제안서" (2017. 4. 6); 2015~2016 국제기부문화선진화컨퍼런스

5) 법무부, 공익법인의 투명성·공정성 강화를 위한 '시민공익위원회(가칭)' 등 설치 관련 간담회 자료집, 17.

입법예고 등을 거쳤고, 일부 수정된 내용으로 법제처심사를 완료하고 조만간 법안이 발의될 예정이다.[6]

정부 공익법인법 개정안은 시민공익위원회(이하 '위원회'라고도 한다)를 설치하여 시민공익법인의 인정과 관리·감독 및 지원을 총괄하도록 하고, 시민공익법인의 건전한 운영과 활성화를 도모하는 것을 목적으로 하고 있다.[7] 이에 대하여 공익법인 통합관리기구의 설치가 제안되었다는 점에 대한 긍정적인 평가에서부터 위원회의 설치 및 구성과 관련한 정치적 중립성 논란 우려까지 다양한 논의가 이루어지고 있다.[8]

이하에서는 정부 공익법인법 개정안의 핵심 사항인 공익위원회 설치, 공익법인에 대한 감독 및 공익법인 활성화를 위한 지원제도 등을 공익법인 통합관리기구를 두고 있는 영국, 호주, 일본 사례와 비교하여 분석하고 개선 방향을 모색하고자 한다.

II. 공익위원회 설치

1. 공익위원회 구성 및 독립성

정부 공익법인법 개정안의 시민공익위원회는 현재 전국 각 중앙행정기관이나 지방자치단체 소관의 3,400여 개의 공익법인을 통합하여 관

---

6) 공익법인의 설립·운영에 관한 법률 전부개정법률안 [입법예고(2020. 10. 21~2020. 11. 30) 완료, 법제처 심사완료(2021. 5. 21.)], https://www.lawmaking.go.kr/lmSts/ govLm/2000 000281423/detailRP (2021. 5. 28. 확인).

7) 정부 공익법인법 개정안 제안이유.

8) 류홍번, "공익법인의 설립·운영에 관한 법률 전부개정법률안에 대한 토론문", 공익법인 총괄기구 설치를 위한 공익법인법 전부개정공청회 자료집, 24; 이강훈, "공익법인의 설립·운영에 관한 법률 전부개정법률안 (법무부)에 대한 토론문", 동 공청회 자료집, 40.

리·감독한다. 또한 20,000여 개에 이르는 민법상 비영리법인이 시민공익법인 인정 신청 대상이 된다.[9] 위원회는 시민공익법인의 사무 검사, 시정명령, 임원 직무집행정지권한 등의 권리를 갖고 시민공익법인 경비 보조 등을 결정하는 등 광범위한 권한을 보유하므로 시민공익법인 운영에 있어 중대한 영향을 미치게 된다.[10]

또한 공익법인의 경우 해당 공익·인권 분야와 관련하여 정부나 정당의 정책에 대한 지지·반대 의견 표명 등 정관상의 목적 달성을 위한 정치 활동을 수반할 수 있다.[11] 위원회가 정치적으로 편향될 경우 반대 입장의 단체에 대해 불공정한 감독에 대한 우려가 제기되고 있는바, 시민공익위원회의 독립성을 보장하는 제도적 장치가 필수적이다.

가. 정부안

정부안에 따르면 시민공익위원회는 법무부 소속으로 설치되고, 위원장, 상임위원 각 1명, 대통령이 지명하는 고위공무원단에 속하는 일반직 공무원 2명, 국회가 추천하는 민간위원 7명 총 11명으로 구성된다(제4조, 제7조). 위원장은 법무부장관의 제청으로 대통령이 임명하고, 상임위원은 위원장의 추천과 법무부장관의 제청으로 대통령이 임명한다(제7조 제2항). 위원회는 업무를 수행할 때 정치적 중립성과 객관성을 유지하여야 하고, 외부의 부당한 지시나 간섭을 받지 않는다(제6조). 위원은

---

9) [비영리법인, 공익법인, 특수법인 개수](2017. 6. 기준)

구분	민법상 비영리법인	공익법인	특수법인	합계(주무관청별)
개수	20,414	3,047	1,775	25,596

 * 농촌진흥청 소관 법인 미포함, 경상북도 소관 법인 미포함
   (출처: 법무부, "공익법인의 투명성·공정성 강화를 위한 '시민공익위원회(가칭)' 등 설치 관련 간담회 자료집", 9.)

10) 정부 공익법인법 개정안 제24조, 제28조, 제29조, 제31조, 제32조.

11) 김진우, "공익단체의 정치활동, 법적 가능성과 한계", 외법논집 제43권 제1호 (2019.02), 51.

법에서 정한 사유에 해당하지 않는 한 면직 또는 해촉되지 아니하는 등 신분이 보장되고, 국회의원, 감독 대상이 되는 법인의 임원 등과의 겸직이 금지된다(제9조, 제10조).

논의 초기 위원회를 자문기관으로 할 것인지 독립된 행정기관으로 할 것인지가 쟁점이 되었으나, 공익법인을 직접 관리·감독하는 행정기관으로 하되, 법무부 산하 조직으로 규정되었다. 법무부 산하 설치에 대하여 국무총리 소속 시민사회발전위원회가 반대 의견을 표명한 바 있고, 시민사회의 반대 의견이 계속해서 제기되고 있다.[12] 관련하여 최근 발의된 공익법인의 운영 및 활성화에 관한 법률안(윤호중의원 대표발의, 이하 '윤호중 안'이라 한다)에서는 국무총리 소속으로 시민공익위원회를 설치하는 것으로 규정하고 있다(제4조).[13]

시민공익위원회 구성과 관련하여서는 국회가 추천하는 민간위원이 과반수라는 점에서 긍정적인 평가를 받고 있으나, 대통령이 위원장, 상임위원 및 일반직 공무원 2명을 임명 또는 지명하며, 국회 추천 7명 중 여당이 국회의원의 과반수를 차지하게 된다면 최소 8명을 정부·여당에서 임명 또는 위촉하게 되고 나머지 3명이 야당 추천 인사로 위촉될 가능성이 높아진다는 점에서 정치적 중립성 논란이 벌어질 가능성이 있다는 비판이 제기되고 있다.[14]

나. 해외 사례

(1) 영국

영국의 경우 자선단체법(Charities Act 2011)에 따라 설립된 자선위원회(The Charities Commission)가 자선단체(Charities)를 관리·감독하

---

12) 류홍번, 앞의 토론문, 31.
13) 윤호중 의원 발의 "공익법인의 운영 및 활성화에 관한 법률안", 2100313, (2020. 6. 10.) [계류 중].
14) 이강훈, 앞의 토론문, 40.

고 있다. 자선위원회는 의회에 책임을 지는 비행정부처인 독립된 기관
으로 자선위원회 명의로 행정행위를 수행한다.[15] 자선단체 인정, 자선
단체의 위법행위 등을 조사 관리하며, 자선단체의 위법행위 등에 따른
구제와 보호 조치를 하는 기능 등을 수행한다.[16] 이러한 기능의 행사
와 관련하여 다른 정부 부처의 지시나 통제를 받지 않으며,[17] 고등법
원과 유사한 권한의 준사법적 기능을 가지고 있고, 매년 국회에 성과
를 보고해야 한다.[18]

자선위원회는 내각부 장관이 임명한 1명의 위원장과 4명 이상 8명
이하의 위원으로 구성된다.[19] 위원들은 자선단체에 관한 법률과 자금조
달, 운영 및 규제에 관한 지식과 경험이 있는 자여야 하며, 최소 2인은
7년 이상 경력의 법률전문가여야 한다.[20] 위원의 임기는 통상 3년 이하
이나 10년까지 재임할 수 있다.[21] 자선위원회는 2017-2018년을 기준으
로 주로 재무부에서 자금을 지원받았으며, 2240만 파운드의 예산을 운
용하였고, 305명에 이르는 직원을 고용하고 있다.[22]

(2) 호주

호주는 자선 및 비영리단체 위원회(Australian Charities and Not-for
profits Commission, 이하 'ACNC'라 한다)가 자선단체를 관리하고 있다.

15) Charity Commission Annual Report and Accounts(2017-2018), 4; 윤철홍, "공익법
인 관련 총괄기구 설치 필요성 등에 관한 검토", 법무부 연구 용역과제 보고서
(2016), 66.
16) Charities Act 2011 13 (3), 15 (1).
17) Charities Act 2011 13 (4).
18) 손원익, "공익법인 관리체계의 근본적 개선방안", 한국조세재정연구원 조세·제
정 BRIEF (2014. 9. 30), 13.
19) 자선위원회 임명 권한은 영국 내각부(Cabinet Office)의 부총리급 장관(the Minister
for the Cabinet Office)에게 있다(Charities Act 2011, 353).
20) Charities Act 2011 1. (1)-(2).
21) Charities Act 2011 3.
22) Charity Commission Annual Report and Accounts(2017-2018), 5.

ACNC는 연방정부와 별도의 법적 정체성을 가진 독립된 기구이며, 위원장과 직원으로 구성된다. 위원장은 연방총독이 임명하며, 임명기간은 5년을 초과할 수 없다.[23] 위원장의 겸직금지, 사임, 임명종료 등 인사에 관한 사항은 연방총독이 관할한다.[24] 직원은 국세청장이 제공한 인원으로 하고 있어 세제 혜택 관련 전문성이 연계된다. 더불어 독립적인 활동이 가능하도록 직원은 위원장의 지시를 받으며, 호주 국세청에서 독립하여 행위함을 예시로 규정하고 있다.[25] 또한 독립성과 관련하여 ACNC는 왕실에 의한 특권 및 면책권을 지닌다.[26] 현재 ACNC는 위원장과 함께 100여명의 공무원이 소속되어 있으며, 정부관리자가 위원장이나 이사회를 통제하거나 임무를 지시할 수 없기 때문에 독립적인 환경을 유지하고 있는 것으로 평가되고 있다.[27]

(3) 일본

일본은 공익사단법인 및 공익재단법인의 인정 등에 관한 법률(이하 '일본 공익법인법')에 기하여 내각부에 공익인정등위원회를 두고 있다.[28] 위원회가 직접 공익법인을 감독하는 영국, 호주 사례와 달리 일본 총리대신 또는 도도부현의 지사가 공익법인의 행정청이 되고, 공익위원회는

---

23) the ACNC Act 115-5, 10, 20.
24) the ACNC Act 115-35~50.
25) the ACNC Act 120-5.
26) the ACNC Act 115-20.
27) 한국가이드스타, 호주자선단체 정보공개의 장(場) 호주 자선비영리단체위원회 (ACNC) 부위원장 인터뷰, http://guidestar.or.kr/academy/trend_view.asp?buid=6294 (2021. 3. 26. 확인).
28) 公益社団法人及び公益財団法人の認定等に関する法律 32条.
일본은 공익인정등위원회와 별도로, 지자체(도도부현)에도 동일한 기능이 있는 합의제 기관을 설치하며, 지리적으로 해당 지자체에서 사업을 하려는 법인에 대하여는 지자체 산하 위원회에서 공익인정을 심의하도록 하고 있다. 합의제 기관의 조직 및 운영에 관하여 필요한 사항은 정령으로 정하는 기준에 따라 도도부현의 조례로 정한다(제50조).

위 행정청에 대한 자문기구이다. 다만 내각총리대신은 공익인정, 권고, 명령, 공익인정 취소 등 법에서 정한 사항에 대하여 반드시 공익위원회에 자문을 구해야 한다.[29] 동법은 위원회의 위원은 독립하여 그 직권을 행사한다고 규정하며 독립성을 강조하고 있다.[30] 위원회는 비상근인 7명의 위원으로 조직되고, 위원은 양 의원의(중의원, 참의원) 동의를 얻어 내각총리대신이 임명한다.[31] 위원의 임기는 3년이고, 연임할 수 있으며, 심신의 장애, 직무상 의무위반, 비행이 있다고 인정되는 경우 외에는 파면되지 아니한다.[32]

공익인정등위원회의 시행 전에 일본 내각부에서는 공익성 판단과 사후점검이 동일조직에서 이루어지는 것에 대한 위험성이 있으므로 공익성 판단과 사후점검에 관련된 부서를 나누어 상호 견제하도록 해야 한다는 점에 대한 논의가 이루어지기도 하였다.[33] 위와 같은 견제 균형의 취지가 공익인정등위원회를 설치하면서 직접 감독업무는 행정청이 하도록 하여 이를 분리한 배경 중 하나인 것으로 보인다.

다. 검토

위원회 설치 및 구성과 관련한 핵심 쟁점은 정치적으로 편향되지 않은 독립기관으로서 역할을 할 수 있도록 하는 충분한 제도적 장치가 마련되어 있는가 여부이다. 정부안은 위원회의 정치적 중립성과 객관성

---

29) 公益社団法人及び公益財団法人の認定等に関する法律 43条; 이희숙, "공익법인법제 현황과 개선 방향-공익위원회 설치 논의를 중심으로-", 외법논집 제43권 제1호 (2019), 16.
30) 公益社団法人及び公益財団法人の認定等に関する法律 33条.
31) 公益社団法人及び公益財団法人の認定等に関する法律 34, 35条.
32) 公益社団法人及び公益財団法人の認定等に関する法律 36, 37, 38条.
33) 윤철홍, "공익법인 관련 총괄기구 설치 필요성 등에 관한 검토", 법무부 연구용역과제 보고서 (2016), 64; 第18回公益法人制度改革に関する有識者会議議事概要(2004. 7. 28).

유지 의무를 규정하고(제6조 제1항), 면직 또는 해촉 사유를 제한하여 위원의 신분을 보장하고 있으며, 외부의 부당한 지시나 간섭을 받지 않을 것을 규정한다(제9조, 제6조 제2항).[34] 그 외에도 위원은 국회의원 또는 지방의회의원 겸직이 제한되고 정치활동에 관여할 수 없다(제10조). 정치활동 관여는 다소 추상적인 개념이기 때문에 폭넓은 규제가 적용될 것으로 예상된다. 위원회 회의와 활동이 원칙적으로 공개되는 점도 투명하고 책임 있는 운영에 도움이 될 것이다(제20조).[35]

그러나 독립된 행정기관으로 운영되는 영국이나 호주 사례와 달리 정부 부처 소속으로 위원회가 설치되고, 일반직 공무원이 위원에 포함되어 있으며, 실질적으로 위원회의 주도적인 역할을 할 것으로 예상되는 위원장 및 상임위원을 대통령이 임·지명한다는 점에서 정부·여당에 의한 편향적인 운영이 이루어질 위험이 있다. 자문기관인 일본의 공익인정등위원회도 위원 전원이 국회 동의를 얻어야 하는 점을 참고할 필요가 있으며, 국회 보고 등 통제 장치를 보다 강화하는 것도 고려해볼 수 있을 것이다.

또한 법무부 소속으로 위원회를 설치하는 것에 대한 재고가 필요하다. 영국, 호주의 위원회는 부처와 독립된 기관이며, 일본의 경우 내각부에 위원회를 두고 있어 법무부가 공익위원회를 관할하는 사례를 찾아보기 어렵다. 법무부는 검찰·행형 등을 담당하며 규제적 성격이 강한 부처라는 특성상 공익법인의 활성화보다는 규제 중심의 감독이 이루어질 가능성이 있다. 당초 입법예고 된 법안에서는 '위원회가 업무를 독립하

---

34) 위원은 1. 금고 이상의 형의 선고를 받았을 때 2. 심신장애로 직무를 수행할 수 없게 된 경우 3. 제12조의 결격사유에 해당하는 경우 4. 법률에 따른 직무상의 의무를 위반한 경우를 제외하고는 의사에 반하여 면직 또는 해촉되지 아니한다(제9조 제1항).

35) 1. 국가안전보장을 해칠 우려가 있는 경우, 2. 다른 법령에 따라 비밀로 분류되거나 공개가 제한된 내용이 포함되어 있는 경우, 3. 개인·법인 및 단체의 명예를 훼손하거나 정당한 이익을 해칠 우려가 있다고 인정되는 경우 위원회의 의결로 회의를 공개하지 아니할 수 있다(정부안 제20조 제1항).

여 수행한다'는 규정(제5조), '위원장은 위원회 업무 전반에 대하여 국
가재정법령 등에 따른 예산 요구·집행권을 법무부장관으로부터 위임받
은 것으로 보며, 법무부장관은 위원장이 제출한 예산요구 금액을 감액
하거나 내용을 변경하는 경우에는 사전에 위원장의 동의를 구해야 한
다'는 규정(제8조 제3항, 제4항)이 포함되어 있었다. 그러나 입법예고
후 수정과 법제처 심사를 거치는 과정에서 위 독립성 규정과 예산에 관
한 권한 규정이 삭제되는 등 독립적 운영을 기대하기 어려운 구조이다.
정부 부처로부터 독립된 행정기관으로 설치되는 것이 가장 이상적이나,
규모 및 예산 문제로 부처 소속이 불가피한 경우 다양한 분야를 아우를
수 있도록 대통령 직속이나 국무총리실 소속으로 공익위원회를 설치하
는 것이 바람직해 보인다.

2. 공익위원회 대상 공익법인

가. 정부안

정부안은 공익목적사업의 수행을 위하여 민법 제32조에 따라 설립된
재단법인이나 사단법인으로서 시민공익위원회의 인정을 받은 법인을
시민공익법인으로 정의한다(제2조 제1호). 현행법은 공익법인을 정의하
고 있는데 이는 세법상 공익법인 용어와 혼동이 있고, 민법상 비영리법
인이면서 공익법인법에 따라 설립되지 않은 자선 사업 등을 하는 법인
과의 관계가 문제되었다. 시민공익법인의 정의 규정은 공익법인법의 규
율 대상 범위를 명확히 하고 용어 혼동을 최소화한 것이나, 공익법인에
대한 법규로서의 위상은 축소된 것으로 평가할 수 있다.
  시민공익법인으로 인정을 받기 위하여는 우선 공익목적사업을 수행
하여야 하는데 여기서 공익목적사업은 ① 학자금·장학금 또는 연구비의
보조·지급 및 학술·문화·예술의 증진을 목적으로 하는 사업 ② 인권옹

호 및 인권증진에 관한 사업 ③ 사회적 약자의 권익신장 및 지원을 위한 사업 ④ 사고·재해 또는 범죄 예방을 목적으로 하거나 이로 인한 피해자 지원을 목적으로 하는 사업 ⑤ 환경보전 및 공중의 위생·보건·복지 증진을 목적으로 하는 사업 ⑥ 공정하고 자유로운 경제활동이나 소비자의 이익 증진을 목적으로 하는 사업 ⑦ 교육·스포츠 등을 통한 심신의 건전한 발달 및 아동·청소년의 건전한 육성을 위한 사업 ⑧ 남북통일, 평화구축, 국제 상호이해 증진 또는 개발도상국에 대한 발전을 목적으로 하는 사업 ⑨ 취업 및 창업 지원 등 국민의 생활안정을 목적으로 하는 사업 ⑩ 민주주의 발전을 위한 시민교육, 정책 개선, 정보공유 활동 ⑪ 이에 준하는 것으로서 시민공익위원회가 인정하는 사업이다. 현행 공익법인의 설립·운영에 관한 법률(이하 '현행 공익법인법'이라 한다)이 사회 일반의 이익에 이바지하기 위하여 학자금·장학금 또는 연구비의 보조나 지급, 학술, 자선에 관한 사업을 목적으로 하는 법인을 공익법인으로 정의하는 것과 비교하여 공익목적사업이 상당히 확대되었다.36)

한편 위와 같은 공익목적사업을 수행하더라도 민법에 따라 설립된 재단법인이나 사단법인만이 시민공익법인 인정 신청을 할 수 있다. 사회복지법인, 학교법인, 특별법에 따라 설립된 비영리법인 등은 시민공익법인이 될 수 없고 기존 주무관청의 관리·감독을 그대로 받게 된다. 또한 법인격이 없는 단체는 인정 신청 대상이 아니다. 현행 공익법인법상 공익법인은 개정안에 따른 공익법인으로 의제된다(부칙 제6조 제1항).

공익목적사업을 수행하는 민법상 비영리법인이 인정 신청을 하면, 위원회는 법에서 정한 요건을 모두 충족하는 경우 시민공익법인으로 인정한다(제22조).37) 시민공익법인으로 인정하는 경우 시민공익법인 대장

36) 공익법인의 설립·운영에 관한 법률 제2조.
37) 인정 요건(정부안 제22조 제3항)
1. 공익목적사업을 실시하는 것을 주된 목적으로 하고 목적 외의 사업은 하지 아니할 것 2. 정관의 내용이 제4장에 위배되지 아니할 것 3. 목적 및 활동이 공익을 해치지 아니할 것 4. 시민공익법인의 인정 신청에 대한 처분일 이전 2년 이내에 해당 법인의 명의 또는 그 대표자의 명의로 특정 정당 또는 특정인에

에 기재되고, 이 법에 따른 시민공익법인이 아닌 자는 시민공익법인이라는 명칭을 사용할 수 없다(제23조, 제49조).

법에서 정한 요건을 충족하는 경우 위원회는 시민공익법인으로 인정하여야 하므로 위원회가 재량에 따라 인정 여부를 판단할 수 있는 것은 아니다. 그러나 공익목적 사업을 실시하는 것이 주된 목적인지 여부, 공익을 해하지 않는지 여부, 특정 종교의 교리 전파를 목적으로 설립·운영되는지 여부, 출연재산의 수입·회비·기부금 등으로 조성하는 재원의 수입으로 목적사업을 원활히 달성할 수 있는지 여부, 수입을 공익을 위해 사용하고 사업의 직접 수혜자가 불특정 다수인지 여부, 이해관계인에게 특별한 이익을 부여하지 않는지 여부 등 다소 추상적이거나 주관적인 판단을 필요로 하는 요건이 포함되어 있어 사실상 위원회의 재량적 판단이 공익인정에 영향을 미칠 것으로 예상된다(제22조 제3항).

시민공익법인으로 인정을 받으면 검사 및 감독, 정관변경 허가, 감사의 보고 사항에 대한 주무관청이 시민공익위원회로 변경된다(제42조 제1항).[38] 인정 신청을 할 것인지 여부는 비영리법인의 선택 사항이다.[39]

대한 「공직선거법」 제58조제1항에 따른 선거운동을 한 사실이 없을 것 5. 특정 정당 또는 선출직 후보를 지지·지원 또는 반대할 목적으로 설립·운영되지 아니할 것 6. 특정 종교의 교리 전파를 주된 목적으로 설립·운영되지 아니할 것 7. 출연재산의 수입·회비·기부금 등으로 조성하는 재원으로 목적사업을 원활히 달성할 수 있다고 인정될 것 8. 정관의 내용상 수입은 공익을 위하여 사용하고, 사업의 직접 수혜자가 불특정 다수일 것 9. 이사, 감사, 사원 등 대통령령으로 정하는 이해관계인에게 특별한 이익을 부여하지 아니할 것 10. 시민공익법인의 인정이 취소된 경우 다음 각 목의 구분에 따른 기간이 지났을 것
가. 제45조제1항에 따라 인정이 취소된 경우: 3년
나. 제45조제2항에 따라 인정이 취소된 경우: 1년
11. 연간 기부금 모금액 및 활용 실적을 정보통신망을 통하여 일반에 공개한다는 내용이 정관에 포함되어 있을 것 12. 해산 시 잔여재산을 국가·지방자치단체 또는 유사한 목적을 가진 비영리단체(법인을 포함한다)에 귀속하도록 한다는 내용이 정관에 포함되어 있을 것
38) 민법상 비영리법인이 시민공익법인의 인정을 받은 경우 해당 법인의 주무관청은 검사, 감독 등에 필요한 자료를 위원회에 이송하여야 한다(정부안 제42조 제

시민공익법인 인정 신청을 하지 않는 경우에도 세법상 공익법인으로 지정되는 경우 세제 혜택을 계속 받을 수 있다.

나. 해외 사례

(1) 영국

영국은 빈곤의 예방 또는 완화, 교육 증진, 종교 진흥, 건강 증진 또는 생명 구호, 시민의식 또는 지역 사회의 발전, 예술, 문화, 유산 또는 과학 증진, 아마추어 스포츠진흥, 인권 증진, 갈등 해결 또는 화해, 종교적 또는 인종적 화합, 평등, 다양성 증진, 환경 보호 또는 개선, 청소년이나 노인, 건강이 좋지 않거나 장애가 있거나 재정적 어려움 또는 기타 불이익으로 인해 도움이 필요한 사람들의 구제, 동물 복지의 발전, 군대의 효율성·경찰, 소방 및 구조 서비스·구급차 서비스의 효율성의 촉진 등을 자선목적으로 규정하고 있다.40) 시민의식 또는 지역 사회의 발전은 농촌이나 도시재생 및 시민의 책임, 자원봉사 등의 촉진 등을 의미한다.41) 위 외에도 레크리에이션이나 여가시설이 사회복지를 위해 제공되는 경우 자선단체로 인정될 수 있다. 레크리에이션이나 여가시설이 자선단체로 인정되기 위해서는 기본적으로 해당 시설이 주로 청소년, 노인, 장애나 빈곤 등이 있는 사람이나 일반대중의 삶의 여건을 개선하기 위해 제공되어야 한다.42) 위와 같은 영국 자선법은 종교, 동물복지, 경찰·소방 및 구조 서비스 촉진, 시민의식 또는 지역 사회 발전 등을 포함

2항).

39) 정부 공익법인법 개정안 제22조는 '민법 제32조에 따라 설립된 재단법인이나 사단법인은 위원회에 시민공익법인의 인정을 신청할 수 있다'고 규정하여 인정 신청을 강제하고 있지 아니하다.

40) Charities Act 2011 3. (1).

41) Charities Act 2011 3. (2).

42) Charities Act 2011 5.

하여 자선목적을 폭넓게 규정하고 있다.

자선목적사업을 수행하는 단체는 자선위원회 등록이 의무화되어 있으며, 등록 대상이 되는 법인격을 별도로 제한하고 있지는 않다. 다만 등록이 면제되는 자선단체(대학, 박물관, 미술관 등), 총수입이 100,000 파운드를 초과하지 않고 일정 조건을 준수한 자선단체, 총수입이 5,000 파운드를 초과하지 않는 소규모 자선단체는 자선위원회 등록이 요구되지 않는다.[43] 이 때문에 실제로 영국에서 활동하고 있는 자선단체는 등록된 것보다 많다. 등록공익단체에 대한 대중의 신뢰도가 높아 활동에 도움이 되기 때문에[44] 등록의무가 없는 소규모 비영리조직도 공익단체로 등록하고자 하는 수요가 높다. 등록 의무 예외 사유에 해당하지 않는 한 등록하여야 하고, 등록 의무가 없는 단체도 요청하는 경우 등록부에 등록하여야 하므로 등록 과정에서 자선위원회의 재량적 판단이 문제될 가능성은 낮다.[45]

자선단체로 등록하는 단체의 법적 성격은 신탁, 유한책임회사, 공제조합, 특허장에 의해 설립되는 단체, 법인격 없는 사단, 자선법인 등이 있다.[46] 자선법인(CIO: Charitable incorporated organisation)은 자선법에 의해 도입된 것으로 설립과 위원회 등록을 동시에 진행할 수 있다.[47] 다양한 법인격의 단체가 자선단체에 등록할 수 있도록 함과 동시에 자선법에 따라 자선위원회 등록과 설립을 동시에 하는 방법도 열어둔 것이다.

---

43) Charities Act 2011 30.
44) 김진우, 이지민, "민간공익단체에 대한 국가감독체계의 개선방향에 관한 연구", 외법논집 제42권 제1호 (2018. 2.), 374.
45) Charities Act 2011 30.
46) 윤철홍, 앞의 연구, 66.
47) Charities Act 2011 207.

(2) 호주

호주는 자선단체법(Charities Act 2013)에서 자선단체의 범위를 규정하고 있다. 동법은 일반 공중의 유익을 대상으로 하는 경우 등을 공익목적이라고 하면서, 질환, 질병, 또는 인류의 고통 예방 및 구호 목적, 교육 진흥 목적, 개인 또는 가족의 빈곤, 고난 또는 불이익 구호 목적, 노인과 장애인을 대상으로 한 돌봄 및 지원 목적, 종교 진흥 목적인 경우 공익목적을 충족하는 것으로 추정하고 있다.[48] 동법상 자선목적으로는 건강 증진, 교육 진흥, 사회복지 또는 공공복지 증진, 종교 진흥, 문화 진흥, 호주 각종 집단 간 화해, 상호 존중 및 관용 증진, 인권 증진 또는 보호, 공공의 안보 또는 안전 증진, 동물의 고통 방지 또는 구호, 자연환경 증진, 법·정책 등에 대한 추진 또는 반대 등을 규정한다.[49] 호주의 자선단체 중 종교 활동을 하는 단체가 30%로 가장 많은 것으로 집계되었고, 다음으로는 교육 및 연구 단체가 20% 수준으로, 사회서비스 단체가 11% 수준으로 집계되고 있다.[50]

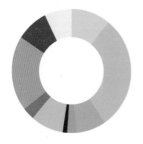

Sector	Percentage (%)
Culture and Recreation	7.4
Development and Housing	8.5
Education and Research	19.7
Environment	3.4
Health	8.6
International	1.2
Law and Advocacy	2.5
Philanthropic Intermediaries and Voluntarism Promotion	7.9
Religion	30.0
Social Services	10.8

〈그림 1〉 호주 자선단체 영역

출처: Australian Charities Report, ACNC(2018)

---

48) Charities Act 2013 7.
49) Charities Act 2013 12.
50) ACNC, Australian Charities Report(2018), 7.

　　호주 ACNC 역시 종교활동을 포함하여 폭넓게 자선 목적을 인정하고 있으며, 법인격 없는 단체도 포함하고 있다. 자선단체 등록이 강제되지는 않지만, 자선 단체로 등록하면 호주 국세청(Australian Taxation Office)으로부터의 세금 감면 및 기타 연방 정부로부터 제도적 혜택을 받을 수 있다.

　　ACNC는 등록 신청을 받으면 일차적으로 비영리단체의 목적이 자선단체법에서 정하는 자선사업에 해당하는지 검토한다. 일반적으로 정관 등 조직 내부 관리 문서를 보고 조직의 목적을 판단하고, 조직의 활동, 연례 보고서, 재무제표 등의 자료를 살펴보기도 한다. 불법적인 활동에 참여하거나 홍보하기 위한 목적, 공공 정책에 반하는 활동에 참여하거나 홍보하기 위한 목적, 정당이나 정치 후보자를 홍보 하거나 반대하기 위한 목적을 가진 단체는 등록 대상에서 제외된다.[51]

　　다음으로 해당 자선사업이 동법 상 자선단체법에서 정하는 공익성이 있는지를 검토한다. 자선단체의 수혜자가 일정 범위로 제한되더라도 공익성이 인정될 수 있으나, 특정 고용주의 직원에게 장학금을 제공하기 위해 설립된 조직과 같이 수혜자가 지나치게 제한적인 경우에는 공익적 목적이 부인될 가능성이 높다.[52]

　　2019-2020년에는 ACNC에 5,746개의 등록신청이 있었으며, 이 중 98%가 온라인으로 접수되었다. ACNC는 적시 판단을 중요시하기 때문에 위 등록신청 중 95%가 15 영업일 이내에 처리되었다. 이 중 136개의 등록신청이 반려되었는데, 반려된 신청 중 80%는 신청자가 해당 기관이 등록 자격이 있는지 여부를 판단할 수 있는 충분한 정보를 제공하지 않았기 때문인 것으로 분석되었다.[53]

---

51) ACNC 홈페이지, https://www.acnc.gov.au/factsheet-who-can-register-acnc (2021. 1. 17. 확인).
52) ACNC 홈페이지, https://www.acnc.gov.au/for-charities/start-charity/before-you-start-charity/who-can-apply-be-registered(2021. 1. 17. 확인).
53) ACNC, ACNC Annual report(2019-2020), 22.

(3) 일본

일본의 공익법인은 공익목적사업을 실시하는 일반사단법인 또는 일반재단법인 중 행정청의 인정을 받은 법인이다.[54] 일반 사단법인과 일반재단법인을 전제로 하고 있으므로 법인격 없는 단체는 제외된다. 종교법인, 학교법인, 의료법인, 사회복지법인 등은 각각 개별법에서 별도로 규율하고 있기 때문에 공익법인의 범주에서 제외된다.[55] 공익목적사업으로는 23가지를 나열하고 있는데 종교, 동물복지 등을 포함하고 있지는 않고, 정부안의 공익목적사업과 유사하다.[56] 공익인정등위원회의

---

54) 公益社団法人及び公益財団法人の認定等に関する法律 2, 4条.
55) 종교법인의 인증은 종교법인법, 학교법인 설립은 사립학교법, 의료법인의 설립은 의료법, 사회복지법인 인가는 사회복지법에 따른다(윤철홍, 앞의 연구, 60).
56) 公益社団法人及び公益財団法人の認定等に関する法律 別表.
1)학술 및 과학기술 진흥을 목적으로 하는 사업 2) 문화 및 예술의 진흥을 목적으로 하는 사업 3) 장애인이나 생활곤궁자나 사고, 재해나 범죄로 인한 피해자 지원을 목적으로 하는 사업 4) 고령자의 복지 증진을 목적으로 하는 사업 5) 근로 의욕이 있는 자에 대한 취업 지원을 목적으로 하는 사업 6) 공중위생 향상을 목적으로 하는 사업 7) 아동 또는 청소년의 건전한 육성을 목적으로 하는 사업 8) 근로자의 복지 향상을 목적으로 하는 사업 9) 교육, 스포츠 등을 통해 국민의 심신의 건전한 발달에 기여하거나 풍부한 인간성을 함양하는 것을 목적으로 하는 사업 10) 범죄 방지 또는 치안 유지를 목적으로 하는 사업 11) 사고 또는 재해 방지를 목적으로 하는 사업 12) 인종, 성별, 그 밖의 사유로 인한 부당한 차별 또는 편견의 방지 및 근절을 목적으로 하는 사업 13) 사상 및 양심의 자유, 신교의 자유 또는 표현의 자유 존중이나 옹호를 목적으로 하는 사업 14) 남녀공동참여사회의 형성 및 그 밖의 보다 나은 사회 형성의 추진을 목적으로 하는 사업 15) 국제 상호 이해의 촉진 및 개발도상국에 있는 해외 지역에 대한 경제협력을 목적으로 하는 사업 16) 지구환경의 보전 또는 자연환경의 보호 및 정비를 목적으로 하는 사업 17) 국토의 이용, 정비 또는 보전을 목적으로 하는 사업 18) 국정의 건전한 운영 확보에 이바지하는 것을 목적으로 하는 사업 19) 지역사회의 건전한 발전을 목적으로 하는 사업 20) 공정하고 자유로운 경제활동 기회의 확보 및 촉진, 그 활성화를 통한 국민생활 안정 향상을 목적으로 하는 사업 21) 국민생활에 필수불가결한 물자, 에너지 등의 안정공급 확보를 목적으로 하는 사업 22) 일반소비자의 이익 옹호 또는 증진을 목적으로 하는 사업 23) 전 각 호에 열거된 것 외에 공익에 관한 사업으로서 정령으로 정한 것

활동보고에 의하면, 단체의 수는 지역사회발전 35.2%, 아동 등 건전 육
성 20.5%, 고령자 복지 18.1% 순으로 많다. 다만 구체적인 사례에서
어떠한 사업이 '공익목적사업'에 해당하는가의 판단이 현실적으로 쉽지
않다는 비판이 있다.[57)

일본은 공익인정 기준으로 18가지를 제시하고 있으며, 실시하는 공익
목적 사업에 대해 해당 공익목적 사업과 관련된 수입이 그 실시에 필요
한 적정한 비용을 보상하는 액수를 넘지 않을 것으로 예상될 것, 이사,
감사 및 평의원에 대한 보수 등에 대해 민간사업자 임원의 보수 및 종업
원의 급여, 해당 법인의 경리 상황, 기타 사정을 고려하여 부당하게 높지
않는 지급 기준을 정하고 있을 것, 공익목적 사업비율이 100분의 50 이
상이 될 것으로 예상될 것 등 상당히 구체적인 기준을 정하고 있다.[58)

공익인정기준에 관하여는 다소 요건이 많고 벽이 높다는 지적이 있
으며, 특히 공익목적사업비율에 대해서는 공익활동을 실시하고 있어도
회비, 기부금, 자산운용수입만으로는 공익목적사업의 비용을 조달하는
일이 어렵기 때문에 50%라는 비율을 유지하도록 하는 것은 지나치게
엄격하다는 비판이 있다.[59)

공익인정등위원회는 공익인정기준 판단에 관하여 자문을 하는 역할을
하는데, 위원회의 결정에 대하여 행정청(내각총리대신 및 도도부현지사)
이 반려하는 경우는 흔하지 않기 때문에, 사실상 민간위원으로 구성된 공
익인정등위원회에 행정청이 기속되어 있는 것으로 평가되고 있다.[60)

---

57) 自治勞連全国弁護団, '公益法人制度改革とその問題点' (2008. 12.), 2, http://www.
    jichiroren.jp/category/data/dc/ (2021. 3. 26. 확인); 윤철홍, "공익법인 관련 총괄기
    구 설치 필요성 등에 관한 검토", 법무부 연구용역 과제보고서 (2016), 61에서 재
    인용.
58) 公益社団法人及び公益財団法人の認定等に関する法律 5条.
59) 윤철홍, 앞의 연구, 62.
60) 송호영, "비영리법인의 관리·감독 강화 방안 연구", 법무부 연구용역 (2017), 163.

다. 검토

(1) 대상 법인

정부안에 따르면 3,400여개의 현행 공익법인과 민법상 비영리법인 20,000여개 중 인정을 받은 법인이 시민공익위원회 대상 법인이 된다. 민법상 비영리법인 중 정부안에 따른 공익목적사업을 수행하는 법인의 수를 정확히 추산하기는 어렵다. 참고로 2019년 기준 상속세 및 증여세법상 공익법인에 해당하는 39,897개 조직 중 20,876개가 종교보급 목적 조직이고, 사회복지 조직이 4,165개, 교육사업 조직이 1,820개, 학술·장학 조직이 4,875개, 예술문화 조직이 1,613개, 의료목적 조직이 1,043개, 기타 조직이 5,505개이다.[61] 즉, 종교 목적 조직이 약 52%, 사회복지 조직이 약 10%, 교육·학술·장학 조직이 약 17%, 의료목적 조직이 약 3%를 차지하며, 그 외 조직은 약 18%가량이다. 종교법인, 사회복지법인, 학교법인 등 특별법에 따라 설립된 법인과 단체가 제외되므로 시민공익위원회 대상 법인의 규모는 상속세 및 증여세법상의 공익법인보다 훨씬 적을 것으로 예상된다.

영국의 경우 자선위원회 등록이 의무사항이고, 호주의 경우 세제 혜택을 받기 위하여는 ACNC 등록을 하여야 하나, 우리나라는 공익법인 법상 공익법인에 해당하지 않더라도 세법상 공익법인으로 지정을 받을 수 있으므로 민법상 비영리법인의 경우에도 단기간 내에 시민공익위원회에 인정 신청을 할 법인의 수가 많지는 않을 것으로 예상된다.

정부안의 인정 대상 법인의 범위에 특별법상 법인들이 제외된 점에 대한 비판이 있다. 영국, 호주의 경우 법형식과 무관하게 다양한 법인들이 위원회 등록 대상이고, 일본의 경우 개별법에 의해 설립된 법인들은 제외된다. 공익사업을 하는 단체들을 포괄하여 공익위원회가 관리·감독하는 것이 이상적이나 우리나라 현행 법률상 학교법인, 의료법인, 사회

---

61) 국세청, "2020 국세통계연보", 8-7-1 사업목적별 공익법인 가동 법인 수.

복지법인 등은 개별 법률에 의해 규율되고, 해당 주무관청의 감독을 받고 있는데, 위 법인들도 위원회 대상에 포함하는 경우 이중 감독의 문제가 발생할 수 있다. 현 단계에서 설립·운영·감독·지원을 통합하여 규율하고 있는 각종 특별법을 전부 개정하는 것도 용이하지 아니하다. 장기적으로는 특별법에 대한 검토를 통해 별도로 감독할 실익이 낮은 경우 해당 법인 전반의 운영·감독 등을 위원회가 규율하는 체계로 통합하는 방식으로 점진적으로 개선을 하는 방향을 고려해볼 수 있을 것이다.62)

한편 법인이 아닌 비영리민간단체의 경우 법인세법상 공익법인으로 지정이 불가능하고, 소득세법상 공익단체로만 지정받을 수 있어 세제혜택이 제한된다. 이처럼 세제 혜택이 제한적으로 적용되는 비영리민간단체에 대하여 위원회를 통한 엄격한 감독을 받게 하는 것은 균형이 맞지 아니한바, 법인격 없는 단체에 대하여 동일한 세제혜택을 부여할지에 대한 정책적 판단과 함께 위원회 대상 확대 논의가 이루어져야 할 것이다.

(2) 공익목적 사업

공익목적사업은 공익신탁법상 공익사업 및 일본 공익법인법상 공익목적사업과 유사한 내용이다.63) 사회 변화에 따라 다양한 공익목적사업이 이루어지고 있는 점을 고려할 때 보다 폭넓은 적용이 필요해 보인다. 특히 해외 사례 및 국내 필요성 등을 고려하면 동물 보호 및 구호, 지역 간 격차 해소를 위한 지역사회 발전, 공익 목적사업 관련 정책 개선 목적 등이 추가될 필요가 있을 것이다.

(3) 공익법인 인정

영국의 경우 자선단체 등록이 의무화되어 있고, 호주는 최근 신청 단체 중 2% 가량만 등록이 반려되었으며 반려된 사유도 대체로 서류미비

---

62) 이희숙, 앞의 논문, 15.
63) 공익신탁법 제2조 제1호.

인바, 등록이 비교적 용이함을 알 수 있다. 일본은 공익법인 인정 요건
이 까다롭고 문턱이 높은 것으로 평가되고 있다. 정부안에서는 「출연재
산의 수입·회비·기부금 등으로 조성하는 재원의 수입으로 목적사업을
원활히 달성할 수 있다고 인정될 것」의 요건이 엄격하게 적용되는 경우
중·소 규모 법인들이 재정 취약성을 이유로 시민공익법인 인정에서 제
외될 가능성이 있다.

신청 절차를 보더라도 호주의 경우 최근 등록신청 중 95%가 15 영
업일 내에 처리되는 등 신속하게 진행되나, 정부안은 원칙적으로 3개월
이내에 심사 결과를 법인에게 통지하여야 한다. 위원회는 심사에 필요
한 경우 법인에게 기간을 정하여 필요한 자료를 제출하게 하거나 설명
을 요구할 수 있는데, 이에 소요되는 기간은 위 3개월 기간에 산입되지
아니하여 심사에 더 오랜 시간이 걸릴 수 있다.[64] 시민공익법인 인정
여부를 엄격하게 심사하기보다는 형식적 요건을 갖춘 경우 최대한 신속
하고 폭넓게 인정하고, 법에서 정한 바에 따라 잘 운영될 수 있도록 지
도·감독하는 방식이 바람직할 것이다.

III. 공익위원회의 감독

1. 공익위원회 감독 범위

가. 정부안

정부안의 시민공익위원회는 시민공익법인 사무의 검사 및 감독을
할 수 있고, 필요한 경우 법인의 서류, 장부 등을 제출하게 하거나 사

---

64) 공익법인의 설립·운영에 관한 법률 전부개정법률안 제22조 제5항, 제6항.

무소 등에 출입하여 사무 및 재산 상황을 검사할 수 있다(제42조 제1항, 제48조). 임원이 법령이나 정관을 위반한 경우 해당 임원 또는 공익법인에 대하여 시정명령을 할 수 있고, 시정명령을 이행하지 아니하거나 횡령·배임 또는 회계 부정 등이 있는 경우 임원을 해임할 수 있다(제43조). 또한 시민공익법인의 업무재산관리 및 회계를 감사하여 목적사업을 원활히 수행하도록 지도할 수 있다(제48조).

시민공익위원회는 시정명령 기간 중에 해당 임원이 계속 직무를 집행할 경우 공익법인의 운영상 중대한 손해가 생길 우려가 있다고 인정되는 때에는 임원의 직무를 정지할 수 있다(제44조 제1항). 위 규정은 현행 공익법인법에는 규정되지 않은 내용으로 임원에 대한 위원회의 감독권이 더욱 강화된 것으로 볼 수 있다.

위원회는 시민공익법인이 인정 요건을 위반한 경우, 해산하거나 목적 달성이 불가능하게 된 경우, 법에 따른 명령이나 정관을 위반한 경우, 시민공익법인 인정을 받은 날부터 6개월 이내에 목적사업을 시작하지 않거나 1년 이상 사업 실적이 없는 경우, 정당한 사유 없이 위원회의 검사 및 감독을 거부하거나 방해하는 경우 시민공익법인 인정을 취소할 수 있다(제45조 제1항). 다만 다른 방법으로 감독 목적을 달성할 수 없거나 위원회가 시정 명령을 한 후 1년이 지나도 시정하지 않는 경우에 인정 취소를 할 수 있으므로 충분한 시정 기회가 제공된다(제45조 제2항).

또한 공익법인이 인정 취소를 신청하는 경우 위원회는 특별한 사정이 없으면 인정을 취소하여야 한다(제45조 제3항). 시민공익법인 인정이 취소되더라도 민법상 비영리법인으로 존속하며, 검사, 감독 등에 필요한 자료가 기존 주무관청으로 이송된다(제47조). 비영리법인 설립과 시민공익법인 인정이 분리되어 있으므로 인정 취소 시에도 비영리법인 존속에는 영향을 미치지 않는 것이다.

시민공익법인의 이사회 구성 시 원칙적으로 특별한관계가 있는 자의 수는 이사 현원의 5분의 1을 초과하지 못하나, 위원회의 승인을 받는 경우 5분의 1 이상 2분의 1미만으로 할 수 있다(제29조 제5항). 공익법인은 5명 이상 15명 이하의 이사와 1명 이상의 감사를 두어야 하고 위원회의 승인을 받아 그 수를 증감할 수 있다(제29조 제1항).

공익법인이 수익사업을 하거나 변경하는 경우 위원회의 승인을 받아야 하고, 기본재산을 처분·관리하거나 보통재산으로 편입하는 경우 위원회의 허가를 받아야 한다(제24조, 제36조 제3항). 현행 공익법인법 시행령은 설립 시 기본재산으로 출연한 재산 뿐 아니라 기부에 의하거나 기타 무상으로 취득한 재산도 기본재산에 포함된다고 규정하여(제16조 제1항),65) 원칙적으로 기부받은 모든 재산이 기본재산이 되고, 위 경우 모두 위원회의 허가를 받거나 기본재산 편입 예외 승인을 받아야 한다. 이는 기본재산과 보통재산을 구별한 취지에 반하고, 단체의 자율성을 과도하게 침해하는 규정이므로 법안 개정 시 위 시행령 개정도 함께 이루어져야 할 것이다.

위와 같이 시민공익위원회는 시민공익법인 운영에 대한 사후 감독 뿐 아니라 임원의 취임, 수익사업 승인, 기본재산 처분·관리 허가, 임원의 해임·직무집행 정지 등 시민공익법인의 운영 관련 직접적인 권한을 보유한다.

나. 해외 사례

(1) 영국

영국의 자선위원회는 자선단체 내의 관리·운영 등에는 원칙적으로

---

65) 공익 법인 기본 재산(공익법인의 설립·운영에 관한 법률 시행령 제16조 제1항).
   1. 설립 시 기본재산으로 출연한 재산
   2. 기부에 의하거나 기타 무상으로 취득한 재산. 다만, 기부목적에 비추어 기본재산으로 하기 곤란하여 주무관청의 승인을 얻은 것은 예외로 한다.
   3. 보통재산중 총회 또는 이사회에서 기본재산으로 편입할 것을 의결한 재산
   4. 세계잉여금중 적립금

개입하지 않고, 자선단체법이나 해당 자선단체의 정관 등에 저촉되는 경우 등에 개입한다. 해당 자선단체의 이사를 통해서 정보공개와 심문 등이 이루어지고 있다.[66] 자선위원회는 자선단체에 관한 조사를 실시할 수 있고, 조사는 서면이나 진술, 출석과 증거제시의 요구, 수색영장의 발부 등을 통해 진행된다.[67]

자선위원회는 자선단체의 행정을 위한 계획을 수립하는 행위, 자선 단체의 임직원을 임면하는 행위, 재산을 취득 또는 양도하는 행위에 관 한 소송에서 법원과 유사한 권한을 지닌다.[68] 자선위원회가 법원과 경 합하는 사항에 관해 관할하기 위해서는 신청권자인 자선단체나 법무장 관의 신청이 있어야 한다. 신청권자가 곧바로 법원에 소를 제기할 수 있 지만 실무에서는 경제적 비용 문제로 법원에 곧바로 소를 제기하는 경 우는 드물다.[69]

자선위원회는 자선단체 임원의 의무 위반 또는 그 자격에 대한 기타 위법 행위 또는 잘못된 관리를 저지른 것으로 간주되는 자선단체에 대 하여 경고를 할 수 있으며, 이러한 경고를 적절하다고 판단되는 방식으 로 게시할 수 있다.[70] 규제 준수 여부에 대해 자선위원회가 조사한 사 례는 2016-2017년 1,664건에서 2017-2018년 2,268건으로 1/3 이상 증가 했다고 보고되고 있다.[71] 자선단체에 대한 조사결과 단체의 관리에서 잘못된 행위가 발견되거나, 자선단체의 재산 보호 등을 위해 필요한 경 우 자선위원회는 임원의 직무집행을 정지하고 임시관리인을 선임하는 등의 조치를 취할 수 있다.[72] 또한, 자선위원회는 자선단체에 대하여 자 산처분금지명령, 채무변제 금지명령, 거래제한명령을 발할 수 있고, 자

---

66) 윤철홍, 앞의 연구, 66.
67) Charities Act 2011 46 이하.
68) Charities Act 2011 69 (1).
69) 김진우·이지민, 앞의 논문, 378.
70) Charities Act 2011 75A.
71) Charity commision, Charity Commission Annual Report and Accounts(2017-2018), 7.
72) Charities Act 2011 76 (1), (3).

선단체의 부정행위 등이 발견된 경우 자선단체의 임원 등을 직접 해임하거나 사업계획을 직접 수립할 수도 있으며, 법률에서 정하는 사유에 해당하는 경우에는 새로운 임원을 선임할 수도 있다.[73]

이처럼 자선위원회는 공익성 판단뿐만 아니라 운영과정에서의 개입 권한, 임원의 임면 권한 등 단순한 적법성 통제를 넘어서서 합목적성까지 통제할 수 있는 포괄적인 감독권을 가진다. 이에 대해서는 자선위원회가 정치적 독립성을 보장받고 있으며, 민간공익활동에 우호적인 전통을 배경으로 동 위원회가 그의 권한을 공정성 및 비례성의 원칙에 따라 극히 신중히 행사하여 왔기 때문이라는 분석이 있다.[74]

영국의 자선단체 중 해당 연도의 총 소득이 1,000,000 파운드를 초과하는 대규모 자선단체는 법정 감사인으로부터 회계감사를 받아야 하고,[75] 대규모가 아니더라도 25,000 파운드를 초과하는 자선단체는 회계의 적절한 심사를 수행하기 위해 필요한 능력과 경험을 가지고 있다고 믿을만한 독립 심사관 등에 의해 감사를 받아야 한다.[76] 법에서 정하는 사유가 발생하는 경우 자선위원회는 자선단체에 대해 위원회가 지정한 감사인으로부터 회계감사를 받도록 명령할 수 있다.

(2) 호주

ACNC에 등록된 자선단체는 매년 연례정보신고서를 ACNC에 제출하여야 하고, 중형 또는 대형 등록단체는 재무보고서와 함께 감사보고서 또는 심사보고서도 제출하여야 한다.[77] 만일 제출한 보고서에 오류

---

73) Charities Act 2011 77, 79, 80.
74) 김진우, 이지민, 앞의 논문, 381-389.
75) Charities Act 2011 144.
76) Charities Act 2011 145.
77) 소형, 중형, 대형 등록 단체(the ACNC Act 205-25).
　(1) 소형등록 단체: 특정 회계연도에 수입이 250,000달러 미만이거나 이 조항과
　　　관련하여 규정에서 정한 기타 금액 미만인 경우
　(2) 중형 등록 단체: 특정 회계연도에 ① 소형 등록 단체가 아니거나 ② 특정 회

가 있는 경우 등록단체는 이를 보완하여 일정 기한 내에 다시 제출하여야 한다.[78] ACNC가 설립되기 이전에는 자선단체의 정보가 대중에게 공개되지 아니하였기 때문에 자선단체에 대한 정보공개는 ACNC의 가장 중요한 기능 중 하나로 평가되고 있다.[79] ACNC는 자선 단체가 중대한 방법으로 지속적인 의무를 이행하지 못하고 결과적으로 자선 단체가 더 이상 등록될 자격이 없다고 생각되면 자선 단체가 의무를 이행하지 못했다는 사실을 알게 된 후 28일 이내에 통보해야 한다.[80]

2019-20년 ACNC에는 자선단체에 대한 2,102개의 민원이 접수되었고, 이 중 대다수는 개인이 자선단체로부터 사적 이익을 얻는다는 내용이었다. ACNC는 2019-20년에 79건의 조사를 완료했으며, 이 중 18개 자선단체에 대한 자선 등록 취소 등의 제재가 가해졌다.

ACNC는 사건과 관련된 경우 다른 호주 정부 기관에 정보공개를 요청할 수 있는데, 2019-20년에는 29개의 자선단체에 대해 49개의 다른 정부 기관에 정보를 요청하였다. 한편 ACNC는 자선단체에 대한 조사를 시작하기 전에 이용 가능한 정보에 대한 검토를 포함하는 위험 평가를 수행하고 있으며, 2019-20년에는 58건의 위험 평가를 완료하였다고 보고되었다.[81]

그 외에도 자선위원회는 자선단체나 임직원 등에 대해 특정한 업무를 지시할 수 있는 권한, 업무를 하지 않을 것을 지시할 수 있는 권한, 해산을 지시할 수 있는 권한 등을 보유한다.[82] 적법성 통제를 넘어 구

계연도에 수입이 1,000,000달러 미만이거나 이 조항과 관련하여 규정에서 정한 기타 금액 미만인 경우

   (3) 대형 등록 단체: 특정 회계연도에 소형 등록 단체나 중형 등록 단체가 아닌 단체

78) the ACNC Act 60-5 이하.

79) 한국가이드스타, "호주 자선단체 정보공개의 장, 호주자선 및 비영리단체위원회 (ACNC) 부회장 인터뷰"(2017. 7.), https://blog.naver.com/guidestar07/221058663508 (2021. 3. 9. 확인).

80) the ACNC Act 65 이하.

81) ACNC, ACNC Annual report(2019-2020), 24.

체적인 행위를 지시 또는 금지할 수 있는 것이다.

(3) 일본

일본은 공익법인이 공익목적사업 실시에 필요한 적절한 비용을 넘는 수입(불필요하게 과도한 수입 등)은 얻지 못하도록 하고 있으며,[83] 공익법인의 회계감사인으로 하여금 행정청에 제출하는 재산목록, 기타내각부령에 규정된 서류를 감사하도록 규정하고 있다.[84]

행정청은 공익사업의 적정한 운영을 확보하기 위하여 필요한 한도에서 내각부령으로 정하는 바에 따라 공익법인에 대하여 운영조직 및 사업 활동의 상황에 관하여 필요한 보고를 요구하거나 직원에게 해당 공익법인의 사무소에 출입하여 운영조직 및 사업 활동의 상황이나 장부, 서류 및 그 밖의 물건을 검사하게 하거나 관계자에게 질문하게 할 수 있다.[85] 또한 행정청은 공익인정기준을 충족하지 못하게 되는 등 상당한 이유가 있는 경우에는 해당 공익법인에 대하여 기한을 정하여 필요한 조치를 취해야 한다는 취지의 권고를 할 수 있고, 권고와 관련된 조치를 취하지 않았을 경우 해당 공익법인에 대해 그 권고와 관련된 조치

---

82) ACNC 감독권한 (the ACNC Act 70 이하).
 - 동의 또는 영장에 의한 ACNC 구성원의 사업장 출입 및 조사권한
 - 경고 발행: 자선 단체에 의무를 이행하지 않는다는 사실을 알리고 어떤 조치를 취할 수 있는지 설명
 - 지시 발부: 자선 단체가 뭔가를 하거나 하지 말라고 지시
 - 집행력 있는 서약서 징구
 - 금지 명령 요청 : 자선 단체가 뭔가를 하거나 하지 않도록 법원에 요청
 - 책임자(예: 자선 단체 이사회 또는 위원회 회원) 해임
 - 12개월 동안 직무가 정지되거나 해임된 책임자의 자격상실
 - 예외적인 상황에서 자선 단체의 등록 취소
 - 허위 또는 오해의 소지가 있는 진술을 하거나 제 시간에 문서를 제출하지 못하는 경우 행정벌 적용
83) 公益社団法人及び公益財団法人の認定等に関する法律 14, 15条.
84) 公益社団法人及び公益財団法人の認定等に関する法律 23条.
85) 公益社団法人及び公益財団法人の認定等に関する法律 27条.

를 취할 것을 명할 수 있다.[86] 나아가 공익법인이 허위나 부정한 수단
으로 공익인정을 받은 경우, 공익인정기준을 충족하지 못하게 되었거나,
법령이나 행정처분을 위반하는 경우에는 공익인정을 취소해야 하거나
취소할 수 있다.[87] 행정청은 공익법인에 대한 권고, 명령, 공익인정 취
소 등을 하는 경우 공익인정등위원회에 자문을 구해야 한다.[88]

라. 검토

정부안의 감독 내용은 현행 공익법인법상 감독 내용과 유사하거나
일부 완화되어 있다. 현행법은 수익사업마다 주무관청의 승인을 받아야
하고 임원 취임 시 주무관청의 승인을 받아야 하며, 특별한 관계가 있는
자의 수는 이사 현원의 5분의 1을 초과할 수 없다. 또한 이사 취임 승인
취소권이 있고, 수익 사업의 시정이나 정지를 명할 수 있으며, 업무재산
관리 및 회계 감사를 할 수 있다.[89] 이는 민법상 비영리법인에 대하여
는 적용되지 아니하던 규제로 민법상 비영리법인이 시민공익법인으로
인정받는 경우 규제 및 감독이 상당히 강화되는 것이다.

영국, 호주는 위원회에 상당한 감독권한이 부여되어 있으나, 제한적
으로 감독권을 행사하고 있다. 일본의 경우 공익인정등위원회의 자문을
구해야 하나, 처분권은 행정청에게 있다. 공익법인법 전면개정안의 배경
에는 K·미르재단, 새희망씨앗 사건 등 비영리법인에 대한 부정적인 여
론이 전제되어 있고, 정치적으로 독립된 기관에 대한 역사적 경험이 부
족한 현실도 고려하여 보면, 위원회의 권한 남용에 대한 우려의 목소리
가 높을 수 있다. 시민공익법인의 법규 준수를 위한 교육 및 지도를 일
상화하고, 이상 징후가 있는 경우 조사 및 감독을 진행하는 등 신중한

---

86) 公益社団法人及び公益財団法人の認定等に関する法律 28条.
87) 公益社団法人及び公益財団法人の認定等に関する法律 29条.
88) 公益社団法人及び公益財団法人の認定等に関する法律 43条 1項.
89) 공익법인의 설립·운영에 관한 법률 제4조, 제5조, 제14조, 제17조.

권한 행사가 이루어져야 할 것이다.

위원회의 권한 남용 방지 관점에서는 권한 분산이 논의될 수도 있으나 공익법인에 대한 감독 책임을 분명히 하고, 공익법인의 업무 효율성을 높이는 측면에서 감독 기구의 일원화는 필요하다. 현재 공익목적 사업이 여러 부처와 연관된 경우 각 부처의 허가를 받아야 하는 문제점 등이 있는데 정부안에 따르면 시민공익법인으로 인정받은 이후에는 관리 감독에 관한 주무관청이 시민공익위원회로 일원화되는 효과가 있다. 현재 기부금품 모집에 대하여는 행안부(또는 지방자치단체)의 감독을 받고 있으나 위 기능 역시 시민공익위원회로 통합된다. 그러나 세제 혜택과 관련하여서는 국세청의 권한 및 감독이 강화되고 있으므로 이에 대한 조율 없이 위원회가 설치되는 경우 중복규제 이슈는 계속 제기될 수 있다.

한편 설립허가와 인정 기관이 구별된다는 점에서 이중 감독 문제가 제기되고 있다. 민법은 법인의 사무는 주무관청이 검사, 감독하고, 주무관청이 그 허가를 취소할 수 있다고 규정하고 있는데, 정부안은 검사, 감독, 정관변경 허가, 감사의 보고 사항에 대한 주무관청을 위원회로 규정한다.[90] 즉, 설립허가 취소 권한이 기존 주무관청에 남아 있으므로 실질적으로 이중 감독이 이루어질 가능성이 있다. 위원회가 시민공익법인 인정을 취소한 경우 기존 주무관청이 검사, 감독 및 설립허가 취소를 할 수 있다는 규정을 포함하는 방안을 고려해볼 필요가 있을 것이다.

비영리법인 설립과 시민공익법인 인정을 분리한 것은 일본의 공익인정, 호주와 영국의 자선위원회 등록과 유사한 제도이고, 비영리법인의 선택권을 확대한다는 측면에서 의미가 있다. 다만, 새롭게 설립되는 법인의 경우 비영리법인 설립절차와 시민공익법인 인정 절차를 별도로 거쳐야 한다는 번거로움이 있다. 영국의 경우 기존 법인이 자선위원회에 등록하는 경우 뿐 아니라 자선위원회 등록함으로써 법인으로 설립되는

---

90) 민법 제32조, 제38조; 정부 공익법인법 개정안 제42조 제1항.

유형(자선법인)을 창설한 것과 같이 행정적 편의를 위한 다양한 방안을
함께 고려해볼 수도 있을 것이다.

2. 형사 처벌 제재

가. 정부안

정부안의 감독 및 제재 중 과도한 처벌 규정이 핵심 이슈가 되고 있
다. 정부안에 의하면 수익사업 승인 규정을 위반한 자, 기부금품 모집
등록을 하지 아니하였거나 부정한 방법으로 등록한 자, 기본재산 처분
관련 허가 및 승인 규정을 위반한 자, 결산상 잉여금을 기본재산에 전입
하거나 이월하여 목적사업에 사용하여야 하는데 이를 위반한 자 등에게
는 3년 이하의 징역 또는 3천만 원 이하의 벌금형이 부과될 수 있다(제
50조 제1항). 이 법에 따른 시민공익법인이 아님에도 시민공익법인 명
칭을 사용한 자, 임원의 선임 관련 금품, 향응 등 재산상 이익을 주고받
거나 이를 약속한 자에게는 2년 이하의 징역 또는 2천만 원 이하의 벌
금형이 부과될 수 있다(제50조 제2항). 그 외에도 공익법인은 매 회계연
도 종료 후 2개월 이내에 예·결산서류, 재산목록, 기부금모집 사항 등을
위원회에 제출하여야 하는데 이를 위반한 자 및 업무보고서의 제출 또
는 감사를 거부하거나 기피한 자에게는 1년 이하의 징역 또는 1천만 원
이하의 벌금형이 부과될 수 있다(제50조 제3항). 위원회의 시정명령 및
해임명령을 위반하거나 감사가 정당한 사유 없이 직무를 유기한 경우 1
천만 원 이하의 과태료가 부과될 수 있다(제51조).

공익법인의 경우에는 현행 공익법인법에서도 각종 법령 규정 위반
시 형사 처벌 규정을 두고 있으므로 처벌이 강화된 것으로 보기는 어렵
다. 그러나 민법상 비영리법인의 경우 민법에서는 과태료 규정만 두고
있어 시민공익법인 인정 시 제재가 상당히 강화된다.

나. 해외 사례

영국 자선위원회는 자선위원회의 승인 없는 재산 처분을 금지하거나 자선단체의 채무자에 대하여 자선위원회의 승인 없는 채무 변제를 금지하게 할 수 있고, 자선단체의 운영관련 거래나 지급을 위원회의 승인에 유보하도록 할 수 있는데, 위 명령을 위반하는 경우 벌금이 부과될 수 있다.[91]

호주 ACNC법은 허위 또는 잘못된 진술에 대한 벌금을 규정하고 자발적 고지를 하는 경우 감액할 수 있다.[92] 기한 내 문서를 미제출한 경우에도 벌금이 부과될 수 있는데 중형 등록 단체의 경우 2배, 대형 등록 단체의 경우 5배를 규정하는 등 단체의 규모에 따라 벌금이 차별적으로 적용된다.[93]

일본 공익법인은 허위, 기타 부정한 수단에 의해 공익인정, 행정청의 인가 등을 받은 경우 행정청의 인가를 받지 않고 사업의 종류, 수익사업, 사무소 소재지 등을 변경을 한 경우에는 6개월 이하의 징역 또는 50만 엔 이하의 벌금형을 받을 수 있다. 그 외에도 공익법인 명칭 사용 위반, 서류 허위 기재 등에 대한 벌금형, 재산목록 미제출 등에 대한 과료 규정을 두고 있다.[94]

다. 검토

공익위원회는 공익법인이 개선해야 할 사항을 찾아서 권고하는 형태의 감독 기능이 강화될 필요가 있다. 현재 정부안은 시민공익법인이 위

---

91) Charities Act 2011 77.
92) the ACNC Act 175-5 내지 175-30.
93) the ACNC Act 175-35 내지 175-40.
94) 公益社団法人及び公益財団法人の認定等に関する法律 62条~66条.

원회의 승인이나 허가를 받지 않는 경우, 기부금품 모집등록을 하지 않는 경우 기간 내에 보고를 하지 않거나 보고에 오류가 있는 경우 등에는 징역형 또는 벌금형의 제재가 따른다. 악의적으로 은폐하는 경우 등 처벌이 불가피한 경우도 있겠으나, 실제 공익법인 운영에 있어서 허가나 승인 대상에 대한 해석의 차이, 절차에 대한 이해와 교육 부족 등으로 행정 절차를 누락하는 경우가 다수이므로 이에 대한 처벌 강화 보다는 시정명령 등 개선을 유도하는 것이 선행되어야 한다.

특히 정부안의 벌칙 조항은 영국, 호주, 일본과 비교해보더라도 양형이 과중하다. 공익법인 운영에 있어서 행정 위반을 비범죄화하고, 과태료 부과 등으로 제재하거나 징역형은 제외하고 벌금형에 처하도록 하는 방안도 고려해볼 수 있을 것이다. 공익법인 운영자들이 기부자들을 기망하여 기부금을 편취하는 경우, 기부금을 횡령하거나 배임하는 경우 등에는 공익법인법에서 형사 처벌을 규정하지 않더라도 형법에 따라 사기·횡령·배임으로 처벌받을 수 있으므로 위 범죄와 무관한 단순한 행정 절차 위반에 대하여 형사 처벌을 강화할 이유는 없다.

위와 같은 형사 처벌 제재는 민법상 비영리법인의 시민공익법인 인정 신청을 확대하는데 큰 걸림돌이 될 것으로 예측된다. 또한 민법상 비영리법인의 경우 감사 선임 의무가 없는데, 시민공익법인이 될 경우 감사를 선임해야할 뿐 아니라 감사의 직무 유기 시 과태료 부과 규정도 적용되므로 감사 선임에도 어려움이 있을 수 있다. 시민공익법인 확대의 측면에서 형사 처벌 규정을 완화하거나 시정 명령 후 이를 위반한 경우 처벌을 하도록 하여 시정의 기회를 제공하는 등의 개선이 필요할 것이다.

III. 공익법인 활성화 지원

정부안은 법률명을 '시민공익법인의 운영 및 활성화에 관한 법률'로 하여 감독 뿐 아니라 활성화를 강조하고 있다. 법안의 목적에서도 공익법인의 건전한 운영 및 활성화를 도모함을 목적으로 한다고 명시한다 (제1조). 정부안에서 구체적으로 제시하고 있는 지원 사항을 해외 사례와 비교하여 살펴보고, 시민공익법인의 인정 및 지원 장에 포함되어 있는 기부금품 모집 특례 규정에 대하여 검토하도록 하겠다.

1. 공익법인에 대한 세제 지원

가. 정부안

공익법인에 대한 가장 보편적이고 실효적인 지원은 세제혜택이다. 현행 공익법인법은 공익법인에 출연하거나 기부한 재산에 대한 상속세·증여세·소득세·법인세는 조세특례제한법으로 정하는 바에 따라 감면할 수 있다고 규정하고 있고, 정부안도 동일한 내용을 규정하고 있다(제27조).[95] 공익법인에 대하여는 ① 법인세 손금인정 및 소득세 세액공제, 상속세 및 증여세 면제(세법상 공익법인으로 지정되는 경우), ② 수익사업 소득 지출 고유목적사업준비금 손금산입,[96] ③ 무주택자 공급사업용 부동산 취득세 재산세 면제,[97] ④ 장학법인에 대한 지방세감면 등의 혜택이 있다.[98] 일반적인 비영리법인 보다는 세제혜택이 더 부여되나, 가장 큰 혜택인 상속세 및 증여세 면제, 손금인정 및 세액 공제 등에 있어

---

95) 현행 공익법인의 설립·운영에 관한 법률 제15조.
96) 법인세법 제29조 제1항 제2호.
97) 지방세특례제한법 제36조.
98) 지방세특례제한법 제45조.

서는 큰 차이가 없고, 공익법인의 경우에도 별도의 세법상 공익법인 지
정 절차를 거쳐야 한다. 앞에서 본 바와 같이 최근 개정으로 공익법인에
대하여도 국세청이 추천 및 관리·감독 권한을 보유하고 있다.

나. 해외 사례

영국은 세제혜택을 적용받기 위해서 자선단체 등록뿐만 아니라 추가
요건을 갖추고 영국 국세청의 승인을 받아야 한다. 자선단체의 고유목
적사업에서 발생한 수익은 법인세가 부과되지 아니하나 그 외 발생한
수익에 대하여는 법인세가 과세된다.[99] 자선단체에 대한 개인기부금에
대해서는 소득공제가 적용되고, 법인기부금의 경우 전액 손금으로 인정
된다. 수령한 기부금을 자선적 목적을 위해 지출하는 경우 비과세가 적
용된다.[100]

호주의 비영리단체는 ACNC에 등록을 해야만 세금 면제 혜택을 받
는다. 모든 등록된 자선 단체들은 해마다 정보를 기록하고, 보고하고 최
소한의 정부 표준치를 맞추는 등 ACNC에서 요구하는 의무들을 모두
지켜야 한다. ACNC에 등록된 자선단체는 소득이나 거래에 대한 세금
을 감면 받을 수 있고, 기부자는 자선단체에 기부한 기부금에 대하여 소
득공제를 받을 수 있다. 통상 ACNC의 등록 신청서에서 세금감면 신청
내용이 포함되어 있기 때문에, 국세청에 별도로 감면을 신청할 필요는
없다. 자선 등록 신청서를 사용하여 세금 감면을 신청하지 않는 경우 나
중에 국세청에 직접 신청할 수도 있다.[101]

일본 공익법인법은 공익활동을 촉진하면서 적정한 과세의 확보를 도

---

99) 김학수 외 3, "주요국의 비영리법인 과세체계 비교연구", 세법연구 17-4 (2017),
   112.
100) 김학수 외 3, 위의 논문, 115.
101) ACNC 홈페이지; https://www.acnc.gov.au/tools/factsheets/charity-tax-concessions
   (2021. 1. 18. 확인).

모하기 위해 공익법인과 이에 대한 기부를 실시하는 개인 및 법인에 관한 소득과세에 관하여 소득세, 법인세 및 상속세와 지방세의 과세에 대한 필요한 조치, 기타 필요한 세제상의 조치를 강구하도록 규정하고 있다.[102] 이에 따라 일반 비영리법인에 대해서는 모든 소득에 대해 과세함에도 불구하고 공익인정을 받은 공익법인의 경우 수익사업을 영위하는 경우에 한해 수익사업 소득에 대해서만 법인세를 과세한다.[103] 수익사업의 범위에서 공익목적사업에 해당하는 것은 제외된다. 또한 공익법인 등이 수익사업에 속하는 자산을 자신의 공익목적사업을 위해 지출한 금액은 그 수익사업의 기부금으로 간주하는 제도를 두고 있다.[104]

또한 우리나라와 마찬가지로 공익법인이 타인으로부터 증여받은 금액의 경우 영리법인의 자산수증이익에 대하여 법인세가 과세되는 것과 달리 세금이 부과되지 않는다.[105] 개인기부자는 공익법인에 대한 기부금과 관련하여 일정액을 과세소득에서 공제받을 수 있고, 법인기부자도 일정 범위 내에서 기부금을 손금으로 인정받을 수 있다.[106]

다. 검토

영국, 호주의 경우 세제 혜택의 전제 요건이 자선위원회 등록이다. 즉, 자선위원회가 사실상 세제 혜택 인정의 1차적 판단 기관이 되는 것이다. 현재 우리나라 법령은 민법상 비영리법인이 세제혜택을 받기 위하여는 법인세법상 공익법인 지정 절차를 거쳐야 하고, 추천권한도 국세청에 있다.

---

102) 公益社団法人及び公益財団法人の認定等に関する法律 58条.
103) 法人税法 4条.
104) 法人税法 37条; 다만, 공익법인이 수익사업과 수익사업 외의 사업을 행하는 경우 양 사업으로부터의 소득을 구분하기 위하여 구분경리가 필요하다(法人税法 施行令 6条).
105) 法人税法 22条, 相続税法 21条の3.
106) 所得税法 78条, 法人税法 37条.

위원회 설치를 통해 행정 비효율을 최소화한다는 측면에서 시민공익법인은 이후 세법 개정을 통해 별도의 추천 및 지정 절차 없이 법인세법상 공익법인으로 인정하고, 감독 기능도 시민공익위원회로 일원화할 필요가 있다. 정부안의 공익인정 요건은 법인세법상 공익법인 요건을 포함하고 있어 공익법인 당연 지정의 근간이 마련되어 있다.107)

호주의 경우 ACNC 등록은 세제 혜택의 전제 요건이며, 별도의 절차 없이 ACNC등록 신청 시 세금감면 신청 내용이 포함되어 있어 1회 신청 절차로 세제혜택까지 부여되는 절차적 편의성을 부여한다. 우리나라에서는 사회복지법인 등의 경우 별도의 신청절차 없이 법인세법상 공익법인으로 인정되고, 상속세 및 증여세 면제 대상에 포함되는 법령 내용을 동일하게 시민공익법인에도 적용하는 방식을 적용할 수 있을 것이다.108)

2. 공익위원회의 공익법인에 대한 지원

가. 정부안

정부안은 시민공익위원회는 시민공익법인에 대하여 ① 운영에 필요한 전문인력의 육성, 교육훈련 실시 또는 지원, ② 회계 업무 담당자 등에 대한 교육훈련을 실시하거나 회계 업무의 원활한 수행을 위한 지원, ③ 경비의 전부 또는 일부 보조(국가, 지방자치단체 포함)를 규정한다(제25조).

공익법인에 대한 투명성 요구에 상응하려면 법인 내부 담당자의 비영리 회계 전문성이 필요하고 전문가의 지원을 받기 위해서는 상당한 비용이 따른다. 법인 내부 역량만으로는 한계가 있고, 정부의 회계 업무

---

107) 정부 공익법인법 개정안 제22조 제3항.
108) 법인세법 시행령 제39조 제1항 제1호 가목, 상속세및증여세법 시행령 제12조 제3호

담당자 교육 및 회계 업무 수행 지원이 필수적이다.

현행 비영리민간단체지원법은 비영리민간단체에 대하여 공익사업에 필요한 소요경비를 지원할 수 있도록 하되, 그 범위를 사업비로 제한하여 운영비 지원이 불가능하다.[109] 기부금품 모집의 경우에도 85%를 사업비에 사용하여야 하고, 인건비 등 모집비용은 최대 15%로 제한되는 바, 공익목적 사업 수행에 필요한 인건비 등에 충당할 예산 마련이 어렵다. 정부안은 공익사업에 필요한 경비의 전부 또는 일부를 지원할 수 있는 것으로 규정하면서 운영비 제한 등을 두고 있지 아니하므로 공익법인의 활동가가 직접 수행하는 공익활동 활성화에 기여할 것으로 예상되며, 공익법인의 실질적인 수요를 반영한 지원 내용으로 평가할 수 있다.

한편, 당초 입법예고된 개정안에서는 정부와 지방자치단체는 위원회가 공익목적사업 수행에 필요하다고 인정한 경우에 공익법인에 대하여 국·공유재산을 사용·수익·대부·사용료 감면의 지원을 할 수 있도록 규정하고 있었다.[110] 유휴 공공 자산의 활용과 공익법인의 안정적 사업과 운영에 크게 기여할 것으로 기대되었으나, 법제처 심사 과정에서 위 규정은 삭제되었다.[111] 사회적기업에 대하여는 시설비 등의 지원 규정을 두고 있는 반면, 공익법인에 대하여는 특례 조항이 없이 지방자치단체의 비영리 지원 사업에 많은 제한을 받고 있다. 공간 지원을 통해 공익법인의 업무 환경이 개선되고 지방자치단체와 협력한 다양한 사업을 진행할 수 있도록 위 특례 규정의 반영이 필요하다.

---

109) 비영리민간단체지원법 제6조 제1항, 제2항.
110) 위 경우 지방자치단체는 법률에 따라 공유재산을 무상으로 대부할 수 있는 자에게 그 재산을 유상으로 대부하는 경우 수의계약으로 대부할 수 있으므로 공익법인에 대한 수의 계약 방식의 대부 가능성도 있었다(공유재산 및 물품관리법 시행령 제29조 제1항 제6호).
111) 그 외에도 공익법인의 지원에 관하여 필요한 사항을 대통령령으로 정할 수 있도록 하고 있어 공익법인의 수요를 반영한 추가적인 지원가능성이 열려 있었으나, 법제처 심사 과정에서 제25조 제1항부터 제3항까지의 규정에 따른 지원에 필요한 사항을 대통령령으로 위임하는 내용으로 변경되었다(제25조 제4항).

나. 해외 사례

영국 자선위원회는 주로 규제기관으로서의 역할을 수행하지만, 자선
단체에 대한 자문기능, 정보제공기능을 수행하는 등 민간공익활동에 대
한 지원업무도 수행하고 있다.[112] 예컨대 자선단체에 대해 온라인 지침
이나 조언을 제공하고 전문가와 협력하고 있으며, 규제 뉴스레터를 통
해 정보를 제공하고 자선단체 관련 연구를 수행하기도 한다.[113] 자선위
원회는 자선단체에 대한 지원을 통해 공익 부문의 전문성을 높이고, 제
도를 지속적으로 개선하는 역할도 담당하며, 자선단체에 필요한 정보를
제공하고 있어 자선단체에 협력하는 역할을 수행하고 있다.[114]

호주는 법률에서 자선등록단체에 대한 지침 및 교육제공을 위원장의
업무로 규정하고 있다.[115] ACNC는 설립 이후 첫 3년 동안 호주 전역에
걸쳐 수많은 설명회를 했으며, 'ASK ACNC'라는 이벤트를 29차례 진행
하였다. 이러한 이벤트를 통해 자선단체들이 ACNC에서 일하는 직원들
을 만날 기회를 제공하고 그들의 의무에 대해 질문하고 이야기할 수 있
도록 돕고 있다. 또한 ACNC는 자선단체에 대해 전화상담 서비스를 제
공하고 있으며, 웹 사용자에게 도움이 되도록 간편한 지침을 제공하고
있다. 이러한 활동은 자선단체들이 그들의 의무를 시행하는 것을 돕기
위한 목적이다.[116] 실제로 2019-20년에는 자선단체에 대해 32,602건의
전화 통화 및 13,362건의 서면 문의에 응답하였다.[117]

나아가 자선단체의 보고체계와 관련하여 '한번만 보고하고 자주 사

---

112) 김진우, 이지민, 앞의 논문, 390.
113) Charity Commission, Charity Commission Annual Report and Accounts (2017-2018), 12-13.
114) 김진우·이지민, 앞의 논문, 374.
115) the ACNC Act 110-10.
116) 한국가이드스타, 앞의 글, http://guidestar.or.kr/academy/trend_view.asp?buid=6294 (2021. 3. 26. 확인).
117) ACNC, ACNC Annual report(2019-2020), 30.

용하는' 데이터 제공방식(Charity Passport)을 수립하였고, 이 방식을 통해 자선단체들의 번거로운 행정보고절차를 최소화하고 있다.[118) 기존에는 자선단체들이 각기 다른 정부기관들로부터 기관에 대한 정보 및 보고를 요청받을 때마다 매번 요구에 맞는 형태의 보고서를 제출해야 하는 행정적 부담이 존재하였으나, Charity Passport로 이러한 부담이 해결되었다. Charity passport를 통해 정부기관들은 ACNC에 등록된 자선기관들의 정보를 열람할 수 있으며, 이로써 등록된 자선단체들의 반복적인 보고절차 해소가 가능하게 되었다고 평가되고 있다.[119)

일본 공익위원회는 자문 기관이므로 직접 공익법인을 지원하는 역할을 하고 있지는 않다. 행정청은 공익법인의 활동 상황, 공익법인에 대해 행정청이 취한 조치, 기타 사항에 대한 조사 및 분석을 실시하고, 필요한 통계, 기타 자료 작성, 공익법인에 관한 데이터베이스의 정비, 국민에게 인터넷, 기타 고도 정보통신 네트워크의 이용을 통해 신속하게 정보를 제공할 수 있도록 필요한 조치를 강구하여야 한다.[120)

다. 검토

호주 ACNC에서 설명하는 바와 같이 단체에 대한 지원은 단체가 그들의 의무를 더 잘 수행하도록 하는 것이다. 기부금으로 활동하는 단체들이 내부 역량 강화를 위한 교육비 등을 지출하는 것이 쉽지 않고, 낮은 급여, 열악한 근무 여건 등으로 근속 연수가 짧아 전문적인 역할 수행이 어려운 상황이다. 위원회가 설치되는 경우 공익법인의 기초 역량을 강화하고, 필요한 운영비를 정부가 일부 지원하는 방법으로 공익법

118) 한국가이드스타, 앞의 글, http://guidestar.or.kr/academy/trend_view.asp?buid=6294 (2021. 3. 26. 확인).
119) 복지타임즈, "투명성·책임성 강화해 비영리기관 신뢰 제고"(2019. 9. 25), http://www.bokjitimes.com/news/articleView.html?idxno=21826 (2021. 3. 26 확인).
120) 公益社団法人及び公益財団法人の認定等に関する法律 57条.

인의 의무를 충실하게 수행하면서도 공익활동에 많은 성과를 만들어낼 수 있는 환경을 조성해야 할 것이다.

또한 해외 사례에서 보는 바와 같이 위원회는 공익법인에 필요한 정보를 제공하고, 공익법인의 정보를 일반에 제공하여 홍보 및 모금을 돕는 역할까지 수행할 수 있을 것이다. 현재 정부는 기부금통합관리시스템을 구축하였는데 이는 기부금품모집등록 단체에 대한 정보 중심 시스템이다.[121] 위원회 설치 시 장기적으로는 세제혜택을 받는 단체들의 기부 정보를 통합 운영하는 방식으로 개선될 필요가 있을 것이다.

3. 기부금품 모집 특례

가. 정부안

정부안은 시민공익법인 인정 및 지원에 관한 장에 기부금품의 모집 특례를 규정하고 있다. 기부금품모집 시 기부금품모집등록에 관한 법률에 따라야 하나, 공익법인에 대하여는 예외를 인정하여 위원회에 등록하도록 한 것이다(제26조). 등록 기관을 시민공익위원회로 정하여 정부 감독을 일원화하는 의미가 있으나 기부금품 접수 장소, 모집비용 충당 비율, 결과 공개, 관련 벌칙 규정 등 기부금품법의 각종 규제는 그대로 적용되어 규제 완화의 효과는 기대하기 어렵다.

나. 해외 사례

영국의 자선단체는 자선위원회로부터 모금활동증을 발급받아 모금

---

121) 행정안전부, 1365 기부포털, https://www.nanumkorea.go.kr/main.do. (2021. 3. 26. 확인).

활동을 한다. 일정한 양식에 예정기간(최장 5년)을 명시하고 필요한 정
보를 제공하여 자선위원회에 신청을 하며, 자선위원회는 증서 발급 거
절사유에 해당하는 경우 이유를 명시하여 거부할 수 있다. 모금활동증
을 발급한 이후에도 사정이 변경된 경우, 자선위원회가 요구하는 정보
를 제공하지 않는 경우, 신청 내용에 허위 사실이 발견된 경우, 면허 내
용에 위반하여 활동한 경우 등에는 모금활동증의 철회, 정지, 면허 조건
추가나 변경 조치를 할 수 있다.122)

일본의 경우 과거에는 사회복지법에서 기부모집 시 사전 허가를 요
하고 있었으나, 위 규정이 삭제되었고, 현재는 어느 단체든 자유롭게 모
금을 할 수 있다.123) 호주는 주법으로 모금활동을 규정하고 있어 주마
다 규제 내용을 달리한다. 뉴사우스웨일스주, 퀸즐랜드주 등은 ACNC
등록만으로 모금 자격이 인정되고, 빅토리아주, 사우스오스트레일리아
주 등은 ACNC 등록과 더불어 모금 자격을 얻어야 한다.124) 호주 기부
제도의 특이점 중 하나로 기부금단체가 모금 활동과 관련하여 지출한
비용에 대하여 GST(Good and Service Tax)에 등록하면 면세혜택이 주
어진다.125) 그 외 미국의 경우 주법으로 모금행위를 규율하고 있는데
모금비용에 대하여는 규제하지 않는다. 1988년 연방대법원은 모금비용
에 관한 소송에서 모금 비용의 제한은 표현의 자유 및 기타 권리에 대
한 침해라고 판단한 바 있다.126)

---

122) 김진우·이지민, 앞의 논문, 376.
123) 김진우 외, "기부문화 활성화를 위한 법 제도개선에 관한 연구", 행정자치부
(2016), 16.; 이창호, "기부금품모집규제법의 대체입법을 중심으로-미국, 영국,
일본의 관련법을 중심으로", 사회복지 142 (1999), 178~179.
124) Justice connect Not-for-profit-Law 페이지 참조, https://www.nfplaw.org.au/fundraising
(2012. 3. 9. 확인).
125) 박경신, "기부금품의 모집과 사용에 관한 법률의 위헌성", 기부문화활성화를 위
한 입법 토론회 시민참여와 기부금품의 모집 및 사용에 관한 법률 (2012), 68.
126) 이창호, 앞의 논문, 184.

다. 검토

공익법인은 수익사업을 통해 수입을 얻기도 하지만, 기본적으로는 기부금 및 출연 자산을 활용한 수입으로 공익활동을 수행한다. 기부금 모금은 공익법인 운영의 필수불가결한 요소로 공익법인 운영에 대한 감독과 기부금 모금 및 사용에 관한 감독을 구분하는 것은 사실상 불가능하며, 다른 기관에서 이를 감독하는 경우 사실상 이중 감독에 해당한다. 현행법은 비영리법인의 주무관청과 기부금품모집 등록 감독기관이 구별되어 있고, 기부금 수입 및 지출과 관련하여 별도의 국세청 공시의무도 있어 단체로서는 서로 다른 양식으로 3개 기관에 보고를 하고 있는 실정이다. 시민공익위원회가 기부금 모금까지 포함하여 관리하고, 기부금품법 적용을 배제하는 것은 바람직하다. 그러나 정부안의 경우 여전히 공익 인정을 받은 법인이 별도로 기부금품 모집 등록을 하도록 하고 있다. 기부금품모집등록을 사업별로 관리하는 방식에 대한 재고가 필요하다.

일본의 경우 자유로운 모금이 가능하고, 영국의 경우 자선위원회 등록, 호주의 경우 ACNC등록 또는 모금 자격을 얻으면 모금이 가능한바, 이를 참고하여 공익법인으로 인정되면 자유로운 모금이 가능하고, 모금된 금원이 기부자에게 설명한 취지에 맞게 사용되고 있는지를 위원회가 관리하는 방식이 되어야 할 것이다. 현행 기부금품법은 등록 목적이 한정되어 있고, 사용기한, 사용 방법 등이 제한되어 있어 다양한 기부 수요를 반영하지 못하고 있다. 시민공익법인에 대하여는 기부금품법의 적용 특례를 인정하고 별도의 등록 절차 없이 자유로운 모금을 허용하되, 위원회가 철저한 감독을 진행함으로써 새로운 기부 문화를 정착하고 확대하는 기회로 삼아야 할 것이다.

IV. 결론

공익단체의 활성화 관점에서 활동하고 독립적으로 운영되는 공익단체 통합관리기구 설치는 시민단체의 숙원 사업이며, 학계에서도 지속적으로 주장·논의되어 왔던 바이다.127) 정부에서 통합관리기구 설치를 제안하였다는 점에서 괄목할만한 진전이 있는 것으로 평가할 수 있으나, 정부안의 시민공익위원회는 법무부 소속으로 설치되고 정부 공무원이 공익위원으로 참여하는 등 정부 중심의 규제 기관으로 기능할 것에 대한 우려의 목소리가 높다. 더욱이 입법예고된 법안 내용에 있던 위원회의 독립성 규정과 위원장의 예산 요구 및 집행권 규정도 삭제되었다. 법안의 내용을 살펴보더라도 과도한 형사 처벌 제재가 가해지고, 민법상 비영리법인이 시민공익법인 인정을 받는 경우 기존에 없던 규제가 적용된다. 지원 내용이 일부 확대되었으나 국·공유 재산 특례 규정이 제외되었고, 세제혜택 관련 신청과 관리 감독의 일원화에 대한 정책을 포함하지 않고 있다. 특히 기대를 모았던 기부금품 모집 특례 규정도 별도로 위원회에 기부금품 모집 등록을 해야 하고, 규제 내용도 기부금품법과 거의 동일하여 기존 기부금품 모집 등록제도의 문제점이 반복될 것으로 예상된다.

현행 공익법인법은 3,400여개 단체를 대상으로 하고 있고, 차별적 지원은 거의 없는 반면 규제는 과도하여 새롭게 설립되는 단체들의 경우 공익법인법에 따른 공익법인으로 설립하기를 꺼려하고 있다. 이에 따라 공익법인법을 적용받는 대상 단체가 확대되지 않아 실질적으로 공익법인 관리·감독 법률로서의 기능을 상실해가고 있는 실정이다. 정부에서 새롭게 추진하는 시민공익위원회가 위와 같은 전철을 밟지 않고, 영국, 호주 사례와 같이 공익단체의 활성화에 기여하며, 공익단체에 대한 사회적 신뢰를 쌓는 데 도움이 되는 역할을 할 수 있기를 기대한다.

---

127) 김진우, "공익법인의 규제와 감독", 공익법인연구, 경인출판사 (2015), 213.

참고문헌

국세청, 2020 국세통계연보.

김진우, "공익단체의 정치활동, 법적 가능성과 한계", 외법논집 제43권 제1호 (2019)

김진우, "공익법인의 규제와 감독", 공익법인연구, 경인출판사 (2015)

김진우 외, "기부문화 활성화를 위한 법 제도개선에 관한 연구", 행정자치부 (2016)

김진우·이지민, "민간공익단체에 대한 국가감독체계의 개선방향에 관한 연구", 외법논집 제42권 제1호 (2018)

김학수 외 3, "주요국의 비영리법인 과세체계 비교연구", 세법연구 17-4 (2017)

박경신, "기부금품의 모집과 사용에 관한 법률의 위헌성", 기부문화활성화를 위한 입법 토론회 시민참여와 기부금품의 모집 및 사용에 관한 법률 (2012)

법무부, 공익법인의 투명성·공정성 강화를 위한 '시민공익위원회(가칭)' 등 설치 관련 간담회 자료집

법무부, 공익법인 총괄기구 설치를 위한 공익법인법 전부개정공청회 자료집 (2020)

손원익, "공익법인 관리체계의 근본적 개선방안", 한국조세재정연구원 조세·재정 BRIEF (2014. 9. 30.)

송호영, "비영리법인의 관리·감독 강화 방안 연구", 법무부 연구용역 (2017)

윤철홍, "공익법인 관련 총괄기구 설치 필요성 등에 관한 검토", 법무부 연구 용역과제 보고서 (2016)

윤호중 의원 발의 "공익법인의 운영 및 활성화에 관한 법률안", 2100313 (2020. 6. 10.)

이창호, "기부금품모집규제법의 대체입법을 중심으로-미국, 영국, 일본의 관련법을 중심으로", 사회복지 142 (1999)

이희숙, "공익법인 법제 현황과 개선 방향-공익위원회 설치 논의를 중심으로-", 외법논집 제43권 제1호 (2019)

ACNC, ACNC Annual report (2019-2020)

Charity Commission, Charity Commission Annual Report and Accounts (2017-2018)

기업의 사회적 책임 규범화에 대한
국제기준과 법적 과제[*]

박수곤[**]

Ⅰ. 들어가며

20세기에 들어 자유방임적 시장경제질서가 그 한계를 드러내자 기업
의 사회적 책임 또는 기업윤리에 대한 논의가 촉발되기 시작하였다. 특
히 20세기 후반에 들어서는 정보화와 세계화라는 경제환경의 변화에 따
라 경영학적 관점이나 경제학적 관점을 초월하여 법학적 관점에서도 '기
업의 사회적 책임'(Corporate Social Responsibility : 이하, 'CSR'로 표시)
에 대한 관심이 확대되었다.[1] 법학분야에 있어서는 노동법, 공정거래법,
소비자법, 환경정책기본법 등 다양한 법분야에서 CSR에 관한 논의가 진
행되고 있다. 그런데 이러한 CSR에 관한 논의가 국제적인 관심을 끌게
된 계기는 유엔이나 OECD 그리고 국제표준화기구와 같은 국제기구들

---

* 이 글은 한국재산법학회에서 발간하는 「재산법연구」제38권 제1호(2021. 5)에 투
고된 글임을 밝힙니다.
** 경희대학교 법학전문대학원 교수
1) 기업의 사회적 책임에 대한 경영학적 또는 경제학적 관점에서의 분석에 대해서
는, 이병철·윤창술·손수진, "기업의 사회적 책임과 법적 질서-자유주의 시장경
제질서와 사회적 자본으로서의 신뢰에 대하여-", 한양법학 제20집 (2007. 2), 33.
이하도 참조. 한편, 환경정의의 법리에 기초하여 기업의 사회적 책임에 대해 분
석한 글로는, 한철, "기업의 사회적 책임(CSR)- 그 현대적 과제-", 기업법연구
제21권 제1호 (2008. 3), 149. 이하도 참조.

이 앞장서서 CSR활동에 관한 기준을 제시하면서부터라고 이야기할 수 있는데, 이후 다국적 기업을 포함한 민간분야에서는 이러한 국제기준에 부합하는 기업윤리강령과 같은 자율적 기업행위규약을 시행하고 있으며, 각국의 정부에서도 이와 같은 국제기구가 제시한 국제기준을 부분적으로는 국내법에 수용하는 사례들도 발견된다. 그리고 이는 기업의 경영과정에서 CSR의 실천문제를 기업의 자율적 선택에 전적으로 위임하는 것은 기업 뿐만 아니라 이해관계자를 포함하여 공동체 전체에게 부정적인 효과를 초래할 수 있다는 인식에 기초한 조치라고 할 것이다.

한편, CSR에 대해서는 그 개념과 관련하여서도 여전히 논의가 진행 중이다. 특히 CSR 개념의 모호성으로 인하여 CSR을 규범화하고자 하더라도 어느 범위에서 어떻게 규범화할 것인지가 우선적으로 해결하여야 할 과제로 부상한다. 즉, CSR을 규범화 또는 제도화할 경우, 법적 의무로서의 CSR을 구상할 것인지 아니면 선언적 의미에서 자율규제 수단으로서의 CSR을 전제로 할 것인지가 문제라는 것이다. 이하에서 살필 바와 같이, 국제기구에서 제시한 국제기준으로서의 CSR활동과 관련하여 이를 법적 의무화한 사례가 일반적이지는 않다. 대체로 이들 국제기준에서는 기업경영에서의 윤리적 측면을 중시하고 있으며, 그와 같은 윤리경영의 이행실적을 어떻게 평가할 것인지에 대한 방안을 제시하는 것이 일반적이기 때문이다.

다른 한편, 우리나라에서도 각종의 특별법을 통하여 노동, 환경, 인권과 관련하여 일정한 CSR활동을 상정하고 있으나, 회사법 영역에서의 CSR활동에 관한 직접적인 근거규정은 존재하지 않는 것으로 평가된다. 이러한 사정으로 인하여 기업의 사회적 책임과 관련한 일반규정을 회사법영역에서도 도입할 필요가 있는 것은 아닌지에 대한 논의도 여전히 지속되고 있다. 본고에서는 CSR의 규범화와 관련한 이러한 국내의 상황에 대한 문제인식을 토대로 CSR의 규범화를 위한 법적 과제가 무엇인지를 분석하고자 하며(IV), 이를 위하여 국제기구가 기존에 제시한 국제기준(II) 및 외국의 입법동향(III)을 우선적으로 검토하고자 한다.

II. 기업의 사회적 책임과 관련한 국제적 기준

1. UN 글로벌 콤팩트

CSR과 관련한 국제기준으로는 UN 글로벌 콤팩트(United Nations Global Compact : UNGC) 10대 원칙을 우선적으로 들 수 있다.[2] 동 원칙은 기업의 지속적 성장을 위한 기업 운영 전략을 선언한 것으로서 1948년의 세계인권선언, 1998년의 노동에서의 권리와 기본원칙에 관한 ILO선언, 1992년의 환경과 개발에 관한 리우선언, 2003년의 국제연합 부패방지협약을 바탕으로 하고 있다.[3] 따라서 현재 157개국 14,000여 회원(11,000여 기업회원 포함)이 가입하고 있는 UNGC는 인권, 노동, 환경, 반부패의 네 영역에 걸쳐 다음과 같은 원칙을 제시하고 있다. 우선, 인권과 관련한 것으로서 ① 기업은 국제적으로 선언된 인권 보호를 지지하고 존중해야 하고, ② 기업은 인권 침해에 연루되지 않도록 적극 노력한다. 다음으로, 노동과 관련한 것으로서 ③ 기업은 결사의 자유와 단체교섭권의 실질적인 인정을 지지하고, ④ 모든 형태의 강제노동을 배제하며, ⑤ 아동노동을 효율적으로 철폐하고, ⑥ 고용 및 업무에서 차별을 철폐한다. 다음으로, 환경과 관련한 것으로서 ⑦ 기업은 환경문제에 대한 예방적 접근을 지지하고, ⑧ 환경적 책임을 증진하는 조치를 수행하며, ⑨ 환경 친화적 기술의 개발과 확산을 촉진한다. 마지막으로 반부패와 관련하여 ⑩ 기업은 부당취득 및 뇌물 등을 포함하는 모든 형태의

---

2) 1999년 스위스 다보스 세계경제포럼에서 코피 아난(Kofi Annan) 당시 유엔 사무총장이 기업의 사회적 윤리 활동을 강조한 것이 발단되어 2000년 7월에 글로벌 콤팩트 창설회의가 뉴욕 유엔본부에서 개최되고 많은 세계의 비즈니스 리더들, 기업, 유엔기구, 노동시민단체 대표들이 참석하여 글로벌 콤팩트 10대 원칙이 제정되기에 이른다.

3) 이유민, "기업의 사회적 책임과 기업지배구조 관계의 회사법적 검토", 기업법연구 제31권 제4호 (2017. 12), 218 각주 40.

부패에 반대한다.

한편, UNGC는 비즈니스 활동에서 위와 같은 10대 원칙을 주류화하고, 지속가능발전목표(Business and Sustainable Development Goals : SDGC)4) 등 포괄적인 유엔의 목표달성을 지원하는 것을 목표로 삼고 있다. 즉, UNGC는 지속가능한 발전과 모범적 기업시민성의 활성화를 촉진시키는 자발적 이니셔티브로서 법적 강제력이 인정되지 않는다. 아울러 기존에 이미 세계적으로 인정되고 있는 원칙을 계승하고 있는 규칙체계이기는 하나, 기업과 투자자들 사이의 네트워크로서 배움과 경험 또는 지식의 상호 공유를 위한 포럼이라고 할 수 있다. 다만, UNGC에 참여하는 기업들은 10대 원칙의 이행보고서(Communication on Progress : COP)를 매년 작성하고 이를 공개하여야 한다.5) 그리고 이와 같은 보고서를 통하여 기업의 사회적 책임에 대한 경영진단 및 개선책을 모색할 수 있게 하고 이는 기업의 지속가능한 성장과 연계된다고 할 수 있

---

4) 지속가능발전목표(SDGs)는 전세계의 빈곤 문제를 해결하고 지속가능발전을 실현하기 위해 2016년부터 2030년까지 유엔과 국제사회가 달성해야 할 목표라고 한다. SDGs는 2000년부터 2015년까지 중요한 발전 프레임워크를 제공한 새천년개발목표(Millennium Development Goals : MDGs)의 후속 의제로 193개 유엔 회원국에 의해 2015년 9월 채택되었다. 17개 목표와 169개 세부목표로 구성된 SDGs는 사회적 포용, 경제 성장, 지속가능한 환경의 3대 분야를 유기적으로 아우르며 '인간 중심'의 가치 지향을 최우선시 한다. 유엔글로벌콤팩트는 세계 곳곳의 기업이 SDGs를 기반으로 투자, 솔루션 개발, 기업 활동을 통해 지속가능 발전을 증진할 것을 촉구하고 있으며, 기업은 SDGs를 기업 전략 및 활동에 연계함으로써 부정적인 영향을 최소화하고, SDGs의 성공적인 달성에 기여할 수 있다고 홍보하고 있다. 이상과 같은 홍보내용에 대해서는, http://unglobalcompact. kr/about-us/sdgs/ 참조.

5) UNGC의 10대 원칙에 대한 이행보고서를 정해진 시기에 보고하지 않을 경우, 최초에는 '미보고' 단계로 UNGC 웹사이트에 표시되고, 2년째 보고하지 않을 경우에는 '활동 부재' 단계로 표시된다고 한다. 이 경우 더 이상 UNGC 지역 네트워크 활동이나 행사에 참석하지 못하며, UNGC 이름과 로고도 사용하지 못한다. 3년째 이행보고서가 제출되지 않으면 UNGC 회원 명단에서 삭제될 수 있다. 2010년 2월에는 한국의 기업 중 '한국도로공사', '우리은행', '대우증권', '마이다스에셋자산운용'이 회원명단에서 삭제되기도 하였다.

다. 반면, UNGC는 기업 관행을 감시하거나 비자발적 순응을 강요하기
위한 수단이 아니므로 오히려 기업의 홍보수단으로 이용된다는 비판도
있다.6) 그럼에도 불구하고, UNGC는 기업의 사회적 책임에 대한 중요
한 국제적 표준의 하나라고 할 수 있는 ISO 26000의 토대가 되었으며,
국제적으로 CSR 관련 국가정책의 수립에 있어서도 큰 영향을 주고 있
다고 평가할 수 있다.

2. ISO 26000

가. 제정

ISO 26000은 제네바에 본부를 둔 국제표준화기구(International Organi-
zation for Standardization : ISO)에서 제정한 기업의 사회적 책임에 관한
세계적인 표준이다. 즉, 2010년 11월에 국제표준화기구가 각 국가 간의
서로 다른 CSR 내용을 통합·조정하여 "사회적 책임에 관한 가이드라인
(Guidance on Social Responsibility)"이라는 명칭의 국제표준으로서 제
정한 ISO 26000은 사회적 책임을 이행하고 커뮤니케이션을 제고하는
방법과 관련하여 지침을 제공한다. ISO 26000의 제정에 있어서는 소비
자, 정부, 기업, 노동, NGO 및 기타 서비스·지원·연구기관 이라는 6대

---

6) UNGC는 회원과 이해관계자가 UNGC와 10대 원칙을 널리 알리고 이에 대한 지
 지를 표명하도록 로고 사용을 적극적으로 권장하고 있으며, 이러한 목표 하에
 UNGC 가입자와 이해관계자는 "We Support the Global Compact" 로고와 "Communi-
 cation on Progress" 로고를 사용할 수 있는데, UNGC 사무국에서는 2004년부터
 UNGC의 온전성을 보호하고 악용되는 것을 방지하기 위하여 소위 '온전성 조
 치'(integrity measures)를 취하게 되었다. 즉, 이러한 로고의 사용이 기업의 홍보
 수단으로만 이용되는 것을 방지하기 위하여 UNGC에 참여하는 회원들로 하여
 금 콤팩트의 로고를 본연의 목적으로만 사용하도록 하고 있다. 이상과 같은 취
 지의 설명에 대해서는, 김병준, "인권보호를 위한 기업의 사회적 책임 규범화의
 국제적 논의와 평가", 국제법학회논총 제58권 제2호 (2013. 6), 196. 도 참조.

이해관계자를 대표하여 다자간 이해관계자 접근방식으로 참여한 90여
개국 이상의 전문가들로 구성된 '사회적 책임에 관한 자문그룹'(ISO
Advisory Group on Social Responsibility)이 주도적인 역할을 하였으
며,7) 이러한 사정으로 인하여 ISO 26000은 기업과 같은 민간조직 이외
에 공공조직을 포함하여 모든 유형의 조직들이 지켜야 할 사회적 책임
에 대한 국제적 기준이라고 할 수 있다. 따라서 어느 조직이나 ISO
26000 지침서를 참조로 하여 미래의 지속 가능성을 확보하기 위한 활동
을 준비할 수 있다.

---

7) ISO 26000은 세계화에 따른 빈곤과 불평등에 대한 국제사회의 문제해결, 경제
  성장과 개발에 따른 지구환경 위기 대처 및 지속가능한 생존과 인류번영을 위
  한 새로운 패러다임의 요구에 따라, 2004년 국제표준화기구에서 표준개발이 결
  정되었고 2005년 3월 1차 총회부터 2010년 5월 8차 총회까지 5년에 걸쳐 개발
  된 사회적 책임에 관한 국제표준으로서, 2013년에 이르러서는 세계적으로 1만
  개가 넘는 단체가 ISO 26000 지침을 사용하게 된다. 즉, 사회적 책임에 대한 관
  심이 고조되면서 ISO는 2001년 ISO 소비자 정책 위원회(ISO/COPOLCO)가 사
  회적 책임에 관한 국제 표준 개발의 타당성을 검토할 수 있도록 결의안을 승인
  하였다. 거의 2년에 걸친 연구 결과 ISO는 새로운 표준을 개발하기 위해 사회적
  책임에 관한 ISO 실무그룹(ISO/WG SR)을 구성하기로 결정했다. 실무그룹은 선
  진국 및 개발도상국의 국가표준기구(스웨덴의 ISO 멤버인 SIS와 브라질의 ISO
  멤버인 ABNT)가 공동으로 이끌었다. 총 8차례의 국제 총회를 개최하고 25,000
  건에 달하는 서면 의견을 검토한 후에야 의견의 일치를 이룰 수 있었다. 또한
  ISO와 ISO/WG SR은 정교한 이해 관계자 대화 프로세스를 기반으로 급진적인
  반대 의견에 대응하는 새로운 방법을 개발함으로써 국제적 합의를 달성할 수
  있었다. 2010년 11월에 발행된 ISO 26000은 거의 5년에 걸친 혁신적이고 도전
  적인 프로세스를 통해 개발되었다. 특히 개발도상국에서 많은 워크숍을 개최함
  으로써 이해를 증진하고 역량을 강화하였다. 실제로 프로세스의 각 단계는 상호
  이해를 증진하고 99개국, 40개 국제기구, 450명의 전문가들의 참여를 확보하기
  위해 실무그룹의 지도부와 ISO 임원에 의해 검토되었다. ISO 26000이 언제, 어
  떻게 개발되었는지와 관련한 이상과 같은 설명에 대해서는, https://ko.wikipedia.
  org/wiki/ISO_26000 참조.

나. 내용과 기능

ISO 26000은 기업의 사회적 책임을 가리키는 기존의 CSR이라는 표현 대신에 SR(Social Responsibility)이라는 용어를 사용하고 있으며, 기업 또는 조직의 사회적 책임과 관련하여 7개의 분야를 나누고 있다. 구체적으로는 사회적 위험과 영향을 파악하고 이를 관리하기 위하여 ① 조직 거버넌스(Organizational governance), ② 인권(Human right), ③ 노동 관행(Labour practices), ④ 환경(Environment), ⑤ 공정 운영 관행(Fair operating practices), ⑥ 소비자 문제(Consumer issues), ⑦ 지역사회 참여와 발전(Community involvement and development)을 핵심 주제로 삼고 있다.[8] 아울러, 이와 같은 7개의 핵심주제와 함께 7개의 기본원칙을 채택하고 있다. 구체적으로는 ① 조직자체의 감시체제 및 부정행위 발생 시 대응조치의 책임성, ② 조직의 의사결정과 관련한 투명성, ③ 인간, 환경, 동물 및 이해관계자의 이익을 위한 윤리적 행동, ④ 조직의 이익보다 다른 이해관계자의 이익존중, ⑤ 공개되고 공정하게 시행되는 법률준수, ⑥ 국제행동규범의 존중, ⑦ 인권존중이 그것이다.[9]

기능적인 면에서 볼 때, ISO 26000은 기업이나 조직이 지속 가능한 개발에 공헌할 수 있도록 지원하는 것을 목표로 한다. 아울러, 단순한 법의 준수가 목표가 아니라 법을 준수하는 것이 기업이나 조직으로서의 기본적인 의무이며 사회적 책임의 핵심 분야에 해당된다는 것을 인식할 수 있도록 한다. 또한, 사회적 책임에 대한 공동의 이해를 증진시키고 사회적 책임을 위한 다른 방법이나 계획을 대체하는 것이 아니라 이를 보완하는 역할을 한다고 할 수 있다.

---

8) ISO Publication, *Guidance on Social Responsibility : ISO 26000*, International Organization for Standardization, (2020), 19.
9) 권한용, "기업의 사회적 책임에 대한 국제적 논의와 법적 과제", 동아법학 제53호, (2011. 11), 727.

다. 평가와 전망

ISO 26000이 발간된 이후 미국, 프랑스, 영국, 독일, 스웨덴, 덴마크, 네덜란드, 남아프리카공화국, 일본 등 많은 나라들에서 이를 자국의 CSR 국가표준으로 도입하였으며, 우리나라도 2012년 8월부터 ISO 26000을 보급하고 있다.[10] 그러나 기업이나 조직이 다양한 프로그램이나 비즈니스 의사 결정을 통해 CSR을 이행할 때 위에 언급된 핵심 주제를 고려하지 않을 수도 있다. 그리고 그와 같은 핵심 주제를 고려하지 않을 경우 언론의 감시뿐만 아니라 민·형사 소송, 브랜드 명성을 훼손시킬 수 있는 소비자 민원 증가로 이어질 수 있다. 아울러, 인적 자원이나 인권 문제에 관심을 기울이지 않을 경우 불필요한 사회적 비난을 초래할 수 있다. 마찬가지로 공정 거래 관행을 따르지 않을 경우, 금전적 손해와 이미지 훼손으로 이어질 수 있다. 요컨대, ISO 26000은 기업의 사회적 책임(CSR)을 이행할 때 어떠한 활동을 해야 하고 어떠한 의식을 반영해야 하는 지에 대해 기업을 포함한 모든 조직에게 명확한 지침을 제공하기 위해 개발되었다.[11] ISO 26000에 포함된 핵심 주제는 기업의 주요

---

10) 김병준(주 6), 200 각주 73.
11) ISO 26000 지침을 준수함으로써 기업이 받을 수 있는 혜택으로는 다음과 같은 것들을 들 수 있다. 우선, 기존의 법률이나 규제를 준수하고, 향후 제정될 법률이나 규제를 파악하는 등 체계적인 접근법을 통해 법률 및 규제 요건에 대한 준수 체계를 개선할 수 있다. 그리고 기업의 사회적 책임을 국제 규범 및 표준에 의거하여 이행하고 있음을 입증할 수 있으며, 정부가 ISO 26000 준수 여부를 중요한 자격 기준으로 간주하고 있기 때문에 정부가 발주하는 사업의 입찰에 참여할 경우, 경쟁업체와 대비하여 경쟁력을 확보할 수 있을 것이다. 또한, 주요 인력, 고객, 클라이언트, 사용자를 유지하고 새롭게 확보할 수 있는 능력을 제고하고, 직원의 사기를 제고하여 헌신을 유도하여 생산성을 확보할 수 있을 것이며, 투자자나 NGO, 기타의 활동가, 정부가 기업을 바라보는 관점을 개선시킬 수 있을 뿐만 아니라 지속 가능성 관련 위험에 대한 경영진의 인식을 제고하고 기업의 비즈니스 관행에 CSR을 반영할 수 있을 것이다. 또한, 자원의 효율적 사용, 비용 감소에 관한 비즈니스 의사 결정의 개선, 경쟁사의 벤치마킹을

경영 철학 및 관행에 반드시 반영될 필요가 있다고 할 것이다. 그러나
ISO 26000은 기업이 반드시 준수해야 할 표준이 아니라 가이드라인이
다. 즉, 조직이나 기업의 사회적 책임 활동 또는 프로그램이 ISO 26000
을 준수할 것인지의 여부는 각 조직이나 기업의 자발적인 결정에 따른
다는 것이다. 환언하면, ISO 26000은 제3자에 의한 인증제도가 아니라
ISO 26000과 관련된 사회적 책임보고서가 실체관계에 부합하게 작성되
었는지 살피는 기업이나 조직 스스로의 검증체계를 채택하고 있다는 점
에서 CSR과 관련한 다른 국제규범과 마찬가지로 구속력이 없기 때문에
그 이행여부를 감시하거나 평가함에 있어서 한계가 있다는 것이다. 다
만, 위에서도 언급한 바와 같이 다른 유형의 CSR관련 국제규범과는 달
리 CSR의 이행주체로서 모든 유형의 조직을 포함하고 있을 뿐만 아니
라 사회적 책임의 필요성에 대한 선언적 구호가 아닌 구체적인 실행방
법까지 제시하고 있다는 점에서 평가할만하며, 견해에 따라서는 여러
이해관계자와 국가들이 합의를 통하여 제정되었다는 점에서 새로운 국
제기준의 방향을 제시하고 있다는 평가도 있다.12)

3. OECD 다국적 기업 가이드라인

국제기구 중에서는 '경제협력개발기구'(OECD)가 가장 먼저 기업의
사회적 책임에 관한 규범을 제시하였는데, OECD 차원에서의 CSR관련
규범으로는 1976년의 'OECD 다국적 기업 가이드라인'(OECD Guidelines
for Multinational Enterprises)을 들 수 있다.13) 동 가이드라인은 다국적

통한 CSR 관행 향상, 브랜드의 이미지와 명성의 제고, 소비자 만족도 향상으로
인한 소비자 선호도 증가, 지역사회 및 환경 운동가들과의 관계 개선, 공정 거
래 기업으로서의 이미지 구축 등 다양한 혜택을 받게 될 것이다. 이상과 같은
설명에 대해서는, https://ko.wikipedia.org/wiki/ISO_26000 참조.
12) 이유민(주 3), 220.
13) 동 가이드라인은 지금까지 한국 등 35개 OECD 회원국과 비회원국 13개국을

기업의 부정적 영향을 최소화하되 사회적, 경제적, 환경적 책임을 강화하기 위한 방안의 모색을 위하여 마련된 것으로서 1976년 제정 이후에도 수차례에 걸쳐 개정이 되었으며, 2011년 5월 25일의 개정 가이드라인에서는 다국적 기업의 사회적, 경제적, 환경적 책임에 관한 다양한 원칙과 절차를 제시하였다.[14) 동 '가이드라인'의 제1부(본문)는 총 11개의 장으로 구성되어 있으며, 구체적으로는 ① 개념 및 원칙, ② 일반정책, ③ 정보공개, ④ 인권, ⑤ 고용 및 노사관계, ⑥ 환경, ⑦ 뇌물공여, 뇌물청탁 및 강요 방지, ⑧ 소비자 보호, ⑨ 과학 및 기술, ⑩ 경쟁, ⑪ 조세의 분야에서 기업윤리에 대해 규정하고 있다.

동 가이드라인은 국제적 기준에 부합하는 CSR활동과 관련한 기업의 자발성을 강조한다. 즉, 동 가이드라인 제1부 제1장에서는 개념 및 원칙이라는 표제 하에 그 제1조에서 "본 가이드라인은 가입국 정부들이 공동으로 다국적 기업에게 제시하는 권고사항이다. 본 가이드라인은 법률과 국제기준에 부합하는 모범관행의 원칙 및 기준을 제시하고 있다. 기업은 자발적으로 가이드라인을 준수하며, 본 가이드라인은 법적 구속력이 없다. 그럼에도 본 가이드라인에서 다루어지는 일부 사항은 국내법이나 국제적 약속(international commitments)에 의해 규제될 수 있다."라고 규정하고 있다. 그리고 2011년 5월 25일 OECD 이사회(Council)에서는 동 가이드라인의 준수와 이행의 실효성을 확보하기 위하여 그 제2부에서 '가이드라인의 이행절차'에 대해 규정하고 있는데 특히, 가이드라인을 수락한 가입국에 '국내연락사무소'(National Contact Points : NCP)를 운영하도록 하고 있다.[15) 그리고 국내연락사무소는 매년 회의를 갖

포함하여 총 48개국이 수락하였다.

14) 2011년 가이드라인은 1979년, 1982년, 1984년, 1991년, 2000년에 걸쳐 개정된 것으로서 그 구체적인 내용에 대해서는, 김종철, "2011 OECD 가이드라인 개정 부분과 그 평가", 기업과 인권 전문가 세미나 : 기업과 인권에 관한 국제적 최신 동향과 국내적 함의, 한국인권재단 (2011), 30-41.도 참조[이유민(주 3), 219.에서 재인용].

15) OECD 이사회 결정에서는 국내연락사무소와 관련하여 "1. 가입국은 홍보활동을

고 연차보고서를 작성하여 투자위원회(Investment Committee)에 보고하
도록 하고 있으며, 동 보고서에는 구체적 사안에 있어서의 이행활동을
포함하여 NCP 활동의 성격 및 결과에 대한 정보를 포함하여야 한다.
즉, 국내연락사무소 제도를 통하여 우회적으로 가이드라인의 효율성을
강화하고 있다고 할 수 있다.[16]

한편, OECD 다국적 기업 가이드라인에 대한 이사회 결정에서는 NCP
와 관련한 절차지침으로서 "국내연락사무소의 역할은 가이드라인의 효과
성을 높이는 것이다. NCP는 기능적 동등성이라는 목적을 달성하기 위
한 핵심 기준인 가시성, 접근성, 투명성, 책임성 기준에 따라 운영된다."
고 천명한 뒤, 절차지침에 대한 해설에서 ① 가시성이란 "이사회 결정에
합치하여 가입국 정부는 NCP를 지명하고, 업계, 근로자단체, 비정부기
구를 포함한 기타 이해관계자에게 가이드라인의 이행에 있어 NCP 시설

수행하고, 질문을 처리하고, 부속된 절차 지침을 고려하여 구체적 사안에서 가
이드라인 이행과 관련해 발생할 수 있는 문제의 해결에 기여함으로써, 본 가이
드라인의 효과를 제고하기 위하여 국내연락사무소(이하, "NCP")를 설립 하여야
한다. 업계, 근로자단체, 기타 비정부기구 및 기타 이해 당사자에게 그러한 시설
의 이용가능성을 알려주어야 한다. 2. 각국 NCP는 가이드라인에 의하여 규율되
는 자신들의 활동과 관련된 문제에 관하여 필요한 경우 상호 협력해야 한다. 일
반적 절차로서 다른 NCP와 접촉하기에 앞서 국내적 차원에서 논의 를 시작하
여야 한다. 3. NCP들은 경험을 공유하기 위하여 정기적으로 회합하고 투자위
원회에 보고한다. 4. 가입국은 국내적 예산의 우선순위 및 관행을 고려하면서,
NCP에 인적 및 재정적 자원을 제공하여 NCP가 자신의 역할을 효과적으로 이
행할 수 있도록 한다."라고 하였다. 이러한 OECD 이사회의 결정에 따라 우리나
라에서도 'OECD 다국적기업 가이드라인 이행을 위한 국내연락사무소 운영규
정'(산업통상자원부 공고 2018-584호)을 두고 있으며, 동 규정 제3조에서는 일
반원칙이라는 표제 하에서 "① 사무소는 대한민국 영토 안에서 활동하고 있는
다국적기업이나 대한민국 국적을 가진 다국적기업들로 하여금 가이드라인을 이
행하도록 장려하여야 한다. ② 가이드라인의 해석과 적용은 국내 법령과 가이드
라인의 목적을 고려하여 조화로운 범위 내에서 이루어져야 한다. ③ 다국적기업
은 가이드라인을 자발적이고, 책임 있는 자세로 준수하여야 한다."라고 규정하
고 있다.

16) 같은 취지의 평가로는, 권한용(주 9), 734.

의 이용가능성에 관 해 정보를 제공하기로 합의한다. 정부는 자국 NCP
에 관한 정보를 공표하고, 가이드라인과 관련된 세미나 및 회의 주최를
포함하여 가이드라인 홍보를 위해 적극적 역할을 수행할 것이 기대된
다. 이러한 행사들은 업계, 노동계, 비정부기구 및 기타 이해관계자와
협력하여 마련될 수 있으나 매번 이들 모든 그룹과 반드시 협력해야만
하는 것은 아니다."라고 하며, ② 접근성이란 "NCP에 대한 용이한 접근
은 그 효과적 기능수행에 있어 중요하다. 여기에는 업계, 노동계, 비정
부기구, 기타 일반대중의 접근을 촉진할 것이 포함된다. 이점에서, 전자
적 의사소통도 도움이 될 수 있다. NCP는 모든 합법적인 정보 요청에
응해야 하며, 관련 당사자들이 제기한 구체적 쟁점들을 효율적이며 시
기적절하게 다룬다."고 하고 있다. ③ 투명성과 관련하여서는 "투명성은
NCP의 책임성에 대한 기여, 일반대중의 신뢰 확보에 있어 중요한 기준
이 된다. 따라서 일반적 원칙으로써, NCP은 투명하여야 한다. 그럼에도
불구하고 NCP가 구체적인 사례에서 가이드라인을 이행함에 있어 '주
선'을 제공하는 경우 절차의 비밀을 확립하기 위해 적절한 조치를 취하
는 것은 NCP의 효과성을 높일 수 있다. 비밀유지가 가이드라인의 효과
적 이행을 위한 최선의 방법이 아닌 경우 그 결과를 공개하여야 할 것
이다."라고 설명하고 있으며, ④ 책임성과 관련하여서는 "가이드라인의
인지도를 위한 적극적 역할 수행 - 기업과 그들이 활동하고 있는 사회
간에 발생하는 문제를 관리하는데 조력을 제공할 수 있는 NCP의 잠재
적 역량 - 을 통해서 국내연락사무소의 활동을 대중에게 알릴 수 있을
것이다. 국가 차원에서는 의회가 이에 관한 역할을 수행할 수 있다.
NCP 연례 보고 및 정례 회의는 경험을 공유하고, 이에 대한 '모범 관
행'을 장려할 기회를 제공한다. 위원회 역시 의견을 교환하고, 이를 통
해, 경험을 공유하고 NCP 활동의 효과성을 평가할 수 있을 것이다."라
고 설명하고 있다.

　다른 한편, NCP는 영국에서와 같이 단일정부기관으로 된 경우가 있
는가 하면, 헝가리나 슬로바키아와 같이 복수의 협력기관을 포함하는

경우도 있으며, 스웨덴에서와 같이 기업, 무역협회, 노조 등이 포함된 삼자형태 이외에 시민단체까지 포함된 사자형태도 있다. 위에서도 언급한 바와 같이 NCP는 다국적 기업 가이드라인의 이행을 홍보하고 그 활동상황에 대하여 매년 연차보고서를 작성하여 OECD에 보고하여야 한다. 따라서 사자형태의 조직을 갖춘 국가에서는 시민단체들도 NCP의 연차보고서를 참고하게 되며, 이러한 사정으로 인하여 사자형태의 조직을 갖춘 국가에서는 다국적 기업의 사회적 책임을 감시하고 통제하기가 보다 용이하므로 이들의 CSR에 대한 역할이 제고될 수밖에 없다고 한다.[17]

4. GRI 지속가능성 보고서

GRI(Global Reporting Initiative)는 1997년에 최초로 설립되어 미국의 환경시민단체인 Coalition for Environmentally Responsible Economies(CERES)를 중심으로 운영되다가 2002년 유엔환경계획(UNEP)이 공동으로 참여하면서 상설기구화되었다.[18] GRI의 주요 업무는 사회, 경제, 환경 등에 대한 기업의 지속가능성 실천성과를 측정하고 보고할 수 있는 '지속가능 보고'(Sustainability Reporting)[19]에 대한 가이드라인을 정한 뒤[20] 이

---

17) 이상과 같은 설명은, 권한용(주 9), 735.
18) GRI가 세워지기 이전인 1989년 22만 톤의 원유를 싣고 있던 미국의 대형 유조선 엑슨 발데스호가 알래스카 프린스윌리엄사운드 해안에서 암초에 부딪히며 좌초하는 사고가 발생했다. 이 사건으로 무려 4만 톤의 원유가 알래스카 해안에 유출돼 극심한 환경오염을 유발했다. 사고 이후 미국의 환경단체인 CERES는 이 같은 사고의 재발을 막기 위해 1997년 유엔환경계획과 협약을 맺고 GRI를 세웠다.
19) 1990년대 이후의 사회적 분위기 변화에 따라 기업들이 기업활동의 사회적 영향을 파악하고 이를 보고하는 것이 이해관계자들의 수요를 충족시키는 한편 기업의 이미지 제고에도 기여한다는 점에 착안하여 이루어진 '기업보고'(Corporate Reporting) 관행을 '사회적 보고'(Social Reporting)라고도 부르는데, 이를 기업의 경제적, 사회적, 환경적 영향에 대한 정보를 포함하고 있다는 점에서 '지속가능성 보고'라고 부르기도 한다. 김병준(주 6), 202.

를 발표하고 각 나라 기업에게 보고서를 작성할 것을 권하는 것으로서,
GRI 지속가능성 보고서 가이드라인은 기업의 자발적 사회적 영향 평가
보고서로서 국제사회에서 영향력이 크다고 평가할 수 있다.[21]

한편, 지속가능성 보고서의 작성과 관련하여서는 법적 강제력이 없
으므로 미작성에 대한 불이익도 없다고 할 수 있다. 그러나 환경 문제
등에 대한 세계적인 관심이 제고됨으로 인하여 GRI 지속가능성 보고서
를 작성한 기업에 대해서는 국제적인 평가가 높아질 수밖에 없을 것이
다.[22] 다만, GRI는 2016년 10월 19일에 기존의 지속가능보고 가이드라
인인 'GRI G4'를 대체하는 것으로서 'GRI 표준'(GRI Standard)을 공표
하여[23] 더욱 강제성이 짙어진 기준을 제시하고 있으며, 2018년 7월 1일

20) 2000년 6월에 지속가능성 보고 가이드라인이 발표되었으며, 2002년 7월에 두
번째 버전인 G2가 발표되고 2006년 후반에는 세 번째 가이드라인인 G3가 발표
되었다. G3은 기업의 규모나 지리적 상황 및 업종을 불문하고 모든 기업의 핵
심보고 내용을 약술하고 있으며, 기관들이 자발적이고 융통성 있게 지속 가능
관련 정보를 공개할 수 있는 프레임워크를 제공했다는 점, 특히, 3,000명 이상의
전문가들이 G3 개발에 참여함으로써 조직의 내부와 외부의 이해관계자들의 이
익을 중심으로 조직의 성과를 평가하는 '이해관계자 접근법'(Stakeholder Approach)
을 지향하였다는 점에서 좋은 평가를 받기도 하였다. 그리고 2013년 5월에는
G4가 발표되었는데, G4 가이드라인 역시 G3 가이드라인과 마찬가지로 '이해관
계자'를 기업, 노동자, 시민사회, 투자자집단, 회계법인, 다양한 분야의 전문가
등을 그 범주에 다루고 있다.
21) 김병준(주 6), 203.
22) 이런 이유 때문에 보고서를 제출하는 기업 숫자는 GRI 설립 첫해 10개에서
2016년에는 2016년 기준 지속가능 관련 정보를 공개하는 글로벌 250대 기업의
92%중 GRI기준을 적용하고 있는 기업의 비율이 74%가 될 정도로 증가했다. 현
재 GRI 데이터베이스에는 2만3,000개 이상의 GRI 보고서가 저장되어 있으며,
한국에서는 현대자동차가 2003년 최초로 GRI 가이드라인에 부합하는 지속가능
보고서를 발간했고 같은 해 포스코와 삼성SDI가 뒤를 이었다. 2016년에는 총
108개의 보고서가 발간되었으며 보고서의 99%는(한 개 제외) GRI 가이드라인
을 활용했다고 한다.
23) 'GRI G4 가이드라인'이 'GRI Standards'로 개정되면서 GRI 101, 102, 103, 200,
300, 400으로 재구성되었다. 보다 구체적으로, GRI 101, 102, 103은 보편적 기준
(universal standards)으로서 GRI 101은 보고서 원칙 등의 내용, GRI 102는 일반

부터는 G4 가이드라인이 아닌 'GRI 표준'을 적용하여야 한다. 즉, 기존의 지속가능성 보고서 가이드라인은 권고 또는 조언의 수준에 머물렀다면, 'GRI 표준'은 비록 보고하지 않기로 선택할 수 있는 여지는 있으나 보고의무의 수준이 강화되었다고 평가할 수 있다는 것이다.24)

Ⅲ. 기업의 사회적 책임과 관련한 외국의 입법동향

1. 미국

미국에서는 주로 기업의 기부행위를 중심으로 기업의 사회적 책임에 관한 초기 활동이 진행되었다. 그리고 미국의 각 주에서는 이러한 기부행위에 대한 유효성을 인정하는 근거를 마련하여 왔다.25) 예컨대, 1984년의 개정 모범사업회사법에서는 "회사는 공공의 복지 또는 자선, 과학 또는 교육의 목적을 위하여 기부할 수 있다"고 규정하기에 이른다(동법 제3.02조 제13항). 아무튼, 미국에서는 주주자본주의에 방점을 두어 CSR에 대한

적 공시내용, GRI 103은 경영방식 보고방법 내용을 담고 있다. GRI 200, 300, 400은 주제별 기준(topic-specific standards)으로서 GRI 200은 경제, GRI 300은 환경, GRI 400은 사회 주제에 대한 기준이다.

24) 개정된 'GRI 표준'은 우선, '모듈화된 구조'로서 기존의 가이드라인과 비교하여 더 통합되고 체계화된 구조로 개정됨으로써, 전체 체계를 바꾸지 않고도 각각의 기준을 업데이트 하거나 추가할 수 있게 되었다. 또한, 경제환경사회 구분 하에 유연하고 구체적인 주제에 대한 보고가 가능해졌다고 할 수 있는데, 예를 들어, 수자원 보존 관련 영향에 대한 보고를 하기 위해 수질 기준(water standards)만을 활용할 수 있다. 다음으로 개정된 'GRI 표준'은 단어의 사용이 더욱 명확하면서도 의무(requirements), 권고(recommendations), 제안(guidance)의 구분을 분명히 함으로써 명확성이 증대되었다. 특히, 의무사항은 'shall'로, 권고사항은 'should'로 표기되고 있다.

25) 1919년 텍사스 주에서 처음으로 근거규정을 두었으며, 이후 대부분의 주 회사법에서 이를 계승하였다고 한다.

내용을 국가주도로 규범화하는 것이 아니라 이를 개별 기업의 문제로 간주하여 정부의 개입을 최소화하고자 하였다고 평가할 수 있다. 그러나 1960년대부터 1970년에는 기업의 이해관계자에 대한 책임을 강조하는 입법화가 추진되기도 하였다. 대표적으로는 '소비자안전법'(Consumer Product Act.)이라든가 '직업안전 및 건강법'(Occupational Safety and Health Act.) 또는 '환경보호법'(Environmental Protection Act.) 등을 그 예로 들 수 있다. 그리고 1980년대에 들어서는 적대적 M&A의 증가 등으로 인하여 회사경영에 있어서 기업의 이해관계자를 고려하도록 하는 입법활동이 이루어지기도 하였다.[26]

한편, 미국법률협회(American Law Institute : ALI)에서 1994년에 발표한 '회사의 지배구조의 원칙 : 분석과 권고' 제2.01조에서는 회사는 회사와 주주의 이익증대 여부와 관계없이 ① 자연인과 같은 정도로 법이 정하는 한계 내에서 활동하여야 하고, ② 책임을 질 수 있는 영업활동에 적합하다고 합리적으로 판단되는 윤리적인 고려를 할 수 있으며, ③ 공공복지·인도적·교육적·자선적 목적을 위하여 합리적인 규모의 재산사용을 할 수 있다고 규정하고 있다. 그런데 2000년대에 들어 Enron이나 WorldCom과 같은 주요 기업의 회계비리사건이 발생하면서 기업경영에서의 윤리의식이 더욱 강조되어 2002년에는 Sarbanes-Oxley 법이 제정되기에 이른다. 동법에서는 CSR의 구성요소 중 기업의 지배구조를 강조하여 재무보고서에 대한 기업의 책임, 정기보고서 공시, 내부통제에 대한 경영자 평가, 실시간 공시 등의 공시관련 조항을 통하여 기업의 투명성을 강화하고자 하였다.[27]

---

26) 즉, 적대적 M&A로 인하여 대량해고와 공장폐쇄와 같은 사회문제가 발생하자 그에 대한 방어책으로서 '기업이해관계자규정'(Corporate Constituency Statues)이 입법화되었는데, 그 내용은 회사법상 기업은 경영자에게 수익극대화에 대한 의무를 지니는 동시에 회사 이해관계자를 고려할 의무를 부담한다는 것이다. 1983년에 펜실베니아주에서 최초로 도입된 이후 현재 약 30여개 주에서 도입하고 있다고 한다. 이상과 같은 설명은, 이유민(주 3), 222.
27) 이상과 같은 설명은, 이유민(주 3), 222.

다른 한편, 최근에는 이사의 사회적 책임과 관련하여 회사법에 일반
규정을 두는 사례가 증가하고 있다. 1983년 캘리포니아주가 최초로 회
사법에서 "이사회, 이사회에 설치된 각종 위원회, 개개의 이사 및 임원
은 그 지위에 기하여 업무를 집행하는 경우, 회사의 최선의 이익을 검토
함에 있어서 회사의 종업원, 거래처, 고객, 회사의 영업소 또는 시설이
있는 지역주민 및 다른 모든 요인을 고려하여야 한다"고 규정하게 된다
(동법 §1 B). 이후 미네소타주 사업회사법,[28] 조지아주 회사법,[29] 인디
아나주 회사법,[30] 뉴저지주 회사법[31] 등에서도 유사한 규정을 입법하였
다. 비록 이러한 회사법상의 변화의 움직임이 위에서도 언급한 적대적
M&A의 증가라는 당시의 기업환경 하에서 이사의 사회적 책임을 강조

---

28) 동법 제302A·151조 제5항에서는 "회사가 그 지위에 기한 의무를 이행하는 경
   우, 회사의 최선의 이익을 검토함에 있어서 회사의 종업원, 고객, 거래처, 채권
   자, 주와 국가의 경제, 지역사회 및 사회적 사정을 고려할 수 있다. 이사는 회사
   와 그 주주의 단기적 이익은 물론 장기적 이익을 고려할 수 있다. 이러한 이익
   은 회사의 계속적 독립성에 의하여 최선으로 만족시킬 가능성을 포함한다."고
   규정하고 있다.
29) 동법 §14-2-202 b 5에서는 "이사가 각자의 지위에 기하여 의무를 이행하는 경
   우, 무엇이 회사에 최선의 이익이 되는가를 결정함에 있어서 이사회, 이사회의
   각종위원회 및 개개의 이사는 회사 또는 주주에 대한 어떠한 행동의 영향을 고
   려함과 동시에 종업원, 고객, 거래처, 회사 및 종속회사의 채권자, 회사의 영업
   소 또는 다른 설비 및 종속회사가 존재하는 지역사회의 이익 및 이사가 적절하
   다고 생각하는 다른 모든 요인을 고려할 수 있다."고 규정하고 있다.
30) 동법 §23-1-35-1 d에서는 "이사가 회사의 최선의 이익을 고려하는 경우, 회사의
   주주, 종업원, 거래처, 고객 및 회사의 영업소 또는 다른 설비가 존재하는 지역
   사회에 대한 행동의 영향 및 이사가 적절하다고 생각하는 다른 요인을 고려할
   수 있다."고 규정하고 있다.
31) 동법 §14 Av: 6-1-2에서는 "회사에 대한 의무를 이행하는 경우, 무엇이 회사에
   최선의 이익이 되는가를 합리적으로 결정함에 있어서 이사는 주주에 대한 어떠
   한 행동의 영향을 고려함과 동시에 다음 사항을 고려할 수 있다. ① 회사의 종
   업원, 거래처, 채권자 및 고객에 대한 행동의 영향, ② 회사가 영업하는 지역사
   회에 대한 행동의 영향, ③ 회사 및 주주의 단기적 이익은 물론 회사의 계속적
   독립성에 의하여 그러한 이익이 최선으로 만족될 가능성을 포함하는 장기적 이
   익"이라고 규정하고 있다.

한 것이기는 하나 이사에게 주주 이외의 이해관계자의 이익을 고려할
수 있는 자유재량권을 인정하였다는 점에서 주목할 만하다.[32]

2. 유럽연합

유럽에서는 미국보다 먼저 CSR에 대한 문제에 관심을 가졌으며 그
이유는 유럽에서는 사회적 연대성을 중요시하므로 기업도 법적 의무의
개념을 초월하여 사회안정화에 기여할 수 있는 존재로 이해되어 왔기
때문이라고 한다.[33] 따라서 유럽고용전략, EU친환경라벨, 친환경경영
및 감사제도 등의 분야에서 기업의 자발적인 책임경영 또는 윤리경영이
쉽게 확산되었다고 한다.[34] 이러한 사정으로 유럽에서의 CSR의 개념
및 그와 관련한 활동의 전개과정은 유럽 각국의 정부가 주도하고 기업
이 화답하는 방향으로 진행되었다고 평가할 수 있다.

한편, 유럽연합 차원에서의 본격적인 CSR 활동은 2000년 이전까지
는 다소 소극적이었으며, 2001년 리스본 유럽정상회의를 계기로 자발적
연성규범에 따라 CSR을 이행할 수 있도록 유도하였다. 다만, 유럽집행
위원회는 1995년에 CSR Europe을 설립한 후, 2001년 7월에는 유럽에서
의 CSR 촉진을 위한 Green Paper[35]를 발간하였는데, 여기서는 기업의
사회적 책임을 "기업활동과 활동에 관련되는 파트너와의 관계에서 사회

---

32) 이와 같은 취지의 설명으로는, 안택식, 「회사법강의」, 형설출판사, 2009, 69. 다
    만, 코네티컷주에서는 이사에게 회사의 이해관계자의 이익을 고려할 것을 강제
    하고 있으며, 이는 이사의 사회적 책임을 이사의 경영판단 또는 자유재량의 문
    제로 다루지 않고 있음을 의미한다고 한다.
33) 이러한 취지의 평가로는, 노영순, "문화, 관광분야 기업의 사회적 책임(CSR) 확
    산을 위한 기초연구", 한국문화관광연구원 (2014), 39.
34) 이러한 설명으로는, 권한용(주 9), 730.
35) Commission of The European Communities, Green Paper : Promoting a European
    framework for Corporate Social Responsibility, Brussels, 2001. 7. 18, COM(2001)
    366 final., 4.

및 환경에 대한 관심사를 기업이 자발적으로 기업활동에 통합하는 것"
이라고 설명하고 있다. 또한, 유럽연합은 CSR이 회원국 정부의 정책을
대체하는 것은 아니지만 각국의 정부가 추구하는 정책목표를 실현하는
데 공헌할 수 있음을 인식하고 CSR을 촉진하기 위하여 8개의 영역에
걸친 세부 프로그램을 제시하고 있다.[36] 그러나 CSR에 대한 세부적 논
의를 유럽의 기업가들이 쉽게 받아들이지는 않았다고 한다. 예컨대,
2002년의 녹서를 통하여 살필 수 있는 설문조사 결과에 의하면, CSR의
필요성에 대한 공감에도 불구하고 기업가들과 시민사회나 노동조합 사
이의 견해차이가 크다고 한다. 즉, 기업가들은 지속가능한 발전의 관점
에서 CSR의 개념을 다루고자 하나, 시민사회와 노동조합은 기업의 자
발적인 주도에 의한 CSR 활동 보다는 이해관계인의 참여가 보장되는
CSR 활동에 방점을 둔다는 것이다. 그러나 이러한 이해관계인들의 대
립적인 관점에도 불구하고 2002년의 유럽연합 녹서는 ① CSR의 자발적
성격, ② CSR의 실무에 대한 신뢰성과 투명성, ③ EU의 가치를 증진시
키는 목표에의 부합, ④ 경제, 사회, 환경, 소비자를 위한 CSR의 포괄적
접근, ⑤ 중소기업의 특성과 필요성 고려, ⑥ 기존의 국제협정과 수단들
(예컨대, ILO의 핵심 노동기준과 OECD 다국적 기업 가이드라인 등)을
지지하고 그에 부합하는 활동을 할 것을 기본원리로 요구하고 있다.[37]
요컨대, 이러한 EU 차원에서의 제안은 기업의 자율적 규제를 근간으로

---

36) CSR 촉진을 위한 세부 프로그램은 "① 아직 CSR이 활성화 되지 않은 회원국에
CSR을 홍보할 것, ② CSR의 성공적 수행을 위해서는 다자간 개입이 필수적이
므로, 정기적으로 CSR 다자간 포럼을 개최해 CSR 활동을 장려할 것, ③ EU 회
원국과의 협력을 통하여 지역차원의 CSR 발전을 도모할 것, ④ 소비자에게 투
명한 상품정보를 제공하는 것을 지원할 것, ⑤ 수준별 CSR, 경쟁력 및 지속가능
한 개발, 혁신 및 기업지배구조에 대한 연구를 지원할 것, ⑥ 학교 커리큘럼에
CSR 관련 과목을 도입할 것, ⑦ 중소기업들에게 CSR 활동을 위한 구체적 방향
을 제시할 것, ⑧ CSR의 국제적 홍보를 지원할 것"이 그것이다. 이상과 같은 설
명은, 정운용, "기업의 사회적 책임 제고를 위한 입법론적 제안", 기업법연구 제
25권 제3호 (2011. 9), 186. 각주 48 참조.
37) 권한용, 앞의 글, 732.

하고 있는 것으로 평가할 수 있다. 그러나 자율적 규제에는 그 자체로 한계가 있으며, 따라서 법적 규제를 통한 보완적 관계의 유지가 필요하기에 CSR의 규범화라는 측면에서의 접근도 필요하다고 할 것이다.

다른 한편, 회사법 영역에서의 CSR활동과 관련하여, 2014년에 들어 유럽연합은 '비재무적 정보 보고에 관한 지침'(CSR지침)[38]을 마련하여 기업들로 하여금 비재무적 정보에 대해서도 공개하도록 하고 있다. 특히, 종업원이 500인 이상으로서 공공적 이해관계가 있는 대기업을[39] 적용대상으로 하는[40] CSR지침에서는 모회사와 자회사의 비재무정보를 통합하여 보고할 것을 요구하고 있는데, 이는 여러 자회사로 연계되어 있는 기업의 경우에는 자금의 흐름이나 재정상황의 파악이 곤란할 수 있기 때문이다. 그러므로 CSR지침의 적용대상인 기업들은 영업보고를 함에 있어서 환경보호나 근로자의 요구에 관한 사항, 인권의 존중, 부패 및 뇌물과의 전쟁에 대한 개념, 상당한 주의 절차, 기업이 당면한 실질적 위험 등과 같은 비재무적 정보를 포함하여 보고서를 작성하여야 한다. 그리고 그와 같은 내용을 명시하지 않을 때에는 그 이유를 제시하여야 한다. 다만, CSR지침의 적용대상인 기업들이 이와 같은 보고를 함에 있어서 특별한 형식이나 양식을 갖추어야 하는 것은 아닌데, 그 이유는

---

38) Directive 2014/95/EU.

39) Directive 2014/95/EU는 Directive 2013/3495/EU(특정 대규모 기업 및 단체의 비재무적 및 다양성 정보 공개에 관한 지침)를 개정한 유럽지침인데, 2013년 지침에서는 공공적 이해관계가 있는 대기업을 자본시장 상장회사인 금융사 또는 보험사로서 (i) 대차대조표 총액이 2000만 유로, (ii) 매출액이 4000만 유로, (iii) 연평균 250명 이상의 종업원, 이들 세 가지 항목 중에 두 개 이상을 충족하는 회사를 의미한다고 하였다.

40) CSR지침의 입법이유(8)에 따르면 동 지침에 따른 보고의무로 인하여 중소기업에게 지나친 행정비용 부담을 주지 않도록 하기 위하여 일정 규모의 대기업만을 지침의 적용대상으로 하였다. 즉, 동 지침에 따른 보고의무가 있는 기업이 유통상 연관성이 있는 중소기업이나 하도급관계에 있는 중소기업에게 보고의무를 부과함으로써 이들 중소기업에 부담을 주지 않고자 한 것이며, 따라서 중소기업은 자발적으로 보고의무를 부담하여야 한다. 이유민, "기업의 사회적 책임에 관한 회사법적 연구", 박사학위논문, 성균관대학교 (2019. 2), 76.

보고에 있어서의 표준을 제시할 경우 그 자체가 기업활동에 대한 부담
으로 작용할 수 있기 때문이라고 한다.41) 아울러, CSR지침에서는 보고
서 작성과 관련하여 회원국의 선택사항에 대해서도 규정하는 한편,42)
비재무보고 이외에 기업경영에 있어서의 핵심적 구성원인 이사진들의
연령, 성, 교육적·직업적 배경과 관련한 다양성에 대해서도 보고하도록
규정하고 있다.

3. 영국

우선, 영국에서는 기업의 사회적 책임을 강화하기 위한 방안으로서
1982년부터 통상산업부(Department of Trade and Industry : DTI)의 지
원하에 기업의 사회적 책임활동을 평가하는 지표로 '지역사회 속의 기
업'을 결성하여 기업의 사회적 책임을 강화하기 위한 프로그램을 추진
하였으며, 2002년에는 지역사회, 환경, 시장, 사업장으로 구성된 기업책
임지수(CRI)를 제정하였다. 그리고 2000년에는 세계 최초로 CSR장관을
선임하고 정보공개법 제정을 통하여 기업의 환경, 사회적, 윤리적 요소
를 고려한 의사결정 원리에 대한 정책을 국민에게 제출하게 하였으
며,43) 2001년 7월에는 수정연금법을 통하여 사회적 책임투자(SRI)를 연

---

41) CSR지침에서는 이러한 비재무보고 사항에 대한 점검 및 공시와 관련하여 기업
의 지배기구 및 감독기관에게 그 책임을 부여하고 있다.
42) 즉, 회원국들은 ① 급하지 않은 사항에 대해서는 기업들로 하여금 보고서 작성
에 있어서 기재하지 않아도 되는 예외를 허용할 것인지의 여부, ② 영업보고서
의 일부분이 아닌 별도의 비재무보고서 작성을 허용할 것인지의 여부 및 기업
들이 별도의 보고서를 작성하는 경우 이를 영업보고서와 함께 인터넷 사이트에
공시할 것인지 아니면 별도의 사이트를 사용할 수 있게 할 것인지의 여부, ③
결산 이외의 비재무보고에 대해 별도의 확인절차를 거치도록 할 것을 요구할
것인지의 여부에 대해 결정할 수 있다.
43) 특히, 탄소배출과 관련한 기후변화에 미치는 영향과 빈곤층지원, 지역사회 투자,
지배구조개선, 투명성 등을 포함한 다양한 분야에서의 성과도 평가하여 공개하
고 있다. 이상과 같은 설명은, 김동근, "회사본질과 기업의 사회적 책임", 기업

금펀드 투자기준으로 의무화하였다.[44]

한편, 기업의 사회적 책임과 관련한 회사법상의 입법동향과 관련하여서는 2006년의 회사법을 언급하지 않을 수 없다. 즉, 영국에서는 2006년 회사법을 통하여 기존에 명문의 근거가 없었던 이사의 의무를 명문화하였는데, 구체적으로는 동법 제10장 제2절에서 이사의 일반적 의무[45]를 도입하는 한편 그와 같은 의무의 하나로서 제172조에서의 '이사의 회사의 성공증진을 위한 의무'(Duty to Promote the Success of the Company)를 언급하고 있다. 특히, 제172조에서는 이사가 회사의 성공을 촉진하기 위하여 노력하여야 하는 과정에서 고려하여야 할 사항으로서 "① 의사결정에 의해 장기적으로 발생할 가능성이 있는 결과, ② 당해 회사 종업원의 이익, ③ 공급업자, 고객 등과 당해 회사와의 사업상 관계를 촉진할 필요성, ④ 당해 회사의 사업이 공동체 및 환경에 미치는 영향, ⑤ 높은 수준의 영업행위 규준에 대한 회사의 평판을 유지하기 위한 바람직한 상황, ⑥ 회사의 주주 상호간 취급에 있어 공정하게 행위할 필요성 등"을 적시하고 있는데, 이러한 태도는 주주 이외의 이해관계집단의 이익도 고려하도록 의무화하고 있다는 점에서 주목할만하다. 다만, 이러한 태도에도 불구하고 영국회사법상 주주의 이익을 최우선 가치로 하고 있다는 점을 감안할 때, 영국회사법에서 실질적 의미에서의

법연구 제27권 제4호 (2013. 12), 241-242.

44) 영국 최초의 사회책임투자 리서치 기관인 윤리투자리서치서비스(EIRIS)의 2003년 보고에 의하면, 영국의 상위 250개 연금 펀드 가운데 90%가 투자 전략을 수립할 때 사회, 환경, 윤리적 측면을 고려할 것을 투자원칙 조항에 명시하고 있다고 응답했다고 한다. 이상과 같은 설명은, 정운용, 앞의 글, 186.

45) 2006년 영국 회사법상 이사의 일반적 의무는 제171조 내지 제177조에 걸쳐서 규정하고 있는데, 제171조는 이사의 권한 준수의무, 제172조는 회사의 성공증진 의무, 제173조는 독립적 판단 수행에 대한 의무, 제174조는 경영능력주의 의무, 제175조는 이익충돌금지 의무, 제176조는 제3자로부터의 이익 취득 금지 의무, 제177조는 제안된 거래 또는 주선에 의한 이익 공고 의무에 관한 것이다. 이사의 이상과 같은 일반적 의무 위반은 보통법 또는 형평법상 이사의 회사에 대한 다른 신인의무 위반과 동일한 효력을 가진다(동법 제178조).

CSR원칙이 도입된 것으로 보기는 어렵다는 평가도 있다.[46)]

다른 한편, 2006년의 영국회사법 제417조에서는 '경영검토에 관한 이사의 보고'(Contents of Directors' Report : Business Review)에 대해 규정하고 있다. 이는 이해관계자 집단에게 영향을 미치는 회사의 영업 행위에 대한 보고서를 제출하게 하는 것인데, 소기업을 제외하고는 이사의 보고서에 '경영검토'(Business Review)가 포함되어야 한다는 것이다(동법 제417조 (1)). 그리고 이러한 경영검토는 회사의 구성원과 관련한 정보를 제공하는 것이며, 이는 회사의 구성원으로 하여금 이사가 제172조에서 규정하는 의무를 제대로 수행하는지를 파악하게 하기 위함이라고 한다(동법 제417조 (2)). 경영검토에는 회사 영업의 공정한 검토와 회사가 직면하고 있는 주요 위험과 불확실성에 대한 설명이 포함되어야 하며(제417조 (3) (a), (b)), 회계연도 동안 회사 영업의 수행과 발전에 관한 사항과 영업연도 말, 영업의 규모와 세부 사항이 포함된 회사의 대차대조표와 이와 관련 분석이 포함되어야 한다(제417조 (4) (a), (b)). 또한 경영검토에는 회사 영업의 현황, 수행, 발전의 이해를 위하여 필요한 사항이 포함되어야 한다(제417조 (5)).[47)]

---

46) 곽관훈, "기업의 사회적 책임(CSR) 논의의 최근 동향", 경영법률 제27권 제2호 (2017. 1), 216.

47) 구체적으로는 "(a) 미래 발전가능성, 수행 회사의 현황에 영향을 미칠 주요 동향 및 요인과; (b) (i) 환경적인 문제들(환경적인 회사의 영업의 영향을 포함하여) (i)에 회사의 사업의 영향을 포함하여 환경 문제 (환경), (ii) 회사의 직원 및 (iii) 그 문제와 관련하여 회사정책과 이러한 정책의 효과에 대한 정보를 포함한 사회 및 지역 사회 문제; (c) 회사와 영업에 중요한 계약적 또는 다른 합의들을 체결한 당사자에 대한 정보."를 들 수 있다. 만약 경영검토에 있어서 (b)와 (c)에서 언급하는 사항에 대한 정보가 포함하고 있지 않은 경우, 그와 같이 포함되지 않은 정보의 종류를 알려야 한다. 다만 동 조항에 따른 정보의 공개가 회사의 이익에 심각한 손해를 발생시킨다거나 (c)에서의 당사자에게 심각한 피해가 발생되거나 또는 공공의 이익에 반한다고 판단되는 경우, 이사의 정보공개의무는 경감된다(제417조 (10) (11) 참조).

4. 독일

독일에서의 기업의 사회적 책임과 관련한 논의는 1920년대 기업의 공공적 성격을 부각하기 위하여 Rathenau, Haussmann 등에 의해 '기업 자체'(Unternehmen an sich) 사상이 주장되면서 시작되었다고 할 수 있다. 즉, '기업자체'사상이란 기업을 그 법률적 지반인 사원과는 별개로 그 자체를 독립적 존재로 파악하고, 사원 개개인의 이해관계를 떠나 국민경제의 입장에서 회사를 보호·유지하고 또 이에 상응하는 책임을 부여하여야 한다는 입장이다. 이러한 기업자체 사상은 "이사는 자기의 책임에서 기업과 종업원의 복지와 국가·국민의 공동의 이익이 요구하는 바에 따라 회사를 운영하여야 한다"는 내용으로 1937년 독일주식법 제70조 제1항에 반영되었다. 그러나 제2차 세계대전 후 동 규정은 나치의 전체주의적 사상에 기초한 지도자이념(Führersprinzip)의 소산이라고 비판을 받아 1965년 독일 주식법(Aktiengesetz) 개정 시 삭제되고, 현행 주식법 제70조에서는 "이사는 자기의 책임 하에 회사를 경영하여야 한다"라고만 규정하고 있다. 그러나 독일에서는 1951년 "광업과 철강업종의 기업에 있어서 감사회 및 이사회에서의 노동자의 공동결정에 관한 법률"(소위, '공동결정법')을 만들어 광산이나 철광업을 영위하는 기업은 노동자와 출자자를 동수로 하여 이사회를 구성하고 반드시 노무이사를 선임하도록 하였다.[48] 특히, 1976년의 신공동결정법[49]에 의하여 종업원이 2천명을 초과하는 기업의 감사회에 노동자 측과 사측이 대등한 입장으로 참가하도록 하였다.[50] 그리고 이는 노동자가 기업의 구성원으로서 경영에 참가할 수 있다는 경영참가적 기업관에 기초한 것으로서 기업의

---

48) 이상과 같은 설명은, 이철송, 회사법강의 제19판, 박영사 (2011), 60-61.
49) Gesetz über Mitbestimmung der Arbeitnehmer vom 4. Mai 1976(BGBl. I S. 1153.
50) 방준식, "독일 공동결정제도의 성립과 발전", 법학논총 제24권 제1호, 한양대 법학연구소 (2007. 3), 2. 이하.

사회성을 입법에 반영한 사례라고 평가할 수 있다.[51]

한편, 독일은 2001년 4월에는 지속성장개발위원회를 설립하여 국가 차원에서 지속성장 전략을 실행하기 위한 구체적 행동영역을 명시하도록 하며, 지속성장을 이해하고 이를 증진하기 위한 프로젝트를 추진하는 업무들을 담당하고 있다. 또한, 기업의 사회공헌 활동의 일환으로 기업과 국가간의 전략적 협력관계를 이끌어가기 위하여 2010년에는 'CSR Action Plan'을 도입하였는데, 이는 기업과 공공기관에 대한 사회적 책임의식을 안정시키고 중소기업의 참여를 폭넓게 확대함으로써 기업과 공공행정기관의 사회적 책임풍토를 토착화하고 기업의 사회공헌활동에 대한 신뢰성을 제고하는 것을 목표로 한다.[52] 다른 한편, 독일에서는 2014년에 제정된 유럽연합의 '비재무적 정보 보고에 관한 지침'(CSR지침)을 2017년 4월 11일의 'CSR지침 전환 법'에 따라 독일상법전에 반영하였다.[53]

5. 프랑스

기업의 사회적 책임에 관한 입법활동과 관련하여서는 프랑스가 유럽 내에서도 선도적인 태도를 취하는 것으로 평가할 수 있다. 특히, 기업의 자발적인 참여를 의무화한 것으로서 법령 제정 당시에는 그 위반에 대한 제재가 불분명한 경우들도 있다. 이러한 것들의 예로는 이러한 것들로는 기업으로 하여금 환경적·사회적 정보를 보고하게 하는 의무라든가,[54] 오늘날에는 기업에게 간접적으로 의무 부담되고 있는 사항으로서

---

51) 송호신, "기업의 사회적 책임(CSR)에 대한 배경과 회사법적 구현", 한양법학 제21권 제1집 (2010. 2), 146.
52) 성승제, "사회적 책임에 대응한 기업법제 개선방안 연구", 한국법제연구원 (2013), 102-103.
53) 구체적인 내용에 대해서는, 이유민, 앞의 "기업의 사회적 책임에 관한 회사법적 연구", 101-102.
54) 이는 2001년 5월 15일의 법 제2001-420호 제116조에 의해 도입된 의무로서, 프

이사회 및 감사회에서의 양성평등 및 직업적 평등에 관한 사회적 책임
의 이행상황에 대한 보고의무,55) 원격근로,56) 50인 이상의 기업에 있어
서는 직업적 평등을 존중할 의무,57) 인적 재원의 사전적·예방적 관리를
위한 조치의무58) 등을 들 수 있다. 아울러, 프랑스에서는 위에서 언급하
였던 2014년 유럽연합의 '비재무적 정보 보고에 관한 지침'(CSR지침)을
2017년 8월부터 시행하고 있다.

한편, 기업의 사회적 활동이 선도적으로 이루어지고 이를 바탕으로
기존의 법령이 개정되는 예도 있다. 특히 인적 자원의 관리분야에서 이
러한 현상을 발견하기가 용이하며, 기업의 사회적 활동과 관련하여 직
면하는 문제로는 누구를 고용할 것인지, 차별금지를 어떻게 실천할 것
인지, 장애인의 처우는 어떻게 할 것인지, 청년이나 고령자의 일자리는
어떻게 할 것인지, 근로조건이나 노사관계, 보건 및 안전의 문제, 교육
및 동등한 처우를 어떻게 실현할 것인지 등이 있다. 이와 관련하여 프랑
스에서는 청년의 안정적 일자리 확보, 노인의 고용 또는 고용유지 촉진,
세대 간 능력 및 기술 교류 촉진 등을 목적으로 하는 2013년 3월 1일의
법 제2013-185호를 예로 들 수 있다. 동법에서는 300인 이상을 고용하
는 기업에 대해서는 위와 같은 내용을 의무화하고 있으며, 종업원 300
인 이하의 기업에서는 위와 같은 내용이 권고사항으로서 해당 기업이
자발적으로 시행할 경우에는 그 규모에 따라 재정적 지원을 하고 있다.

다른 한편, 근로현장에서의 안전과 보건에 대해서는 각종의 국제기

랑스상법전 제L.225-102-1조 제5항 참조. 동조의 규정에 의하면 기업활동으로
인한 환경적·사회적 정보에 대한 보고의무는 프랑스에서 영업하는 기업뿐만 아
니라 다국적 기업 및 프랑스 기업의 계열사 모두에게 적용되며, 작성되는 보고
서는 법령에 따라 사회지표들을 수치화하거나 기술하여야 하고, 또한 이러한 정
보들은 이사회나 집행이사회 보고서에 반드시 포함되어야 한다.
55) 프랑스상법전 제L.225-37조 제7항, 제L.225-68조 참조.
56) 2012년 3월 22일의 법에 의해 도입된 제도로서 프랑스 노동법전 제L.1222-9조
내지 제L.1222-11조에서 그 개념 및 내용에 대해 규정하고 있다.
57) 이 의무는 2012년 12월 18일의 데크레 제2012-1408호에 의해 도입된 것이다.
58) 프랑스 노동법전 제L.5121-3조 참조.

준(예컨대, ISO 26000)이 노동법에서도 반영되고 있다. 예컨대, 프랑스 노동법전 제R.4511-1조 이하에서는 외부기업에 작업을 의뢰하는 기업은 작업장에 관여하는 모든 자의 안전을 보장하기 위하여 위험예방조치가 이루어지도록 감독할 의무가 있다고 규정하고 있다. 따라서 도급인과 수급인의 관계라 하더라도 현장에서 발생할 수 있는 위험의 예방을 위하여 필요한 제반 정보를 상호 교환하여야 할 의무가 부과된다.[59) 그리고 프랑스 노동법전에서는 특히 사용자의 피용자에 대한 보호의무와 관련하여 보다 엄격한 태도를 취하고 있다. 즉, 동법 제R.4511-6조에서는 "모든 기업의 대표는 자신이 사용하고 있는 노동자의 보호를 위하여 필요한 예방조치의 적용에 대하여 책임을 진다."라고 규정하고 있으며, 프랑스 법원에서도 이와 같은 의무위반에 대해 형사책임을 묻기도 한다.[60)

6. 일본

유럽과 비교하여 일본에서는 CSR에 대한 관심이 늦었다고 할 수 있는데 그 이유는 전통적으로 기부문화가 발전하지 못하였으며, 국민의 복지는 정부가 주도하여야 한다는 인식이 기업인들에게 있었기 때문이라는 평가도 있다.[61) 아무튼, 일본에서의 CSR의 정의에 대한 인식은 포괄적이라고 할 수 있으나, 실제로 일본 정부가 관여하는 부분은 제한적이라고 한다. 즉, 국가주도의 유럽과는 달리 일본정부는 법적 구속력에 의한 통제보다는 가이드라인이나 이니셔티브를 강조하여 민간기업이 스스로 규범을 정하고 이를 준수하도록 유도하는 자율규제의 방식을 채택하였다.[62)

---

59) 프랑스 노동법전 제R.4512-5조 참조.
60) 위와 같은 사유를 이유로 한 대표의 형사책임에 대해서는 프랑스 노동법전 제 R.4512-7조 참조. 동조가 적용된 사례로는, Cass. crim., 12 mai 1998, *JurisData*, n° 1998-002717.
61) 노영순(주 33), 49.

한편, 일본에서 현대적 의미의 CSR 개념이 확산된 것은 2000년대에 들어서라고 할 수 있다. 즉, 2001년 ISO 소비자정책위원회 총회에서 CSR에 대한 국제표준화에 대해 논의가 시작되면서 CSR이 일본에 알려지게 되고, 2003년 경제동우회가 CSR에 대한 보고서를 발표하는 것이 CSR에 대한 논의의 확산에 기여하였으며, 이후 일본정부와 경제계에서도 CSR에 대한 다양한 관점에서의 조사와 연구를 진행하였다고 한다. 우선, 내각부에서는 2002년 12월에 "소비자에게 신뢰받는 사업자가 되기 위한 자주행동기준 내지 지침"을 만들었고, 2008년 5월에는 "안전·안심으로 지속가능한 미래를 위한 사회적 책임에 관한 연구회 보고서"를 발표하였다. 환경성에서는 2005년 1월에 지속가능한 환경, 경제활성화를 위한 경제주체 상호간의 소통활성화를 정책제안으로 제시하기 위하여 "사회적 책임에 대한 연구회 보고서"를 작성하였고, "환경정보제공촉진 등에 의한 특정사업자 등의 환경을 배려한 사업활동의 촉진에 관한 법률(환경배려촉진법)"을 제정하여 시행하였으며, 2011년 10월에는 "지속가능한 사회형성을 위한 금융행동원칙", 2012년 3월에는 "환경보고서 가이드라인"을 각각 작성하였다. 후생노동성은 2004년 6월 "노동에 있어 CSR 추진을 위한 연구회 보고서"를 작성하였다.63) 그리고 일본의 경제산업성은 리스크 관리, 법령준수 이외에 기업경쟁력 제고를 위한 지원도 하고 있는데, 2004년에는 "기업의 사회적 책임에 관한 원탁회의"를 설치하여 같은 해 9월에 보고서를 공표하였다.64)

---

62) 손성기, "기업의 사회적 책임에 대한 법적 연구", 박사학위 논문, 고려대학교 (2016. 6), 45.

63) 동 보고서에서는 기업의 본래적 사명은 노동자를 충분히 배려하여 노동자의 개성과 능력이 충분히 발휘될 수 있도록 하는 것이라고 하고 있다. 그리고 이를 바탕으로 고용·노동에 관한 기업의 사회적 책임으로서 ① 다양한 재능을 가지고 있는 개인이 그 재능을 충분하게 발휘할 수 있도록 인재를 육성하고, 개개인의 개성을 발휘할 수 있는 환경 정비와 모든 개인에게 능력을 발휘할 수 있는 기회를 부여하며 안심하고 일할 수 있는 환경의 정비, ② 해외 진출 시 현지 종업원에 대한 책임 있는 행동, ③ 인권에 대한 배려를 행할 것을 요구하고 있다.

64) 동 보고서에서는 CSR을 둘러싼 국내외의 동향, CSR의 기본적 관점과 구체적

다른 한편, 일본에서의 회사법상 CSR의 도입과 관련한 논의는 다음
과 같다. 1966년 일본 상법 개정에 즈음하여 기업의 사회적 책임이라는
개념이 사용되기 시작하였고, 1970년대 중반에 이르러 본격적인 입법논
의로 이어졌다. 특히, 회사법 개정과 관련하여 '기업의 사회적 책임'을
도입함에 있어서 일반규정에 의할 것인지 아니면 회사법상의 개별 제도
들을 개선하여 도입할 것인지의 여부가 논의의 중심에 있었다. 일반규
정의 도입에 찬성하는 견해는 독일의 구 주식법 제70조 제1항의 사례를
모범으로 삼고자 하였으며 그 논거로서 기업은 사적 소유물이 아니어서
일반대중에게도 큰 영향을 미치므로 사회적 책임에 대한 일반규정을 둘
필요가 있다는 것이다. 반면, 개별 제도의 개선을 지지하는 견해는 일반
규정의 도입을 통하여 법적 강제력을 부여하는 방안의 비합리성 및 그
적용범위 획정의 곤란, 이사의 재량확대로 인한 문제점 등을 논거로 제
시하였다. 즉, 기업의 사회적 책임에 관한 일반규정의 도입에 반대하는
견해는 특히, "이사가 공동의 이익을 명분으로 하여 주주의 이익을 해칠
염려"가 있다거나, "사회적 책임에 관한 규정을 두더라도 그것이 훈시
적인 규정에 불과하므로 재판규범으로서의 실효성이 의심"된다거나 "사

방안, 기업이 가져야 할 의식 및 향후 과제 등을 광범위하게 다루고 있다. 이는
CSR을 단순히 기존의 메세나 운동 또는 자선활동에 제한된 활동이 아니라, '소
비자, 투자가, 종업원, 지역사회 등의 이해관계자의 관계를 중시하고 가장 기초
적인 법률준수와 함께 환경보전, 소비자보호, 공정한 노동기준, 인권, 인재교육,
안전위생, 지역사회공헌 등 광범위한 요소들로 구성된 것'이라고 정의하고 있
다. 또한, CSR경영은 단순히 기업이 사회공헌을 행하는데 그치는 것이 아니라
그 기업의 경영자체가 개선되어 기업경쟁력의 강화에 도움이 되도록 하는 것이
라는 점을 강조하고 있다. 동 보고서를 통해 제시하고 있는 CSR은 2가지 특징
을 가지고 있는데, 먼저 기본적으로 강조되는 법령준수의 의무뿐만 아니라 환
경, 안전, 노동, 인권, 자선행위 등 다양한 관점에서의 CSR을 의미한다는 점이
다. 두 번째 특징으로는 CSR경영을 기업가치 향상을 위한 방안으로 인식하는
사고방식이 전반적으로 나타나고 있다는 점이다. 이러한 측면에서 CSR경영을
유도할 수 있는 사회적 책임투자(Socially Responsible Investment: SRI)도 점차적
으로 그 필요성이 인정되고 있다. 이상과 같은 설명은, 곽관훈, "일본 회사법상
CSR경영원칙 도입에 관한 논의", 일감법학 제18호 (2010. 8), 236.

회가 극단적인 우익이나 좌익으로 기울 경우 정치적 권력에 악용될 우려"가 있음을 논거로 제시한다.[65) 그러나 당시에는 일반규정의 도입에 반대하는 견해가 우위에 있었으며 종국적으로는 입법으로 연결되지 못하였다.[66) 다만, 2005년 신회사법이 제정됨에 따라 기업의 내부통제시스템이 도입되었는데, 그 배경에는 기업의 대규모 스캔들과 같은 위법행위를 사전에 차단하기 위한 것이었다. 따라서 이러한 내부통제시스템은 CSR의 한 부분을 차지한다는 점에서 CSR의 법제화라고 평가하는 견해도 있다.[67)

IV. 기업의 사회적 책임의 규범화와 법적 과제

1. 기업의 사회적 책임에 대한 국내에서의 관련 입법 현황

우리나라에서도 CSR의 법제화를 위한 노력이 있었으며, 직접적으로 CSR을 언급하고 있지는 않으나 실질적으로 CSR에 관한 특별법에서의 규정들을 발견하는 것은 어렵지 않다. 특히, 제정 당시에는 CSR활동을 염두에 둔 것은 아니지만, 현재의 기준에 따를 경우 CSR과 맥을 같이 하는 법률들이 다수 있다. 예컨대, 근로기준법, 소비자기본법, 공정거래법, 하도급공정화에 관한 법률, 환경보전법, 남녀차별금지법 등이 그것이다. 반면, 산업발전법, 지속가능발전법, 중소기업진흥법, 국민연금법 등에서의 일부 규정들은 CSR의 확대와 함께 개정 또는 신설된 규정들이라고 평가할 수 있다.

우선, 「근로기준법」상 CSR에 관한 규정으로는, 근로조건의 결정에

---

65) 이철송(주 48), 62.
66) 곽관훈(주 46), 217.
67) 손성기(주 62), 50.

관한 제4조,[68] 균등한 처우에 관한 제6조,[69] 법령의 주요 내용을 게시
하게 하고 있는 제14조, 부당해고의 금지에 관한 제23조, 최저연령과 관
련한 제64조, 사용금지에 관한 제65조, 야간근로와 휴일근로의 제한에
관한 제70조, 안전과 보건에 관한 동법 제6장의 규정 등을 들 수 있다.
그리고 동조의 규정들을 위반하는 경우에 대한 벌칙규정을 두는 등 이
들 중 일부에 대해서는 법적 의무로 규정하고 있는 경우도 있다. 그리고
「소비자기본법」 제1조에서는 "이 법은 소비자의 권익을 증진하기 위하
여 소비자의 권리와 책무, 국가·지방자치단체 및 사업자의 책무, 소비자
단체의 역할 및 자유시장경제에서 소비자와 사업자 사이의 관계를 규정
함과 아울러 소비자정책의 종합적 추진을 위한 기본적인 사항을 규정함
으로써 소비생활의 향상과 국민경제의 발전에 이바지함을 목적으로 한
다."고 규정한 뒤, 제4조에서는 '소비자의 기본적 권리'에 대해 규정하
는 한편, 제3장 제2절(제18조 내지 제20조의4)에서 사업자의 책무 등에
대해 규정하고 있는데 제18조에서는 '소비자권익 증진시책에 대한 협
력', 제19조에서는 '사업자의 책무',[70] 제20조에서는 '소비자의 권익증
진 관련기준의 준수', 제20조의2에서는 '소비자중심 경영의 인증', 제20

---

68) 동조에서는 "근로조건은 근로자와 사용자가 동등한 지위에서 자유의사에 따라
결정하여야 한다."라고 규정하고 있다.
69) 동조에서는 "사용자는 근로자에 대하여 남녀의 성을 이유로 차별적 대우를 하
지 못하고, 국적·신앙 또는 사회적 신분을 이유로 근로조건에 대한 차별적 처우
를 하지 못한다."라고 규정하고 있다.
70) 제19조에서는 '사업자의 책무'라는 표제 하에서 "① 사업자는 물품 등으로 인하
여 소비자에게 생명·신체 또는 재산에 대한 위해가 발생하지 아니하도록 필요
한 조치를 강구하여야 한다. ② 사업자는 물품 등을 공급함에 있어서 소비자의
합리적인 선택이나 이익을 침해할 우려가 있는 거래조건이나 거래방법을 사용
하여서는 아니 된다. ③ 사업자는 소비자에게 물품 등에 대한 정보를 성실하고
정확하게 제공하여야 한다. ④ 사업자는 소비자의 개인정보가 분실·도난·누출·
변조 또는 훼손되지 아니하도록 그 개인정보를 성실하게 취급하여야 한다. ⑤
사업자는 물품 등의 하자로 인한 소비자의 불만이나 피해를 해결하거나 보상하
여야 하며, 채무불이행 등으로 인한 소비자의 손해를 배상하여야 한다."라고 규
정하고 있다.

조의3에서는 '소비자중심 경영인증기관의 지정', 제20조의4에서는 '소비자중심 경영인증의 취소'에 대해 각각 규정하고 있다. 그리고 동법 제7장(제45조 내지 제52조)에서는 '소비자 안전'에 관한 사업자의 의무에 대해서도 규정하고 있다. 따라서 이들 규정들은 직·간접적으로 CSR활동과 관련이 있는 규정으로 평가할 수 있다. 다만, 이들 규정들을 위반한 경우에 대한 벌칙규정이 있기는 하나 대부분은 사업자의 책무로서 그 실천을 권고한 것으로 평가할 수 있다.

다음으로, 「독점규제 및 공정거래에 관한 법률」(약칭, 공정거래법) 제1조에서는 "이 법은 사업자의 시장지배적지위의 남용과 과도한 경제력의 집중을 방지하고, 부당한 공동행위 및 불공정거래행위를 규제하여 공정하고 자유로운 경쟁을 촉진함으로써 창의적인 기업활동을 조장하고 소비자를 보호함과 아울러 국민경제의 균형 있는 발전을 도모함을 목적으로 한다."라고 규정한 뒤, 제2장(제3조 내지 제6조)에서는 '사업자의 시장지배적 지위의 남용을 금지'하고 있으며, 제4장(제19조 내지 제22조의2)에서는 '부당한 공동행위를 제한'하는 한편 제5장(제23조 내지 제24조의2)에서는 '불공정거래행위 및 특수관계인에 대한 부당한 이익제공을 금지'하고 있다. 따라서 이러한 규정내용은 CSR활동과 직·간접적으로 관련이 있다고 평가할 수 있다. 그리고 이들 규정에 위반하는 행위에 대해서는 각각 벌칙규정(제6조, 제22조, 제24조의2)을 두고 있다는 점에서 법적 의무로서의 기업의 사회적 책임에 관한 규정이라고 평가할 수도 있다. 다음으로, 「하도급거래 공정화에 관한 법률」(약칭, 하도급법) 제1조에서는 "이 법은 공정한 하도급거래질서를 확립하여 원사업자(원사업자)와 수급사업자(수급사업자)가 대등한 지위에서 상호보완하며 균형 있게 발전할 수 있도록 함으로써 국민경제의 건전한 발전에 이바지함을 목적으로 한다."라고 규정한 뒤, 제4조에서는 '부당한 하도급대금의 결정을 금지'하고 있으며, 제5조에서는 '물품 등의 구매강제를 금지'하고 있다. 동법 제8조에서는 '부당한 위탁취소를 금지'하고, 제10조에서는 '부당반품을 금지'하며, 제11조에서는 '위탁시 정한 하도급대금의 감액을 금지'하고 있다. 또한, 제12조에서는 '물품 구매대금 등의 부당결제 청구를 금지'하고, 제12조의2에서는 '경제적 이익의 부당요구를 금지'하며, 제12조의3에서는 '기술자료의 제공 요구를 금지'할 뿐만 아니라 제13조에서는 '하도급대금의 지급'에 있어서의 공정성을 확보할 것을 규정하고 있다. 아울러, 제17조에서는 '부당한 대물변제를 금지'하고, 제18조에서는 '부당한 경영간섭을 금지'하며, 제19조에서는 '보복조치를 금지'하고 있다. 비록, 동법이 도급인과 수급인 사이라는 특정한 법률관계를 주된 규율대상으로 삼고 있기는 하나, 이상과 같은 규정내용은 이해관계자들에 대한 기업의 사회적 책임과도 직·간접적으로 관련성이 있다고 평가할 수 있으며, 이들 규정들을 위반한 경우에는 벌칙규정(제25조, 제25조의3, 제30조 등)을 두어 제재하고 있다는 점에서 법적 의무로서의 CSR을 규정한 것으로 평가할 수 있다.[71)]

다음으로, 「산업발전법」 제1조에서는 "이 법은 지식기반경제의 도래에 대응하여 산업의 경쟁력을 강화하고 지속가능한 산업발전을 도모함으로써 국민경제의 발전에 이바지함을 목적으로 한다."라고 규정한 뒤, 제18조[72)]에서는 '지속가능한 산업발전의 평가기준 및 지표'에 대해 규

---

71) 「가맹사업거래의 공정화에 관한 법률」(약칭, 가맹사업법) 제1조에서는 "이 법은 가맹사업의 공정한 거래질서를 확립하고 가맹본부와 가맹점사업자가 대등한 지위에서 상호보완적으로 균형있게 발전하도록 함으로써 소비자 복지의 증진과 국민경제의 건전한 발전에 이바지함을 목적으로 한다."라고 규정한 뒤, 제2장에서는 '가맹사업거래의 기본원칙'에 대해 규정하면서 제5조에서는 '가맹본부의 준수사항'과 제6조에서는 '가맹사업자의 준수사항'에 대해 규정하고 있으며, 제3장(제6조의2 내지 제15조의5)에서는 '가맹사업거래의 공정화'와 관련한 각종의 행위규범을 제시하고 있다. 이들 규정들은 가맹사업자와 가맹본부 사이의 특정한 관계를 주된 규율대상으로 한 것이기는 하나, 이해관계자들에 대한 기업의 사회적 책임과 직·간접적으로 관련성이 있다고 평가할 수 있으며, 아울러 이들 규정에 위반하는 행위에 대해서는 벌칙규정(제33조 내지 제35조, 제41조 내지 제43조 등)을 두고 있다는 점에서 법적 의무로서의 CSR을 규정한 것으로 평가할 수 있다.
72) 제18조에서는 "① 산업통상자원부장관은 지속가능한 산업발전을 위하여 산업의 지속가능성을 측정·평가하기 위한 평가기준 및 지표를 설정하여 운영할 수 있

정하는 한편, 제19조[73])에서는 지속가능경영 종합시책에 대해서 각각 규정하고 있는데 여기서 '지속가능한 산업발전의 도모' 또는 '지속가능경영'이라는 표현은 기업의 사회적 책임과 맥을 같이 한다고 평가할 수 있다. 특히, 제19조에서는 '기업 지원 관련 기관이나 단체를 지속가능경영 지원센터로 지정'하여 예산지원까지 가능하도록 하고 있는데, 이러한 규정태도는 CSR정책을 구체적으로 실현시키고자 하는 의지가 반영된 것으로 평가할 수 있다. 다만, 제19조에서도 명시하는 바와 같이 '기업의 자율적 지속가능경영'을 강조하고 있다는 점에서 동법에서의 규정 내용이 기업의 사회적 책임과 관련성이 있다고는 할 수 있으나 그와 같은 책임을 법적 책임으로 이론 구성하는 것으로 평가하기는 어렵다.

다음으로, 2007년에 제정된 「지속가능발전법」 제1조에서는 "이 법은 지속가능발전을 이룩하고, 지속가능발전을 위한 국제사회의 노력에 동참하여 현재 세대와 미래 세대가 보다 나은 삶의 질을 누릴 수 있도록

다. ② 산업통상자원부장관은 제1항에 따른 평가기준과 지표를 활용하여 산업의 지속가능성을 측정·평가하고 그 결과를 산업발전시책에 반영하도록 노력하여야 한다."라고 규정하고 있다.

73) 제19조에서는 "① 정부는 기업이 경제적 수익성, 환경적 건전성, 사회적 책임성을 함께 고려하는 지속가능한 경영(이하 '지속가능경영'이라 한다) 활동을 추진할 수 있도록 5년마다 종합시책을 수립·시행하여야 한다. ② 제1항에 따른 종합시책에는 다음 각 호의 사항이 포함되어야 한다. : 1. 기업의 지속가능경영 촉진 정책의 기본방향 및 목표; 2. 지속가능경영의 국제표준화 및 규범화에 대한 대응 방안; 3. 지속가능경영을 통한 산업 경쟁력 제고 방안; 4. 기업의 자율적인 지속가능경영 기반 구축 및 확대 방안. ③ 산업통상자원부장관은 제1항에 따른 종합시책에 따라 연차별 시행계획을 수립·시행하여야 한다. ④ 정부는 기업이 자율적으로 지속가능경영을 추진하도록 필요한 지원을 할 수 있다. ⑤ 산업통상자원부장관은 기업의 지속가능경영을 효율적으로 촉진하기 위하여 기업 지원 관련 기관이나 단체를 지속가능경영 지원센터로 지정할 수 있다. ⑥ 산업통상자원부장관은 지속가능경영 지원센터에 대하여 예산의 범위에서 업무수행 및 운영에 필요한 비용을 출연 또는 보조할 수 있다. ⑦ 산업통상자원부장관은 지속가능경영 지원센터가 제8항에 따른 지원기준에 미달하게 되는 경우에는 지정을 취소할 수 있다. ⑧ 지속가능경영 지원센터의 지정 및 지정취소의 기준·절차 및 운영에 필요한 사항은 대통령령으로 정한다."고 규정하고 있다.

함을 목적으로 한다."라고 규정하고 있다. 그리고 동법 제2조74)에서는 동법에서 규정하는 지속가능성과 지속가능발전의 개념에 대해 각각 규정하고 있다. 아울러, 제13조에서는 '지속가능발전지표 및 지속가능성 평가'와 관련하여 규정하고 있으며, 제14조에서는 '지속가능보고서'에 관하여 규정하는 한편, 동법 제4장(제15조 내지 제19조)에서는 환경부장관 소속의 지속가능발전위원회의 설치 및 운영에 대해 규정하고 있다. 다만, 동법이 지속가능발전을 위한 국가 및 지방자치단체의 역할을 강조하고 있다는 점에서 기업의 사회적 책임과 연관성이 있다고 평가할 수는 있으나, 직접적으로 기업의 책무에 대해 규율하지는 않는다는 점에서 CSR의 법제화와 관련한 사례로 평가하기는 어렵다.

다음으로, 「저탄소 녹색성장 기본법」(약칭, 녹색성장법) 제1조에서는 '경제와 환경의 조화로운 발전'을 위한 '녹색기술과 녹색산업'을 강조하고 있다. 그리고 동법 제6조에서는 '사업자의 책무'라는 표제 하에서 "① 사업자는 녹색경영을 선도하여야 하며 기업활동의 전 과정에서 온실가스와 오염물질의 배출을 줄이고 녹색기술 연구개발과 녹색산업에 대한 투자 및 고용을 확대하는 등 환경에 관한 사회적·윤리적 책임을 다하여야 한다. ② 사업자는 정부와 지방자치단체가 실시하는 저탄소 녹색성장에 관한 정책에 적극 참여하고 협력하여야 한다."라고 규정하고 있는데, 기업의 사회적 책임과 관련하여서는 환경친화적 기업경영이라는 측면도 포함된다는 점에서 여러 경제주체들의 책무에 대해 규정하고 있는 동법은75) CSR의 법제화와 관련한 사례로 평가할 수 있을 것이

---

74) 제2조에서는 "이 법에서 사용하는 용어의 뜻은 다음과 같다. 1. '지속가능성'이란 현재 세대의 필요를 충족시키기 위하여 미래 세대가 사용할 경제·사회·환경 등의 자원을 낭비하거나 여건을 저하(저하)시키지 아니하고 서로 조화와 균형을 이루는 것을 말한다. 2. '지속가능발전'이란 지속가능성에 기초하여 경제의 성장, 사회의 안정과 통합 및 환경의 보전이 균형을 이루는 발전을 말한다."라고 규정하고 있다.

75) 제4조 및 제5조에서는 국가와 지방자치단체의 책무에 대해 규정하고 제7조에서는 국민의 책무에 대해서도 규정하고 있다. 특히, 제50조에서는 '지속가능발전

다. 다만, 기업이 환경에 관한 사회적·윤리적 책임을 다할 것을 선언적
으로 규정하고 있을 뿐 그 위반 또는 해태에 대한 제재 또는 불이익에
대해서는 언급하지 않고 있다는 점에서 이와 같은 책임을 법적 책임으
로 이론구성하기는 어려울 것이다. 그러나 동법 제31조 및 제32조에서
규정하는 바와 같이 녹색기술·녹색산업에 대해서는 지원과 특례를 인정
할 수 있으며, 녹색기술·녹색산업의 표준화 및 인증제도를 시행함으로
써 CSR활동과 관련하여 기업의 자발적 참여를 유도하고 있는 것으로
평가할 수 있다.

다음으로, 「중소기업 진흥에 관한 법률」(약칭, 중소기업진흥법) 제1
조에서는 "이 법은 중소기업의 구조 고도화를 통하여 중소기업의 경쟁
력을 강화하고 중소기업의 경영 기반을 확충하여 국민경제의 균형 있는
발전에 기여함을 목적으로 한다."라고 규정한 뒤, 제2조 제11호[76]에서

기본계획의 수립·시행'이라는 표제 하에서 "① 정부는 1992년 브라질에서 개최
된 유엔환경개발회의에서 채택한 의제21, 2002년 남아프리카공화국에서 개최된
세계지속가능발전정상회의에서 채택한 이행계획 등 지속가능발전과 관련된 국
제적 합의를 성실히 이행하고, 국가의 지속가능발전을 촉진하기 위하여 20년을
계획기간으로 하는 지속가능발전 기본계획을 5년마다 수립·시행하여야 한다. ②
지속가능발전 기본계획을 수립하거나 변경하는 경우에는 「지속가능발전법」 제
15조에 따른 지속가능발전위원회의 심의를 거친 다음 위원회와 국무회의의 심
의를 거쳐야 한다. 다만, 대통령령으로 정하는 경미한 사항을 변경하는 경우에
는 그러하지 아니하다. ③ 지속가능발전 기본계획에는 다음 각 호의 사항이 포
함되어야 한다. : 1. 지속가능발전의 현황 및 여건변화와 전망에 관한 사항; 2.
지속가능발전을 위한 비전, 목표, 추진전략과 원칙, 기본정책 방향, 주요지표에
관한 사항; 3. 지속가능발전에 관련된 국제적 합의이행에 관한 사항; 4. 그 밖에
지속가능발전을 위하여 필요한 사항. ④ 중앙행정기관의 장은 제1항에 따른 지
속가능발전 기본계획과 조화를 이루는 소관 분야의 중앙 지속가능발전 기본계
획을 중앙추진계획에 포함하여 수립·시행하여야 한다. ⑤ 시·도지사는 제1항에
따른 지속가능발전 기본계획과 조화를 이루며 해당 지방자치단체의 지역적 특
성과 여건을 고려한 지방 지속가능발전 기본계획을 지방추진계획에 포함하여
수립·시행하여야 한다."라고 규정하고 있다.
76) 본호에서는 "'사회적책임경영'이란 기업의 의사결정과 활동이 사회와 환경에
미치는 영향에 대하여 투명하고 윤리적인 경영활동을 통하여 기업이 지는 책임

는 중소기업의 '사회적 책임경영'에 대해 정의규정을 두고 있다. 즉, 2012년에 신설된 '중소기업의 사회적 책임경영'이라는 표제의 동법 제8절은 3개의 조문으로 구성되어 있는데, 제62조의7에서는 '사회적 책임경영의 지원'에 대하여, 제62조의8에서는 '사회적 책임경영 중소기업육성 기본계획의 수립'에 대해서, 제62조의9에서는 '사회적 책임경영 중소기업지원센터의 지정'에 대해서 각각 규정하고 있다. 이들 중 특히 제62조의7 제1항에서는 "중소기업은 회사의 종업원, 거래처, 고객 및 지역사회 등에 대한 사회적 책임을 고려한 경영활동을 하도록 노력하여야 한다."라고 규정하고 있는데, 이러한 태도는 CSR활동을 직접적으로 규정하고 있다는 점에서 의미가 있다. 다만, 동법에서의 관련 규정 또한 CSR활동과 관련한 기업의 자발적 참여를 유도하고 있는 것으로 평가할 수 있다.

다음으로, 「국민연금법」은 2015년의 개정을 통하여 그 제102조 제4항에서 기금의 관리·운용에 있어서 "장기적이고 안정적인 수익 증대를 위하여 투자대상과 관련한 환경·사회·지배구조 등의 요소를 고려할 수 있다."라고 규정하고 있다. 즉, 동법에서 CSR활동과 관련한 직접적인 언급을 하고 있지는 않지만, 소위 '사회책임투자'(SRI)라는 개념을 도입하고 있다는 점에서 의미가 있다. 공적 연기금의 경우에는 그 특성상 중장기적으로 자산을 보유하여야 하므로 투자대상 기업의 재무정보는 물론이요 그 이외의 ESG요소(환경(Environment)·사회(Social)·기업지배구조 등이 투자를 위한 의사결정에 있어서 중요한 판단자료로 작용한다. 따라서 국민연금법의 이러한 태도는 CSR활동과 관련성이 있다는 점에서 의미가 있다. 다만, ESG요소를 참작하는 것이 법적 의무사항은 아니라는 점에서 한계는 있을 수 있다.

다음으로, 「자본시장과 금융투자업에 관한 법률」(약칭, 자본시장법)에 따른 상장법인의 사업보고서 제출과 관련하여 일정한 비재무적 정보

을 말한다."라고 규정하고 있다.

에 대해서도 공시를 의무화하는 내용의 개정안이 발의되기도 하였으나, 종국적으로는 입법으로 연결되지는 못하였다.[77]

이상에서 살핀 우리나라에서의 CSR 관련 입법내용은 크게 나누어 CSR을 염두에 둔 입법과 CSR을 염두에 둔 것은 아니지만 직·간접적으로 CSR과 관련성이 있는 입법으로 나눌 수 있다. 후자의 경우들에 있어서는 CSR과 관련한 활동을 권고하는 한편, 경우에 따라서는 위반행위에 대한 제재가 수반된다는 점에서 CSR이 법적 의무로 다루어지는 경우들도 다수 발견된다. 반면, CSR을 염두에 둔 입법들에서는 CSR이 법적 의무로서 기획된 것으로 평가하기는 어려우며, 대부분의 경우 기업의 자발적 참여를 권고하는 수준에 머무르고 있다고 평가할 수 있을 것이다. 이러한 사정으로 인하여 이들 법령들에서는 CSR의 개념 또한 대단히 추상적이며 그 실효성에 대한 의문의 제기가 어쩌면 당연한 논리적 귀결인지도 모른다. 따라서 상법에서의 CSR 관련 일반규정 도입을 통한 CSR의 규범화에 대한 논의가 여전히 실익이 있다고 할 수 있다.

2. 상법상 일반규정에 의한 CSR 도입 방안에 관한 논의의 전개

가. 서

CSR활동의 제고를 위한 방안으로서 이를 법적 의무로 구성할 것인지에 대해서도 견해가 나뉘지만, 법률을 통하여 도입한다고 하더라도 그 합리적인 방안이 무엇인지에 대해서는 의견이 분분하다. 특히, CSR을 일반규정에 의하여 도입하자는 견해가 있는가 하면, 구체적인 기업의 영리활동이 사회에 미치는 영향을 분석하여 개별적으로 조문화하거나 기존의 관련 규정을 개정하는 것이 바람직하다는 견해도 있다. 따라서 현행 상법상 관련 규정의 해석을 통하여 CSR의 근거를 찾는 것이

---

77) 자본시장법 개정안의 내용 및 전개과정에 대해서는 이유민(주 40), 60-61.

가능한지에 대해 우선적으로 살핀 뒤, 일반규정에 의한 CSR 도입과 관련한 논의를 검토할 필요가 있다.

나. 상법상 이사의 의무와 CSR

CSR이라는 개념이 기업에서의 주주와 종업원 이외에도 소비자나 지역사회 등 다양한 이해관계자들의 이익을 실현하는 것을 의미한다고 이해한다면 그 이행의 중심에는 기업의 기관에 해당하는 이사가 등장할 수밖에 없다. 따라서 대다수의 기업활동에 있어서는 이사의 사회적 책임과 기업의 사회적 책임이 중첩적이라고 할 수 있다. 그런데 이사의 책임에 관한 일반규정으로는 이사의 선관주의의무의 근거가 되는 상법 제382조 제2항과 이사의 충실의무에 관한 상법 제382조의3 등을 들 수 있다. 그런데 이 두 의무가 이사의 회사에 대한 의무만을 규정한 것이 아니라 주주, 채권자, 소비자 및 지역주민 등 회사의 이해관계자에 대한 관계에서도 부과되는 의무인지가 의문일 수 있다. 이를 긍정하는 견해는 ① 현대의 거대회사에 있어서 이사는 단순히 회사의 이익추구뿐만 아니라 다양한 사회적 책임을 이행할 것을 요청받고 있으며, ② 상법 제382조의3을 신설할 때 참조하였던 일본상법 제254조의3의 가안에 따르면 "이사는 주주 및 채권자의 이익을 고려하여 회사를 위하여 성실히 업무를 수행할 의무를 부담한다"고 규정하였을 뿐만 아니라 ③ 상법 제382조의3에서 정한 '법령'은 모든 법령을 포함한다는 점을 들고 있다.[78] 즉, 이러한 견해에 따를 경우, 이사의 충실의무에 관한 상법 제382조의3의 규정은 "이사는 법령, 정관 또는 주주총회의 결의를 준수하여 주주, 채권자, 종업원, 소비자, 지역주민 등의 이익을 고려하여 회사를 위하여 충실히 그 직무를 수행할 의무를 진다."는 CSR 일반규정으로 해석할 수 있게 된다. 그러므로 이사가 동조의 규정에 위반하여 회사의 이해관계

---

78) 안택식(주 32), 65-67.

자에게 손해를 입힌 경우에는 이사의 제3자에 대한 책임과 관련한 상법 제401조에 의한 손해배상책임을 진다는 논리도 가능하게 된다. 그러나 이러한 논리구조는 해당 조문의 지나친 확대해석의 결과라고 할 수 있으므로 바람직하지 않고, 오히려 회사법 내에서 CSR에 관한 일반규정을 두는 것이 바람직하다는 견해가 있으며, 79) 충실의무 조항의 취지가 CSR을 염두에 두었다거나, CSR을 위해 도입된 것도 아니기 때문에 제382조의3을 CSR의 법적 근거가 된다고 보는 것은 결과론적인 고찰에 불과하다는 견해도 있다.80)

한편, 전통적인 주주중심주의 기업관에 따를 경우, 이사는 주주의 대리인으로서 주주의 이익을 위해 최선을 다할 의무를 지니나, 오늘날에는 위에서 언급한 바와 같이 주주뿐만 아니라 기업에 관계된 다양한 이해관계인들의 이익을 포함한 회사의 이익을 위해 최선을 다할 충실의무 또는 주의의무가 이사에게 부과된다고 이해되기도 한다. 그러나 기업경영과 관련한 경제적 상황과 사회적 인식이 주주중심주의에서 이해관계자주의로 변화한다고 하여 그 법적 근거를 설명함에 있어서 이사의 책임에 관한 규정을 원용하는 입장은 해석의 한계를 일탈하였다고 볼 수 있다. 특히, 기업의 자발적 참여가 중시되는 다양한 CSR활동의 특성을 고려할 때, 이사가 그와 같은 영역에 속하는 CSR활동의 이행에 소극적이었다고 하여 마치 법적 의무 위반에 따른 손해배상책임까지 지게 하는 것은 무리한 해석이라고 할 수 있다.81)

---

79) 송호신(주 51), 154-155.
80) 최준선, "기업의 사회적 책임론", 성균관법학 제17권 제2호, (20014. 12), 500.
81) 상법 규정의 해석에 의한 CSR허용의 한계에 대해서는, 권용수, "기업의 사회적 책임 구현방안에 관한 법적 연구", 박사학위논문, 건국대학교 (2014. 12), 91. 이하 참조.

다. 상법상 일반규정에 의한 CSR의 규범화

현행 우리 상법에서는 아직까지 CSR에 관한 일반규정이 없으나 그 도입에 대한 논의마저 없었던 것은 아니다. 구체적인 방안으로는 크게 3가지 정도의 가능성이 주장되기도 하였다. 우선, ① 회사법에서의 일반 원칙으로서 "회사는 그 사회적 책임을 다하여야 한다." 또는 "회사는 공공복리에 적합하도록 운영되어야 한다."라는 식의 규정을 두는 방법, 다음으로 ② 이사의 의무에 관한 규정내용을 개정하여 "이사는 그 직무를 수행함에 있어서 주주, 채권자, 종업원, 소비자, 지역주민의 이익을 고려하여야 한다."라는 식의 규정을 두는 방법, 다음으로 ③ "회사는 영리를 목적으로 한 경영활동에 있어서 회사의 종업원, 거래처, 고객, 지역사회 등 이해관계자에 대한 사회적 책임을 고려하여야 한다."라는 식의 규정을 두는 방법들이 제시되기도 하였다.

한편, 이러한 일반규정의 도입방안에 대해서는 찬성과 반대의 견해가 대립하고 있다. 우선, 찬성론의 논거는 다음과 같다. ① 각종의 특별법에서도 이해당사자의 이익을 적절히 배려해야 할 의무를 부과하고 있는데, 기업의 기본법이라고 할 수 있는 상법에서 주주의 이익을 위한 이윤의 추구만을 강조한다면 일반법과 특별법상의 해석원리의 상충을 해결할 수 없어서 법적용상의 혼란을 피할 수 없게 된다고 한다. ② CSR의 개념과 내용이 불분명하기는 하지만 민법이나 헌법과 같은 일반법에서도 신의성실의 원칙이나 공공복리의 원칙과 같이 그 개념을 명확히 할 수 없는 추상적 개념들이 규정되어 있으므로 상법에서 그와 같은 CSR을 도입한다고 하여 문제될 것이 없다고 한다. ③ CSR을 일반규정에 의해 도입할 경우, 주주의 권한 축소와 이사의 권한 확대가 예상될 수 있으나 이러한 일반규정의 신설로 인하여 이사회의 행위기준이 분명해질 수 있다고 한다. ④ 일반규정을 신설하는 경우, 회사법상으로도 기업이 사회적 제도이며 주주의 전유물이 아니라는 것을 분명히 할 수 있다고 한다.[82) 아울러, ⑤ CSR을 긍정하는 것이 일반인의 도덕감정에도 부합한다는 주장도 있다.[83) 다음으로, 지금까지는 다수의 견해라고 평가할 수 있는 반대론의 논거는 다음과 같다. ① 기업의 사회적 책임론은 이윤의 추구를 목적으로 하는 회사의 본질을 고려할 때 이를 회사법에서 수용할 경우 회사법의 구조를 변형시키고 이는 종국적으로 회사의 영리성을 제어하는 구실이 될 수 있으며, ② 기업의 사회적 책임은 그 의무내용이 모호하므로 행위규범으로서 기능할 수 없는데, 이는 민법상 신의성실의 원칙이나 권리남용금지의 원칙과 비교하여 마찬가지의 것으로 다룰 수도 있으나, 민법상 일반원칙에서는 구체적인 법률관계의 당사자가 권리의 행사나 의무의 이행에 있어서 사회통념에 따라 쉽게 인식할 수 있는 규범이므로 규범내용이 불분명해지는 문제는 없다고 한다. ③ 또한, 사법상 권리자가 없는 의무가 존재할 수 없는데, 기업의 사회적 책임에서의 권리자는 그 범위가 막연하므로 권리자를 특정할 수 없다는 문제점이 있다고 한다.[84) ④ 아울러, CSR을 일반규정에 의해 도입할 경우, 그 내용을 계수화할 수 없으며 객관적인 판단기준이 없기 때문에 경영자의 재량권의 확대를 가져올 염려가 있다고 한다.[85)

생각건대, 국내의 특별법에서 CSR활동과 관련한 근거규정들을 다수 포함하고 있다는 점에서 상법에서도 CSR활동과 관련한 근거규정을 두는 것은 의미가 없지 않다. 다만, CSR의 포섭범위가 광범위하여 이를 일반규정의 형식으로 상법에 도입할 경우에는 현실적인 측면에서 법적 용의 한계 내지 남용의 문제를 초래할 수 있으므로, CSR의 이행이나 실천을 유도할 수 있는 개별 규정의 신설 내지 관련 규정의 개정을 모색하는 것이 보다 현실적이라고 할 것이다.

---

82) 이상과 같은 설명은 송호신(주 51), 157-158. 참조.
83) 김두진, "주식회사의 사회적 책임론과 그 법제화방안", 외법논집 제42권 제1호 (2018. 2), 144.
84) 이철송(주 48), 63-64.
85) 서돈각, "현행 주식회사법제에 관한 문제점과 상법개정의 방향", 상법연구(2), 법문화 (1980), 174-175.

3. 기업의 사회적 책임의 법제화를 위한 해결과제

가. 기업의 사회적 책임과 규율방식
  : 법적 의무와 자발적 노력 유도의 병행

국내에서의 CSR과 관련한 논의도 그 양적 범위를 넘어서 질적인 측
면에서의 CSR이행 또는 실천방안에 무게중심이 옮겨지고 있는 상황이
다. 즉, 지금까지의 CSR과 관련한 논의나 정책은 기업의 자발적 참여를
기초로 하고 있었으나 실효성 측면에서의 자율규제의 한계로 인하여 그
에 대한 비판이 적지 않았으며 CSR활동의 실효성을 제고하기 위하여
법적 규제의 보완이 있어야 한다는 목소리가 꾸준히 제기되고 있는 실
정이다. 아울러, 기업의 자발적인 CSR활동이라는 것이 경우에 따라서는
그 동기가 불순할 수도 있다고 한다. 이에 공동체적 성격이 강한 분야에
서의 기업활동에 있어서는 강제적 규제나 이행입법이 필요하기도 한데,
대표적으로 사업장의 보건, 안전, 환경, 복지 등과 관련하여서는 이미
관련 법령에서 일정한 기준을 제시하는 한편, 그 기준을 위반할 때에는
법적 규제의 대상으로 된다. 그러나 이윤추구를 주된 목적으로 하는 기
업의 본질상, 자율규제에 한계가 있다고 하여 모든 사항에 대해 법적 규
제 또는 법적 강제를 동원할 수는 없다. 즉, CSR활동의 실효성을 제고
하기 위해서는 자율규제와 법적 규제가 병행되는 방향으로 제도운용을
구상하는 것이 바람직하다고 할 수 있다.[86]

한편, 자율규제와 법적 규제가 병행될 수 있는 구체적 방안은 무엇일
까? 바로 자율규제와 법적 규제를 혼용하는 방안이 그것이라고 할 수
있다. 즉, 입법적 조치를 취하는 경우에 있어서도 비구속적 조치를 포함
시키는 방안이 이에 해당한다고 할 수 있는데, 이는 기업이 자율적 행위
준칙을 정하여 그 준칙을 이행할 것을 법적 규제의 의무사항에 포함시

---

86) 같은 취지의 설명으로는, 권한용(주 9), 724.

키는 방안이다. 아울러 일정 정도의 CSR활동 실적이 확인되는 경우에는 각종의 혜택(예컨대, 조세감면이나 공공조달 분야에서의 입찰, 기타 기술적·재정적 지원)을 제공할 수 있음을 밝히는 것이다. 해당 방안 중 일부는 위에서 언급한 국내 CSR관련 특별법에서도 채택하고 있는 방안이다. 다음으로, CSR활동의 이행과 관련하여 기업으로 하여금 그 내용을 공개하는 보고서를 작성하게 할 것을 의무화하는 것도 방안이라고 할 수 있다.[87] 특히, 후술하는 바와 같이 비재무적 정보에 대한 공시를 의무화하는 것도 그 구체화라고 할 것이다.

다른 한편, CSR활동과 관련한 기업의 자율규제에 대한 법적 규제가 보완적으로 실시되더라도 여전히 문제가 남아 있을 수 있다. 사실, CSR의 이행은 법적 규제보다는 기업의 인식과 의지가 가장 중요하다고 할 수 있다. 즉, 기업 스스로 CSR과 관련하여 자율규제와 법적 의무를 준수하도록 정부 차원에서의 행정적, 법적 지원이 따라야 할 것이다. 특히, 기업의 규모나 사업내용을 고려하여 CSR의 이행과 관련한 규율수단의 적용을 달리할 필요도 있을 것이다.

나. 기업의 지배구조와 기업의 사회적 책임

기업의 지배구조는 "기업을 감독하고 관리하며 통제되는 방식에 영향을 미치는 절차, 관행, 정책, 법률 및 제도의 집합"으로 개념 정의된다. 그런데 기업지배구조를 크게 나누어 미국식과 독일식으로 나눌 수 있다면, 미국식은 주주중심주의를 기본으로 하나 독일식은 이해관계자주의를 기본으로 한다고 평가할 수 있다. 그러나 우리나라에서의 주식회사 기업은 주식소유를 기반으로 하는 기업의 소유자 지배라는 기업구조의 패턴이므로 주주 이외의 근로자나 종업원, 소비자 및 지역주민 등의 이해관계는 고려의 대상이 될 수 없었다고 평가할 수 있다. 즉, 우

---

87) 권한용(주 9), 726-727.

리 상법상의 기업은 그 주체가 자본가인 주주이며, 경영자와 노동자는 기업에서의 주체적 지위를 인정받지 못하고 있다는 것이다. 따라서 기업의 경영이 대주주의 이익에 따라 이루어지기 때문에 채권자, 노동자, 소비자 등의 이해관계인의 이해요구가 기업 내에서 반영되기 어렵다고 할 수 있다. 다만 기업지배구조의 관계에서 CSR의 실효성 확보를 위해서는 기업의 조직 내에서의 견제기관과 감시기관들에 대한 재검토가 필요하다고 할 수 있다. 즉, 현행 회사법 체계에서는 기업 내의 견제와 감사기관으로서 사외이사와 감사 또는 감사위원회를 두고 있는데 기업의 사회적 책임과 관련하여 이들 사외이사나 감사위원회에 근로자, 소비자, 지역주민 등의 이해관계자들이 참가할 수 있는 방안을 검토할 필요가 있을 것이다. 특히, 사외이사 제도와 관련하여서는 독일에서 실시되어 유럽의 다른 나라에도 영향을 미치고 있는 공동결정제도가 우리나라에도 시사하는 바가 크다고 할 것이다.[88]

요컨대, 전통적인 기업지배구조론은 주주중심주의에 입각하여 주주와 다른 이해관계자 사이에 발생하는 대리인 문제를 해결하는데 방점을 두었다면, 기업의 사회적 책임론은 주주뿐만 아니라 이해관계자의 이익도 고려하여야 한다는 점에 방점이 두어진다는 점에서 두 이론의 논의가 다소 상반된 방향으로 전개되어 온 것도 사실이다. 그러나 기업의 사회적 책임을 제고하기 위해서도 기업지배구조의 개선이 수반되어야 하며, 기업지배구조론에서도 이해관계자 보호를 위한 방안의 모색이 수반되는 방향으로 논의가 진행되어야 할 것이다. 즉, 기업지배구조는 더 이상 주주중심주의를 바탕으로 한 이념이 아니며 기업의 사회적 책임과 접목되어 이해관계자와의 관계를 고려한 기준과 규정을 마련하는 방향으로 발전되어야 한다고 할 것이다.[89]

---

88) 이상과 같은 설명은, 송호신(주 51), 161-165.
89) 이유민(주 40), 179.

다. 사회책임 정보의 공시 의무화

비재무정보 또는 지속경영가능정보라는 용어로도 불리우는 사회책
임정보는 기업의 비재무적 정보 중에서 기업이 사회와 지속적인 관계를
형성하면서 이해관계자 모두에게 필요한 정보를 제공하여야 한다는 의
미에서의 정보를 가리킨다. 그런데 기업의 사회적 책임을 법제화한다고
할 경우, 그 실효성을 제고하기 위해서는 기업의 이러한 비재무적 정보
의 공시를 의무화할 필요가 있다는 주장들이 꾸준히 제기되고 있다. 그
근거로는 사회책임정보의 공시는 이해관계자들로 하여금 기업의 사회
적 책임 활동에 대한 감시 또는 감독을 가능하게 한다는 점을 들 수 있
다. 또한, 오늘날에는 기업이 비재무적 리스크로 인하여 이미지가 실추
되고 막대한 손실을 입는 경우가 있는데, 이러한 사정으로 인하여 기업
에 대한 투자판단에 있어서 재무적 요소뿐만 아니라 비재무적 요소도
함께 고려하여야 하기 때문이다.[90] 아울러, 위에서 살핀 각종의 국제기
준에 따른 각국에서의 CSR 관련 표준이 제정되면서 기업들이 관련 보
고서를 작성하는 것이 일반화되고 있는데, 이러한 사정으로 기업차원에
서도 사회책임 정보를 종합하여야 하고 그 수집 및 공개과정에서 이해
관계자들의 참여와 모니터링을 통하여 기업의 경쟁력을 제고할 수 있다
고 한다.[91] 따라서 오늘날에는 사회책임정보에 대한 수요와 중요도가
증가함에도 불구하고 현재 우리나라에서는 사회책임정보가 제한적으로
그리고 기업적 자발적 참여에 의하여 공개될 뿐이고 그 수도 많지 않다.
그러나 위에서 살핀 바와 같이, 외국의 입법례에서는 전세계적으로 이
러한 사회책임정보에 대해서도 공시를 의무화하고 있는 것으로 평가할

---

90) 특히, 환경·인권·노동·반부패·투명한 지배구조·지역사회의 공헌도 등과 같은 다
   양한 사회적 성과를 중시하는 지속가능경영을 실천하는 기업을 대상으로 하는
   사회책임투자(SRI)가 일반적인 투자보다 높은 수익률을 올린다는 결과가 계속
   발표되면서 현재 전세계적으로도 사회책임투자가 크게 성장하고 있다고 한다.
91) 이상과 같은 설명에 대해서는, 손성기(주 62), 161-162.

수 있다. 향후 관련 법령의 개정에 있어서 적어도 일정 규모 이상의 기업에 대해서는 일정한 유형의 사회책임정보에 대한 공시를 의무화할 필요가 있을 것이다.

라. CSR위원회의 설립

기업의 사회적 책임과 관련한 업무는 그 영역이 광범위하므로 CSR활동의 효율성을 제고하기 위해서는 기업 내에서 이를 담당하는 독립적인 부서를 설치하고 전담인력을 배치하여 CSR에 대한 인식공유 및 전략과 실행, 사후관리를 행하는 것이 바람직하다고 할 수 있다. 그러나 현재 우리나라 대부분의 기업에서는 CSR활동을 기업의 이미지 제고를 위한 부수적 업무로 인식하므로 이에 대한 이사회의 논의가 진행된다거나 체계적인 보고체계를 거치는 사례를 발견하기는 용이하지 않다. 따라서 효과적인 CSR활동의 이행을 담보하기 위해서는 최고 경영진 산하에 CSR위원회를 설치하는 방안을 모색할 필요가 있다는 주장도 있다.[92] 특히, 우리 상법 제393조의2에서는 이사회 내에 위원회를 설치할 수 있도록 하고 있으므로, 정관에서 정하는 바가 있으면 이사회 내에 CSR위원회를 설치할 수 있다. 다만, CSR위원회의 설치를 법적으로 강제할 수 있는지의 여부는 별도의 검토를 거쳐야 할 수 있는데, 그 이유는 CSR위원회를 설치함으로 인하여 CSR의 실효성 제고에는 기여할 수 있으나, 이를 기업의 규모를 고려하지 않고 모든 유형의 기업에 강제할 경우에는 특히 중소기업에 있어서 부담으로 작용할 수 있기 때문이다. 즉, 상법 제542조의11에서 규정하는 감사위원회의 사례와 마찬가지로 기업의 자산규모를 고려하여 CSR위원회 설치의 의무화 여부를 결정하고 기타 기업에 대해서는 자발적인 설치를 유도하는 것이 바람직할 것이다.[93]

---

92) 서의경, "기업의 사회적 책임(CSR) 확산을 위한 입법적 검토-상법을 중심으로-", 상사판례연구 제27집 제4권 (2014. 12), 34.

V. 나가며

우리 사회에서도 이제는 기업의 사회적 책임이라는 표현이 어느덧 익숙한 개념으로 자리 잡고 있다. 그리고 기업의 사회적 책임과 관련하여 근로기준법, 소비자기본법, 환경정책기본법, 산업발전법, 중소기업진흥법 등 다양한 특별법에서 관련 규정을 두고 있는 것이 사실이다. 이들 규정들 중 일정 부분은 국제기준을 참조하여 기업의 사회적 책임을 법적 의무화하고 있는 것으로 평가할 수 있는 경우도 있다. 이와 같이 기업의 사회적 책임 활동에 대해서는 그 필요성에 대한 국내외의 공감대가 형성된 것이 사실이며 국제기구들에 의한 다양한 국제적 기준들이 제시되어 그에 대한 각국 국내법에서의 반영절차가 이루어지기도 하였으나, 여전히 기업의 사회적 책임이라는 개념 자체의 의미가 다양하게 사용되고 있는 것도 현실이다. 또한, CSR활동 중에는 본질적으로 기업의 자율규제에 맡겨야 할 부분과 법적 강제수단을 동원하여 그 이행을 강제하여야 할 부분이 구분될 필요가 있기에 CSR을 규범화하는 것이 용이하지 않은 것도 사실이다. 마찬가지로 CSR을 규범화하고 더 나아가 법적으로도 의무화한다고 하더라도 이를 모든 기업에 공통적으로 적용할 수 없는 경우도 있다. 특히, 중소기업의 경우에 있어서는 CSR을 규범화하여 강제할 경우 기업경영에 있어서 큰 부담으로 작용할 수도 있으므로 자율규제에 맡기는 것이 합리적인 경우도 있을 수 있으나, 그와 같이 자율규제에 맡길 경우에는 기업의 경쟁력 약화와 더 나아가 이해관계자를 포함한 공동체의 이익에 위해가 초래될 수 있는 경우도 있다. 따라서 CSR활동의 긍정적인 측면에도 불구하고 예상되는 부작용을 최소화하기 위해서는 CSR활동의 유형을 나누어 공동체의 이익과 직접적으로 관련되는 영역에 대해서는 그 이익의 경중을 고려하여 이를 법적 의무로서 규율하되, 기업의 규모 등을 고려하여 수범자의 범위를 조

---

93) 서의경(주 92), 36-37.

정하는 탄력적 태도를 취할 필요도 있다. 그리고 공동체의 이익과 직접
적인 관련이 없거나 그 이익의 크기가 중대하지 않은 영역에 있어서의
CSR활동과 관련하여서는 자율규제와 법적 규제를 혼용하는 방안을 마
련할 필요가 있을 것이다. 무엇보다도 CSR활동과 관련하여서는 기업의
인식이나 의지가 중요하므로 기업이 주도하여 CSR활동을 전개할 수 있
는 동인을 제공하는 방향으로 관련 제도를 설계할 필요가 있다. 아울러,
우리나라에서도 국제적으로 통용될 수 있는 CSR관련 인증제도를 신설
하거나 국내에서도 기존에 이미 활용하고 있는 CSR 관련 제도를 연계
하는 CSR 플랫폼을 구축할 필요도 있을 것이다.

참고문헌

곽관훈, "기업의 사회적 책임(CSR) 논의의 최근 동향", 경영법률 제27권 제2호 (2017)

곽관훈, "일본 회사법상 CSR경영원칙 도입에 관한 논의", 일감법학 제18호 (2010)

권용수, "기업의 사회적 책임 구현방안에 관한 법적 연구", 박사학위논문, 건국 대학교 (2014)

권한용, "기업의 사회적 책임에 대한 국제적 논의와 법적 과제", 동아법학 제53 호 (2011)

김동근, "회사본질과 기업의 사회적 책임", 기업법연구 제27권 제4호 (2013)

김두진, "주식회사의 사회적 책임론과 그 법제화방안", 외법논집 제42권 제1호, (2018)

김병준, "인권보호를 위한 기업의 사회적 책임 규범화의 국제적 논의와 평가", 국제법학회논총 제58권 제2호 (2013)

노영순, "문화, 관광분야 기업의 사회적 책임(CSR) 확산을 위한 기초연구", 한국 문화관광연구원 (2014)

방준식, "독일 공동결정제도의 성립과 발전", 법학논총 제24권 제1호, 한양대 법 학연구소 (2007)

서돈각, "현행 주식회사법제에 관한 문제점과 상법개정의 방향", 상법연구 (2), 법문화 (1980)

서의경, "기업의 사회적 책임(CSR) 확산을 위한 입법적 검토-상법을 중심으로-", 상사판례연구 제27집 제4권 (2014)

성승제, "사회적 책임에 대응한 기업법제 개선방안 연구", 한국법제연구원 (2013)

손성기, "기업의 사회적 책임에 대한 법적 연구", 박사학위논문, 고려대학교 (2016)

송호신, "기업의 사회적 책임(CSR)에 대한 배경과 회사법적 구현", 한양법학 제 21권 제1집 (2010)

안택식, "회사법강의", 형설출판사 (2009)

이병철·윤창술·손수진, "기업의 사회적 책임과 법적 질서-자유주의 시장경제질 서와 사회적 자본으로서의 신뢰에 대하여-", 한양법학 제20집 (2007)

이유민, "기업의 사회적 책임과 기업지배구조 관계의 회사법적 검토", 기업법연구 제31권 제4호 (2017)

이유민, "기업의 사회적 책임에 관한 회사법적 연구", 성균관대학교 박사학위논문 (2019)

이철송, "회사법강의"(제19판), 박영사 (2011).

정운용, "기업의 사회적 책임 제고를 위한 입법론적 제언", 기업법연구 제25권 제3호 (2011)

최준선, "기업의 사회적 책임론", 성균관법학 제17권 제2호 (20014)

한철, "기업의 사회적 책임(CSR)- 그 현대적 과제-", 기업법연구 제21권 제1호 (2008)

기업지배구조에서 기업공익재단의 역할

이선희*

Ⅰ. 서문

공익사업을 목적으로 기업 또는 기업인이 출연하여 설립한 기업공익재단은 공익활동을 수행함으로써 기업의 사회적 책임을 실현함에 있어서 중요한 역할을 한다. 그러나 2020. 12. 전면 개정된 공정거래법에는 기업공익재단의 대기업집단 계열회사 주식의 의결권 행사를 제한하는 내용의 규정을 두었다. 기업공익재단이 대기업집단 관련자에 의하여 증여세 등 세제혜택을 받아 설립되어 대기업집단 총수일가의 경영권승계에 사용되고, 기업공익재단이 소유하는 대기업집단 계열회사 주식으로 피라미드형 지배구조에서 악용되는 터널링에 동의하는 의결권 행사의 거수기 역할을 수행한다는 부정적인 인식에 터 잡은 것이다. 터널링으로 대표되는 기업의 대리인 문제, 기업의 사회적 책임은 큰 틀에서 기업지배구조와 관련된다. 이에 본고에서는 먼저 기업지배구조와 관련된 우리나라 기업공익재단의 문제점을 살펴보고, 기업공익재단을 통하여 기업이 사회적 책임을 다하기 위한 바람직한 역할과 방안을 검토하기로 한다.

---

* 성균관대학교 법학전문대학원 교수

II. 우리나라 기업공익재단의 문제점

1. 기업공익재단의 개념

우리나라에 기업공익재단의 개념을 별도로 규정한 법률은 없다. 다만, 공익법인의 설립·운영에 관한 법률(이하 '공익법인법')과 상속세 및 증여세법(이하 '상증세법')이 공익법인에 대하여 규정하고 있다. 공익법인법의 적용대상인 공익법인은, 공익을 위해 학자금·장학금·연구비의 보조·지급, 학술, 자선 관련 사업을 목적으로 하는 재단법인·사단법인(제2조)을 말한다. 그리고 상증세법은 종교·자선·학술 관련사업 등 공익성을 고려하여 대통령령으로 정하는 사업을 하는 자를 '공익법인등'(제16조 제1항)이라고 칭한다. 양자를 비교하자면 상증세법에서 말하는 공익법인이 공익법인법의 경우보다 더 넓은 의미이다.

그렇다면 기업공익재단이란, 공익사업을 목적으로 기업 또는 기업인이 출연하여 설립한 재단법인이라고 보면 될 것이다.[1] 그런데 우리나라에서 주로 문제되는 기업공익재단은 기업과 관련 있는 공익재단법인, 특히 대기업집단의 동일인[2]이나 그 친족, 계열회사 및 그 임원이 출연한 공익재단을 의미한다.

---

1) 황찬순, "한국 공익법인의 성격과 기능 : 기업재단을 중심으로", 동서연구 제10권 제2호 (1998. 12.), 150; 고상현, "기업재단에 관한 법적 연구", 법학논총 제36권 1호, 전남대학교 법학연구소 (2016. 3.) 916.
2) 동일인은 기업집단 성립의 기준점이지만, 공정거래법은 동일인에 관하여 별도의 정의규정을 두고 있지 않다. 다만 동법 제2조 제2호의 기업집단에 관한 정의규정으로부터 동일인을 '2개 이상의 회사의 사업내용을 사실상 지배하는 자'로 추론할 수 있다. 동일인은 회사일 수도 있고 회사가 아닐 수도 있다.

2. 우리나라 기업공익재단의 실태[3]

대기업집단과 관련된 공익법인[4]은 총수일가의 편법적 지배력확대 및 경영권 승계, 부당지원·사익편취 등에 이용되고 있다는 지적을 받아왔다. 이에 따라, 공정위가 그 제도개선이 필요한지 여부를 판단해 보기 위하여 대기업집단 관련 '상증세법상 공익법인'(165개)을 대상으로 2017. 12. 20.부터 2018. 3. 16.까지 실태조사를 실시하여 2016년 말을 기준으로 i) 일반현황, ii) 설립현황, iii) 지배구조, iv) 운영실태 등을 파악한 후 전체 공익법인(9,082개)과 비교·분석한 결과를 2018. 6. 발표하였다. 위 발표에 의하면, 대기업집단 관련 공익법인은 사회 공헌 사업을 통해 공익증진에 기여해오고 있었지만, 동시에 총수일가의 지배력 확대, 경영권 승계 등의 수단으로 이용될 가능성도 상당한 것으로 나타났다고 한다.

대기업집단 관련 공익법인은 대부분 복지재단, 학교법인, 장학재단, 문화재단 등 재단법인의 형태를 취한다. 2017년 현재 공정거래법에서 정하는 상위 10개의 대규모기업집단이 지배하는 공익법인은 전부 재단법인의 형태를 이루고 있다. 따라서 아래에서 칭하는 기업공익법인을 곧 기업공익재단으로 보더라도 무방할 것이다.

가. 일반현황

2017. 9. 1. 기준으로 지정된 57개 공시대상 기업집단(이하 '대기업집단') 가운데 51개 집단이 165개 공익법인을 보유하고 있다. 그 중 28개 상호출자제한 기업집단[5] 관련 공익법인이 69.7%(115개)에 달하고, 기타

---

3) 기본적으로 공정위의 '대기업집단 소속 공익법인 운영실태 분석 결과'(2018. 7. 2. 자 보도자료)를 참조하였다.

4) 공정위는 보도자료 등에서 이를 "대기업집단 '소속' 공익법인"이라고 표현하는데, 대기업집단에 속하여 그 이익을 위하여 활동한다는 인식을 내포하고 있다. 본고에서는 '대기업집단 관련 공익법인'이라 칭한다.

집단(23개) 관련 공익법인은 30.3%(50개)이다.

대기업집단을 총수 유무를 기준으로 구분하면, 총수가 있는 집단(44개) 관련 공익법인이 대부분(149개, 90.3%)이다. 2016년 말을 기준으로 할 때 165개 공익법인의 평균 자산규모는 1,229억 원으로 나타났다. 특히, 상호출자제한 기업집단과 관련된 공익법인의 평균 자산(1,649억 원)은 기타 집단과 관련된 공익법인(263억 원)은 물론, 전체 공익법인(261억 원)의 6.3배에 이르는 큰 규모이다. 상위 10대 집단과 관련된 공익법인(75개)의 평균 자산규모는 2,021억 원이다.

나. 설립현황

공익법인 설립 당시 출연자를 대기업집단 전체로 보아 출연빈도가 높은 것부터 배열하면, 계열회사→동일인→친족→비영리법인·임원이다.

현금만 출연해 설립한 법인이 105개(63.6%)로 가장 많았고, 설립 당시 주식이 출연된 경우(38개, 22.8%)는 상대적으로 적었다. 주식이 출연된 경우(38개 공익법인)에 주식 출연자는 대부분 총수일가(30개, 78.9%)인 것으로 나타났다. 반면, 계열회사가 주식을 출연한 공익법인은 4개(10.5%)에 불과했다.

다. 지배구조(이사진 구성)

대기업집단 관련 공익법인에서 동일인·친족·계열사 임원 등 특수관계인이 이사로 참여하는 경우가 83.6%(138개)에 달했다. 이는 현직 임원만 포함된 것으로, 전직 임원이 이사로 참여하는 경우도 상당한 점을

---

5) 경제력집중의 억제와 관련하여 규제대상이 되는 대규모기업집단은 자산규모에 따라 공시대상 기업집단(5억 원 이상)과 상호출자제한 기업집단(10조 원 이상)으로 구분된다(2017. 3. 개정된 독점규제법 및 동법 시행령 제21조 참조).

고려할 때, 동일인의 영향력이 미치는 이사의 비중은 더 클 것으로 공정
위는 예상하였다.

이들 특수관계인이 전체 공익법인 이사회 구성원 수에서 차지하는
비중은 평균 19.2%(동일인 및 친족은 7.9%)이다. 상증세법에서 특수관
계인의 이사 취임을 20%로 제한하고 있는바(제48조 제8항), 이러한 제
한을 의식한 결과로 보인다. 동일인·친족·계열사 임원 등 특수관계인이
공익법인의 대표자(이사장 또는 대표이사)인 경우가 59.4%(98개)이고,
특히 동일인·친족 등 총수일가가 대표자인 경우가 41.2%(68개)에 달했다.

한편, 2018. 12. 7. 자 공정위 보도자료인 '대기업집단 지배구조 현황
분석'에 따르면, 2018. 5. 1. 현재 총수 있는 44개 기업집단 관련 상증세
법상 152개 공익법인 중에서, 계열사 주식을 보유하고 있는 공익법인
(59개)에 집중하여 총수일가가 이사로 등재(78.8%)된 것으로 나타났다.
총수 본인이 이사로 등재되어 있는 공익법인이 44.1%에 달하며, 총수
2·3세가 이사로 등재되어 있는 공익법인은 10.2%에 이르렀다.

라. 운영실태

(1) 수익구조

(가) 수입·지출

대기업집단 관련 공익법인은 2016년의 경우 총 수입의 93.5%를 비
용으로 지출했는데, 전체 공익법인의 지출 비중(98.1%)과 큰 차이가 없
었다. 그러나 사업내용별로 살펴보면 대기업집단 관련 공익법인은 전체
수입/지출 중 고유목적사업을 위한 수입/지출의 비중이 30% 수준에 불
과해 전체 공익법인(60% 수준)의 절반에 불과했다. 특히 이러한 현상은
상호출자제한 기업집단 관련 공익법인에서 뚜렷이 나타났다.[6]

---

6) 이총희, "대기업집단 소속 공익법인의 현황과 개선과제", ERRI 경제개혁리포트
(2018), 11-12.

이러한 현상은 대기업집단들이 공익활동에 비해 과도한 자산을 보유했기 때문이라고 볼 수 있다. 보유하고 있는 공익법인의 총 자산합계가 100억 원 이상인 대기업집단들 중 총 자산대비 수익률이 10%가 되지 않는 대기업집단도 다수 존재한다. 이는 보유자산을 통하여 적절한 수익을 창출하지 못한다는 뜻이다. 게다가 고유목적 사업비용도 미미하다면, 자산 보유목적이 공익사업이 아닌 지배권 확보일 수도 있다는 의심을 받는다.[7]

이와 같은 이유에서 기업공익법인이 출연재산(원금)을 쌓아두고 정작 사회공헌 사업에는 소극적이라는 지적도 있다. 과거 공익법인은 기본 재산(원금)은 보존하고 투자 수익으로만 사회공헌 활동을 할 수 있었지만, 2016년 공익법인법 개정으로 원금의 일부를 주무 관청의 허가를 거쳐 사용할 수 있도록 하였다. 미국은 매년 공익법인이 원금의 5% 이상을 공익사업에 사용하도록 의무화하고 있다.

반면 국내 상위 20개 기업재단의 원금 대비 목적 사업 지출은 3.20%에 그쳤고, 5% 이상을 공익사업에 사용한 곳은 4곳에 불과했다.[8]

(나) 계열사 주식의 공익법인 수익에 대한 기여도

계열회사 주식을 보유한 대기업집단 관련 공익법인의 경우, 자산 구성에서 계열회사 주식이 차지하는 비중이 상당히 크나(16.2%)[9] 수입에서 차지하는 비중은 미미(1.06%)하여 수익에의 기여도가 낮은 것으로 나타났다.

공익법인의 수입 중 가장 큰 비중은 고유목적사업수익으로서 2015년도의 경우는 총 수입의 42.39%이다. 주식배당수익은 전체 수입의 18.46%

---

7) 이총희, 앞의 연구, 12-13.

8) 조선일보, "[더 나은 미래] 기업재단 상위 20곳 총자산 9조 원… 특정 사회문제 해결에 편중, 쉽고 단순한 사업만 손댔다", https://www.chosun.com/site/data/html_dir/2018/02/26/2018022601673.html (2018. 2. 26.).

9) 이총희, 앞의 연구, 23에 의하면, 주식을 시가로 평가할 경우에는 총자산에서 차지하는 비중이 44%까지 올라가게 된다고 한다.

로서 이자수익 비중인 13.61%보다는 높지만 기부금 등 고유목적사업수익의 절반에도 미치지 못한다.[10]

계열회사 주식을 보유한 공익법인(36개 대기업집단 관련 66개) 중 2016년도에 계열사로부터 배당을 받은 공익법인은 35개(53%)이고 평균 배당액은 14.1억 원이었다. 계열사 주식 배당금액을 수익률로 환산해 보면, 보유계열사 주식의 평균 장부가액(538억 원) 대비 2.6%였다. 이러한 주식 배당금액이 공익법인의 전체 수입에서 차지하는 비중은 1.15%이고, 특히 계열회사 주식 배당금액의 경우에는 전체 수입에서 차지하는 비중이 1.06%로 나타났다.

그런데 주식의 시가를 반영하여 수익률을 재산정하면 위 2.6%에서 1.9%로 절반 가까이 하락한다. 또한, 이와 같이 공익법인이 소유하고 있는 주식을 시가평가할 경우에 총 자산에서 주식이 차지하는 비중은 21.8%에서 34%로 상승한다. 이렇다 보니, 대기업집단 관련 공익법인들의 낮은 수익률에도 불구하고 계열회사의 주식을 다수보유하고 있으며, 자산에서 계열회사 주식이 차지하는 비율이 높고 매각할 경우에 차익이 큼에도 불구하고 지속적으로 보유만 하고 있어서 총수일가의 지배력 확대수단으로 공익법인이 악용된다는 의심을 살 만하다.[11]

한편 공익법인이 주식을 보유하고 있는 계열회사 중 배당을 하지 않은 회사도 2015년의 경우, 51개사에 이른다. 이는 분석대상[12] 회사 중 32.48%에 해당한다.[13]

---

10) 이수정, "대기업집단 소속 공익법인의 주식 보유현황 분석(2015)", ERRI 경제개혁리포트 (2016), 33.
11) 이총희, 앞의 연구, 14, 22.
12) 2015년의 경우는 63개 공익법인의 207개 회사가 분석대상이다.
13) 이수정, 앞의 연구, 29.

(2) 계열사 주식 보유 및 활용 실태[14]

자산구성 중 주식이 차지하는 비중은, 2018년을 기준으로 보면, 대기업집단 관련 공익법인의 경우 21.8%로서, 전체 공익법인의 경우인 5.5%의 4배에 이르는 것으로 나타났고 보유 주식의 대부분(74.1%)이 계열회사 주식인 것으로 확인되었다.

계열회사 주식보유 현황을 보면, 36개 대기업 기업집단 관련 69개 비영리법인이 124개 계열회사에 대해 지분을 보유하고 있으며 평균 지분율은 1.39%이다. 2015년부터 2019년까지 계열회사가 출자한 비영리법인 수(65개→69개), 피출자 계열회사 수(113개→124개), 평균 지분율(0.83%→1.39%)이 모두 증가했다.

공익법인이 지분을 보유한 계열회사(124개) 중 63.7%가 상장회사이고, 공익법인이 기업집단 내 대표적인 회사의 지분을 보유한 경우가 많은 것(36개 대기업집단 중 29개 집단, 80.6%)으로 나타났다. 2015년을 기준으로 보면, 계열회사 주식을 보유한 공익법인 중 32.6%가 지주회사 등 그룹지배구조에 있어서 중요한 계열회사의 지분을 보유하고 있었다. 결과적으로 공익법인이 그룹 소유지배구조에서 적지 않은 역할을 하고 있음을 알 수 있다. 분석대상 공익법인 중 상증세법상 비과세한도인 5%[15]를 초과하여 계열사 지분을 보유한 경우도 26.89%로 적지 않았다.[16]

한편 공익사업목적을 위한 재원을 주식 매각을 통해 마련한 사례는 별로 없었다.[17]

---

14) 공정거래위원회, "대기업집단 주식소유현황", (2019. 9. 6.) 참조.
15) 상속·증여자가 공익법인에 특정회사 주식을 5% 넘게 상속·증여시, 초과분에 대하여 증여세를 부과한다(제16조 제2항)
16) 이수정, 앞의 연구, 3, 20-21.
17) 이수정, 앞의 연구, 3.에 의하면, 2013년부터 2015년까지 이에 해당하는 실질적 주식매각사례는 3건에 불과하다고 한다.

(3) 세제혜택

우리나라 상증세법에서 공익법인에 출연하는 재산은 원칙적으로 증여세의 과세대상이 아니다. 다만, 상증세법 제16조 제2항 제2호의 요건에 따라 일정한 주식보유한도를 초과하여 출연한 공익법인에 대해서는 증여세를 부과한다.[18] 이러한 규제조항이 도입된 것은, 대기업집단의 지배주주가 사실상 지배력을 행사하는 재단법인에 주식을 출연함으로써 상속세 및 증여세를 회피하면서 경영권을 세습하는 데에 공익법인을 이용한다는 지적 때문이다.[19]

2017. 8. 기준으로 공익법인이 주식을 보유한 119개 계열사 중 112개(94.1%)가 주식에 대해 상증세 면제 혜택을 받은 것으로 나타났다. 상증세를 납부한 나머지 7개 계열사 주식은 모두 면세 한도를 초과해 증여받은 것으로 확인되었다.[20]

기업공익재단이 위와 같이 증여받은 주식에 대하여 주주로서 의결권을 행사함에 있어서는 대기업집단 동일인 등의 의중을 따르기 때문에, 대기업집단(주로 동일인)의 입장에서는 공익재단을 매개하여 경영권과 재산을 특정인에게 승계하는 셈이다.

(4) 의결권 행사 현황

공익법인은 보유 계열사 주식에 대해 의결권을 적극적으로 행사하였고(위 2018년 실태조사시를 기준으로 1,507회 중 1,410회를 행사하여

---

18) 2020. 12. 22. 개정되어 2021. 1. 1. 부터 시행되는 개정법은 내국법인의 의결권 있는 주식 등을 발행주식 총수의 10%(출연받은 주식 등의 의결권을 행사하지 아니하고, 자선·장학 또는 사회복지를 목적으로 하는 공익법인 등의 경우는 20%, 상호출자제한 기업집단과 특수관계에 있는 공익법인 등의 경우는 5%)를 초과하여 출연한 경우에 증여세를 과세한다.

19) 강나라, "중소기업주식의 공익법인 출연에 관한 연구", 기업경영리뷰 제8권 1호, (2017. 2.), 340.

20) 중앙일보, "'더블타깃' 된 대기업 공익재단", https://news.joins.com/article/22335697 (2018. 2. 1.).

행사비율은 93.6%), 행사 시 모두 찬성한 것으로 나타났다.

비계열사 보유 주식의 경우에도 모두 찬성한 것으로 나타났으나, 행사비율은 계열사 주식의 경우보다 낮았다(416회 중 316회 행사하여 행사비율은 76.0%).

(5) 내부거래 현황

165개 공익법인 중 2016년도에 동일인관련자[21]와 자금거래, 주식 등 증권거래, 부동산 등 자산거래, 상품용역거래 중 어느 하나라도 있는 공익법인은 100개(60.6%)로 나타났다. 특히, 상품용역거래가 있는 공익법인은 92개(55.8%)였으며, 공익법인들의 동일인관련자와의 평균 상품용역거래 비중은 18.7%로 나타났다. 내부거래는 대부분 계열사를 대상으로 이루어졌으나, 동일인의 친족과 부동산거래 또는 상품용역거래를 한 경우도 발견되었다.

공익법인이 총수일가의 편법적 지배력 확장 또는 사익편취 등에 이용되었다고 공정위가 의심하는 사례들은 다음과 같다.

---

21) 공정거래법상 기업집단의 소유구조와 관련하여 동일인(자연인 또는 법인)과 다음과 같은 특별한 관계에 있는 자를 동일인관련자라고 한다. 즉 ① 동일인의 친족, 즉 배우자, 6촌 이내의 혈족, 4촌 이내의 인척 ② 동일인이 단독으로 또는 동일인관련자와 합하여 총출연금액의 100분의 30이상을 출연한 경우로서 최다출연자가 되거나 동일인 및 동일인관련자중 1인이 설립자인 비영리법인 또는 단체 ③ 동일인이 직접 또는 동일인관련자를 통하여 임원의 구성이나 사업운용 등에 대하여 지배적인 영향력을 행사하고 있는 비영리법인 또는 단체 ④ 동일인이 사실상 사업내용을 지배하는 회사(계열회사) ⑤ 동일인 또는 동일인이 지배하는 비영리법인·단체, 계열회사의 사용인(동법 시행령 제3조 제1호 참조). 한편 이와 유사한 용어로 동법의 기업결합관련 조항에서는 특수관계인이라는 용어가 사용되고 있는 바, 구체적인 내용은 대통령령으로 정한다. 현행 시행령에는 1. 당해 회사를 사실상 지배하고 있는 자와 2. 동일인 관련자{다만, 동 시행령 제3조의2(기업집단으로부터의 제외) 제1항의 규정에 의하여 동일인관련자로부터 분리된 자를 제외} 및 3. 경영을 지배하려는 공동의 목적을 가지고 당해 기업결합에 참여하는 자가 포함된다.

① 공익법인을 통한 지배력 유지 : 대기업집단 A의 총수 2세가 이사장으로 재직 중인 관련 甲 공익법인은 계열사 간 합병으로 인해 발생한 신규 순환출자지분을 공익법인 재산으로 매입했음.

② 계열사 우회지원 : 대기업집단 B의 총수가 이사장인 관련 乙 공익법인은 다수 계열사로부터 45억 원의 현금을 증여받은 후 다음 달 계열사 C의 유상증자(52억 원)에 참여했음. 계열사 C의 경우 지난 5년 간 배당 내역이 없는 회사임.

③ 지배력 유지 및 계열사 지원에 이용 : 대기업집단 D의 총수가 이사장인 관련 丙 공익법인은 계열사 E의 경영권 분쟁 당시 총수의 E의 지분 매입대금 제공을 위해 총수일가가 매각한 계열사 F의 지분을 매입해 주었음. 이후 E의 경영권 분쟁에서 총수 측이 실패하자 丙 공익법인은 F의 지분을 전량매각하고 해당 대금으로 워크아웃 진행 중인 계열사 G의 지분을 매입했음.

④ 규제 회피 수단으로 이용 : 대기업집단 H의 총수는 사익편취규제 시행(2014. 2.) 이후 총수일가 지분이 많으면서(2014년 기준 80.0%, 43.4%) 내부거래 비중도 높은(2014년 기준 45.7%, 24.7%) I와 J에 대한 본인 소유 지분 일부를 관련 丁 공익법인에 출연했음. 그 결과 I와 J에 대한 지배력은 유지하면서 총수일가 지분율을 29.9%로 감소시켜 총수일가 사익편취 규제 대상에서 벗어났음.

마. 소결

공정위는 대기업집단 관련 공익법인들의 운영실태를 종합적으로 살펴본 결과, 위 공익법인들이 그간 사회공헌사업을 통해 공익증진에 기여해 왔으나, 총수일가의 지배력확대, 경영권 승계, 부당지원·사익편취 등에 이용될 가능성도 상당한 것으로 판단된다고 결론을 지었다.

대기업집단 관련 공익법인들의 상당수는 총수일가가 세제혜택을 받고 설립한 뒤 이사장 등의 직책에서 지배력을 행사하고 있는 가운데, 그 보유 주식이 총수 2세 출자 회사 등 기업집단에 대한 지배력과 관련된 회사에 집중된 반면, 계열사 주식이 공익법인의 수익원으로서 기여하는 역할은 미미한 것으로 나타났다. 또한, 위 공익법인들이 총수일가 또는 계열사와 내부거래를 하는 경우도 상당히 빈번한 것으로 나타났다. 그럼에도 불구하고, 공익법인과 동일인관련자 간 내부거래에 대한 통제장치는 미흡한 실정이라고 평가하였다.

Ⅲ. 기업공익재단과 지배구조

1. 기업지배구조의 개념

기업지배구조(Corporate Governance)란, 좁은 의미로는 기업의 소유와 경영의 분리로 인하여 발생하는 주주와 경영자 사이의 이익상충, 즉 경제학에서 말하는 대리인 문제와 그 해결을 위한 조직 및 보상의 설계를 의미한다.[22]

그런데 최근 들어서 기업지배구조는 사법 영역에서 대리인 문제에 관한 기능적이고 경제적인 관점으로부터 투자자와 주주 이외의 이해관계자를 보호하고자 하는 공공정책적인 관점으로의 변화를 겪고 있다. 2000년대 초 미국의 엔론과 월드컴 등의 회계부정 사건을 거치면서 기업지배구조는 더 이상 주주가치의 극대화만을 위한 개념이 아니라, 소비자나 금융기관, 규제당국, 그리고 지역사회 등을 포함한 기업 외부자들과의 관계와 기업이 통제를 받는 목적에 관한 것이 되었다.[23]

---

22) 김건식, 지배구조와 법, 도서출판 소화 (2010), 4; 이철송, 회사법강의 28판, 박영사 (2020), 492-502.

23) 이상복, "기업지배구조와 기업의 사회적 책임의 수렴", 기업지배구조리뷰, 한국

이와 같이 넓은 의미의 기업지배구조는 주주뿐만 아니라 채권자, 근로자, 소비자 등 기업의 각종 이해관계인의 권한, 책임 등 상호관계를 포함하게 되었다.[24] 이는 기업에 윤리적, 도덕적으로 정당한 행위를 요구한다는 점에서, 기업의 사회적 책임과 연결된다.

2. 대리인문제

OECD는 기업지배구조를, 기업의 경영 및 감독에 영향을 주는 일련의 절차와 과정으로 파악하여, 기업 내부의 다양한 관계자들의 권리와 책임의 분배를 구체화하며 기업의 의사결정을 위한 규칙과 절차를 규정하는 것으로 정의한다.[25] 이는 좁은 의미의 기업지배구조를 의미하는 것으로서, 대리인 문제의 해소를 주안으로 삼는다.[26] 대리인 문제는 터널링의 문제와 의사결정 왜곡 문제로 나누어 볼 수 있다. 이에 대하여 살펴본다.

가. 터널링

대리인이론은 소유와 지배가 분리된 기업에서 발생하는 전문경영진의 사익추구행위의 분석에서 출발한다.[27] 그 중 터널링은, 회사를 지배하는 자가 그 회사의 자산과 이익을 자신의 이익을 위하여 이전하는 행위를 지칭한다. 마치 지하터널을 통하여 자산을 빼내는 것과 같이 소

기업지배구조원 (2011), 48.
24) 김건식, 앞의 책, 4.
25) OECD, Glossary of Statistical Terms, https://stats.oecd.org/glossary/detail.asp?ID =6778.
26) 이상복, 앞의 연구, 47.
27) Michael C. Jensen & William H. Meckling, "Theory of the Firm: Managerial Behavior, Agency Costs and Ownership Structure", 3 Journal of Financial Economics, 305, 309-311 (1976).

수주주를 착취하는 것을 특징적으로 묘사하기 위하여 위 용어가 사용되었다.[28]

대리인 문제는 특정 의사결정을 해야 하는 주체가 보다 많은 정보 또는 영향력을 가진 주체에게 권한을 위임하는 과정에서 발생한다. 대체로 주주가 경영진의 행동 혹은 의사결정을 관찰·감시하는 것이 어려울 때 경영진이 주주의 이해에 반하는 행동·의사결정을 취함으로써 발생한다.[29]

그런데 우리나라 기업 현실에서는 주주와 경영진 사이의 이익충돌보다는 이른바 지배주주와 비지배주주 사이의 이익충돌이 더 일반적이고 현저하게 나타난다.[30] "지배소수주주(controlling minority shareholder)"의 존재는 한편으로는 경영진을 감독하여 경영진의 대리인 문제를 감소시킬 수 있지만, 다른 한편으로 지배주주의 권한남용을 초래하여 지배주주의 대리인 문제를 심화시킬 수 있다.[31] 지배주주와 비지배주주 사이의 이익충돌은, 지배주주가 두 회사에 관여하고 있을 때 두 회사에 대해서 가지는 경제적 권리(cash flow right)는 상이하지만 두 회사 모두를 지배(control)할 수 있는 경우에 가장 현저하게 발생하고, 그 두 회사 간의 거래를 통해 지배주주의 사익이 실현된다. 예컨대 지배주주 일가가 상장회사인 A회사에 대해서는 30% 지분만으로도 지배력을 행사하고 있고 B회사에 대해서는 100% 지분을 가지고 있다면, 두 회사 사이에 A회사에 불리하고 B회사에 유리한 거래를 할 능력과 유인이 있다. 이러한 거래가 이루어지면 A회사의 70% 주주로부터 30% 주주에게 부의 이

---

28) Johnson, Simon, Rafael LaPorta, Florencio Lopez-de-Silanes, and Andrei Shleifer, "Tunneling", 90(2) American Economic Review, 22, 22-23 (2000).
29) 송옥렬, 상법강의(제9판), 홍문사 (2019), 904, 906.
30) 김건식, "기업집단과 관계자거래", 상사법연구 제35권 제2호 (2016. 8.), 9; 이상훈, "한국 기업집단 지배구조 문제의 본질과 바람직한 상법 개정", 상사법연구 제36권 제2호 (2017. 8.), 21; 천경훈, "소수주주 다수결의 도입 가능성에 관한 시론", 기업법연구 제32권 제4호 (2018. 12.), 10.
31) 천경훈, "기업집단법제에 관한 연구", 기업법연구 제29권 제3호 (2015. 9.), 44.

전(transfer of wealth)이 일어나게 된다.32)

소수지배주주에 의한 지배가 가능하려면, 적은 경제적 지분만으로 A회사의 의사결정을 지배할 수 있어야 한다. 우리나라에서는 실제 경제적 지분으로 기업을 지배하기에 부족한 총수 일가가 다단계의 피라미드출자 또는 순환출자 등의 구조적 방법을 통해 의결권을 극대화하는 레버리징 효과에 의하여, 또는 주요 기관투자자와의 우호적 관계를 통한 우호 지분 확보와 계열회사에 대하여 주식을 소유하고 있는 공익법인의 동조를 확보함으로써, 적은 지분으로도 기업집단 전체를 지배할 수 있었다.33) 이와 같은 소수지배주주에 의한 지배는 지배주주가 정상적인 배당 등을 통해 이익을 얻기 보다는 회사기회유용이나 일감 몰아주기와 같은 편법적 행위로 사익을 추구하려는 유인이 된다. 실제로 공정거래법 위반의 부당지원행위가 인정된 대부분의 사건에 있어 지원주체(피해회사)보다 지원객체(수혜회사)에 대한 지배주주 일가의 지분율이 훨씬 더 높게 나타나고 있고, 대규모기업집단의 경우 총수 일가 지분율이 높은 계열사일수록 전체 매출액 중 내부거래로 인한 매출액이 차지하는 비중이 높은 경향도 지속되고 있다.34)

---

32) 천경훈, 앞의 연구, 11; 천경훈, "실질적 의미의 기업집단법, 그 현황과 과제", 경제법연구 제15권 3호 (2016. 12.) 11.

33) 천경훈, "기업집단의 법적 문제 개관", BFL 제59호, 서울대학교 금융법센터 (2013.5.), 7-8; 천경훈, 앞의 연구, 44. 공정거래위원회가 발표한 2016년 대기업집단 주식소유현황 정보공개에 따르면, 상위 10대 집단의 경우 총수일가 지분율은 2.6%에 불과하고 계열회사 지분율은 54.9%였다. 한국에서의 이러한 현상에 관한 대표적인 실증분석으로, Woochan Kim, Youngjae Lim, and Taeyoon Sung, "Group Control Motive as a Determinant of Ownership Structure in Business Conglomerates: Evidence from Korea's Chaebols," 15(3) Pacific-Basin Finance Journal (2007), 213-252.

34) 내부거래 현황에 관한 최근 3년간 공정거래위원회 보도자료인 "대기업집단 내부거래현황 분석결과" (2016.9.8.), "2017년 대기업집단 내부거래현황 정보공개" (2017.9.21.), "2018년 공시 대상 기업집단 내부거래 현황 공개" (2018.10.10.) 참조. 이들 모두 "총수일가(특히 2세) 지분율이 높을수록 내부거래 비중이 높게 나타났다"고 서술한다.

나. 의사결정의 왜곡

소유와 지배의 괴리가 가져오는 대리인 문제 중 또 다른 측면으로 의사결정의 왜곡을 들 수 있다. 특정인 또는 특수관계인이 기업집단 전체를 지배하는 경우에, 낮은 사적 위험부담 하에 중요한 의사결정을 할 수 있으므로 비효율적인 의사결정을 하게 될 가능성이 높다는 것이다.

이 문제는 일반적으로 창업자 가문의 자손들이 대대손손 경영권을 장악해온 기업들에서 두드러지게 나타나는데, 경영능력이 부족한 배우자나 자손들에게 대표이사 등의 역할을 부여하는 경우에 나타난다.[35] 또한 회사가 보유한 계열회사 주식이 별다른 현금창출력이나 시너지 효과가 없음에도 불구하고 지배주주의 지배력강화에 필수적이라면 위기 상황에서도 그 주식을 처분하지 않고 집착하는 경우 등도 이에 해당한다. 이와 같은 비합리적인 의사결정은 주주총회, 이사회 등 회사법이 상정하는 의사결정절차를 통해 제어되어야 할 것이나 소유와 지배의 괴리가 있는 기업 내에서는 비지배주주의 희생 하에 그와 같은 비합리적인 의사결정이 관철될 수 있다.

기업공익재단에서도 이와 같은 의사결정의 왜곡이 일어날 수 있다. 기업공익재단의 대표는 대기업집단의 총수일가가 맡는 경우가 많기 때문이다. 위 총수일가가 기업공익재단의 의사결정에 주도적인 역할을 함으로써 기업공익재단에 불리하거나 비효율적인 결정이 통제되지 않은 채 이루어질 수 있다. 또한 대기업집단의 의사결정과 관련하여, 기업공익재단이 소유하고 있는 주식을 통하여 해당 기업이나 기업집단 차원에서 일어나는 비합리적인 의사결정에 동조하는 의결권을 행사할 위험이 있다.

---

35) 신정완, "스웨덴 발렌베리 기업들의 소유지배구조와 한국에서 발렌베리 사례의 수용방식", 스칸디나비아 연구 제16호 (2015. 8.), 217; 천경훈, 앞의 연구, 13.

3. 기업공익재단에 대한 규제

가. 비교법적 검토

기업공익재단에 대한 규제는 크게는 기업의 유지 및 발전을 목적으로 하는 재단의 존재 및 활동을 긍정하는지 여부에 달려 있다.

기업의 유지 및 발전을 목적으로 하는 재단의 대표적인 예는 자기목적재단(Selbstzweckstiftung)이다. 이는 재단의 목적이 재단재산의 유지와 관리에 제한되는 경우이다. 재단의 목적에 대하여 비교적 제한을 두지 않는 독일에서도 지배적인 견해는 자기목적재단을 부정한다고 한다. 언제나 어떤 외부의 목적에 바쳐지는 재단법인의 본질에 비추어 그와 같이 해석된다.[36] 자기목적재단에는 해당하지 않지만, 기업과 관련된 재단의 형태로는 i) 기업의 설립자가 기업을 재단에 이전시키거나 또는 재단의 설립자가 재단 설립 후 기업을 취득하는 등으로 재단이 직접 기업을 경영하는 이른바 기업소유자재단과 ii) 재단이 회사에 대한 지분을 보유하는 지분소유자재단이 있다.[37]

비교법적으로 볼 때, 로마-영미법 권역에서는 기업의 유지 및 발전이 공익적 목적에 해당하지 않으므로 재단의 목적으로서 허용될 수 없으나, 게르만법 권역에서는 이러한 목적의 허용을 다방면으로 긍정하고 있다고 한다.[38] 이에 따라 기업공익재단에 대한 규제에 차이가 발생한다.

---

36) MünchKomm/Reuter, §§ 80, 81 Rn. 105 ff.; Staudinger/Rawert, Vor § 80 ff. Rn. 88; Soergel/Neuhoff, Vor § 80, Rn. 70; Erman/Werner, Vor § 80, Rn. 20.; Bund-Länder-Arbeitsgruppe(주 연방 연구그룹), 37. - 고상현, "기업재단에 관한 법적 연구", 법학논총 제36권 1호, 전남대학교 법학연구소 (2016. 3.), 910에서 재인용.

37) Hof/Hartmann/Richter, Stiftungen, 237.; MünchKomm/Reuter, §§ 80, 81 Rn. 103; Seifart/v. Campenhausen/v. Campenhausen, § 2, Rn. 16; Bamberger/Roth/Schwarz, Vor § 80 Rn. 16; 기업소유자재단은 실무상 거의 관철되지 않는다고 한다. - 고상현, 앞의 연구, 904에서 재인용.

(1) 미국

미국에서는 기업이 재단의 재원을 조달하거나 또는 기업이 직접적으로 공익목적을 이행하는 것은 일반적으로 긍정한다. 그러나 재단이 직접적으로 기업을 소유하거나 인적 책임회사로서 기업에 참여하는 것은 제한한다. 특히 대외적으로는 재단이 공익성을 주된 목적으로 명시하면서도 특정한 기업에 구속되어 기업의 유지와 발전을 실제 주된 목적으로 하는 것을 경계한다. 그리하여 공익법인은 동일회사의 의결권 있는 주식을 20%(단, 제3자가 이미 기업의 지배력을 가지고 있는 경우에는 35%)까지만 보유할 수 있다. 이른바 사적 재단에서는 기업에 대한 과반수 지분이 저지되며, 자선목적을 위하여 매년 재단재산(기업가치)의 5%를 최소출연금으로 요구한다.[39] 국세청(Internal Revenue Service)이 이와 같은 통제에 관여한다.

(2) 유럽국가

네덜란드와 덴마크 및 스웨덴은 기업 자신을 목적으로 하는 재단을 널리 허용한다. 그러나 네덜란드와 스웨덴에서는 기업소유를 제한하는 특별규정을 두고 있고, 덴마크는 주식회사법과 유한책임회사법의 준칙주의 규정에 대한 위반을 방지한다는 명시적인 내용을 포함한 특별법을 제정하였다. 오스트리아의 사적 재단은 오직 부수행위 내에서 직접적인 기업소유자가 되는 것을 허용한다.[40]

독일은 앞서 본 바와 같이 기업 자기목적 재단에 대해서는 부정적이지만, 기업소유자재단과 지분소유자재단과 같이 재단의 주식보유에 의한 회사의 지배를 인정한다.[41] 독일에서 기업재단이 특별한 법적 제한

---

38) 고상현, 앞의 연구, 907.
39) 고상현, 앞의 연구, 908.
40) 고상현, 앞의 연구, 908.
41) 이상신, "공익법인에 대한 주식 출연의 제한 및 그 개선방안에 관한 연구", 조세법연구 제21권 제2호, 한국세법학회 (2015. 8.), 217; 고상현, 앞의 연구, 907.

없이 인정되는 중요한 이유는 공공복리를 위태롭게 하지 않는 모든 목적의 재단이 허용되기 때문이다(독일민법 제80조 제2항 참조).[42]

(3) 일본

일본은 공익법인의 활동을 규율하는 법률로서 2006년에 "공익사단법인 및 공익재단 법인의 인정 등에 관한 법률(이하 '인정법')"을 제정하여, 이를 시행하고 있다. 인정법 제5조 제15호는 공익재단법인 등에 대하여 다른 단체의 의사결정에 관여할 수 있는 주식 기타 내각부령으로 정하는 재산을 보유하지 않도록 규정하고 있다. 다만, "그 재산의 보유에 의해 다른 단체의 사업활동을 실질적으로 지배할 우려가 없는 경우로서 정령으로 정하는 경우에는 그러하지 아니한다"라는 예외조항을 두고 있다. 인정법 시행을 위한 운용지침에 해당하는 "공익인정 등에 관한 운용에 대해(공익인정 등 가이드라인)"에서는, 공익법인이 다른 법인의 의결권 있는 주식 중 과반수를 보유하고 있는 경우, 무의결권 주식으로 전환하거나 수탁자에게 신탁하여 인정법 제5조를 충족시킬 수 있음을 예시적으로 제시하고 있다. 이러한 일본의 인정법과 운용지침은, 다른 법인을 지배할 목적이 아닌 경우에는, 공익법인이 다른 법인의 주식을 보유할 수 있도록 허용하고 있는 것이라고 해석된다.[43]

위 인정법에 의하면, 공익법인은 ① 운용재산을 관리운용하는 경우와 ② 재단법인에 기본재산으로 기부된 경우에 한하여, 50%의 주식보유를 인정한다. 운용지침에 따르면, 위 ①, ②에 의하여 보유할 수 있는 주식은 상장주식이나 장외시장 공개주식과 같이 증권회사의 통상적인 거래를 통하여 취득할 수 있는 주식으로 제한된다. 그리고 주식보유가 인정되는 경우라고 할지라도, 당해 영리법인이 발행한 총 주식의 1/2 이상을 보유하여서는 안 되며, 20% 이상인 경우에는 매 사업연도의 사업보

---

42) 고상현, 앞의 연구, 915, 917.
43) 강나라, 앞의 연구, 345-346.

고서에 해당 영리기업의 개요를 기재하여야 한다.[44]

나. 우리나라의 경우

우리가 일반적으로 떠올리는 기업공익재단은 기업이 재단법인의 재원을 출연·납입·조달하였을 뿐, 재단이 특정한 기업에 구속되지 않고 공익활동을 수행하는 형태이다. 재단이 기업을 소유하는 기업소유자재단이나 기업의 지분을 보유하는 지분소유자재단의 관점은 다소 생경하다. 그러나 우리나라에서도 재단이 기업의 지분을 보유하는, 독일의 지분소유자재단과 유사한 형태의 재단법인의 모습이 발견된다. 대기업 집단에 관련된 상당수의 공익법인이 계열사 주식을 보유하는 것인데,[45] 이는 기업의 지분이 공익재단법인의 재산에 귀속하는 경우이다.

이와 관련하여, 대기업집단의 지배구조에 있어서 기업공익법인의 역할을 규제하기 위하여 공익법인의 주식보유 및 의결권 행사에 제한을 둔다. 공익법인의 활성화라는 측면과 공익법인제도의 악용방지라는 상반된 측면의 조화를 위한 것이다.[46]

(1) 주식보유 제한

우리나라는 공익법인에 의한 기업주식의 취득 및 보유를 직접적으로 제한하지는 않는다. 다만, 상증세법상 일정한 제한을 두고, 그 제한을 초과하는 경우에 초과분 등에 대하여 증여세나 가산세를 부과하는 방식을 취한다.

지배구조가 복잡한 대규모기업집단에서는 지주회사의 역할을 하는

---

44) 김진수, "공익법인의 주식 취득·보유 제한에 대한 타당성 검토", 재정포럼 제158권 (2009. 8.), 54.
45) 고상현, 앞의 연구, 916.
46) 곽관훈, "대기업집단 소속 공익법인의 계열사 주식보유규제의 개선방안", 기업법연구 제29권 4호 (2015. 12.), 134면.

회사의 주식이 기업집단 전체에서 경영권을 지배하는 데에 큰 역할을 하는데, 기업공익재단이 대기업집단 계열회사의 주식을 다량 소유하게 되면, 해당 기업집단의 지배주주인 일종의 지주회사와 같은 역할을 하게 된다.[47] 실제로 우리나라의 많은 기업공익재단은 대기업집단의 지배구조에서 중요한 연결고리를 차지하고 있다.[48]

위와 같이 기업공익집단의 주식소유를 제한하는 상증세법 규정은 미국의 예를 따른 것이다. 앞서 본 바와 같이, 미국은 대외적으로는 공익을 내세우면서 실제로는 특정한 기업에 구속되어 그 기업의 유지와 발전을 주된 목적으로 하는 것을 경계한다. 우리나라의 상증세법상 제한은 기업공익재단의 설립 시에 총수 등이 출연한 주식을 기업공익재단이 다량 소유함으로써 대기업집단에 대한 지주회사로서의 역할을 하는 것을 방지하기 위한 것이다.

회사가 의결권 있는 주식을 공익법인에 출연할 때 면세혜택은 상호출자제한 기업집단과 특수관계에 있는 공익법인등의 경우는 총 주식의 5%(과거 성실공익법인에 해당하는 경우에는 10%였으나, 법 개정으로 현재는 내국법인의 의결권 있는 주식 등을 발행주식 총수의 10%, 출연받은 주식등의 의결권을 행사하지 아니하고 자선·장학 또는 사회복지를 목적으로 하는 공익법인등의 경우는 20%)에 한정된다(상증세법 제48조 제1항, 제16조 제2항 제2호). 그리고 공익법인이 재산을 출연 받은 때에는 출연 받은 날로부터 3년 이내에 직접 공익목적사업 등에 사용하지 않는 경우 등에는 상증세법시행령으로 정하는 일정한 가액을 증여받은 것으로 보아 증여세를 과세한다(동법 제48조 제2항 제1호). 또한 출연받은 재산으로 내국법인의 의결권 있는 주식을 위 법 제16조 제2항 제2호에 따른 비율을 초과하여 취득하는 것을 제한하고 있다(동법 제48조 제2항 제2호 참조). 공익법인이 계열사 등의 주식을 보유하는 경우, 원

---

47) 박태규, "공익재단 관련 조세정책의 효과와 개선방향", 동서연구 제8권, 연세대학교 동서문제연구원 (1996), 45, 55; 강나라, 앞의 연구, 351-352.
48) 강나라, 앞의 연구, 340-342.

칙적으로 그 주식가액이 공익법인 총재산가액의 30%(제50조제 3항에
따른 회계감사, 제50조의2에 따른 전용계좌 개설·사용 및 제50조의3에
따른 결산서류 등의 공시를 이행하는 공익법인 등에 해당하는 경우에는
50%)를 초과하는 경우 가산세를 부과한다(동법 제48조 제9항 참조).

그런데 위와 같은 제한은 공익법인 관련 정책을 수립함에 있어서 공
익을 위한 사업에 보다 많은 재산의 출연을 유인하는 데에 정책의 우선
순위를 두기보다는, 조세감면에 따른 문제를 해소하는 것에 주력하였다
는 비판을 받는다.[49]

(2) 의결권 행사 제한

앞서 Ⅱ. 에서 본 바와 같이 우리나라 기업공익재단에 대하여 대기업
집단 지배구조와 관련한 부정적인 평가는, 기업공익재단이 소유한 대기
업집단 관련 주식에 대한 의결권 행사의 규제논의로 이어지게 되었다.
공익재단을 통한 기업지배는 탈법적이고 부당한 것이라는 관념이 지배
적이었고[50] 그에 앞서 본 기업공익재단에 대한 실태조사결과는 이러한
관념을 강화시켰다. 그리하여 2020. 12. 개정으로 신설된 공정거래법 제
25조 제2항(2022. 12. 30. 시행예정)은 공익법인이 보유한 계열사 지분
의 의결권 행사를 원칙 금지하되, 상장 계열사에 한해 특수관계인의 지
분을 합산해 15% 한도 내에서 예외적으로 의결권을 행사할 수 있도록
했다. 다만, 법시행 후 2년간은 현재와 같이 의결권 행사를 허용하되, 2
년 경과 후 3년에 걸쳐 단계적으로 의결권 행사 비율을 축소하도록 했
다(30%→25%→20%→15%).

다만, 예외적으로 i) 공익법인이 해당 국내 계열회사 발행주식 총수
를 소유하고 있는 경우(법 제25조 제2항 제1호), ii) 임원의 선임 또는
해임, 정관 변경, 그 계열회사의 다른 회사로의 합병, 영업의 전부 또는

---

49) 박태규, 앞의 연구, 45, 55-56.
50) 이상신, 앞의 연구, 217.

주요 부분의 다른 회사로의 양도(다만, 그 다른 회사가 계열회사인 경우는 제외)와 같이 제한적으로 열거된 안건에 한하여 의결권을 행사할 수 있는 주식수의 비율(그 계열회사에 대하여 특수관계인 중 대통령령으로 정하는 자를 제외한 자가 행사할 수 있는 주식수를 합하여 그 계열회사 발행주식총수의 100분의 15)의 한도 내에서(법 제25조 제2항 제2호) 의결권 행사를 허용한다. 1호의 경우에는 공익법인의 의결권 행사를 허용하지 않으면 해당 계열회사의 의결을 진행시킬 수 없기 때문인 것으로 보인다. 2호는 금융회사의 국내 계열회사 주식에 대한 의결권 행사제한과 내용이 동일하다. 터널링과 직접 관계가 없어 보이는 안건에 한정하면서도, 그 비율을 제한하였다. 그런데 금융회사의 경우에 계열회사 주식의 취득을 제한하지 않는 것과 비교할 때, 비영리법인은 의결권만을 제한하는 것이 아니라 주식의 취득 자체도 제한하고 있다는 점에서 제한의 정도가 과하다.

또한 공정거래법상 의결권 제한은, 공익법인이 최대주주로 있는 경우에 오히려 소수의 지분을 가진 경영자가 경영권을 지배하는 폐단이 발생할 수 있기 때문에[51] 소수의 지배주주가 회사를 지배하는 폐단을 방지하기 위해서 상법이 무의결권부 주식의 발행한도를 25%로 제한하고 있는 취지에 반한다는 비판이 가능하다.

4. 기업의 사회적 책임

앞서 본 좁은 의미의 기업지배구조가 기업 내 이해관계자의 이익충돌방지를 위한 절차와 규율에 대한 것이라면, 넓은 의미의 기업지배구조는 주주뿐만 아니라 채권자, 근로자, 소비자 등 기업의 각종 이해관계

---

51) 강나라, 앞의 연구, 350; 김종근·전병욱, "공익법인에 대한 주식출연 관련 증여세 과세문제: 구원장학재단의 사례를 중심으로", 세무학연구 제29권 3호 (2012. 9.), 133.

인의 권한, 책임 등 상호관계를 의미한다. 이는 기업에 윤리적·도덕적으로 정당한 행위를 요구한다는 점에서, 기업의 사회적 책임과 연결된다.

기업의 사회적 책임은 기업 외부에 존재하는 이해관계자들에게 혜택을 제공하는 것에 기초하는 개념으로, 주주의 이익과 상충가능성이 있는 개념이다. 위 개념을 한마디로 정의하기는 어려우나, 적어도 영업활동을 하는 경우에도 윤리적, 사회적, 그리고 환경적인 상황에 자발적으로 관심 갖는 것을 포함한다. 즉, 기업이 자신의 이익과 법률이 요구하는 것을 뛰어넘어 사회적인 선(social good)을 실현하는 것으로 보이는 자발적인 행동에 참여하는 것으로 정의할 수 있다.[52] 이는 교육이나 자선 등 사회의 공공적인 이익을 위하여 활동하는 모습으로 나타난다.[53] 좋은 기업지배구조 메커니즘은 기업을 구성하는 주주뿐만이 아닌 경영진과 그 이외의 모든 이해관계자들의 이익과 일치하게 하며 기업에 대한 투자자들의 신뢰를 바탕으로 경쟁력을 높이고 우수한

실적으로 장기적 수익을 낼 수 있는 기업으로 성장하게 한다. 기업의 사회적 책임에 있어서 기업은 이해관계자들과의 원활한 관계를 전제로 두고 있는데, 이는 실적은 좋지만 오직 주주의 이익만을 위하고 윤리적인 활동을 하지 않는 기업들보다 윤리적인 활동을 하는 기업들이 상대적으로 더 좋은 평판을 받기 때문이다.[54] 따라서 기업의 사회적 책임도 기업의 이윤극대화와 조화를 이룰 수 있는 것으로 받아들여지고 있다.

그런 점에서 보면 기업이 출연하여 설립한 기업공익재단은 기업이 사회적 책임을 실행할 수 있는 통로가 될 수 있는 가장 적합한 조직이다. 기업의 역할이 기업공익재단에게 단순히 재원을 조달하는 것에 그칠 수도 있다. 그러나 기업은 나아가 기업공익재단의 활동에 도움이 되는 전문성과 지식을 제공하면서 기업공익재단과 연계하여 사회공헌활

---

52) 이상복, 앞의 연구, 55.
53) 이상복, 앞의 연구, 49.
54) 이유민, "기업의 사회적 책임(CSR)과 기업지배구조 관계의 회사법적 검토", 기업법연구 제31권 제4호 (2017. 12.), 217.

동을 체계적으로 장기간 수행할 수도 있다.

IV. 기업공익재단의 바람직한 역할에 대한 방안

우리나라에서 기업공익재단이 수행할 바람직한 역할은 무엇일까?
우선 생각할 수 있는 것은, 기업집단의 지배구조와는 완전히 절연하
면서 공익활동에 전념하는 것을 생각할 수 있을 것이다. 그런데 기업재
단이 기업과 긴밀하고 지속적인 연관관계를 가지면서 기업의 존속을 확
실하게 하는 역할을 수행하는 것은 불가능한가? 기업이 영리추구를 목
적으로 하는 본래 속성을 유지하면서 그 사회적 책임을 다할 수 있는
통로로 기업공익재단이 기능하도록 하기 위한 방안에 대하여 생각해 보
고자 한다.

1. 기업과의 관계에서 기업공익재단의 다양한 역할유형

2000년대에 들어서서 기업의 사회적 책임이 강조되면서, 세계적으로 기
업공익재단의 수가 증가하는 추세에 있다. 그러한 기업공익재단과 관련
기업의 관계는 크게 i) 모기업이 출연한 자산을 기초로 하여 독립적으로
사업을 수행하는 유형(예: Toyota Foundation, Shell Foundation, Folkswagen
Foundation)과 ii) 모기업의 사회공헌활동과 연계하여 모기업이 연도별로
제공하는 재원을 통하여 사업을 수행하는 유형(예: Vodafone Foundation,
Ford Motor Company Fund), iii) 가족 기업의 창업자가 출연하여 설립한
재단이 기업을 소유하면서 기업에 대하여 지배력을 행사하는 유형(예:
Inter IKEA 지주회사를 소유하고 있는 스위스 Interogo Foundation, 독일
Robert Bosch Stiftung, 스웨덴 발렌베리 재단)으로 요약할 수 있다. 우리나
라의 기업공익재단은 i), ii)의 유형에 해당하는데, i) 유형의 기업공익재단

의 경우에도 재단사업은 출연자산의 운영수익보다는 매년 관련 대기업으
로부터 지원되는 재원에 의존하는 경향이 있다.[55]

2. 스웨덴 발렌베리 기업의 지배구조로부터의 시사점[56]

앞서 Ⅱ. 에서 본 바와 같이 우리나라 대기업집단은 피라미드 구조에
의한 소수주주지배의 특성을 가지고 있다. 그러나 위와 같은 구조의 기
업 또는 기업집단이 우리나라에만 존재하는 것은 아니다. 아시아 국가
들(싱가포르, 말레이지아, 홍콩, 필리핀, 태국 등)은 물론, 유럽과 남미
여러 나라에서도 가족경영 형태를 취하는 많은 기업들이 피라미드 구조
를 가지고 있다. 영미권을 제외한 대부분의 국가에서 지배주주 일가 중
심의 기업 소유형태가 60% 이상을 차지하였다. 또한 대부분의 경우 2대
주주가 없고 지배주주가 직접 경영에 참여하는 비율도 높아 한국의 재
벌기업형태와 큰 차이를 보이지 않았다. 미국과 영국에는 피라미드형
구조의 회사가 많지 않으나 이는 세계적으로 보면 오히려 예외적인 현
상이다.[57]

스웨덴 발렌베리 기업의 경우, 발렌베리 가문이 투자회사인 인베스
토르(Investor AB)를 집중적으로 소유하고, 인베스토르가 지주회사로서
많은 기업들을 소유하고 있다.[58] 이러한 피라미드형 지배구조는 우리나
라 대규모기업집단과 유사한 점이 있다. 그런데 인베스트로를 소유하는
주체는 가문이 설립한 공익재단들이라는 점에서, 기업공익재단의 존재

---

55) 박태규, "국내와 국외 민간 공익법인 활동 모형에 관한 비교", 2019년 공익법인
    포럼자료집 (2019), 25.
56) 스웨덴 발렌베리 그룹 등 스웨덴 기업재단법제에 대해서는 제2장(서종희 교수
    집필)에서 상세하게 다루고 있다.
57) Morck, Randall, Andrei Shleifer, and Robert W Vishny, "Management Ownership
    and Market Valuation: An Empirical Analysis." Journal of Financial Economics
    20(January), (1988), 293-315.
58) 신정완, 앞의 연구, 195.

및 역할은 우리나라의 대기업집단에 비하여 두드러진다. 이러한 구조는 가문 산하 대기업집단의 소유지배를 존중하여 가문의 경영권을 보호하고 경영권 승계지원을 가능하게 한다.[59] 그러나 스웨덴법상 공익재단의 경우 수익의 80% 이상을 공익활동에 써야 하기 때문에 공익재단 설립을 통하여 가문 구성원들이 재산을 축적할 수 있는 것은 아니다. 또한 소유 기업들의 이윤의 일부는 배당수익으로 재단으로 흘러 들어가지만 재단들의 수익이 가문 구성원의 수중으로 들어가지 않는다.[60] 발렌베리 가문이 설립한 재단들은 각기 중점 지원분야가 다소 다르지만 핵심사업은 학문활동지원이다. 자연과학, 공학, 의학부분에 대한 지원의 비중이 가장 크지만, 사회과학이나 인문학을 지원하는 재단도 있으며, 비영리 의료기관이나 스포츠와 문화 등 지원대상이 다양하다.[61] 스웨덴 발렌베리 가문은, 공익재단을 통해 많은 기업들에 대해 경영권을 행사하되 가문의 구성원들이 관련 기업들의 등기이사로서 권한에 상응하는 공식적 책임을 지며 경영에 참여한다. 즉, 공익재단을 통해 관련 기업들을 간접적으로 지배함으로써 기업들에 대해 지배력을 행사하되 그 성과가 가문 구성원의 개인 재산 축적으로는 이어지지 않게 하는 시스템을 취함으로써 노블레스 오블리제를 실현하는 것이다.[62]

3. 기업공익재단의 바람직한 역할수행을 위한 방안

기업공익재단은 영리를 추구하는 기업과 공익활동을 하는 공익재단이 상생을 지향한 타협의 산물이다.[63] 기업공익재단은 기업으로부터 출연을 받아 설립되고 기업의 기부로 활동을 확장할 수 있다. 한편 대기업

---

59) 신정완, 앞의 연구, 196.
60) 신정완, 앞의 연구, 208.
61) 신정완, 앞의 연구, 202-203.
62) 신정완, 앞의 연구, 219.
63) 고상현, 앞의 연구, 921.

집단은 기업공익재단을 통한 사회공헌활동을 통해 해당 기업집단에 대한 사회적 신뢰도를 높일 수 있고, 항구적으로 존속할 수 있는 기업공익재단과의 연계를 통하여 기업의 존립을 공고히 하는 이득을 얻을 수 있다.64) 이들이 투명하고 공정한 관계를 형성한다면, 사회적으로도 바람직한 영향을 줄 수 있다.

그런 점에서 스웨덴 발렌베리 가문의 예에서 보는 바와 같이, 대기업집단이 기업공익재단을 통하여 기업을 지배하고 경영권을 영속화하는 이익을 누리는 것을 반드시 금지할 것은 아니다.65) 기업이 공익재단을 갖는 주된 이유는 기업의 이익을 사회에 환원한다는 공익적 취지를 실현함과 동시에 기업의 존속 및 가족재산의 형성에도 기여하기 위한 것임은 부정하기 어렵다.66) 공익재단법인으로 하여금 이타적으로 공익활동에만 전념하도록 강제한다면, 공익재단의 설립 및 운용의 과정에서 기업 또는 기업집단의 기부를 기대하기는 어려울 것이다. 재단법인이라는 영속적인 인격체를 통하여 기업의 존속을 유지하고, 기업운영에 필요한 지분을 안정적으로 확보하는 데에 기업공익재단이 어느 정도 역할을 하는 것을 용인할 필요는 있다. 우리나라와 같이 상속세율이 높은 나라에서는 기업승계과정에서 상속세의 납부 등을 위한 재원을 마련함에 있어서 대기업집단 총수일가의 지분이 축소될 수 있는데, 이와 관련하여 발생할 수 있는 경영권 위협에 대한 염려가 각종 사익편취행위 등을 야기하는 하나의 원인으로 작용했기 때문이다.

경쟁력 있는 기업의 존속을 어느 정도 보장하고, 기업공익재단이 공익활동을 지속적으로 수행할 수 있도록 하기 위해서는, 기업지배구조에 있어서 기업공익재단의 역할을 어느 정도 용인할 필요가 있다. 그렇지만 기업공익재단이 지배주주의 터널링의 통로로 사용하지 못하도록 하는 대책은 필요하다. 그런데 개정 상증세법 및 공정거래법의 개정에 의

---

64) 고상현, 앞의 연구, 906.
65) 이상신, 앞의 연구, 217.
66) 고상현, 앞의 연구, 902.

하여 마련된 기업공익재단의 대기업집단 관련 주식보유와 의결권 행사에 대한 제한은 자칫 대기업집단의 기업공익재단에 대한 기부를 위축시킬 위험이 있고 기업지배구조에서 기업공익집단의 역할을 부정적으로만 본다는 점에서 다소 문제점이 있다. 자금과 인재가 부족한 공익활동분야에 기업공익재단이 적극적으로 참여하여 시업의 사회적 책임을 다할 수 있도록 물꼬를 터줄 수 있는 방안을 좀 더 연구할 필요가 있다.

V. 결

현재 우리나라에서 기업공익재단은 전체 공익법인의 상당수를 차지하고 있으며, 그 중 대기업집단과 관련된 공익재단이 사회공헌사업을 통해 공익증진에 기여한 바는 무시할 수 없다. 그러나 대기업집단 관련 공익재단은 대기업집단의 총수나 계열회사 등의 출연에 의하여 증여세 등 세제혜택을 받아 설립되는 점, 고유목적사업을 위한 지출비율이 높지 않은 점, 소유하고 있는 계열회사 등의 주식으로부터의 배당수익이 미미함에도 불구하고 위 주식을 매각하기보다는 계속 보유하는 점 등의 이유로, 총수일가의 지배력확대나 경영권 승계, 부당지원·사익편취 등에 이용될 가능성이 높다는 평가를 받기에 이르렀다. 그리하여 2020. 12. 전면 개정된 공정거래법에는 기업공익재단의 대기업집단 계열회사 주식에 대한 의결권 행사를 제한하는 내용의 규정을 두었다.

통계에 의하여 드러나는 기업공익재단의 실태를 보면 위와 같은 의심과 부정적인 평가가 근거 없는 것은 아니다. 그런 점에서 기업공익재단이 대기업집단 총수일가의 사익편취수단으로 사용되는 것은 규제되어야 하고, 기업공익재단으로 하여금 본래 표방한 설립목적에 걸맞는 활동을 하도록 채찍질하는 의미에서 수입과 지출, 보유주식 등 자산의 활용실태 등을 투명하게 공개하도록 하는 것도 타당하다. 그러나 기업공익재단은 영리를 추구하는 기업과 공익활동을 하는 공익재단이 상생을 지향한 타협의 산물이고, 이를 통하여 기업이익의 사회적 환원을 통한 공익의 증진이라는 긍정적인 효과를 창출한다. 그런 점에서 본다면, 앞서 본 개정 공정거래법상의 규제는 기업지배구조에 대한 지나친 간섭으로서 기업공익재단의 설립 및 공익활동, 대기업집단의 기부 등을 위축시킬 우려가 있다. 재단법인이라는 영속적인 인격체를 통하여 기업의 존속을 유지하고 기업운영에 필요한 지분을 안정적으로 확보하는 데에 기업공익재단이 어느 정도 역할을 하는 것을 용인하면서, 공익활동을 촉진할 수 있도록 규제를 완화할 필요가 있다고 생각한다.

참고문헌

강나라, "중소기업주식의 공익법인 출연에 관한 연구", 기업경영리뷰 제8권 1호 (2017)

고상현, "기업재단에 관한 법적 연구", 법학논총 제36권 1호, 전남대학교 법학연구소 (2016)

곽관훈, "대기업집단 소속 공익법인의 계열사 주식보유규제의 개선방안", 기업법연구 제29권 4호 (2015)

김건식, "기업집단과 관계자거래", 상사법연구 제35권 제2호 (2016)

김건식, "지배구조와 법", 도서출판 소화 (2010)

김종근·진병욱, "공익법인에 대한 주식출연 관련 증여세 과세문제: 구원장학재단의 사례를 중심으로", 세무학연구, 제29권 3호 (2012)

김진수, "공익법인의 주식 취득·보유 제한에 대한 타당성 검토", 재정포럼 제158권 (2009)

박태규, "공익재단 관련 조세정책의 효과와 개선방향", 동서연구 제8권, 연세대학교 동서문제연구원 (1996)

박태규, "국내와 국외 민간 공익법인 활동 모형에 관한 비교", 2019년 공익법인 포럼자료집 (2019)

송옥렬, "상법강의"(제9판), 홍문사 (2019)

신정완, "스웨덴 발렌베리 기업들의 소유지배구조와 한국에서 발렌베리 사례의 수용방식", 스칸디나비아 연구 제16호 (2015)

이상복, "기업지배구조와 기업의 사회적 책임의 수렴", 기업지배구조리뷰, 한국기업지배구조원 (2011)

이상신, "공익법인에 대한 주식 출연의 제한 및 그 개선방안에 관한 연구", 조세법연구 제21권 제2호, 한국세법학회 (2015)

이상훈, "한국 기업집단 지배구조 문제의 본질과 바람직한 상법 개정", 상사법연구 제36권 제2호 (2017)

이유민, "기업의 사회적 책임(CSR)과 기업지배구조 관계의 회사법적 검토", 기업법연구 제31권 제4호 (2017)

이철송, "회사법강의"(28판), 박영사 (2020)

이총희, "대기업집단 소속 공익법인의 현황과 개선과제", ERRI 경제개혁리포트 (2018)

조선일보, "[더 나은 미래] 기업재단 상위 20곳 총자산 9조 원… 특정 사회문제 해결에 편중, 쉽고 단순한 사업만 손댔다", https://www.chosun.com/site/data/html_dir/2018/02/26/2018022601673.html (2018. 2. 26.).

중앙일보, "'더블타깃' 된 대기업 공익재단", https://news.joins.com/article/22335697 (2018. 2. 1.)

천경훈, "기업집단법제에 관한 연구", 기업법연구 제29권 제3호 (2015)

천경훈, "기업집단의 법적 문제 개관", BFL 제59호, 서울대학교 금융법센터 (2013)

천경훈, "소수주주 다수결의 도입 가능성에 관한 시론", 기업법연구 제32권 제4호 (2018)

천경훈, "실질적 의미의 기업집단법, 그 현황과 과제", 경제법연구 제15권 3호 (2016)

황찬순, "한국 공익법인의 성격과 기능 : 기업재단을 중심으로", 동서연구 제10권 제2호 (1998)

Johnson, Simon, Rafael LaPorta, Florencio Lopez-de-Silanes, and Andrei Shleifer, "Tunneling", 90(2) American Economic Review (2000)

Michael C. Jensen & William H. Meckling, "Theory of the Firm: Managerial Behavior, Agency Costs and Ownership Structure", 3 Journal of Financial Economics (1976)

Morck, Randall, Andrei Shleifer, and Robert W Vishny, "Management Ownership and Market Valuation: An Empirical Analysis." Journal of Financial Economics 20(January) (1988)

Woochan Kim, Youngjae Lim, and Taeyoon Sung, "Group Control Motive as a Determinant of Ownership Structure in Business Conglomerates: Evidence from Korea's Chaebols," 15(3) Pacific-Basin Finance Journal (2007)

유류분제도의 개선과 유산기부 활성화

최준규*

Ⅰ. 들어가며

유류분제도의 정당성을 둘러싼 논의가 뜨겁다. 2020년에는 유류분제도에 대한 위헌심판제청 결정이 총 3건 있었다(서울중앙지방법원 2건, 부산지방법원 1건).[1] 인터넷 검색을 해보면 유류분제도에 대한 찬성론 또는 반대론이 담긴 기사를 쉽게 찾을 수 있다. 20대 국회(2016-2020)에

---

* 서울대 법학전문대학원 부교수

[1] https://www.lawtimes.co.kr/Legal-News/Legal-News-View?serial=164231 및 https://www.hankyung.com/society/article/2020032210121에서 검색. 최종검색일 2021.04.19. 필자는 서울중앙지방법원 민사단독재판부의 위헌심판제청 결정문과 부산지방법원 민사항소부의 위헌심판제청 결정문은 입수하였으나, 서울중앙지방법원 민사22부의 위헌심판제청 결정문은 확보하지 못하였다. 필자가 입수한 결정문에서 들고 있는 위헌의 근거는 기존에 논의되었던 범위를 벗어나지 않는다. 따라서 여기에서는 별도로 소개하지 않는다.

참고로 필자는 현행 유류분제도가 많은 문제점을 갖고 있다고 생각하지만, 그렇다고 현 제도가 '위헌'이라고 생각하지는 않는다. 기본적으로 입법자에게 폭넓은 입법 형성의 자유가 인정되는 영역이고, 현행 유류분제도로 인해 헌법재판소가 개입하지 않으면 안 될 정도로 중대하고 절박한 문제가 발생하는 것은 아니기 때문이다. 법리적·정책적 관점에서 문제가 있는 법률이라고 해서 손쉽게 위헌이라는 잣대를 가져다 대는 태도는 바람직하지 않다. 입법부와 헌법재판소 사이의 바람직한 역할분담을 흐트러뜨리기 때문이다. 다만 입법부가 제대로 작동하고 있지 않은 상황에서, 어떻게든 주의를 환기시키고 문제 해결의 동력을 얻고자 위헌주장을 하는 그 절박성 내지 진실성에는 충분히 공감하는 바이다.

서는 유류분제도를 개선하는 내용의 민법개정안 3건이 발의되었으나 임기만료로 모두 폐기되었다. 유류분제도의 문제점은 오래 전부터 지적되어 왔지만,[2] 법조실무의 현장에서 유류분제도에 대한 문제 제기가 본격화된 시점은 그리 오래되지 않은 듯하다. 해방(解放) 이후 산업화를 거쳐 부(富)를 축적한 세대가 사망함으로써 비로소, 상속을 둘러싼 법률문제가 본격화되었기 때문이리라.

이 글에서는 유산기부 활성화라는 관점에서 현행 유류분제도가 어떻게 개선되는 것이 바람직한지 살펴본다. 다만 위 문장은 오해의 소지가 있다. 유산기부 활성화라는 '특정 목적'을 달성하기 위해 '민사법률관계의 기본법'인 민법상 유류분제도를 개정하는 것은, 주객전도의 느낌이 있기 때문이다. 필자는 상속의 법률관계에서 사적 자치의 원칙을 충실히 구현할 필요가 있기 때문에, 현행 유류분제도는 '대폭' 개정하는 것이 바람직하고, 이에 따라 '결과적'으로 유산기부 활성화에도 도움이 될 수 있다고 생각한다. 이 글에서는 유류분 관련 다양한 쟁점 중 '유산기부 활성화'와 관련이 있는 쟁점에 국한하여 그 입법론을 검토한다. 이 문제에 관하여 이미 훌륭한 선행 연구들이 여럿 존재한다.[3] 다른 나라

---

2) 가령 1977년 유류분제도가 입법되는 과정에서 한병채 국회의원은 법제사법위원회 회의에서 다음과 같이 반대의견을 피력하였다.

"이 유류분제도는 봉건시대의 유물입니다. 그런데 이 구시대의 유물을 사유재산제도가 확립되어 있고 자기 노력에 의해서 돈 벌어서 잘살고 자기 노력 하에서 모두 살아나갈 수 있게 되어있는 현대 민주주의 사회에서 굳이 과거 우리가 채택하지 않았던 이 유류분제도를 신설한다는 문제도 우리가 더 나아가보면 자기가 애써 벌은 돈 자기 마음대로 못쓰게 하고 적어도 자기 죽을 때는 그 재산의 반은 반드시 자녀들에게 상속을 해 주어라 하는 이런 말은 상속은 원칙적으로 안 되고 상속의 대부분을 금지하는 취지에서 세금으로 받아들이는 국가정책하고도 모순되지 않습니까?" (제98회 국회 법제사법위원회회의록 28호, 1977. 12. 16. 10면)

유류분에 관한 종합적이고 치밀한 연구인 변동렬, "유류분제도", 민사판례연구 25 (2003), 804는 다음과 같은 통렬한(!) 지적을 하고 있다.

"가산이라는 개념이 퇴화한 오늘날, 유류분제도는 단순히 일반 국민의 법감정, 통념, 혹은 역사적인 관성 이외에 아무것도 아니라고 할 것이다."

의 유류분제도에 대한 비교법 연구, 유류분제도의 개별 쟁점에 대한 연구들도 상당히 축적되어 있다.[4] 구체적 개정안을 포함한 본격적 연구[5]도 최근 이루어진 바 있다. 유류분제도에 관해서는 외국문헌에 의존하지 않고서도 우리 나름의 의미있는 논의를 할 수 있는 상황이라고, 필자는 감히 생각한다. 이 글에서는 기존 연구가 이룩한 성과를 토대로, 기존 연구와의 중복은 최대한 피하면서, 유류분제도의 입법방향에 대한 필자 나름의 의견을 밝힌다. 이 글이 미약하나마 선행 연구와 차별화되는 지점은 ① 기존에 제시된 입법안을 **정책적·법리적 관점**(강조는 필자, 이하 같음)에서 **비교·분석·평가**하려고 시도하는 점, ② 기존 입법안과는 다른 내용이 담긴 **새로운 입법안**을 제시하는 점이다.

글의 순서는 다음과 같다. 우선 현행 유류분제도의 문제점 중 유산기부 활성화를 저해하는 요소들을 간추려 본다(Ⅱ). 이어서 최근 제안된 유류분제도 개선안 중 유산기부 활성화에 도움이 되는 내용들을 소개하고, 각 입법안의 타당성을 평가한다(Ⅲ). 끝으로 필자 나름의 입법안을 제시하고(Ⅳ) 글을 마무리한다.

---

3) 김진우, "유산기부 활성화를 위한 입법과제 – 유류분제도 및 공익법인의 지배구조에 대한 규제 완화를 중심으로 –", 외법논집 43-2 (2019); 서종희, "기부활성화를 위한 기부연금제 도입에 있어서의 한계 – 민법상 유류분과의 관계를 중심으로 –", 외법논집 43-1 (2019); 이동진, "공익기부 활성화를 위한 유류분법의 개정 – 오스트리아와 독일법의 시사점 –", 외법논집 43-2 (2019); 현소혜, "유산기부 활성화를 위한 유류분제도의 개선방안 – 영국, 미국 사례로부터의 시사점을 포함하여 –", 외법논집 43-2 (2019).

4) 필자의 주관적 감상에 불과하지만, 최근 15년간 유류분제도에 관한 국내 연구는 질적 측면과 양적 측면 모두에서 비약적 성장을 하였다고 사료된다. 이에 관해서는 무엇보다도 정구태 교수의 오랜 기간에 걸친 유류분제도에 관한 천착을 언급할 필요가 있다.

5) 정구태, "'상속법 개정을 위한 전문가 설문조사'를 통해 살펴 본 유류분제도의 개선방안", 법학논총 26-3 (2019); 이동진, "유류분법의 입법론적 연구" [연구용역 보고서], 법무부 (2019.11.30)

II. 현행 유류분제도의 문제점
: 유산기부 활성화를 저해하는 요소들

현행 유류분제도의 특징 중 유산기부 활성화를 저해하는 요소들은 다음과 같다.

1. 유류분권리자의 범위

우리 민법은 피상속인의 배우자와 직계비속뿐만 아니라, 직계존속 및 형제자매에 대해서도 유류분권을 인정한다(민법 제1112조. 이하 법명 생략). 유류분권리자의 범위가 넓어질수록 피상속인의 유산기부가 무력화될 가능성이 높아진다. 형제자매나 직계존속의 유류분을 인정하는 것에 대해서는 입법론의 관점에서 비판적인 견해가 많다.[6]

2. 생전증여의 반환

상속인이 피상속인 생전에 받은 특별수익은 그것이 이루어진 시점에 상관없이 유류분 산정의 기초재산에 산입되고, 유류분반환의 대상이 된다(제1118조, 제1008조).[7] 이로 인해 오래 전에 생전 증여를 받은 상속인의 신뢰가 침해되는 문제가 발생할 뿐만 아니라, 유산기부가 무력화될 가능성이 높아진다. 특별수익을 받지 못한 상속인의 유류분침해가 발생한 경우, 해당 상속인은 수증자보다 수유자에게 먼저 유류분권을

---

6) 형제자매의 유류분권은 폐지하는 쪽으로 공감대가 모아지고 있으나, 직계존속의 유류분권에 대해서는 견해 차이가 존재한다. 본문 III.에서 소개한 각 개정안도 참조.
7) 대법원 1995. 6. 30. 선고 93다11715 판결.

행사해야 하기 때문이다(제1116조).

3. 유류분 사전(事前) 포기 불가(不可)

상속인은 피상속인 생전에 유류분을 미리 포기할 수 없다. 따라서 상속인이 피상속인으로부터 대가를 받고 상속개시 후 유류분을 행사하지 않기로 피상속인에게 약속하였더라도, 피상속인 사망 후 유류분권을 행사할 수 있는 것이 원칙이다. 상속인의 유류분권 행사를 권리남용금지 원칙을 근거로 불허할 여지는 있지만, 현실적으로 법원이 그러한 판단을 할 가능성은 높지 않다. 신의칙은 그야말로 '최후의 예외적 권리구제 수단'이기 때문이다. 피상속인 입장에서 안심하고 유산기부를 하려면, 상속인의 유류분을 침해하지 않는 범위에서 유증을 하는 수밖에 없다.

4. 유류분제도의 획일성

유산기부를 저해하는 보다 근본적 요소는 '유류분제도의 획일성'이다. 우리 유류분제도는 유류분권리자의 부양 또는 청산 필요성을 구체적으로 묻지 않고 그의 법정상속분 중 일정 비율을 유류분으로 보장한다. 법원이 개별 권리자의 구체적 사정을 고려하여 위와 같은 획일적 권리를 감축하거나 박탈할 수 없다(유류분 감축 또는 박탈 제도의 부존재). 공익목적 증여/유증이라는 사정을 특별히 고려하여 유류분권리자의 권한을 감축시키거나 유류분반환의무자의 의무를 축소시키는 규정도 없다. 유류분권자의 권한이 강고한 만큼 유산기부를 받은 자의 지위는 약해진다.

또한 유류분 반환의무자의 구체적 사정을 고려하여 법원이 유류분권자의 권리행사를 일정 기간 유예시킬 수 없고(유류분반환의무 일시 유예제도의 부존재), 유류분 반환은 원물반환이 원칙이다. 따라서 수유자는 유증 대상인 원물이 아니라 가액을 반환하는 방법, 또는 그 가액을 나중에 반환하는 방법을 통해 유류분권자의 공격을 막아낼 수 없다.

5. 상속인인 유류분반환의무자와 제3자인 유류분반환의무자의 동등취급?

우리 민법은 수유자가 수증자보다 먼저 유류분반환의무를 부담하지만, 유류분반환의무자가 상속인인 경우와 제3자인 경우를 차별 취급하지 않는다. 즉 수유자인 상속인과 수유자인 제3자는 동 순위로 유류분반환의무를 부담하고, 수증자인 상속인과 수증자인 제3자도 동 순위로 유류분반환의무를 부담한다. 만약 상속인이 제3자보다 먼저 유류분반환의무를 부담한다면, 공익을 목적으로 한 유산기부가 무력화될 가능성이 줄어들 것이다. 공익목적으로 유증을 받은 자는 대부분 상속인이 아니고 제3자이기 때문이다. 입법론으로 이러한 주장을 하는 견해도 있다.[8] 그러나 필자는 현행법의 위와 같은 태도가 '문제'라고 생각하지 않고 나름의 합리적 이유가 있다고 생각한다. 이 쟁점은 본문 III. 4.에서 살펴본다.

6. 소결

이러한 유류분제도의 문제점을 개선하기 위해 그간 다양한 개정안이 제시되었다. 아래에서는 각 개정안을 소개하고 이를 비교·분석·평가해 본다.

---

8) 이동진, 앞의 연구보고서, 99-100.

Ⅲ. 개정안 소개 및 검토

1. 원혜영 의원 개정안 (20대 국회)

제1112조(유류분의 권리자와 유류분)

① 상속인의 유류분은 다음 각호에 의한다.
 1. 피상속인의 직계비속은 그 법정상속분의 3분의 1
 2. 피상속인의 배우자는 그 법정상속분의 2분의 1

② 피상속인의 재산 형성 또는 유지에 기여가 없는 직계비속이 피상속인 사망 전 5년 이상 피상속인과 연락을 단절하여 그 주소, 거소 및 연락처를 알 수 없는 경우에는 피상속인은 유언으로써 제1항 제1호의 유류분을 상실시킬 수 있다.

제1112조의2(유류분의 포기)

① 피상속인의 직계비속 및 배우자는 가정법원의 허가를 얻어 상속개시 전에 제1112조 제1항에 따른 유류분을 포기할 수 있다.

② 제1항에 따른 유류분의 포기는 다른 공동상속인의 유류분에 영향을 미치지 아니한다.

원혜영 의원 개정안은 ① 직계존속과 형제자매의 유류분을 폐지한 점, ② 직계비속의 유류분비율을 1/2에서 1/3로 감축한 점,[9] ③ 피상속인의 유언에 의한 직계비속의 유류분권 상실제도를 도입한 점, ④ 유류분의 사전 포기제도를 도입한 점이 특징적이다. 위 ① 내지 ④의 개선방안은 모두 합리적이라고 사료된다. 참고로 유류분비율을 감축하는 것에 반대하는 입장도 있다.[10] 오늘날 평균 자녀 수가 줄어들고 있고 그에 따라 피상속인의 재산처분 자유는 덜 제약되므로 굳이 유류분비율을 감축시킬 필요가 없다는 것이다. 가령 자녀 수가 4인인 가정에서는 그 중

---

9) 김진우, 앞의 글, 15-16도 이러한 법 개정을 주장한다.
10) 박신호, "유류분제도의 위헌성 여부에 대한 고찰", 법률신문, https://www.law times.co.kr/Legal-Opinion/Legal-Opinion-View?serial=159515 (2020. 2. 17.).

의 한 자녀에게 100% 증여를 해도 나머지 세 자녀로부터 유류분 청구
가 들어오면 단독증여를 받은 상속인은 다른 형제자매들에게 37.5%를
유류분으로 돌려줘야 하지만, 자녀 수가 2인인 가정에서는 그 중의 한
자녀에게 100% 증여를 할 때 나머지 다른 자녀의 유류분 청구가 들어와
도 돌려줘야 하는 유류분은 25%에 불과하게 된다는 것이다. 그러나 과
거와 지금의 상황을 비교하는 것이 적절한지 의문이다. 과거에 피상속인
이 누리던 상속재산 처분의 자유도(自由度)가 현재 상황의 정당성을 평
가하는 기준이 될 수 없기 때문이다. 또한 법정상속인 아닌 제3자에 대
한 증여나 유증이 문제 된 경우라면 위와 같은 현상은 발생하지 않는다.

다만 원혜영 의원 개정안에 대해서는 다음과 같은 문제제기를 해볼
수 있다. 첫째, 유류분권 상실사유가 다소 제한적이다. 직계비속이 상속
결격은 아니지만, 유류분권을 주장하는 것이 부당해 보이는 상황은 연
락단절뿐만 아니라 말년의 피상속인 간병 거부, 폭행이나 학대 등 다양
할 수 있다. 둘째, 유류분권을 상실시키는 것보다 감액하는 것이 적절한
사안도 있을 수 있다. 셋째, 신중하고 균형 잡힌 판단을 위해 피상속인
의 유언에 의해 바로 유류분권을 상실시키지 말고 법원의 심사를 거쳐
결정으로 유류분권을 상실시키거나 제한하는 방법도 생각해 볼 수 있다.
넷째, 피상속인과 오랜 기간 연락이 단절된 직계비속이더라도 부양 필요성
이 있는 경우에는 예외적으로 유류분을 인정해야 하는 것이 아닌지 의문이
남는다. 다섯째, 보다 근본적으로는 유류분권자의 부양, 청산 필요성을 고
려하지 않고 획일적으로 유류분권을 인정하는 것이 바람직한지 의문이다.

2. 이언주 의원 개정안 (20대 국회)

제1112조(상속인의 유류분 등)
① 1. 피상속인의 직계비속은 그 법정상속분의 2분의 1
　 2. 피상속인의 배우자는 그 법정상속분의 2분의 1

> 3. 피상속인의 직계존속은 그 법정상속분의 3분의 1
> 4. 피상속인의 형제자매는 그 법정상속분의 3분의 1
> ② 피상속인의 재산의 형성 또는 유지에 기여가 없는 직계비속이 피상속인의 사망전 10년 이상 피상속인과 연락을 단절하여 피상속인이 그 주소, 거소 및 연락처를 알 수 없는 경우에는 피상속인은 유언으로 제1항 제1호의 유류분을 상실시킬수 있다.

이언주 의원 개정안은 개정 폭이 크지 않다. 유류분권자의 범위와 비율은 현행 그대로 유지하였고, 원혜영 의원 개정안과 마찬가지로 직계비속의 유류분권을 피상속인의 유언으로 상실시키는 제도만을 도입하였다. 다만 원혜영 의원 개정안과 달리 연락단절 기간을 10년으로 늘려 유류분권 상실 요건을 엄격히 하였다. 이언주 의원 개정안의 제안이유를 보면 '불효자 방지'를 위해 위 제도를 도입함을 강조한다. 이러한 개정안에 대해서도 원혜영 의원 개정안에 대하여 언급한 것과 동일한 내용의 문제제기를 할 수 있다.

3. 윤상현 의원 개정안 (20대 국회)

> **제1112조(유류분의 권리자와 유류분)**
> ① 상속인의 유류분은 다음 각호에 의한다.
> 　1. 피상속인의 직계비속은 그 법정상속분의 2분의 1
> 　2. 피상속인의 배우자는 그 법정상속분의 2분의 1
> 　3. 피상속인의 직계존속은 그 법정상속분의 3분의 1
> 　4. 피상속인의 형제자매는 그 법정상속분의 3분의 1
>
> ② 제1항에도 불구하고 피상속인이 상속재산의 전부 또는 일부를 공익 목적으로 기부하는 경우 상속인의 유류분은 다음 각 호에 의한다.
> 　1. 피상속인의 직계비속은 그 법정상속분의 3분의 1
> 　2. 피상속인의 배우자는 그 법정상속분의 3분의 1
> 　3. 피상속인의 직계존속은 그 법정상속분의 4분의 1
> 　4. 피상속인의 형제자매는 그 법정상속분의 4분의 1

윤상현 의원 개정안은 피상속인이 상속재산의 전부 또는 일부를 공익 목적으로 기부한 경우 유류분비율을 일률적으로 감액한 것이 특징이다. 그런데 '공익목적' 기부 해당 여부를 둘러싸고 다툼이 생길 수 있고, 왜 공익목적 기부의 경우에만 유류분을 감축하는지 **형평의 문제**가 제기될 수 있다. 가령 제3자가 피상속인 사망 전까지 지속적으로 피상속인을 돌봐왔고 그에 대한 감사의 표시로 피상속인이 제3자에게 유증을 하였다면, 피상속인과 관계를 단절해왔던 직계비속의 유류분은 감축할 필요가 없는가? 또한 피상속인의 복수 무상출연 중 일부만 공익목적 기부에 해당하는 경우, 위 개정안에 따르면 다른 무상출연을 받은 자들도 덩달아 유류분반환의무 감축이라는 이득을 누린다. 이러한 결론이 공평한지에 대해서도 의문이 제기될 수 있다. 공익목적 기부를 우대하려면, 공익목적 기부를 받은 자에 대한 유류분반환청구를 불허하거나(즉 해당 무상처분을 유류분 산정의 기초재산에 산입하지 않거나) 그의 의무만을 감축시키는 것이 공평하다. 물론 이렇게 입법을 하더라도 형평의 문제는 여전히 남는다.

세부적 문제이긴 하지만 피상속인이 그의 사망 1년 전보다 먼저 제3자인 공익법인에 생전증여를 한 경우처럼, 애초에 해당 증여가 유류분 산정의 기초재산에 산입되지 않는 경우도, 윤상현 의원 개정안의 요건인 "피상속인이 상속재산의 전부 또는 일부를 공익 목적으로 기부하는 경우"에 해당하는지 해석론상 문제 될 수 있다. 이러한 경우까지 포함시키는 것은 입법목적과 어울리지 않지만, 법문언상으로는 요건 해당성을 부정하기 어렵다.

4. 이동진 교수의 개정안

이동진 교수는 유류분제도 전반에 대하여 개정안을 제시하였는데,[11)]

---

11) 이동진, 앞의 연구보고서, 113-122.

이 중 유산기부 활성화와 관련된 것을 간추려 보면 다음과 같다.

제1112조(유류분권리자와 유류분)
① 상속인의 유류분은 다음 각 호에 의한다.
　1. 피상속인의 직계비속은 그 법정상속분의 2분의 1
　2. 피상속인의 배우자는 그 법정상속분의 2분의 1
② 제1항의 법정상속분을 산정할 때에는 상속을 포기하거나 상속결격인 법정상속인도 산입한다.

[1안]
제1112조의2(유류분 감축)
① 유류분권리자가 피상속인과 근친 사이에 존재하는 바와 같은 친밀한 관계에 있었던 바 없다면 피상속인은 그의 유류분을 전항의 비율의 2분의 1로 감축할 수 있다.
② 제1항의 감축에는 상속권 상실에 관한 규정이 준용된다.
③ 피상속인이 유류분권리자과 사이의 교류를 정당한 이유 없이 거부한 경우에는 제1항을 적용하지 아니한다.

[제2안]
제1112조의2(유류분비율)
제1113조에 의한 재산의 가액이 3,000,000,000원을 초과하는 경우 그 초과분에 대한 유류분비율은 제1112조에도 불구하고 4분의 1로 한다.

제1113조(유류분의 산정)
① 유류분은 피상속인이 상속개시시에 가진 재산의 가액에 증여재산의 가액을 가산하고 제1008조의2의 기여분과 채무의 전액을 공제하여 이를 산정한다.
② 조건부의 권리 또는 존속기간이 불확정한 권리는 가정법원이 선임한 감정인의 평가에 의하여 그 가격을 산정한다.

제1114조(산입될 증여)
① 제1113조에 의하여 가산될 증여는 다음 각 호의 것에 한한다.
　1. 상속인에 대한 증여로서 상속개시 전의 10년간에 행한 것
　2. 상속인 아닌 사람에 대한 증여로 상속개시 전의 1년간에 행한 것
　3. 당사자 쌍방이 유류분권리자에게 손해를 가할 것을 알고 한 것
② 제1항은 증여 이외에 증여와 같은 효과를 갖는 거래에 준용한다.
③ 피상속인이 제3자를 위한 계약 등을 통하여 간접적으로 무상출연을 한 경우 그 수익자에게 급여청구권을 사인증여한 것으로 본다.

---

④ 다음 각 호의 경우에는 제1항에도 불구하고 이를 산입하지 아니한다.
 1. 대통령령이 정하는 공익목적의 단체 등에의 증여
 2. 도의관념에 적합한 증여
 3. 배우자의 장기간의 헌신에 대한 보상으로 한 증여
 4. 피상속인에게 유류분권리자가 없을 때에 한 증여

제1115조(유류분의 보전)
① 유류분권리자가 피상속인의 제1114조에 규정된 증여 및 유증으로 인하여 그 유류분에 부족이 생긴 때에는 부족한 한도에서 상속인에게 재산의 가액의 지급을 구할 수 있다. 이때에는 가액의 지급을 구한 날부터 이자를 가산한다.
④ 상속인이 아닌 수증자·수유자는 상속재산으로 유류분부족액을 지급할 수 없을 때에 한하여 전3항에 따른 책임을 진다.

제1117조의2(유류분의 사전포기)
① 상속이 개시하기 전의 유류분 포기는 가정법원의 허가를 받아야 효력이 있다.
② 공동상속인 중 한 사람의 유류분 포기는 다른 공동상속인의 유류분에 영향을 주지 아니한다.

이동진 교수의 개정안은 ① 직계존속과 형제자매의 유류분을 폐지한 점, ② 유류분권을 감축시킬 수 있는 법적 근거를 마련한 점(그 방법은 두 가지를 제안하고 있다), ③ 유류분 산정의 기초재산에 산입되는 상속인에 대한 생전증여를 상속개시 전 10년 이내에 이루어진 증여로 한정한 점, ④ 공익목적 단체 등에의 증여를 유류분 산정의 기초재산에 제외하되 그 구체적 요건은 시행령에 위임한 점, ⑤ 유류분반환청구의 1차 책임자를 상속인으로 하고, 상속인이 아닌 수증자, 수유자는 상속재산으로 유류분부족액을 지급할 수 없을 때 한해 2차적으로 책임을 지게 한 점, ⑥ 유류분 사전 포기 제도를 도입한 점이 특징적이다. 필자는 이 중 ①, ⑥에 찬성하고, ②, ③, ④의 경우 취지는 공감하나 방법론의 측면에서 문제가 있다고 생각하며, ⑤에 대해서는 반대한다. 아래에서 ②, ③, ④, ⑤에 대하여 구체적으로 검토해 본다.

가. 유류분 감축

피상속인의 신청에 의해 법원의 결정으로 유류분 권리자의 유류분비율을 1/2 감축시킬 수 있는 제1안의 구조는 합리적이라고 사료된다. 다만 피상속인과 배우자 사이에 소원한 관계에 있었다는 사정(estrangement)을 들어 배우자의 유류분비율을 감액하는 것이 온당한지에 대해서는 추가 검토가 필요하다. 부모-자식 관계와 달리 부부 관계의 경우 "근친 사이에 존재하는 바와 같은 친밀한 관계"의 스펙트럼이 다양하고, 관계가 소원해진 데 "쌍방 귀책사유가 있는 경우가 대부분이며", 설령 생존 배우자 일방에게 귀책사유가 있다고 해서 배우자의 유류분권을 감축시키는 것이 타당한지 의문이 제기될 수 있기 때문이다.

유류분 산정의 기초재산이 30억 원을 초과하는 경우 초과분에 대하여 유류분비율을 1/4로 감축하는 제2안에 대해서는, 30억 원이라는 기준이 과연 적정한지 의문이 제기될 수 있다. 제2안을 취하면 30억 원을 초과하지 않는 사안에서는 피상속인과 관계가 단절되었던 유류분권자의 유류분을 감축시킬 방안이 – 권리남용금지원칙이라는 일반 법리에 의존하는 것 이외에는 - 없는데, 이는 불공평하다.[12] 유류분제도의 획일

---

12) 이동진, 앞의 글, 43-44는 "재산이 적을 때에는 유족의 부양을 위해 그 1/2은 남겨져야 한다고 말할 수 있을지 몰라도 재산이 많으면 그 중 1/3, 1/4, 1/5로도 충분해진다. 재산이 적을 때에는 재산형성에 직접적으로 기여한 바 없다 하더라도 어떻든 재산 중 1/2에 대하여는 자기 몫이 있다고 여길지 모르나 재산이 많은 경우에는, 특히 그 재산이 대대로 물려준 가산이 아닌 당대에 모은 재산일수록, 본인의 특별한 능력, 노력, 행운의 결과이고 가족의 기여가 반드시 많다고 할 수는 없다. 재산규모가 크지 아니할 때는 그나마 분산시키는 것이 의미가 있지만, 재산규모가 아주 큰 경우에는 이를 집중시켜 공익목적의 재단을 설립하거나 기업승계에 활용할 필요도 크다."고 한다. 이러한 생각도 충분히 가능하기는 하다. 그러나 (a) 재산의 많고 적음의 기준을 어떻게 설정할 것인지, (b) 그 기준에 근소하게 미달하거나 근소하게 기준을 넘긴 자들 사이의 불공평 취급은 괜찮은 것인지 등 제도 실행의 차원에서 간과하기 어려운 중대한 문제들이 남아 있다. 취지가 아무리 좋은 제도이더라도 그 실행과정에서 수범자의 공감을 얻기

성을 완화하고 피상속인의 재산처분 자유를 보장하기 위해서는 위와 같은 부분적·점진적 처방이 아니라, 청산이나 부양 필요성을 기준으로 한 유류분권을 정면으로 도입하는 방안이 정공법이라고 사료된다(본문 Ⅳ 참조).

나. 상속인에 대한 생전증여의 산입 기준

이동진 교수의 개정안은 상속인에 대한 생전증여를 – 그것이 특별수익에 해당하는지 여부를 불문하고 – 상속개시 전 10년간 이루어진 것에 한하여 유류분 산정의 기초재산에 산입하고, 상속인이 아닌 자에 대한 증여는 상속개시 전 1년간 이루어진 것에 한하여 유류분 산정의 기초재산에 산입한다. 이는 개정 일본 민법의 태도와 유사하다(일본 민법 1044 조 1, 3항). 다만 개정 일본 민법은 10년을 기준으로 산입하는 상속인에 대한 생전증여는 특별수익에 한정하고 있다. 그런데 이동진 교수의 개정안과 개정 일본 민법에 대해서는 다음과 같은 의문이 있다.

첫째, 이동진 교수의 개정안에 따르면 상속인에 대한 생전증여를 상속의 선급으로 볼 수 없어 특별수익에 해당하지 않는 경우에도 10년간 이루어진 증여는 모두 유류분반환의 대상이 된다. 그런데 특별수익에 해당하지 않는 생전증여를 제3자에 대한 생전증여(상속개시 전 1년간 이루어진 것만 유류분반환 대상이 되는 것이 원칙이다)와 차별할 합리적 이유가 있는지 의문이다.

둘째, 상속인에 대한 특별수익과 제3자에 대한 생전증여 사이에 기간 차이를 두는 것이 합리적인지 의문이다. 후자와 달리 전자에 대하여 10년이라는 장기(長期)의 기간을 설정한 이유는 '공동상속인 사이의 공평'을 기하기 위함으로 추측된다. 그런데 생전증여를 유류분 산정의 기초재산에 산입하는 주된 이유는 생전증여를 통해 유류분제도를 잠탈하

어렵다면, 입법화는 부적절하다고 생각한다.

는 규제회피행위를 제재함으로써 강행법규의 취지를 실질적으로 달성하기 위함이다.13) 공동상속인 1인의 특별수익은 그 개념상 이를 받지 못한 다른 공동상속인들도 당연히 상속재산으로부터 받을 것이 기대되고 예상되는 이익이다. 유류분제도를 잠탈하는 규제회피행위의 차원에서 이루어졌다고 의심할 여지가 별로 없는 피상속인의 생전 무상처분인 것이다. 유류분제도를 잠탈하는 규제회피행위라고 의심할 여지가 높은 제3자에 대한 무상처분은 1년의 기간 제한에 걸리고, 그렇게 의심할 여지가 적은 피상속인에 대한 무상처분은 10년의 기간 제한에 걸리게 하는 것은 균형이 맞지 않는다. 적어도 양자는 동일한 기간 제한에 걸리게 함이 공평하다.

다. 공익목적 단체에 대한 증여의 고려

이동진 교수의 개정안은 공익목적 단체에 대한 증여는 원칙적으로 유류분 산정의 기초재산에 산입하지 않되, 공익목적 단체 해당 여부는 대통령령으로 정하도록 한다.14) 이처럼 구체적 요건을 대통령령에 위임하면 요건충족 여부를 둘러싼 해석상의 불명확성은 상당 부분 해소된다. 그러나 - 윤상현 의원 개정안에 대해 지적하였던 것과 마찬가지로

---

13) 도산절차에서 도산절차개시 전 위기 시기에 이루어진 행위를 부인권의 대상으로 삼는 것과 비슷하다. 도산절차개시 시점이라는 '형식적' 기준으로 채무자의 재산처분행위의 효력을 부정하면, 도산절차개시 직전에 이루어진 채무자의 재산처분행위는 유효하므로 결과적으로 강행법규인 도산법의 목적달성이 형해(形骸)화될 수 있다. 이러한 위험을 막고, 도산절차개시 전 위기 시기도 마치 도산절차가 개시된 것처럼 취급함으로써 강행법규의 취지를 실질적으로 달성하기 위해 마련된 제도 중의 하나가 부인권 제도이다.

14) 참고로 오스트리아 민법 제784조는 공익목적 생전증여를 범위의 제한 없이 유류분 산정의 기초재산에서 제외하고 있다. 또한 공익목적 증여로서 적절한 범위 내의 증여는 채권자취소권이나 부인권의 대상이 되지 않는다(오스트리아 도산법 제29조 제1호, 오스트리아 채권자취소법 제3조 제1호).

- 이러한 입법 방향은 "왜 공익목적 단체에 대한 증여만 우대하는가?"
라는 근본적 문제제기로부터 자유로울 수 없다.[15] 공익목적 단체에 대
한 무상출연을 활성화하기 위해서는 유류분제도 자체의 근본적 개혁(유
류분권의 획일적 성격 완화. 본문 IV. 참조)이 정공법이라고 사료된다.

사소한 사항이지만 공익목적 단체에 대한 유증을 우대하는 조항이
없다는 점도 눈에 뜨인다. 공익목적 단체에 대한 증여를 우대한다면 유
증도 우대해야 하지 않을까?

라. 상속인을 1차적 유류분반환의무자로 지정

이동진 교수는 수증자인 상속인과 수증자인 제3자가 동등한 지위에
서 유류분반환의무를 부담하는 현행법 태도는 바람직하지 않고, 상속인
이 - 그가 생전증여를 받았는지 불문하고 상속재산의 범위 내에서 - 1
차적으로 유류분반환의무를 부담하고, 상속재산으로 유류분반환의무를
부담할 수 없을 때 비로소 제3자인 수증자가 2차적으로 유류분반환의무
를 부담하는 방향으로 법을 개정해야 한다고 주장한다. 이는 기본적으
로 독일과 오스트리아 민법의 태도를 참조한 것이다.[16] 그런데 필자는
이러한 입법은 타당하지 않다고 생각한다. 그 이유는 다음과 같다.

첫째, 이러한 입법은 - 비록 개정안 문언만으로는 잘 드러나지 않지
만 - **유류분반환의무를 '상속채무'로 취급하고 이러한 상속채무를 특별
재산(Sondervermögen)인 상속재산으로부터 선(先) 청산한다**는 사고방식
에 기초하고 있다.[17] 그런데 우리 상속법은 당연승계 및 포괄승계를 원

---

15) 서종희, 앞의 글, 67-68도 공익목적 기부 활성화를 위해 특별규정을 두는 방안
에 조심스러운 입장이다.
16) 독일법과 오스트리아법의 간략한 소개로는 이동진, 앞의 글, 35-39. 독일법에 대
해서는 최준규, "독일의 유류분제도", 가족법연구 22-1 (2008), 279-289도 참조.
17) "피상속인은 유증, 증여, 법정상속 등을 통하여 유류분권리자의 이익을 배려할

칙으로 하므로, 위와 같은 책임재산 분리는 한정승인이나 상속재산 파산 등의 경우에만 예외적으로 나타난다. 만약 우리 법에서 유류분반환의무가 상속채무가 되면, 상속인으로서는 그 액수 및 권리자의 권리행사 여부를 쉽게 가늠하기 어려운 유류분의 존재 때문에 한정승인이라는 선택지도 진지하게 고려해야 한다.[18] 상속인에게 굳이 이러한 부담을 지울 이유가 있는가?[19]

둘째, 현행 민법은 유류분권리자가 "그 재산의 반환을 청구할 수 있다."고 하여 **유류분 침해원인을 제공한** 수유자나 수증자에 대하여 유류분반환청구를 하는 것을 원칙으로 삼는다(제1115조 제1항). 이처럼 유류분침해액 발생에 기여한 정도에 따라 유류분반환의무를 부담하는 제도가 합리적이라고 사료된다. 수증자를 수유자보다 먼저 보호하는 것(제1116조)은 책임주의보다 거래 안전을 더 중시한 것이지만, 같은 등급 내라면(수증자 내부, 수유자 내부) 책임주의를 더 중요하게 고려할 필요가 있다. 상속인인 수증자와 제3자인 수증자가 모두 존재하는 경우 이

의무가 있고 이를 해태한 경우 유류분권리자는 피상속인에 대하여 배려를 요구할 권리를 갖는데, 상속개시 후 이는 상속채무가 되므로 (공동)상속인이 원칙적인 유류분반환의무자이고, 제3자는 상속재산 및 생전수증재산으로 반환할 수 없을 때에 한하여 보충적으로 반환의무를 진다고 규정하는 것이 더 체계적으로 일관된다. 이것이 거래의 안전에 기여함은 두말할 필요도 없다." 이동진, 앞의 글, 40.

18) 독일법도 당연승계 및 포괄승계가 원칙이고, 상속인은 그가 생전 증여를 받았는지 여부와 상관없이 유류분반환의무를 부담하며, 이러한 상속인의 의무는 '상속채무'이다. 따라서 상속인이 단순승인을 하면, 그는 상속재산뿐만 아니라 자신의 고유재산으로도 유류분반환의무를 부담한다. Münchener Kommentar zum BGB 8. Auflage (2020)/Lange §2329 Rn.7-8.

19) 부차적 문제일 수 있지만, 만약 1차 의무자와 2차 의무자를 준별한다면 2차의무의 발생요건을 좀 더 구체적으로 정해야 한다. 참고로 제3자인 수증자가 '2차적 유류분반환의무'를 부담하기 위한 요건에 관해 독일의 학설·판례는 대립한다. ① 상속재산이 채무초과이면 된다는 입장도 있고, ② 상속인이 책임제한 판결을 받는 등 책임제한 요건을 갖추어야 한다는 입장도 있다. Beck-online Gross Kommentar BGB (2021)/A. Schindler §2329 Rn.26-32.

동진 교수의 개정안에 따르면, 상속인이 상속재산 범위 내에서[20) 먼저 유류분반환의무를 부담하므로 제3자는 결과적으로 유류분반환의무를 부담하지 않을 수 있다. 그러나 똑같은 수증자임에도 불구하고 상속인을 제3자보다 불리하게 취급하는 것은 합리적이지 않고, 증여를 한 피상속인의 추정적 의사와도 배치될 수 있다.

셋째, 상속인지정 제도가 있는 독일에서는 **법정상속인이 아닌 제3자가 상속인이 될 수 있으므로,** 이러한 상속인에게 - 그가 생전 증여나 유증을 받았는지 여부와 상관없이 - 그가 받은 상속재산의 범위 내에서 1차적으로 유류분반환의무를 지울 필요가 있다. 이러한 문제상황은, - 우리 법과 비교한다면 - 수유자가 1차적으로 유류분반환의무를 부담하는 것과 비슷하다. 그러나 상속인 지정 제도가 없는 우리나라의 경우, 상속인을 그가 생전 증여나 유증을 받았는지 여부와 상관없이 1차적 유류분반환의무자로 규정할 실익이 작다.

---

20) 개정안 제1115조 제4항은 "상속재산으로 유류분부족액을 지급할 수 없을 때"라고 규정하고 있기 때문에, 수증자인 상속인 입장에서는 (상속재산+증여재산)의 범위 내에서 먼저 유류분반환의무를 이행해야 한다고 해석할 여지도 있다. 이동진, 앞의 글, 40.도 그러한 취지로 설명하고 있다.

그러나 독일법에 따르면 상속인의 1차적 책임은 '상속채무'로서 부담하는 것이고 상속인은 이에 대한 자신의 책임재산을 상속재산으로 한정시킬 수 있다. 이에 반해 상속인이 생전 증여받은 부분에 대한 반환의무는 제3자가 생전 증여받은 부분에 대한 반환의무와 마찬가지로 "수증자의 2차적 반환의무"에 해당한다. 복수의 수증자가 있는 경우 - 우리 법과 달리 - 가장 최근 수증자부터 반환책임을 부담한다(독일 민법 제2329조 제3항). 결론적으로 한 명의 상속인이 부담하는 2개의 의무는 서로 준별되는 별개의 의무이다. Münchener Kommentar zum BGB 8. Auflage (2020)/Lange §2329 Rn.7; Beck-online Gross Kommentar BGB (2021)/A. Schindler §2329 Rn.40-42. 우리 법이 1차적 반환의무자와 2차적 반환의무자를 준별하는 구성을 취한다면, 독일법과 마찬가지로 해석함이 합리적이다.

5. 정구태 교수의 개정안

정구태 교수도 유류분제도 전반에 대하여 개정안을 제시하였는데,[21] 이 개정안의 밑바탕에는 유류분제도의 현대적 의의 내지 가치를 가급적 훼손시키지 않으려는 정교수의 철학이 깔려있다. 이 중 유산기부 활성화와 관련된 것을 간추려 보면 다음과 같다.

제1112조 (유류분권리자와 유류분비율)
유류분권리자의 유류분비율은 다음 각호에 의한다.
　1. 피상속인의 직계비속은 그 법정상속분의 2분의 1
　2. 피상속인의 배우자는 그 법정상속분의 2분의 1
　3. 피상속인의 직계존속은 그 법정상속분의 3분의 1

제1111조의2 (유류분의 박탈)
① 다음 각 호의 어느 하나에 해당하는 사유가 있는 경우에는 피상속인은 유언으로 가정법원에 유류분권리자의 유류분 상실 선고를 청구할 수 있다.
　1. 상속인이 될 자가 피상속인 또는 그 배우자나 직계혈족에 대하여 범죄행위, 학대 그 밖에 심히 부당한 대우를 한 때.
　2. 상속인이 될 자가 피상속인에 대하여 부담하는 법률상 부양의무를 중대하게 위반한 때.
② 제1068조의 규정은 제1항의 경우에 준용한다.

제1113조 (유류분 부족액의 산정)
① 유류분권리자의 유류분 부족액은 다음 계산식에 의하여 산정한다.
　유류분 부족액=[유류분 산정의 기초가 되는 재산(A)×유류분권리자의 유류분비율]－유류분권리자의 특별수익액(B)－유류분권리자의 순상속분액(C)
　A=적극적 상속재산+증여액－상속채무액
　B=유류분권리자의 수증액+수유액
② 제1008조의2에 의해 기여분이 결정된 경우에는 제1항의 계산식 A와 C에서 이를 각각 공제한다.
③ 조건부의 권리 또는 존속기간이 불확정한 권리는 법원이 선임한 감정인의 평가에 의하여 그 가격을 정한다.

---

21) 정구태, 앞의 글, 282이하.

제1114조 (산입될 증여)

① 제1008조의 특별수익에 해당하는 증여는 상속개시 전의 10년간에 이행이 완료된 것에 한하여 제1113조 제1항의 계산식 A에 산입된다.

② 제1008조의 특별수익에 해당하지 않는 증여는 상속개시전의 1년간에 이행이 완료된 것에 한하여 제1113조 제1항의 계산식 A에 산입된다. 다만, 당사자쌍방이 유류분권리자에게 손해를 가할 것을 알고 한 증여는 1년전에 이행이 완료된 것도 같다.

③ 제1008조의 특별수익에 해당하는 증여는 이행이 완료된 시기에 관계없이 제1113조 제1항의 계산식 C에 산입된다.

정구태 교수의 개정안은 ① 형제자매의 유류분권을 폐지하고 직계존속의 유류분권은 존속시킨 점, ② 유류분 사전포기 제도를 도입하지 않고 피상속인의 유언에 의한 신청에 따라 법원이 유류분을 박탈할 수 있는 제도를 마련한 점, ③ 상속인에 대한 증여 중 특별수익에 해당하는 것과 그렇지 않은 것을 구별하여 전자는 상속개시 전 10년 내의 증여만 유류분산정의 기초재산에 산입하고, 후자는 제3자에 대한 증여와 마찬가지로 상속개시 전 1년 내의 증여만 기초재산에 산입한 점이 특징적이다. 이 중 ②, ③에 대해서는 살펴볼 지점이 있다.

가. 유류분박탈 제도

정구태 교수는 유류분제도의 존재 이유인 유류분권리자 보호를 강조하여 유류분 사전포기 제도를 도입하는 데 반대한다. 또한, 피상속인으로부터 대가를 받고 사전에 유류분을 포기하였더라도 그 대가는 공동상속인에 대한 특별수익으로서 유류분반환의 대상이 될 수 있으므로, 결과적으로 유류분포기자의 지위가 열악해진다고 지적한다.[22] 유류분권리자를 보호할 필요가 미약하다는 필자의 입장에서는 동의하기 어려운 견해이다. 유류분 포기의 대가로 받은 부분을 특별수익이나 기타 무상이

---

22) 정구태, 앞의 글, 306-307.

익에 포함시키는 것이 타당한지도 의문이다. 유류분권자는 권리포기에 대한 대가를 받은 것이지 무상의 이익을 얻은 것은 아니기 때문이다.

한편 정구태 교수는 상속박탈 제도에 비견되는 유류분박탈 제도의 도입을 제안하고 있다. 유류분박탈을 위해서는 피상속인이 공정증서에 의한 유언으로 신청해야 하고, 법원이 최종적으로 유류분박탈 여부를 결정한다. 이러한 제도의 도입 필요성에는 충분히 공감할 수 있다. 다만 개정안에서 언급한 유류분박탈 사유는, 상속권상실 제도 도입과 관련하여 기존 입법론에서 언급한 사유와 중첩된다.[23] 이 문제는 상속결격제도를 확대, 정비하거나 상속권 상실제도를 도입하는 등 '상속권'의 차원에서 접근하는 것이 체계적이라고 사료된다.[24]

나. 상속인에 대한 생전증여의 산입 기준

정구태 교수 개정안이 상속인에 대한 증여 중 특별수익에 해당하는 것과 그렇지 않은 것을 구별하는 태도는 일응 합리적이라고 사료된다.

---

23) 2011. 6. 법무부 가족법개정특별위원회는 다음과 같은 법안을 마련한 바 있다.

> **제1004조의2(상속권 상실선고)**
> ① 다음 각 호의 어느 하나에 해당하는 사유가 있는 경우에는 피상속인은 가정법원에 상속인이 될 자의 상속권 상실선고를 청구할 수 있다.
>   1. 상속인이 될 자가 피상속인 또는 그 배우자나 직계혈족에 대하여 범죄행위, 학대 그밖에 심히 부당한 대우를 한 때
>   2. 상속인이 될 자가 피상속인에 대하여 부담하는 법률상 부양의무를 중대하게 위반한 때
> ② 피상속인은 공정증서에 의하여 유언집행자에게 제1항의 상속권 상실의 선고를 청구할 것을 유언할 수 있다
> ③ 상속 개시 후에 상속권 상실의 선고가 확정된 때에는 상속이 개시된 때에 소급하여 상속권을 상실한다.

24) 김진우, 앞의 글, 16-17은 법정상속주의를 취하고 있는 우리 민법상 유류분박탈 사유를 별도로 신설하는 것은 법체계상 문제가 있으므로 상속결격사유를 확대하는 방안을 취하자고 주장한다.

만약 상속인에 대한 증여 일체에 관하여 상속개시 전 10년 간 이루어진 것을 유류분반환의 대상으로 삼는다면, 이는 현재 법 상황보다 유류분 반환의 범위를 확대한 것이다. 상속인에 대한 생전증여로서 특별수익에 해당하지 않는 경우 제1114조 제1문에 따라 상속개시 전 1년간 이루어진 것만이 유류분반환 대상이 되기 때문이다.[25]

그런데 정구태 교수 개정안에 따르면 상속인에 대한 증여 중 특별수익에 해당하는 부분은 10년의 기간 내에 이루어진 것이라면 유류분반환 대상이 되는 데 반해, 상속인에 대한 증여 중 특별수익이 아닌 부분은 1년의 기간 내에 이루어진 것에 한해 유류분반환대상이 된다. 전자의 생전증여가 후자의 생전증여보다 더 반환될 여지가 많은 것은 평가모순이라고 사료된다. 후자의 생전증여가 유류분제도를 잠탈할 위험이 더 크기 때문이다. 적어도 두 기간은 동일하게 설정함이 공평하다.

IV. 필자가 제안하는 개정방향 : 부양, 청산의 필요성이 있는 경우에만 유류분 인정

지금까지 살펴본 개정안들은 세부내용은 조금씩 다르지만, 부양과 청산의 필요성을 묻지 않고 특정 유형의 법정상속인에 대하여 획일적 비율의 유류분권을 인정한다는 점에서 비슷하다. 그러나 필자는 - 좀 더 과감하게 - 피상속인이 유류분권자를 부양할 필요가 있는 경우, 피상속인이 유류분권자에게 청산의무를 부담하는 것이 공평한 경우에 한해 유류분을 인정해야 한다고 생각한다. 다만 후자와 같이 청산의무가 문제되는 상황에서는, - 피상속인 사망으로 인해 대심적 심리구조(adversary proceeding) 하에서 당사자 간 실질적 공방(攻防)이 이루어질 수 없으므

---

25) 정구태, 앞의 글, 290.

로 - 법원이 개별·구체적 사정을 고려하여 공평한 몫을 정하는 것이 쉽지 않다. 따라서 후자의 경우에는 분쟁비용의 증가를 막고 법률관계의 예측 가능성을 확보하기 위해, 획일적 규칙(rule)의 형태로 법에 규정을 마련함이 타당하다.

즉 전자의 경우 법원이 제반 사정을 종합적으로 고려하고 그간 실무에서 활용되어 온 부양료/양육비 산정기준을 참작하여, 유연하게 유류분을 정함이 타당하다. 이에 반해 후자의 경우 피상속인의 배우자에 한하여 청산 필요성을 인정하고, 유류분비율은 종전과 마찬가지로 법정상속분의 1/2로 고정함이 타당하다. 이러한 필자의 개정방향은 기본적으로 영국과 미국의 입법례와 비슷하지만26) 영미법상 제도에 비해 **법관의 재량을 상당히 축소시켰고** 영미법상 제도보다 **덜 복잡하다**는 점에서 다르다. 아래에서는 필자의 착안점을 구체적으로 설명한다.

1. 부양필요성에 따른 유류분권 : 유연한 기준(standard)

피상속인이 사망 전 민법상 부양의무를 부담하는 친족들에 대해서는 유류분제도를 통해 사후(死後)부양을 가능하게 함이 타당하다. 부양은 인간의 존엄과 가치를 훼손하지 않을 정도의 최소한의 생활 수준, 기본적 생존을 위한 최소한의 요구를 충족시키는 문제이다.27) 피부양자가 상속을 받지 못함으로 인해 향후 기본적 생존이 어려워지게 되는 상황은 막아야 한다. 반대로 말하면 부양 필요성이 없는 직계비속 등이 피상속인의 생전 증여나 유증의 효력을 함부로 부정할 수 없게 만들어야 한다.

부양 필요성에 따른 유류분권을 주장할 수 있는 자의 범위를 피상속인의 직계비속이나 배우자에 한정할 필요는 없다. 피상속인이 사망 전

---

26) 영국법상 유산분여청구권(Family Provision)과 미국법상 유류분 유사(類似)제도의 소개로는 현소혜, 앞의 글 참조.
27) 최준규, 주해친족법 제2권, 박영사 (2015), 1483.

에 민법상 부양의무를 부담하는 친족이라면(제974조. 가령 피상속인의 직계존속, 생계를 같이하는 친족), 그리고 피상속인 사망 후에도 여전히 그 친족의 부양 필요성이 인정된다면(부양을 받을 자가 자기의 자력 또는 근로에 의하여 생활을 유지할 수 없는 경우: 제975조) 부양 필요성에 따른 유류분권을 주장할 수 있도록 해야 한다. 또한, 피상속인의 사실혼 배우자처럼 친족이 아니고 상속권도 없지만, 피상속인이 사망 전에 부양의무를 부담하고 있는 자에 대해서도 부양 필요성에 따른 유류분권을 부여해야 한다.[28]

이처럼 부양 필요성에 따른 유류분권리자를 폭넓게 설정하면, 상속인의 상속권 보장을 위해 존재하던 **종래 유류분제도와는 전혀 다른 유류분제도**가 만들어지는 것이다. 필자가 주장하는 **부양 필요성에 따른 유류분권은 피상속인의 생전 증여나 유증이 없더라도 발생할 수 있다.** 피상속인과 생계를 같이하는 친족이나 피상속인의 사실혼 배우자처럼 애초부터 피상속인의 사망에 따른 상속을 전혀 기대할 수 없던 자들도 '부양 필요성'을 근거로 유류분권을 취득한다.[29] 이러한 유류분권리자의 유류분권은 피상속인의 생전증여나 유증으로 '침해'된 것이 아니므로, 수증자나 수유자를 상대로 권리행사를 하는 것은 다소 부적절하다.[30] 나아가 **수증자를 유류분반환의무자에 포함시키는 것은 법리적 관**

---

28) 윤진수, "사실혼 배우자 일방이 사망한 경우의 재산문제", 저스티스 100 (2007), 36은 사실혼 배우자 일방이 사망한 경우 생존 배우자가 상속인들에게 부양을 위한 청구권을 행사할 수 있도록 하는 입법이 필요하다고 주장한다. 이러한 주장은 필자가 제안한 "부양 필요성에 따른 유류분권"과 일맥상통한다.

29) 이보드레, "부양을 위한 상속제도로서의 유류분 재고", 가족법연구 33-3 (2019), 159-160은 부양 필요성이 없는 자녀의 유류분권을 감축 또는 상실시키는 방향의 입법을 제안하고 있다. 이는 상속인의 상속권 보장이라는 현행 유류분제도의 기본 틀을 유지한 채 유류분제도를 개선하는 것이다. 그러나 부양 필요성이 절실한 직계존속이나 사실혼 배우자가 있다면 이들도 보호해야 하지 않을까?

30) 물론 피상속인의 유증으로 잔존 상속재산이 0인 상황이라면, 수유자를 상대로 한 권리행사를 허용할 필요가 있다. 또한, 상속인이 상속재산으로 받는 몫이 작고, 유증의 액수가 크다면, 법원이 재량을 발휘하여 수유자에게 유류분반환을

점에서도 바람직하지 않다. 피상속인 사망 전이라면 부양청구권자는 수증자에 대하여 부양청구권을 행사할 수 없는데, 피상속인 사망 후 수증자에 대하여 부양청구권을 행사하는 것은 균형이 맞지 않기 때문이다.[31] 이러한 유류분권리자들은 원칙적으로 상속재산을 취득한 상속인 그리고 수유자들에게 부양 필요성에 따른 유류분권을 행사해야 할 것이다. 부양 필요성에 따른 유류분권의 경우 이러한 상황에 대비하여, 법원이 상속인 및 수유자에 대하여 유류분반환의무 이행을 명할 수 있도록 근거 규정을 마련할 필요가 있다. 다만 상속인과 수유자 중 누구에게 유류분 의무를 지울 것인지는 법원이 구체적 사정을 고려하여 유연하게 판단할 수 있게 함이 바람직하다.[32]

유류분액수[33]는 법원이 개별, 구체적 사정을 고려하여, 양육비 또는 부양료 산정과 관련하여 그간 축적된 실무상 기준을 참작하여 재량껏 정할 수밖에 없고, 그렇게 함이 가장 공평하다.[34] 부양의무자가 사망하였고 부양의무를 이행할 자력(資力)은 '상속재산(유증재산 포함)'에 한

명할 수도 있다.

31) 다만 이렇게 보면 피상속인이 사망 직전에 증여를 함으로써 부양 필요성에 따른 유류분을 잠탈하는 것이 가능하게 된다. 이 문제는 사해행위 취소 또는 공서양속위반의 법률행위라는 관점에서 해결할 수밖에 없다.

32) 반환의무자까지 법원이 재량으로 정할 수 있도록 하면, 법원에 너무 많은 재량을 부여하는 것이 아닌지 의문이 있을 수 있다. **1차적으로는 상속인**이 의무를 부담하고, 상속재산만으로 유류분 의무를 이행하기 부족하거나 상속인의 유류분도 보호할 필요가 있다면 **2차적으로 수유자**가 의무를 부담하는 것이 일응 적절하다고 사료된다. 다만 1차적 의무자와 2차적 의무자를 법에 명시하기보다는, 개별 사안의 구체적 특성을 고려해서 법원이 유연하게 의무자의 순위와 의무부담의 내용을 결정할 수 있도록 **개방적 규정**을 둠이 더 적절하다고 사료된다. 민법 제976조도 참조.

33) 법정상속인에게 상속재산 중 일정한 몫을 보장한다기보다 그의 부양 필요성에 상응하는 부양료를 보장하는 것이므로, '유류분비율'을 정하는 것은 다소 부적절하다.

34) 부양 필요성에 따른 유류분을 명함으로 인해 상속인(피상속인의 배우자)의 유류분이 침해되는 것은 바람직하지 않다. 다만 이 경우 부양 필요성에 따른 유류분 산정도 법원이 개별사정을 고려하여 유연하게 판단할 수 있게 함이 타당하다.

정되므로, 부양의무자가 생존하는 동안 부담하였던 수준과 동일한 수준의 부양의무를 부과하는 것은 타당하지 않을 수 있다. 부부 일방이 사망한 후 생존배우자가 부양 필요성에 따른 유류분권을 주장하는 경우에는, 생존배우자가 재혼할 수 있다는 점도 고려해야 한다. 유류분 액수를 산정할 때 고려할 요소로는 (a) 유류분권리자의 부양 필요기간, (b) 상속재산의 규모, (c) 피상속인 사망 전 피상속인과 유류분권리자 사이의 관계,35) (d) 피상속인 사망 후 유류분권리자에 대한 다른 부양의무자의 존재 여부, (e) 피상속인의 유류분권리자에 대한 생전 출연(出捐), (f) 유류분권리자의 순상속분액 등을 들 수 있다.

유류분반환방법은 부양료의 경우와 마찬가지로 정기금 반환도 허용함이 타당하다. 또한 유류분권리자의 장래 부양필요성 증가나 상실 상황에 대비하여 당사자 간 합의나 법원의 판결을 취소 또는 변경할 수 있게 함이 적절하다(제978조의 준용). 부양필요성에 따른 유류분권은 부양료청구권과 마찬가지로 권리자 보호를 위해 처분금지채권 및 압류금지채권으로 규정해야 한다(제979조 및 민사집행법 제246조 제1항 제1호 준용).36)

2. 청산필요성에 따른 유류분권 : 획일적 규칙(rule)

생존배우자의 경우 피상속인의 생전증여나 유증으로 인해, 만약 이혼을 하였다면 재산분할을 받을 수 있었을 몫까지 받지 못하게 되는 상

---

35) 피상속인과 유류분권리자 사이에 유대관계가 희박하였거나, 유류분권리자가 피상속인에 대한 자신의 부양의무를 중대하게 해태하였거나 피상속인에게 중대한 비행을 저지른 경우에는, 부양 필요성에 따른 유류분권을 감액하거나 아예 부정할 수도 있을 것이다. 이러한 참작요소는 부양료 산정 시 참작요소와 동일하다. 최준규, 주해친족법 제2권, 박영사 (2015), 1498-1506.

36) 필자는 부양 필요성에 따른 유류분권과 청산 필요성에 따른 유류분권 모두 금전채권으로 규정함이 타당하다고 생각한다. 이 부분은 유산기부 활성화라는 본 논문의 주제와 직접 관련이 없기 때문에 구체적으로 언급하지 않는다.

황에 이를 수 있다. 이러한 상황을 방치하는 것은 타당하지 않다. 노년 부부의 이혼을 조장할 수 있기 때문이다. 따라서 생존배우자에게 청산 필요성에 따른 유류분권을 인정해야 한다. 문제는 유류분권의 내용을 어떻게 구성할 것인지이다. '청산'의 이념을 가장 충실히 구현하려면 이혼 시 재산분할과 마찬가지로, 피상속인 사망 시에도 생존배우자에게 돌아가 몫을 개별 사건별로 구체적으로 정해야 한다. 이는 배우자 법정 상속분과도 관련된 문제이다. (a) 만약 일방 배우자 사망 시 부부재산 청산을 먼저 하고 나머지를 생존 배우자와 다른 상속인들이 상속하는 식으로 상속제도를 설계하면, 생존 배우자의 청산 필요성에 따른 유류 분권은 부부재산 청산의 결과에 연동하여 결정될 것이다. (b) 지금과 같은 방식으로 생존 배우자의 법정상속분을 상속재산 중 일정 비율로 정한다면, 생존 배우자의 청산 필요성에 따른 유류분권 산정단계에서 비로소 부부재산 청산이 이루어질 것이다. 어떻게 보든 이미 사망한 배우자와 생존 배우자 사이에 부부재산 청산이 이루어져야 한다. 그들이 혼인 전에 가지고 있던 재산, 혼인 중 취득한 재산, 혼인 중 취득한 재산에 대한 각자의 기여도를 확정해야 하고, 혼인 중 거래 내역과 재산변동 내역 등을 조사해야 한다. 분쟁의 당사자 일방이 사망한 상태에서, 즉 대립당사자 구조가 실질적으로 붕괴된 상태에서, 위와 같은 심리가 충실하게 이루어지긴 어렵고, 분쟁의 결론은 생존 배우자 일방의 자의(恣意)에 좌우될 위험이 높다. 분쟁이 장기화될 수 있으며, 법원 판결의 공평성에 의문이 제기될 수도 있다. 피상속인은 자신의 사후(死後) 발생할 분쟁의 결론을 예측하기 어려우므로, 의미 있는 상속계획을 마련하는데 어려움을 겪을 것이다. 결과적으로 청산의 이념을 충실히 구현하는 득(得)보다는 실(失)이 크다.37) 구체적 타당성은 다소 훼손되더라도 지금과 마찬가지로 배우자의 법정상속분 중 일정비율을 유류분비율로 고정

---

37) 배우자의 법정상속분과 관련해서도 비슷한 논의가 있다. 윤진수, "배우자의 상속법상 지위 개선 방안에 관한 연구", 가족법연구 33-1 (2019), 51-54.

함이 타당하다.

유류분비율은 어떻게 정할 것인가? 이혼 시 재산분할과의 형평성에 주목하면 지금보다 유류분비율을 높여야 한다는 주장도 가능하다. 그러나 혼인 기간이 짧은 재혼배우자의 경우에는 오히려 유류분비율이 과도해질 수 있다. 이 문제는 배우자의 법정상속분 강화국면에서 고민하면 족하고, 배우자의 유류분 단계에서 이 문제해결을 위해 추가로 조치를 취할 필요는 없다.[38] 현행과 마찬가지로 배우자의 법정상속분의 1/2을 유류분비율로 유지함이 적정하다고 사료된다. 법원이 혼인 기간, 상속재산에 대한 기여도 등을 참작하여 위 비율을 증감할 수 있도록 할 것인가? 구체적 타당성을 고려할 여지를 둔다는 점에서 법원에 이러한 권한을 부여하는 것이 일응 타당해 보인다. 그러나 법률관계의 불명확성이 커지는 점, 법관에 재량을 부여하는 것 자체에 대한 사회 일반의 거부감 등을 고려할 때, 시기상조(時機尙早)라고 사료된다. 재혼배우자가 과도한 유류분권을 주장하는 문제는 유류분 사전포기 제도로 통제할 수밖에 없다.

생존배우자는 생존 필요성에 따른 유류분권과 부양 필요성에 따른 유류분권을 모두 주장할 자격이 있지만, 둘 중 하나의 청구권만 선택해서 행사할 수 있게 함이 타당하다(청구권경합 관계).

자녀에게도 청산 필요성에 따른 유류분권을 인정할 것인가? 부정함이 타당하다. 피상속인의 자녀에 대한 청산의무를 인정하는 것이 타당한 사안은 드물기 때문이다. 자녀가 피상속인과 사업을 함께하는 경우처럼 상속재산 증가에 기여하는 상황은 드물지 않지만, 이 경우 피상속인도 자녀의 유형자산 또는 무형자산(사업경험 축적 등) 증가에 기여하는 상호적(reciprocal) 관계가 대부분이다. 자녀에게 돌아갈 몫을 자기 이름으로 가로채는, 착취하는 동업자인 부모를 상상하는 것은 쉽지 않

---

38) 같은 취지 정구태, 앞의 글, 312.

다. 대단히 비현실적인 가정이지만 설령 그러한 상황이 존재하더라도, 그러한 부모와 사업을 함께 한 성년 자녀가 그로 인한 위험을 감수해야 한다.

피상속인의 상속재산 유지 또는 증가에 대하여 자녀의 기여가 있는 경우, 이를 기여분제도(1008조의2)를 통해 반영할 수 있다. 다만 기여분은 상속개시 시점의 피상속인의 재산가액에서 유증의 가액을 공제한 액을 넘지 못한다(1008조의2 3항). 따라서 직계비속의 획일적 유류분을 부정하는 필자의 개정안에 따르면, 오랜 기간 피상속인을 특별히 간병해 왔고 이를 통해 피상속인의 재산 유지 또는 증가에 기여한 자녀가 있음에도 불구하고 피상속인이 자기 재산 일체를 다른 자녀나 제3자에게 유증하면, 위 자녀는 상속재산에 대하여 어떠한 권리도 주장할 수 없다. 그러나 부모가 자신을 특별히 간병한 자녀를 외면하고 상속재산을 다른 이에게 유증하는 경우는 드물 것이다. 설령 그런 상황이 발생하였더라도 부모를 간병한 성년자녀는 - 기분은 매우 나쁘겠지만 - 그 결과를 감수해야 한다는 것이 필자의 생각이다.

3. 기타 세부적 사항

앞서 언급한 것처럼 상속인에 대한 생전증여와 제3자에 대한 생전증여는 동일한 기간 제한에 걸리게 함이 타당하다. 현행처럼 상속개시 전 1년간의 증여만 유류분산정의 기초재산에 산입시키면 유류분제도 형해화의 위험이 있다. 피상속인의 상속인에 대한 증여로서 특별수익에 해당하지 않는 증여의 경우 특히 이러한 위험을 야기할 가능성이 크다. 이러한 사정을 고려할 때, 상속개시 전 3년간 이루어진 증여를 유류분반환의 대상으로 삼는 것이 적절하다.

또한 이미 여러 차례 제안되었던 것처럼 유류분 사전포기 제도를 도입함이 바람직하다. 유류분 사전포기 효과의 중대성을 고려할 때 법원의 허가를 받도록 함이 타당하다. 다만 사전포기를 하더라도 부양 필요성에 따른 유류분권은 행사할 여지를 열어 두어야 한다. 과거에 유류분을 포기한 적이 있다고 해서, 지금 현재의 급박한 부양 필요성을 외면하는 것은 가혹하기 때문이다. 다만 유류분액수를 산정하는 과정에서 법원이 사전포기가 있었던 점을 고려할 수는 있을 것이다.

4. 예상되는 반론에 대한 재반론

가. 급진적 개정안?

필자의 개정안에 대해서는 변화의 폭이 너무 큰 급진적 방안이라는 비판이 가능하다. 필자도 기본적으로 법은 함부로 바꾸면 안 된다고 생각한다. 법에 설령 문제가 있더라도 해석론으로 문제를 해결하기 위해 최대한 노력하고, 그것으로 어렵다면 중지(衆智)를 모아 숙고에 숙고를 거듭하여 논의의 공감대가 형성된 사안을 중심으로 차근차근 개정함이 바람직하다고 생각한다. 법 개정에 관해서는 원칙적으로 점진주의(incrementalism) 및 보수적 접근법을 취하는 것이 타당하다.

그런데 유류분제도는 조금은 다른 각도에서 볼 필요가 있다. 친족이나 상속의 법률관계에서는 – 그것이 근대적 의미의 합리성, 개인의 자유를 중시하는 자유주의 이념과 명백히 충돌하지 않는 한 – 우리 고유의 전통과 관습, 국민의 법의식도 고려할 필요가 있다. 일제강점기하 근대적 법률문화가 이식(移植) 과정에서 일본은 조선인의 친족 및 상속에 관하여 자국 민법을 적용하지 않고 우리 관습에 의하도록 하였다(조선민사령 제11조 제1항 본문). 조선시대에는 현재의 유류분제도에 정확히 대응될 만한 제도가 없었다.[39] 일제의 조선총독부가 편찬한 관습조사보

---

39) 최준규, 주해친족법 제2권, 박영사 (2019), 914. 물론 조선시대 상속법제의 모습이 서구법을 계수한 근대 상속법제와는 사뭇 다르기 때문에, "유류분제도와 비

고서와 조선고등법원은 "조선에서는 상속인이 받을 유류분에 대하여 확실한 관습이 없다."는 입장이었다. 결과적으로 일제식민지 하 근대적 의미의 민법이 적용되는 과정에서 일본 민법상의 유류분제도는 한국에 도입되지 않았다. 해방 후 우리 민법의 제정과정에서도 유류분제도의 도입은 의식적으로 거부되었다. 이러한 역사적 흐름이 피상속인 개인의 재산처분 자유를 강조하는 근대적 사고(思考)에서 비롯된 것이라고 단정하긴 어렵다. 해방 후 제정된 민법 상속편의 전(前)근대성(ex. 상속분에 있어 남녀차별 등)을 고려하면, 당시 입법자들이 자유주의 이념을 진지하게 고민한 끝에 유류분제도 도입을 거부한 것인지 의심스럽다.[40] 그러나 어쨌든 결과적으로 유류분제도는 근대가 이식(移植) 후 상당기간 동안 우리의 제도가 아니었다. 1977년 민법개정을 통해 – 주로 상속에서의 남녀평등을 달성하려는 목적에서 – 비로소 유류분제도가 도입되었고, 1978. 12. 31. 시행된 이래 이제 43년이 지났다. 우리 민법에 영향

숫한 제도가 있었는가?"라고 질문하는 것 자체가 부적절할 수 있다. 사과와 오렌지를 비교하는 것처럼 전혀 다른 두 개를 비교할 위험이 있기 때문이다. 유류분제도가 없었더라도 그 이유는 유언의 자유를 강조했기 때문이 아니라, 유언의 자유가 조업(祖業)의 범위 내에서만 허용되었기 때문에 유류분 자체가 필요하지 않았기 때문이라고 볼 수도 있다. 신영호, 공동상속론, (1987), 나남, 192. 참조. 한편 조선 초기 법제상 유언의 자유가 보장되어 있었고 재주(財主)가 이를 적극적으로 행사하고 있었지만, 다른 한편 재주(財主)의 유언의 자유를 제한하여 상속인을 보호하는 규율이 있었다는 지적도 있다. 김민정, "조선 초기 상속법제에서 유언 자유의 의미", 법사학연구 37 (2008), 22-26.
이러한 다양한 주장을 모두 수긍하더라도, 조선 후기 장자 우대상속 또는 장자 단독상속이 보편화되는 과정에서 이러한 결과를 문제로 삼는 경우가 거의 없었던 점을 고려할 때, 현재의 유류분과 같이 상속인 '개인'에게 획일적 상속권을 보장하는 제도가 우리 전통과 거리가 먼 제도임은 부정할 수 없다. 현소혜, 주해상속법 제2권, 박영사 (2019), 1130-1131은 조선 중기 이후로는 상속분쟁을 관에 고하는 것 자체가 금지되었으므로 법정상속인의 상속권을 침해하는 유언이 있었더라도 이를 다툴 방법이 없었다고 한다.
40) 신영호, 앞의 책, 247은 유류분제도를 도입하지 않은 당시 입법자의 결단에 관하여 "전근대적이라고 할 수 있는 호주상속제도를 규정하고 있는 점에 비추어 볼 때 아이러니라 하지 않을 수 없다."고 평가한다.

을 미친 독일, 프랑스와 달리 우리에게 유류분제도에 관한 전통은 존재하지 않는다. 우리에게 유류분제도는 아직은 낯설고 이질적인 제도에 불과하다. 법원 스스로 유류분제도에 대하여 위헌법률심판제청을 하고 있다는 점은 이러한 현실을 반영한다.

그렇다면 필자의 개정안은 급진적 변화가 아니라 오히려 기존 균형 상태로의 복귀를 향한 첫걸음41)일지 모른다.

나. 부정의(不正義)의 방치?

필자의 개정안에 대해서는 장남에 대한 100% 유증과 같이 남녀 차별적 재산분배, 내연녀에 대한 상당한 재산의 유증과 같이 일견(一見) 부도덕해 보이는 재산분배를 방치한다는 비판이 가능하다.42)43) 그러나

---

41) 필자의 개정안은 배우자의 유류분을 종전과 마찬가지 형태로 유지하고 있다.
42) 다음과 같은 서술들 참조.
　　"우리나라에서 유류분반환청구는 유류분권리자가 특별수익을 받은 다른 공동상속인 중 1인을 상대로 행해지는 경우가 상당수이며, 특히 피상속인이 아들(특히 長男)에게 상속재산의 상당액을 증여나 유증한 데 대하여 다른 자녀들(특히 딸들)이 그를 상대로 유류분 부족액의 반환을 구하는 경우도 적지 않은바, 공동상속인 간의 공평 유지라는 순기능을 담당해 온 유류분제도를 폐지하는 것이 능사는 아니다. 유류분 소송이 계속 증가하고 있는 것은 사회적으로 이 제도가 기능하고 있고, 오히려 이 제도에 의해 권리를 보호받을 수 있는 사람들이 존재한다는 것이므로 유류분제도를 폐지하자는 주장에는 동의하기 어렵다." 정구태, 앞의 글, 281.
　　"유류분은 공동상속인 간의 평등을 실질적으로 도모하는 매우 중요한 역할을 하고 있다. 대한민국 민법의 법정상속분은 사회가 발전하면서 성별, 출생 순서, 적서를 불문하고 모두가 평등하게 바뀌었으나, 아직도 상속에서 남녀차별, 장자우대를 하는 가정이 많이 남아 있다. 이와 같은 경우 여자라서, 차남이라서, 부모 마음에 들지 않아서 등 부당하게 상속에서 소외된 상속인들에게 최소한의 상속분인 유류분을 보장할 실질적 필요성이 매우 크다. 위헌론에서는 유류분제도로 양성평등이 보호되는 측면이 미미하다고 주장하나 이는 매우 의문이다. 말로만 남녀평등이라 말하고 상속에서 딸을 소외시킨다면 이것이 무슨 남녀평등일 것인가? 오히려 현존하는 제도 중에 양성평등을 가장 효과적으로 실현하는 제도 중의 하나가 유류분제도이다." 박신호, "유류분제도의 위헌성 여부에 대한 고찰", 법률신문, https://

이러한 비판에는 동의하기 어렵다. 필자도 위와 같은 유증은 부적절하다고 생각한다. 즉 필자는 이러한 유증을 한 사람의 가치관에 동의하지 않고, 이러한 가치관을 가진 사람이 우리 사회의 공적 리더가 되어서는 안 된다고 생각한다. 그러나 유류분은 다른 차원의 문제이다. 개인의 선호가 사회윤리나 공동체 구성원의 정서에 비추어 부적절할지라도 그리고 가족구성원의 기분을 상하게 만들지라도, 그러한 이유만으로 국가가 그 개인의 선호를 무(無)로 돌리는 것은 더욱 부적절하다. 우리는 개인의 외모 또는 그 사람 부모의 재력이나 직업과 같이 그 사람이 자기 의지와 상관없이 갖게 된 특성을 중시하여, 친구관계·연인관계·부부관계를 맺기도 한다. 타고난 부(富)나 사회적 지위에 맞춰 끼리끼리 무리를 짓고, 나와 다른 무리에 속한 사람을 무의식적으로나마 배척하고 거리를 두며, 심지어 사회적으로 열등한(!) 지위에 있다고 생각하기도 한다. 하지만 우리는 겉으로 그러한 내색을 잘 하지 않는다. 사회의 시선과 이목이 두렵기도 하고, 그들과 가까이 지내지 않는 것으로, 그들이 나의 사적 영역에 들어오지 않는 것으로 충분하기 때문이다. 이러한 개인들의 선호와 장남이라는 이유만으로 특별히 그를 예뻐하여 그에게 100% 유증을 하는 피상속인의 선호는 크게 다르지 않다. 후자가 남녀차별이어서 유류분을 통해 개선할 필요가 있다면, 전자는 외모차별, 집안차별, 계급차별이므로 법으로 개선해야 하는가? 공적 영역에서 차별하거나 다른 사람들 앞에서 드러내놓고 차별하는 경우가 아니라면, 법이 개입하는 것은 부적절하다. 가족 간에 이루어지는 분쟁인 유류분도 마찬가지이다. 재산을 물려받지 못한 차남이나 딸의 기분 나쁨은 충분히 공감할 수 있지만, 기분 나쁨은 기분 나쁨에서 그쳐야 한다.44)

---

www.lawtimes.co.kr/Legal-Opinion/Legal-Opinion-View?serial=159515 (2020. 2. 17.).

43) 이동진, 앞의 연구보고서, 98은 유류분이 '유언자유 남용'을 통제하는 기능을 한다는 점에 주목한다.

44) 김진우, 앞의 글, 11은 다음과 같이 서술한다. 전적으로 공감한다.
"유류분이 생존 중 부모의 편애에 대한 적절한 사후적 보상수단인지도 의심스럽다. 오히려 유류분은 이 문제를 피상속인의 사망 후에 부각시켜 잔존 가족의

다. 유언자유가 악용될 위험

직계비속의 유류분을 원칙적으로 인정하지 않으면, 간병인이 노령의 피상속인을 기망하여 자신에게 유언을 하게 하는 등 유언자유가 악용될 위험이 있다. 다만 배우자의 획일적 유류분이 인정되므로 위 문제는 어느 정도 완화된다. 나아가 이러한 위험이 있기 때문에 직계비속의 획일적 유류분을 인정해야 한다는 주장은, 문제의 해결을 위해 더 큰 문제를 야기하는 해법을 도입하자는 설상가상(雪上加霜) 식 주장이다. 성년후견 제도의 정비 및 충실화, 효력이 의심스러운 유언을 법원이 무효화할 수 있는 법률의 도입45) 등 정공법을 고민해야 한다.

라. 법원의 개별판단에 따른 법률관계의 불명확성 증가?

부양 필요성에 따른 유류분 인정 여부 및 인정 범위는 법관의 재량에 상당 부분 좌우되므로 법률관계의 불명확성이 늘어날 것이다. 그러나 부양 필요성에 따른 유류분이 문제 되는 사안 자체가 많지 않을 것이다. 또한, 부양료나 양육비와 관련하여 법원 내에 축적된 기준이 이미 존재하므로 실무상 혼선이 크지는 않을 것으로 추측된다.

평화를 근본적이고 지속적으로 파괴할 수도 있다."
45) 캘리포니아 유언검인법(Probate Code) 제21380-21392조는 (a) 간병인이 요보호자인 피상속인을 간병하는 중 또는 간병 전후 90일 이내에 그 간병인에게 이루어진 무상처분, (b) 요보호자인 피상속인을 간병하는 동안 또는 간병 후 90일 이내에, 간병인이 피상속인과 혼인, 동거, 동반자관계를 시작한 경우, 그러한 혼인, 동거, 동반자관계 시작 후 6개월 내에 이루어진 그 간병인에게 이루어진 무상처분은 원칙적으로 사기 또는 부당위압(undue influence)에 의해 이루어진 것으로 추정한다.

마. 노부모를 간병한 자녀의 기대권?

직계비속의 유류분이 원칙적으로 인정되지 않으면, 노부모를 간병한 자녀 입장에서 배신감(?)을 느낄 수 있다. 현대 한국사회에서 자녀에게 유류분을 인정하는 이유를 "노후에 부모를 돌보는 것이나 사망 후 제사를 받드는 일을 자녀가 할 것이라는 기대감"과 관련하여 설명하는 입장도 있다.46) 필자도 이러한 분석에 공감한다. 그러나 앞서 언급한 것처럼 자녀의 기분 나쁨은 기분 나쁨으로 끝나야 한다. 또한, 오늘날 한국사회에서 자녀에게 노부모 부양을 기대하는 것이 현실적인지도 의문이고, 제사가 얼마나 존속될지도 의문이다. 한편 직계비속의 유류분을 원칙적으로 인정하지 않으면, 자녀들이 부모의 맘에 들어 증여 또는 유증을 받기 위한 계산적 목적(?)에서 경쟁적으로 효도를 하는 순기능도 생길 수 있다.

바. 사실혼배우자의 과잉보호, 상속인의 과소보호?

필자와 같이 부양 필요성에 따른 유류분을 폭넓게 인정하면 상속권이 없는 사실혼배우자는 과잉보호되고, 그에게 유류분반환의무를 이행해야 하는 상속인은 과소보호된다는 비판이 제기될 수 있다. 그러나 민법상 부양의무는 부양권리자가 자기의 자력(資力)이나 근로에 의하여 생활을 유지할 수 없는 경우에 한하여 발생한다(민법 975조). 부부(사실혼 부부 포함) 사이의 상호 부양의무는 이보다 높은 수준의 '생활유지의무'라고 해석함이 대체적 견해이지만,47) 부부일방이 사망한 뒤에도 그와 같이 높은 수준의 부양의무를 요구할 수는 없다. 사실혼배우자 일방

---

46) 박영선, "미국변호사의 눈으로 본 유류분제도", 법률신문, https://www.lawtimes. co.kr/Legal-Opinion/Legal-Opinion-View?serial=103374 (2016. 6. 29.).
47) 대법원 2012. 12. 27. 선고 2011다96932 판결 참조.

이 사망한 후 상대방배우자가 스스로의 자력이나 근로에 의하여 생활을 유지할 수 없는 경우는 드물 것이다. 만약 그처럼 드문 상황이 발생하였다면, 사실혼배우자는 보호 필요성이 큰 경우가 대부분이다. 이 경우 상속재산을 무상취득한 상속인에게 유류분반환을 명하는 것이 부당하다고 단정할 수 있을까? 사실혼배우자 등 부양 필요성이 있는 자에게 그렇게까지 각박하게 할 필요가 있을까?

5. 개정안의 제시

지금까지 검토한 내용을 바탕으로 필자가 제안하는 개정안은 다음과 같다.

제1112조 (유류분권리자와 유류분비율)

① 피상속인의 배우자는 그 법정상속분의 2분의 1을 유류분으로 주장할 수 있다.

② 피상속인 사망 전 피상속인이 부양의무를 부담하던 자로서 피상속인 사망 후에도 부양받을 필요가 있는 자는 유류분을 주장할 수 있다. 이 경우 유류분액수는 유류분권리자의 부양필요기간, 상속재산의 규모, 피상속인 사망 전 피상속인과 유류분권리자 사이의 관계, 피상속인 사망 후 유류분권리자에 대한 다른 부양의무자의 존재 여부, 피상속인의 유류분권리자에 대한 생전 출연(出捐), 유류분권리자의 순상속분액 등을 종합적으로 고려하여 법원이 정한다.

③ 제2항에 의한 유류분의 경우 법원은 상속인 또는 수유자에게 각자가 상속이나 유증으로 이득을 얻은 범위 내에서 유류분반환을 명할 수 있다. 유류분반환의무자의 순위와 유류분반환의무의 범위는 법원이 정한다.

④ 제2항에 의한 유류분의 경우 법원은 정기금 형식으로 유류분 지급을 명할 수 있다.

⑤ 제2항에 의한 유류분권에 대해서는 민법 제978조, 제979조, 민사집행법 제246조 제1항 제1호를 준용한다.

⑥ 피상속인의 배우자는 제1항 또는 제2항에 의한 유류분권 중 어느 하나만을 행사할 수 있다.

제1114조(산입될 증여)

증여는 상속개시전의 3년간에 행한 것에 한하여 제1113조의 규정에 의하여 그 가액을 산정한다. 당사자 쌍방이 유류분권리자에 손해를 가할 것을 알고 증여를 한 때

에는 3년전에 한 것도 같다.

제1117조의2(유류분의 사전포기)
① 상속개시 전 유류분 포기는 가정법원의 허가를 받아야 효력이 있다.
② 공동상속인 중 한 사람의 유류분 포기는 다른 공동상속인의 유류분에 영향을 주지 아니한다.
③ 제1항에 따라 유류분을 포기한 자도 제1112조 제2항에 의한 유류분을 주장할 수 있다.

제1118조
제1001조, 제1010조의 규정은 유류분에 이를 준용한다.
☞ 제1008조를 준용하는 부분 삭제

V. 결론에 갈음하여

정구태 교수는 유류분제도의 생활 보장적 기능, 가족적 연대의 기능, 공동상속인 간 공평유지의 기능을 강조하면서 오늘날에도 유류분제도가 존재 의의를 가짐을 역설하고 있다.[48] 필자는 위 세 가지 기능 중에서 생활보장적 기능은 여전히 중요하지만, 나머지 기능은 더 이상 의미가 없거나 법이 개입하여 강제할 필요가 없다는 입장이다. 20살 이후 자신의 의지와 능력으로 스스로의 삶을 개척할 자유와 책임이 있는 성년 자녀에게 부모가 최소한의 재산을 남겨주어야만 가족적 연대가 달성될 수 있다면, 그러한 연대(連帶)는 가짜 연대이다. 부모가 재정적 지원을 해주는 것은 고맙고 감사한 일이지만, 부모가 20살이 넘은 자식에게 재정지원을 하지 않는다고 해서 이를 법으로 강제하는 것은 원칙적으로 타당하지 않다. 장남이 재산을 많이 물려받았더라도 마찬가지이다. 자식들 모두 가급적 공평하게 유산을 분배받는 것이 바람직하다고 필자도

---

48) 정구태, "유류분제도의 존재이유에 대한 현대적 조명 – 유류분제도 비판론에 대한 비판적 검토 -", 법학논총 33-2 (2009), 715-728.

생각하지만, 부모가 그와 다른 선택을 하였다고 해서 부모를 비난할 수 없고, 법이 그러한 선택의 효력을 무위로 만드는 것은 바람직하지 않다. 횡재를 한 사람이 자신은 그러한 이득을 누릴 응분(應分)의 자격이나 권한이 있다고 생각하는 것도 크게 잘못된 일이지만, 횡재를 한 사람을 보고 배 아파하면서 자기도 마찬가지로 횡재를 해야 한다고 주장하는 것도 크게 잘못된 일이다. 유류분제도는 횡재(windfall gain)가 아니라 정당한 권원(entitlement)에 기초하여 설계되어야 한다. 유류분제도를 이렇게 설계하면 유류분제도로 인해 공익목적 기부의 효력이 부당하게 부인되는 상황은 현저히 줄어들 것이다.

참고문헌

주해친족법 제2권, 박영사 (2015)

주해상속법 제2권, 박영사 (2019)

김민정, "조선 초기 상속법제에서 유언 자유의 의미", 법사학연구 37 (2008)

김진우, "유산기부 활성화를 위한 입법과제 – 유류분제도 및 공익법인의 지배구조에 대한 규제 완화를 중심으로 -", 외법논집 43-2 (2019)

박신호, "유류분제도의 위헌성 여부에 대한 고찰", 법률신문, https://www.lawtimes.co.kr/Legal-Opinion/Legal-Opinion-View?serial=159515 (2020. 2. 17.)

박영선, "미국변호사의 눈으로 본 유류분제도", 법률신문, https://www.lawtimes.co.kr/Legal-Opinion/Legal-Opinion-View?serial=103374 (2016. 6. 29.)

변동렬, "유류분제도", 민사판례연구 25 (2003)

서종희, "기부활성화를 위한 기부연금제 도입에 있어서의 한계 – 민법상 유류분과의 관계를 중심으로 -", 외법논집 43-1 (2019)

신영호, 공동상속론, 나남 (1987)

윤진수, "배우자의 상속법상 지위 개선 방안에 관한 연구", 가족법연구 33-1 (2019)

윤진수, "사실혼 배우자 일방이 사망한 경우의 재산문제", 저스티스 100 (2007)

이동진, "공익기부 활성화를 위한 유류분법의 개정 – 오스트리아와 독일법의 시사점 -", 외법논집 43-2 (2019)

이동진, "유류분법의 입법론적 연구" [연구용역 보고서], 법무부 (2019. 11. 30.)

이보드레, "부양을 위한 상속제도로서의 유류분 재고", 가족법연구 33-3 (2019)

정구태, "'상속법 개정을 위한 전문가 설문조사'를 통해 살펴 본 유류분제도의 개선방안", 법학논총 26-3 (2019)

정구태, "유류분제도의 존재이유에 대한 현대적 조명 – 유류분제도 비판론에 대한 비판적 검토 -", 법학논총 33-2 (2009)

최준규, "독일의 유류분제도", 가족법연구 22-1 (2008)

최준규, "주해친족법 제2권", 박영사 (2015)

현소혜, "유산기부 활성화를 위한 유류분제도의 개선방안 – 영국, 미국 사례로부터의 시사점을 포함하여 -", 외법논집 43-2 (2019)

Beck-online Gross Kommentar BGB (2021)

Münchener Kommentar zum BGB 8. Auflage (2020)

대기업집단 소속 공익법인 소유 주식의 의결권 제한

천경훈*

I. 서론

　2020년 12월 이른바 공정경제 3법의 하나로 개정된 '독점규제 및 공정거래에 관한 법률(이하 공정거래법)'은 기업집단 규제, 사익추구행위 규제, 피해자 구제, 조사절차 정비 등에 관하여 다양한 개정사항을 담고 있는데, 이 중 기업집단 규제와 관련하여 계열공익법인의 의결권을 제한하는 조문이 신설되었다. 이러한 규제에 대하여는 기업의 기부문화 확산에 걸림돌이 된다는 비판론과 공익법인을 이용한 부당한 지배력 확보를 제어하기 위해 필요하다는 찬성론이 대립하고 있다. 이 글은 왜 공익법인의 의결권 제한이 입법화되었는지, 그 내용은 어떠한지, 이러한 제한은 타당한 것인지 분석하는 것을 목적으로 한다.

　공익법인의 의결권 제한은 종래 공정거래법에 정해져 있던 계열금융보험회사의 의결권 제한의 예에 따라 도입되었고 그 외양도 매우 유사하다. 위치상으로도 같은 제25조에 제1항(계열금융보험회사)과 제2항(계열공익법인)으로 나란히 자리잡고 있다. 이에 실정법 차원에서의 공익법인 소유 주식에 대한 의결권 제한 제도를 이해하려면 우선 금융보험회사 소유 주식의 의결권 제한 제도를 일별할 필요가 있다. 이에 이하

* 서울대학교 법학전문대학원 교수

에서는 우선 공정거래법상 금융·보험회사 소유 주식의 의결권 제한을 살펴본 후에, 공익법인 소유 주식의 의결권 제한의 취지와 조문 내용을 검토하고, 의결권 행사 방식에 관한 제언으로 글을 맺고자 한다.

Ⅱ. 공정거래법상 금융·보험회사 소유 주식의 의결권 제한

1. 제도의 취지

대기업집단에 속한 금융회사 또는 보험회사가 소유한 계열사 주식에 대하여는 의결권이 제한된다. 이는 상호출자제한 기업집단에 속하는 금융회사 또는 보험회사(이하 금융·보험회사라고 한다)가 고객의 예탁자금을 이용하여 기업집단의 지배력을 확장 또는 강화하는 것을 억제하고, 금융자본이 산업자본에 의해 지배되는 것을 차단하기 위한 것이라고 설명된다.[1] 좀 더 분석하면 (i) 금융·보험회사 고객 보호의 차원, (ii) 피투자회사 지배구조의 건전성 확보 차원, (iii) 국민경제 전체의 안정성 확보 차원의 논거가 섞여 있다고 볼 수 있다.

첫째, 금융·보험회사 고객 보호 측면에서는, 금융·보험회사가 계열사에 대한 지배력 확보의 도구로 사용되어 고객이 예치하거나 예탁한 자산을 수익성이 좋은 자산에 투자하지 않고 수익성이 낮은 계열사 주식에 투자함으로써 고객의 이익을 해할 수 있다는 점이 문제로 지적될 것이다. 만약 금융·보험회사가 보유한 계열사 주식의 의결권을 제한한다면 굳이 수익성이 떨어지는 계열사 주식을 지배력 확보를 위해 취득하거나 보유할 유인이 줄어들게 되므로, 그러한 비합리적 투자를 상당히 방지할 수

---

1) 권오승·서정, 독점규제법(제3판), 법문사 (2018), 512.

있을 것이다.

둘째, 피투자회사 지배구조의 건전성 확보 차원에서는 지배주주가 금융·보험회사를 동원하여 다른 계열사에 대한 지배력을 유지·강화함으로써 그 계열사(피투자회사)에서 경제적 권리와 지배력 사이에 괴리가 발생하여 사익편취 행위의 가능성을 높인다는 점이 문제로 지적될 것이다. 회사에서 지배주주와 비지배주주 간의 이익충돌은 "지배주주가 두 회사의 의사결정을 할 수 있는 힘을 가지고 있는데 두 회사 각각에 대해서 가지는 경제적 권리는 상이한 경우(이른바 지배력과 경제적 권리의 괴리)"에 가장 현저하게 발생한다.2) 즉 지배주주가 작은 경제적 권리에도 불구하고 그보다 큰 지배력을 가질 때에 사익추구의 유인과 가능성이 증가하는데, 경제적 권리보다 큰 지배력을 갖게 하는 다양한 메커니즘 중의 하나가 계열사를 동원하는 것이고, 그 중에서도 고객한테서 위탁받은 막대한 자산을 운용하는 계열금융보험회사는 매우 유용한 도구가 될 수 있다.

예컨대 지배주주 A가 갑회사에 대해 가지는 경제적 권리는 10%에 불과하지만, A가 지배하는 금융보험회사도 갑회사의 지분을 소유하여 결국 A가 (직접 소유분과 금융보험회사 소유분 등을 합쳐서) 갑회사에 대해 30%를 소유한 최대주주로서 사실상의 지배력을 갖게 된다면, 그 차이를 이용하여 A는 다양한 방법으로 사익을 추구할 수 있다.3) 가장 대표적인 예로, A의 아들이 100% 지분을 보유한 을회사와 갑회사 간의 거래를 통해 갑회사로부터 을회사로 富의 이전이 일어날 수 있다. 이는 갑회사에게 불리한 거래이지만, 갑회사를 지배하는 A 일가는 이 거래로부터 (을회사를 통해) 더 큰 이득을 얻으므로 갑회사로 하여금 이러한 거래를 하게 할 유인이 있는 것이다. 금융·보험회사가 보유한 계열사 주식의 의결권을 제한하는 것은 위와 같은 사익추구행위를 가능케 하는

---

2) 천경훈, "회사에서의 이익충돌", 저스티스 제159호 (2017. 4), 251.
3) 그 구체적인 메카매커니즘에 관하여는 천경훈, 앞의 글, 251-252; 김건식, "재벌과 소수주주 보호", 기업지배구조와 법, 소화 (2010), 145-146.

지배력 확대를 저지하는 수단이 된다.

셋째, 국민경제 전체의 안정성 차원에서는 대기업집단의 계열금융·보험회사가 이른바 "재벌의 사금고"로 전락하여, 그 금융보험회사로부터 다른 계열사로 비합리적인 투자가 이루어져서 당해 금융보험회사의 부실을 초래하고 더 나아가 금융 시스템 전반에 위험 요소로 작용할 가능성을 우려할 것이다. 또한 대기업집단이 계열금융보험회사를 통해 다수의 회사를 취득하고 지배력을 행사하게 되면, 경제력 집중(특히 일반집중)이 가속화되는 문제도 지적될 수 있을 것이다.

2. 제도의 연혁

대기업집단 소속 금융·보험회사가 소유한 국내 계열회사 주식에 대한 의결권 제한과 관련한 공정거래법상 규제는 1986년 처음 도입되어 다음과 같이 변천해 왔다.4)

- 1986. 12. 31. 개정: 금융·보험사의 의결권 제한 제도 도입
- 1992. 12. 8. 개정: 상장법인에 대한 예외적 의결권 행사 요건 도입 (금융·보험업 영위를 위해 주식을 취득·소유하는 경우, 보험자산의 효율적 운용·관리를 위해 관계 법령에 의한 승인 등을 얻어 주식을 취득·소유하는 경우)
- 2002. 1. 26. 개정: 예외적 의결권 행사 요건 추가(임원 임면, 정관 변경, 합병 및 영업양수도 등 경영권 방어를 위해 필요한 경우로서 특수관계인과 합산하여 30% 이내에서 의결권 행사 허용)
- 2004. 12. 31. 개정: 종전 30%를 2006년부터 매년 5%씩 단계적 축소하여 15% 이내로 하향

---

4) 김정헌·박성진, "2020년 개정 공정거래법의 분석 2: 기업집단 규제", BFL 제106호 (2021.3.), 58 참조.

- 2016. 3. 29. 개정: 의결권행사 예외적 허용 한도인 15%의 분모가 되는 발행주식 총수에서 의결권이 없는 주식을 제외하여 이를 명확히 함
- 2020. 12. 29. 전부 개정: 의결권행사 예외적 허용 사유 중 합병 및 영업양수도의 경우에 상대방이 계열회사인 경우를 제외

한편 위 규제에 대한 또 다른 예외로서 「자본시장과 금융투자업에 관한 법률」(이하 자본시장법) 제249조의20 제3항(2015. 7. 24. 신설)은 금융주력집단5) 소속 경영참여형 사모집합투자기구(PEF), 투자목적회사(SPC) 및 투자대상기업에 대해서는 위 공정거래법상 의결권 제한 규정의 적용을 제외하고 있다.

3. 제도의 내용

(1) 2020년 개정 이전

2020년 개정 직전의 공정거래법 제11조는 상호출자제한 기업집단에 속하는 금융회사 또는 보험회사의 국내 계열회사에 대한 의결권 행사를 원칙적으로 금지하면서, 다음 세 가지 경우에는 예외적으로 허용하였다.

① 금융·보험업을 영위하기 위해 주식을 취득·소유하는 경우 (단서 제1호)
② 보험자산의 효율적인 운용·관리를 위하여 관계 법령상 승인 등을 얻어 주식을 취득·소유하는 경우 (단서 제2호)
③ 상장회사에서 임원의 선임·해임, 정관 변경, 합병 및 영업의 전부·주요부분 양도에 관한 사항 결의 시(특수관계인과 합하여 15%까지

---

5) PEF, SPC, 그 투자대상기업 등을 제외한 기업집단의 자산총액 중 금융·보험사의 자본총액(또는 자본금)의 비중이 75% 이상인 집단을 의미한다. 자본시장법 제249조의18 제2항 참조.

만 행사 가능) (단서 제3호)

위 제1호와 제2호는 일정한 요건을 갖춘 계열회사에 대해서는 의결권 행사를 포괄적으로 허용하는 것이고, 제3호는 상장계열회사의 일정한 사안에 관하여 안건별로 의결권 행사를 허용하는 것이다. 즉 제1호와 제2호의 예외사유는 금융·보험사와 피투자회사의 관계에 근거를 두고 있고, 제3호는 피투자회사에서 문제되는 해당 안건의 성격에 근거를 두고 있다.

공정거래위원회는 3년 단위로 상호출자제한기업집단 소속 금융보험사의 의결권 행사 실태를 조사·발표해 왔다.[6] 위 세 가지 예외 중에서 가장 많이 활용된 것은 제1호인데, 2019년 발표에서부터는 비금융·보험회사에 대한 의결권 행사만 실태조사 대상으로 삼게 되었으므로 제1호는 실태조사 대상에서도 제외되어 있다.[7] 제3호는 도입 이후 임원의 선임·해임, 정관 변경에 관해서는 사례가 많았으나, 합병 및 영업양도에 관한 사안은 해당 예외가 도입된 2002년 이래 단 2건(제일모직-삼성SDI 합병, 제일모직-삼성물산 합병)뿐이다.[8]

(2) 2020년 개정

2020년 전면개정된 공정거래법 제25조는 위와 같은 구조를 유지하면서 예외 ③에 다시 예외를 두어 합병 및 영업양도의 대상회사가 계열회사인 경우를 '예외적 허용사유'에서 제외하였다. 즉 상호출자제한기업집단에 속하는 금융·보험사가 소유한 동일 기업집단 소속 국내 상장회

---

6) 최근 발표는 공정거래위원회 (보도자료), 2019년 상호출자제한 기업집단 소속 금융보험사의 의결권 행사 실태조사 결과 (2019. 12. 20.). 이 조사의 대상기간은 2016. 4. 1. ~ 2019. 5. 14.이다.
7) 위 보도자료, 4.
8) 김정현·박성진, 앞의 글, 59.

사 주식의 경우, 그 상장회사의 합병 및 영업양도에 관한 주주총회 결의에서 (특수관계인 합산 15% 한도로) 의결권을 행사할 수 있지만, 만약 그 합병 및 영업양도의 상대회사가 같은 기업집단 소속의 회사인 경우에는 의결권을 행사할 수 없도록 한 것이다.

이러한 개정에는 삼성물산-제일모직 합병의 경험이 중요하게 작용했다고 추측된다.9) 위 합병의 경우 총수 일가의 지분율이 삼성물산에 대하여는 낮고 제일모직에 대하여는 높았는데, 삼성물산 주주들 상당수는 자본시장법에 따라 산정된 합병 비율이 삼성물산 주주들에게 불리하다는 점(즉 제일모직 주주들에게 유리하다는 점), 합병의 시너지 효과가 의문스럽다는 점 등을 근거로 합병에 반대하였다. 그러나 삼성물산 주주총회에서는 가결에 필요한 출석 의결권 수의 2/3를 살짝 넘는 69%의 찬성으로 합병안이 가결되었다. 그러나 두 회사에 대한 총수 일가의 지분율이 달라서 이해관계의 상충이 있는 상황에서, 총수 일가의 영향력 하에 있는 계열금융·보험회사들이 의사결정에 관여하는 것이 타당한가라는 의문이 제기되었다.

이처럼 계열사 간의 합병이나 영업양도에서 동일인의 지배하에 있는 특수관계인이 의결권을 행사하는 경우 전체주주의 비례적 이익에 반하는 현상이 발생할 수 있으므로, 이런 경우에는 계열금융·보험회사의 예외적 의결권행사를 인정하지 않고 원칙으로 돌아가 의결권행사를 금지한 것이다. 원래 2002년에 예외 ③이 도입될 때에 "적대적 인수에 방어하기 위함"을 입법 이유로 제시하였는데, 계열회사 간의 합병이라면 적대적 인수에 대한 방어와 무관하다는 점도 개정의 근거가 된다.10)

---

9) 삼성물산-제일모직 합병의 법적 쟁점에 관하여는 많은 문헌이 있지만 우선 김건식, "삼성물산 합병 사례를 통해 본 우리 기업지배구조의 과제 – 법, 제도, 문화", BFL 74호 (2015. 11); 천경훈, "계열회사 간 합병과 이사의 의무 – 엘리엇 대 삼성물산 사건의 평석을 겸하여", 상사법연구 제36권 3호 (2017. 11.) 참조

10) 2018년에 활동한 공정거래법 전면개편 특별위원회에서는 "계열사 간 합병 및 영업양도는 본래 예외 허용목적인 적대적 M&A 방어 등과는 무관하며, 오히려 총수 일가를 위해 불리한 합병 비율에 찬성하는 등의 악용가능성이 있는 점을

다만 이 개정의 효과는 실제로는 그리 크지 않을 것으로 예상된다. 개정 전에도 의결권 행사는 특수관계인 합산하여 피투자회사 발행주식 총수의 15% 이내에서만 가능하다는 제한이 있었으므로, 금융회사가 아닌 특수관계인이 피투자회사 발행주식총수의 15% 이상을 가지고 있는 경우에는 금융회사의 의결권이 인정되건 아니건 영향이 없다. 그런데 2020. 5. 기준으로 상호출자제한기업집단 소속 금융회사가 출자한 상장 비금융 계열회사 중 비금융 특수관계인의 지분이 15% 미만이어서 금융회사의 의결권 제한 여부에 따라 영향을 받는 경우는 삼성그룹 소속 3개사가 파악될 뿐이다(에스원, 호텔신라, 삼성전자).11)

III. 공정거래법상 공익법인에 대한 규제
: 의결권 제한과 공시

1. 입법의 배경

(1) 공익법인이란 용어는 여러 가지로 사용된다.12) 협의로는 '공익법인의 설립·운영에 관한 법률("공익법인법")'에 따른 공익법인, 즉 "재단법인이나 사단법인으로서 사회 일반의 이익에 이바지하기 위하여 학자금·장학금 또는 연구비의 보조나 지급, 학술, 자선에 관한 사업을 목적으로 하는 법인"(공익법인법 제2조)으로서 주무관청의 설립허가(공익법

고려"하였다고 설명했다. 공정거래위원회, "공정거래법제 개선 특별위원회 최종 보고서" (2018. 7.), 35.

11) 국회 정무위원회, "독점규제 및 공정거래에 관한 법률 전부개정법률안 검토보고서" (2020. 11.), 78.

12) 공익법인의 개념을 좁은 의미와 넓은 의미로 나누어 설명하는 예로, 윤철홍, "공익법인제도의 의의", 공익법인연구, 경인문화사 (2015), 16-22.

인법 제4조)를 받은 법인을 말한다. 광의로는 공익법인법에 따른 공익법인 외에 '상속세 및 증여세법("상증세법")' 제16조에서 정한 "종교·자선·학술 또는 그 밖의 공익을 목적으로 하는 사업을 하는 자", 즉 상증세법상 공익법인을 포함한다. 공정거래법상 공익법인 역시 상증세법에 따른 공익법인을 포함하는 광의의 개념이다.

대기업집단(상호출자제한기업집단 또는 공시대상기업집단)의 계열 공익법인도 다수 존재한다. 여기서 계열 공익법인이라 함은 그 대기업집단의 동일인과 특수관계에 있는 공익법인을 의미한다. 예컨대 총수 일가의 자연인이 이사장으로 있거나 계열사 임원 등이 이사회의 다수를 점하고 있는 등, 동일인과 동일인관련자들이 사실상 지배력을 갖는 공익법인을 대기업집단의 "계열 공익법인" 또는 "소속 공익법인"이라고 할 수 있다.13) 그 공익법인에 대한 출연자는 총수 일가에 속하는 자연인일 수도 있고 계열사일 수도 있으므로, 주로 기업이 출연자인 경우를 의미하는 "기업공익법인"과 범위가 완전히 일치하지는 않는다.

(2) 대기업집단 계열 공익법인이 계열회사의 주식을 보유하여 총수 일가의 지배 블록의 일부를 맡는 구조는 이미 오래 전부터 활용되어 왔다. 대기업집단 계열 공익법인들의 각종 공익활동 등 긍정적인 측면과는 별개로 이들 일부는 총수 일가의 경영권 승계, 편법적 지배력 확대, 부당지원·사익편취 등의 수단으로 악용되고 있다는 지적도 계속 있어 왔다.

이러한 지적에 근거하여 20대 국회에서 제출된 일부 의원입법안도 공익법인이 소유한 계열사 주식의 의결권을 제한하는 내용을 담고 있었다. 예컨대 2016.6.7. 박영선 의원이 대표발의한 공정거래법 개정안14)

---

13) 이 '소속'이란 단어는 공익법인의 본질을 고려할 때에 적절치 않으나, 공정위의 여러 문서에서 반복적으로 사용되고 있으므로 이 글에서도 (규범적으로는 기업집단에 '소속'되어서는 안 된다는 점을 유보하고) 사용하기로 한다.
14) 박영선 의원 발의, "공정거래법 일부개정법률안", 2000107 (2016. 6. 7.)

및 2016.6.8. 박용진 의원이 대표발의한 공정거래법 개정안[15])은 상호출자제한기업집단에 속하는 회사를 지배하는 동일인의 특수관계인에 해당하는 공익법인의 경우 그 동일인이 지배하는 계열회사 주식에 대한 의결권 행사를 금지(다만 100% 지분을 보유하는 경우에는 허용)하는 내용을 담고 있었다. 공정거래위원회도 공익법인이 "세금부담 없이 편법적으로 지배력을 확대하는 수단으로 이용되고 있다는 비판"을 고려하여 2017년말부터 2018년 초까지 그 운영실태에 대한 조사를 수행하였고,[16]) 후술하듯이 2018. 6. 그 결과를 발표하였다. 이에 2018년 공정거래법 전면개정을 위한 작업반에서도 계열 공익법인의 의결권 제한 방안이 논의되었다.

입법과정에서 공익법인의 의결권 제한과 관련하여서는 금융·보험회사의 의결권 제한 규정이 참고 내지 기준점이 되었다. 즉 공익사업을 위해 출자된 자산이 본래 공익목적이 아닌 총수 일가의 사적 이익을 위해 사용된다면, 이는 마치 금융회사가 고객으로부터 예탁받은 자산이 본래 수익목적이 아닌 총수 일가의 사적 이익을 위해 사용되는 것과 유사하므로, 대기업집단 소속 금융회사가 소유한 계열회사 의결권을 제한하듯이 대기업집단 소속 공익법인이 소유한 계열회사 의결권을 제한해야 한다는 입장이 힘을 얻은 것이다. 실제로 2020년 공정거래법에 신설된 공익법인 의결권 제한 관련 조문도 금융·보험회사의 의결권 제한에 관한 제25조 제2항으로 추가되었고, 공익법인의 공시에 관하여 별도로 제29조가 신설되었다.

이처럼 공익법인의 의결권을 제한하는 제25조 제2항의 입법은 (i) 대기업집단 소속 공익법인이 본래의 목적이 아닌 지배력 형성, 강화를 위해 악용되고 있다는 실태조사 결과, (ii) 그럼에도 불구하고 현행법상 별

---

15) 박용진 의원 발의, "공정거래법 일부개정법률안", 2000146 (2016. 6. 8.).
16) 공정거래위원회 보도자료, "공익법인 운영실태에 대한 1단계 조사 착수" (2017. 12. 20.); 공정거래위원회 보도자료, "대기업집단 소속 공익법인 운영실태 2단계 조사 착수", (2018. 1. 30.).

다른 규제가 없다는 인식, (iii) 금융보험회사의 경우에 이미 오래전부터 존재하던 의결권 제한 규정 등 3가지 요인에 의해 도입된 것으로 볼 수 있다. (iii)에 관하여는 이미 앞서 보았으므로, (i)(ii)에 관하여 좀 더 살펴본 후 개별 조문을 분석하겠다.

2. 2018년 공익법인 실태조사 결과

공정거래위원회는 2017. 12.부터 대기업집단에 속한 공익법인에 대한 실태조사를 실시하여, 2018. 6. 29. 그 결과를 발표하였다.[17]

(1) 현황

51개 집단 소속 171개의 상증세법상 공익법인 가운데 36개 집단 소속 66개 공익법인이 총 120개 계열사 주식을 보유 중이었고, 이 120개의 피투자 계열사 중에서 113개에 대하여 상증세 면제 혜택이 부여되었다.[18] 이들 공익법인의 자산에서 계열사 주식이 차지하는 비중은 평균 18.5%인데, 그 배당금이 수익에서 차지하는 비중은 1.8% 정도에 불과하여 미미했다.

이러한 120개 피투자 계열회사 중 26개사에 대해 공익법인은 5%를 초과한 주식을 보유하여 상당한 영향력 행사가 가능하였다. 또한, 120개 피투자 계열회사 중 37개사에 대해서는 공익법인 외에 총수 2세도 지분을 보유하고 있어, 공익법인 보유지분이 총수 2세의 경영권 안정화에 유리하게 작용할 수 있는 구조로 지목되었다.

---

17) 그 주요 내용은 이선희, "기업지배구조에서 기업공익재단의 역할", 법무법인 태평양/재단법인 동천 공동편집, 공익법총서 제7권 (2021), 427~436에 상세히 설명되어 있다.
18) 나머지 7개는 면세 한도를 초과하여 증여받은 것이다.

이러한 37개사 중 공정거래위원회는 15개사가 기업집단의 주력계열사이거나 지주회사로서 '핵심계열사'에 해당한다고 보았다.[19] 또한, 이들 핵심계열사 주식을 보유하고 있는 공익법인의 대표자가 총수 또는 그 2세인 경우도 많았다.

공익법인은 보유한 계열회사 주식에 대해 조사대상 기간에 1,507회 중 1,410회 행사하여 93.6%의 행사율을 보였고 이는 모두 찬성(또는 경영진에게 위임)한 것으로 나타났다. 공익법인이 보유한 비계열회사 주식에 대해서는 416회 중 316회 행사하여 76%의 행사율을 보였으나 이 경우에도 모두 찬성한 것으로 나타났다. 즉 공익법인은 비계열회사보다는 계열회사에 대하여 더 적극적으로 의결권을 행사하였다.

(2) 악용 의심 사례

위 보고서에서는 공익법인이 총수 일가의 편법적 지배력 확정 또는 사익편취 등에 이용되었다고 의심되는 사례들이 많이 발견되었다고 하는데, 그 대표적인 예는 다음과 같다.[20]

- 공익법인을 통한 지배력 강화: 대기업집단의 총수 2세가 이사장인 공익법인은 계열사 간 합병으로 인해 발생한 신규 순환출자 해소를 위해 합병당사회사의 지분을 공익법인 재산으로 매입했음.
- 규제 면탈: 대기업집단의 총수는 비자금재판에서 약속한 사회기금조성 약속에 따라 계열사 A와 B의 주식을 본인의 이름을 딴 공익재단에 출연함. 이러한 출연으로 인해 총수 일가의 계열사 A, B에 대한

---

19) 이처럼 핵심계열사로 지목된 15개사는 삼성물산, 삼성생명, (주)엘지, 롯데지주, (주)지에스, (주)한화, (주)두산, 한진칼, 대림산업, 대림코퍼레이션, 금호홀딩스, (주)한라, 세아홀딩스, 아모레퍼시픽지주, 한솔홀딩스이다.
20) 공정거래위원회 보도자료, "대기업집단 소속 공익법인 운영실태 분석 결과" (2018. 6. 29.), 10 이하.

지분율이 각각 29.9%가 되어 30%를 기준으로 한 사익편취 규제대상
(개정 전 공정거래법 제23조의2)에서 제외되었으나,[21] 실제 총수일
가의 지배력은 공익재단을 통하여 변함없이 유지됨.
- 계열사 우회지원 의혹: 기업집단의 총수가 이사장으로 있는 공익재
  단이 다수의 계열사로부터 현금을 기부 받아 핵심 계열사의 유상증
  자에 참여함.
- 공익재단을 통한 지배력 유지: 계열사 A에 대한 경영권 분쟁 당시에
  기업집단 총수가 이사장인 공익재단이 A사의 지분을 매입하고, 총수
  가 A사 지분 추가매입대금을 마련하기 위해 매각하는 B사의 지분도
  위 공익재단이 매입함. 그 후 A사 경영권 분쟁에서 총수 측이 패배
  하자 위 공익재단은 A사 주식을 전량매각하고 워크아웃 중인 다른
  계열사 B의 지분을 매입하였다가, 3년 뒤 B사 지분을 전량 매각하고
  다른 계열사(특수목적법인) C사 지분을 매입함.

그 외에도 공익법인이 동일인관련자와 자금거래, 주식 등 증권거래,
부동산 등 자산거래, 상품용역 거래 등 내부거래를 하는 경우도 상당히
빈번한 것으로 나타났다.[22]

(3) 위 의심사례에 대한 평가

위 의심사례 중 첫 번째 사례와 같이 공익법인 재산으로 계열사 지
분을 매입한 행위 그 자체가 반드시 위법하다고 보기는 어렵다. 비록 그
것이 신규 순환출자 해소라는 기업집단 내지 총수일가의 필요성에 의해
촉발되었더라도 그와 같이 매입한 지분이 투자가치가 있는 자산이었다

---

21) 제23조의2의 해석상 공익재단 보유분은 여기에 합산되지 아니한다.
22) 공정거래위원회 보도자료, "대기업집단 소속 공익법인 운영실태 분석 결과"
　　(2018. 6. 29.), 9.

면 (나아가 실제로 그 지분의 가치가 증가하여 공익재단의 재산가치를 상승시켰다면), 그러한 매입행위는 공익법인에도 이익이 된 행위로 평가할 수 있을 것이다. 결국 공익법인 입장에서는 그러한 매입행위가 공익법인 이사의 선관주의의무에 좇은 합리적인 행위였느냐가 문제될 것이다.

두 번째 사례에서도 공익재단에 출연함으로써 사익편취 규제대상의 기준점인 30%를 회피한 사정은 엿보이지만, 원래 사익편취규제 자체가 30% 지분을 요건으로 하는 규칙(rule)의 형태로 입법되어 있으므로(개정 전 공정거래법 제23조의2), 지분율을 살짝 낮추어 이 요건을 회피하는 행위 자체가 위법하다고 할 수는 없다. 공익법인 입장에서는 재산을 출연받은 것이므로 손해를 본 것은 없다. 즉 이런 행위가 사회전체적으로 야기하는 비효율 내지 불공정은 별론으로 하더라도, 규제 회피의 수단으로 이용되었다는 것만으로 위법하다고는 보기 어려울 것이다.

세 번째 사례는 공익법인의 입장에서는 계열사로부터 기부를 받아 그 자금을 유상증자 참여에 사용한 것이므로, 공익법인은 도관으로 이용된 것에 불과하다. 즉 공익법인은 특별히 이익이나 손해가 발생한 것으로는 보이지 않으므로 이것만 가지고 해당 행위가 위법하다고 단정하기는 어려울 것이다. 다만 이러한 구조를 통해 국가 또는 지방자치단체로 귀속되어야 했을 세금을 탈루한 것은 없는지 또는 공익법인이 이런 구조에 동원됨으로써 불필요하게 세금과 비용을 지급한 것은 아닌지의 문제가 검토되어야 할 것이다.

네 번째 사례에서는 공익법인의 자산이 공익법인의 사업목적 내지 공익법인의 자산증식을 위해서가 아니라 계열회사의 경영권 안정을 사용되었음이 다른 세 사례보다 훨씬 더 뚜렷이 나타난다. 물론 이처럼 계열사 주식을 수차례에 걸쳐 사고 팔았다고 해서 반드시 공익법인에 손해가 발생하는 것은 아닐 것이나, 그러한 수차례 매매의 의사결정 과정에서 공익법인의 재산을 보전하기 위해 공익법인 이사들이 선관주의의무를 다해야 한다는 요청이 과연 충족되었는지는 의문이다.

요컨대 위 사례들은 드러난 사유만으로는 현행법상 위법하다거나 민형사상 책임을 발생시킨다고 단정하기 어렵다. 그러나 공익법인의 재산이 공익사업 또는 법인재산의 증식을 위해 활용되기보다는 계열사의 이익을 위해 활용될 위험이 있어 보이는 것은 사실이고, 경우에 따라서는 국가의 조세수입을 감소시키고 공정거래법의 입법목적 내지 정책목적을 훼손할 가능성도 우려된다.

3. 기업집단 소속 공익법인에 대한 규제 (2020년 개정 전)

현행 법령상 대기업집단과 특수관계에 있는 공익법인은 동일인관련자에 해당되어 계열회사의 범위 획정 시 기준이 되지만(2020년 개정 전 공정거래법 제2조 제2호, 동법 시행령 제3조 제1호 나목, 다목), 이에 대한 별도의 규제는 마련되어 있지 않고 민법, 공익법인법 및 상중세법에 따른 일반적인 규제를 받을 뿐이다. 즉 대기업집단에 관한 공정거래법상의 각종 행위제한 규정, 예컨대 지주회사 행위제한, 지주회사의 자회사 행위제한, 상호출자금지, 채무보증금지, 순환출자금지 등은 '회사'를 수범주체로 하므로 공익법인은 그 적용대상이 아니고, 실제로 공익법인의 구조 및 특성상 이런 행위를 하는 상황을 상정하기 어렵다.

또한, 공시의무도 부실하였다. 즉 (i) 공익법인과 계열회사 간의 대규모 내부거래에 대해 계열회사는 이사회의결 및 공시의무가 있으나(제11조의2 제1항) 공익법인은 이사회 의결 및 공시 의무가 없고, (ii) 공익법인과 총수 일가 간의 거래 시에는 양쪽 모두 공시의무를 지지 않았다. 이에 대기업집단 소속 공익법인이 공익증진이라는 본연의 역할을 벗어나서 악용되지 않도록 제도적인 장치가 필요하다는 요청이 힘을 얻게 되었다.

4. 2020년 개정 조문

(1) 개관

위와 같은 실태조사 결과에 기반하여 2020년 대기업집단과 특수관계에 있는 공익법인이 보유 중인 국내 계열회사 주식의 의결권을 제한하는 제25조 제2항과 공시의무를 부과하는 제29조가 신설되었다. 제25조 제2항은 금융회사의 의결권 제한 규정을 본받아 만들어졌고, 제29조는 대기업집단 소속 회사 간의 거래에 관한 개정 전 제11조의2 제1항을 본받아 만들어졌다.

나. 제25조 제2항

(1) 개정조문

> **제25조(금융회사·보험회사 및 공익법인의 의결권 제한)**
> ② 상호출자제한기업집단에 속하는 회사를 지배하는 동일인의 특수관계인에 해당하는 공익법인(「상속세 및 증여세법」 제16조에 따른 공익법인등을 말한다. 이하 같다)은 취득 또는 소유하고 있는 주식 중 그 동일인이 지배하는 국내 계열회사 주식에 대하여 의결권을 행사할 수 없다. 다만, 다음 각 호의 어느 하나에 해당하는 경우에는 그러하지 아니하다.
> 1. 공익법인이 해당 국내 계열회사 발행주식총수를 소유하고 있는 경우
> 2. 해당 국내 계열회사(상장법인으로 한정한다)의 주주총회에서 다음 각 목의 어느 하나에 해당하는 사항을 결의하는 경우. 이 경우 그 계열회사의 주식 중 의결권을 행사할 수 있는 주식의 수는 그 계열회사에 대하여 특수관계인 중 대통령령으로 정하는 자를 제외한 자가 행사할 수 있는 주식수를 합하여 그 계열회사 발행주식총수의 100분의 15를 초과할 수 없다.
>   가. 임원의 선임 또는 해임
>   나. 정관 변경
>   다. 그 계열회사의 다른 회사로의 합병, 영업의 전부 또는 주요 부분의 다른 회사로의 양도. 다만, 그 다른 회사가 계열회사인 경우는 제외한다.

(2) 분석

의결권 제한 규정은 상호출자제한기업집단 소속 공익법인에 한하여 적용된다. 여기서 '소속'이란 해당 공익법인이 동일인의 특수관계인인 경우, 즉 동일인이 그 공익법인의 이사장 등의 지위에서 공익법인의 운영에 대해 사실상 영향력을 행사하는 경우를 의미한다. 이러한 공익법인은 자신이 취득 또는 소유하고 있는 국내 계열회사 주식에 대하여 의결권을 행사할 수 없다(개정법 제25조 제2항 본문).

여기에는 두 가지 예외가 있다. 첫째, 공익법인이 특정 계열회사의 주식을 100% 소유하는 단독주주인 경우에는, 공익법인의 의결권을 제한하면 의결권을 행사할 자가 없어 계열회사의 운영이 불가능해진다는 점을 고려하여 예외적으로 행사를 허용하였다(개정법 제25조 제2항 단서, 제1호). 실제로 금호아시아나 그룹의 경우 공익법인인 금호아시아나 문화재단이 발행주식 총수를 소유한 계열회사가 여럿 있었는데, 이런 경우에는 역설적으로 의결권 행사가 허용되는 것이다. 공익법인이 발행주식 총수를 소유한 경우만 예외가 인정되므로, 한 주라도 다른 주체가 소유한 경우에는 이 예외에 해당하지 않는다.

둘째, 국내 상장 계열회사의 주주총회에서 ① 임원의 선임 또는 해임, ② 정관 변경, ③ 그 계열회사의 다른 회사로의 합병, 영업의 전부 또는 주요 부분의 다른 회사로의 양도에 관하여 결의하는 경우에는, 그 계열회사의 주식을 소유한 공익법인은 의결권을 행사할 수 있다. 다만 이 예외에는 다시 '예외의 예외'가 있는데, (i) 합병 또는 영업양도의 상대회사가 계열회사인 경우에는 의결권을 행사할 수 없고, (ii) 의결권을 행사할 수 있는 경우에도 특수관계인과 합산하여 동 계열회사 발행주식 총수의 15%를 초과하여서는 의결권을 행사할 수 없다(개정법 제25조 제2항 단서, 제2호). 다만 법적 안정성을 고려하여 개정법 부칙은 행사 가능한 지분의 상한을 30%, 25%, 20%, 15% 순으로 단계적으로 축소하고 있다.[23)]

위 규정을 "회피하려는 행위", 즉 탈법행위는 금지된다(개정법 제36
조 제1항). 또한 위 규정에 위반하여 의결권을 행사한 경우에는 3년 이
하의 징역 또는 2억원 이하의 벌금에 처하게 된다(개정법 제124조 제1
항 제3호).

다. 제29조

(1) 조문

제29조(특수관계인인 공익법인의 이사회 의결 및 공시)
① 공시대상기업집단에 속하는 회사를 지배하는 동일인의 특수관계인에 해당하는
　공익법인은 다음 각 호의 어느 하나에 해당하는 거래행위를 하거나 주요 내용
　을 변경하려는 경우에는 미리 이사회 의결을 거친 후 이를 공시하여야 한다.
　1. 해당 공시대상기업집단에 속하는 국내 회사 주식의 취득 또는 처분
　2. 해당 공시대상기업집단의 특수관계인(국외 계열회사는 제외한다. 이하 이 조
　　에서 같다)을 상대방으로 하거나 특수관계인을 위하여 하는 대통령령으로 정
　　하는 규모 이상의 다음 각 목의 어느 하나에 해당하는 거래
　　가. 가지급금 또는 대여금 등의 자금을 제공 또는 거래하는 행위
　　나. 주식 또는 회사채 등의 유가증권을 제공 또는 거래하는 행위
　　다. 부동산 또는 무체재산권 등의 자산을 제공 또는 거래하는 행위
　　라. 주주의 구성 등을 고려하여 대통령령으로 정하는 계열회사를 상대방으
　　　로 하거나 그 계열회사를 위하여 상품 또는 용역을 제공 또는 거래하는
　　　행위
② 제1항의 공시에 관하여는 제26조 제2항 및 제3항을 준용한다.

---

23) 부칙 제7조(공익법인의 의결권 제한에 관한 특례) 상호출자제한기업집단에 속
　하는 회사를 지배하는 동일인의 특수관계인에 해당하는 공익법인이 의결권을
　행사할 수 있는 주식의 비율에 관하여 제25조 제2항 제2호 각 목 외의 부분 후
　단의 개정규정 중 "100분의 15"를 다음 각 호의 구분에 따른 기간 동안에는 해
　당 호에 따른 비율로 본다.
　1. 2023년 12월 31일까지: 100분의 30
　2. 2024년 1월 1일부터 2024년 12월 31일까지: 100분의 25
　3. 2025년 1월 1일부터 2025년 12월 31일까지: 100분의 20

(2) 분석

제29조는 상호출자제한집단에만 적용되는 제25조 제2항과 달리 공시대상기업집단에 적용되므로 적용 범위가 훨씬 넓다. 즉 공시대상기업집단에 속하는 회사를 지배하는 동일인의 특수관계인에 해당하는 공익법인은 위 조문 소정의 거래행위를 하거나 그러한 거래의 주요 내용을 변경하려는 경우에는 사전에 이사회 의결을 거친 후 이를 공시해야 한다. 이사회 의결을 거치고 공시해야 하는 사항은 대통령령으로 기준이 정해진 후에야 명확해질 것이지만, 대규모 내부거래에 대한 종래 제11조의2의 운용 경험 및 축적된 사례에 따라 기준이 정해지고 실제 운용이 이루어질 것으로 보인다.24)

제29조에 위반한 경우에는 시정조치(제37조 제1항), 1천만원 이하의 과태료(제130조 제1항 제4호)를 받을 수 있다.

Ⅳ. 공정거래법상 공익법인 규제에 대한 평가

1. 현황

위 2018년 조사 이후에도 대기업집단 소속 공익법인의 수와 그들이 보유한 계열사 지분은 여전히 비슷한 규모로 유지되고 있다. 공정거래위원회의 2020년 보도자료에 의하면 64개 공시대상기업집단(자산총액

---

24) 대규모내부거래 이사회 의결 및 공시제도는 2000.4.1. 시행되어 지난 20년간 집행되어 왔다. 공시내용은 금융감독원 전자공시사이트에서 자본시장법 및 유가증권시장 상장규정에 의한 다른 공시들과 함께 쉽게 열람할 수 있다. 공정거래위원회는 2002년부터 2019년까지 24차에 걸쳐 공시 이행 점검을 하여 총 692사, 2,805건을 적발하여 총 32,831,000,000원의 과태료를 부과하였다. 공정거래위원회, 2020년판 공정거래백서 (2020), 257-259.

5조원 이상) 중 41개 집단 소속 75개 비영리법인이 138개 계열회사에 대해 지분을 보유하고 있으며, 이 75개의 비영리법인 중 상증세법상 공익법인은 68개이고 이들이 출자한 계열회사는 128개이다.[25]

상호출자제한기업집단(자산총액 10조원 이상) 중에서는 22개 집단 43개 공익법인이 94개 계열회사(상장사 62개, 비상장사 32개) 지분을 보유하고 있으며, 이 중 공익법인이 100% 지분을 가진 7개사를 제외한 22개 집단 87개사(상장사 62개, 비상장사 25개)에 대해 의결권을 제한받게 된다.[26]

2. 입법의 동기에 관하여

앞서 본 의심사례처럼 대기업집단 관련 공익법인이 원래 목적에서 벗어나 경영권 승계나 경영권 분쟁 과정에서 탈법적으로 이용된 사례가 있었음은 사실이다. 공익법인 보유자산을 활용해서 경영권 분쟁 중인 계열회사의 주식을 매입하기도 하고, 경영권 분쟁이 끝나면 매각하기도 하며, 총수 일가로부터 기부받은 현금으로 계열사 주식을 매입하여 사실상 기업지배의 우회통로로 사용되거나, 사익편취 규제의 30% 지분 제한을 우회하기 위한 용도로 사용되는 등의 사례가 드물지 않은 것이다.

또한 공익목적으로 조성된 재산을 목적사업에 사용하지도 않고 수익성 있는 자산에 운용하지도 않으면서, 배당도 거의 없는 계열회사 주식의 형태로 계속 보유하는 것은 공익법인의 목적에 비추어도 정당화하기 어렵다. 그리고 이런 문제는 주무관청에 의한 감독 과정에서 걸러지기는 어려웠다. 이런 의미에서 대기업집단 관련 공익재단이 편법적인 사익추구를 위해 활용되는 것을 방지하기 위해 일정한 규제가 필요하다는

---

25) 공정거래위원회 보도자료, "2020년 공시대상기업집단 주식소유현황 분석·공개", (2020. 8. 31.), 8.
26) 국회 정무위원회, 앞의 검토보고서, 75.

점 자체를 전면적으로 부정하기는 어렵다고 본다.

물론 이러한 규제는 미국, 독일 등 외국 법에서 찾아보기 어려운 독특한 규제이기는 하다. 그러나 순환출자, 피라미드 출자, 그물식 교차출자로 계열회사 간의 출자가 복잡하게 얽혀 있는 가운데 기업집단 운영 전반에 관하여 자연인인 총수 일가의 지배력이 보전되어 있는 기업집단 자체가 다른 나라에서 찾아보기 어려운 특수한 현상이다. 계열사 간의 다양한 자본거래와 경상거래를 통해 총수 일가의 사익을 추구하고 편법적 경영권 승계를 시도하는 것, 그리고 그 과정에서 공익재단을 활용하는 현상도 그리 일반적인 것 같지는 않다. 즉 문제가 독특하기 때문에 독특한 규제 방법이 제시된 것이라고 할 수 있으므로, 해외에 이러한 입법의 선례가 없다는 이유만으로 입법의 정당성을 비판하기는 어려울 것으로 보인다.

그동안 대기업집단 관련 공익법인의 역할이 지대하였으므로 규제 일변도의 정책은 과도하다는 비판도 있다. 실제로 일부 공익법인의 잘못된 행태를 이유로 기부행위와 공익법인의 사업 활동 자체를 제약해서는 안 될 것이고, 공익법인의 운용에 관한 현재의 지나치게 경직적인 각종 규제들도 완화될 필요가 있다. 그러나 공익사업을 위해 사용해야 할 재산을 계열회사를 지원하기 위해 사용하거나 총수일가의 경영권 승계를 돕기 위해 사용하는 것은 공익법인의 원래 설립목적에 반하고 사업활동을 촉진하기 위해 재산을 합리적으로 운용해야 한다는 요청에도 반한다. 한다. 오히려 진정한 기부를 촉진하고 공익사업을 활성화하기 위해서도 본래 목적에 반하는 공익법인의 행위를 규제할 필요가 있다는 반론이 가능할 것이다.

3. 입법의 방식에 관하여

"공익법인을 활용한 편법적인 사익추구를 방지하여야 한다"는 목적의 정당성은 인정된다고 하더라도, 공시 및 의결권 제한이라는 규제 방법이 과연 그를 위한 최적의 방법인지는 별도의 검토를 요한다.

(1) 이사회 의결 및 공시 제도

우선 계열회사와 공익법인 간의 거래에 대하여 각 당사자의 이사회 결의를 받도록 하고 이를 공시하도록 한 것은 타당한 접근으로 보인다. 동일인 지배하에 있는 영리회사와 공익법인 간의 거래는 공익법인으로 부터 동일인 관련자로 富를 이전시킬 위험이 높은 거래이므로, 그 거래의 상세를 이사회에서 공개하여 선관주의의무와 충실의무를 지는 이사들의 검토를 받도록 하고 또한 공중의 감시를 받도록 할 필요가 있다. 이 과정을 통해 사익추구와 무관하고 공익법인의 사업목적 및 공익에 부합하는 거래는 오히려 떳떳하게 그 정당성을 인정받게 될 것이다.

또한 대규모내부거래 이사회결의 및 공시제도는 지난 20년간 시행되면서 매우 많은 사례와 지침이 축적되어 있으므로 시행에 따른 혼란도 최소화할 수 있을 것이다.

(2) 소유 제한

규제 방법으로 의결권 제한이 아니라 아예 소유제한을 하는 것도 가능할까? 공익법인의 자산보유 형태는 예금, 증권, 부동산 등 다양하게 있을 수 있고, 증권도 계열회사 주식, 비계열회사 주식, 채권, 파생상품 등 다양한 종류가 있다. 이러한 다양한 자산보유 형태 중 하나로서 계열회사 주식을 보유하는 것도 당연히 허용되어야 한다. 이런 점에서 공익법인의 계열회사 주식 소유를 금지하는 것은 합목적적이지 않고, 규제 목적에 비추어 과도한 제한이라는 점에서 비례원칙에도 어긋난다.

물론 공익법인의 자산보유 형태의 선택은 공익법인의 사업목적 및 재산증식목적에 적합한 합리적인 선택이어야 한다. 예컨대 수익을 기대할 수 없는 주식이라거나 특정 주식의 비중이 너무 높아서 자산 포트폴리오에 위험요소가 있다면, 그 주식은 (그것이 계열사 주식이건 비계열사 주식이건) 적시에 매각하여 이를 다른 형태의 재산으로 교체해야 할 것이다. 그러나 이는 사전적, 범주적으로 금지할 문제는 아니고, 공익법인의 이사들이 선량한 관리자의 주의의무에 따라 판단하고 결정해야 할 문제일 것이다. 이를 위반한 행위에 대해서는 관련된 이사들의 손해배상책임이 발생할 수 있다.

(3) 의결권 제한

소유 제한이 합목적적이지 않고 비례적이지 않은 규제임은 위에서 설명하였고 직관적으로 비교적 명확하다. 그러나 그보다 약한 규제라고 할 수 있는 의결권 제한이 타당한지는 조금 더 어려운 문제이다.

주식을 보유하는 것이 허용된다면 그 주식의 필수적인 기능인 의결권도 행사할 수 있어야 하는 것이 원칙적으로는 타당하다. 의결권이 제한된다면 그 주식을 통해 실현할 수 있는 가치의 일부가 사장되는 셈이 된다. 그러나 반대로 의결권 행사를 통해 오히려 그 주식의 가치를 침해할 수 있는 상황이 우려된다면, 의결권 행사를 제한하는 것이 그 주식의 가치를 보전하는 길이 될 것이다. 이는 결국 의결권 제한이라는 정책을 통해 달성할 수 있는 효과를 형량하는 문제가 될 것이다. 공익법인이 보유한 계열회사 주식의 의결권 행사를 인정하는 것이 해당 자산(그 계열회사 주식)의 가치를 향상시킬 것인가, 아니면 오히려 그 주식의 가치를 하락시킬 것인가의 문제이다.[27]

---

27) 여기서 언급하지 않은 것은, 공익법인의 의결권행사가 공익법인 및 대상회사 모두에 이익이 되지만, 사회경제적으로 그보다 더 큰 비효율을 초래하는 경우이다. 관련시장에서의 경쟁의 감소, 경제력집중으로 인한 폐해 등이 그러한 사회경제적 비효율의 예가 될 것이다. 그러나 경쟁제한적 기업결합, 시장지배적 지

일반적으로는 전자의 가능성이 높을 것이다. 주주(공익법인)의 이익과 회사(계열회사)의 이익은 대체로 일치할 것이고, 주주의 의결권 행사는 회사의 이익이 되는 방향과 일치하는 것이 원칙이기 때문이다. 그러나 이러한 원칙에는 예외가 있을 수 있다. 첫째, 지배주주와 비지배주주의 이익충돌 상황이다. 즉 대상회사에서 총수 일가를 비롯한 소수 지배주주의 이익과 다수 비지배주주의 이익이 충돌하는 경우에는, 공익재단이 소수 지배주주의 사익추구적 행위에 협력하게 될 위험이 있고, 이로써 대상회사의 이익(궁극적으로는 대상회사 전체주주의 비례적 이익)을 해할 우려가 있는 것이다. 둘째, 공익법인의 업무집행자가 의결권 행사에 있어 주의의무를 게을리 하는 상황이다. 즉 반드시 이익충돌 상황이 아니라도 업무집행자가 주의의무를 다하지 아니하여 공익법인의 이익에 부합하는 방향으로 의결권 행사를 하지 않는 경우이다.

개정 법률은 이처럼 "소유주식의 의결권을 행사하게 허용하면 오히려 공익법인 스스로에게 불리한 자해적 행사를 하게 되는" 예외적인 경우에 대비하여 의결권 제한이라는 두터운 보호벽을 두른 것이라고 볼 수 있다. 그렇다면 의결권 제한이라는 방식의 타당성 여부는 이런 예외적인 상황이 얼마나 자주 있고 그로 인한 부작용이 얼마나 큰가라는 실증적인 문제에 따라 정해져야 할 것이다. 공정거래위원회는 그런 상황이 충분히 많고 그에 따른 부작용도 충분히 크다는 전제에서 이와 같은 개정안을 추진한 것이나, 그러한 판단이 실증적으로 엄밀히 검증되지는 않은 것으로 보인다. 공정거래위원회의 실태조사 결과에서도 몇몇 사례를 제시했을 뿐 엄밀한 의미에서 실증적 결과를 제시한 것은 아니다.

위남용, 부당한 공동행위 등이 아닌 의결권행사로 인한 사회경제적 비효율을 측정하기는 곤란하므로 이런 경우에는 의결권 제한을 합리화하기 어렵다고 생각된다. 즉 공익법인의 의결권행사가 공익법인 및 대상회사 모두에게 이익이 된다면, 그러한 의결권행사를 제한해서는 안 된다는 것이 이 글의 입장이다.

V. 결어

위 분석에서 드러났듯이 공익법인이 공익사업이라는 본래의 목적에 부합하는 방향으로 계열회사 주식의 의결권을 행사한다면 당연히 의결권 행사는 허용되어야 한다. 따라서 가장 올바른 정책은 (i) 공익법인의 이사를 비롯한 업무집행자들이 공익사업 목적 달성에 부합하는 방식으로 자산운용을 하도록 유도하고, (ii) 그 자산 중에 계열회사 주식이 있다면 그 의결권도 공익사업 목적에 부합하는 방식으로 선관주의의무를 준수하여 행사하도록 유도하는 것이다. 공익법인이 합리적으로 의결권 행사를 할 수 있다면, 의결권을 제한할 것이 아니라 오히려 적극적 행사를 독려해야 한다. 이는 전 세계적으로 성과가 좋은 기관투자자들이 갈수록 적극적인 의결권행사에 나서고 있다는 사실로부터도 드러난다.

그러나 계열회사에 대한 공익법인의 의결권 행사가 본래의 공익목적에 부합하지 않는 것으로 의심되는 사례들이 있었던 것은 사실이고, 그에 따라 의결권 제한을 요체로 하는 법개정이 이루어졌다. 이런 상황에서 일단은 공익법인의 자산운용과 (예외적으로 허용되는 경우의) 보유 주식의 의결권 행사가 선관주의의무에 따라 적법하게 이루어지도록 절차와 관행을 구축하는 데에 노력을 기울여야 할 것이다. 예컨대 중요사안에서는 의결권자문회사의 의견을 참고하여 공익법인 이사회에서 의결권 행사 여부 및 찬반을 논의하고, 계열회사 주식이 자산에서 차지하는 비중이 너무 높아지지 않도록 포트폴리오를 효율적으로 관리하는 등의 절차를 내부규정이나 매뉴얼로 정착시킬 필요가 있다. 이러한 신중하고도 질서 있는 의결권 행사를 통해 대기업집단 소속 공익법인에 대한 신뢰를 회복할 수 있다면, 공정거래법상 의결권 제한 규정의 폐지 또는 완화를 진지하게 논의해 볼 수 있을 것이다.

참고문헌

공정거래위원회, "공정거래법제 개선 특별위원회 최종 보고서" (2018. 7.)

공정거래위원회, 2020년판 공정거래백서 (2020)

공정거래위원회 보도자료, "공익법인 운영실태에 대한 1단계 조사 착수" (2017. 12. 20.)

공정거래위원회 보도자료, "대기업집단 소속 공익법인 운영실태 2단계 조사 착수" (2018. 1. 30.)

공정거래위원회 보도자료, "대기업집단 소속 공익법인 운영실태 분석 결과" (2018. 6. 29.)

공정거래위원회 보도자료, "2020년 공시대상기업집단 주식소유현황 분석·공개" (2020. 8. 31.)

국회 정무위원회, 독점규제 및 공정거래에 관한 법률 전부개정법률안 검토보고서 (2020. 11.)

권오승·서정, "독점규제법"(제3판), 법문사 (2018)

김건식, "삼성물산 합병 사례를 통해 본 우리 기업지배구조의 과제 – 법, 제도, 문화", BFL 74호 (2015. 11.)

김건식, "재벌과 소수주주 보호", 기업지배구조와 법, 소화 (2010)

김정헌·박성진, "2020년 개정 공정거래법의 분석 2: 기업집단 규제", BFL 제106호 (2021. 3.)

박영선 의원 발의, "공정거래법 일부개정법률안", 2000107 (2016. 6. 7.)

박용진 의원 발의, "공정거래법 일부개정법률안", 2000146 (2016. 6. 8.)

윤철홍, "공익법인제도의 의의", 공익법인연구, 경인문화사 (2015)

천경훈, "계열회사 간 합병과 이사의 의무 – 엘리엇 대 삼성물산 사건의 평석을 겸하여", 상사법연구 제36권 3호 (2017. 11.)

천경훈, "회사에서의 이익충돌", 저스티스 제159호 (2017. 4.)

편집자의 글

유욱*

1. 공익법총서 제7권 기획 이유

공익법총서 제7권 기업의 공익재단법제는 기업의 사회적 책임과 ESG가 강조되는 시대의 흐름 속에서 기업의 공익재단이 본래 목적한 공익목적을 위하여 역할을 다할 수 있도록 하려면 공익재단 법제를 어떻게 가져가야 하는가 라는 문제의식 가운데 기획되었다. 얼마 전 '정의연 사태' 등 비영리법인의 문제점이 언론에 보도되면서 다수의 시민에게서 기부받아 세금을 내지 않으면서 공익목적 보다는 운영자의 이익에 봉사하는 것 아닌가 라는 의심이 쏟아지고 그 가운데 관할 행정당국에 대하여 관리감독을 소홀히 한 것 아니냐 라는 비난이 퍼부어지면서 과세 당국을 비롯한 행정 당국은 비영리법인에 대한 규제 고삐를 더욱 죄어 비영리법인을 규제 및 과세 등 거의 모든 면에서 엄격하게 관리감독하겠다는 의지를 보이는 지경에 이르고 말았다. 그러나 현대 사회의 복잡한 구조 속에서 국가가 장애인, 저소득층 등과 관련하여 복지정책 등 할 수 있는 부분이 있는가 하면 정부가 할 수 없거나 또는 민간이 하면 더 잘할 수 있는 영역이 존재하고 이러한 영역과 관련한 공익적 목적을 위하여 재단을 비롯한 비영리법인의 역할이 요청되는 점을 부인할 수는 없다. 재단 등이 기업지배구조에 대한 규제 또는 세금을 회피하는 탈법의

---

* 편집위원장, 법무법인(유한) 태평양 변호사

수단 등으로 악용되는 것에 대하여는 엄격히 규제하여야 하겠으나, 그 때문에 이들이 가지는 순기능을 지나치게 억제하여서도 아니 되는 것이다. 문제는 어떻게 하면 이러한 부정적인 면을 억제하면서 순기능을 살릴 법제도를 마련하느냐 하는 것인데, 이 문제가 쉽지 아니한 이유는 비영리법인과 재단법인에 관여하는 법제도가 대단히 다양하고 많은 영역에 걸쳐 있으며 관련된 행정부처가 많아 전체적인 관점에서 법제도를 마련하는 것이 쉽지 않다는 점이다. 법제만 보더라도 민법, 공익법인의 설립과 운영에 관한 법률, 회사법, 독점 및 공정거래에 관한 법률, 법인세법, 상속세 및 증여세법, 기부금품법 등 여러 영역의 법이 관여하고, 행정부처를 보더라도 법무부, 기획재정부 및 국세청, 행정안전부, 공정거래위원회 등이 관여하여 정부 거버넌스 구조는 물론 전체 법제도 인프라의 전체 그림을 파악하는 것이 쉽지 않고 어느 한 정부 부서나 전문가가 전체 그림을 보면서 균형 잡힌 관점에서 법제를 마련하기가 대단히 어려운 측면이 있는 것이다.

다른 한편, 재단을 비롯한 비영리법인의 입장에서는 법제 인프라의 미비와 불합리함을 현장에서 경험하고 있으나, 자신이 이윤을 창출하지 못하는 본질적 특성상 양질의 법률 서비스를 제공 받기에 적합하지 않거나 그럴 경제적 능력이 없는 경우가 대부분이어서 미비하고 비합리적인 법제도를 개선하는 것은 현실적으로 지난한 문제가 되어 왔다. 법률 전문가들도 합리적인 보수를 받기 어려운 이 영역에 대한 참여를 꺼리게 됨에 따라 재단을 비롯한 비영리법인 영역은 그 중요성에도 불구하고 관심을 받지 못하고 소외되어온 것이다.

이와 같은 상황에서 편집위원회는 향후 우리 사회에서 기업의 공익재단이 담당할 역할에 주목하여 바람직한 기업공익재단 법제는 어떠한 것이 되어야 할 지 살펴 보기로 하였다. 이를 위하여 기업공익재단의 비교법 연구를 조금 더 광범위한 나라를 대상으로 하면서 심도 있게 진행하기로 하여 미국, 영국, 독일, 스웨덴, 스위스 및 오스트리아, 일본의 기업공익재단법제에 대한 연구를 통하여 우리 법제 개선의 시사점을 도출하고자 시도하였다. 이러한 비교법 연구의 바탕 위에서 우리 법제의 문제점과 개선방향을 모색하기 위하여 기업공익재단의 주식보유 관련 세제 개선방안, 기업지배구조에서 기업공익재단의 역할, 대기업집단 소속 공익법인 소유 주식의 의결권 제한에 대하여 살펴 보고, 정부의 비영리 공익 거버넌스 구조와 관련하여 공익위원회 설치 관련 법제 개선방향을 살펴 보며 조금 더 범위를 넓혀 기업의 사회적 책임 규범화에 대한 국제기준과 법적 과제 및 유류분제도의 개선과 유산기부 활성화에 대하여 살펴 보았다.

2. 공익법총서 제7권 개관

손원익 교수의 "국내 기업이 설립한 공익재단과 사회공헌활동 현황"은 서론에 해당하는 논문으로 기업공익재단의 현황과 관련하여, 의무공시 대상 공익법인, 기업공익법인, 대기업집단 소속 공익법인의 순으로 현황 통계를 정리하면서 지배구조(거버넌스), 보유주식 및 상증세 혜택에 따른 현황을 정리하고 있다. 또한 이 논문은 기업 사회공헌활동의 현황과 관련하여 전국경제인 연합회에서 매출액 상위 500개 상장 및 외감 기업 중 220개를 대상으로 한 조사결과를 소개하여 사회공헌 지출규모, 분야별 사회공헌 지출 비율, 매출액 및 세전이익 대비 사회공헌지출 비율 등을 분석하고 있다. 이 논문의 주요한 논지는 아래와 같다.

「전체적으로 비영리섹터의 재원은 대기업 주도로 제공돼 오다가 2000년대 들어 개인기부가 급증하여 2017년에는 개인이 6, 기업이 4 정도로 비율이 바뀌었는데, 이는 경제성장과 궤를 같이하고 있는 것으로 바람직하다. 역사적으로 대기업집단 주도로 기부가 이루어지면서 실제로 기업지배구조의 특정 목적을 위해 남용되는 사례 등에 대한 부정적 시각으로 공정거래법에 의한 규제가 있는 것이 다른 나라와 다른 점이다. 대기업집단 소속 공익법인 중 특수관계인이 이사로 참여한 비중이 165개 중 138개이고, 출연재산에서도 주식자산의 비중이 크며, 출연기업 인사가 공익재단에 오가는 등 모습이 보이니 여전히 오해의 소지가 있는 것도 부인하기 어렵지만, 규제 위주로 마련된 법제도는 최근 투명성이 제고되었음에도 불구하고 변화가 없어 공익활동을 활성화하는 데 한계로 작용하고 있는바, 공익법인의 의무위반에 대한 제재방법은 이미 충분히 도입되어 있으므로 일부 공익법인에서 발생하는 문제는 사후관리를 철저히 함으로써 해결할 수 있다.」

이 논문은 기업공익재단과 사회공헌활동의 현황을 소개하는 데 목적이 있으므로 관련 이슈에 대한 평가 및 판단은 후속연구로 남겨두고 후속연구를 수행하려면 기업공익재단에 대한 보다 더 풍부한 자료가 필요하다고 지적하고 있다.

다음으로 비교법 대상은 크게 보아 미국과 유럽, 일본 등으로 나눌 수 있는데, 미국은 연방제 국가의 특성상 연방 민법이 없으므로 국세청이 세법으로 중심의 규제를 하고 있음에 비하여, 독일, 스위스는 주로 민법으로 규제하고, 조세정의와는 별개라는 사고방식을 기본으로 하며 공정거래법에 의한 공익활동 규제 제도도 없다.

김진우 교수는 "독일의 기업재단에 관한 고찰"이라는 논문에서 독일의 기업재단 법제를 분석하고 있다. 독일은 공공복리에 반하지 않는 한 여하한 목적의 재단도 설립이 가능하다는 범용재단의 원칙을 가지고 있어 재단의 목적이 반드시 공익적일 필요가 없고 기업승계를 위한 재단 설립도 가능하고 권장되고 있다. 기업재단에는 기업운영재단과 지분보유재단이 있는데 지분보유재단이 널리 활용되고 기업운영재단은 거의 활용되지 않는다. 가족의 부양과 가업승계를 위한 가족재단도 인정되고 그 밖에 공익재단, 이중재단, 혼합재단 및 재단합자회사가 인정된다. 공정거래법을 통해 기업집단 소속 공익법인 소유 주식의 의결권을 특별히 제한하지 않고 미국이나 우리처럼 세법을 통한 주식의 보유한도를 정하지 않는바, 이 점에서 우리 법은 독일법과 비교할 때 기업재단에 대하여 과도한 규제를 하고 있는 것으로 평가할 수 있다. 미국과 우리 법은 기업재단에 대하여 악용 방지에 더 관심으로 두고 있는데, 미국의 경우 1969년 20% 이상 기업 지분 보유가 금지됨에 따라 이후 새로운 대형 재단의 수가 눈에 띄게 감소한 반면 독일의 대형 재단의 수는 더 증가하였다. 기업재단에 관하여 강력한 규제가 필요한지에 관한 문제를 판단함에는 법정책적 요소가 충분히 고려되어야 한다. '증세 없는 복지'를 실현하기 위한 수단으로서의 기업재단의 설립 및 활동을 장려하는 제도적 지원책이 요청된다. 공익 내지 공공복리는 법률적 의미에서의 공익목적에 의해서만 실현되는 것이 아니다. 오늘날 사회적 문제와 자유민주주의 보호를 위해 지속 가능한 일자리를 만들고 보존하는 것은 자선사업의 촉진만큼 중요하다. 우리 민법이 재단 설립을 공익목적으로 제한하지는 않기 때문에 부양이 필요한 가족구성원의 지원을 목적으로 하는 가족재단은 현행법상 설립이 가능하다고 할 것이다. 그러나 비영리(공익)목적의 달성과 무관하게 재단의 형식으로 기본재산의 증식 내지 재산의 영속화를 도모하는 재단(자기목적재단)은 허용되지 않는다.

이중기 교수의 "영국 기업재단법" 논문은 영국의 기업재단 법제를 분석하고 있다. 기업재단은 자선목적으로만 설립되어야 하고 행위 해야 하는데, 대원칙은 자선목적만을 위해 운영되고, 독립성을 가지며, 자선단체의 최선의 이익이 지켜져야 한다는 것으로 이 원칙이 지켜지는 한 설립도 자유롭고, 기업과의 특수관계도 허용될 수 있으며, 수익사업도 자유롭게 할 수 있다. 영국에는 자선단체도 매우 큰 곳들이 많고, 재단에 의한 회사 지배가 활발하게 일어나고 있으며, 기업에서 설립한 자선단체도 나중에 성장해서 기업과 연결고리가 끊어지기도 한다. 기능별 규제방식을 택해, 법적인 형식을 묻지 않고, 자선목적만 있으면 세제혜택이 적용되고 charity commission의 규율대상이 된다. 유형을 따지자면

charitable company(자선회사)가 가장 많고, 특히 charitable company limited by guarantee(보증유한자선회사)가 많다. 이들은 회사법과 자선단체법의 이중 규율을 받는데, 오로지 charity commission의 규제만 받는 새로운 CIO라는 법인형태도 가능하다. 자선단체법을 적용하는 데 있어서는, 오로지 공중의 이익을 위한 사업을 하느냐(자선단체에 대한 대원칙), 자선단체 최선의 이익에 따라 운영하느냐(자선수탁자에 대한 대원칙) 두 가지의 원칙이 적용된다. 자선수탁자에 대해서도 기능별 규제가 이루어지는데, 재단을 설립한 기업이 자금을 제공하면서 거는 조건이 자선단체 최선의 이익 원칙에 부합하는지에 따라 조건을 수용할지 여부가 결정되어야 한다. 그밖에 설립 시 문제로서 등록과 공시, 기업의 명칭, 로고 사용 등 이슈에 대하여 사례를 소개하며 분석하고 있다. 이어서 기업재단의 경영시 쟁점사항으로 기업재단/수탁자의 독립성, 수탁자의 이익충돌 금지 원칙과 의무충돌 금지 원칙 및 이익충돌, 의무충돌 상황관리를 소개하고, 자금조달과 재원의 사용, 설립자 회사 주식을 출연받아 소유하는 경우, 후원회사와의 관계와 합의 등 이슈에 대하여 분석하고 있다. 특히 기업 주식 보유와 관련하여, 지분비율 제한 등 규제가 있는 것은 아니며, 자선단체 최선이익의 대원칙에 따라 최선이익이 되지 않는 경우라면 회사 주식을 처분하는 것이고, 때로는 그런 의무가 발생할 수도 있다. 이러한 자선단체법의 대원칙이 준수되는 한 기업재단은 후원하는 기업들과 공존하면서 동일한 지향점을 갖는 자선목적을 위해 공동작업을 수행할 수 있고 공동의 이념을 추구할 수 있다.

장보은 교수의 "미국법상 기업공익재단 관련 법제와 쟁점" 논문은 미국의 기업공익재단법제를 분석하고 있다. 미국에서 기업공익재단이 본격적으로 활성화된 것은 세제 혜택이 주어진 1950년대 이후로 2014년 기준 미국 공익재단 중 3%가 기업공익재단이고 이들은 공익재단 전체 자산의 3%를 보유하는 수준인데, 2000년대 이후 대기업의 공익재단이 급증하여 2012년 500대 기업의 70%가 기업공익재단을 설립하였다.

미국법상 공익재단에 대한 규제는 주로 세법에 의하는바, 이는 자선행위를 장려하기 위한 방안이 세제혜택과 긴밀하게 연관되기 때문이다. IRS는 기업공익재단의 비과세 상태나 기부자의 세제혜택이 남용되지 않도록 운영을 감독하고 규제하는데, 대표적인 것이 자기거래금지, 의무지출, 주식보유제한이다. 공익재단과 이해관계인 간의 거래는 금지되고 이에 위반하여 거래한 이해관계인에게는 관련 금액의 10% 세금이 부과되며 이후 기간내에 시정하지 않으면 관련 금액의 200% 세금이 추징된다. 1969년 세법개정을 통하여 의무지출조항이 신설되었는바, 매년 공익재단 총 자산의 5%를 의무적으로 지출하도록 규정하고 있다. 공익법인은 이해관계인 보유 주식과 합하여 특정 회사 주식의 20%를 초과하여 보유할 수 없는바, 그 회사의 경영권이 이해관계인이 아닌 다른 자에게 있다면 35%까지 보유할 수 있고 이 제한 위반시 5년 내에 제한을 넘는 주식을 처분하여야 하며, 이 처분의무 위반시 앞서 본 이해관계인과 거래 시와 유사한 제재가 부과된다. 공익재단은 설립기업과 별도의 법인이므로 의사결정은 공익재단 이사회의 몫이지만, 미국법상 기업공익재단 이사회를 구성하는 데에 특별한 제한이 없으므로 설립회사의 임원이나 주주가 포함되기도 하여 설립회사에서 완전히 독립하여 운영되는 경우는 드물다. 미국법의 시사점과 관련하여 정보를 투명하게 공개하고 보고의무를 확대하는 것, 자기거래금지 및 의무지출과 의무 위반시 제재 방법(시정 기회 주고 시정하지 않는 경우 무거운 책임 부과) 등을 참고할 필요가 있고 현재 공익법인법이 기업공익재단의 복합적 성격을 담아내기에는 한계가 있으므로 기업공익재단에 대한 보다 깊은 연구를 전제로 하여 기업공익재단의 복합성과 특수성에 따른 지배구조를 논의하여야 한다.

서종희 교수의 "스웨덴 발렌베리 그룹 등 스웨덴 기업재단법제의 고찰" 논문은 스웨덴의 기업재단법제를 분석하고 있다. 스웨덴 발렌베리 재단은 발렌베리 그룹 회사를 통하여 주요 산업들을 지배하고 있는바,

이와 같은 스웨덴의 기업재단을 통한 지배구조가 어떠한 유인에 의하여 이루어졌는지, 그것을 가능하게 한 법제도 등은 어떠한지 등을 살펴 보기 위하여 스웨덴 기업재단의 특징, 스웨덴 기업재단 법제, 기업재단에 대한 세제혜택 등을 살펴 보고 있다. 발렌베리 재단은 지주회사인 Investor를 지배하고 Investor는 지주회사로서 자회사를 지배하는 피라미드형 소유지배구조를 취한다. 이에 더하여 차등의결권 제도를 활용하여 스웨덴의 기업재단은 지주회사를 통해 수많은 자회사를 지배하는 것이다. 발렌베리 재단은 가족 중심의 이사회 구성을 통해 주주와 유사한 소유권을 행사해왔다. 스웨덴 재단을 규율하는 재단감독법은 1929년 입법되었고 1996년 재단법이 통과되어 자산관리, 이사회 구성, 회계 및 감독 등 재단의 지배구조에 특히 중요한 규정에 대한 상세한 내용을 규정하고 있다. 스웨덴의 재단은 기업 및 개인에 비하여 큰 세제상의 혜택을 받고 있는데, 자선목적을 가진 재단은 자본소득, 재산, 상속, 증여 등에 대한 세금이 면제된다. 세제혜택 외에도 기업재단은 상속에 의하여 기업이 분할되는 것을 피하고 공익사업과 연결되어 긍정적인 사회적 지위를 얻을 수 있게 된다. 세제의 개편은 기업재단에 큰 영향을 미치고 있는바, 스웨덴의 상속세가 1948년 60%로 과중하게 된 것이 기업의 소유권을 기업재단에 이전시킨 유인이 되었다. 공익재단의 면세요건은 2014년 이후 아래 세 가지로, (1) 공익을 행하는 임무, (2) 재단의 목적에 부합하는 활동이 90~95%일 것, (3) 순수입의 80%를 차지하는 보조금을 지급할 것이다. 1997년 지배주주에 대한 재산세의 사실상 폐지, 2004년 상속세 폐지 등은 기업재단을 통한 기업의 지배 유인을 감소시켰고 최근에는 지주회사를 통해 직접 기업을 지배하는 것이 선호되고 있다.

김화 교수의 "오스트리아, 스위스에 있어서 기업재단의 문제" 논문은 오스트리아와 스위스의 기업재단법제를 분석하고 있다. 오스트리아에서 재단의 설립근거가 되는 재단법은 재단 및 기금에 관한 연방법과 1993년 제정된 사재단법으로 나누어져 있다. 2000년 기준 연방법을 기

초로 설립된 재단이 214개에 불과한 반면 사재단법에 의해 설립된 재단
은 1,388개이고 2006년 12월에는 2,875개로 급증하였다. 사재단법은 연
방법의 단점을 극복하기 위하여 마련된 것으로 목적에서 비영리성을 요
구하지 않고 출연자가 목적과 필요에 따라 결정하도록 규정하고 있다.
사재단법은 연방법의 제한 때문에 자신의 목적을 달성할 수 없는 출연
자가 리히텐슈타인에 재단을 설립하고 이를 통하여 기업을 운영 또는
지배하려는 경우가 많이 발생하여 국부의 외국 유출을 막고 국가경제를
보호하려는 목적으로 제정되었다. 사재단법에 의한 재단의 설립목적을
출연자의 자유로운 의사결정에 맡겨 두지만, 법률상 몇 가지 제한을 두
어 단순한 부수적 활동을 넘어서 영업적 활동을 영위하는 것, 재단이 회
사를 운영하는 것, 등록된 합명회사의 무한책임사원이 되는 것을 금지
하고 있다. 출연자가 출연한 재산을 보전하고 이를 관리하는 것만을 목
적으로 하는 자기목적적 재단은 허용되지 않는다. 스위스에서 재단은
민법에 따라 규율되는바, 크게 일반적인 재단과 가족재단 또는 교회재
단의 2가지로 구별된다. 스위스 재단규정과 관련하여 독특한 점은 영업
적으로 노년연금, 유족연금, 장애연금을 책임지는 재단이 존재하고 이러
한 개인연금재단은 일반적 재단보다 규모가 3배에 달한다. 스위스에서
재단이 국가경제에서 차지하는 의미가 매우 커서 스위스 경제의 중요
부분을 해외자본을 통해 설립된 스위스 재단이 맡고 있다. 공공의 또는
공익적 목적을 추구하는 재단의 경우 면세의 혜택이 부여되는데, 기업
재단의 경우 영업적 목적의 경우 원칙적으로 면세 혜택이 없으나, 기업
유지에 따른 이익이 공익적 목적에 우선하지 않고 동시에 재단이 사업
운영 업무를 담당하지 않는 경우에는 기업의 지분을 취득하거나 관리하
는 것도 공익적 목적으로 보고 있다. 스위스 연방대법원은 2001년 기업
에 대하여 지분참여를 하고 있는 재단의 경우에 경제적 목적을 추구하
는 재단으로서 그 허용성을 인정하였다. 이처럼 스위스의 경우 비교적
자유로운 설립과 세제상의 혜택으로 인하여 일종의 지주재단이 설립되
어 국가경제에 이바지하고 있는바, 전반적인 재단법제의 발전 양상은

단순히 출연 재산을 관리하는 것에 그치는 것이 아니라 적극적으로 경제활동을 하는 방향으로 진화해 가고 있다. 공익적 목적만을 유일하고 이상적인 재단의 목적이자 인정 근거로 생각하는 우리 법의 경직성과 관련하여 참고할 필요가 있다.

신지혜 교수의 "기업재단법인에 관한 일본의 동향" 논문은 일본의 공익재단 법제를 분석하고 있다. 일본은 2008. 12. 일반법인법, 공익인정법, 법인정비법 등 3법을 입법하여 공익법인 제도를 개편하였는데, 구 일본 민법 등의 경우 비공익목적 비영리법인의 설립근거가 없어 여러 특별법을 통하여 문제를 해결하여 왔는데, 이러한 법제에서는 자주적이고 독립적인 활동이 위축된다는 비판이 있어 이러한 문제점을 전체적으로 재정립하는 방향으로 정리한 것이다. 법인격의 취득과 공익성의 인정을 분리하여, 세제혜택을 받는 공익법인이 되려면 공익인정법에 따른 공익인정을 받도록 하고 세제혜택을 받지 않는 기타 비영리법인은 등기함으로써 바로 법인격을 취득하도록 하고 있다. 재산을 300만 엔 이상 출연받아야 한다는 것 이외에 재단법인 설립을 위한 출연에 관한 별다른 제한은 없고, 다른 단체의 의사결정에 관여하는 것이 가능한 주식을 보유할 수 없으며 다른 단체의 사업활동을 실질적으로 지배할 우려가 없는 경우 즉 의결권의 과반수를 갖지 않는 경우를 의사결정에 관여할 수 없는 경우로 정하고 있다. 따라서 50% 이하 주식 보유가 가능하여 기업출연재단은 허용된다고 할 것이나, 개혁 3법 시행 이후 현재까지 기업재단법인에 관한 논의는 활발하지 않은데, 그 이유는 세제 혜택을 받은 공익법인은 설립절차와 감독이 비교적 까다롭기 때문이다. 사업 또한 적법사업이면 종류를 제한하지 않고, 잔여금이나 잉여재산이 설립자에게 돌아가지 않아야 한다. 공익인정법은 적정한 사업의 진행에 관한 제한 규정을 두고 있는데 공익법인의 경우 공익사업비율이 50% 이상이 되어야 하고(따라서 수익사업은 50% 이하 범위에서 허용), 공익목적사업을 수행하는데 필요한 비용 이상의 수익을 얻을 수 없으며, 공익목적 사업 실시 등에 소요되는 비용은 전체 경비의 50% 이상 비율이 되어야 하고 유휴재산이 당해 연도와 그 다음 해의 사업규모를 고려했을 때 너무 커져서는 안 된다는 규정을 두고 있다. 이러한 제한 규정을 통해 재단법인이 오로지 상속세 절세나 사업승계목적으로 이용되는 것에는 한계를 긋고 있는 것이다. 실무상으로는 사업승계를 위한 기업재단법인도 상당수 운영되고 있는 것으로 보이나, 이에 관한 법학계의 논의는 거의 없다.

유철형 변호사는 "기업공익재단의 주식보유 관련 세제 개선방안" 논문에서 공익법인의 주식 보유 현황, 공익법인 주식 보유 세제 연혁 및 규제 현황, 외국의 입법례와 시사점, 개선방안, 주식 보유 한도 관련 규정의 해석상 문제점을 분석하고 있다. 공익법인 주식 보유 한도는 1991. 1. 1. 기업의 우회적 지배수단으로 이용되는 것을 방지하는 차원에서 20%로 도입되어 5%로 축소되었다가, 2001. 일정 요건 충족 시 보유한도 예외를 두고, 2008. 성실공익법인은 10%로 상향, 2018. 성실공익법인이 의결권 행사하지 않고 자선 등 목적으로 하는 경우 20%로 한도 상향(2021. 성실공익법인 용어 폐지)하는 것으로 개정되어 왔다. 현행 상속세 및 증여세법은 5%, 10%, 20% 한도 적용 대상 공익법인의 요건을 규정하고 있는바, 주식보유 한도의 제한이 없는 공익법인 요건을 상증세법이 ①주식 출연시, ②출연받은 주식으로 재산 취득시 두 가지로 나누어 규정하나, 매우 엄격하여 실제 사례를 찾기 어렵다. 외국의 입법례를 보면, 미국은 20~35% 보유 가능, 독일과 영국은 보유 한도 및 제한 없음, 캐나다는 20%까지 보유 가능, 일본은 일정 요건 하 50%까지 보유 가능한 점에 비추어, 한국은 규제가 강하다고 볼 수 있다. 공익법인을 재산의 편법승계나 우회적인 기업지배수단으로 악용하는 경우가 아니라면 보유 한도를 폐지하거나 대폭 늘릴 필요가 있다. 수익성 낮은 보유 주식은 일정기간 내 처분하여 공익목적사업에 쓰도록 개정하는 방안을 검토할 필요가 있다. 실무상 문제된 쟁점으로 초과 보유분에 대한 증여세 과세와 관련하여 공익법인이 의사결정을 좌우할 수 없는 상태에서 발생하는 증자, 감자 등의 경우에는 초과분에 대해 즉시 증여세를 과세할 것이 아니라, 일정 기간을 주어 초과분을 처분할 수 있도록 하고 이를 위반한 경우에 한하여 과세하도록 하는 것이 바람직하다. 주식 초과 보유로 인한 증여세의 납부 재원이 없어 보유주식을 처분해 증여세를 납부하는데, 이를 직접 공익목적에 사용하지 않은 것으로 본 것은 부당하다. 초과보유 주식 처분에 대한 주무관청 승인이 잘 나지 않는 경우도 많다.

이선희 교수는 "기업지배구조에서 기업공익재단의 역할" 논문에서 기업공익재단의 문제점, 공익재단과 지배구조, 기업공익재단의 바람직한 역할에 대한 방안을 분석하고 있다. 현재 우리나라에서 기업공익재단은 전체 공익법인의 상당수를 차지하고 있으며, 그 중 대기업집단과 관련된 공익재단이 사회공헌사업을 통해 공익증진에 기여한 바는 무시할 수 없다. 그러나 대기업집단 관련 공익재단은 대기업집단의 총수나 계열회사 등의 출연에 의하여 증여세 등 세제혜택을 받아 설립되는 점, 고유목적사업을 위한 지출비율이 높지 않은 점, 소유하고 있는 계열회사 등의 주식으로부터의 배당수익이 미미함에도 불구하고 위 주식을 매각하기보다는 계속 보유하는 점 등의 이유로, 총수일가의 지배력확대나 경영권 승계, 부당지원사익편취 등에 이용될 가능성이 높다는 평가를 받기에 이르렀다. 이에 공정위는 대기업집단 공익재단에 대해 2018. 7. 실태조사를 하였고 이를 토대로 2020. 12. 공정거래법에 기업공익재단의 대기업집단 계열회사 주식에 대한 의결권 행사를 제한하는 내용의 규정을 두었다. 통계에 의하여 드러나는 기업공익재단의 실태를 보면 위와 같은 의심과 부정적인 평가가 근거 없는 것은 아니다. 그런 점에서 기업공익재단이 대기업집단 총수일가의 사익편취수단으로 사용되는 것은 규제되어야 하고, 기업공익재단으로 하여금 본래 표방한 설립목적에 걸맞는 활동을 하도록 채찍질하는 의미에서 수입과 지출, 보유주식 등 자산의 활용실태 등을 투명하게 공개하도록 하는 것은 타당하다. 그러나 기업공익재단은 영리를 추구하는 기업과 공익활동을 하는 공익재단이 상생을 지향한 타협의 산물이고, 이를 통하여 기업이익의 사회적 환원을 통한 공익의 증진이라는 긍정적인 효과를 창출한다. 그런 점에서 본다면, 앞서 본 개정 공정거래법상의 규제는 기업지배구조에 대한 지나친 간섭으로서 기업공익재단의 설립 및 공익활동, 대기업집단의 기부 등을 위축시킬 우려가 있다. 스웨덴 발렌베리 재단의 경우를 보면, 발렌베리 기업의 영속 수단은 재단이지만, 스웨덴 공익재단은 수익의 80% 이상을 공익활동에 써야 하기 때문에 그 경제적 성과는 가문 구성원들의 재산축적으로는 이어지지 않는바, 재단법인이라는 영속적인 인격체를 통하여 기업의 존속을 유지하고 기업운영에 필요한 지분을 안정적으로 확보하는 데에 기업공익재단이 어느 정도 역할을 하는 것을 용인하면서, 공익활동을 촉진할 수 있도록 규제를 완화할 필요가 있다.

천경훈 교수는 "대규모집단 소속 공익법인 소유주식의 의결권 제한" 논문에서 공정거래법의 2020년 12월 개정으로 대규모 기업집단 주식 보유분 의결권이 제한된 것과 관련하여 개정의 이유와 그 내용 및 개정이 타당한지 검토하고 있다. 공익법인 보유 주식 의결권 제한은 금융회사 소유 주식의 의결권 제한과 유사한데, 고객 재산의 사금고화를 막고, 금융자본이 산업자본에 의해 지배되는 것을 막는다는 취지와 비슷하게, 공익재원을 사금고화하는 것을 유사하게 규제하고 있다. 금융사의 의결권 제한 규정은 약 30년 간 있어온 것으로 일반적으로 금지하다가 합병, 영업양도 시에는 예외적으로 허용하는 것으로 했는데 2020년 개정을 통해 또 예외의 예외를 두어 계열사 간의 합병, 영업양도의 경우는 허용하지 않고 있다. 이는 삼성물산과 제일모직 합병의 경험이 중요하게 작용한 것으로 추측되는데, 이 합병에서 69% 찬성 가결이 이루어졌고 이는 국민연금, KCC 외에도 계열금융기관의 찬성표에 힘입은 것이었다. 앞서 언급된 공정위 실태조사를 통해, 36개 대규모기업집단 소속 66개 공익법인이 총 120개 계열사 주식을 보유 중이고 그 중 26개는 공익법인이 5%를 넘는 주식을 보유하고 있음이 확인되고 악용 의심사례들이 많이 발견되었다고 하여 위 의결권 제한의 법개정이 있게 된 것이다. 공익재단이 본래의 목적에서 벗어나 경영권 승계나 경영권 분쟁과정에서 탈법적으로 이용된 사례가 있고, 공익재단의 재산을 목적사업에 사용하지도 않으면서 배당도 거의 없는 계열회사 주식을 계속 보유하는 경우도 있는 것이 사실이어서 일정한 규제의 필요성을 부정하기는 어렵다. 이사회 의결 공시제도는 나쁘지 않은 규제라고 보이나, 주식 소유제한은 합목적이지 않고 비례적이지도 않은데, 의결권 제한 입법은 의결권 행사를 하게 하면 오히려 공익법인 스스로에게 불리한 자해적 행사를 하게 되는 예외적인 경우에 대비한 것이라고 볼 수 있으나, 이러한 예외적인 상황이 얼마나 자주 있고 그로 인한 부작용이 얼마나 큰가 라는 실증적인 입증이 있었다고 보기는 어렵다. 의결권 행사가 합리적으로 이루어진다면 의결권을 제한하여서는 아니 되는데, 이미 의결권을 제한하는 입법이 이루어진 이상 선관주의의무에 따라 의결권 행사가 이루어지도록 절차와 관행을 구축하는 것이 중요하고 신뢰가 회복되면 의결권 제한 규정의 폐지 또는 완화를 주장할 수 있을 것이다.

이희숙, 정순문 변호사는 "공익위원회 설치와 법제 개선방향" 논문에서 2021년 3월 정부 입법안으로 발의된 공익법인법 개정안의 핵심사항인 공익위원회 설치, 공익법인에 대한 감독 및 공익법인 활성화를 위한 지원제도에 대하여 영국, 호주, 일본 사례와 비교하여 분석하고 개선방향을 모색하고 있다. 공익단체의 활성화 관점에서 활동하고 독립적으로 운영되는 공익단체 통합관리기구 설치는 시민단체의 숙원 사업이며, 학계에서도 지속적으로 주장되어 왔다. 정부에서 통합관리기구 설치를 제안하였다는 점에서 괄목할 만한 진전이 있는 것으로 평가할 수 있으나, 정부안의 시민공익위원회는 법무부장관 소속으로 설치되고 정부 공무원이 공익위원으로 참여하는 등 정부 중심의 규제 기관으로 기능할 것에 대한 우려의 목소리가 높다. 법안의 내용을 살펴보더라도 과도한 형사 처벌 제재가 가해지고, 민법상 비영리법인이 공익법인으로 등록하는 경우 기존에 없던 규제가 적용된다. 지원 내용이 확대된 점은 긍정적으로 평가되나 세제혜택 관련 신청과 관리 감독의 일원화에 대한 정책을 포함하지 않고 있고, 기부금품 모집 특례 규정도 제한적이어서 기존 기부금품 모집 등록제도의 문제점이 반복될 것으로 예상된다. 현행 공익법인법은 3,400여 개 단체를 대상으로 하고 있고, 차별적 지원은 거의 없는 반면, 규제는 과도하여 새롭게 설립되는 단체들의 경우 공익법인법에 따른 공익법인으로 설립하기를 꺼려하고 있다. 이에 따라 공익법인법을 적용받는 대상 단체가 확대되지 않아 실질적으로 공익법인 관리 감독 법률로서의 기능을 상실해가고 있는 실정이다. 정부에서 새롭게 추진하는 시민공익위원회가 위와 같은 전철을 밟지 않고, 영국, 호주 사례와 같이 공익단체의 활성화에 기여하며, 공익단체에 대한 사회적 신뢰를 쌓는 데 도움이 되는 역할을 할 수 있기를 기대한다.

박수곤 교수는 "기업의 사회적 책임 규범화에 대한 국제기준과 법적 과제" 논문에서 기업의 사회적 책임("CSR")의 규범화와 관련하여 국제기구가 기존에 제시한 국제기준, 외국의 입법동향을 살피면서 우리 법상 규범화를 위한 법적 과제가 무엇인지 분석하고 있다. CSR과 관련하여 근로기준법, 소비자기본법, 환경정책기본법, 산업발전법, 중소기업진흥법 등 다양한 특별법에서 관련 규정을 두고 있고 이들 규정들 중 일정 부분은 국제기준을 참조하여 CSR을 법적 의무화하고 있는 것으로 평가할 수 있는 경우도 있다. 이와 같이 CSR의 규범화 필요성에 대한 국내외의 공감대가 형성되고 국제기구들에 의한 다양한 국제적 기준들이 제시되어 그에 대한 각국 국내법에서의 반영절차가 이루어지기도 하였으나, 여전히 CSR 개념 자체의 의미가 다양하게 사용되고 있는 것도 현실이다. 또한, CSR활동 중에는 본질적으로 기업의 자율규제에 맡겨야 할 부분과 법적 강제수단을 동원하여 그 이행을 강제하여야 할 부분이 구분될 필요가 있기에 CSR을 규범화하는 것이 용이하지 않은 것도 사실이다. CSR을 규범화하고 더 나아가 법적으로도 의무화한다고 하더라도 이를 모든 기업에 공통적으로 적용할 수 없는 경우도 있다. 특히, 중소기업의 경우 CSR을 규범화하여 강제할 경우 기업경영에 있어서 큰 부담으로 작용할 수도 있으므로 자율규제에 맡기는 것이 합리적인 경우도 있을 수 있으나, 그와 같이 자율규제에 맡길 경우에는 기업의 경쟁력 약화와 더 나아가 이해관계자를 포함한 공동체의 이익에 위해가 초래될 수 있는 경우도 있다. 따라서 CSR활동의 긍정적인 측면에도 불구하고 예상되는 부작용을 최소화하기 위해서는 CSR활동의 유형을 나누어 공동체의 이익과 직접적으로 관련되는 영역에 대해서는 그 이익의 경중을 고려하여 이를 법적 의무로서 규율하되, 기업의 규모 등을 고려하여 수범자의 범위를 조정하는 탄력적 태도를 취할 필요도 있다. 그리고 공동체의 이익과 직접적인 관련이 없거나 그 이익의 크기가 중대하지 않은 영역에 있어서의 CSR활동과 관련하여서는 자율규제와 법적 규제를 혼용하는 방안을 마련할 필요가 있다. 무엇보다도 CSR활동과 관련하여서는 기업의 인식이나 의지가 중요하므로 기업이 주도하여 CSR활동을 전개할 수 있는 동인을 제공하는 방향으로 관련 제도를 설계할 필요가 있다. 우리나라에서도 국제적으로 통용될 수 있는 CSR관련 인증제도를 신설하거나 국내에서도 기존에 이미 활용하고 있는 CSR 관련 제도를 연계하는 CSR 플랫폼을 구축할 필요도 있을 것이다.

최준규 교수는 "유류분제도의 개선과 유산기부 활성화" 논문에서 현행 유류분제도의 문제점 중 유산기부 활성화를 저해하는 요소를 살펴보고, 최근 제안된 유류분제도 개선안 중 유산기부 활성화에 도움이 되는 내용을 소개하며 입법안을 제시하고 있다. 유산기부 활성화를 저해하는 요소로 유류분권리자의 범위, 생전증여의 반환, 사전포기 불가, 유류분제도의 획일성 등을 들고 있다. 최근의 유류분제도 개선 입법안과 관련하여 원혜영 의원안, 이언주 의원안, 윤상현 의원안, 이동진 교수안, 정구태 교수안 등을 제시하여 분석하면서 부양과 청산의 필요성이 있는 경우에만 유류분을 인정하는 방안을 제시하며 예상되는 반론에 대하여 답변하고 필자의 개정안을 제시하고 있다.

3. 편집의 소회와 향후 과제

이러한 작업을 하면서 편집위원회와 필진이 가장 먼저 절감하게 된 것은 비교법 연구의 어려움이었다. 앞서 언급한 것처럼 우리 비영리, 공익 관련 법제의 충실한 이해가 어려울 정도로 많은 법과 부처가 관여한다는 것과 유사하게 비교법 대상 국가의 경우에도 관여하는 법과 부처가 많다 보니 이에 대한 접근이 쉽지 않고 이에 따라 하나의 논문으로 전체적인 그림을 정리하는 것이 대단히 어려운 작업임을 깨닫게 된 것이다. 이러한 문제로 인하여 비교법 연구 집필진 사이에 집필의 방향과 관련하여 수차례 논의와 커뮤니케이션을 하는 등 나름 노력하였으나, 일관된 관점으로 비교법 연구결과를 정리하지 못하였다는 점을 인정하지 않을 수 없다.

편집위원회와 집필진이 부딪힌 다음의 문제는 비교법 연구의 토대 위에서 각론을 정리하는 것이었다. 비교법 연구결과의 정리가 쉽지 않았기 때문에 여기서 시사점을 도출하여 각론과 연결시키려고 했던 당초의 의도를 살리기는 어려워 결국 이 부분은 향후 비교법 연구결과 정리를 조금 더 심도 있게 하고 시사점을 도출한 다음 추진하여야 할 과제로 남겨두게 되었다. 이와 같이 비교법 연구에서 구체적인 시사점을 많이 도출하지는 못하였음에도 불구하고 각론에서는 최근 활발하게 진행되는 공익재단 및 비영리법인 관련 법령 개정 작업의 흐름을 각 영역별로 정리하고 문제점과 개선방안을 살펴보는 의미 있는 작업이 진행되었다.

공익법 총서 제7권은 우리 사회에서 기업공익재단이 공익을 위하여 보다 더 적극적인 역할을 할 수 있는 법제 인프라 마련을 위한 연구의 출발점이다. 바람직한 기업공익재단 법제 인프라를 위한 보다 심층적인 연구가 본서를 토대로 이어지기를 기대한다.

2001년 3월   공익활동위원회 설립(위원장: 강용현 변호사)

2002년 12월   국가유공자등록거부처분취소 소송 승소
              [한국전쟁 당시 군번 없는 Kello 부대원으로 유격전에 참가하
              여 부상을 입은 군인에 대한 국가유공자등록거부처분 취소소송
              을 제기하여 승소 확정]

2003년 10월   공익활동규정을 법인 내규로 제정

2003년 11월   지방고등고시 2차 시험 합격취소처분 취소소송 승소
              [모의 원적지를 연고지로 한 지방고등고시 2차 시험 합격자에
              대하여 모의 혼인 전 원적은 본적이 아니어서 연고지가 아니라
              는 이유로 2차 시험합격을 취소한 처분에 대하여 취소소송을
              제기하여 승소 확정]

2004년 4월   교수재임용거부처분 취소소송 대법원 파기환송(승소)
              [기간제로 임용된 교원이 능력과 자질에 관하여 합리적인 기준
              에 의한 공정한 심사를 받지 못하고 재임용이 거부된 사건]

2007년 5월   아름다운재단 공익변호사 공감과 파트너쉽 체결

2007년   장애인 법률지원을 위한 해피벨 캠페인 추진

2008년 5월   K대 박물관이 조건부로 증여 받은 미술품의 소유권 귀속에 관
              한 법률자문

2008월 12월   (사)지구촌사랑나눔 한국외국인근로자지원센터와 외국인근로자
              지원 업무협약 체결

2009년~현재	한국외국인근로자지원센터 정기방문 법률상담
2009년 6월	재단법인 동천 설립, 이정훈 초대 이사장 취임(2012. 6. 연임)
2009년	공익활동위원회 산하에 4개 팀 신설 (난민/이주외국인팀, 사회적기업팀, 장애인팀, 탈북민팀)

2010년~현재	국내 최초로 난민법률지원 교육(ReLATE)(총 12회 실시)
2010년~현재	태평양공익인권상 제정(제1회~제11회 수상자 시상)
2011년~현재	예비법조인의 공익인권 활동 프로그램 지원(제10회까지 총50팀)
2011년 4월	서울 성북구청과 사회적기업 법률지원을 위한 업무협약 체결
2011년 5월	국가인권위원회와 장애인 인권증진을 위한 업무협약 체결
2011월 8월	장애인 정보접근권 이행 강화를 위한 국제컨퍼런스 공동 개최
2011년 12월	이주민의 생활법률 지원을 위한 인터넷 방송 최초 시도 [지구촌사랑나눔 MNTV와 함께 산업재해, 부당해고, 임금체불, 퇴직금, 교통사고, 사업장 변경 등 8개 주제로 예방 및 해결 방 법을 설명하는 방송 녹화]
2012년~2020	국내 로펌 최초 펠로우십 변호사 프로그램 실시(총 9명 이수)
2012년~현재	난민불인정처분취소소송 수행(약 170건 난민 공익소송 수행)
2012년 2월	난민 지원을 위한 통역인 교육 프로그램 최초 실시
2012년 3월	난민불인정처분취소소송 첫 승소(미얀마 친족 출신 난민)
2012년 8월	(사)장애우권익문제연구소와 권익보호 및 법률지원을 위한 업 무협약 체결
2012년 12월	국내 최초 로펌 프로보노 관련 국제 심포지엄 "로펌 프로보노 현황과 전망" 개최[태평양과 동천 공동 주최]
2013년 2월	제1회 대한변협 변호사공익대상(단체부문) 수상[법무법인(유한) 태평양]

2013년 2월	나천수 대표변호사 공익활동위원회 위원장 취임
	전문활동 분야를 팀에서 분과위원회로 개편, 여성·청소년 분과위원회 신설
	6개 분과위원회, 5개 지원팀, 3개 특별소위원회로 조직 개편
	- 분과위원회: 난민, 이주외국인, 장애인, 사회적경제, 북한/탈북민, 여성/청소년
	- 지원팀: 기획팀, 회원팀, 홍보팀, 대회협력팀, 회계팀
	- 특별소위원회: 공익소송지원결정, 공익단체지원결정, 장학생선발 소위원회
2013년 5월	이주외국인 친모의 유아인도 등 청구 인용 심판
	[이혼 당한 파키스탄 친모가 친부를 상태로 유아인도 및 양육비 지급 청구를 하는 데 있어 친모를 대리하여 인용 심판을 이끌어 냄]
2013년 8월	한국장애인고용공단과 장애인 고용창출 및 인권보호를 위한 업무협약 체결
2014년 3월	서울시학교밖청소년지원센터와 학교 밖 청소년의 자립과 성장을 위한 업무협약 체결
2014년 6월	'공익법운동의 현황과 전망' 공익세미나 개최[태평양과 동천 공동 주최]
2014년 7월	장애인 의족 파손에 대한 요양불승인처분취소소송 대법원 파기환송(승소)
	[근로자가 업무 도중 장착한 의족이 파손되더라도 산업재해보상보험법상 요양급여의 대상인 근로자의 부상에 포함되어야 한다는 판결]

2014년 8월	외국인노동자 부당해고 구제재심판정 취소소송(1심 승소)
	[허리통증으로 인해 조퇴를 신청한 외국인노동자에게 사용자가 부당하게 해고하고 사업장에서 일할 수 없도록 한 사건]
2014년 9월	공익활동규정 개정(공익활동 수행시간 중 140시간 업무시간 인정)
2014년 10월	119안전재단과 119대원 인권보호를 위한 법률지원 업무협약 체결
2014년 12월	2014 국가인권위원회 대한민국인권상 표창 수상[재단법인 동천]
2015년 1월	노영보 대표변호사 공익활동위원회 위원장 취임
2015년 1월	법무법인(유한) 태평양, ALB CSR List 선정
2015년 6월	제3대 차한성 동천 이사장 취임(2018. 6. 연임)

2015년~현재	공익법총서 발간(현재 7권까지 발간)

2015년 7월	장애인 시외 이동권 관련 차별구제청구 1심 사건(일부 승소)
	[시외버스나 고속버스에 저상버스나 휠체어 승강설비가 도입되

지 않아 장애인 및 교통약자의 시외 이동권이 제한된다는 점을 들어 차별구제청구 소송을 제기하여 시외버스와 시내버스 중 광역급행형, 직행좌석형, 좌석형 버스에 관하여 휠체어 승강설비 도입을 이끌어 내어 이동권 향상에 기여]

2015년 10월	복지분과위원회 신설(총 7개 분과위원회)
2015년 10월	재단법인 중앙자활센터와 빈곤층 권익보호 및 자립지원을 위한 업무협약 체결
2015년 11월	국가인권위원회와 유엔장애인권리협약 이행 강화를 위한 토론회 공동 주최
2015년 11월	한국인터넷기자협회 사회공헌상 수상[재단법인 동천]
2015년 12월	행정자치부, 한국자원봉사문화 등과 비영리민간단체 지원을 위한 업무협약 체결
2016년 1월	법무법인(유한) 태평양, ALB CSR List 2년 연속 선정
2016년 1월	난민불인정처분취소소송 상고심 승소(우간다 국적 난민)
2016년 4월	한국타이어나눔재단, 나눔과미래와 사회주택 활성화를 위한 업무협약 체결
2016년~현재	국내 북한이탈주민 법률지원교육(NKReLATE)(총 5회 실시)
2016년 10월	성착취 지적장애인 여성을 대리한 손해배상 사건 2심 승소 [채팅 어플리케이션을 통해 알게 된 지적장애인 미성년 여성을 모텔에 투숙하게 하고 그 대가로 유사성교 행위를 한 남성을 상대로 손해배상 청구]
2016년 10월	전국사회복지나눔대회에서 보건복지부 장관 표창 수상[재단법인 동천]
2016년 12월	이주여성 상습강제추행 사건 형사 고소 대리하여 일부 유죄 이끌어 냄 [예술흥행(E-6) 비자로 입국한 이주여성을 애초 고용계약과 다르게 성매매를 강요하고 상습강제추행을 한 사건으로 이주여성 고소대리]
2016년 12월	동천NPO법센터 설립
2017년 2월	외국인근로자 고용변동신고수리처분취소 결정 [고용주가 고용변동신고제도를 악용하여 외국인근로자를 부당

	하게 근로계약 중도 해지하고 고용변동신고 한 사건으로 해당 외국인근로자가 다시 일터로 돌아간 사건]
2017년 6월	한국중앙자원봉사센터와 전국자원봉사센터 법률지원을 위한 업무협약 체결
2017년 6월	제1기 시니어 NPO멘토 변호사 프로그램 실시(제2기 2018년 5월)
2017년 8월	난민인권센터와 난민 권익보호를 위한 업무협약 체결
2017년~현재	프로보노 변호사 양성을 위한 NPO법률지원단 연수(총 7기 실시)

2017년 10월	소방공무원 등 위험업무 종사 특정직 공무원에 대한 공익법률 지원 TFT 구성
2017년 11월	소방공무원 공무상요양불승인처분취소소송 2건 승소 [근무 중 뇌질환 발생한 소방공무원의 질병과 업무 사이에 인과 관계가 반드시 의학적으로 명백히 입증되어야 하는 것이 아니고 상당인과관계가 있다고 추단할 수 있으면 인정된다고 한 판결]
2017년 12월	2층 광역버스 휠체어 전용공간 확보를 위한 공익소송 제2심 승소 [휠체어 승강장비가 설치된 2층 광역버스에 휠체어 사용자를 위 한 전용공간이 확보되어야 한다는 이유로 시정조치 및 위자료 지급을 명한 판결]
2018년	기부금 전용계좌 미신고 소규모 공익법인에 대한 법률자문 및 입법개선운동(전용계좌 신고 유예조항 신설)
2018년 1월	중국동포에 대한 부당한 기소유예처분취소 헌법소원 승소 [중국동포K가 의료비 부정수급을 이유로 사기 등 혐의에 대해 기 소유예처분을 받은 사안에서 K는 이름을 도용 당한 것일 뿐 부정 수급을 하지 아니하였음을 입증하여 헌법소원 승소, 검찰 무혐의 처분으로 종결됨]
2018년 1월	공익활동위원회 책임자를 위원장에서 책임변호사(유욱 변호사)

	로 변경
	공익활동위원회 4개 지원팀을 기획팀으로 통합
2018년 2월	성남시청소년재단과 청소년 노동인권 보호 증진 활성화를 위한 업무협약 체결
2018년 3월	난민 아동 장애인등록거부취소소송 대법원 승소(2심 승소 2017. 10.) [난민이라는 사유로 뇌병변 장애 등록이 거부된 사안에서 장애 등록거부처분취소소송 제기하여 대법원 승소 확정]
2018년 5월	미등록 이주외국인 강제퇴거명령 및 보호명령 취소소송 승소 [한국에 장기 체류한 미등록 이주아동에 대한 강제퇴거는 대상 아동에게 가해지는 불이익이 외국인 체류 통제를 위한 공익보다 지나치게 크다고 판단한 최초 판결]
2018년 10월	북한이탈주민의 보호 및 정착 지원에 관한 법률 위반 소송 승소 (1심), (3심_2020. 1.) [중국 국적자이면서 대한민국 국적을 취득해 탈북민 정착금을 지급받은 위장탈북자라는 누명을 썼던 북한이탈주민 A씨가 불법체류 상태를 벗어나 북한이탈주민 자격을 인정받은 사건]
2018년 11월	플랜코리아와 아동의 기본권 보호와 건강한 성장을 위한 업무협약 체결
2019년 1월	농장주의 지적 장애인 학대 및 착취에 대한 부당이득반환청구 민사소송 제1심 승소(2019년 9월 제2심 항소기각 판결 확정) [농장주가 지적 장애인을 자신의 집 축사 한 칸을 개조한 좁은 방에 머물게 하면서 13년 간 임금을 제대로 지급하지 않고 60,000평의 논농사, 축사 관리 등 고된 노동을 강요하고 상습적으로 폭언 등으로 협박을 한 장애인 착취에 대하여 소송구조 통하여 민사소송을 제기한 사건]
2019년 5월	소방공무원 공무상요양불승인처분취소소송 항소심 승소 확정 [뇌종양 발생 소방공무원을 대리하여 그의 질병이 과중한 업무와 화재현장에서의 근무 때문에 생겼음을 입증한 사건]
2019년 5월	인신매매, 성매매 피해 이주여성들의 형사 고소 대리(제1, 2, 3심 모두 징역형의 실형) [필리핀 국적의 여성들을 협박하여 그들로 하여금 유흥업소에서

성매매를 강요·알선 하고 나아가 피해자들을 강제추행 한 사건으로 피고인들이 유죄 판결을 받음]

2019년 6월   재단법인 동천 설립 10주년(2019. 6. 17.)
NPO운영셀프체크리스트 시스템 구축

2019년 9월   '2018년 평창동계올림픽' 법률자문 로펌으로 인정 받아 유공단체 부분 대통령 표창 수상 [법무법인(유한) 태평양]

2019년 10월   이주 외국인에 대한 HIV검사 강제에 대한 국가배상 청구소송 승소 [뉴질랜드 국적 A씨가 인종에 기초하여 선별적으로 이루어지는 의무적 HIV 검사는 위법이므로 국가의 위법한 요구를 거부한 결과 A씨가 상실한 급여 및 정신적 고통에 대한 위자료를 청구한 사건]

2019년 11월   '북한이탈주민보호 재신청 과정' 조력하여 보호처분결정 받음 [북한이탈주민을 재북화교라고 판단하여 북한이탈주민으로 인정받지 못한 탈북청소년을 대리하여 북한이탈주민 보호결정을 받도록 지원]

2019년 12월   재산 상속 중증장애인의 상속재산분할협의 및 수급자 지위 회복 지원
[광주에 거주하는 중증장애인 K씨가 상속받지 못한 상속재산으로 인해 수급자 지위가 상실된 사건으로 상속재산분할협의 및 수급자 지위를 회복할 수 있도록 지원]

2019년 12월   톰슨로이터재단 TrustLaw Awards '트러스트로 협업상' 공동수상 [법무법인(유한)태평양]

2020년 1월   양육비 미지급자 신상공개 사이트 관련 명예훼손 형사사건 피고인 변호하여 제1심 무죄 판결 받음

	[양육비를 주지 않는 부모들의 신상을 공개하는 사이트를 운영하는 자원봉사자의 명예훼손 형사사건을 공동 변호]
2020년 9월	노숙인 대상 세무서의 부가가치세 부과처분 직권취소처분 받음
	[홈리스인 명의도용 피해자를 대리하여 부당한 과세처분에 대한 무효확인 소송을 진행하여 처분청의 직권 취소를 이끌어 냄]
2020년 10월	P사단법인에 대한 부당한 가산세 부과 관련 조력
	[P사단법인의 출연자 및 특수관계인이 이사 정원의 1/5을 초과하였고 출연자가 대표로 활동하며 급여를 지급받았다는 이유로 가산세 부과가 예정된 사건에서 대표가 출연자가 아님을 입증하여 불처분 결정을 받음]
2020년 10월	사회적협동조합 지정기부금단체 추천 거부 사건 조력
	[주무관청이 지정기부금단체 재지정 추천을 거부한 건에 대하여 세법상 요건에 대한 법리적인 해석과 그 요건이 충족된다는 점을 설명하여 지정기부금단체 재지정 추천을 받음]
2021년 3월	제5대 강용현 동천 이사장 취임
2021년 4월	휠체어 전용공간 확보를 위한 차별구제청구 및 손해배상 사건 대법원 일부 승소
	[교통약자법상 휠체어 전용공간 확보의무와 시행령 기준에 맞게 전용공간 크기 기준을 갖추지 않은 저상버스는 휠체어 이용자에 대한 차별행위에 해당한다고 하여 시정조치 및 위자료 지급을 명한 제2심 판결 중 시정조치 부분 상고기각, 위자료 부분 파기환송한 사건]
2021년 6월	공익활동위원회 회원 211명

집필자 약력

· 김진우 교수

동국대학교 법학사(1989), 법학석사(1993)
독일 Regensburg 대학교 법과대학 법학박사 (1997)
법무부 공익법인 총괄기구 설치관련 T/F 위원 (2018)
행정안전부 기부금품법 개정 자문위원 및 기부심사위원회 위원 (2016~현재)
한국외국어대학교 법학전문대학원 교수 (2007~현재) 겸 공익활동법센터장 (2019~현재)
한국민사법학회 부회장 (2021~현재)
한국재산법학회 부회장 (2020~현재)

· 김화 교수

연세대학교 법학과 졸업 (2001)
독일 함부르크 대학교 LLM. 및 법학박사 (2013)
대법원 재판연구관(전문직) (2014~2016)
전남대학교 법학전문대학원 교수 (2016~2021)
이화여자대학교 법학전문대학원 교수 (2021~현재)

· 박수곤 교수

프랑스 파리 제10대학교 법학박사 (2002)
프랑스 파리 제13대학 초빙교수 (2011)
대법원 전문직 재판연구관 (2011.3~2012.2)
법무부 민법개정위원회 개정위원 (2010~2013)
미국 U.C. Berkeley 방문학자 (2018)
한국인터넷법학회 회장 (2021~현재)
경희대학교 법학전문대학원 교수 (2005~현재)

· **서종희 교수**

연세대학교 법과대학 졸업 (2003)

연세대학교 일반대학원 석사 (민법, 2008), 박사 (민법, 2012)

국민대학교 법학대학 조교수 (2013~2015)

건국대학교 법학전문대학원 부교수 (2015~2021)

연세대학교 법학전문대학원 부교수 (2021~현재)

법무부 민법개정 특별분과위원회 위원 (2013~현재)

관세청 납세자보호위원회 위원 (2018~현재)

현 한국민사법학회, 한국소비자법학회, 대한의료법학회, 한국신탁학회,
　한국가족법학회 각 상임이사

· **손원익 교수**

University of Wisconsin-Madison 경제학 박사 (1993)

한국조세재정연구원 부원장 (2007)

한국재정학회 회장 (2011)

국민경제자문회의 위원 (2012~2015)

딜로이트안진회계법인 R&D센터 원장 (2014~2018)

연세대 사회복지대학원 객원교수 (2018~현재)

· **신지혜 교수**

서울대학교 법학과 졸업 (2003)

제36기 사법연수원 수료 (2007)

법무법인 광장 변호사 (2007~2008)

법무법인 세종 변호사 (2011~2017)

전북대학교 법학전문대학원 부교수 (2017~2020)

한국외국어대학교 법학전문대학원 조교수 (2020~현재)

· 유철형 변호사

서울대학교 법학과 졸업 (1989)
제23기 사법연수원 수료 (1994)
한국세무학회 부회장 (2015~현재)
대한변호사협회 부협회장 (2019~2021)
법무법인(유한) 태평양 변호사 (1997~현재)

· 이선희 교수

서울대학교 법학과 졸업 (1988)
제19기 사법연수원 수료 (1990)
서울지방법원 판사, 서울고등법원 판사, 대법원 재판연구관 등 (1991~2005)
법무법인 율촌 변호사 (2005~2009)
성균관대학교 법학전문대학원 교수 (2009~현재)

· 이중기 교수

서울대학교 법과대학 법학사, 법학석사 (1986, 1988)
Cambridge U. LLM (1991), Sheffield U. PhD (1994)
홍익대학교 법과대학 교수 (2004~현재)
로봇윤리와 법제연구센터 소장 (2015~현재)
법무부 공익신탁 자문위원회 위원 (2016~현재)
한국신탁학회 부회장 (2018~현재)

· 이희숙 변호사

성균관대학교 법학과 졸업 (2005)
제37기 사법연수원 수료 (2008)
북한대학원대학교 북한학(정치·통일) 석사 (2017)
법무법인(유) 로고스 변호사 (2008~2010)
주식회사 포스코 변호사 (2010~2015)
재단법인 동천 상임변호사 (2015~현재),
(사)나눔과미래 이사, 한국타이어나눔재단 감사 (2020~현재)

· 장보은 교수

서울대학교 법과대학 졸업 (2002)

서울대학교 법학석사 (2006), 법학박사 (2017)

제35기 사법연수원 수료 (2006)

하버드대학교 로스쿨 법학석사 (LL.M. 2012)

김·장 법률사무소 변호사 (2006~2017)

한국외국어대학교 법학전문대학원 교수 (2017~현재)

· 정순문 변호사

서울시립대학교 세무학과 졸업 (2011)

서울대학교 법학전문대학원 법학전문석사 (2015)

제4회 변호사시험 합격 (2015)

공인회계사 (2010)

재단법인 동천 변호사 (2017~2020)

공익법률연구소 변호사 (2020~현재)

· 천경훈 교수

서울대학교 법과대학 졸업 (1995)

서울대학교 법학석사 (1998), 법학박사 (2012)

제26기 사법연수원 수료 (1997)

미국 듀크대 로스쿨 LL.M. (2005)

김·장 법률사무소 변호사 (2000~2010)

서울대학교 법과대학/법학전문대학원 교수 (2010~현재)

· 최준규 교수

서울대학교 법과대학 졸업 (2003)

서울대학교 법학박사 (2012)

제34기 사법연수원 수료 (2005)

서울중앙지방법원, 서울동부지방법원 판사 (2008~2012)

한양대학교 법학전문대학원 조교수, 부교수 (2012~2017)

서울대학교 법학전문대학원 조교수, 부교수 (2017~현재)

법무법인(유한) 태평양은 1980년에 인재경영, 가치경영 및 선진제도경영이라는 3대 경영철학을 바탕으로 설립되었으며, 설립 이후 현재까지 지속적으로 로펌의 사회적 책임을 다하기 위해 다양한 공익활동을 수행해 오고 있습니다. 2001년에는 보다 체계적인 공익활동을 위해 공익활동위원회를 구성하였고, 변호사들의 공익활동 수행시간을 업무수행시간으로 인정하였으며, 2009년에는 공익활동 전담기구인 재단법인 동천을 설립하였습니다.

법무법인(유한) 태평양은 2013년에 공익활동의 선도적인 역할을 한 공로를 인정받아 대한변호사협회가 시상하는 제1회 변호사공익대상(단체부문)을 수상하였고, 2015, 2016년 국내 로펌으로는 유일하게 2년 연속 아시아 법률전문매체 ALB(Asian Legal Business)가 발표하는 CSR List에 등재되었습니다. 나아가 2018년에는 The American Lawyer의 아시아 리걸 어워즈에서 '올해의 프로보노분야 선도 로펌'으로 선정되었고, 2019년에는 '2018 평창동계올림픽' 법률자문 로펌으로 공로를 인정받아 유공단체 부문 대통령 표창을 수여 받았으며, 난민의 근로권과 관련한 공익활동 성과를 인정받아 Thomson Reuters Foundation 로부터 제9회 TrustLaw Collaboration Award를 공동수상하였습니다.

2020년 한 해 동안 법무법인(유한) 태평양 소속 국내변호사 454명(대한변호사협회 등록 기준) 중 68.94%인 313명이 공익활동에 참여하였고, 공익활동에 참여한 1인당 평균 공익활동 시간은 54.61시간으로 서울지방변호사회 1인당 공익활동 의무시간(20시간)의 약 2.7배에 이르는 공익활동을 수행하였습니다. 2020년에 수행한 주요 공익사건을 보면 양육비 미지급자 신상공개 사이트 관련 명예훼손 사건, 북한이탈주민 정착지원법 위반 사건, 근로능력평가 국가배상 청구 사건에서 승소하였습니다. 또한 노숙인 대상 세무서의 부가가치세 부과처분 직권취소, P사단법인에 대한 과도한 가산세 부과 처분과 관련하여 조력하였습니다. 2021년 상반기에는 시외버스 휠체어 전용공간 확보를 위한 차별구제 등 청구소송에서 차별구제를 인정하는 취지의 대법원 판결을 받았습니다.

태평양 공익활동위원회는 분야별로 난민, 이주외국인, 장애인, 북한/탈북민, 사회적경제, 여성/청소년, 복지 등 7개 분과위원회로 구성되어 2021년 6월 현재 206여 명의 전문가들이 자원하여 활동하고 있습니다.

재단법인 동천은 2009년 법무법인(유한) 태평양이 설립한 국내 로펌 최초 공익재단법인으로서 '모든 사람의 기본적 인권을 옹호하고 우리 사회의 법률복지 증진과 법률문화 발전을 통해 모두가 더불어 함께 사는 세상을 만들어 나가는 것'을 목표로 전문적인 공익활동을 해오고 있습니다. 장애인, 난민, 이주외국인, 사회적경제, 탈북민, 여성, 청소년, 복지 분야에서 법률구조, 제도개선, 입법지원 등 법률지원활동을 수행하는 것과 함께 태평양공익인권상, 장학사업, 공익·인권 단체 지원사업, 공익·인권활동프로그램 제안대회, 나눔음악회 및 봉사활동 등 다양한 사회공헌 활동을 수행하고 있습니다. 특히 2016년 12월에는 NPO(비영리단체) 법률지원의 허브를 구축하여 NPO의 성장, 발전에 기여하고자 '동천 NPO법센터'를 설립하였고, 매년 NPO법률지원단을 운영하면서 NPO에 대한 전문적인 법률지원을 할 수 있는 변호사단을 배출하고 있습니다. 동천은 이러한 성과를 인정받아 2014년 국가인권위원회 대한민국인권상 단체표창, 2015년 한국인터넷기자협회 사회공헌상, 그리고 2019년 국가인권위원회 대한민국인권상 단체표창을 공동수상하였습니다.

기업공익재단법제연구

초판 1쇄 인쇄 2021년 6월 01일
초판 1쇄 발행 2021년 6월 11일

편   자   법무법인(유한) 태평양·재단법인 동천
발 행 인   한정희
발 행 처   경인문화사
편   집   유지혜 김지선 박지현 한주연 이다빈
마 케 팅   전병관 하재일 유인순
출 판 번 호   제406-1973-000003호
주   소   경기도 파주시 회동길 445-1 경인빌딩 B동 4층
전   화   031-955-9300 팩   스 031-955-9310
홈 페 이 지   www.kyunginp.co.kr
이 메 일   kyungin@kyunginp.co.kr

ISBN 978-89-499-4971-0 93360
값 35,000원